W. Willmanns

Leben und Dichten Walthers von der Vogelweide

W. Willmanns

Leben und Dichten Walthers von der Vogelweide

ISBN/EAN: 9783742816931

Hergestellt in Europa, USA, Kanada, Australien, Japan

Cover: Foto ©Andreas Hilbeck / pixelio.de

Manufactured and distributed by brebook publishing software (www.brebook.com)

W. Willmanns

Leben und Dichten Walthers von der Vogelweide

LEBEN UND DICHTEN

LTHERS VON DER VOGELWEIDE.

Von

W. WILMANNS.

BONN,
EDUARD WEBER'S VERLAG
(JULIUS FLITTNER).
1882.

Vorwort.

In Tirol, am linken Ufer des Eisack, da wo der Grödner Bach einmündet, liegt am Bergeshang ein altes Kirchlein, der heiligen Katharina geweiht, und in dessen Nähe fünf Gehöfte, von denen zwei den Namen zur Vogelweide führen. Der Sage zufolge bildeten beide Höfe ehemals ein Besitztum, das zwei Brüder teilten. Die innere Vogelweide, die nur einen Scheibenschufs von der Kirche entfernt ist, gilt als der älteste Hof der Umgegend; ehemals sei dort ein kleines Schlofs gewesen und bis vor kurzer Zeit wären zwei Teile des Grundzinses vom ganzen Anfsenried an diesen Hof abgeliefert. Auch Reste alter Mauern habe man früher gefunden und uralte Pergamente seien vorhanden gewesen; die aber wären 1804 sämtlich verbrannt, als ein Blitz das Haus entzündet. Das jetzige Haus ist ein kleines einstöckiges weifs übertünchtes Gebäude, dessen Fenster in neuerer Zeit mit kunstlosen Malereien umrahmt sind. Sie stellen einen Baum mit sich daran emporschlingenden Reben dar, an deren Trauben sich viele Vögel weiden. Ein uralter edler Kastanienbaum überdacht das Haus, eine Bank neben rauschender Quelle ladet zu freundlicher Rast ein. Dies, meint man, sei die Heimat Walthers von der Vogelweide.

Im Herbst 1874 fand sich hier eine ansehnliche Versammlung ein, um dem Dichter eine Gedenktafel zu weihen. Am Morgen des 3. Oktobers vereinigten sich die Festgenossen aus Nord und Süd zu Waidbruck am Eingang des Grödner Thales; vom Inn und von der Etsch, vom

Eisack und von der Rienz führten die Eisenbahnzüge sie
heran und mit Böllerknall und Musik wurden sie empfangen. Die Landbevölkerung des ganzen Bezirks war
durch die Nachricht von der bevorstehenden Feier erregt
worden, sie stellten ihre Musikbanden dem Unternehmen
zur Verfügung und hatten selbst zahlreiche Beteiligung
an dem Feste zugesagt. Drei Viertelstunden wanderten
die Genossen in dem romantischen Grödner Thal unter
den Klängen der Musik, während die Böller das Echo der
Berge weckten, dann begann der Aufstieg auf das Layener
Ried. Man erreichte nach angenehmer Wanderung an
einzelstehenden Bauernhäusern, an Rebenanlagen und Obst-
baumgruppen vorbei das kleine Plateau, auf dem die
Kirche des Weilers steht. Nachdem man sich hier versammelt, stieg man weiter eine kleine Strecke aufwärts
zum Vogelweider Hofe. Das Häuschen war festlich ge-
schmückt. Mit einem grofsen Blumenstraufse in der Hand,
schüchtern und verlegen, begrüfste der alte Vogelweider
Bauer die Gäste. Prof. Zingerle hielt die Begrüfsungs-
rede, dann erfolgte die Enthüllung der Gedenktafel mit
der Inschrift:

    Dem Andenken Walthers von der Vogelweide.
    'Swer des vergæze, der tæt mir leide'.
                             Hugo von Trimberg.

Die Brixener Liedertafel trug mehrere Lieder Walthers vor.
Auf einem Tischchen neben der Hausthür lag ein grofses
mit Holzschnitzereien geschmücktes Stammbuch, gestiftet
von den Frauen der Städte Brixen und Bozen; hierin
zeichneten die Anwesenden sich ein, und ein reicher Bo-
zener Bürger machte bei dieser Gelegenheit eine Stiftung,
wonach, wie einst am Grabe Walthers zu Würzburg, so
auch hier im Winter den Vögeln Futter gestreut werden
sollte. — Unter den Klängen der Musik stiegen dann die
begeisterten Festteilnehmer wieder zu dem Kirchlein herab, wo auf geräumigerem Platze der Kanonikus Dr. Schrott
aus München die Festrede hielt. Seinen Worten folgten
noch einige Chöre und Musikstücke; dann nahm man Ab-

schied und brach nach Klausen auf, um dort unter fröhlichen Trinksprüchen das Festmahl abzuhalten[1]).

Bald nachher erliefs man folgenden Aufruf, dem Sänger ein ehern Denkmal zu errichten: „Das schöne Waltherfest auf der Vogelweide ist verklungen und ein schlichter Denkstein dem Sänger gesetzt. Die erhabene Feier ist jedem unvergefslich, der ihr beigewohnt. Aber der gröfste deutsche Lyriker des Mittelalters verdient ein würdigeres, ein ehernes Denkmal. Das gefertigte Komité hat deshalb den Entschlufs gefafst, dem unsterblichen Sänger ein Erzdenkmal in Bozen, der letzten deutschen Stadt, nahe an der Sprachgrenze zu errichten. Es wendet sich nun vertrauensvoll an Österreich, wo er zuerst der Minne Lust und Leid erfahren und besungen. Herren und Frauen unseres herrlichen Kaiserstaates! Ehret das Andenken des unsterblichen Dichters, der Österreichs Ehre gefeiert. Allein Walther ist auch der edelste aller deutschen Sänger der früheren Zeit. Er hat Deutschlands Gröfse und Lob in vollendeten Tönen verkündet, dessen Ringen und Kämpfen verherrlicht und das Sinken und Zerfallen deutscher Macht in erschütternder Weise betrauert. Wir hoffen deshalb, dafs das deutsche Volk die Errichtung eines Waltherdenkmals in Bozen unterstützen und fördern werde. Das deutsche Volk wird dadurch nur einer alten Ehrenschuld gegen seinen gröfsten deutschen Lyriker des Mittelalters gerecht werden. Bozen, im October 1874."

Keinem andern Dichter des deutschen Altertums hat man ähnliche Ehren erwiesen. Auch andere erfreuen sich der Anerkennung und zählen viele Freunde unter den Kundigen, aber für keinen hat man es wagen dürfen und wagen mögen, das gröfsere Publicum zu interessieren und zu begeistern zu ehrender Spende. Walther von der Vogelweide rückt dadurch aus der ganzen Schar seiner Zeitgenossen fast auf dieselbe Stufe, auf welcher die gröfsten unserer modernen Dichter stehen. —

Der Ruhm Walthers ist nicht als altes Erbgut von

---

[1] Nach dem Bericht im neuen Reich II, 716—718; vergl. unten S. 48.

Geschlecht zu Geschlecht bis auf unsere Zeit gekommen. Zwar bei seinen Zeitgenossen hatte er höchstes Ansehen. Seine Lieder lebten im Munde vieler, und Gottfried von Strafsburg, ein berufener Richter, preist ihn als den ersten der Minnesänger, der nach dem Tode des von Hagenau die Schar der Nachtigallen führen solle. Sein Gesang war eine Macht im Leben, eine Hilfe in der Not, ein kräftiger Bundesgenosse im Kampf, dessen Unterstützung Fürsten und Könige nicht verschmähten. Aber der Einflufs des Dichters auf die Zukunft war doch nicht so grofs, dauernd und unmittelbar wirkend, wie man nach der Stellung, die er bei seinen Lebzeiten eingenommen hatte, erwarten durfte. Die rasch fortschreitende Entwickelung des Bürgertums überwucherte bald die eigentümliche Kultur des ritterlichen Zeitalters, in der Walthers Kunst wurzelte. Es kamen die Meister, die sich weise dünkten; und es ist höchst bezeichnend, dafs der Sänger, der an der Spitze der Meistersängerschulen steht, sich schon kühnlich über die älteren erhebt. In dem Wettstreit über Frau und Weib, den Frauenlob gegen Regenbogen führt, rühmt er sich, dafs aller Gesang Reinmars, Eschenbachs und Vogelweides nur Schaum sei gegen seinen aus des Kessels Grunde; dafs jene nur den schmalen Pfad neben seiner Kunststrafse gegangen. Regenbogen widerspricht freilich; er nennt den Gesang Walthers, Wolframs, der beiden Reinmare den kräftig aus der Wurzel treibenden laubigen Stamm der Kunst: aber die nächste Zeit gab Frauenlob Recht. In den Schulen der Meistersänger blieb zwar Walthers Name bekannt und einige seiner Weisen in Gebrauch; aber höher als er stand ihnen ohne Frage Frauenlob. Im 15. und 16. Jahrhundert, darf man annehmen, war Walther so gut wie vergessen.

Während so die natürliche Tradition erloschen war, schickte sich die Wissenschaft an, die Kenntnis der Vorzeit wieder zu gewinnen. Mit dem Aufschwung, den das wissenschaftliche Studium zu Ende des 15. Jahrhunderts in Deutschland nahm, erwachte auch der Sinn für das Altertum des eigenen Volkes. Historische und rechtswissenschaftliche Studien waren es, von denen man ausging; sie führten allmählich auch zum Studium der Litteratur; denn man sah, dafs man die Sprache lernen müsse, um die alten Quellen gründlich zu verstehen. Die Minnesänger wurden zuerst durch Goldast ans Licht gezogen. Er gab aus der Pariser Hs., der reichhaltigsten und kostbarsten, die sich damals noch in ihrer Heimat im obern Rheinthal befand, Proben heraus; schon im Jahre 1601, mehr im Jahre 1604 in der Paraeneticorum veterum pars I. Hinter einer Anzahl lateinischer Schriften erschienen dort der König Tirol von Schotten, der Winsbek und die Winsbekin, und in Anmerkungen wurden zahlreiche Auszüge aus den übrigen Teilen der Handschrift gegeben. Goldast dachte schon daran, die ganze Hs. drucken zu lassen; aber sein unstätes Leben und bald die schlimmen Zeiten, die über Deutschland hereinbrachen, hinderten ihn; nur noch einzelne Stücke erschienen in einer Streitschrift des Jahres 1611.

Für ein Jahrhundert und darüber hinaus blieben Goldasts Veröffentlichungen fast die einzige Quelle aller Kenntnis der Minnesänger. Der schwere Schlag, den das deutsche Leben nach allen Richtungen durch den dreissigjährigen Krieg erhielt, mag zum Teil daran Schuld sein, dafs die Bemühungen Goldasts und seiner Freunde erst so spät wieder aufgenommen wurden; aber der eigentliche Grund liegt doch wohl tiefer. Goethe sagt einmal, über Geschichte könne niemand urteilen, als wer an sich selbst Geschichte erlebt habe, und so gehe es auch ganzen Nationen. „Die Deutschen können erst über Litteratur urteilen, seitdem sie selbst eine Litteratur haben." Die geistige Entwickelung des deutschen Volkes war noch nicht auf den Punkt gekommen, wo man mit einigem Erfolge es hätte unternehmen können, historisches Interesse für die alte Poesie zu erwecken. Goldast selbst war durch diesen Gesichtspunkt nicht geleitet; die politische Geschichte, die Institutionen der Vergangenheit waren sein Augenmerk. Niemand könne die Gebräuche des Lebenswesens gehörig erläutern, niemand die mittelalterlichen Geschichtsschreiber, niemand die Benennung der Ämter und Würden verstehen, ohne jene alten deutschen Schriften. Er selbst habe die Sitten und Einrichtungen unserer Vorfahren nicht verstanden, ehe er ihre eigenen Schriften gelesen habe. Die Kenntnis der Dichtung war hier noch Mittel, nicht Zweck. Die Auswahl selbst, die Goldast traf, ist charakteristisch: didaktische Dichter erregten die Aufmerksamkeit zuerst und schienen vollständigen Abdruckes wert. So interessierte ihn auch Walther von der Vogelweide als *optimus vitiorum censor ac morum castigator acerrimus*.

Als aber im 18. Jahrhundert die Fortschritte der Philosophie und der schönen Litteratur zur Beobachtung und gründlicheren Kenntnis des menschlichen Seelenlebens führten, wurde auch das Interesse an der Vergangenheit vielseitiger und tiefer. Wie Bodmer ein Vorkämpfer der neuen litterarischen Richtung ist, so hat er vor allem auch das Verdienst, dem Studium der älteren Litteratur die Bahn gebrochen zu haben. Was der älteren Zeit gefehlt hatte, fühlte er ganz richtig. In der Einleitung zu den Minnesängern spricht er seine Verwunderung darüber aus, daſs Stumpf, der doch Kenntnis von der groſsen Liedersammlung hatte, sich so wenig um die Minnesänger gekümmert habe: „Wir müssen glauben, daſs er das Buch nur mit fremden Augen gesehen, oder war der verliebte Inhalt dem Geschmack eines Mannes, der sich mehr um die kleinen Thaten, als um die Denkart und das Gemüt der Menschen bekümmerte so widrig, daſs er nur flüchtige Blicke in das Buch geworfen hat?" Das ist es; Interesse an Denkart und Gemüt der Menschen setzt die Pflege der Poesie, und setzt das Studium der älteren Litteratur voraus; es ist natürlich, daſs beide zugleich erwachten.

Angeregt war Bodmer vermutlich durch eine Abhandlung Gottscheds und mit rüstigem Eifer folgte er der empfangenen Anregung. In seinem Lehrgedicht über den Charakter der deutschen Poesie (1734) erwähnt er schon die Poesie der hohenstaufischen Zeiten. Weiter behandelt er diesen Gegenstand in einem eigenen Aufsatz: „Von den vortrefflichen Umständen für die Poesie unter den Kaisern des schwäbischen Hauses" (1743). Mit den

Stücken, die Goldast publiziert hatte, war er längst bekannt; bald wurde ihm die Freude zu Teil, die Quelle Goldasts, die durch unbekannte Schicksale in die Pariser Bibliothek gekommen war, zu finden. Durch Schöpflins Vermittlung gelang es ihm und seinem Freunde Breitinger 1746 den Codex nach Zürich zu bekommen. Die Freude war ungemein. „Das Vergnügen", schreibt Bodmer, „das der Anblick der Hs. bei uns erweckte, und noch in höherem Grade der Inhalt dieses Werkes war von den empfindlichsten. Wir nahmen in der Entzückung unserer Herzen keinen Anstand, eine getreue und sorgfältige Abschrift davon zu nehmen, womit wir in der That in kurzer Zeit zu Ende kamen." 1748 veröffentlichten sie aus ihrem Schatz „Proben der alten schwäbischen Poesie des 13. Jahrhunderts". Zehn Jahre später 1758 und 1759 folgte die „Sammlung von Minnesängern aus dem schwäbischen Zeitpunkte".

Die Aufnahme entsprach nicht der Begeisterung der Freunde. Die Teilnahme der Gelehrten war gering, das grofse Publikum blieb gleichgültig. Eine Aufforderungsschrift, mit welcher Bodmer und Breitinger 1753 die Liebhaber des Schönen und Artigen, der alten einfältigen Sitten, der Sprache der schwäbischen Zeiten beflügelten, entdeckte ihnen, dafs sie mit Unrecht gehofft hatten, die Proben würden eine allgemeine Begierde erwecken, diese Überbleibsel, diese Denkmäler des Witzes und des Herzens unserer Voreltern vollständig zu sehen. Fast nur bei ihren Landsleuten in Zürich fanden sie Anerkennung und bereitwillige Unterstützung. Der Beifall und die Zustimmung einiger hervorragender Männer mufste sie trösten. Hagedorn, der auch schon auf das Volkslied hingewiesen hatte, war von den Minneliedern ganz eingenommen und hatte sich sehr empfindlich geäufsert, dafs sie im allgemeinen so wenig Anklang gefunden hätten. Gleim, damals noch einer der ersten, hatte einige Strophen des von Trosberg übersetzt. Auch Wieland liefs sich zeitweise interessieren, und Lessing und Klopstock bekundeten jeder in seiner Weise ihr Interesse an der älteren deutschen Sprache und Litteratur. Klopstock dachte daran, den

Heliand herauszugeben und versuchte sich gar in Hexametern in ottfriedischer Sprache; er kannte auch die Minnesänger und seltsam klingen die Weisen des Minneliedes in den vollen Ton seiner Oden¹).
Wirkendere Freunde gewannen die Minnesänger in den siebziger Jahren unter den jüngeren Dichtern. Zwar Goethe und sein Kreis blieben diesen Studien fern. Der verdiente Oberlin hatte in Strafsburg vergeblich versucht, Goethes Interesse dafür zu wecken; ihn und seine Genossen schreckte die Sprache, die man erst hätte studieren müssen. Entschlossener waren die jungen Dichter in Göttingen. Miller, ein Ulmer von Geburt, besafs in seiner vaterländischen schwäbischen Mundart ein Hilfsmittel, diese älteren Dichter sich und seinen Freunden zugänglich zu machen. Bald sang Bürger mit ihm in die Wette Minnelieder und teilte in ihrem freundschaftlichen Kreise mit ihm den Namen des Minnesängers. Bürgersche Gedichto sind es, die im Musenalmanach von 1773 zuerst und ausdrücklich in einer einleitenden Note als Nachahmungen der alten Minnesänger vorgeführt und als solche mit den Bardenliedern in Vergleich gestellt werden²). Die Lieder der Göttinger Dichter zeigen vielfach in Gedanken, Form und Sprache den Einflufs dieser Studien, namentlich bei Miller und in erfreulicherer Weise bei Hölty; seiner zarten, leidenschaftslosen Natur gelang es am besten, sich in die Weisen der Minnesänger einzuleben und sie nachzubilden³).
Neben den Dichtern müssen wir Herder nennen, den wackeren Bannerträger in dem litterarischen Freiheitskampf des vorigen Jahrhunderts. Schon in der dritten

---

1) Kaiser Heinrich (1764). Höchst wunderlich mischen sich in einem Gedicht, das Bodmer in den Minnesängern (I, S. X) mitteilt, die erborgten seraphischen Klänge mit den Wendungen der alten Lieder und den Anschauungen moderner Schäferpoesie.
2) Prutz, Gött. Dichterb. 214 f.
3) Die beschränkte Richtung der Göttinger tritt recht deutlich in Millers 'Lied eines Mädchens' hervor, das Walthers Liede *Under der linden* nachgebildet ist. Philisterhafte Biedermeierei hat das reizend duftige Lied zur Karikatur entstellt.

Sammlung der Fragmente ist von den Bemühungen der Schweizer für die Litteratur des Mittelalters die Rede; aber nur ganz im allgemeinen und unter dem Gesichtspunkt der Geschichte. Minnelieder las er 1770, in der Zeit seines Brautstandes; Karoline erinnert daran in einem ihrer Briefe; aber erst in der Abhandlung von der Ähnlichkeit der mittleren englischen und deutschen Dichtkunst (1777) tritt er öffentlich und entschieden für das Studium der älteren Lyrik ein, dringt darauf, dafs man den Fufsstapfen der Goldast, Schilter, Schatz (d. i. Scherz), Opitz, Eckard folge, preist den Manessischen Codex als einen Schatz von deutscher Sprache, Dichtung, Liebe und Freude. Wenn die Namen Schöpflin und Bodmer auch kein Verdienst mehr hätten, so müfste sie dieser Fund und den letztern die Mühe, die er sich gab, der Nation lieb und teuer machen. Er führt darüber Klage, dafs diese Sammlung alter Vaterlandsgedichte nicht die Wirkung gemacht habe, die sie hätte machen sollen. Es sei zu viel verlangt von dem Deutschen, dafs er von seiner klassischen Sprache weg, noch ein anderes Deutsch lernen solle, um einige Liebesdichter zu lesen; nur etwa durch den einzigen Gleim seien diese Gedichte in Nachbildungen, manche andere durch Übersetzungen recht unter die Nation gekommen; der Schatz selbst liege da, wenig gekannt, fast ungenutzt, fast ungelesen. — Herder sah diese Studien in grofsem Zusammenhang; er ahnte den gewaltigen Bau, zu dem J. Grimm den Grund legte. Sein Auge liefs sich nicht durch das Einzelne und Äufserliche fesseln; er wufste, dafs die historische Forschung alle Äufserungen des Volkslebens umfassen müsse, um ihren Zusammenhang in der Tiefe des Seelenlebens zu erforschen. „Unsere ganze mittlere Geschichte", sagt er, „ist Pathologie, und meistens nur Pathologie des Kopfes, d. i. des Kaisers und einiger Reichsstände. Physiologie des ganzen Nationalkörpers — was für ein Ding! und wie sich hierzu Denkart, Bildung, Sitte, Vortrag, Sprache verhielt, welch ein Meer ist da noch zu beschiffen und wie schöne Inseln und unbekannte Flecke hie und da zu finden."

Herder selbst hat übrigens den Minnesängern einge-

benderes Studium nicht gewidmet; ja nicht einmal die
Bestrebungen anderer scheinen ihm recht bekannt gewesen
zu sein. Es ist wenigstens auffallend, dafs er, ohne der
Göttinger Dichter zu gedenken, Gleim als den einzigen
nennt, zumal der Aufsatz in dem von Boie herausgegebo-
nen deutschen Museum erschien. Und neben Gleim und
den Göttingern wirkten schon im siebenten Jahrzehent
andere in derselben Richtung, wie denn auch die folgenden
Jahre in verschiedenen Zeitschriften und von verschiedenen
Verfassern Nachbildungen, Erläuterungen und Kompositionen von Minneliedern brachten. Auf das Einzelne haben
wir hier um so weniger einzugehen, da vermutlich in nicht
ferner Zeit der Geschichte dieser Studien und ihrer Einwirkung auf die deutsche Litteratur eine besondere Untersuchung wird gewidmet werden.

Die geistige Bewegung, die in Herders Schriften mit
breitem Strom einherflutet, verlor allmählich an gleich-
mäfsiger Stärke und zog sich wieder ins Enge zusammen;
auf litterarisches Schaffen und Betrachten sind die Geister
vorzugsweise gerichtet. Die nächste bedeutendere Arbeit,
die wir hier zu erwähnen haben, verleugnet diesen Charakter nicht: die „Minnelieder aus dem schwäbischen Zeitalter neu bearbeitet und herausgegeben von Ludw. Tieck"
(Berlin 1803). Die Einleitung ist das Bedeutendste in dem
Buch. Man vermifst hier zwar die Vielseitigkeit des Interesses, die schon Bodmer bekundet, und die namentlich
bei Herder überall hervorleuchtet; aber auf dem engeren
litterarischen Gebiet zeigt Tieck einen ebenso tiefen als
weiten Blick. Er handelt von dem mannigfachen Inhalt
der Minnepoesie, von ihrer Sprache, ergeht sich in en-
thusiastischer Bewunderung des Reimschmuckes, bespricht
das Verhältnis des Minnesanges zum Meistergesang, handelt vom Stande der Sänger, versucht sich in der Charakteristik einzelner Gedichte und Dichter und läfst den
Blick von der deutschen Minnepoesie weit ausschweifen
zu den Italienern, zu Petrarca, Ariost und Tasso, zu dem
Spanier Cervantes und dem Engländer Shakespeare. Die
ganze Poesie des Abendlandes sucht er zu umspannen;
denn die Poesie aller Zeiten und aller Völker erscheint

ihm als ein grofses zusammengehöriges unteilbares Ganze, als der Ausdruck des Menschengemütes selbst. „Es giebt doch nur eine Poesie", sagt er gleich im Eingang, „die in sich selbst von den frühesten Zeiten bis in die fernste Zukunft, mit den Werken, die wir besitzen und mit den verlorenen, die unsere Phantasie ergänzen möchte, so wie mit den künftigen, welche sie ahnen will, nur ein unzertrennbares Ganze ausmacht. Sie ist nichts weiter als das menschliche Gemüt selbst in allen seinen Tiefen, jenes unbekannte Wesen, welches immer ein Geheimnis bleiben wird, das sich aber auf unendliche Weise zu gestalten sucht; ein Verständnis, welches sich immer offenbaren will, immer von neuem versiegt und nach bestimmtem Zeitraume verjüngt und in neuer Verwandlung wieder hervortritt".

Der Standpunkt ist frei und hoch gewählt; vielleicht zu hoch. In allzu weiter Ferne verliert das Auge Sicherheit und festen Halt. Tieck sehnt sich das Allgemeine zu ergreifen, und läuft darüber Gefahr, das Individuelle zu verlieren. Wenn er (S. XXV) offen bekennt, dafs er manchmal lieber den Namen von Ländern und Städten unterdrückt habe, um das Gedicht allgemeiner zu machen, so kränkt er damit das Recht der Dichtung ganz individuell zu sein, das Allgemeine im Konkreten zu geben. Es ist etwas Unfestes und Verschwimmendes in diesen Anschauungen des Romantikers.

Auf die Beurteilung Walthers insbesondere konnte diese Ansicht nicht günstig einwirken. Überhaupt war er, obwohl Bodmer und manche Litteratoren seine dichterische Kraft und Vielseitigkeit, sowie seine Bedeutung für die Zeitgeschichte mit mehr oder weniger tiefem Verständnis erkannt und gerühmt hatten (Uhland V, 4), doch noch nicht wieder in die Ehren eingesetzt, die schon seine Zeitgenossen ihm zuerkannt hatten. Tieck schätzt den Heinrich von Morungen, einen allerdings hervorragenden Dichter, am höchsten. Und wie weit er, der doch einen guten Geschmack und geübtes Urteil hatte, davon entfernt war, Walthers Art und Kunst recht zu würdigen, das zeigt sein Einfall, Walther mit Rumezlant zu identifizieren

(S. XXVIII), das zeigt auch die Auswahl, die er aus dem Vorrat Waltherscher Lieder traf. Zwar kann man ihm die Anerkennung nicht versagen, dafs er so ziemlich die schönsten herausgefunden hat, aber nicht alles Schönste ist aufgenommen. Das Lied „Unter der Linde" fehlt, und an der Spitze der Auswahl stehen zwei Töne (36, 21. 27, 17), in denen Lachmann Walthers Art vermifste; der erste gilt jetzt allgemein als unecht. Man hatte sich doch noch nicht lange und eingehend genug mit der älteren Litteratur beschäftigt, um ein unbefangenes und zutreffendes Urteil über die einzelnen Erscheinungen zu haben. Der jüngere Titurel galt noch für ein Werk Wolframs von Eschenbach, für das hervorragendste Produkt mittelalterlicher Poesie; und in den Minneliedern, weil sie von der Art der modernen Poesie so weit abstanden, glaubte man mehr Natur- als Kunstpoesie zu sehen.

Das Verdienst, richtigere Anschauungen über den Minnesang verbreitet und Walther auf die ihm gebührende Stelle gerückt zu haben, hat Uhland „Walther von der Vogelweide ein altdeutscher Dichter" 1822. Uhland steht in merklichem Gegensatz zu Tieck. Während dieser das Allgemeine suchte und das, was zu bestimmt an Ort und Zeit zu haften schien, überging oder dämpfte, erfafst Uhland mit echt philologischem Sinn das Besondere, wie es aus der Eigentümlichkeit von Zeit und Ort, aus der persönlichen Anlage und Neigung des Dichters hervorgeht. „Bei allem Gemeinsamen in Form und Gegenstand der Dichtung", sagt er, „enthalten diese Sammlungen gleichwohl eine grofse Mannigfaltigkeit von Dichtercharakteren, eigentümlichen Verhältnissen und Stimmungen, persönlichen und geschichtlichen Beziehungen. Grade diejenigen Lieder, welche sich mehr im allgemeinen halten und darum auch am leichtesten verstanden werden, sind vorzugsweise bekannt geworden und mufsten dann auch dieser ganzen Liederdichtung den Vorwurf der Eintönigkeit und Gedankenarmut zuziehen." Uhland tritt aus dieser flachen Allgemeinheit heraus. Klar und lichtvoll hebt sich das Bild des Sängers von einem lebendig angeschauten Hintergrunde ab. Gründliche Forschung, warme Teilnahme für

den Gegenstand, feiner poetischer Sinn verbinden sich in
Uhlands Schrift und sichern ihr einen bedeutenden Platz
unter den Erstlingswerken unserer deutschen Philologie.
Fünf Jahre später erschien die erste selbständige
Ausgabe des Dichters von dem Meister der Kritik, von K.
Lachmann. Schon im Jahre 1816 hatte er seine Hand
an das Werk gelegt; elf Jahre gingen darüber hin, ehe es
die Gestalt gewann, welche ihn selbst befriedigte. Eine
bahnbrechende Arbeit nennt R. v. Raumer diese Ausgabe
mit Recht. Die zweite Auflage ist Ludwig Uhland gewidmet zum Dank für deutsche Gesinnung, Poesie und Forschung. Dem Dichter war durch diese Ausgabe eine gebührende Auszeichnung zu Teil geworden, für die Wissenschaft die unverrückte Grundlage gegeben. Lachmanns
Ausgabe ist oft wiederholt; bald folgte ihr die vortreffliche
Übersetzung Simrocks mit erläuternden Anmerkungen
von Simrock und Wackernagel, andere Übersetzungen und
Ausgaben, eine wachsende Zahl von Monographieen schliefsen
sich an und beweisen, dafs Walther ein Mittelpunkt für
die Forschung und für das allgemeine Interesse geworden
ist. In dieser Hinsicht ist neben Simrocks Übersetzung
namentlich die Ausgabe Franz Pfeiffers von hoher Bedeutung gewesen.

Durch die fortschreitende Entwickelung des deutschen
Geisteslebens selbst ist das Interesse vielseitiger geworden.
Wer heut zu Tage Tiecks Auswahl durchmustert, der wird
sich am meisten wundern, dafs ein Lied nicht aufgenom-
men ist: *Ir sult sprechen willekomen*, dieser allgemein be-
kannte Lobgesang auf deutsche Frauen, deutsche Zucht
und deutsche Sitte. Der vaterländische Sinn der jungen
Göttinger Dichter hatte es nicht unbeachtet gelassen,
Hölty versuchte eine Bearbeitung; Tieck mit seinen welt-
umspannenden Ideen ging ungerührt daran vorüber. Die
Demütigung Deutschlands mufste erst den vaterländischen
Sinn wecken und das Ohr solchen Stimmen erschliefsen.
Selbst bei Bouterwek, der in seiner Geschichte der Poesie und
Beredsamkeit nach Uhlands Urteil das Treffendste über den
Dichter gesprochen hat, tritt die Bedeutung Walthers als
des patriotischen Sängers nicht in dem Mafse hervor, wie

es unser Gefühl verlangt. Er nennt Walther von der Vogelweide einen der vorzüglichsten unter allen deutschen Minnesängern, rühmt seine volltönenden, kräftigen und lieblichen Gesänge, sein wahrhaft lyrisches Genie; er erkennt an, dafs er selbst religiöse Gegenstände glücklicher behandle, als die meisten seiner Zeitgenossen, auch reicher war an Gedanken als sie; dafs ihm, wie jedem grofsen Dichter auch ohne philosophische Meditation das Ganze des menschlichen Lebens vorschwebte u. s. w. Am Ende folgt dann wie eine Nebensache und gelegentliche Anmerkung der Satz: „Noch verdient sein Vaterlandsgefühl bemerkt zu werden. Einige seiner Gedichte haben das öffentliche Wohl Deutschlands zum Gegenstande. Im Volkstone hat er das Lob des deutschen Namens gesungen." Anders bei Uhland. Uhland war Gelehrter und Dichter, er war aber auch ein Mann, der Sinn für die Fragen des allgemeinen und öffentlichen Lebens hatte und alle Zeit kräftig bekundete. Ihm mufste es als ein besonderes Verdienst erscheinen, dafs Walther vor allen Dichtern seiner Zeit der Sänger des Vaterlandes war, und er widmete ihm als solchem einen besonderen Abschnitt seines Büchleins, das er mit einer Übertragung des Liedes *Ir sult sprechen* schliefst. — Je mächtiger nun der nationale Sinn im deutschen Volke wurde, je allgemeiner die Sehnsucht nach der alten deutschen Macht und Herrlichkeit, je mehr das Verlangen sich zu einem starken einheitlichen Reiche zusammen zu schliefsen allmählich alle Schichten des Volkes durchdrang: um so mehr schätzte man den alten Sänger und wies auf ihn als einen der ersten Verkünder deutschen Wertes.

Mit der nationalen Begeisterung verband sich dann bald ein anderes Moment. Walther tritt in mehreren seiner besten Sprüche als ein Verfechter der Reichsrechte gegen die Kirche auf, und weist die Ansprüche und Anmafsungen des Papstes mit freimütigem Tadel, oft mit Hohn und rücksichtsloser Schärfe zurück. In den Zeiten kirchlichen Friedens rührten diese Lieder nicht mehr als andere. Bouterwek erwähnt sie gar nicht. Uhland bespricht sie natürlich; aber leidenschaftslos, wie es sich in historischer Darstellung ziemt. Als aber in neuerer Zeit wieder Streitigkeiten zwischen Staat und Kirche ausbrachen, neue Anmaſsungen zu neuen Zurückweisungen, und Beharrlichkeit auf beiden Seiten zu ernsten Verwickelungen führte, kurz als der Kulturkampf sich über das Land ausbreitete und auf beiden Seiten sich Gesellen fanden, die aus dem Streiten und Hetzen ein lustig Geschäft machten, da riſs man auch von dieser Seite den alten Dichter in den Kampf, schmähte ihn ohne Verständnis und Billigkeit, oder begrüſste ihn als Freund und Waffenbruder in dem heiligen Streit gegen pfäffische Anmaſsung und Finsterlinge. In zahlreichen populären Aufsätzen und Vorträgen ist der Dichter seit der Mitte der sechziger Jahre besprochen, und wie es bei solchen Dingen zu geschehen pflegt, jeder Folgende suchte den Vorhergehenden zu übertrumpfen und zu überschreien.

Das vorliegende Buch lenkt in die Bahn Uhlands ein. Wir haben uns eine möglichst objektive Würdigung Walthers zum Ziele gesetzt, und uns bemüht ihn im Lichte seiner Zeit erscheinen zu lassen. Der erste Teil, die Einleitung versucht das litterarische Leben, in welches Walther wirkend eingreift, nach Art und Umfang zu bestimmen. In dem zweiten Teil erörtern wir seine persönliche Stellung in der Gesellschaft und seine Beziehungen zu einzelnen Personen und Zeitereignissen; er entspricht etwa dem, was R. Menzel in seinem Leben Walthers von der Vogelweide dargestellt hat. Der dritte giebt eine Übersicht der Gedanken und Anschauungen, die in seinen Gedichten ausgesprochen sind; der letzte soll die fortschreitende Entwickelung des Dichters darstellen.

Zur Rechtfertigung dessen, was wir bieten, wüſsten wir nichts zu sagen, was der Leser des Buches sich nicht selbst sagen könnte. Nur dem dritten Teile möchten wir ein empfehlendes Wort mit auf den Weg geben. Manchem wird eine so detaillierte Übersicht des Inhalts überflüssig erscheinen; ja, wir sind auf den Vorwurf gefaſst, daſs eine solche Zerfaserung des lebendigen Kunstwerkes geschmacklos sei. Uns selbst hat die Arbeit Überwindung gekostet und viel mehr Mühe als man ihr

b

hoffentlich anmerken wird; es war nicht leicht die einzelnen Gedanken aus ihrem Zusammenhange zu lösen und, ohne sie zu verwischen, sie in übersichtliche Kategorieen zu sammeln, die nicht wie im Lexikon und der Grammatik von vornherein feststeben und allgemein geläufig sind. Wir haben uns der Arbeit unterzogen, weil die Litteraturgeschichte, wenn sie sich nicht einseitig und willkürlich auf die Betrachtung der Form beschränken will, ihrer bedarf. Ja, wir sind sogar der Ansicht, dafs, obgleich es die Form ist, welche das Kunstwerk macht, doch für eine allgemeine historische Betrachtung der Inhalt wichtiger ist. Denn immer ist es der Inhalt, welcher die Teilnahme des grofsen Publikums gewinnt, und der Künstler zeigt sich nicht nur in der Fähigkeit einem Gegenstand die angemessenste Form zu geben, sondern namentlich auch darin, neue Gegenstände für die künstlerische Behandlung zu gewinnen.

Es ist eine geläufige Vorstellung, die Poesie als einen Spiegel des Lebens zu betrachten. Wir wollen dem Vergleich seine Bedeutung nicht bestreiten; aber andererseits kann man sie auch recht wohl als ein Kaleidoskop ansehen, das der eine aus der Hand des andern empfängt. Eine mäfsige Kraft genügt das Instrument zu drehen und neue Bilder erscheinen zu lassen; geübte Hände wissen die Steinchen zu teilen und sorgfältig abzuschleifen; selbständige Geister fügen Neues hinzu. Oft sind es nur betriebsame Köpfe, welche die bereits von andern litterarisch ausgeprägten Schätze in neuen Umlauf setzen; andern hat die Natur die Gabe verliehen in die Schachte des Lebens selbst hinabzusteigen und neues Gestein zu brechen. Wie der Sprachschatz so mehrt und verfeinert sich auch das poetische Gut und wird von Geschlecht zu Geschlecht geeigneter zu einem vollen und schmiegsamen Ausdruck der Gedanken- und Gemütswelt.

Das war die Anschauung, die uns bei der Ausarbeitung des dritten Teiles und seiner Anmerkung leitete; es sollten die Steinchen, welche das Kaleidoskop des älteren Minnesangs umfafst, nach Art und Form gesondert auseinander gelegt werden. Die Arbeit ist ziemlich umfangreich geworden, umfaſst aber doch noch lange nicht alles, was wir hätten bieten mögen; namentlich nicht die gleichzeitige lateinische und romanische Dichtung. Einiges der Art zwar wird der Leser finden; es ist aber leichthin zusammen gelesen und nur gelegentlich angemerkt. Es kann die Lücke nicht ausfüllen und soll sie nicht verdecken, sondern das Bewuſstsein einer Lücke wach halten.

Vermissen wird man ferner eine Behandlung der Metrik und der poetischen Technik; wir haben sie ausgeschlossen, weil wir uns scheuten, den ohnehin bedeutenden Umfang des Buches noch zu vermehren. Diese Abschnitte werden in der Einleitung zur Ausgabe, die im Laufe des Sommers gedruckt werden soll, ihre Stelle finden, aber sich freilich auf den Dichter allein beschränken müssen.

Bonn den 19. März 1882.

W. Wilmanns.

Inhaltsverzeichnis.

I. Einleitung.

Deutsche Dichtung seit 1060. Geistliche Litteratur 1. Dichtung der Fahrenden 2. Rivalität. Künstlerischer Wert. Die weltliche Dichtung wird durch die Geistlichen zur Litteratur erhoben 4. — Entwickelung der Ritterschaft 5. Die Höfe 6. Ritterleben. Verarmte Ritter. Roheit 7. Ideale Lebenselemente. Erziehung 8. Einfluss der Frauen 9. Kreuzzüge 10. — Französischer Einfluss 10. Verwälschung 11. Ausbreitung der neuen Bildung, geographisch und social 13. Gegner 15. Schnelle Entwickelung 15.
Anfänge der Liebeslyrik 16. Das lyrische Vermögen noch unentwickelt 16. Beschränkung der Minnepoesie auf den Ritterstand 18. Unselbständigkeit der deutschen Lyrik 19. Heinrich von Veldeke und Friedrich von Hausen 20. Thüringische Dichtung 22. Der Hof der Staufer 23. Oberdeutsche Sänger 24. Reinmar 25. Ältere österreichische Lyrik 26. Kürenberg 26. Meinloh von Sevelingen 30. Dietmar von Eist 31. — Ältere Lyrik der Fahrenden 32. Hergêr (Anonymus Spervogel) 32. Hergêrs Nachfolger 35. Lied und Spruch 36.

II. Das äussere Leben Walthers.

Gesellschaftliche Stellung der Sänger und Spielleute 39. Walthers äussere Lage 42. Die Kunst im Dienst der Gesellschaft 42. Gesellschaftliche Rücksichten 43. Lohn 43. Kunstverächter 43. Bittlieder 44. Das Geschenk Wolfgers 45. Streit gegen Kunstgenossen 45. — Österreich Walthers Heimat 46. Fürsten und Kirche in Österreich 48. Österreichische Dichtung im 12. Jahrh. 52. Herzog Friedrich 53. Walther geht in die Fremde 54. Herzog Leopold 54. Leopolds Schwertleite 55. Vergebliche Bitte um Aufnahme 56. Begrüssung des Herzogs in Aquileja (1219) 56. Walther nicht heimatlos 59. Spruch auf dem Nürnberger Reichstag (1224) 59. Das Grab in Würzburg 62. — Österreichischer Adel 63. Heinrich von Mödling 63. — Das Fürstenhaus in Thüringen 64. Landgraf Hermann 67. Das Leben an seinem Hofe 68. Die Dichtung in Thüringen 69. Walthers erster Besuch 70. Späterer Besuch (1213—1217) 71. Längerer Aufenthalt in Thüringen 72. Ludwig der Heilige 73. — Meißen 73. Beziehungen der Fürsten zu Thüringen und Österreich 74. Walthers Vokalspiel 75. Dietrichs revolutionäre Politik und Walthers Lob 76. — Baiern; Herzog Ludwigs Geschenk 78. Später keine Beziehungen 79. — Herzog Bernhard von Kärnthen 80. — Graf Diether II. von Katzenellenbogen 81. — Patriarch von Aquileja 81. — Abt von Tegernsee 82.

Walther und das Reich 82. Hintergrund der politischen Dichtung 83. Parteinahme für Philipp 84. Walthers 'alte schult' 88. Aufnahme bei Philipp 88. Magdeburger Weihnachtsfest 89. Innocens III. 91. Reichstag in Bamberg (1201) 95. Mahnungen zur Milte 97. Walthers späteres Verhalten gegen Philipp 97. Der Spielebraten 98. — Anerkennung Ottos 101. Otto und Innocens 102. Opposition in Deutschland 104. Walther auf dem Hoftage in Frankfurt (1212) 106. mahnt Otto zur Kreuzfahrt 107. tritt ein für den Markgrafen von Meissen 109. Fürsprache für den Landgr. Hermann 110. Sprüche gegen den Papst 111. Der Opferstock 112. Walthers Dichtung und Ottos Politik 115. Walther verläset Otto 117. — Vor Friedrich II. 118. Beschenkung 118. Bitte um einen festen Wohnsitz 119. Friedrichs Regierung bis 1220. 120. Walther auf dem Reichstag in Frankfurt (1220) 129. Belohnung des Sängers 130. — Erzbischof Engelbert als Reichsverweser 131. Walthers Beziehungen zu Engelbert 133. Walther als Erzieher 134. wirkt für den Kreuzzug 135. Die Kreuzlieder 137. Friedrich II. im Bann 142. Walthers Elegieen 143. Letzter Kampf gegen Rom 145. Walther mahnt zum Aufbruch. Zweites Kreuzlied 147. — König Heinrich als Selbstherrscher 148. Walthers Verhalten gegen seine Politik 151. — Persönliches Verhältnis des Sängers zu den Königen Philipp, Otto, Friedrich 152.

III. Gedanken und Anschauungen.

Minne. Poesie und Leben. Einseitigkeit der ritterlichen Lyrik 156. Die Liebe im Leben und in der Dichtung 157. Der Minnesang im Dienst der Mode 159. Beschränkt auf das Werben 159. Der Dienst 159. Minne und Sittlichkeit 160. Ziel des Minnedienstes 161. tougenminne 162. Natürliche Abneigung gegen das Liebeslied 162. Schranken der lyrischen Poesie 162. Frauenstrophen 164. Wechsel 166. Dialog 166. Standespoesie 166. Tagelied 167. — Epische Elemente 168. Persönliche Umgebung der Liebenden 169. Nebenbuhler 169. Neugierige. Merker. Hut 170. Bote 171. — Natureingang 171. — Teilnahme der Zuhörer 174. Kunstverächter. Prahler, Lügner, Ungläubige 175. — Personifikationen 176. — Auffassung der Minne. Idealisierung der Minne 177. Sie erzieht 177. giebt Tugend und Freude 178. Die Welt hat nichts

Inhaltsverzeichnis.

lieberes als ein Weib 178. Gottesminne 179. — Lohn der unerhörten Minne 180. Hohe und niedere Minne 180. Minne und Liebe 181. — Eigenschaften der Liebenden. Die Tugenden bestimmen den Dienst 182. Urteil der Welt 183. Preis der Frau 183. Wirkung ihrer Tugend. Meisterwerk des Schöpfers. Vergleiche 184. Schönheit und Güte 185. Einzelne Tugenden 186. Einzelne Schönheiten 186. — Liebesbekenntnis. Beteuerungen. Allgemeine Ausdrücke 188. Die Liebe ist aufrichtig und unwandelbar 189. einzig in ihrer Art 190. Die Geliebte ist die teuerste 190. Die Liebe ist opferwillig; kennt kein Mafs, herrscht mit unumschränkter Macht, verdrängt den Sinn 191. Seelenverkehr 192. — Liebesleid und -lust. Allgemeine Ausdrücke 192. Immerwährende Freude, ganze Freude, Freudenhort 193. Die Frau allein giebt rechte Freude und hebt allen Kummer 193. giebt das höchste Glück 194. — Liebe ist nur Leid. Der Kummer währt lange, ewig. Kein Schmerz so grofs wie Liebesgram 194. Bildliche Ausdrücke 195. Körperlicher Ausdruck der Empfindung 195. Gedankenschwer 196. Gesang Ausdruck der Liebe 196. Abglanz der Liebe 196. Doppelwesen der Minne 197. Was ist Minne? 197. Personifikation 198. — Liebe und Gegenliebe. Dienst und Lohn. Zwei sollen in Liebe vereint sein 198. Dienst giebt Anspruch auf Lohn 199. Leistungen des Minnenden. Lied als Gabe 199. Gott als Helfer 200. — Allgemeine Ausdrücke für Glück und Mifsgeschick in der Liebe: objektive 200; solche die sich auf Gesinnung und Verhalten der Frau beziehen 201; auf die Stimmung des Liebenden 202; auf die Empfindung dritter Personen 203. Einzelne Gunsterweise: Annahme des Dienstes und gnädiges Anhören. Nähe und Anblick. Persönlicher Verkehr 203. Freundlicher Blick. Grufs. Dank. Lachen. Unterredung 204. Kufs. Vereinigung 205. — Wahn und Wunsch. Gedanken. Hoffnung. Zweifel 206. — Entschuldigung und Drohung. Selbstanklage 207. Liebe und Treue als Ursache des Leides. Zurücknahme der Beschuldigung 207. Dringende Mahnung. Aufkündigung 208.

Natur. Natur und Mensch 208. Beseelte Natur 209. Sommer und Winter 209. Walther und das moderne Naturgefühl 211. Bilder und Vergleiche aus der Natur 211.

Persönliche Angelegenheiten. Keine Totenklage auf einen Gönner 213. auf Reinmar 214.

Religion. Charakter der religiösen Dichtung 214. Gott 216. Christus 217. Der hl. Geist. Die Jungfrau Maria 218. Engel. Heilige. Reliquien. Der Teufel 219. — Gott und Welt. Die Welt trügerisch und vergänglich. Jüngstes Gericht 220. Menschenlos 220. Gottesdienst und Weltdienst 221. — Vom christlichen Leben. Christliche Liebe. Gute Werke. Kreuzfahrt. Reue 222.

Ethik. Aufschwung der didaktischen Dichtung 223. Allgemeiner Charakter der Waltherschen Sprüche 224. Höchste Güter 225. Gut und Ehre 225. Persönliche Vorzüge und Gut 227. Tugenden und Pflichten 227. Schönheit und Tugend 227. Selbstachtung 228. Selbstbeherrschung. Nächstenliebe. Hafs und Neid. Feindesliebe 229. Treue und Wahrhaftigkeit 229; in der Liebe und Freundschaft 230. Verfall der Treue 231. Männliche Tugenden: Tapferkeit und Freigebigkeit 231. Hausehre 233. Weibliche Sittsamkeit 233. Mädchenhafte Schüchternheit 234. — Rechte Einsicht 234. — Tugenden des geselligen Verkehrs. Die Gesellschaft mufs man suchen 234; aber nur die gute 235. Unterordnung unter die Stimmung der Gesellschaft 235. Heiterkeit ist Pflicht 235, bes. für Junge und Reiche 236. Die Freude macht den Wert des Lebens 236. Nachsicht und Geduld. Galanterie gegen die Damen. Frauen unterschieden 237. Freundliches Entgegenkommen von Seiten der Damen 238. Diskretion im Verkehr der Liebenden. Mafs 238. Bändigung der Empfindung 239. Feiner Anstand 239. — Erziehung 240.

Politik. Die politische Dichtung als Gesellschaftsdichtung 242. Staat. Der Kaiser, sein Recht und seine Würde 243. Die Fürsten. Wahlrecht 244. Konstantinische Schenkung 245. Herr u. Diener 245. Standesunterschiede. Adel und Ritterstolz 246. Alter 247. Pflichten gegen den Staat. Patriotismus und Nationalgefühl 247. — Kirche. Feindschaft der Ritter gegen die Geistlichkeit 248. Angriffe auf den Reichtum der Kirche 249. Sünden der Geistlichen 250.

Die Rollen des Sängers 251.

IV. Entwickelung des Dichters.

Der Minnesang eine Kunst 253. Musiklehrer. Kunstmäfsiger Gesang der Laien 254. Gelehrte Bildung Walthers 255. Wanderschaft 256. — Versuche Walthers Lieder chronologisch zu ordnen 256. — Erster Vortrag 257. Beziehungen zu Hartman 264. — Zweiter Vortr. 265. Beziehungen zu Hartman und Reinmar 269. Walther als Nebenbuhler Reinmars 271. — Dritter Vortrag 272. Neue Bahnen: Spruchpoesie und niedere Minne 277. Beziehungen zu andern Dichtern 278. — Auf der Höhe der Kunst 279. Dauer von Walthers Minnesang 283. — Die Sprüche 284. — Ende 286.

Anmerkungen 288—456.

Einleitung.

Mit dem Absterben der karolingischen Herrschaft verschwindet auch die deutsche Litteratur für anderthalb Jahrhunderte fast spurlos; erst seit dem Jahre 1060 etwa sehen wir sie neu sich entfalten und in ziemlich rascher Entwickelung heranwachsen. Der Kampf zwischen Papst- und Kaisertum, die durchgreifenden Reformen Gregors VII. stehen an der Schwelle dieses Zeitraumes. Die kirchliche Bewegung gab dem geistigen Leben einen Anstoß von solcher Kraft und Allgemeinheit, wie ihn Deutschland bis dahin noch nicht erhalten hatte. Im Streit der Ansichten übten sich die Geister und gewannen eine Schnellkraft, die zunächst der Geschichtsschreibung und der geistlichen Beredsamkeit zu gute kam, jedoch nicht auf diese Gebiete beschränkt blieb. Wenn uns jetzt die deutsche Litteratur in größerer Fülle und Mannigfaltigkeit entgegentritt als im Zeitalter der Karolinger, so mag das zum Teil darin seinen Grund haben, daß uns aus diesen jüngeren Zeiten schon mehr erhalten ist[1]; aber ohne Frage wurde auch mehr produziert und zwar deshalb, weil das Verlangen nach litterarischer Unterhaltung stärker und allgemeiner geworden war. Die poetischen Gattungen treten reiner auseinander, und bezeichnen dadurch, wie das geistige Leben sich reicher und vielseitiger entwickelt; neben die erzählenden Dichtungen treten lyrische und reflektierende, zum Teil mit satirischem Charakter.

Die Pflege der Litteratur lag wie in der früheren Zeit zunächst in den Händen der Geistlichen, aber sie behandelten jetzt zum Teil andere Stoffe und zum Teil in anderer

Absicht. Im Zeitalter der Karolinger hatten sie Stoffe des nenen Testamentes dargestellt; Kenntnis vom Leben Jesu und den Heilswahrheiten der christlichen Religion zu verbreiten war die erste und wichtigste Aufgabe. Otfried erklärt es ausdrücklich, er hoffe, dafs der Gesang seiner Evangelien das Spiel heidnischer Stimmen vernichten, dafs man lernen werde, über der Sprache der Evangelien den Schall unnützer Dinge zu vermeiden. Jetzt suchte man in der Bibel auch Stoffe der Unterhaltung, und deshalb wurde das alte Testament in ausgedehntem Mafse herangezogen. Eine in manchen Partieen vortrefflich gelungene Bearbeitung der Genesis entstand schon vor dem Ausbruch des Investiturstreites; andere Teile des alten Testamentes in Bearbeitungen von verschiedenen Verfassern schlossen sich an. Darstellungen des Lebens Christi fehlen nicht, aber sie haben keine hervorragende Bedeutung. Nicht wenige Heiligenleben wurden in deutsche Reime gebracht, besonders wurde die heilige Jungfrau ein Gegenstand der Verehrung und Dichtung. Man verkündete in deutschen Versen die Wiederkehr des Antichristes, die Schrecken und Vorzeichen des jüngsten Tages, man schilderte in besonderen Gedichten die Freuden des Himmels und die Qualen der Hölle. Auch die theologische Gelehrsamkeit dringt in die Poesie, spitzfindige Fragen der Scholastik und geschmacklos pedantische Mystik.

Die verschiedenen Teile des Gottesdienstes werden zu Ausgangspunkten für die Dichtung. An den Glauben lehnt sich ein Gedicht des armen Hartmann, an die Beichtformulare schliefsen sich die Sündenklagen, die Litanei giebt den Rahmen für ein umfangreiches Gedicht mannigfaltigen Inhalts; wieder in andern treten die Dichter als Prediger vor das Volk, mahnen zur rechten Zeit Bufse zu thun und den Vorschriften der Lehre Christi gemäfs zu leben. In den Werken Heinrichs von Melk erreichte diese poetische Beredsamkeit ihren Höhepunkt. Der lyrische Gesang hebt an mit dem Wallfahrtsliede Ezzos, in dem Christi Leben und Leiden im Mittelpunkt steht; wärmer und inniger wird der Ton in den Liedern auf die Jungfrau Maria.

Geistliche Leute verschiedener Stellung haben an

dieser Poesie Teil; für die einzelnen Gedichte ist es oft
nicht zu bestimmen, aus welchen Kreisen sie hervorgingen.
Manche entstanden in Klöstern und Stiftern und waren zunächst für diese bestimmt; andere mögen von Hausgeist-
lichen zur Unterhaltung ihrer Herrschaft verfasst sein; wieder
in andern erkennen wir geistlich gebildete Leute, die ohne
geistliches Amt aus dem Vortrag von Gedichten ein Geschäft machten und sich zu den Fahrenden gesellten;
Heinrich von Melk, meint man, sei ein Laienbruder gewesen,
ein Mann aus adeligem Geschlecht, der nach bitterer Welt-
erfahrung im Kloster Zuflucht gesucht habe. Selbst Frauen
nahmen an dieser Litteratur Teil; die erste deutsche Dichterin, die wir kennen, ist die Frau Ava, vermutlich die
fromme Klausnerin, deren Tod die Melker Annalen zum
Jahre 1127 melden; sie sang unter dem Beistand ihrer
geistlichen Söhne vom Antichrist und jüngsten Gericht.

Neben dieser geistlichen Litteratur besteht nun eine
ungeschriebene weltliche Dichtung, deren Pfleger die Spielleute waren. Von ihren Erzeugnissen ist unmittelbar nichts
erhalten; aber die ununterbrochene Fortdauer dieser volksmäfsigen Dichtung steht aufser allem Zweifel. Berührungen
mit der geistlichen Poesie konnten nicht ausbleiben. Wie
in den Klöstern deutsche Sagen in lateinischer Sprache behandelt wurden, so nahmen umgekehrt die Spielleute auch
geistliche Stoffe und gelehrte Notizen an, wenn sie ihnen
tauglich erschienen. Die ältere Judith und wahrscheinlich
auch das Lied auf den heiligen Georg sind aus diesen
Kreisen hervorgegangen. Schon von jenem blinden Sänger
Bernlef, der den Sachsen die Thaten und Kämpfe alter
Könige zur Harfe vortrug, erzählt der Bischof Altfried von
Münster, dafs er sich gerne den Geistlichen angeschlossen
habe, um von ihnen Lieder zu lernen; und die Thätigkeit
der Geistlichen hat sicher dazu beigetragen, manchen Sagen-
stoff zu bereichern und auszubilden.

Dafs das Verhältnis zwischen diesen weltlichen Spielleuten und den Klerikern auch zu unsanften Berührungen
führte, ist natürlich. Ehrbare und strenge Geistliche mochten
oft genug Ursache haben, an dem Sündenleben des fahrenden Volkes sich zu ärgern, und wo geistliche Leute selbst

als Sänger öffentlich durch das Land zogen, da ärgerten sie sich über die Konkurrenz; so der Dichter des Gleinker Antichrist, des himmlischen Jerusalem und auch wohl der der jüngeren Judith.

Über den künstlerischen Wert dieser Poesie können wir nach Zeugnissen nicht urteilen. Schwerlich hat man Grund anzunehmen, dafs sie den gleichzeitigen Erzeugnissen der geistlichen Dichtung überlegen gewesen seien. Die Stoffe mögen oft interessanter gewesen sein, der Vortrag markiger, gedrungter, kräftiger, witziger: aber Fülle und Schmuck der Darstellung, Reichtum an Gedanken, eingehende Schilderung, eine durch Kunstmittel gesteigerte Sprache, Sorgfalt im Metrum dürften zuerst in der geistlichen Poesie sich entfaltet haben. Wäre die Poesie der Spiellente der geistlichen überlegen gewesen, schwerlich hätte diese solchen Umfang erreicht, schwerlich wäre jene ganz verloren, sicherlich hätte die französische Litteratur seit dem zwölften Jahrhundert nicht eine so gradezu überwältigende Wirkung über Deutschland geübt.

Die Poesie der Spielleute trug den Keim einer höheren selbständigen Entwickelung nicht in sich; auch die weltliche Poesie wurde erst durch die Geistlichen zur Litteratur erhoben. Die Kaiserchronik, das Rolands- und das Alexanderlied bezeichnen diesen bedeutenden Fortschritt. Die Kaiserchronik ist das älteste Unterhaltungsbuch, das die Gelehrsamkeit den Laien bot; die zahlreichen Handschriften und die vielfachen Bearbeitungen zeigen, welch hohe Bedeutung es in der Geschichte der geistigen Kultur hat. Das Rolandslied und das Alexanderlied, beide Bearbeitungen französischer Gedichte, sind zusammen ein bedeutungsvolles Abbild der Zeit. Kriegerischer Geist atmet in beiden; im Rolandslied verbunden mit frommem Christensinn, im Alexanderlied mit der leidenschaftlichen Lust an Gefahren und Abenteuern. Das sind die Züge, welche den Charakter des ritterlichen Zeitalters bestimmen. — Die Kaiserchronik und das Rolandslied lassen schon einen direkten Anteil der Laien an der Litteratur erkennen. Der Verfasser jener, ein Geistlicher aus Regensburg oder der Umgegend von Regensburg, hatte dem Kaiser Lothar nahe gestanden und namentlich dessen Schwiegersohn, dem mächtigen Herzog Heinrich dem Stolzen. Derselbe Fürst verschaffte dem Pfaffen Konrad das Original für das Rolandslied; auf den Wunsch seiner Gemahlin wurde es ins Deutsche übertragen. Der Pfaffe Lamprecht wird für sein Alexanderlied einen ähnlichen Anlafs gehabt haben, obschon wir ihn nicht kennen. — Geistliche verfafsten die Gedichte, von Laien war die Anregung ausgegangen. Der nächste Schritt war, dafs Laien selbst die litterarische Arbeit in die Hand nahmen. Er folgte sehr bald und zwar in dem Stande, der zuerst aus der Masse des Volkes sich absonderte, im Ritterstande.

Ohne äufserlich verbindende Organisation hatte die Ritterschaft sich in allen Kulturländern des Mittelalters mit wesentlich gleichen Anschauungen und Ansprüchen herausgebildet und zu Achtung gebietender Stellung emporgeschwungen. Eine eigentümliche Verbindung von Einrichtungen, die in dem Leben des Mittelalters begründet waren und von Anschauungen, die aus dem Altertum herübergenommen waren, hatten die Entwickelung des neuen Standes herbeigeführt. Das eigentliche Abzeichen der Ritterwürde, das cingulum militare, hatten die germanischen Völker, die auf den Trümmern des römischen Reiches ihre Staaten gründeten, als ein Abzeichen des mit mancherlei Vorrechten ausgestatteten kaiserlichen Beamtenstandes kennen gelernt und aufgenommen; aus dem bevorrechtigten Beamtenstande war allmählich durch mancherlei Umwandlungen die Ritterschaft geworden[5]. Macht, Reichtum, Ansehen, selbst die rechtliche Stellung der einzelnen Mitglieder waren sehr verschieden: Kaiser und Könige gehörten dazu, Fürsten, Grafen, Freiherren und Dienstmannen; aber diese Unterschiede hoben hier die Geschlossenheit des Standes eben so wenig auf, wie die mannigfachen Grade in der Geistlichkeit.

Grade der dienstpflichtige Stand der Ministerialen stellte ein zahlreiches Kontingent. Die Herren setzten ihren Stolz darin, ein möglichst grofses glänzendes Gefolge an ihrem Hofe zu unterhalten und stets zur Hand zu haben; aus ihren Dienstmannen wurde es gebildet[6]. Sie waren die stäte Gesellschaft des Herren, wurden seine nächsten Genossen, seine Berater, seine Freunde; sie wurden mit

Beneficien ausgestattet wie die freien Vasallen und waren
oft diesen nicht nur an Einfluss und Ansehn, sondern auch
an Macht überlegen⁴. So wurden auch diese mit ritterlichen Lehen ausgestatteten dem Reiterdienst gewidmeten
und zum Reiterdienst verpflichteten Männer dem Ehrenstand
der Ritter zugezogen⁵, ohne dafs an ihrer unfreien Stellung etwas geändert wurde⁶. Das gemeinsame in der
Lebensaufgabe und den Lebensauschauungen überwog die
Unterschiede in der rechtlichen Stellung, und seit der Mitte
des 12. Jahrh., nimmt man an, hatte sich die Verschmelzung
der Ministerialen mit den freien Vasallen vollzogen. Die
Entwickelung des Ritterstandes war damit im wesentlichen
abgeschlossen. Durch Konrad II. wurde die Erblichkeit
der Ritterlehen eingeführt und dadurch der Bestand der
ritterlichen Gesellschaft gesichert⁷; Friedrich der I. bestimmte, dafs die Söhne von Geistlichen und Bauern für
immer ausgeschlossen sein sollten⁸ und Friedrich II. wollte
sogar, den Anschauungen der Zeit folgend⁹, die Ritterwürde auf Sprölslinge ritterlicher Geschlechter beschränkt
sehen ¹⁰.

Die natürlichen Mittelpunkte des ritterlichen Lebens,
der Boden, auf welchem sich die ritterlichen Gebräuche
und Lebensformen ausbildeten, waren die grofsen Höfe,
und zwar nicht nur die der weltlichen Fürsten. Auch die
geistlichen Fürsten mufsten ihre Kriegsmannschaft halten,
und selbst Mönche verlangten nach Äbten, die Übung und
Freude am Waffendienst hatten. Petrus Damiani, der Freund
und Gesinnungsgenosse Gregors VII. klagt, dafs die Mönche
keinen über sich dulden wollten, der sich nicht durch statt-
lichen Leib und durch Körperkraft auszeichne und eine
lange Reihe stolzer Ahnen aufzuweisen habe¹¹. Die Freunde
einer strengeren Richtung wie Bernhard von Clairvaux und
Gerhoh von Reichersberg verurteilten diese Gesinnung und
dies weltliche Treiben aufs heftigste, der Dichter Heinrich
von Melk schliesst sich ihnen an¹². Denn die kirchliche
Zucht und auch das kirchliche Vermögen litten oft darunter;
es gab Bischöfe und Äbte, die Kirchen- und Klostergut auf-
teilten, um nur zahlreiche Kriegsmannschaft zu unterhalten¹³.

Bei den weltlichen Herren war diese Neigung nicht

geringer und mancher wurde durch den Wunsch ein glänzend ausgestattetes Gefolge um sich zu sehen zu Anstrengungen über Vermögen veranlafst. Bürger und Bauern, Kaufleute und Schiffer mufsten dann hergeben, ein jäher Glückswechsel war oft die Folge. Solche Zustände schildert schon der Biograph Heinrichs IV.: „Mächtige Herren, die ihr Gut auf die Reisigen verwandt hatten, um mit zahlreichem Gefolge einher zu schreiten und andere durch Waffenmacht zu übertreffen: sie litten jetzt, nachdem der Friede geschlossen und ihnen die Freiheit zu rauben entrissen war, an Mangel; Dürftigkeit und Hunger lagerten in ihren Kellern. Wer jüngst noch auf schäumendem Rosse einher sprengte, liefs sich jetzt mit einem Ackergaul genügen; wer jüngst nur ein Purpurgewand hatte tragen wollen, schätzte sich jetzt glücklich, wenn er nur ein naturfarben Kleid hatte¹⁴". Und ähnlich erzählt das Gedicht vom Recht von verarmten Adeligen, die nach Verlust von Hab und Gut mit ihrem Knecht in die Wildnis ziehen, den Wald zu roden und mit kärglichem Ertrag ihr Leben zu fristen¹⁵. Ja, so prächtig und prahlend dieses ritterliche Auftreten war: oft genug war es ein glänzendes Elend, und nicht einmal immer glänzend. Von dieser kläglichen Seite sieht es Heinrich von Melk in seinen satirischen Gedichten an; er betrachtet, um die Erbärmlichkeit des irdischen Lebens zu schildern, das Leben eines Königsohnes. Wenn er ohne Sorge bis zur Schwertleite gekommen ist, so fängt dann sicher die Sorge an. Früh und spät mufs er sich um die arme Ehre sorgen, heute und morgen darauf bedacht sein, seine Leben zu mehren. Will er ruhig leben, so verliert er seine Ehre und wird von seinen Genossen bedrängt; handelt er gewaltthätig ohne Treu und Glauben, dann verliert er das Heil der Seele. So ist er von beiden Seiten unglücklich¹⁶.

Feinere geistige Bildung und Adel der Gesinnung, scheint es, konnten in diesen kriegerischen Kreisen, deren Ursprung und Zweck der Kampf war, zunächst wenig Pflege und Anerkennung finden. Die physische Kraft wurde geschätzt und rücksichtslos zur Geltung gebracht. Heinrich von Melk bezeichnet ihre Ideale: Frauen zu notzüchtigen und Männer zu erschlagen, das war ihr Ruhm". Thaten tapferer Haudegen, Pferde, Hunde, Falken und hübsche Frauen bildeten den Gegenstand ihrer Unterhaltung. *Sie redeten, wie es in der Kaiserchronik heifst, von vil guoten knehten, die in dem riche wol getorsten vehten. sumelîche begunden si aver schelten, die ir zagcheit muosen engelten. an denselben stunden redeten sie von scônen rossen unde von guoten hunden, sie redeten von zederspil, von ander kurzewîle vil. si redeten von scônen frouwen, das si die gerne wolten schouwen, an den niene waere decheiner slahte wandelbaere*[18].

Aber wenn auch die Waffenübung die erste und vornehmste Aufgabe des Ritters war und blieb; so roh und einseitig war das Leben doch nicht mehr, dafs jedes edlere auf feinere Bildung gerichtete Streben unbekannt gewesen wäre. Man schätzte die physische Kraft, aber man hatte auch die Macht des Wortes kennen gelernt. Schon in der Wiener Genesis (v. 5840) rühmt Jacob seinen Sohn Nephtalim wegen seiner zierlichen und anmutigen Rede, die ihn vor den Leuten beliebt und bei Hofe angenehm mache; und die Schwaben rühmt das Annolied (v. 287) als *ein liuth ci rûdi vollin guot, redispêhe genuog, die sich dikke des vure nâmin duz si guode rekkin wâren*. Je bedeutender aber der Hof war, das wird man annehmen dürfen, um so mehr Gewicht wurde auch auf die Entwickelung solcher geistigen Eigenschaften gelegt, weil man dort ihrer am meisten bedurfte[19].

Die Erziehung des jungen Ritters wurde durch die Aufgaben, die des Mannes harrten, bestimmt. Die Knaben wurden zu allerlei Leibesübungen angehalten, sowohl zu solchen, die den Körper im allgemeinen ausbilden sollten, als auch zu solchen, welche specielle Vorbereitungen für Kampf und Ritterspiel waren. Springen, Laufen, den Schaft werfen, schirmen, fechten, bahndieren u. s. w., all das wurde getrieben, wie es Alter und Kraft erlaubten. Aufserdem aber hatten sie, um sich die feinere Sitte des Adels anzugewöhnen, bei Tisch und im Schlafgemach aufzuwarten, sie lernten die höfischen Gesellschaftsspiele Tanz und Schach, und wurden in liebenswürdiger Konversation geübt. So er-

Adelige Bildung.

zählt Wi**g**t vom Wigalois (36, 30), wie ihn die Ritter allerlei Ritterspiele lehrten, und wenn sie ihn frei gaben: *sô nâmen in die frouwen wider, man fuorte in ûf unde nider.* So lernte er *riten unde gên mit zühten sprechen unde stên.*
— Zur feinen Sitte gesellte sich dann die schöne Kunst. An Karl dem Grofsen wird in altfranzösischen Gedichten gerühmt, dafs er zierlich habe tanzen und harfen können, Alexander hatte einen Meister der ihn in der Instrumentalmusik und im kunstgemäfsen Gesang nach Noten unterrichtete[10]. Auch Wigamur lernt in seiner Jugend *singen unde seitspil und ouch ander hübscheit vil.* Ein Musterbild vielseitiger Bildung ist Tristan[11]; in der volkstümlichen Gudrun entspricht ihm Horant, während in Wate das alte Reckenideal dargestellt ist.

Wer höher hinauf wollte, lernte auch fremde Sprachen. Wir haben einen Brief Heinrichs des Löwen, in welchem er dem König Ludwig von Frankreich für die freundliche Aufnahme eines jungen Mannes dankt, und sich dazu bereit erklärt, noch einige französische Knaben nach Deutschland kommen und im Deutschen unterrichten zu lassen[12]. Aber gelehrte Bildung suchte die Ritterschaft im allgemeinen nicht. Selbst ein so angesehener und begüterter Herr wie Ulrich von Lichtenstein hatte zwar gelernt *an prieven tihten sîn zin wort,* aber lesen und schreiben konnte er nicht. Die Schule überliefs man den Pfaffen; die Knappen wurden an die Höfe geschickt, damit sie unter den Rittern selbst für die Gesellschaft und die Aufgaben des ritterlichen Lebens erzogen würden[13].

Für die Entwickelung feinerer Sitte und geistiger Regsamkeit waren die Frauen jedenfalls von nicht geringer Bedeutung. Zwar dafs die Gemütsbeschaffenheit und Naturanlage des Weibes an und für sich den Verkehr der Männer veredle, möchten wir nicht behaupten; wohl aber wenn die Frau dem Manne an geistiger Bildung überlegen ist und im gesellschaftlichen Leben ihr die Selbständigkeit der Stellung eingeräumt wird, welche die Entfaltung der eigentümlich weiblichen Vorzüge gestattet. Bei den vornehmen Frauen des Mittelalters war das der Fall. Die Frauen standen durch Erziehung und Bildung vermittelnd zwischen den

Geistlichen und den Laien. Während der Mann meistens nur durch das Leben und für das Leben gebildet wurde, beschäftigte sich die Jungfrau in stiller Abgeschiedenheit unter der Leitung geistlicher Frauen oder Männer auch mit Lesen und mancherlei Künsten. „Die Bildung oder die durch Erziehung und Unterricht gewonnene Tüchtigkeit nach Seite der Intelligenz und des Charakters wird von der romanischen Kunstlyrik als hervorstechende Eigenschaft der Frauen gerühmt"" und deutsche Sänger freuen sich, dass sie durch den Umgang mit den Frauen *getiuret* und *bezzer* werden. Die Freude an litterarischer Unterhaltung wird zum grofsen Teil auf den Anteil, den die Frau am geselligen Leben hatte, zurückzuführen sein. Im alten Heldenepos war der Preis der Tapferkeit und Kampfeslust gesungen, die neuen Romane stellten die Tapferkeit in den Dienst der Liebe; die neue Lyrik war ganz den Frauen gewidmet.

Endlich ist in diesem Zusammenhang auch der Kreuzzüge zu gedenken, deren tiefgreifender und vielseitiger Einflufs auf die Verhältnisse des Abendlandes oft hervorgehoben und geschildert ist. Auf die Ritterschaft wirkten sie am unmittelbarsten, denn ihr gehörten diese grofsartigen Unternehmungen an: *daran gedenket, ritter, es ist immer dine.* Sie mehrten das Selbstgefühl des Standes; das erhabene Ziel führte zu sittlicher Erhebung; das Anschauen fremder Kultur befruchtete den Geist; die Berührung verschiedener Nationen weckte das Bewufstsein der eignen Nationalität.

Indem die ritterliche Gesellschaft in Deutschland zu höherer geistiger Bildung emporstrebte, war sie der Aufgabe selbst den Weg zu suchen überhoben. Das geistige Wachstum des deutschen Volkes besteht bis in die neueste Zeit zum grofsen Teil in der Aneignung des Fremden; und je weiter wir in der Zeit zurückschreiten, um so bedeutender tritt das Empfangen hervor, um so geringer erscheint die schöpferische Thätigkeit. Im Mittelalter, und nicht nur im Mittelalter, ist es namentlich die französische Kultur, welche den Deutschen Muster und Vorbild war. Die Geistlichen, welche anfangs die Träger aller Bildung waren, zeigen die Abhängigkeit zuerst. Von Frankreich war schon zu Anfang des zehnten Jahrhunderts die strenge Klosterreform ausgegangen, bald wurde es der Hauptsitz der theologischen Gelehrsamkeit, und viele deutsche Männer wandten sich dorthin, um ihre Studien zu machen. Williram erwartet von dort Heil für sein Vaterland und wer aus der Fremde zurückkehrte, hatte höheres Ansehen, als die welche nur in der Heimat erzogen waren. Gegen Ende des elften und im zwölften Jahrhundert wurde der Strom noch stärker; Lanfranc und Anselm von Aosta zogen zahllose Schüler an; nachher lehrten in Paris Abailard und Wilhelm von Conches, und der Ruhm ihres grofsen Gegners Bernhards von Clairvaux erscholl durch alle Lande. Eine grofse Zahl namhafter deutscher Geistlichen, namentlich des zwölften Jahrhunderts war in Frankreich gebildet"*.

Natürlich konnte diese Abhängigkeit nicht auf das Gebiet der Theologie beschränkt bleiben. An einer bekannten Stelle klagt schon zu Heinrichs III. Zeiten der Abt Siegfried von Gorze über die abgeschorenen Bärte, die anstöfsige Verkürzung der Kleider und andere Neuerungen in Sitte und Tracht, welche von Frankreich her eindrängen und zur Zeit der Ottonen nicht würden gelitten sein"*. Und als im Ritterstande die Laien zu gröfserer Regsamkeit erwachten, steigerte sich dieser Einflufs und machte sich bald auf allen Gebieten des Lebens geltend. Wohin man den Blick wendet, überall wo man Entwickelung und Fortschritt wahrnimmt, nimmt man auch Verwälschung und Abhängigkeit von Frankreich wahr.

Kampfspiele waren den Deutschen von alters her bekannt, auch Reiterspiele längst im Gebrauch. Aber dafs in der zweiten Hälfte des zwölften Jahrhunderts die französische Form dieser Spiele aufgenommen wurde, zeigen die technischen Ausdrücke, die in Geltung kamen: *turnei buhurt tjost poinder puneis sarjant garzún crie, harnasch halsbere spaldenier härsenier vintále zimier, ravit rabîne walap leischieren covertiure* u. a.; manche dieser Wörter sind deutschen Ursprungs, aber jetzt wurden sie von Frankreich in ganz bestimmter Bedeutung zurückgenommen mit der

Sache selbst⁷⁷. — Die Jagd war von jeher eine beliebte Beschäftigung deutscher Männer; aber selbst die Jagdgebräuche erhielten jetzt neue Façon unter französischem Einflufs. Deshalb schildert Gotfried von Strafsburg mit so eingehender Behaglichkeit das Zerwirken eines Hirsches, die *curie* und *furkie*; der geschäftsmäfsig rohe Gebrauch wurde zum Gegenstand zierlicher Unterhaltung umgebildet. — Die Vogelbeize war gleichfalls alt; aber die Namen der edelsten Arten zeigen den Einflufs des Auslandes auch in der Falkenzucht: *sackerfalken, girofalken, montaner, pilgrimfalken*. — Eine grofse Menge fremder Zeug- und Stoffnamen verkündet das Übergewicht französischer Industrie oder des Handels, der die Aufnahme vermittelte, oder wenigstens der Mode, welche sie einführte: *barragan, buckeram, brúnit, diasper, ferrun, siglât, sindal* u. a.⁸⁸. — Ebenso nahm man französische Musik auf: aus Frankreich kamen neue Tänze, neue Melodieen und neue Instrumente⁸⁹.

Am auffälligsten ist die Abhängigkeit in der Unterhaltungslitteratur; die bedeutendsten Werke der ritterlichen Epik sind Übertragungen aus dem französischen⁹⁰; in Übersetzungen lernte man erst gewandte Rede, anmutige Darstellung, zierlichen Versbau. — Die Sprache selbst hing sich französisches Modegewand um, man zierte die Rede mit französischen Wörtern und Phrasen. Die Werke Wolframs von Eschenbach und Gotfrieds von Strafsburg wimmeln von Fremdwörtern, und selbst wo nur deutsche Wörter gebraucht werden, bemerkt man hier und da Nachbildung französischer Sprachwendungen⁹¹. Charakteristisch ist in dieser Beziehung eine Äufserung des Thomasin von Zirclære, der selbst ein Romane von Geburt deutsch dichtete. Sein Geschmack bewahrt ihn vor der Einmischung fremder Wörter, aber er will diese bunt gestreifte Rede doch auch nicht tadeln, denn durch sie lerne ein Deutscher, der das Wälsche nicht kenne, ohne Mühe hübsche Wörter: *das ensprich ich dâvon nicht, daz mir missevalle iht, swer strîfelt sîne tiusche wol mit der welhischen sam er sol: wan dâ lernt ein tiutsche man, der liht niht welhischen kan, der spæhen wörter harte vil.* An dem *gestrîfelten tiutsch* erkannte man den feinen Mann. — Ja der grundlegende Gegensatz zwischen hösisch und törperlich, den diese Zeit hervorkehrt, ist vorbereitet im französischen *courtois* und *vilain*[30].

Die Aufnahme einer fremden Bildung, wie sie sich in der ritterlichen Gesellschaft vollzog, konnte jedenfalls schneller vor sich gehen als die Entwickelung einer selbständigen Kultur; aber doch auch die Aufnahme erforderte Zeit und erfolgte nicht durch ganz Deutschland und in der ganzen Ritterschaft zugleich. Sie wandert von Westen nach Osten, von oben nach unten. Durch den natürlichen Verkehr der Völker wurde sie vermittelt, in den Grenzländern trat sie zuerst hervor. Die Grenze zwischen Frankreich und Deutschland ist lang genug. Im Süden gehörte Burgund, ganz romanisch, noch zum deutschen Reich; im Norden, wo natürliche Grenzen dem Verkehr keinerlei Hindernis in den Weg setzten, trat die niederländische Ritterschaft vermittelnd zwischen Romanen und Deutsche. Diese Gegenden standen allen andern in Deutschland an vielseitiger Ausbildung des Lebens voran; von hier ging Heinrich von Veldecke aus, der Vater des ritterlich höfischen Epos. Hartman von Aue, der nächste ritterliche Erzähler nach ihm, war ein Schwabe. Das Terrain, welches die fremde Unterhaltungslitteratur von etwa 1170 bis gegen Ende des Jahrhunderts eroberte, bildet ungefähr ein Dreieck, dessen Grundlinie das Rheinland bildet, dessen Spitze in Thüringen und Meifsen liegt. Im norddeutschen Tieflande und in Oberdeutschland östlich vom Lech finden wir die neue Kunst noch nicht heimisch; der sächsische Stamm und der bairisch-österreichische nahmen an diesem Aufschwung keinen selbstthätigen Anteil[31]. Der Verbreitung der ritterlichen Litteratur entspricht die Verbreitung der ritterlichen Waffenkünste. „Um das Jahr 1200 noch läfst das öffentliche Urteil eine Reihe von Abstufungen eintreten. In Brabant, in Hennegau, im Lüttichschen da sitzt die Blüte der deutschen Ritterschaft; in dieser Gegend war zuerst von einem Ritterstande die Rede, hier wurden die ersten Turniere gefeiert. Den niederländischen zunächst an Rang stehen wohl die Ritter vom Rhein, fränkischen und allemannischen Stammes, dann erst kommen die östlicheren Franken und die Baiern. In vierter Linie steht die österreichische

Ritterschaft und vollends die Sachsen galten als wild und barbarisch"[34].

Die Hauptstützpunkte für die Aufnahme und Verbreitung der ritterlichen Kultur aber sind die Höfe. Politische Beziehungen und Familienverbindungen gaben zunächst die Anregung, Macht und Reichtum gestatteten der Anregung zu folgen. Schon in der ersten Hälfte des Jahrhunderts zeichnet sich das Geschlecht der Welfen durch die Pflege litterarischer Interessen aus, auch am Hofe der Staufer fand die Kunst eine Stätte, und dann besonders in Thüringen und Österreich; selbst kleinere Herren wurden Förderer der Kunst, wie das Beispiel Hartmanns zeigt; denn wer auch immer sein Lehnsherr gewesen sein mag, zu den Fürsten Deutschlands gehörte er jedenfalls nicht. Für das Gedeihen der epischen Dichtung war diese Teilnahme der Höfe unentbehrlich. Denn zu einer Zeit, wo die Kenntnis der Schrift im Laienpublikum wenig verbreitet, an den geschäftsmäßigen Vertrieb von Büchern noch gar nicht zu denken war, konnten die litterarischen Werke nur durch Vorlesen bekannt werden; und wo sonst hätte der Dichter einen geeigneten Hörerkreis finden können als an den Höfen. Hier allein fand er den materiellen Lohn seiner Arbeit, hier die Wechselwirkung zwischen Gebenden und Nehmenden, welche die Grundbedingung für alle menschliche Arbeit ist. Der Sänger mochte von Burg zu Burg ziehen und durch den Vortrag seiner Lieder bald hier bald dort Freude säen und Dank ernten. Wer es unternahm ein umfangreiches Gedicht zu schreiben, der bedurfte eines stätigeren Lebens für die Abfassung, für die Mitteilung eines stätigeren Publikums. Was in unserer Zeit für den Komponisten einer Oper die Bühne und das Theater ist, das war damals für den erzählenden Dichter ein teilnehmender Hörerkreis; nur durch die Gunst kunstsinniger Herren und ihres Ingesindes konnte der Ruf der Dichter begründet werden.

Daß unter diesen Umständen eine so schnelle und allgemeine Verbreitung der modernen Litteratur nicht erfolgen konnte wie jetzt, versteht sich von selbst. Heutzutage wird ein Buch von allgemeinerem Interesse in vielen tausend

Exemplaren gedruckt, in wenigen Wochen ist es über das ganze Sprachgebiet verbreitet, und jeder der Lust hat, mag es kennen lernen. Wie viel langsamer und schwieriger mußte damals die Verbreitung sein. Mag man auch annehmen, daß das Verlangen nach litterarischer Unterhaltung im Ritterstande sehr groß und allgemein war, die Möglichkeit dieses Verlangen zu befriedigen war immer eine sehr beschränkte. Noch im vorigen Jahrhundert ist deutlich wahrzunehmen, daß die litterarische Bildung an gewisse Centren gebannt ist und weite Gebiete um Jahrzehnte hinter andern zurückblieben; in viel höherem Maße mußte das im 12. und 13. Jahrh. der Fall sein. Gewiß war die deutsche Litteratur jener Zeit lange nicht mehr so exclusiv wie die lateinische im Zeitalter der Ottonen, aber im Vergleich zu der unserigen war sie es jedenfalls noch in hohem Maße. Die große Masse des Landadels wurde wohl wenig davon berührt und selbst an den Höfen, an welchen die Dichter Schutz und freundliche Aufnahme fanden, fehlte es nicht an Gesellen, die in einseitiger Schätzung ihres Waffenhandwerks von feinerer geistiger Unterhaltung nichts wissen wollten, auf die Dichter scheel sahen, ihnen Ungelegenheiten und Verdruß zu bereiten suchten, und wenn es zum Vorlesen kam, bei Seite gingen[55]. Die erste Blüte unserer Litteratur welkte schnell ab; die Wurzeln des Baumes gingen nicht tief.

Je enger der Kreis war, in welchem die litterarische Entwickelung sich vollzog, um so schneller konnte sie sein. Das zwölfte Jahrhundert sah einen Aufschwung der Litteratur, wie er in solchem Maße sich nie wieder im Leben des deutschen Volkes wiederholt hat. Die religiöse Dichtung wird emsig weiter gepflegt, tritt aber allmählich immer mehr vor der weltlichen von weltlichen Dichtern verfaßten Dichtung zurück. Durch die Anlehnung an fremde Muster und durch unausgesetzte Übung steigerte sich das poetische Können. Die Form wird feiner, die Darstellung voller und bewegter. Umfangreiche französische Gedichte werden bearbeitet, die Tiersage tritt in die Vulgärdichtung, die deutsche Volkssage wird litterarisch fixiert und zu umfangreicheren Gedichten ausgesponnen, und indem der Zweig der epischen Poesie wächst und viele frische Sprossen treibt, schiefst neben ihm schnell ein ganz neuer Zweig hervor, die weltliche Lyrik; das Minnelied war die Blüte, die sich an diesem neuen Zweige der deutschen Dichtung zuerst voll entfaltete.

Dafs es vor der Mitte des zwölften Jahrhunderts eine weit verbreitete Liebeslyrik gegeben habe, glaube ich nicht; durch Zeugnisse ist sie nicht zu belegen, die allgemeine Entwickelung des Volkes spricht nicht dafür. Man hat es unbegreiflich gefunden, dafs der mächtigste und poesiereichste Trieb vorher keinen Ausdruck sollte gefunden haben; man hat die ältere Zeit mit einer Fülle vergessener und verschollener lyrischer Gelegenheitsliedchen belebt. Mit Unrecht. Die Liebe fand ihren Ausdruck freilich auch in der Poesie; aber wie alle andere Empfindung in der epischen Poesie; denn auf die Aufsenwelt ist das Auge des natürlichen Menschen gerichtet. Die Liebe ist ein mächtiger Trieb; aber die höchste Lust und das tiefste Weh nehmen nicht am leichtesten künstlerische Form an. Thränen sind der Ausdruck für die heftigste Empfindung des Augenblicks, kaum Worte, noch viel weniger Poesie. Nur was das reine Auge der Phantasie schaut, ist Stoff des künstlerischen Schaffens, und erst wenn es dem Individuum gelungen ist die Empfindung zu objektivieren und aufser sich zu stellen, kann es sie zum Gegenstand des Gedichtes machen. Insofern steht der lyrische Dichter, auch wenn er seine eignen Empfindungen darstellt, seinem Stoffe nicht anders gegenüber als der Epiker. Aber es wird ihm viel schwerer diesen Stoff zu erwerben, und schwerer ihn so darzustellen, wie es die Kunst verlangt. Der erzählende Dichter findet seinen Stoff aufser sich, und als einen fremden, obschon nicht ohne Teilnahme, stellt er ihn dar. Der Lyriker, der die eignen Empfindungen darstellen will, mufs sie erst aus dem eignen Innern losreifsen und gegenständlich erfassen, und dann doch so darstellen, als ob sein Bild der unmittelbare Ausdruck der frischen Herzensempfindung wäre; seine Aufgabe ist um so schwieriger, je mächtiger die Empfindung ist, je mehr er sie als ihm persönlich angehörig fühlt. Die tiefste und persönlichste

Anfänge der Liebeslyrik.

Leidenschaft, gekleidet in den Schein der gröfsten Unmittelbarkeit, ist der Gipfel der lyrischen Kunst, und darum schwerlich ihr Anfang. — Gebete, Klage- und Spott-, Lob- und Scheltlieder werden früh bezeugt; also — folgert man — können die Lieder der Liebe nicht gefehlt haben. Aber wer möchte den Unterschied zwischen jenen und diesen verkennen? Die Gebete sind allgemeine Formeln der religiösen Verehrung; die Klagelieder auf verstorbene Fürsten mehr episch als lyrisch; die Spott-, Lob- und Scheltlieder sprechen nicht sowohl Empfindungen als Urteile aus, und zwar Urteile, die nach aufsen drängen, leichter zu bekennen als zu verschweigen sind; in ihnen behauptet das Individuum seine Freiheit, in der Liebe fühlt es sich überwunden, und darum scheut sich die Liebe in die Öffentlichkeit zu treten. Dafs für jene Gattungen Zeugnisse aus älterer Zeit vorliegen, für das Liebeslied aber fehlen", setzt nicht launenhaften Zufall einer lückenhaften Überlieferung voraus, sondern erklärt sich aus der Natur des menschlichen Herzens und allmählicher Entwickelung des geistigen Lebens.

Durch das Vorstehende wird nun keineswegs in Abrede gestellt, dafs es nicht schon früher Gesänge gegeben habe, in denen von Liebe die Rede war. Tänze waren von jeher da, und zum Tanz wurde gesungen, vermutlich auch von Liebe gesungen. Aber unerweislich und unwahrscheinlich ist, dafs solche Lieder sich als der Ausdruck persönlicher Empfindung gaben. In den Carmina Burana (S. 203. Nr. 129*) steht ein Sprüchlein, das spröde Mädchen gesungen haben mögen, wenn die Buhlen für das Jahr gewählt worden:

> *Swas hie gât umbe*
> *das sint alles megede.*
> *die wellent âne man*
> *allen disen sumer gân.*

so allgemein, so einfach mag man sich die alte volksmäfsige Lyrik vorstellen.

Ferner kann auch die Möglichkeit nicht bestritten werden, dafs schon im elften Jahrh. glücklich beanlagte Geister die Regungen der Liebe dem Liede anvertraut haben. Solche Anomalieen wären bei einem Volke, das sich nicht aus eigner Kraft und von innen heraus entwickelt, wohl denkbar. Aber beweisen läfst es sich nicht, und wenn es geschah, so waren es sicherlich vereinzelte Ausnahmen, Vorboten der späteren Entwickelung, ohne engern Zusammenhang mit dieser. Wie unentwickelt das lyrische Vermögen damals noch war, das zeigen Gedichte wie das Ezzolied, das für den Gesang bestimmt, nach zuverlässigem Zeugnis der Ausdruck begeisterter Gemütserhebung, doch nicht über eine schlichte, fast trockne Aneinanderreihung äufserlich gegebenen Stoffes hinauskommt. Das zeigen deutlicher vielleicht noch die Sündenklagen, in welche sich die Stimmung eines ganzen tief ergriffenen Zeitalters ergiefst und die doch nicht zu selbständigem Ausdruck des Gefühls kommen können; sie haften an den alten allgemeinen Formeln der Beichte, so wenig diese auch für den einzelnen Fall zu passen scheinen. Erst sehr allmählich erwachte das Verständnis für die geheimnisvollen Vorgänge des Seelenlebens; sehr langsam wurde die Fähigkeit erworben, die Fülle mannigfaltiger Empfindungen in der Sprache zu entwickeln. Die offenstehende Bahn wurde betreten, indem die Ritter den Minnegesang zum Gegenstand geselliger Unterhaltung machten.

Die Liebeslyrik in ihrer persönlichen Form als eine sich fortentwickelnde und der Entwickelung fähige Kunstgattung ist nicht älter als die geistige Erhebung der ritterlichen Gesellschaft, wie sie sich seit der Mitte des zwölften Jahrhunderts vollzog. Das darf man nicht nur aus dem Mangel an älteren Zeugnissen schliefsen: es wird bewiesen durch die eigentümliche Beschränkung, welche die Pflege der Liebespoesie erfuhr. Wie die Turniere dem gemeinen Mann versagt waren, so nahm die Ritterschaft auch den Minnesang für sich in Anspruch. Alle Minnesänger der ältern Zeit ohne Ausnahme sind ritterliche Herren, kein einziger bürgerlicher Spielmann wird als Liederdichter genannt; die Gesellschaft wollte aus dem Munde des fahrenden Volkes nicht Lieder zum Preise der Frauen hören. *swer getragener kleider gert, der ist niht minnesanges wert*, sagt noch einer der späteren Herren, der von Buwenburc (MSH. 2, 203ᵇ); und als der Stricker, ein österreichischer

Dichter, ein reflekticrendes Werk über die Frauenehre verfafste, da legt er einem Tadler die Worte in den Mund:
ditz ist ein schœne mære, daz ouch nu der Strickære die vrouwen wil bekennen. ern solde si niht nennen an sinen mæren, wære er wis. sin leben unde vrouwen pris die sint einander unbekant. ein pfert unde alt gewunt die stüenden baz in sinem lobe [87]. Eine derartige Beschränkung der Liebeslyrik auf einen Stand wäre unmöglich gewesen, wenn sie früher Besitz des ganzen Volkes und althergebrachte Sitte gewesen wäre.

Wie weit nun diese deutsche Lyrik selbständig ist, wie weit abhängig von fremden Mustern, das ist noch nicht so vielseitig und eingehend erörtert, wie man wohl wünschen möchte; dafs aber auch die Lyrik fremden Einflüssen unterlag, ist sicher. Wie das westliche Nachbarland in jeder Beziehung: in Theologie, Tracht, Sitte, Ritterbrauch für Deutschland Muster war, wie die epische Poesie aus Frankreich nach Deutschland hinübergetragen wurde, so ist es selbstverständlich, dafs die lyrische Dichtung sich nicht unabhängig halten konnte von der französischen Lyrik und von der älteren reicher und mannigfacher entwickelten provenzalischen. Noch weniger, so sollte man wenigstens meinen, konnte die lateinische Poesie der Geistlichen, wie sie in allen Ländern gepflegt wurde, und in den Liedern der Vaganten köstliche Blüten trieb, die noch heute Duft und Farbe behalten haben, ohne Einflufs bleiben. Und in der That hat man auch mancherlei Beziehungen nach beiden Seiten hin bemerkt; schon längst zur romanischen Lyrik, erst später zur lateinischen Poesie der Vaganten. Einige Gedichte Friedrichs von Hausen, Herngers von Horheim, Heinrichs von Morungen, Rudolfs von Neuenburg sind als Nachbildungen provenzalischer und französischer Lieder nachgewiesen; für einige andere hat man mit grofser Wahrscheinlichkeit die Vorbilder in lateinischen Gedichten gefunden. Man hat ferner in Gedanken und Wendungen auf Übereinstimmungen gewiesen, welche nicht Zufall sein können, und, wenigstens wo die Übereinstimmung romanische Dichter betrifft, nur auf Entlehnung von Seiten der Deutschen beruhen können. Man hat endlich in Vers und

Strophenbau die fremde Einwirkung erkannt. Aus den romanischen Mustern stammt der beliebte daktylische Vers mit vier Hebungen, der sich zuerst bei Heinrich von Veldeke und Friedrich von Hausen findet, und sich während des 12. Jahrhunderts ziemlich in Gebrauch hält, nachher aber seltner wird. Eben daher stammt der Gebrauch sich innerhalb der Strophe auf zwei verschiedene Reime zu beschränken und diese aus den Stollen im Abgesang zu wiederholen, wie das Heinrich von Veldeke liebt, dann Rudolf von Neuenburg, Ulrich von Gutenburg, Heinrich von Morungen, Friedrich von Hausen, Bernger von Horheim. Ja vielleicht ist selbst die Dreiteiligkeit der Strophe nach dem Muster der französischen Lyrik aufgenommen[38]. Leider fehlt uns die Musik, die Melodie der Lieder. Erst diese würde uns den ganzen Umfang der Abhängigkeit erkennen lassen, und gerade nach dieser Seite hin würde sie vermutlich sehr grofs erscheinen. Die Förderung der Musik ist vielleicht die bedeutendste Wirkung, die der Minnesang hervorgebracht hat[39].

Die ältesten Minnedichter, die wir kennen, sind zwei rheinische Dichter: Friedrich von Hausen und Heinrich von Veldeke. Heinrich von Veldeke stammt vom Niederrhein. In dem jetzt belgischen Limburg, in der alten Grafschaft Looz, ist seine Heimat nachgewiesen. Der Sänger ist der älteste bekannte seines Geschlechts, aber später erscheinen öfters milites de Veldeke in Urkunden der Grafen von Looz und der Abtei St. Trond; ihren Namen trägt noch heute eine Mühle, die einige Meilen westlich von Maestricht bei dem Dorfe Spalbeke gelegen ist[40]. Hier, in dem westlichsten Teile Deutschlands, der am meisten den Einflüssen des vorgeschrittenen Nachbarlandes ausgesetzt war und am frühesten an seiner Kultur partizipierte, begann Veldeke seine Dichterlaufbahn; hier verfaßte er schon den gröfsten Teil des Werkes, welches seinen Ruhm durch ganz Deutschland trug und ihn zum Vater der höfischen Epik machte. Später führte ihn sein Geschick in das Herz Deutschlands, an den thüringischen Hof. — Friedrich von Hausen gehörte einem pfälzischen, wahrscheinlich in der Nähe von Worms[41] angesessenen Geschlecht an. Schon 1171 erscheint er neben seinem Vater als Zeuge in einer Urkunde, nachher finden wir ihn als vertrauten Diener Kaiser Friedrichs, der ihn zu wiederholten Malen in wichtigen Geschäften brauchte. Mit dem Kaiser zugleich nahm er auch das Kreuz, zog mit ihm ostwärts und sah die Heimat nicht wieder. Im Treffen bei Philomelium am 6. Mai 1190 fand er seinen Tod. Chronisten erzählen, er sei in der Verfolgung eines Türken zu hitzig gewesen und mit dem Pferde gestürzt, so dass er nicht wieder sich zu erheben vermochte. Das ganze Heer sei über den Fall eines so tapfern und edelen Mannes in Bestürzung geraten, der Kampf abgebrochen.

Mit Heinrich von Veldeke hebt der genauere Versbau an, mit ihm auch der genauere kunstgemäfse Reim. Andererseits weist er auf die ältere Kunststufe zurück, insofern er Strophen verschiedener Form zu einem Liede verbindet; oder, wie man vielleicht richtiger sagen kann, insofern er die angeschlagene Weise in Strophen, die durch ihren Inhalt eng zusammenhangen, variiert. Romanischen Einflufs bekundet die Durchführung zweier Reime durch die ganze Strophe. Die Art seiner Gedankenentwickelung ist im allgemeinen noch einfach und schlicht; mehr als zur Reflexion neigt er zum descriptiven Element und häufiger als andere nimmt er im Eingang seiner Lieder auf die Natur und die Jahreszeit Rücksicht. Heinrich erfreut durch seinen Humor, durch glückliche bildliche Wendungen, durch eine gewisse Keckheit, die auch vor derberen Ausdrücken sich nicht scheut; hierdurch so wie durch seine Neigung zu sprichwörtlichen oder formelhaften Ausdrücken und Sentenzen erinnert er an Walther von der Vogelweide".

Einen wesentlich andern, fast entgegengesetzten Charakter zeigt Friedrich von Hausen. In seinen Liedern zeigt sich, wenn man von einigen wenigen Versen absieht, nichts von Naturgefühl. Er ist ein reflektierender Dichter, der Freude daran hat, das Leben des Herzens zu beachten, selbständig zu erfassen und zu entfalten. Seine Poesie wird spitzfindig, er liebt die Antithese und Pointe. Die heitere Leichtigkeit mit der Heinrich hin und wieder — auch darin Walther gleich — die Herzensangelegenheiten behandelt, verschmäht Friedrich; er behandelt die Liebe mit Ernst und hebt sie durch die Beziehung auf religiöse Vorstellungen. Seine äufsere Lebensstellung gab ihm vor vielen andern Gelegenheit die romanische Poesie kennen zu lernen, und Friedrich verdankt ihr viel; zu Folquet von Marseille und Bernart von Ventadorn sind bestimmte Beziehungen nachgewiesen[13]. Wegen ihres modernen Charakters, wegen der vollen Gewandtheit mit der sich Hausen schon in dem feinen französischen Stil bewegt, hat man seine Lieder in seine spätere Lebenszeit gesetzt, was doch schwerlich für seine ganze Sängerthätigkeit richtig sein wird. Eins ist in Italien gedichtet, mehrere beziehen sich auf die Kreuzfahrt, in einem werden Aeneas und Dido erwähnt, vielleicht mit Bezug auf des Veldekers Dichtung. Auffallend ist, dafs die Reime Friedrichs von Hausen noch nicht genau sind. Es scheint das die alte Überlieferung zu bestätigen, dafs diese Sorgfalt, obwohl lange vorbereitet, wirklich erst durch Veldekes Beispiel zum Gesetz erhoben wurde; und gern mag man dann als den Ausgangspunkt für diese Entwickelung sein persönliches Auftreten in Oberdeutschland ansehen, das durch seine Teilnahme an dem grofsen Mainzer Hoftage 1184 verbürgt ist[14]. Dafs manche Dichter auch nachher die ältere Freiheit behaupteten, ist aus verschiedenen Gründen leicht begreiflich.

Der Vorgang Heinrichs von Veldeke, das sehen wir schon aus den Zeugnissen jüngerer Zeitgenossen, war auf dem Gebiet der epischen Poesie bedeutend für ganz Deutschland, der Einflufs seiner Lyrik scheint viel geringer. Aus den mitteldeutschen Gegenden, wo sich derselbe zunächst hätte geltend machen müssen, kennen wir überhaupt nur wenige lyrische Dichter des zwölften Jahrhunderts, und wir können nicht wissen, ob ihre Zahl viel gröfser gewesen ist. Als einen thüringischen Liederdichter, älter als Heinrich von Veldeke, pflegt man den Huc von Salza anzusehen, den Heinrich vom Türlin in der Krone nennt. Es ist aber sehr fraglich, jedenfalls durch nichts zu beweisen, dafs er der Ritter ist, der in einer Urkunde des Landgrafen Ludwig von Thüringen zum Jahre 1174 nachgewiesen ist[15]. Erhalten ist von ihm keine Zeile. — Von einem Herrn von Kolmas haben wir eine ernste Klage über die Vergänglichkeit der Welt in Daktylen und ungenauen Reimen; aber kein Minnelied. Nur ein Minnesänger erscheint neben Heinrich von Veldeke: Heinrich von Morungen, eine wahrhaft auffallende Erscheinung in diesen nördlichen Landen, der anziehendste Minnesänger vor Walther, und nicht in jeder Beziehung von diesem erreicht, ein Dichter, der seine Zeitgenossen so sehr überragt, dafs man ihn gerne in eine spätere Zeit setzen möchte, wenn nicht so entschiedene Indicien dafür sprächen, dafs er doch dem Frühling des Minnesanges angehört. Es ist kaum zu bezweifeln, dafs er eben der Henricus de Morungen ist, der c. 1217 in einer Urkunde als miles emeritus vorkommt. Er stammte aus einem Geschlechte, das in der Nähe der thüringischen Stadt Sangershausen angesessen war und bekleidete vielleicht die Stelle eines Hofdichters bei dem Markgrafen Dietrich von Meifsen; jedenfalls hat er zu diesem Fürsten, dem auch Walther zeitweise gedient hat, nähere Beziehungen gehabt. Heinrich ist aus der Schule der Troubadours hervorgegangen; wo er ihre Kunst lernte, bleibt verborgen[16].

Ein vollerer Sängerchor tönt uns aus Oberdeutschland entgegen; hier haben wir von den Tagen Friedrichs von Hausen an eine ununterbrochene ziemlich reichhaltige Überlieferung. Schon an dem kaiserlichen Hofe steht Friedrich nicht allein. Der Sohn des Kaisers selbst, Heinrich VI, den Friedrich im Jahre 1186 auf seiner Brautfahrt nach Italien begleitete, versuchte sich in der Dicht- und Sangeskunst, und in seiner Gesellschaft treffen wir Bligger von Steinach und Bernger von Horheim. Freilich hat man die Angabe der Pariser Hs., welche den Namen Kaiser Heinrichs vor einige Lieder setzt, für eine Fälschung gehalten; aber das erste Lied wenigstens anzufechten hat man keinen ausreichenden Grund[17]. Die Ritter von Horheim waren Dienstmannen der Staufer, und unser Bernger jammert in einem Gedicht, dafs er zur Heerfolge nach Pülle aufgeboten sei. Das war 1190 nach dem Tode Wilhelms II. von Sicilien, als Heinrich VI. ein Heer nach Italien sandte, um das Erbreich seiner Gemahlin Konstanze zu schützen. — Bligger von Steinach, der oft in der Umgebung Heinrichs in Deutschland und in Italien erscheint, war der Sprößling eines begüterten rheinpfälzischen Geschlechtes; die Trümmer der Stammburg Neckar-Steinach sind noch heute sichtbar. Alle drei Dichter folgen in ihren Gesängen romanischer Art, sie brauchen Daktylen und für eine Weise Berngers ist das französische Original nachgewiesen[44].

Unabhängig von diesem Kreise, aber gleichzeitig oder noch früher dichtete der Graf Rudolf von Fenis oder Neuenburg, der 1158—1192 urkundlich nachweisbar ist und im Jahre 1196 starb. Hier im äußersten Südwesten Deutschlands ist der Einfluß der provenzalischen Lyrik vor allem mächtig. Rudolf nimmt von seinen romanischen Vorbildern nicht nur daktylische Verse auf, die umgekehrte Reimfolge in den Stollen, nicht nur singt er ihnen einzelne Lieder nach; er baut sogar den Vers nach romanischem Muster und begnügt sich die Silben zu zählen[49].

Von den neunziger Jahren an ist die neue Kunst durch das ganze südliche Deutschland verbreitet. Außer den genannten Dichtern kennen wir noch den Ulrich von Gutenburg, einen pfälzischen Ritter, der in seinem Gesang sich abhängig zeigt von Friedrich von Hausen[10]. Weiter nach Osten, in Schwaben, treffen wir Hartman von Ouwe; in der Nähe von Ulm Heinrich von Rugge[41]; im bairischen Nordgau Engelhart von Adelnburg; in die Gegend von Tegernsee oder Salzburg gehört vermutlich Herr Hartwic von Rute[42], in die Gegend von Passau Herr Albrecht von Johansdorf, ein liebenswürdiger Dichter, in dessen Liedern Religion und Liebe sich aufs anmutigste verschlingen[43]. Wichtiger aber als alle diese ist Reinmar, der Alte genannt im Gegensatz zu Reinmar von Zweter; er brachte die Minnepoesie, wie sie Friedrich von Hausen begonnen, zum Abschluß und zur Vollendung und verpflanzte sie nach Österreich an den Hof von Wien.

Das Geschlecht des Dichters ist in den Liederhandschriften nicht bezeichnet; vielleicht ein Zeichen seines Ruhmes; wenn Reinmar genannt wurde, wußte man, welcher Reinmar gemeint war. Was uns die Überlieferung der

Handschriften vorenthält, müssen wir ans einer Stelle in Gottfrieds Tristan schließen. Wo dieser von den Minnesängern spricht, beklagt er den Tod eines Dichters von Hagenouwe, der die Scharen der Liederdichter geführt und die Zunge des Orpheus im Munde getragen habe; da er nun tot sei, solle Walther der Bannerträger werden. Schon früh vermutete man, daß mit dieser Nachtigall von Hagenau Reinmar gemeint und der Elsaß die Heimat des Dichters sei. Beides ist jetzt ziemlich allgemein anerkannt; ob Reinmar zu dem Geschlechte der Marschälle von Hagenau, sei es als Sprößling oder als Dienstmann, gehörte, oder ob er einer Strafsburger Familie desselben Namens entstammte, ist nicht zu entscheiden" und nicht wesentlich. Wichtig ist nur, daß der Dichter aus dem Westen kam, aus demselben Teile Deutschlands, in welchem die andern Dichter, die wir zu dem staufischen Hofe in Beziehung sehen, ihre Heimat hatten.

Reinmar erreicht in ihrer engen Bahn das Ziel. Seine Natur ist fast ganz auf Reflexion gerichtet; die Analyse des Gefühls ist seine Aufgabe, die Liebesklage das Hauptthema seiner Poesie, seine Stärke die Mannigfaltigkeit der Wendungen für dasselbe Gefühl; bei keinem andern Dichter sind die Synonyma für den Liebesschmerz so zahlreich, wie bei ihm. Seine Poesie ist nach Innen gewandt, es fehlt ihr an Anschaulichkeit. Vergleiche und Bilder sucht er nicht; Naturschilderungen, die vielen Minneliedern, wenn auch nicht den Zauber subjektiver Wahrheit, so doch ein frisches und ansprechendes Kolorit geben, begegnen bei ihm wenig. Charakteristisch ist für ihn die Neigung zum konditionalen Ausdruck; er hat ja Geschehenes nicht zu berichten; nur Mögliches, Gewünschtes und Bedingtes. Die Sprache des Dichters ist gefeilt und fein, Reim und Versbau streng; auch in schwierigeren Aufgaben versucht er sich, wendet Körner an, grammatische Reime u. dgl.

Diese ausgebildete, von der engern Nachahmung romanischer Muster frei gewordene höfische Minnepoesie verpflanzte Reinmar nach Österreich, indem er an dem Hofe der Babenberger gastliche Aufnahme fand. Der Herzog Leopold VI. († 1194) war sein Gönner, ihm widmete er eine Totenklage. Hier lernte von ihm Walther von der Vogelweide, der trotz persönlichen Mifsverhältnisses Reinmars Kunst rühmt und in zwei wunderschönen Strophen seinem Meister ein dauerndes Denkmal gesetzt hat.

Als Reinmar nach Österreich kam, fand er daselbst schon eine Liebeslyrik vor[55]; die Blüten, die sie getrieben hat, sind so eigentümlich, dafs sie unmöglich aus dem Baume, dessen Wachstum wir bisher verfolgt haben, hervorgegangen sein können. Die Lieder des Ritters von Kürenberg stellen diese Art am reinsten dar. Fünfzehn Strophen sind unter seinem Namen überliefert, dreizehn in der Form, in welcher später das Nibelungenlied und andere epische Gedichte verfafst sind, zwei andre in einer Variation eben dieser Form. Die meisten sind Frauen in den Mund gelegt. Klagen über ein einsames liebeleeres Leben (8, 17. 25), über die Untreue des Geliebten (8, 33), die Besorgnis ihn zu verlieren (7, 10), der Schmerz ihn verloren zu haben (7, 19. 9, 13), Ermahnungen zur Beständigkeit (7, 1) und leidenschaftliches Liebesverlangen zu einem Sänger (8, 1) bilden den Inhalt der Frauenstrophen. Zusicherung unwandelbarer Liebe, vertrauensvolle Zuversicht ein schönes Mädchen zu gewinnen, das Verlangen nach Liebesverkehr, aber die Furcht dem Mädchen zu schaden, ein Vorschlag das geheime Einverständnis zu bergen, geben die Themen für die Männerstrophen. Eine Strophe ist trotzige Antwort auf die Liebeserklärung der Frau (8, 1), und ein kleiner scherzhafter Dialog (8, 9) darf als Parodie zur vorhergehenden Strophe angesehen werden.

Alle diese Lieder sind einfache Liebeslieder, die nur allgemein menschliches Empfinden voraussetzen; von Minnedienst und weichlichem Sehnen keine Spur, die Frau ist es, welche die Liebe des Mannes sucht. Der Ausdruck ist schlicht, der Satzbau einfach, die herkömmlichen Phrasen fehlen, es lebt in ihnen die wohlthuende Frische einer unverstellten Natur. Die Kürenbergswise ist die Form des Nibelungenliedes, und wie dieses zu den Artusromanen, so verhalten sich unsere lyrischen Strophen zu dem höfischen Minnesang.

Kein Rest unseres Altertums hat eine verhältnis-

mäßig so umfangreiche Litteratur hervorgerufen als diese
wenigen Strophen; kaum ein anderer Gegenstand hat größere
Kontroversen veranlaßt. Von der Behauptung, daß der
Kürnberger der Verfasser des Nibelungenliedes sei, sehe
ich hier ab; andere Fragen geben uns hier näher an.
Man bezweifelt, daß der überlieferte Name des Dichters
authentisch sei; man meint er sei mit Unrecht aus einer
Strophe (8, 1) gefolgert, man behauptet, daß diese Liedchen
verschiedene Verfasser hätten, daß namentlich die Frauenstrophen auch von Frauen gedichtet seien. Um das letztere
zu beweisen beruft man sich auf den merklich verschiedenen
Charakter der Männer- und Frauenstrophen; Scherer, der
die Ansicht am ausführlichsten dargelegt hat, meint zwischen
beiden gähne eine unausfüllbare Kluft. Der Mann erscheine
hier, wie in aller deutschen Poesie bis in das zwölfte Jahrhundert stolz und hart, roh begehrlich; nur die Frau kenne
die Sehnsucht. Er erklärt diese Männer für unfähig die
Frauenempfindung nachzufühlen, sich in die Seele der
Frauen zu versenken und die Regungen ihres Herzens zu
belauschen"[55].

Es sind gegen diese Ansichten schon von anderer
Seite Einwendungen erhoben[56], die ich nicht wiederholen
will, obschon sie mir zum Teil wenigstens richtig zu sein
scheinen. Hier möge nur ein Punkt hervorgehoben werden.
Man wird zugeben müssen, daß das Weiche, Schmachtende,
Sehnende, das einige Frauenstrophen haben, in den Männerstrophen fehlt. Aber muß man darum auf verschiedene
Verfasser schließen? ist es nicht möglich, daß der Mann
die sanfteren Regungen absichtlich durch den Mund der
Frauen verkündet, daß er es verschmäht, sie als seine
eignen auszusprechen? Indem Scherer versucht, sich in
die Tiefe des Frauenherzens zu versenken und dessen eigentümliche Begabung verherrlicht, ist er dem Männerherzen
nicht gerecht geworden. Männlichem Charakter, jugend-
lich kräftiger Sinnesart wird das Bekennen sanfterer Herzens-
regungen schwer. Der Mann schämt sich der Thränen,
er kämpft die Rührung nieder, er will nicht weich scheinen,
auch wenn er es ist; er verbirgt die Liebesseufzer, weil
er das Bedürfnis nicht bekennen will. Aber folgt daraus,

dafs er von den sanfteren Empfindungen nichts weifs, dafs er keine Ahnung von liebender Sehnsucht hat? Ganz gewifs nicht! Es ist nur natürlich, dafs in dieser ältesten Lyrik der Mann selbstbewufst, trotzig, selbst roh begehrlich und fast frivol auftritt; aber ebenso natürlich, wenn er zartere Empfindungen durch den Mund der Frauen verkünden läfst. Der Dichter stellt die Frauen und Mädchen so dar, wie er sie wünscht. Die Poesie idealisiert; sie macht die Menschen nicht nur edler, gröfser und schöner, sondern auch liebenswürdiger; der dichtende Mann leiht dem Weibe die Empfindung, die er an ihm sucht: so hingebend, so liebend wünscht er sio sich. Der Unterschied zwischen den Männer- und Frauenstrophen erklärt sich aus der menschlichen Natur und den Zeitverhältnissen; diese Lieder zeigen uns die Gesinnung der Gesellschaft grade auf der Stufe, auf welcher wir sie in jener Zeit erwarten müssen. Die Annahme, dafs ein Mann sie gedichtet habe, ist in keiner Weise erschüttert.

Die andere Ansicht, dafs diese Kürenbergswise Gemeingut war und viele Männer und Frauen sich ihrer bedienten, dafs diese überlieferten Strophen spärliche Proben und Reste einer weit verbreiteten volkstümlichen Sangeskunst waren, widerspricht allem, was wir von der Entwickelung unseres Volkes und speciell der lyrischen Poesie wissen. Für einen solchen Reichtum des Gesanges und poetischer Begabung in so früher Zeit, für eine solche Zahl unbekannter Dichter und Dichterinnen ist hier nimmer Raum. Einzelne gingen als Pfadfinder voran und zu diesen gehörte der Dichter unserer Strophen. Dafs er nicht Kürenberg geheifsen habe, dafs sein Name mit Unrecht aus einer Strophe gefolgert sei, ist eine Annahme, deren Möglichkeit man einräumen mag, die aber nicht einmal wahrscheinlich gemacht, geschweige denn erwiesen wäre.

Am schwersten wird man sich dazu entschliefsen, den Glauben an die Originalität dieser „taufrischen Lieder" aufzugeben, die wie kaum irgend etwas andres im Minnesang den Eindruck einer wahren Herzenspoesie machen. Und doch vermag ich auch diese Ansicht nicht zu vertreten. Ich glaube nicht an den autochthonen Ursprung dieser Poesie weil es mir unwahrscheinlich ist, dafs ein einzelnes Individuum so selbständig über seine Umgebung hinauswächst; ich zweifle, dafs hier der tiefe Quell ursprünglicher Dichtergabe sprudelt, weil dieser Quell so bald versiegt; und wenn es etwa Schuld der Überlieferung sein sollte, dafs uns so wenig Strophen erhalten sind, so bleibt es immerhin auffallend, dafs dieser Dichter bei seinen Zeitgenossen nicht gröfseres Ansehen erregte. Nur die Pariser Hs. überliefert uns seine Lieder und nirgends wird sein Name erwähnt. Doch diesen allgemeinen Erwägungen könnte man vielleicht andere ebenso gute entgegen stellen. Wesentlicher ist, dafs einem dieser Lieder ein provenzalisches Lied so nahe steht, dafs ein naher Zusammenhang zwischen beiden stattfinden mufs, und es ist willkürlich, hier ein anderes Verhältnis voraus zu setzen, als es sonst zwischen deutscher und romanischer Poesie statt findet. Auch diese Weisen sind geweckt durch fremde Klänge, freilich durch Klänge anderer Art, als wir sie aus Hausens Liedern vernehmen; wir werden später darauf zurückkommen.

Der eigentümliche und reine Charakter der Kürenbergslieder, woher er auch immer stammen mag, führt jedenfalls zu der Annahme, dafs dieselben zu einer Zeit und in einer Gegend entstanden sind, welche dem Einflufs der eigentlich höfischen Minnepoesie, wie wir sie im Westen Deutschlands zuerst finden, noch nicht unterlag. Keineswegs aber braucht man anzunehmen, dafs diese Lieder überhaupt älter seien als jene Poesie. Lachmanns Annahmen, dafs die Lieder Kürenbergs nicht älter sind als 1170[37] und dafs die Gegend von Linz in Oesterreich die Heimat des Dichters war[38], sind durchaus glaublich. Die Sitte Liebeslieder zu dichten, und durch ihren Vortrag die Gesellschaft zu unterhalten, verbreitete sich aus den romanischen Landen, im südöstlichen Deutschland folgte man zunächst andern Mustern als im Westen.

Wie gerne möchten wir auch von den persönlichen Verhältnissen des Sängers etwas wissen, aber niemand erzählt von ihm, und aus seinen Liedern läfst sich wenig entnehmen. Wir glauben einen fahrenden Ritter vor uns zu sehen, der von Burg zu Burg, von Hof zu Hof ziehend

seine Lieder ertönen liefs. Er stellt dar, wie in der Ferne
eine Frau sich nach ihm sehnt, nach dem Falken, der entflogen ist und sich von einer andern hat anstricken lassen;
wir glauben ihn zu sehen, wie er ähnlich dem Horant in
der Gudrun, unter dem Burggesinde auf dem Hofe steht,
und durch das abendliche Dunkel seinen Gesang zur
Zinne erhebt, wo schöne Frauen ihm lauschen (8, 1); kühnlich läfst er die Frau heifses Liebesverlangen aussprechen,
und antwortet, sich selbst, mit sprödem Abweisen, indem
er sich vielleicht für kühlen Empfang mit heiterem Scherz
rücht⁵⁹.

Man kann die Lieder Kürenbergs volkstümlich nennen,
wenn man damit nicht sowohl ihren Ursprung als eine
Stilart bezeichnen will, die nirgends konventionellen Zwang
verrät. So rein tritt uns diese Kunstform bei keinem
andern der älteren Sänger entgegen; aber einige andere
nehmen eine vermittelnde Stellung ein. In des Minnesangs
Frühling ist der Platz zunächst dem Kürnberger dem Meinloh von Sevelingen eingeräumt, dessen Geschlecht in
Söflingen bei Ulm safs und das Truchsessenamt bei den
Grafen von Dillingen hatte; näheres wissen wir über den
Dichter nicht. Seine Strophenform, die wenig variiert in
allen seinen Liedern wiederkehrt, scheint unter dem Einflufs der Küruhergswîse gebildet zu sein. Meinloh tritt
schon als Frauenritter auf, „er sucht mit bewufster Absicht zu zeigen, dafs er ein regelmäfsiges Minneverhältnis
in der Gestalt des Dienstes durchzuführen verstehe. Aber
die Weichheit der Seele ist nur äufserlich angenommen.
Er ist ein Mann, wie sie in den Kürenbergstrophen erscheinen, nur mit dem modischen Firnis des trûrens und
der senenden swære überzogen"⁶⁰. Seinen Gedanken und
seinem Sprachschatz fehlt es an Mannigfaltigkeit; man merkt,
dafs er sich in einer neuen Welt bewegt. Die Fülle der
Bezeichnungen und Wendungen für ein Gefühl und eine
Situation stehen ihm noch nicht zu Gebote; aber er kennt
den Gedankenkreis, in dem sich die höfische Minnepoesie
bewegt, und seltsame Reim- und Stilkünste, die er ver-
sucht⁶¹, zeigen, dafs er Muster von höherer Ausbildung
kennt. Meinloh erscheint als ein Dilettant, der ohne eigent-

liche Schulung den Meistern der Kunst nachstrebt. — Bewegter in der Weise, wie es scheint, aber altertümlicher in den Anschauungen sind die wenigen Strophen, die unter dem Namen eines Burggrafen von Regensburg überliefert sind; vielleicht der Burggraf Friedrich von Regensburg um 1176—1181. Moderner sind die Lieder des Burggrafen von Rietenburg, der ein jüngerer Bruder des vorigen sein und zu Anfang der achtziger Jahre gedichtet haben mag. Bei ihm finden wir konventionelles Werben, konventionellen Ausdruck für Hoffnung und Trauer, unglückliche Liebe als poetisches Motiv. Er ist zurückhaltender als der Regensburger und verhüllt seine Wünsche züchtig in höfische Worte. In syntaktischen Verbindungen ist er mannigfacher, auch im Strophenbau, und an einigen Stellen ist provenzalischer Einfluſs wahrscheinlich [82].

Bedeutender und interessanter als diese Sänger ist Herr Dietmar von Eist; er giebt uns in einer reichhaltigeren Überlieferung das beste Beispiel eines Dichters, der sich aus der älteren Tradition heraus arbeitet. Die Stammburg der Herren von Aist lag in der Riedmark, auf einem Berge zwischen Ried und Wartberg, der noch jetzt den Namen Altaist trägt. Der Dichter selbst, der wohl kein Sprößling des alten Adelsgeschlechtes war und wie der Kürnberger die Kunst als Beruf getrieben haben mag, ist in Urkunden nicht nachweisbar. Seine Lieder gehören in die Jahre von 1160 etwa an bis in das dreizehnte Jahrhundert hinein. Der Charakter der Strophen, die unter seinem Namen überliefert sind, ist sehr verschieden, und hat die Vermutung hervorgerufen, daſs hier Erzeugnisse verschiedener Sänger vermischt seien. Aber sorgfältige und behutsame Prüfung hat die Überlieferung vor solchen Vermutungen geschützt. Scherer [83] hat gezeigt, daſs die Sammlung der Dietmarschen Lieder aus zwei Liederbüchern besteht, deren jedem einzelne fremde Strophen angehängt waren; den Kern der Überlieferung aber unter mehrere Verfasser zu verteilen hat man keinen genügenden Grund. Die allerdings nicht geringe Verschiedenheit der einzelnen Lieder erklärt sich durch die Voraussetzung, daſs der Dichter den Einfluſs verschiedener Kunstrichtungen und der fortschreitenden Kunstentwickelung erfuhr. Fremde Einwirkung läſst sich in den Gedichten selbst nachweisen. Eins, es eröffnet die Sammlung, ist einem lateinischen Gedichte in der Weise nachgebildet; in einem andern, dem anmutigen Tageliedchen (39, 18), klingen leise aber vernehmlich die Töne des provenzalischen Liedes herüber"; wieder in einem andern (35, 16) nimmt man Bekanntschaft mit der Kunst Heinrichs von Veldeke wahr"; und das letzte endlich, wenn es von Dietmar ist, würde schon Bekanntschaft mit dem Parzival Wolframs von Eschenbach verraten". Die ältesten Strophen des Dichters schlieſsen sich nach ihrem Charakter den Liebesliedern Kürenbergs an, schlichte Lieder, durchweht von dem Hauch eigner Empfindung; die jüngern zeigen den Einfluſs einer Kunst, wie sie Hausen und Reinmar herausgebildet hatten, mit denen sich doch unser Dichter nicht messen kann. Man würde diesem Sänger der Übergangszeit selbst die beiden ganz altertümlichen Strophen in Reimpaaren, die unter seinem Namen überliefert sind, zutrauen können (37, 4. 18); aber sein Name hat für sie gar zu geringe Gewähr, sie sind erst nachträglich der Sammlung einverleibt".

Der Kürnberger und Dietmar von Eist sind Landsleute und ältere Zeitgenossen Walthers von der Vogelweide; sicherlich hat er ihre Lieder gekannt. Und wenn sich auch nicht nachweisen läſst, daſs sie direkten Einfluſs auf ihn geübt haben, so ist doch unbedenklich anzunehmen, daſs der Eindruck ihrer eigenartigen Gesänge nicht verloren war und ihm über die enge Bahn Reinmars hinaus half.

So wären wir denn bei Walther angekommen; aber noch einmal müssen wir an der Schwelle umkehren. Wir haben bis jetzt nur die Entwickelung der Liebespoesie betrachtet; neben dieser aber gediehen, kümmerlich unter der Pflege bürgerlicher Sänger, noch andere Zweiglein lyrischer Dichtung; auf sie müssen wir noch einen Blick werfen. Die älteste Sammlung solcher Lieder ist uns, verbunden mit einer jüngeren, unter dem Namen Spervogel überliefert. Der Name Spervogel gehört dem jüngeren Dichter, der des älteren ist nicht angegeben; jedoch ist Simrocks Vermutung, er habe Herger geheiſsen, wahrscheinlich genug, um diesen

Namen jedem andern vorzuziehen⁴⁸. Aus seinen Sprüchen scheint sich zu ergeben, dafs er ein Bauernsohn war, dem es in der Jugend frei gestanden hatte zum Pfluge zu greifen; aber er zog das Leben des Spielmanns vor. Aus dem Vortrag epischer Lieder, auf deren Helden er ein paarmal anspielt, mag er sein Hauptgeschäft gemacht haben. Seine Thätigkeit fällt nach Zeit und Ort mit den Anfängen der Liebespoesie zusammen. Am Mittelrhein und in Baiern sehen wir ihn verkehren, und da er den Walther von Hausen, den Vater Friedrichs, unter seinen verstorbenen Gönnern erwähnt, mufs er noch nach 1175 gesungen haben⁴⁹; wie lange nachher können wir nicht wissen. Aus der Form seiner Gedichte darf man schliefsen, dafs er der Vorbereitungszeit angehörte, in der Vorbereitungszeit seine Bildung empfing und seine Thätigkeit begann; aber er braucht sie nicht in dieser Zeit abgeschlossen zu haben. Er kann sehr wohl noch die höhere Blüte der Litteratur in den neunziger Jahren erlebt haben, ohne dafs er von seiner älteren Weise abliefs. Seine Klagen über Zurücksetzung im Alter zeigen, dafs er seiner Zeit nicht mehr genug that.

Die Behandlung persönlicher Angelegenheiten nimmt in der Dichtung des Mannes einen verhältnismäfsig grofsen Raum ein. Ein Lied von fünf Strophen (25, 13—26, 5) ist gedichtet, als das Erbe Wernharts von Steinberg an die Ottinger fiel. Der Dichter mahnt den von Öttingen, dafs er ihm die gleiche Freigebigkeit erweise wie der edle Wernhart und andere verstorbne Gönner. In einem andern vierstrophigen Gedicht (26, 20—27, 12) klagt er über die Not des Alters und die Geringschätzung, die er erfahre. Einzelne Sprüche ähnlichen Inhalts schliefsen sich an. In einem (29, 13) beschwert er sich, dafs er bei milder Gabe leer ausgegangen sei, in einem andern (30, 6) droht er einem kargen Herren, dafs er ihm künftig sein Lob versagen werde; in einem dritten (29, 30) giebt er einem Herren den Rat, seinen Hofstaat zu sichten, die Guten von den Bösen zu scheiden; wieder in einem andern (26, 13) bespricht er das Verhältnis zweier Kunstgenossen, jedoch in einer Weise, die keinen bestimmten Aufschlufs über den thatsächlichen Vorgang gestattet.

Eine andere Gruppe behandelt religiöse oder allgemein ethische Gegenstände. Ein fünfstrophiges Lied (28, 13—29, 12) sollte am Weihnachtsfest vorgetragen werden, ein dreistrophiges war für die Ostern (30, 13—33) bestimmt. Wie es der unentwickelten Kunst gemäfs ist, reiht der Dichter hier einzelne Themata, die ihm geläufig waren, ohne engere Verknüpfung aneinander, jedoch so dafs ein fortschreitender Gedankengang nicht zu verkennen ist und die Auflösung der Lieder in einzelne Strophen unstatthaft erscheint[70]. — In einer einzelnen Strophe (29, 27) empfiehlt er eheliche Treue, in einer andern (29, 33) mahnt er, dafs der Mann ebenso wohl auf das Heil seiner Seele, als auf weltliche Ehre bedacht sei. — Fünf Sprüche, die in der Handschrift neben einander stehen, sind Fabeln; in den drei ersten ist der Wolf die Hauptperson, die beiden letzten erzählen von zwei Hunden, die sich um einen Knochen zanken.

Herger tritt uns entgegen als der „Ahnherr der deutschen Didaktik; in ihm erscheint die bürgerliche Litteratur zuerst auf dem Platze." Aber natürlich mufs die vorhergehende Zeit schon Momente der Vorbereitung und Anknüpfung enthalten haben. So lange es fahrende Sänger gab, mufs es auch Sprüche gegeben haben, in denen sie die Milde ihrer Zuhörer in Anspruch nahmen, für ihre Freigebigkeit dankten, ihre Kargheit schmähten, über Zurücksetzung jammerten; es ist nur Schuld der Überlieferung, wenn wir nicht ältere Zeugnisse haben. Die religiösen Lieder — Festkantaten könnte man sie nennen — lehnen sich an die geistliche Dichtung an; dorther stammen die Gedanken: die Beschreibung von Himmel und Hölle (28, 20. 26) war ein beliebtes Thema; das Sündenbekenntnis (29, 6) hat sein Vorbild in den Sündenklagen; in der Mahnung zum Kirchenbesuch (28, 31) lehnt sich der Dichter an einen erhaltenen älteren Spruch an[71]. — Die sittlichen Betrachtungen über die Ehe, über das Verhältnis von weltlicher Ehre und Seelenheil schliefsen sich teils an geistliche Litteratur an, teils mögen sie in volkstümlicher Gnomik wurzeln. — Die Fabel, eine eigne Gattung der Poesie, nicht nach dem Stoff sondern nach der Behandlungsweise, ist verwandt mit dem Thierepos, das eben zu derselben

Zeit aus den Kreisen der Geistlichen in die weltliche Litteratur übertritt.

Wie weit die einzelnen Arten dieser Poesie schon vorher in ähnlicher Weise gepflegt waren, wissen wir nicht. Wir haben nur sehr wenig ältere Stücke, die doch nicht über das elfte Jahrh. zurück reichen und zum Teil in den Strophen Hergers fortleben, sie sind in der allgemein gültigen Form der Reimpaare. Die Behandlung dieser Stoffe in bestimmt ausgeprägten sangesmäfsigen Strophen wird erst dieser Zeit angehören; man hat keinen Grund anzunehmen, dafs sie älter ist als die gleichartige Entwickelung der Liebespoesie, mit der sie zugleich in der Überlieferung auftritt.

Herger steht allein mit seiner didaktischen Lyrik. Mit Sicherheit können wir keinen Dichter des zwölften Jahrh. anführen, der auf seiner Bahn fortgeschritten wäre. Den Spervogel pflegt man als seinen unmittelbaren Nachfolger anzusehen [78]; aber das ist mindestens ungewifs; seine Poesie enthält nichts, was zwänge, ihn schon in das zwölfte Jahrh. zu setzen. Dafs diese Gattung der Poesie überhaupt keinen weiteren Vertreter gefunden habe, folgt daraus natürlich nicht und ist ganz unglaublich; aber jedenfalls trat sie zurück. Die Liebespoesie überwucherte unter der Gunst äufserer Verhältnisse den ganzen Boden. Der eintönige Gesang der Ritter herrschte, und die reflektierend didaktische Dichtung erhielt erst rechtes Leben, als ein ritterlicher Sänger sich ihrer annahm. Walther hat das Verdienst zuerst und am besten die beiden Gattungen der lyrischen Poesie, die bürgerliche und die adelige, vereinigt, erweitert und auf höhere Stufe gehoben zu haben. Die That, die Walther damit vollbrachte, ist gröfser als sie der ästhetischen Betrachtung erscheint. Nicht um eine Bereicherung der Kunst handelt es sich in erster Linie, sondern um die Durchbrechung eines Standesvorurteils. Mancher mag ihm diesen Verrat an der ritterlichen Exclusivität verdacht haben, und seine Widersacher fanden darin eine Waffe gegen ihn. In den Sprüchen 47, 36—48, 24 verteidigt sich Walther.

Man pflegt die beiden Gattungen der Lyrik nach

Simrocks Vorgang als Lied und Spruch zu unterscheiden [18]. Simrock wollte damit einen Unterschied in der Vortragsweise bezeichnen; nicht dafs er für die Sprüche sangesmäfsigen Vortrag geleugnet hätte, denn wie die Lieder sind auch die Sprüche fast immer dem Gesetz der Dreiteiligkeit unterworfen: aber er meinte, sie seien wohl mehr recitativ oder parlando vorgetragen. Darüber können wir nichts wissen [71]; aber die Beobachtung, dafs zwischen den Minneliedern und den nicht erotischen Dichtungen Unterschiede in der Behandlung hervortreten, ist richtig und allgemein anerkannt. Als Kriterium bezeichnet Simrock den Zusammenhang zwischen den Strophen desselben Tones. In vielen Tönen sind die Strophen durch den engsten Zusammenhang verbunden, in andern stehen sie so lose neben einander, dafs jede ein selbständiges Ganze zu bilden scheint. Jene bezeichnet man als Lieder, diese als Sprüche: die Minne wird in Liedern behandelt; Gebete, allgemeine moralische Betrachtungen, Politik, Schelte, Bitte in Spruchtönen. Andere weniger durchgreifende Kriterien kommen dazu: die Spruchstrophen sind in der Regel umfangreicher, die Verszahl ist gröfser, oder die Verse länger; die Liedstrophe bewegt sich in engeren Grenzen und in hebenderen Versen.

Es liegt in der Natur der Sache, dafs solche Kriterien nicht durchgreifend sind, aber dieser Mangel klebt auch allen andern Kategorieen der Poetik an. In der Poesie wie in der Sprache und in allen organischen Erzeugnissen des geistigen Lebens giebt es keine scharf gezogenen Grenzen, wohl aber verschiedene Gebiete, die ihr unverkennbar eigentümliches Gepräge haben; wir scheiden diese Gebiete, ohne die Übergänge aufzuheben. Walthers Gedicht *Owê, war sint verswunden alliu mîniu jâr* (124, 1) hat sehr umfangreiche einfach gebaute Strophen; die Verse sind sehr lang, der Inhalt gehört nicht der Minne an: und doch bezeichnet man es als Lied wegen der subjektiven empfindungsvollen Form der Darstellung und des Zusammenhanges der Strophen. Hingegen der Ton 78, 24 hat äufserlich die Form der Lieder, kleine Strophen, kurze Verse, und doch kann man die Gedichte von 79, 17 an mit Rücksicht

Lied und Spruch.

auf ihren Inhalt und ihre Verbindungslosigkeit nur als Sprüche bezeichnen[75].

Die Unterscheidung von Lied und Spruch muſs in der Geschichte der Lyrik ihren Grund haben[16]. Den einstrophigen Spruch hat man jedenfalls als die ursprüngliche Form anzusehen; mit der ritterlichen Minnepoesie kamen die längeren kunstvolleren Gesänge auf, denen das alte Maſs nicht Raum genug gab. Die ältere Lyrik blieb in ihrer Entwickelung zurück und als sie von sangeskundigen Meistern aufgenommen und hoffähig gemacht wurde, war der Gattungsunterschied gegeben und wirkte fort, jedoch ohne eine unübersteigbare Scheidewand zu bilden.

Wir finden nicht nur bei den älteren Minnesängern, sondern auch bei Walther nicht selten Strophen, die mit den andern desselben Tones nur einen losen oder auch gar keinen direkten Zusammenhang haben, und anderseits hat er wenigstens zweimal mehrere Strophen von Spruchtönen aufs engste aneinander gefügt[77].

Überhaupt ist die Selbständigkeit der Sprüche in sehr vielen Fällen nur als eine relative anzusehen. Häufig gehören doch mehrere zusammen und verhalten sich, was Simrock schon richtig bemerkt hat „wie eine Reihe Sonette über denselben Gegenstand". Zuweilen hat der Dichter gleich mehrere Sprüche für den fortlaufenden Vortrag gedichtet, zuweilen hat er auch später einen oder mehrere hinzugefügt, aber mit unverkennbarer Rücksicht auf die älteren, also wohl in der Absicht, sie mit jenen zu wiederholen. Solche Vorträge mögen schon Sitte gewesen sein, ehe der Minnesang aufkam; jedenfalls finden wir sie bereits beim alten Herger.

Eine ähnliche Verbindung nun wie zwischen Sprüchen desselben Tones findet auch unter Liedern verschiedener Töne statt, so daſs sie sich zu einem Cyklus zusammenschlieſsen, der den Verlauf eines Minneverhältnisses verfolgt oder auch verschiedene Sujets wirksam neben einander stellt. Den Eingang bilden oft einige Strophen, in denen der Sänger sein Verhältnis zu den Zuhörern behandelt, sie zur Freude ermahnt und auf seine Hilfsbedürftigkeit hinweist. Auch in der Mitte und am Schlufs der Vorträge kommen solche Parabasen vor. Wir werden öfters Gelegenheit haben diese Vortragsgruppen zu erwähnen; Walther ist keineswegs der einzige Dichter, der sie gebraucht hat. Leider sind sie nur selten in ihrer Integrität erhalten; die Sammler der meisten Handschriften haben nur einzelne Lieder ausgewählt oder gekannt.

II. Das äufsere Leben Walthers.

Gesellschaftliche Stellung.

Um Leben und Dichten Walthers richtig zu würdigen, ist es vor allem nötig ein Bild von seiner gesellschaftlichen Stellung zu gewinnen. Denn seine Lieder sind weder lyrische Monologe, noch sind sie an das abstrakte Publikum unserer heutigen Schriftsteller gerichtet; sie wurzeln und leben in dem persönlichen Verkehr des Sängers mit der Gesellschaft.

Die Teilnahme für unsere ältere Litteratur erwachte zu einer Zeit, da dichterisches und schöngeistiges Schaffen im Mittelpunkt des nationalen Lebens stand. Wie um die Mitte des vorigen Jahrhunderts die deutsche Kunst sich in gröfserer Selbständigkeit edel und mannigfaltig entwickelte, kam auch der Name des Dichters zu höheren Ehren, Gunst und Freundschaft, welche kunstsinnige Fürsten Dichtern erwiesen, liefsen fast die Standesunterschiede vergessen; man gefiel sich in dem Gedanken, wie Held und Dichter für einander leben, wie Held und Dichter sich einander suchen; dem Beruf des Dichters gab man eine besondere Weihe, die Attribute des Höchsten und des Heiligen wurden auf den Stand übertragen, man sprach von Dichterfürsten und von Dichtern von Gottes Gnaden. Diese romantischen Anschauungen leiteten nun auch die Auffassung unseres Altertums; nach den Wünschen und Idealen des achtzehnten und neunzehnten Jahrhunderts wurde das Bild Walthers entworfen[1]. Der Inhalt seiner Gedichte kam dieser Auffassung zu statten. Man glaubte darnach nicht nur bedeutenden politischen Einfluſs ihm beimessen zu dürfen, man wies ihm auch eine hervorragende Stelle am kaiserlichen Hofe an und wagte es gar, ihn zum Freund und Dutzbruder von Fürsten und Königen zu erheben[1a]. Von der historischen Wahrheit hatte man sich damit wohl weit entfernt. Das dreizehnte Jahrhundert wußte von einer solchen Freiheit, die nur den persönlichen Wert schätzt, nichts; die Stände waren noch scharf geschieden, und die Kluft, welche sie trennte, ließ sich so leicht nicht überspannen.

Um zu Walthers gesellschaftlicher Stellung emporblicken zu können, muſs man einen tiefen Standpunkt wählen, von den Fürstenthronen zur Bank der Spielleute gehen[2]. Es ist bekannt, daſs diese eine niedrige Kaste bildeten, von der Kirche verfolgt, vom Recht wenig geschützt, nach der Meinung der Zeit selbst ausgeschlossen von der ewigen Seligkeit. An Gelegenheit zu irdischem Erwerb fehlte es ihnen nicht, denn der Gesellschaft waren sie unentbehrlich und oft willkommen. Der Mönch Otloh von St. Emmeram erzählt im elften Jahrhundert, wie ein Spielmann namens Vollare als angesehener Mann reiste, von vielen Kunstgenossen wie von einem ritterlichen Gefolge begleitet; und wo Heinrich von Veldeke, nach dem Muster des grofsen Mainzer Hoftages, die Hochzeit des Aeneas mit Lavine beschreibt[3], da erzählt er, daſs mancher Spielmann für sein ganzes Leben sei versorgt worden und seine Kinder noch von dem Erbgut hätten zehren können. Die ungeregelte Freigebigkeit halbbarbarischer Männer und ihre Freude, sich ins Angesicht und öffentlich rühmen zu hören, warf dem gebenden Volk, das Gut um Ehre nahm, mit vollen Händen das Geld hin, ohne den Empfänger persönlich zu schätzen[4].

Nun darf man freilich nicht annehmen, daſs die Miſsachtung, welche auf dem Stande im allgemeinen ruhte, jeden einzelnen in gleichem Maſse getroffen hätte. Die fahrenden Leute trieben vielerlei: sie sangen, sie erzählten, sie musizierten, sie spielten zum Tanz auf, sie trieben Fechterkünste, warfen mit Messern, gingen auf dem Seil u. s. w. Die Art der Thätigkeit konnte nicht wohl ohne Einfluſs bleiben auf ihr persönliches Ansehen; der Dichter galt mehr als der Bärenführer, und der ausgebildete Sänger mehr als ein Geigenkratzer'. Der Aufschwung der weltlichen Poesie in der zweiten Hälfte des zwölften Jahrhunderts mufste auch die Verhältnisse der Fahrenden klären. Je höhere Aufgaben ihnen gestellt wurden, je stärker die Verschiedenheit der Begabung hervortrat, um so mehr mufste das Bedürfnis erwachen, nicht alle, die man als Spielleute bezeichnen durfte, auf gleiche Linie zu stellen. Wie damals die Dichtung und der Gesang im nationalen Leben emporkam, so mufsten auch die Pfleger der Kunst an Ansehen gewinnen; und so mag man darin, dafs jetzt Spielleute öfters in Urkunden vorkommen, mit Recht einen Beweis dafür sehen, dafs die Fahrenden in der gesellschaftlichen Achtung stiegen². Aber das mufs man festhalten: der Stand als solcher blieb verachtet, nur gelang es jetzt dem einzelnen besser, sich über seinen Stand zu erheben und eine Achtung zu erwerben, die früher den Angehörigen dieses Standes versagt blieb. Nach dem Schwabenspiegel sind die Spielleute rechtlos, und der beredte Franciscaner Mönch, der Bruder Berthold, teilt die Gumpelleute, Geiger, Tambure und wie sie alle heifsen mögen der untersten Menschenklasse zu, die wie der zehnte Chor der Engel für immer verloren sei.

Die Frage ist nun, welche Stellung die ritterlichen Sänger von Profession zu diesen Spielleuten einnahmen. Unzweifelhaft ist, dafs ritterliche Geburt von dem übrigen fahrenden Volk schied; aber auf der andern Seite brachte die ähnliche Beschäftigung sie diesem wieder nahe, so sorglich auch die ritterlichen Sänger ihre Kunst abzuschliefsen trachteten. Was gab in den gesellschaftlichen Anschauungen den Ausschlag? Eine allgemeine Norm wird sich kaum feststellen lassen. Die Persönlichkeit des Sängers, seine augenblickliche materielle Lage, die Gesinnung seiner Umgebung sind Momente, die zusammenwirken und unendlich viele Abstufungen herbeiführen können. Auf keinen Fall darf man annehmen, dafs die Weihe der Kunst den Sänger über seine ritterliche Gesellschaft erhoben habe; vielmehr war es der ritterliche Stand, der ihn der gemeinen Zunft der Spielleute entrückte. Hartmann von Ouwe entschuldigt sich fast, dafs er seine Mufsestunden auf das

Dichten verwende und Wolfram von Eschenbach spricht der Anschauung seiner Zeitgenossen gemäfs, wenn er an einer bekannten Stelle (Parz. 115, 11) sagt: *schildes ambet ist min art: swâ min ellen sî gespart, swelhiu mich minnet umbe sanc, sô dunket mich ir witze kranc.* — Lage und Ansehen Walthers von der Vogelweide wird zu verschiedenen Zeiten seines Lebens sehr verschieden gewesen sein. Als er nach Herzog Friedrichs Tode Österreich verliefs, war sein Auftreten jedenfalls ganz anders, als zur Zeit seines Aufenthaltes am Hofe König Philipps (19, 29); und als er im zweiten Jahrzehnt des dreizehnten Jahrhunderts die Höhe seines Ruhmes erreicht, durch die Gunst Friedrichs II. seine materielle Lage wesentlich gebessert hatte, kam man ihm sicherlich mit gröfserer Achtung entgegen als vorher. Im Jahre 1200 nach dem Abschied von Philipp sehen wir ihn in Besitz eines Pferdes und begleitet von einem Knappen, wie es der Stand des Ritters verlangte; aber ob er immer in der Lage war diesen standesgemäfsen Aufwand zu machen, ist nach seinen eignen Angaben doch zweifelhaft. Er klagt an einer Stelle (28, 37), dafs seine Nachbarn ihn wie eine Vogelscheuche gemieden hätten, und freut sich nach der Begabung durch König Friedrich, nicht mehr den kalten Hornung für seine Zehen fürchten zu müssen. Das deutet auf die äuserste Dürftigkeit.

Walther übt seine Kunst zum Lebensunterhalt im Dienst der Gesellschaft". Er spendet Reinmar das höchste Sängerlob, indem er sagt: *du kundest al der werlte freude mêren, sô duz ze rehten dingen woldest kêren* (83, 7). Er selbst preist sich glücklich, dafs sein Lied die Lust der Frauen ist (100, 7); er mahnt die Geliebte um Gnade, weil aus dieser sein Lied, die Freude der Gesellschaft entspringe 113, 4. 7. 118, 36[?]; er droht ihr mit dem Unwillen aller, wenn ihre Ungnade ihm den Mund verschliefse 73, 5; mit Selbstbewufstsein erklärt er seinen Tod als einen Schaden für die ganze Gesellschaft 114, 34[?], und den Heileswunsch für seine Seele begründet er mit dem Hinweis auf die Ausübung seiner heiteren Kunst 67, 20. Er giebt an, nur auf den Wunsch der Gesellschaft das Schweigen, das er

Die Kunst im Dienst der Gesellschaft.

sich gelobt hatte, zu brechen 72, 31; er bietet ihnen seinen
Dienst an 117, 35⁸; er freut sich, wenn andere sein Lied
nachsingen 40, 20. 53, 34¹⁰, kurz der Gesellschaft ist dieser
Gesang geweiht, jetzt und immerdar: *mîn minnesanc der
diene in dar und iuwer hulde si mîn teil* 66, 31.
Die Stimmung der Gesellschaft ist für den Sänger
maßgebend; er muß froh unter den Frohen weilen, selbst
wenn am eignen Herzen der Kummer nagt; er verbirgt
die Freude, wenn die andern trauern: *iemer als es danne
stât, alsô sol man danne singen . . derz gelouben wolte, sô
erkande ich wol die fuoge, wenne unde wie man singen solte*
48, 16—24. Wenn düstere Stimmung auf der Welt ruht,
verstummt das Lied: *ich hôrt ein kleine vogelîn daszelbe
klagen: daz tete sich under: „ichn singe niht, es enwelle
tagen"* 58, 27¹¹. Schlimm ist es, wenn der Sinn der Gesellschaft geteilt ist: *wer kan nû ze danke singen? dirre ist
trûric, der ist vrô: wer kan daz zesamene bringen? dirre ist
sus und der ist sô. si verirrent mich und verstüment sich: wess
ich waz si wolten, daz sung ich* 110, 27¹². — Natürlich
setzt der Wunsch des Dichters die Gesellschaft zu erfreuen nicht voraus, daß er nur heitere Stoffe behandele
(110, 34); die Kunst ist immer heiterer Schmuck des Lebens, darum konnte Walther seinen Kunstgenossen Reinmar
trotz alles *tôrens* als einen Lehrer der Freude bezeichnen,
und Reinmar selbst sich rühmen, daß niemand die Welt
besser erfreut habe als er (164, 3. 184, 31. 199, 29).

Als Lohn erwartet er Anerkennung: von den Frauen
freundlichen Gruß, von den Männern Ehre 56, 26. 49, 12.
66, 21¹³. *swâ ich niht verdienen kan, einen gruoz mit mîme
sange, dar kêre ich vil hêrscher man mînen nac od ein mîn
wange* 49, 16¹⁴. Nicht überall war die Kunst willkommen.
Es gab noch Männer alten Schlages, denen das moderne
Liebesgetändel albern schien, das sind die *rüemære* und
schamelôsen (s. III Nr. 57 f.). Andere kritisieren den Inhalt der Lieder, zweifeln an seiner Aufrichtigkeit (III Nr. 61),
finden daß er den Frauen nicht genügendes Lob zolle
(43, 12. 58, 30. 45, 7)¹⁵, oder seinen Sang an Unwürdige
verschwende (49, 31). Wieder andere mißbrauchen den
Gesang (41, 25), oder verkehren ihn gar (92, 33).

Der Sänger erwartet aber von der Gesellschaft (werlt) auch materiellen Lohn. Walther scheut sich nicht im geringsten öffentlich milde Gabe zu heischen, die Freigebigkeit zu loben, die Kargheit zu schelten. Er folgt darin der alten Sitte; so lange es fahrende Sänger gab, haben sie jedenfalls solche Lieder gesungen, obschon die ältesten, die uns erhalten sind, nicht über die zweite Hälfte des zwölften Jahrhunderts hinausgehen; einzelne Wendungen Walthers erinnern an die Sprüche Hergers und zeigen das Fortleben der Tradition. Viele von den hierher gehörigen Sprüchen Walthers sind an einzelne Gönner gerichtet, andere sind allgemeiner gehalten und passen auf viele Gelegenheiten. So die Bitte an Frau Sælde, die ihm nicht das Gut beschert, das seiner Gesinnung entspricht (43, 1), die mit voller Hand Gaben ausstreut, aber ihm den Rücken zukehrt (55, 35); das Gedicht an die Frau Welt (59, 37), die sich um ihren treuen Dienstmannen nicht kümmert, und sich vergebens am Lohn mahnen läfst; die oft wiederkehrende Klage über die allgemeine Freudlosigkeit (44, 35. 58, 21. 119, 35)[14]. Die Reichen und die Jungen wollen nicht mehr froh sein (42, 31. 117, 30. 97, 34), d. h. sie leben in stiller Zurückgezogenheit und meiden die Feste, die dem Dichter Gelegenheit zum Erwerb geben. Die Ehre ist aus der Welt gewichen; man lobt die reichen Geizhälse (21, 10. 22, 18); die milte hat ihr Recht verloren (21, 19), die Welt wird immer böser (23, 11. 121, 33). Dahin gehören die allgemeinen Betrachtungen über den Wert und die Behandlung des Gutes (22, 32), die Klagen über die Geringschätzung höfischen Wesens und feiner Zucht (24, 7. 32, 2. 90, 15), die Mifsachtung wahren Verdienstes (122, 4), das Vergessen christlicher Nächstenliebe (22, 3); dahin die heftigen Angriffe gegen treulose Freunde (30, 9. 24. 79, 25. 32), die freundlich lächeln mit einem Herzen von Galle und dem Manne sich aus der Hand winden wie ein Aal; gegen wortbrüchige Herren, die ihr Gelübde nicht erfüllen, und gegen die bösen Räte, die sie verführen (28, 21. 80, 14). Alle diese allgemein gehaltenen Lieder und Sprüche können als Bitt- und Scheltlieder angesehen werden. Sie bilden einen bedeutenden Teil der Waltherschen Poesie, aber da es der Dichter verstanden hat, das Allgemeine hervorzukehren, haben sie mehr als individuelles Interesse. Es sind ganz vortreffliche Lieder darunter, ausgezeichnet durch liebenswürdigen Humor, pointierten Witz, Anmut des Ausdrucks, Ernst der Gesinnung, Kraft der Sprache (43, 1. 55, 35. 59, 37. 90, 15. 30, 9. 22, 3). — Die Lieder zeigen den Zwang des Lebens, um so anerkennenswerter aber spricht aus ihnen das edle Bewufstsein persönlicher Würde; am schönsten ans Str. 66, 21. Die spätern Dichter des dreizehnten Jahrhunderts sinken tief von dieser Höhe herab. Die Flut der heischenden Sänger schwoll immer stärker an, die Herren wurden durch die Gewohnheit abgehärtet; man mufste die Stimme anstrengen, um den Chorus zu übertönen und die Hörer zu reizen; das Lob wird immer zudringlicher, das Schelten immer unverschämter. Die Sprüche gegen Rudolf von Habsburg können als Beleg dienen.

Der geringen Achtung, die man im allgemeinen vor künstlerischer Thätigkeit hatte, entspricht es, dafs kein Historiker der Zeit einen unserer gepriesenen Dichter erwähnte, auch nicht den Sänger von der Vogelweide, so nahe es bei ihm wegen seiner engen Beziehung zu den öffentlichen Ereignissen gelegen hätte. Abgesehen von der Anerkennung, die ihm Kunstgenossen gewähren, wird er nur einmal in gleichzeitigen Aufzeichnungen erwähnt, in den Reiserechnungen Wolfgers von Ellenbrechtskirchen, wo unter den Ausgaben des Bischofs verzeichnet steht: *Walthero cantori de Vogelweide pro pellicio V. solidos longos.* Im November 1203, bei dem sagenberühmten Zeizenmûre, nahm Walther diese Gabe in Empfang[17]. Wolfger hat den Spielleuten viel geschenkt, namentlich in Italien drängten sie sich in grofser Zahl und Mannigfaltigkeit zu ihm: Sänger und Sängerinnen, Joculatoren, Mimen, Histrionen, Messerwerfer, Geiger und Lodderpfaffen; nur zweien wird die selbe Ehre zu Teil wie Walther, dafs sie mit Namen genannt werden: dem joculator Flordamor in Bononia und dem Mimus Giliotho in Aquapendente.

Die Not des Lebens, welche die Spielleute zwang Gut für Ehre zu nehmen, trieb sie auch zum Streit gegen ihre Standesgenossen; der eine erhebt sich gegen den andern, greift ihn an, macht ihn verdächtig oder lächerlich. So begrüfst der Marner den Reinmar von Zweter: *Wé dir von Zwéter Reginmâr*, wirft ihm Neid, Geiz und Hafs vor, flucht ihm wegen seiner lügenhaften Sprüche, und schilt ihn, der doch immer dieselbe Strophenform wiederholt, einen Tünedieb. Rumezlant höhnt wider den Marner, indem er seinen Namen umkehrt und ihm ein leicht zu erratendes Rätsel vorlegt: *Ken ram rint, rehte râten ruoch nâch meisterlichem orden, wie mac daz wunderliche wunder sîn genennet*. Ähnlich liegen sich Rumezlant und der Meister Singûf in den Haaren, in anderer Art wieder der Marner und der alte Meifsner, der Meifsner und Gervelin. Nicht alle diese Sprüche werden aber als ernst gemeinte Anklagen aufzufassen sein. Die edlen Sänger führten solche Balgereien vor dem Publikum wohl auch auf, um es zu unterhalten und sich nachher in den Gewinn zu teilen[18].

Diese Blumen des Schmarotzertums und Brodneides gedeihen am vollsaftigsten erst als Walther den Platz verlassen hat, aber die Anfänge dieser Richtung sind auch bei ihm erkennbar. In zwei nicht eben sehr geistvollen Strophen parodiert er Reinmar (111, 23); in sehr kräftigen Worten fertigt er einen gewissen Wicman ab (18, 1); auch der Stolle, über den er anderwärts Klage führt (32, 11), dürfte ein Kunstgenosse sein. In andern Sprüchen von gleicher Tendenz werden Namen nicht genannt. Nach Thüringen gehören vermutlich die Sprüche 103, 18. 20; sie sind in demselben Ton, in dem er den Gerhart Atze angreift, und die Klagen passen zu dem, was wir von Walther und Wolfram über Hermanns Hof hören. Der Dichter hebt mit einer Parabel an: „Wo schöne Blumen in einem Garten stehen, da soll der Gärtner aufpassen, dafs bises Unkraut sie nicht überwuchere". Er meint doch wohl einen Fürsten, der sein Hofgesinde von schlechten Elementen reinigen soll, damit den besseren der Raum frei werde[19]. Der folgende Spruch bestimmt dann näher die Art des Unkrauts. Es sind da Leute, welche gute Sänger überschreien und nicht zu Worte kommen lassen. Herr Wicman mag einer von ihnen gewesen sein. — Auch auf die Musikanten des Bogeners blickt Walther mit Geringschätzung herab; ein Meister, versichert er, werde ihn besser zu Ehren bringen als tausend *snarrenzære, tæt er den horewerden baz* (80,32); der Wunsch selbst an ihre Stelle zu treten ist deutlich genug ausgesprochen. — Von besonderem Interesse ist das Lied: *Owê horeliches singen* (64, 31): Die Zahl derer, welche das rechte Singen stören, sei viel grösser als die, welche es gerne hören. Die Nachtigall verstumme vor dem Geschrei der Frösche, er wolle nicht in der Mühle harfen. Wenn der edeln Kunst die grofsen Höfe erhalten blieben, wolle er zufrieden sein; die andere möge bei den Bauern bleiben, woher sie gekommen. Walther verwirft hier augenscheinlich eine ganz bestimmte Kunstrichtung oder Kunstgattung. Uhland[20] meinte, dafs Walthers Tadel Neidhart treffe; andere haben ihm zugestimmt; Lachmann zweifelte an der Richtigkeit der Deutung. Benecke bezog das Lied auf das tolle Leben und Schallen auf der Wartburg. Simrock meinte, es gehöre nach Kärnthen und richte sich speciell gegen die rohen Lieder Stolles. Es fehlt an Anhaltspunkten zu einer unbestreitbaren Deutung. Neidharts Poesie aber kann schwerlich gemeint sein; denn auf sie pafst der Ausdruck *bi den gebûren liez ich sie wol sin, dannen ists ouch her bekomen* nicht, wie man ihn auch deuten mag. Mir ist es am wahrscheinlichsten, dafs Walther hier die volkstümlichen Epen im Auge hat, die in einer der lyrischen Dichtung entlehnten Form zu neuer Bedeutung erhoben wurden[21].

Noch eine Frage, die das Äufsere Auftreten der Sänger betrifft, ist die, ob sie bei dem Vortrage ihrer Lieder von einem Spielmann unterstützt wurden, und sich gegebenen Falls mit diesem zu gemeinsamem Gesange vereinten. Es liegt nahe, die Dialoge, die sich hin und wieder finden, und die beliebten Wechsel als Duetten aufzufassen[22]; aber ich möchte die Annahme dennoch nicht vertreten, da jede bestimmte Andeutung für solchen Gebrauch fehlt[23].

Walther und die Fürstenhöfe.

Österreich.

Wo der berühmteste Sänger des Mittelalters geboren sei, meldet uns keine Überlieferung; wir wissen, dafs er einem ritterlichen Geschlecht angehörte, aber er selbst ist der einzige, den wir von diesem Geschlechte kennen[14]. Es ist mancher Ort mit dem Namen Vogelweide nachgewiesen[15], aber von keinem ist bekannt geworden, dafs er ein ritterlicher Stammsitz gewesen sei[20]. Die Zuversicht, mit der man auf verschiedene Landschaften[17], auf bestimmte Orte hingewiesen hat, jetzt vor allem auf den Hof zur Vogelweide im Eisakthale[18], bekundet weniger ruhige Erwägung und wissenschaftliche Gründlichkeit, als den Wunsch des Herzens, den Genius des Dichters an seiner Geburtsstätte verehren zu können.

Sehr wahrscheinlich ist, dafs Walther aus Österreich stammte, unzweifelhaft, dafs er hier aufwuchs. In einem Spruch, der den Unmut über die Geringschätzung edler Kunst ausspricht, sagt er (32, 14):

*ze Ôsterrîche lernte ich singen unde sagen,
dâ wil ich mich allerêrst beklagen.
vind ich an Liupolt hœreschen trôst, so ist mir mîn
muot entswollen.*

Damit wissen wir, woran der Wissenschaft vor allem gelegen sein mufs; denn nicht darauf kommt es an, wo ein Mann geboren ist, wohl aber darauf, wo er die bildsamen Jahre der Jugend verlebte, in denen der Geist Form und Richtung erhält.

Indem Walther den verlangenden Gruſs an den Herzog Leopold richtete, wollte er wohl mehr sagen, als dafs er die Kunst irgendwo in seinem Herzogtum gelernt habe; er wollte ihn vermutlich daran erinnern, was er dem Hof in Wien und den österreichischen Fürsten verdanke; denn an ihrem Hofe war er ausgebildet und Leopolds Bruder war sein Gönner gewesen.

Österreich. Das Fürstenhaus.

Die österreichischen Herzöge stammten aus einem fränkischen Adelsgeschlecht. Für treue Unterstützung im Kampf gegen den Baiernherzog hatte Kaiser Otto II. 975 oder 976 den Ahnherren des Hauses Leopold von Babenberg mit der Ostmark belehnt. Durch persönliche Tüchtigkeit, durch glückliche Fügung und kluge Benutzung der politischen Verhältnisse waren seine Nachkommen bald zu bedeutender Macht gelangt. Zu Anfang des zwölften Jahrhunderts nahm Leopold III. schon eine so angesehene Stellung ein, dafs er neben Friedrich von Schwaben und Lothar von Sachsen 1125 zum deutschen Könige vorgeschlagen wurde. Kaiser Friedrich erhob 1156 die Markgrafschaft zum Herzogtum, erweiterte das Gebiet und stattete es mit wichtigen Rechten aus. Der Sohn des ersten Herzogs, Leopold V. (1177—1194) verband dann mit dem ererbten Herzogtum noch die Steiermark, und so war dem deutschen Reich hier im Südosten eine starke Grenzwacht errichtet. Dieser Leopold war es, den der englische König vor Accon beschimpfte, aber nicht ungestraft; Kerker und schweres Lösegeld, dessen Walther noch später mit Bewunderung gedenkt, war die Bufse, die er zu erlegen hatte. Leopold war ein moderner Ritter; er hatte Reinmar an seinen Hof gezogen und er starb in Folge ritterlicher Spiele. Am Weihnachtsfeste 1194 stürzte er im Turnier und brach ein Bein. Eigenhändig vollzogene Fufsabnahme mittels eines Beilhiebes soll seinen Tod herbeigeführt haben[19]. Als der neue Sommer ins Land kam, widmete sein Hofpoet ihm eine Totenklage (MF. 167, 31). Leopolds Söhne Friedrich und Leopold VI. teilten die Herrschaft, aber nur für wenige Jahre. Friedrich starb früh im Morgenlande und hinterliefs dem Bruder die doppelte Macht, die dieser wohl zu nützen wufste. Das Babenbergische Geschlecht erhob sich in ihm am höchsten, und der Beiname des Glorreichen verkündet seinen Ruhm. Leopold mufs ein Mann von hervorragenden persönlichen Eigenschaften gewesen sein. Schon im Jahre 1205 ersah ihn Philipp zum Unterhändler mit Otto, damit er diesen — allerdings eine schwere Aufgabe — zur Abdankung bewege[20]; auf dem Reichstage zu Würzburg, wo Otto sich mit Philipps Tochter Beatrix verlobte, wählten die Fürsten ihn zu ihrem Sprecher vor dem König[31], und später führte er die schwierigen Unterhandlungen zwischen Friedrich II. und dem Papst. Durch eheliche Verbindungen suchte er seine Macht zu stützen. Er selbst vermählte sich, nachdem er sein Verlöbnis mit einer böhmischen Prinzessin gelöst hatte[32], mit Theodora, einer Verwandten des griechischen Kaisers Isaac Angelus, einer Nichte der Königin Irene Maria, der Gemahlin König Philipps[33]. Seine Tochter Margarethe wurde dem jungen König Heinrich, Kaiser Friedrichs Sohne, angetraut, die Verlöbnisse anderer Töchter verbanden ihn mit Sachsen, Thüringen und Meifsen. Es mag dem Herzog gelungen sein, dadurch seinen politischen Einflufs zu sichern und zu erweitern, aber er mufste es auch erleben, dafs aus diesen erzwungenen Bünden Unheil erwuchs; das Familienleben brachte ihm mancherlei Unglück.

Besser gedieh ihm die Sorge um das Land; seine fruchtbaren Schöpfungen zu Gunsten des Rechts, des Handels und Wandels werden gerühmt[34]; seine Residenz Wien wird als eine der ersten Städte Deutschlands genannt, volkreich und anmutig gelegen[35], und der wünnecliche hof zu Wien war für Walther von der Vogelweide zeitlebens das Ziel seiner Wünsche. — Auch das Wohl der Kirche und den Schutz des Glaubens liefs er sich angelegen sein. Im Jahre 1207 bemüht er sich um die Errichtung eines Bistums in Wien, das er zum Teil aus eignen Mitteln ausstatten wollte; freilich vielleicht mehr, um den Bischof von Passau zu kränken, als aus Sorge für das Seelenheil seiner Unterthanen[36].

Aber jedenfalls war Leopold ein frommer Mann im Sinne seiner Zeit. Eben damals, als er die Gründung des Bistums betrieb, sprach er von einer Kreuzfahrt[37]; Innocenz belobt ihn wegen dieses Entschlusses und mahnt die Ausführung nicht zu verschieben, er sendet ihm gleich einen Karthäuser Prior, um ihm das Kreuz aufzuheften und versprach ihm, während der Abwesenheit sein Land in seinen väterlichen Schutz zu nehmen[38]. 1212 zog er nach Spanien, um dort gegen die Mauren zu fechten[39], 1217 ins Morgenland[40]. Dafs er im eigenen Lande die Ketzerei nicht duldete, versteht sich von selbst und ohne Bedenken bediente er sich gegen die Abtrünnigen der rohen Mittel, welche die Zeit gut hiefs⁴¹.

Die Kirche blieb in reger Thätigkeit hinter dem Fürstenhause nicht zurück. Salzburg und Passau, Regensburg und Freisingen wetteiferten in den östlichen Alpenländern ertragsreiche Güter zu erwerben und Einflufs zu gewinnen. Salzburg war im neunten Jahrhundert zur Metropole des bairischen Reiches erhoben, und vergeblich hatte Pilgrim von Passau, der sagenberühmte, durch gefälschte Urkunden sein Bistum selbständig zu machen und seine Rechte über ganz Westungarn auszudehnen gesucht. Aber der Besitz Passans war doch bedeutend; grofse Ortschaften Österreichs am Donaustrome und tief landeinwärts erkannten den Passauer Bischof als Grundherren an, und nur Regensburg konnte auf diesem Boden mit ihm bald an grofsem geschlossenem Besitztum wetteifern⁴². Das 11. und 12. Jahrhundert sah eine grofse Anzahl kirchlicher Gründungen, namentlich in Kärnthen und Steiermark⁴³; um 1075 erhielt Innerösterreich das erste Landbistum zu Gurk⁴⁴. Die Ausbreitung der Kirche vermittelte dann mancherlei Berührungen mit dem westlichen Deutschland, die das geistige Leben befruchteten, und auch in der deutschen Litteratur sich geltend machten⁴⁵.

An dem Investiturstreit war das Ostalpenland in hervorragender Weise beteiligt⁴⁶. Hier safsen eifrige Gregorianer; vor allem der Erzbischof Gebhard selbst, der das bedeutende Benedictiner-Stift Admont gründete und 1074 zuerst schwäbische Mönche aus St. Blasien in das Land führte⁴⁷. Neben ihm arbeitete in gleichem Sinne an einer Neubildung des geistlichen und klösterlichen Lebens der Bischof Altmann von Passau, der früher Domherr und Schulvorsteher in Paderborn gewesen war; er stiftete das Kloster Göttweig, wohin er Hirschauer Mönche führte⁴⁸. Zu Anfang des zwölften Jahrhunderts sehen wir dann in Österreich den Honorius Augustodunensis verkehren, den eifrigen Vorfechter der beschränktesten kirchlichen Richtung, der in seinen bequemen Handbüchern die moderne theologische Gelehrsamkeit verbreitete⁴⁹. Endlich sei auch Gerhohs von Reichersberg gedacht, des strengen Mönches, der ohne Mafs und Schonung die Gebrechen der Kirche und die Verweltlichung des Klerus straft, und darüber mit seinen eignen Parteigenossen in Streit geriet[30].

Das rege religiöse Leben trieb dann auch eine geistliche Litteratur in deutscher Sprache hervor, die sich, wenn wir unserer Überlieferung trauen dürfen, in keinem Teile Deutschlands üppiger entfaltete, als hier im Südosten. Auch die erste deutsche Dichterin, die Frau Ava finden wir hier.

Um so auffallender ist es, dafs die weltliche Unterhaltungslitteratur fehlt; in dem ganzen zwölften Jahrhundert finden wir in Österreich keine Spur eines ritterlichen Erzählers und keine Spur eines einheimischen ritterlichen Romanes. Der Stricker, dessen Thätigkeit etwa die Jahre 1220—1250 umfafst, ist hier der erste, und das Gedicht, welches zuerst den Einflufs der ritterlich höfischen Epik zeigt, ist ein geistliches, die Kindheit Jesu des Konrad von Fufsesbrunnen. Dafs das österreichische Fürstenhaus zu tief in der Barbarei gesteckt habe, um für geistige Genüsse empfänglich zu sein, ist nicht glaublich; sein Ansehen und die verwandtschaftlichen Beziehungen sprechen dagegen. Die erste Gemahlin Heinrichs II., der eine Zeit lang mit seiner Markgrafschaft das Herzogtum Baiern verband, war die Wittwe des mächtigen Welfen Heinrichs des Stolzen, an dessen Hofe, so viel wir wissen, zuerst deutsche Gedichte nach romanischer Vorlage verfafst wurden; später auf der Rückkehr vom Kreuzzuge vermählte er sich in Konstantinopel mit der byzantinischen Kaisertochter Theodora Komnena. Sein Bruder Otto gehörte zu den Klerikern, die in Paris ihre Studien gemacht hatten; er wurde später Bischof von Freisingen, der berühmte Geschichtsschreiber Friedrichs I. Ein anderer Bruder Konrad starb 1168 als Erzbischof von Salzburg. Also an Bildung und geistiger Regsamkeit kann es in dieser Familie nicht gefehlt haben. Wenn dennoch kein Interesse für deutsche Verse vorhanden war, wird man es eher auf ein Übermafs von Bildung zurückführen müssen, welche in gelehrten Büchern Unterhaltung suchte. Auch andere hielten es für unwürdig, dafs Fürsten den Dichtern ihr Ohr liehen[31]. Das Gefolge und der weniger gebildete Landadel mochten sich an den

Dichtung in Österreich.

althergebrachten Vorträgen der Fahrenden und der Lotterpfaffen genügen lassen.

Früher finden wir die Anfänge einer ritterlichen Lyrik; aber auch sie führen nicht an den herzoglichen Hof, nicht in den Osten des Landes, sondern in seinen westlichsten Teil. Die Kürnberger waren westlich von Linz angesessen, die Aister ein paar Meilen weiter ostwärts, aber immer noch viel näher an Passau als an Wien. Dort hatte seit dem März 1191 Wolfger von Ellenbrechtskirchen den Bischofssitz inne, den wir aus seinen Reiseberechnungen als Freund von allerlei Spielleuten, auch als Wohlthäter Walthers von der Vogelweide kennen, und unter dessen Ministerialen Albrecht von Johansdorf erscheint. In eben diesen Gegenden kam dann auch, aber wie die Beziehungen auf Wolframs Parzival zeigen, erst im dreizehnten Jahrhundert die uns vorliegende Bearbeitung des Nibelungenliedes zu Stande, deren Grundlage vermutlich einige Decennien früher am Rhein geschaffen war.

Damals hatte die neue Sitte auch am Wiener Hofe bereits Eingang gefunden. Der Herzog Leopold V. hatte den besten Sänger des Elsasses für seinen Hof engagiert, und jedenfalls schon unter seiner Regierung begann auch Walther seine Sängerlaufbahn[54]. Die Verhältnisse bei Walthers Auftreten lagen demnach, so viel wir aus dürftiger Überlieferung schliefsen können, etwa so: das Land in gedeihlichem Aufschwung, ein angesehenes, gebildetes Fürstengeschlecht, eine mächtige und einflufsreiche Kirche, geistliche Litteratur in ziemlichem Umfang, daneben Vorträge der Fahrenden im alten Stil; im westlichen Teil eine eigentümliche Lyrik, deren Klänge gewifs bald über das ganze Land getragen wurden, am Hofe selbst der beste Vertreter des höfischen Minnesanges, plötzlich auf einen Boden verpflanzt, der diese Kunst nicht hervorgebracht hatte. Verschiedene Arten der Bildung, Altes und Neues treten hier scharf neben einander.

Derjenige unter den österreichischen Fürsten, dem Walther am nächsten stand, scheint der Herzog Friedrich gewesen zu sein. Aber seine Regierung war von kurzer Dauer. Schon im dritten Jahre nach der Thronbesteigung unternahm er mit dem Herzog von Kärnthen und mit Berthold V. von Andechs-Meranien, der ein Freund der Dichtung war[53] wie Friedrich, eine Kreuzfahrt, auf der er seinen Tod fand. Er starb am 15. oder 16. April 1198 und ward am 11. Oktober zu Heiligenkreuz begraben[54]. Sein Nachfolger Leopold versagte dem Sänger die Gunst, die der Bruder ihm gewährt hatte. Walther mufste hinaus ins Elend (19, 29).

Es war selbstverschuldetes Unglück, das der Dichter zu beklagen hatte; er zeiht sich später einer alten Schuld, ohne freilich anzudeuten, worin diese bestand. Seinem anhaltenden Bitten gelang es den Groll des Herzogs einigermafsen zu besänftigen, zu wiederholten Malen hatte er auch Leopolds Freigebigkeit zu rühmen, aber das eigentliche Ziel seines Strebens, die Aufnahme unter das Gesinde des Herzogs, scheint ihm versagt geblieben zu sein, und auch in Walthers späteren Sprüchen ist eine gewisse Reizbarkeit nicht zu verkennen. Es ist sehr wohl möglich, dafs Leopolds praktischer Sinn, so oft auch das Gegenteil versichert ist, den heiteren Schmuck der Kunst weniger geachtet habe. Die Zeugnisse in Enekels Fürstenbuch, und im Wartburgkriege sind nicht vollwertig[55]. Am Hofe seines Sohnes und Nachfolgers ging es freilich sehr lustig her, aber der war dem Vater auch sonst möglichst unähnlich und Walther hatte keine Beziehungen zu ihm.

Die Sprüche Walthers, die sich auf Österreich und den Hof zu Wien beziehen, sind ziemlich zahlreich, Bitt-, Dank- und Scheltlieder. Das älteste ist wohl 20, 31. Als ein Verwaister steht der Sänger vor dem Thor der Seligkeit und klopft vergebens an. Auf beiden Seiten regnet es, die Milde des Fürsten von Österreich erfreut Leute und Land wie der süfse Regen, aber ihm wird kein Tropfen zu Teil. Er vergleicht ihn mit einer schönen wohl gezierten Heide, von der man so viele Blumen pflücken kann, und bittet, dafs auch ihm ein Blatt zu Teil werde. — Es sind zum Teil alte Bilder, die der Dichter hier braucht. Der Sperwogel klagt ähnlich, dafs er vergebens seinen Napf ausstrecke, um aus dem kühlen Brunnen einen Labetrunk zu erhalten (MF.

23, 13) und der alte Herger schüttelt vergeblich an dem
fruchtbeladenen Ast (29, 13). Der Eingang zeigt, daſs das
Zerwürfnis mit Leopold schon erfolgt war. Durch Bitten
sucht der Dichter die Gnade des Fürsten wieder zu gewinnen⁵⁴, und Leopold zeigte sich gnädig. In einem andern
Spruche desselben Tones feiert Walther seine Freigebigkeit
auch gegen ihn; er dankt, daſs der Herzog ihn seiner alten
Schuld nicht habe entgelten lassen (25, 26)⁵⁵. Nie, sagt
er, hat man gröſsere Gabe austeilen sehen, als wir in Wien
um der Ehre willen empfangen haben. Der junge Fürst
gab, als ob er nicht länger leben wollte; Silber gab man
hin, als ob es gefunden wäre, und reiche Kleider, und Pferde
wurden in Herden davon geführt. Daſs der Spruch in
die ersten Jahre von Leopolds Regierung zu setzen ist,
daran läſst der Ausdruck *der junge fürste* keinen Zweifel.
Leopold war 1176 geboren, also ein vierundzwanzigjähriger
zu Anfang des neuen Jahrhunderts. Lachmann nahm an,
daſs Leopolds Schwertleite, die zu Pfingsten 1200 statt
fand, der Anlaſs gewesen sei, der Walther nach Wien zurückführte⁵⁶; andere wollen den Spruch lieber auf Leopolds
Vermählung im Herbst 1203 beziehen⁵⁷. Eine höhere
Wahrscheinlichkeit kommt jedoch dieser Annahme nicht
zu; eine bestimmte Entscheidung ist aus dem Spruch selbst
nicht zu gewinnen (vgl. unten IV Nr. 27).

In dem Spruch 20, 31 hat Walther nur eine Gabe gebeten, 25, 26 für eine Gabe gedankt; die höhere Forderung,
daſs ihn der Hof zu Wien wieder an sich nehmen möge,
hat er, vielleicht nicht viel später, in einem schönen Liede
ausgesprochen, das in demselben Ton verfaſst ist, wie die
Totenklage um Reinmar (84, 1). Drei Dinge bezeichnet da
der Sänger als seine stäte Sorge: Gottes Huld, seiner
Frauen Minne und den wonnigen Hof zu Wien, der sich
seiner manchen Tag mit Unrecht erwehrt habe. Die Anerkennung der fürstlichen Milde, mit der der Spruch schlieſst,
ist augenscheinlich eine captatio benevolentiae und bezieht
sich vielleicht auf jenes eben erwähnte frühere Fest. Daſs
diese Bitte in demselben Tone vorgetragen ist wie die
Totenklage von Reinmar, ist beachtenswert. Es liegt die
Vermutung nahe, daſs der Tod des Nebenbuhlers in Wal-

ther die Hoffnung geweckt habe, jetzt an seine Stelle zu treten⁶⁰. Aber der Herzog blieb spröde.

Der Brauch fahrender Leute läfst erwarten, dafs Walther sich durch ein Scheltlied rächte; in dem Spruch 24, 33 scheint dasselbe erhalten zu sein. Er führt den Wiener Hof selbst klagend ein: er bedauert, dafs der Sänger ihn meide. Früher habe nur König Artus Hof mit ihm an fröhlichem Glanz wetteifern können; jetzt stehe er jämmerlich da; sein Dach sei faul, seine Wände fielen zusammen, Freude und Freigebigkeit hätten keine Stätte mehr; der frohe Anfang sei verstoben. — Mit Absicht braucht Walther denselben Ton, in dem er früher Leopolds Lob gesungen hatte. Einst hatte er gerühmt: *man gap dâ niht bî drîzec pfunden, wan silber als ez wære funden, gap man hin und riche wât*. Jetzt heifst es: *golt silber ros und darzuo kleider diu gab ich, unde hât ouch mê: nun hab ich weder schapel noch gebende, noch frowen zeinem tanze, owê!* Die Beziehung ist unverkennbar; der frühere Preis sollte zu nichte gemacht werden⁶¹. — Für den unmittelbar vorangehenden Spruch, einen Ausfahrtsegen (24, 18), wird man keine bessere Stelle finden können als die, welche ihm die Überlieferung giebt⁶². Walther sang diese Strophen, als er sah, dafs in Österreich nichts mehr für ihn zu hoffen sei. Mit stolzem Vertrauen und frischem Jugendmut steuert er in das Meer des Lebens hinaus. Wir werden später sehen, dafs die Sprüche wahrscheinlich in das Jahr 1201 gehören (IV, Nr. 27).

Erst nach geraumer Zeit, im Jahre 1219, können wir Walther wieder in Österreich nachweisen; doch ergiebt sich aus seinen Worten 36, 1 f., dafs er auch vor dem Jahre 1217 längere Zeit dort geweilt haben mufs⁶³. Walther war zugegen, als Leopold 1219 von der Kreuzfahrt heimkehrte (28, 11). In Aquileja landete der Herzog mit seinen Gefährten, der Sänger trug ihm den Willkommen entgegen, jedoch in einer Form, welche weder Ehrerbietung noch sonderliches Wohlwollen zeigt⁶⁴. Er beglückwünscht ihn wegen seiner verdienstlichen Fahrt, ermahnt ihn aber gleichzeitig, so hohem Ruhme gemäfs sich auch in der

Heimat zu betragen: *sit uns hie biderbe für daz ungefüege wort, daz ieman spræche, ir soldet sin beliben mit éren dort.* Das ist eine trotzige Art zu fordern und sticht merklich ab von der demütigen Weise, in der Walther 20, 31 gefleht, und von dem bescheiden dringenden Wunsche, den er 84, 1 geäufsert hatte. Das Selbstbewufstsein des Mannes hatte in der Zwischenzeit stark zugenommen.

Dieselbe Gesinnung zeigen zwei Sprüche des Tones, in welchem Walther für Otto gegen die Kirche gestritten hatte: 31, 33. 32, 7. Beide sind durchaus humoristisch gehalten; aber leider nicht in allen ihren Beziehungen verständlich und an und für sich ohne Anhalt für eine bestimmte Datierung. Unmutig über geringe Anerkennung seines höfischen Sanges erklärt Walther in dem einen, sich bei Leopold beschweren zu wollen, denn in Österreich habe er singen und sagen gelernt; in dem andern redet er den Herzog direkt an, er möge seine Stimme erheben und zu seinen Gunsten ein entscheidendes Wort sprechen, das ihm den Frieden wiedergebe: *vind ich an Liupolt höveschen trôst, so ist mir min muot entswollen.* Indem Walther Österreich als die Wiege seiner Kunst bezeichnet, verlangt er von dem Herzog gleichsam, dafs er ihr Heimatsrecht anerkenne und als Landesherr sich ihrer annehme. — In Österreich können die Sprüche nicht vorgetragen sein, wohl aber vor dem Herzog, auf den sie ja doch berechnet sind; ich vermute im Jahre 1219 in Aquileja. Von der frohen Stimmung nach glücklicher Heimkehr konnte der Sänger am ehesten einen Gnadenerweis erwarten[45].

Die Annahme findet eine Stütze in einem dritten Spruche desselben Tones (34, 34). Walther richtet sich hier zugleich an den Herzog, an dessen Oheim Heinrich und an den Patriarchen von Aquileja; so lange drei so treffliche Männer sich seiner annähmen, brauche er nicht in weiter Ferne zu schweifen, um gastliche Aufnahme zu finden. Den Patriarchen nennt er an erster Stelle — sehr natürlich, wenn an dessen Hofe der Spruch gesungen wurde; mit der gröfsten Auszeichnung aber nennt er Leopold, und mit unverkennbarer Beziehung auf 32, 16 bezeichnet er ihn als seinen *höveschen trôst*[46]. Auf seine Bitte war ihm also eine Gunst zu teil geworden, für die er hier den schuldigen Dank entrichtet. Diese letztere Annahme wird durch einen vierten Spruch (36, 1), in dem Walther sich an den österreichischen Adel wendet, bestätigt. Er belobt die Herren wegen ihres höfischen Taktes. Als Leopold, um die Mittel zur Gottesfahrt zu gewinnen, sparsam gewesen sei, hätten sie auch gekargt, um den Fürsten nicht an Milde zu überstrahlen; nun möchten sie aber auch geben wie er. — So würde der Dichter sicher nicht argumentiert haben, wenn er Leopolds Freigebigkeit nicht genossen hätte; er verstand es die Gelegenheit zu nutzen[67].

Den vier Sprüchen gesellt sich endlich noch ein fünfter zu, dessen Auslegung viele Schwierigkeiten gemacht hat: die bekannte Verwünschung in den Wald (35, 17). Wenn Walther in dem Spruch 34, 34 seinen Dank an die drei Fürsten mit den Worten schliefst: *mirst vil unnôt das ich durch handelunge iht verre striche*, so spricht er damit die Erwartung aus, dafs er an ihren Höfen eine bereite Stätte finden werde. Des Herzogs Ansicht war das aber keineswegs; er hatte ein Almosen gewährt, wollte aber keine persönliche Verbindung; statt eines freundlichen Asyls gab er dem Dichter kräftigen Fluch, und Walther war weit davon entfernt, das ruhig hinzunehmen. Zum Roden, sagt er, sei er nicht geschaffen, sein Platz sei in der Gesellschaft; und keck schliefst er mit den Worten: *wis dú von dan, lâ mich bî in: sô leben wir sanfte beide*. Lachmanns Ansicht, dafs Leopold diesen Spruch dem Dichter nicht verziehen habe, wird wohl richtig sein. Denn so oft dieser auch später noch Gelegenheit hatte dem Herzog nahe zu treten, so erwähnt er ihn doch nur noch einmal wieder um seine Kargheit zu rügen[68].

Die besprochenen auf Österreich bezüglichen Lieder Walthers umfassen einen Zeitraum von mehr als zwanzig Jahren. Wir sahen, dafs der Dichter seine Entfernung vom Hofe als schweren Schlag empfand. Er freut sich, als er einige Jahre, nachdem er in Ungnade verfallen, wieder bei Hofe erscheinen darf; er fleht um dauernde Aufnahme;

er wagt es später eine ähnliche Bitte zu wiederholen; aber vergeblich. Er erfährt öfters Gunstbeweise, erhält Gaben, wie es die Sitte mit sich brachte; aber sein eigentliches Ziel, eine dauernde Stätte am Hofe, hat er bis zuletzt nicht erreicht".

Wie kommt es, dafs der Dichter mit solcher Zähigkeit grade an den Hof von Wien strebt? Warum wenden sich seine Blicke immer wieder nach Österreich? wie kommt er zu dem Aufenthalt in dem Lande, ohne dafs er am Hofe eine Stätte fand, ohne dafs er zu irgend einem andern hervorragenden Manne nähere Beziehung hatte? Ich meine die einzige befriedigende und sehr nahe liegende Antwort auf diese Frage ist die, dafs Österreich, das Land, in dem er singen und sagen lernte, auch sein Heimatland war[10].

Man hat sich gewöhnt, Walther gewissermafsen als einen Heimatlosen anzusehen, der Zeitlebens von einem Hofe zum andern gepilgert sei. Aber ohne Grund. Freilich kam der Sänger weit herum und blieb oft lange, Jahre lang von der Heimat entfernt; wir können ihm nicht alle seine Fahrten nachrechnen, vom Po bis zur Trave, von der Seine bis zur Mur hat er die Länder durchstrichen: aber die Heimat blieb ihm unvergessen und unverloren. Wie es heutzutage wanderndes Volk noch treibt, so wird es auch damals gewesen sein. Wanderlust und die Not des Lebens treiben den Mann hinaus, die Liebe zur Heimat führt ihn in die alt gewohnten Verhältnisse zurück; er bleibt zu Hause, bis das erworbene Gut verzehrt ist und Aussicht auf Ehre und Gewinn wieder in die Ferne lockt. Die Besuche der vielen Fürstenhöfe, die wir im folgenden erwähnen werden, sind eben nur Besuche; das Domizil des Dichters war Österreich, jedenfalls bis zum Jahre 1220, vielleicht noch über dieses Jahr hinaus.

Die Vermutung findet ihre Stütze in dem bekannten Spruch auf den Nürnberger Reichstag (84, 14). Ob er auf den Reichstag des Jahres 1224 gehe oder auf jene Versammlung des Jahres 1225, die König Heinrichs Vermählung mit Leopolds Tochter Margarethe veranlafste, kommt hier nicht in Betracht. Walther sagt, wenn er von Hofe komme, pflege man ihn nach Neuigkeiten zu fragen; in Nürnberg

habe man gutes Gericht gehalten; über die Freigebigkeit
der Fürsten würden die Fahrenden am besten Auskunft
geben können:

unb ir mille frâgel varndez volc : daz kan wol spehen.
die sîten mir, ir mahten schieden danne lœre :
unser heimschen fürsten sin só hovebœre,
daz Liupolt eine müeste geben, wan der ein gast dâ wære.

Es fragt sich zunächst, wie die letzten Worte zu verstehen
sind. Jedenfalls sprechen sie aus, dafs Leopold nichts
gegeben hat, und jedenfalls enthalten sie eine Rechtfertigung
seines Benehmens; aber ist diese Rechtfertigung ernst gemeint, oder ist sie ironisch? in dem einen Falle schlösse
der Spruch mit einer Anerkennung der herzoglichen Freigebigkeit, im andern Falle mit einem Spott auf seine
Kargheit.

Im allgemeinen lag die Pflicht sich freigebig zu erweisen dem Wirt ob; von dem Gast, der aus der Ferne herangezogen kam, erwartete man nicht, dafs er reiche Schätze
für die Gehrenden mit sich führte. So heifst es von Erec
(v. '2266) er hätte nicht so viel geben können, wie er wohl
gemocht hätte; es habe ihm gefehlt: *ich meine das er was
dâ gast sin lant was im verre.* Als die Hunnen und Bur-
gunden vor Worms ein Turnier abhalten wollen (Biterolf
8564) schlug Siegfried als Bufse für den gefangenen Ritter
1000 Mark vor. Da antwortet aber Rüdiger: *jâ künic, si
wir geste. Ëlxelen des küneges hêr treskamer ist mir ze
verre.* Als Zeichen ganz besonderer Freigebigkeit wird es
im Parzival (775, 29) an Artus gerühmt, dafs er auch als
Gast glänzend aufgetreten sei: *Artûs was des landes gast :
siner koste iedoch dâ niht gebrast;* und im Wigalois v. 2949:
*diu frouwe was mit rât gevaren von ir lande: dehcinen
mangel si erkande; ir mille was âne schunden.*

An und für sich gilt also die Entschuldigung, die
Walther auf Leopold anwendet; aber gilt sie auch in diesem
Fall? Auf einem Reichs- und Hoftag waren alle Fürsten
Gäste und dieselbe Entschuldigung hätte jeder brauchen
können[11]. Augenscheinlich schliefst der Spruch mit einer
ironischen Wendung[12].

Weiter fragt es sich, ob die heimischen Fürsten,

welche in der vorletzten Zeile erwähnt werden, die österreichischen sind, ob also Leopold zu den heimischen Fürsten gehört oder ob er ihnen gegenüber gestellt wird. Die letztere Ansicht hat Pfeiffer zuerst aufgestellt und andere sind ihm gefolgt. Das Wort *hovebære* fassen sie ironisch: „unsere heimischen Fürsten, sagten die Fahrenden, seien solche Knauser, dafs Leopold allein hätte geben müssen, nur dafs er Gast war"[74]. Möglich ist es die Zeilen so zu verstehen; aber diese Auffassung liegt nicht am nächsten und setzt voraus, dafs der Dichter sich schief ausgedrückt habe. Der Gegensatz zu heimische Fürsten würden fremde Fürsten sein, und der Gegensatz zu Leopold die anderen Fürsten: „unsere heimischen Fürsten seien so geizig, dafs die fremden hätten geben müssen", oder „die Fürsten seien jetzt so geizig, dafs Leopold allein hätte geben müssen" etc., das wären richtige Gedanken, die natürliche Auffassung des Überlieferten kann die heimischen Fürsten nur als die österreichischen, Leopold als einen von ihnen ansehen: „die Fahrenden sagten, sie hätten mit leeren Taschen abziehen müssen; unsere heimischen Fürsten, die freilich seien so edel, dafs Leopold vor allen andern und allein würde gegeben haben, aber der wäre ein Gast gewesen". — Walther bezeichnet also die österreichischen Fürsten als die heimischen[75], Österreich als seine Heimat, eine Angabe, die allem andern was wir über diesen Punkt vermuten und schliefsen dürfen, entspricht.

Nicht mit gleicher Sicherheit läfst sich entscheiden, wo Walther den Spruch gesungen habe. Wir sehen aus demselben, dafs Walther einen dauernden Aufenthalt am königlichen Hofe nicht hatte, dafs er ihn aber oft besuchte; wir dürfen ferner aus seinen Worten vermuten, dafs er von diesen Besuchen in dieselbe Umgebung zurückkehrte, dafs er also irgendwo eine bleibende Stätte hatte. Aber wo war das? wem bringt er hier die Kunde vom Nürnberger Hoftage? Möglich ist vieles; der Spruch kann in jedem Lande gesungen sein, wo man Walthers Heimat kannte und für Herzog Leopold einiges Interesse hatte. Aber den natürlichsten und wirksamsten Hintergrund für die Wendung „unsere heimischen Fürsten" etc. erhält man doch,

wenn man annimmt, er sei in Österreich vor Österreichern vorgetragen. Walther müfste dann also noch im Jahre 1224 oder 1225 für gewöhnlich seinen Wohnsitz in Österreich gehabt, von dort aus die Reichstage besucht haben und dorthin von den Reichstagen zurückgekehrt sein.
Wie es sich nun auch mit dieser Vermutung, die zwar wahrscheinlich, aber doch keineswegs sicher ist, verhalten mag, seine letzte Ruhestätte scheint Walther nicht in Österreich gefunden zu haben. Wenigstens nahm man in Würzburg etwa hundert Jahre nach seinem Tode allgemein an, dafs er dort begraben sei. Die älteste Hs. welche die Nachricht enthält, ist das um die Mitte des vierzehnten Jahrhunderts geschriebene Manuale Michaelis de Leone, eines in Würzburg geborenen und hochangesehenen, für die Würzburger Lokalgeschichte verdienten Mannes, der Protonotar der Würzburger Bischöfe, Scholasticus und Kapitular am Stifte zum Neuen Münster daselbst war. In dieser Hs. ist neben Grabinschriften auf Kaiser Friedrich II. und Bischof Konrad von Würzburg († 1202) auch das bekannte Epigramm[16] auf Walther verzeichnet:

Pascua qui volucrum vivus Walthere fuisti,
qui flos eloquii, qui Palladis os, obiisti.
ergo quod aureolam probitas tua possit (l. poscit) habere,
qui legit, hic dicat, deus istius miserere.

Die Überschrift enthält die Notiz, dafs das Grab im Kreuzgang des neuen Münsters sich befinde: *de milite Walthero dicto von der vogelweide sepulto in ambitu novimonasterii herbipolensis: in suo epytafio sculpti erant isti versus subscripti.* Die Worte zeigen, dafs Michael selbst die Inschrift nicht mehr gesehen hatte, und vermutlich hat sie überhaupt nie auf dem Stein gestanden. Hingegen dürfte man nicht genügenden Grund haben, auch die Angabe zu verwerfen, dafs Walther in Würzburg bestattet sei[16]. Und wenn dies der Fall ist, so ist es weiter sehr wahrscheinlich, dafs der Hof zu der Vogelweide, der daselbst in einer Urkunde vom Jahre 1323 erwähnt wird[17], des Dichters Eigentum und in den letzten Lebensjahren sein Wohnsitz gewesen sei; vermutlich ein Geschenk Friedrichs II.

In dieser ganzen Betrachtung über Walthers Beziehungen zu Österreich stand der Herzog Leopold und sein Hof in Wien im Vordergrund; bei dem Dichter selbst ist es ja so. Aber es ist kaum eine Frage, dafs er auch zu andern hohen Familien des Landes in freundlichem Verhältnis gestanden habe; oft genug mag er sich zu festlichen Zusammenkünften des Adels eingefunden und einzelne begüterte und kunstfreundliche Herren auf ihren Burgen besucht haben. Im Jahre 1219, sahen wir, mahnt er die Herren mit dem Beispiel des Hofes zur Freigebigkeit, und gerade die Verbindung mit ihnen scheint es gewesen zu sein, die ihm 1198 die Ungunst des Herzogs zuzog. Wie eifrig der Adel der südöstlichen Lande die neue Kultur sich anzueignen suchte, zeigt am besten der Frauendienst Ulrichs von Lichtenstein. Auch der Stricker rühmt ihre Liebe zur Kunst in einem Gedicht, das den späteren Verfall beklagt:

> Die herren se Österriche
> die wurben hie vor umbe êre,
> der geluste si sô sêre,
> das si des dûhte durch ir guft,
> ob mer erde unde luft
> ir lop niht möhte getragen,
> si wolten ir dennoch mê bejagen.
> des gewunnen si sô grôse gunst,
> das man in alle die kunst
> dar se Österriche brâhte,
> der ie dehein man gedâhte.
> die gulten si âne nuîse[78].

Auch Walther wird ihre Gunst genossen haben; aber in seinen Gedichten, so weit sie uns bekannt sind, wird keiner besonders erwähnt. Aufser dem Herzog wird nur ein Österreicher von ihm genannt, der Oheim desselben, in dem früher erwähnten Preisliede: *Die wîle ich weis drî hove sô lobelîcher manne* (34, 34).

Der Herzog Heinrich, ein Bruder von Leopolds Vater, safs unweit Wien auf Medelicke, jetzt Mödling; er starb im Jahr 1223, lange vor ihm seine Gemahlin, eine böhmische Prinzessin. Sonst ist wenig von ihm bekannt[79].

Walther sucht ihn zu ehren durch den Vergleich mit dem milden Welfen. Das ist Herzog Welf VI, ein Bruder Heinrichs des Stolzen und Oheim Heinrichs des Löwen. Nach dem Tode seines einzigen Sohnes hatte er sich von der Arbeit des Lebens zurückgezogen und in Memmingen niedergelassen, „wo er alle lustigen und geldarmen Ritter bei sich aufnahm und grofse Summen verschwendete für Essen und Trinken, prachtvolle Feste und Kleider, grofse Jagden und schöne Mädchen. Vor dem Tode ward er der Sinnenlust überdrüssig, rief Ula seine verwiesene Frau wieder zurück, machte den Armen, Geistlichen und Klöstern reichliche Geschenke und setzte den Kaiser, der seiner übermüfsigen Verschwendungssucht durch freigebige Unterstützung zu Hülfe gekommen war, zum Erben ein"⁴⁴. Er starb 76 Jahr alt im Jahre 1190. Das Lob Walthers zeigt, was das fahrende Volk von einem freigebigen Fürsten erwartete. Wie weit Herzog Heinrich diesem leuchtenden Vorbild entsprach, wissen wir nicht, aber dafs er so gar selten in Urkunden vorkommt, macht es schon wahrscheinlich, dafs er dem milden Welfen wenigstens an Unthätigkeit ähnlich war.

Thüringen.

Von Österreichs Fürsten wenden wir uns nach Thüringen, wo Walther wenigstens zweimal Aufnahme gefunden hat. Alle Sage läfst den Ahnherren des landgräflichen Hauses zu Zeiten Kaiser Konrads II. in das Land kommen; einem linkerrheinischen reichen Geschlecht soll Ludwig im Barte angehört haben, der durch die Gnade des Kaisers und die Gunst des Erzbischofs von Mainz in Thüringen den Grund für die Macht seines Geschlechtes legte⁹¹. Sicher ist, dafs es ein fremdes Geschlecht war, das in Thüringen sich niederliefs und binnen kurzem von kleinen Anflügen zu hoher Stellung sich empor schwang. Nicht nur in Thüringen hatten die Grafen ihren Besitz und ihre Macht gemehrt: noch ehe die Landgrafschaft ihnen übertragen wurde, hatten sie auch in Hessen sich festgesetzt, wo sie namentlich vom Kloster Hersfeld bedeutende Güter zu Lehen trugen⁸³. Dazu kamen dann noch einzelne Güter und Burgen am Rhein⁸³.

Zur Begründung einer höheren politischen Geltung trug vorzugsweise Ludwig der Eiserne, der zweite Landgraf, in seiner langen Regierung (1140—1172) bei. Vermählt war er mit Jutta, der Tochter des Herzogs Friedrich von Schwaben, der Schwester Kaiser Friedrichs I. Die hohe Verwandtschaft war ihm eine wesentliche Stütze, namentlich in seinem Verhältnis zu Mainz. Denn der Mainzer Sprengel dehnte sich über Thüringen aus, und an Händeln, für deren Entscheidung die Gunst des Kaisers wichtig war, konnte es nicht fehlen. Aber auch durch tüchtige Kriegsmannschaft wufste Ludwig Ansehen und Besitz zu behaupten. Bekannte Sagen erzählen, wie der Landgraf hart wurde und die widerspenstigen Grofsen unter sein Joch beugte, und wie er seine Neuenburg zum Erstaunen des kaiserlichen Schwagers in wenigen Stunden mit der lebendigen Mauer seiner Getreuen umgab.

Wie ernst er seinen Fürstenberuf auffafste, zeigt ein Schreiben, das er an seinen jüngeren Bruder richtete, der, zum geistlichen Stande bestimmt, es standhaft ablehnte, sich die Platte scheren zu lassen und sich mit aller Leidenschaft ritterlichen Spielen hingab. Ludwig erinnert ihn daran, wie ihr Geschlecht durch Glück und Arbeit emporgekommen und mit Gottes Hülfe dahin gelangt sei, dafs es den ersten Fürsten des Reiches ebenbürtig, Stellung, Namen und Ruhm errungen habe. Desbalb mahnt er den Bruder, er möge sich lieber als mit den gefährlichen und im Frieden nutzlosen Waffenspielen mit den Staatsgeschäften befassen, wie es einem Fürsten zieme⁸⁴. Es ist ferner ein Brief aus dem Jahre 1161 erhalten⁸⁵, in dem Ludwig dem Könige von Frankreich zwei seiner Söhne empfiehlt, die er zu ihrem Studium nach Frankreich schicken wolle. Welche Söhne das waren, ob der Plan ausgeführt wurde, das wissen wir nicht sicher; aber schon der Vorsatz ist beachtenswert. Ludwigs Söhne gehörten zu den ersten Fürsten Deutschlands, die wir als Gönner und Beförderer der neuen ganz von Frankreich abhängigen ritterlichen höfischen Poesie kennen.

Der älteste Sohn, Ludwig, der nach dem Tode des Vaters die Landgrafschaft übernahm, erhielt den Beinamen des Frommen; er wird gerühmt als strenggläubiger Mann, als Wohlthäter der Armen und der Kirche. Aber doch führte er auch der Kirche gegenüber das Schwert, wenn er sich in wirklichen oder angemafsten Rechten bedroht sah[66]. Während seiner Regierung stürzte die Macht des Welfenhauses zusammen, was den Thüringern wie den andern Nachbarn Zuwachs an Macht und Ansehen brachte.

Im Jahre 1189 begab sich Ludwig nebst seinem Bruder Hermann auf Kreuzfahrt; er nahm wesentlichen Anteil an der Belagerung von Ptolemais und den Kämpfen mit dem feindlichen Ersatzheer: die Heimat sah er nicht wieder. Er starb am 16. Oktober 1190, seine Gebeine wurden am Weihnachtsabend des Jahres 1190 in Reinhardsbrunn beigesetzt. Ein Gedicht, das uns in jüngerer Bearbeitung des vierzehnten Jahrhunderts vorliegt, feierte seine Thaten.

Vermählt war Ludwig in erster Ehe mit einer Gräfin von Cleve[67]; und diese Vermählung gewann für das litterarische Leben in Thüringen nicht geringe Bedeutung. Wenn die Landgrafen schon durch ihre rheinischen Besitzungen gewisse Beziehungen zu dem Kulturleben der westlichen Lande hatten, so scheint die Heirat der Clevischen Gräfin dem Heinrich von Veldeke den Weg nach Thüringen gewiesen zu haben. Denn für diese Gräfin oder ihre Verwandten hatte er die Bearbeitung der Eneide übernommen, und wenn auch die Fürstin vielleicht schon gestorben war, als der Dichter an den Hof berufen wurde, um sein Werk fortzusetzen, die Berufung darf man immerhin als eine Folge der verwandtschaftlichen Beziehungen ansehn. Bemerkenswert ist, dafs der Dichter keinen Anlafs hatte sich für die Gunst des regierenden Fürsten zu bedanken. Ludwig mochte, wie Leopold von Österreich, über den ernsten Angelegenheiten und Pflichten des Herrschers keine Lust und Mufse zum Verkehr mit Dichtern finden. Die jüngeren Brüder sind es, Friedrich und Hermann, die der Veldeker als seine Gönner nennt. Hermann ist der vielgepriesene Sängerfreund; auf seiner Neuenborg an der Unstrut hatte der Veldeker sein Werk beendet. sein Hof war auch später der Sammelplatz und Mittelpunkt der Dichtung und des Gesanges. An seine Wartburg knüpft sich die Sage vom Sängerkrieg, eine der leersten und doch berühmtesten, die Malern, Dichtern und Musikern Anregung zu berühmten Kompositionen gegeben hat.

Aber der sanfte liebliche Schein, den die moderne Kunst um das Leben und den Hof des Landgrafen geworfen hat, verschwindet, wenn man die Realität der Geschichte aufsucht. Da tritt uns ein unruhiger leidenschaftlicher Fürst entgegen und ein armes Land, das teils durch das Unglück des ganzen Vaterlandes, mehr aber noch durch die Schuld seines Fürsten unter den Greueln des Bürgerkrieges wie kein anderes zu leiden hatte. Der Tod Ludwigs und andrer Mitglieder seines Hauses hatten dem Landgrafen Hermann eine Macht in die Hand gegeben, gröfser wohl als sie irgend einer seiner Vorfahren besessen hatte, aber man kann schwerlich behaupten, dafs er sie zum Segen seines engeren und weiteren Vaterlandes gebraucht habe, wenigstens im allgemeinen nicht. In der ersten Zeit seiner Regierung, als Kaiser Heinrich über das Reich gebot, waren es namentlich die Händel in Meifsen, wo anfangs der Sohn gegen den Vater, nachher der Bruder gegen den Bruder kämpfte, welche Thüringen in Mitleidenschaft zogen. Später als die zwiespältige Königswahl für lange Jahre Deutschland teilte, war es die schwankende Politik des Fürsten, die Krieg und Verwirrung über das Land brachte. Indem er bald durch den Anschlufs an diesen, bald an jenen König persönliche Vorteile suchte, wurde das Land zum Tummelplatz der Feinde. Die Macht, welche das Mainzer Bistum in Thüringen hatte, und die Lage der Landgrafschaft im Herzen Deutschlands wurden ihr besonders verderblich. Der Erzbischof Leopold, die Böhmen, Ottos Truchsess Gunzelin, die Könige Philipp und Otto selbst mit ihren Scharen haben nacheinander und abwechselnd furchtbar im Lande gehaust; namentlich in den Jahren 1202—1204, 1211 und 1212.

Die Verwirrung und der angerichtete Schaden waren

um so gröfser, als der Adel des Landes, der ebenso seinen Vorteil suchte wie die Fürsten, die Gelegenheit wahrnahm, sich gegen diese zu wenden und an den wehrlosen Einwohnern des Landes sich schadlos zu halten[56]. Der Landgraf aber behielt sein ritterliches Hochgemüte, und wenn die drängende Gefahr auch wohl ihm zuweilen Not, Mangel und Sorge brachte und den fröhlichen Anhang aus seiner Umgebung verscheuchte: er fand sich bald wieder zurecht und Gesang, Tanz und Festfreude füllten die Hallen seiner Wartburg.

Man darf sich das genialische Treiben nicht zu ideal vorstellen. Die Historiker sprechen leider nicht davon, aber ein unverwerfliches Zeugnis giebt uns Walther. Selbst ihm, der doch so eifrig die Jungen zur Freude und die Reichen zur Verschwendung mahnt, war in Thüringen des Schallens zu viel. „Wer an den Ohren leidet", sagt er in einem seiner Sprüche (20, 4), „der bleibe dem Hof in Thüringen fern; er wird verrückt, wenn er dorthin kommt. Ich habe gedrängt bis zur Erschöpfung und zum Überdrufs. Eine Schar führt aus, die andere ein, Tag und Nacht. Ein Wunder, dafs jemand dort hören kann. Der Landgraf verthut seine Habe mit stolzen Helden, und wenn ein Fuder Wein tausend Pfund gülte, so würde doch nimmer ein Becher leer stehen". Das Leben wird ungefähr denselben Anstrich gehabt haben, wie am Hofe des milden Welfs; nur dafs reckenhafter Trotz und Fehdelust in Thüringen vermutlich stärker vertreten waren. Es ist ein gutes Zeichen für Walther, dafs ihm nicht ganz wohl dabei war, und ein Beweis für die höhere Gesittung seiner süddeutschen Heimat. Jenen Spruch hat er natürlich nicht an dem Hofe Hermanns vorgetragen; aber er schonte die Gesellschaft des Landgrafen auch während seiner Anwesenheit nicht. *Guoten tac, base unde guot* fing er ein Lied an, in dem er die Rotte begrüfste. Leider ist es nicht erhalten; wir kennen es nur aus einem Citat Wolframs (Parz. 299, 16). Wolfram stimmt in seinem Urteil mit Walther überein. Er erkennt zwar die Milde des Landgrafen an (Wllb. 417, 22), aber er meint doch, dafs ein Teil des Ingesindes besser

Ausgebäude wäre, und dafs der Landgraf einen Truchsessen wie Keie wohl brauchen könne. So wenig aber auch Leben und Regierung des Landgrafen im allgemeinen zu loben sind, so müssen wir doch die Förderung, welche die Dichtung durch ihn erfuhr, dankbar anerkennen. Dem Vater der höfischen Epik, Heinrich von Veldeke, hat er die Vollendung seines Werkes ermöglicht; die beiden gröfsten Dichter des zwölften Jahrhunderts Wolfram und Walther haben seine Gunst genossen; er veranlafste den Herbort von Fritzlar das Lied von Troia zu bearbeiten (v. 92—98); unter seiner Regierung dichtete Albrecht von Halberstadt auf der Jechaburg seinen Ovid, nicht direkt im Auftrage des Landgrafen, aber nicht ohne seiner lobend zu gedenken: *bi eines vursten silen in allen landen xilen von siner tugende wol bekant* (v. 88); auch der Biterolf, der die Alexandersage neu bearbeitete, gehört vermutlich nach Thüringen. Das Beispiel, das ein grofser Hof gab, war bedeutend; die Freude des Fürsten an litterarischer Unterhaltung mufste sich auch andern mitteilen.

Es ist interessant zu sehen, wie hier in Thüringen die Litteratur eine so entschiedene Richtung auf das Altertum nahm, grade wie sechshundert Jahre später Thüringen die Hauptstätte des Klassicismus wurde; man darf darin eine Wirkung von Heinrichs Eneide sehen. Von einer reinen Auffassung des Altertums war man freilich noch weit entfernt; alle diese Arbeiten zeigen den ungeheuern Abstand der verschiedenen Zeitalter und Bildungen, die Unfähigkeit dieser Männer aus den beschränkten Anschauungen ihrer Zeit herauszutreten; aber sie bekunden anderseits grade durch die gewaltsame Umwandlung des Überlieferten ein energisches Streben das Fremde sich anzueignen. Die Tugendlehre des Wernher von Elmendorf liegt ganz in dieser Bahn; nicht sowohl auf die Bibel und theologische Schriften gründet er seine Lehren und Betrachtungen, sondern vorzugsweise auf die Autoren des Altertums, auf Seneca, Sallust, Cicero, Lucan, Horaz, Ovid, Boethius, sogar Xenophon. „Salomon" sagt er, „stellt uns die Ameise zum Muster auf; soll ich aber von einem Würmlein Tugend lernen, so kann ich sie von einem Heiden noch viel eher annehmen". Kein gewöhnlicher Gedanke in jener Zeit.

Während so die epische Poesie in Thüringen eifrig gepflegt wurde, ist uns auffallend wenig von einer gleichzeitigen Pflege des Minnesanges überliefert. Die Weisen Heinrichs von Veldeke, Wolframs Tagelieder, Walthers Gesang sind auch am thüringischen Hofe erklungen, aber wir wissen nicht, dafs ihr Beispiel viel Nachahmung gefunden hätte. Von dem Herrn von Kolmas, der in diese Zeit gehört, haben wir nur ein ernstes religiöses Gedicht; Wolframs Notiz (Parz. 639, 11), dafs aus Thüringen neue Tänze gekommen seien, beweist nicht ohne weiteres für lyrische Poesie, nur einen Dichter, der in Thüringen und zwar am landgräflichen Hofe eine dauernde Stätte hatte, können wir als Minnesänger anführen, den tugendhaften Schreiber, und selbst das ist nur wahrscheinlich, nicht völlig sicher. Man hält den tugendhaften Schreiber, indem man sein Auftreten im Wartburgkriege mit Angaben jüngerer Quellen kombiniert, für den landgräflichen Kanzler, der in Urkunden von 1208—1228 als Heinricus Notarius und H. scriptor vorkommt⁴⁹. Seine Gedichte bewahren den Charakter des edlen Minneliedes, zeichnen sich aus durch eine gewandte rhetorisch durchgebildete Sprache und sorgfältigen Versbau. Spuren des Dialekts treten fast gar nicht hervor; nur einmal reimt summer: kummer (MSH. 2, 151ᵇ. IX, 1)⁵⁰. Ob Herr Kristân von Hamle, den man etwa in dieselbe Zeit setzen kann, grade nach Thüringen gehört, kann man nicht wissen⁵¹. — Der Mangel an thüringischen Liedern ist eine Thatsache, aber schwer wird sich entscheiden lassen, ob diese in der Ungunst der Überlieferung ihren Grund hat, oder darin, dafs in diesen Gegenden noch eine Abneigung gegen den Vortrag von Liedern der Liebe bestand.

Die Sprüche und Lieder Walthers, die sich auf Thüringen beziehen, geben für eine genauere chronologische Fixierung keinen Anhalt; über Möglichkeit oder Wahrscheinlichkeit wird man kaum jemals hinauskommen. Die erste Spur, die uns nach Thüringen führt, ist jene humoristische, nicht gerade lobende Schilderung vom Treiben auf der Wartburg. Der Spruch ist in demselben Tone wie die

Feier des Magdeburger Weihnachtsfestes gesungen, und daher ist es wahrscheinlich, dafs Walthers Besuch in Thüringen gelegentlich dieser Reise nach Niederdeutschland (1199) statt fand; denn dafs der Spruch nur einen vorübergehenden Besuch, nicht einen längeren Aufenthalt voraussetzt, dürfte jeder zugeben[14]. Ebenso ergiebt sich aus den Worten *ich hân gedrungen uns ich niht mê dringen mac*, dafs zwischen dem Besuch und dem Spruch nicht lange Zeit verstrichen war, sondern dafs er entstand, sobald Walther den Hof verlassen und anderswo Aufnahme gefunden hatte. Zweifelhaft bleibt, ob Walther von Magdeburg nach Thüringen kam, oder von Thüringen nach Magdeburg (s. u.). Wenn letzteres der Fall war, so würde der Besuch im Spätjahr 1199 stattgefunden haben und der Spruch 20, 4 ebenso wie alle andern desselben Tones am Hofe Philipps gesungen sein[22]. Im andern Fall würde man annehmen dürfen, dafs Walther ihn in Österreich vorgetragen habe, wohin er sich vermutlich zu Pfingsten 1200 begab.

Von einem zweiten Besuche an Hermanns Hof berichtet der Spruch 35, 7. Das Bild des vorletzten Verses: *der Düringe bluome schînet durch den snê, sumer unde winter blüet sin lop als in den êrsten jâren* läfst keinen Zweifel, dafs es ein winterlicher Besuch war, zu dem Walther sich einfand[24]; über das Jahr aber sind wir wieder auf unsichere Vermutungen angewiesen. Den Spruch nicht zu früh anzusetzen, raten ebenso die Schlufsworte, die auf eine längere Vergangenheit zurückweisen, als der Ton dessen sich Walther bedient. Es ist derselbe, in welchem er in den Jahren 1212 und 1213 in Ottos Dienst gegen Innocenz und die Kirche auftrat, und den er, so viel wir wissen, früher nicht gebraucht hat. Aber auch im Jahre 1212 kann der Besuch noch nicht stattgefunden haben, weil der Landgraf der staufischen Sache zugethan war, während Walther damals und noch zu Ostern 1213 entschiedener Anhänger Ottos ist. Also in einem der vier Winter zwischen 1213 und 1217, dem Todesjahre des Landgrafen Hermann[25], mufs Walther in der gastlichen Wartburg Einkehr gehalten haben[26].

Kein anderer Spruch atmet so sehr Behagen und
Vertraulichkeit; es ist als ob der Sänger nach stürmischem
Leben in den glücklichen Hafen eingelaufen sei. Er freut
sich wieder zum Ingesinde des edelen Landgrafen zu gehören, der beständig sei in seiner Freigebigkeit, nicht
launenhaft wie andere Fürsten. Es ist klar, dafs Walther
auf andere und längere Erfahrungen zurücksieht als auf
die, welche er gelegentlich seines ersten kurzen Besuches
im Jahre 1199 oder 1200 gemacht hatte; er mufs, obschon
er damals des Dringens müde geworden war, später noch
einmal nach Thüringen zurückgekehrt und längere Zeit
die Gunst des Fürsten genossen haben. Auch die mann-
hafte Art, in der Walther im Jahre 1212 für den Landgrafen eintritt (105, 13), obschon er damals nicht mehr
zu seinem Gesinde gehörte, deutet auf gröfsere Verbindlichkeiten.

Dieser längere thüringische Aufenthalt mufs in das
erste Decennium des dreizehnten Jahrhunderts gesetzt werden. Das sechste Buch des Parcival, in welchem Wolfram
jenes Walthersche Lied „*Gnoten tac, bœs unde guot*" anführt, und zwar so, als ob es eben damals gesungen wäre,
kann nicht lange nach 1203 gedichtet sein, denn als der
Dichter das siebente Buch abfafste, waren die Spuren der
Belagerung von Erfurt (nach Pfingsten 1203) noch frisch [97].
Im Jahre 1211 finden wir Walther in Meifsen. In der
dazwischen liegenden Zeit, in welche die Sage auch den
Sängerkrieg von der Wartburg setzt, mag er vorzugsweise
in Thüringen gelebt haben. In diese Zeit darf man dann
auch sein Begegnis mit Gerhard Atze [98] setzen, der ihm in
Eisenach ein Pferd erschossen hatte und sich weigerte
den Schaden zu büfsen (82, 11. 104, 7) [99]. In demselben
Tone, wie der zweite der Sprüche, in denen Walther diese
Unbill rächt, ist die Parabel vom klugen Gärtner, der seinen
Blumengarten von Unkraut säubert (103, 13) und eine Straf-
rede gegen Störer höfischen Gesanges (103, 29); auch sie
passen auf die thüringischen Verhältnisse [100].

An den Sohn und Nachfolger seines alten Gönners,
den Landgrafen Ludwig, der später wie seine Gemahlin
Elisabeth unter die Zahl der Heiligen versetzt wurde, hat

Walther nur einen Spruch gerichtet. Ludwig war im Jahre 1200 geboren und Walther hatte also viel Gelegenheit ihn zu sehen und kennen zu lernen; zuerst in seiner Heimat, nachher auf Reichstagen. So im Jahre 1220 in Frankfurt und 1225 in Nürnberg; damals wurde zu derselben Zeit, wo der junge König Heinrich Leopolds älteste Tochter Margarethe heiratete, eine Schwester Ludwigs, Agnes, mit einem Sohne Leopolds vermählt; zwei politische Heiraten, die mit langer Hand vorbereitet waren [101]. — Der Spruch Walthers (85,7), der den Landgrafen vor Saumseligkeit warnt, scheint in irgend einer Versammlung vorgetragen zu sein, bei deren Verhandlungen der Landgraf sich durch Abgesandte vertreten liefs; Pfeiffer [102] sah darin eine Aufforderung zum Kreuzzug, und dafür spricht, dafs fast alle Sprüche dieses Tones mit der Kreuzzugsangelegenheit in näherem oder fernerem Zusammenhang stehen; aber Bestimmtes läfst sich aus den Versen nicht erkennen. — Ludwigs Beteiligung an dem Kreuzzug mufste Kaiser Friedrich teuer erkaufen [103]; im Juni 1227 brach er auf, am 11. September unterlag er in Otranto der Seuche, die viele Kreuzfahrer dahin gerafft hatte.

Meifsen.

Engere Beziehungen als zu dem Sohne des Landgrafen Hermann hat Walther zu dessen Schwiegersohn dem Markgrafen Dietrich von Meifsen gehabt. Nicht ohne Kampf war Dietrich in den Besitz seines Erbes gekommen. Habgier und Länderrecht trieb die nächsten Verwandten in rohem Waffenstreit gegen einander, eins der widerwärtigsten Symptome ungesitteter Wildheit, wie sie in diesen Zeiten noch so oft begegnen. Schon bei Lebzeiten des Vaters, Ottos des Reichen, hatten die Händel begonnen, indem einer seiner Söhne, Albrecht, unzufrieden mit den Bestimmungen, die der Vater über die Erbschaft getroffen, sich gegen ihn auflehnte. Kaum war es dem König Heinrich gelungen, die beiden mit einander zu versöhnen, als Otto starb (1190). Sein Tod rief die beiden Brüder Albrecht und Dietrich gegen einander ins Feld. Albrecht, der in den reichen Silberbergwerken seines Landesteiles unerschöpfliche Hilfsmittel zum Kriege fand, behielt die Oberhand, und Dietrich sah sich gezwungen bei seinen Nachbarn Hülfe zu suchen. Sein Genosse wurde der Landgraf Hermann, natürlich nicht umsonst; das Kaufgeschäft besiegelte dann ein Verlöbnis. Aber ein dauernder Friede liefs sich erst herstellen, als Albrecht im Jahre 1195 gestorben war[101].

In litterarischer Bedeutung bleibt Meifsen hinter Thüringen weit zurück; jedoch scheint sein Markgraf die neue Mode, einen Hofsänger zu halten, mitgemacht zu haben; wir vermuteten, dafs Heinrich von Morungen in seinen Diensten gestanden habe. Gegen 1212 sehen wir dann auch Walther zu ihm in Beziehung treten, vielleicht in der Hoffnung an Heinrichs Stelle gesetzt zu werden, dessen beste Lebenszeit damals vorüber war.

Die Verbindung und Nachbarschaft der Höfe von Thüringen und Meifsen legt die Annahme nahe, dafs sie auch für Walther die Brücke gebildet hätten, auf der er in die entlegene Mark kam. Aber auch in Österreich fand er Gelegenheit eine Verbindung mit dem Markgrafen anzuknüpfen. Als Leopold im Jahre 1208 einen Kreuzzug in Aussicht genommen hatte, suchte er ein Bündnis mit Meifsen, um dadurch gegen die Feindseligkeiten Böhmens gedeckt zu sein. Er konnte in diesem Punkte auf Dietrichs Freundschaft rechnen, denn dieser selbst stand dem Böhmenkönig, der seine Schwester mit samt ihren Kindern verstofsen hatte, längst in bitterer Feindschaft gegenüber. Aber doch wünschte der Herzog das Haus des Markgrafen noch mehr in seine Interessen zu verflechten. Im Jahre 1210 bittet er den Papst um kirchlichen Dispens für ein Verlöbnis seines ältesten Sohnes Heinrich mit einer Tochter des Markgrafen, damit er diesem um so sicherer den Schutz seines Landes anvertrauen könne[105]. Solche Pläne setzten mancherlei Gesandtschaften hin und wieder voraus, und lassen der Möglichkeit, dafs Walther von Österreich aus nach Meifsen gekommen sei, weiten Raum. Gegen Ende des Jahres 1210 begannen dann die auf Ottos Sturz hin-

zielenden Verhandlungen der Fürsten, an denen wir sowohl
Dietrich als Leopold beteiligt sehen. Dem Sänger blieben
sie nicht fremd; sie veranlafsten ihn 1212 auf dem Frankfurter Reichstag für Dietrichs unwandelbare Treue falsches
Zeugnis abzulegen (12, 3).

Ob Walther sich damals im Gefolge Dietrichs befand,
läfst sich aus dem Spruche nicht mit voller Sicherheit
schliefsen; möglicherweise suchte er erst durch dieses Lied
seine Gunst und seinen Lohn. Aber viel wahrscheinlicher
ist es, dafs er schon vorher dem Fürsten verpflichtet war,
zumal wir nach andern Zeugnissen einen längeren Aufenthalt Walthers in Meifsen voraussetzen müssen, und sich
keine Zeit finden liefse, in welche dieser Aufenthalt füg-
licher gesetzt werden könnte, als in die dem Hoftage in
Frankfurt vorangehenden Jahre.

Dafs Walther wirklich eine Zeit lang am Meifsner
Hofe gelebt hat, ergiebt sich einmal daraus, dafs er sich
an einer Stelle nicht nur des dem Fürsten gespendeten
Lobes rühmt, sondern gradezu von Dienst spricht (105, 29).
Es ergiebt sich ferner aus einem scherzhaften Winterliede,
das nur in Meifsen gedichtet sein kann. Das bekannte von
andern Dichtern nachgebildete Vokalspiel *Diu welt was
gelf rôt unde blâ* (75, 25) schliefst Walther mit den Worten:
*danne ich lange in selher drû beklemmet wære als ich bin
nû, ich würde ê müinch se Doberlû*. Diese Erwähnung
Dobrilugs, des noch unbekannten im fernen östlichen Grenz-
lande gelegenen Klosters, ist, wie Wackernagel schon vor
fünfzig Jahren bemerkte [106], nur in Meifsen wahrscheinlich, nur vor Zuhörern, die eine mehr oder weniger bestimmte Anschauung von dieser frommen Stiftung der
Markgrafen hatten. Auch für die chronologische Bestimmung
gewährt das Lied einigen Anhalt. Dobrilug kam mit der
ganzen Ostmark erst im Jahre 1210 an Meifsen, in demselben Jahre also, in welchem zwischen Österreich und
Meifsen verhandelt wurde. Früher wird das Lied wohl
nicht gedichtet sein [107]. Um 1210, nehmen wir demnach
an, war Walther in Meifsen und blieb dort als Ingesinde
des Markgrafen bis zum Jahre 1212, also gerade die Zeit
über, in der ein Teil der Fürsten an Ottos Sturze arbeitete.

Leider erfahren wir aus den historischen Quellen so gar wenig über den Anteil, den Dietrich an diesen hochverräterischen Plänen nahm. An der vorbereitenden Versammlung in Naumburg hat er sicher teilgenommen, für die folgenden können wir es nicht nachweisen. Warum er sich zurück zog, wissen wir nicht. Vielleicht behagte ihm nicht die gewichtige Teilnahme seines alten Feindes, des Böhmenkönigs, an dem rebellischen Fürstenbunde; vielleicht aber gefiel ihm auch der Praetendent nicht, den man aufstellte. Aus einer Äußerung Walthers nämlich scheint sich zu ergeben, dafs Dietrich selbst sich mit Hoffnungen auf die Krone trug, oder dafs man es ihm wenigstens nachsagte.

Es sind zwei durch den Inhalt zusammenhangende Sprüche, die hier erörtert werden müssen (105, 27. 106, 3). In dem ersten sagt Walther: „Der Meifsner sollte mir Ersatz bieten. Auf meinen Dienst will ich nicht weiter Gewicht legen; aber Lob sollte er mit Lob vergelten[106]:

sin lop das muos ouch mir gezemen,
ode ich wil mins her wider nemen
ze hove und an der strâsen."

Was ist das für ein Lob, das Walther allenthalben zurücknehmen will? Wir kennen nur das eine, eben jenes Lob unwandelbarer Treue gegen Kaiser und Reich; und dafs Walther dieses hier meint, zeigt der folgende Spruch, in dem er die Drohung erfüllt. „Ich habe dem Meifsner", hebt er von neuem an, „manchen Ruhm errichtet und manche Sache geordnet, besser als er es jetzt Wort haben will.

was sol diu rede beschœnet?
möht ich in hân gekrœnet,
diu krône wære hiute sîn".

Die Worte *möht ich in hân gekrœnet* können unmöglich als Ausdruck des allgemeinen Gedankens „ich für mein Teil hätte ihm alles Gute zugewendet" aufgefafst werden; dem entspricht nicht die nachdrucksvolle Ankündigung: *was sol diu rede beschœnet,* „warum soll ich nicht es grade heraussagen". Es mufs in ihnen etwas ausgesprochen sein, was geheim gehalten werden sollte, weil es den Fürsten kompromittierte. Der Markgraf hatte dem Dichter Anerkennung und Dank versagt, dieser rächt sich, indem er das früher gespendete Lob offen zurück nimmt und die Absichten und Hoffnungen, mit denen Dietrich sich einst getragen hatte oder getragen haben sollte, ans Licht stellt [109].

Eine andere Frage ist, wo und wann Walther das that. Vor Otto jedenfalls, denn wie vor diesem Dietrichs Lob gesungen war, so kann auch der Widerruf nur auf ihn berechnet gewesen sein. In eine Zeit, wo Walther selbst sich von Otto losgemacht hatte, kann der Spruch also nicht verlegt werden. Ferner mufs sich der Markgraf in einer Lage befunden haben, in der er Otto fürchtete und Fürsprache von Nutzen sein konnte. Denn der Dichter fährt, nachdem das Geheimnis enthüllt ist, fort: „hätte er mir besser gelohnt, ich würde ihm von neuem dienen; noch kann ich Schaden verhüten. Da er sich aber nicht zum Ersatz bequemt, so lasse ich's bleiben." Ich vermutete früher, der Spruch gehöre in den Herbst 1213, als Otto nach Abzug König Friedrichs, um sich an den untreuen Fürsten der Nachbarschaft zu rächen, aus seinen Schlupfwinkeln hervorbrach und in dem schutzlosen Lande sengte [110]. Aber wie hätte der Dichter solche Rache verhüten können? blieb der Markgraf auf der Seite Friedrichs, so nutzte alle Fürsprache nichts; wollte er sich Otto wieder anschliefsen, so war sie überflüssig, denn Otto würde mit Freuden diese Stütze seiner sinkenden Macht empfangen haben. Ohne unerweisliche Voraussetzungen findet man im Jahre 1213 keinen geeigneten Hintergrund für die Sprüche. Auch das wäre unwahrscheinlich, dafs der Dichter anderthalb Jahre gewartet hätte, um seinen Groll über des Meifsners Undank kund zu geben. Für das unversäumte und rückhaltslose Lob hatte er unversäumten Dank erwarten dürfen, die getäuschte Erwartung rächte sich sogleich in einem Scheltliede. Ich glaube daher, dafs eben in Frankfurt diese beiden Sprüche entstanden sind, und dann jedenfalls noch ehe der Kaiser über Dietrichs Schicksal entschieden hatte [111]. Die Konvention, die er am 20. März 1212 mit ihm abschlofs, zeigt dafs die Anklagen des Sängers keinen Einflufs ausübten.

Nach solchen Vorkommnissen war eine weitere Verbindung Walthers mit dem Markgrafen wohl nicht mehr möglich; er fand dafür vorläufig Ersatz in der Gunst Ottos. Aber wenn er selbst auch nicht mehr nach Meifsen kam, seine Lieder fanden noch ihren Weg und freundliche Aufnahme. Sie leben fort in den Liedern des Markgrafen Heinrich, des Sohnes und Nachfolgers seines ehemaligen Gönners[112].

Baiern.

Durch den Markgrafen von Meifsen ist Walther auch in Beziehung zu dem Herzog Ludwig von Baiern getreten[113]. Einer seiner Sprüche (18, 15) beginnt mit den Worten:

Mir hât ein lieht von Franken
der stolze Mizenære brâht,
daz vert von Ludewîge.

Der Ausdruck *lieht* ist noch nicht genügend erklärt[114], jedenfalls symbolisch für irgend eine Begabung zu verstehen. Der Meifsner kann kein anderer sein als der Markgraf Dietrich, denn an seinen Nachfolger zu denken, verbietet dessen Alter. Und daraus ergiebt sich weiter, dafs Ludwig nur Ludwig von Baiern sein kann, nicht Ludwig von Thüringen. Denn wenn auch der Markgraf Dietrich noch gleichzeitig mit seinem Schwager Ludwig regiert hat, so waren damals (1217—1221) doch Walthers Beziehungen zu dem Meifsner endgültig abgebrochen. Die Ehrengabe des Herzogs hat man mit Walthers Auftreten in Frankfurt in Verbindung gebracht, mit dem Lobe der Zuverlässigkeit, das er den unzuverlässigen Fürsten gespendet hatte. Dadurch habe er sich auch den Herzog Ludwig verpflichtet, und deshalb habe dieser, als er bald nachher im Mai auf dem Nürnberger Hoftage mit dem Markgrafen Dietrich zusammen gekommen sei, durch dessen Vermittelung dem Sänger ein Geschenk überreichen lassen. Mit unserer Annahme, dafs Walther schon in Frankfurt sich mit Dietrich überwarf, verträgt sich das nicht; es ist auch an sich nicht wahrscheinlich. Warum sollte Walther, da er doch in Frankfurt war, nicht auch mit dem Kaiser nach Nürnberg gezogen sein? solche Höflinge waren ja der geeignetste Platz für den Sänger; und warum sollte Ludwig die Begabung bis zum Mai verschoben haben, da er im März persönlich sein fürstliches Wohlwollen kund geben konnte [115]. Annehmbarer erscheint es, dafs Dietrich im Jahre 1211 das Geschenk aus Bamberg mitgebracht habe, von jenem Fürstentage, auf welchem zuerst Friedrich als Gegenkönig aufgestellt wurde. Freilich ist die Anwesenheit des Markgrafen daselbst nicht urkundlich zu belegen; aber sie ist an und für sich nicht unwahrscheinlich und der Mangel eines Zeugnisses durch die Dürftigkeit der Nachrichten erklärlich. Nur die annal. Col. max. (p. 825 f.) wissen von dieser Bamberger Zusammenkunft. Sie geben an, man sei unverrichteter Sache nach Hause gegangen, da mehrere ihre Zustimmung versagten [116]. Zu diesen ungenannten Mehreren mag auch Dietrich gehört und eben hier erklärt haben, dafs er mit Friedrichs Kandidatur nichts zu thun haben wolle [117].

Merkwürdig ist nun, dafs wir trotz des Gunstbeweises in Walthers Gedichten aus der spätern Zeit keine Spur eines Verkehrs wahrnehmen. Der Herzog Ludwig mag wie andre vielbeschäftigte Fürsten nicht viel Zeit und Lust für die Kunst übrig gehabt haben, aber dafs Walther so ganz von ihm schweigt, ist doch sehr auffallend. Denn da Ludwig später Reichsverweser war und Walther in den Jahren 1227 und 1228 noch lebhaften Anteil an den öffentlichen Angelegenheiten nimmt, so ist gar nicht zu bezweifeln, dafs Fürst und Dichter öfters zusammen getroffen sind. Auch werden wir sehen, dafs Walther in den politischen Händeln und Wirren im wesentlichen dieselbe Stellung einnimmt wie die grofsen Fürsten, denen Friedrich während seiner Abwesenheit die Pflege des Reiches anvertraut hatte; und dennoch wird der Name Ludwigs nirgends genannt. Es erklärt sich das nus der Beziehung, die wir dem Spruche 105, 13 geben werden. Die unehrerbietigen Worte, die zunächst wohl gegen den Meifsner gerichtet waren, mufsten auch den Baiernherzog treffen und verletzen, und damit war die Gunst verscherzt.

Kärnthen.

In näherem Verhältnis als zu Ludwig sehen wir Walther von der Vogelweide zu dem Herzog von Kärnthen. Es ist jedenfalls der Herzog Bernhard, der im Jahre 1202 seinem Vorgänger Ulrich folgte und hoch betagt 1256 starb. In dem Thronstreit zwischen Philipp und Otto hatte er wesentlich dieselbe Stellung beobachtet, wie seine fürstlichen Nachbarn. 1202 neigt er sich auf Ottos Seite, 1204 hilft er dem König Philipp im Kampf gegen den Landgrafen von Thüringen [118], nach Philipps Tod schliefst er sich Otto an, begleitet ihn auf seinem Römerzuge [119], begiebt sich im Jahre 1210 noch einmal nach Italien, vielleicht um den Kaiser vor gewaltthätigem Eingreifen zu warnen [170], im Jahre 1212 tritt er noch zugleich mit dem Herzog von Österreich auf Ottos Hoftag in Nürnberg an [121], im Februar 1213 huldigt er dem König Friedrich in Regensburg [122]. Später gehört er zu den Fürsten, die in S. Germano 1225 einen neuen Vertrag zwischen Kaiser und Papst vereinbaren und 1230 das Friedenswerk ausführen halfen. Walther hatte öfter als einmal Gnadenerweise vom Herzog erhalten (32, 17), als eigene Unvorsichtigkeit und Mifsgunst andrer ihm den Zorn desselben zuzogen. Den Anlafs zum Zwist gab ein Scheltlied [123], zu dem sich der Dichter hatte hinreifsen lassen, weil ihm ein Versprechen des Herzogs nicht erfüllt, verheifsene Gewänder nicht übergeben waren (32, 17. 27). Zwischenträger nährten den Unmut des Herzogs, Walther sucht ihn zu besänftigen. Nach der Strophenform hat man die Sprüche in das zweite Jahrzehnt zu setzen, eine genauere Datierung gestattet der rein persönliche Inhalt nicht [124]. Auch den Ort, wo sie vorgetragen sind, können wir nicht bestimmen; die Worte des Dichters (32, 33) machen nur soviel wahrscheinlich, dafs er seine Lieder irgendwo in der Fremde, nicht in Kärnthen selbst dem Herzog vorgetragen habe [125]. Überhaupt läfst sich nicht beweisen, dafs Walther jemals an dem Hofe in Villach sich aufgehalten habe [126]; aber da er selbst sagt, dafs ihm oft Gaben des Herzogs zu Teil geworden seien,

so wäre es merkwürdig, wenn er den benachbarten Hof
nie besucht hätte.

Der Begner.

Den fürstlichen Gönnern schliefst sich noch ein Graf
von Katzenellenbogen an, bei dem Walther sich für einen
kostbaren Ring zu bedanken hat (80, 35). Über die Person
dieses Grafen hat J. Grimm zuerst Auskunft gegeben. Es
ist der Graf Diether II. von Katzenellenbogen, der 1219
das Kreuz nahm, im Sommer 1220 das heilige Land wieder
verliefs und sich vor dem griechischen Feuer sarazenischer
Seeräuber durch Schwimmen rettete. Nicht lange vor 1245
starb er[187]. Rieger (S. 56) hat weiter darauf aufmerksam
gemacht, dafs die Katzenellenbogener von alters her Vasallen der Würzburger Bischöfe für die Bessunger Cent
waren, in welcher sie später Stadt und Schlofs Darmstadt
gründeten; sie hatten also Anlafs in Würzburg zu verkehren, und der Dichter Gelegenheit sie dort zu sehen.
Eine nähere Bestimmung von Ort und Zeit ergiebt sich für
die Sprüche daraus natürlich nicht.

Patriarch von Aquileja. Abt von Tegernsee.

Unter den geistlichen Fürsten ist es, abgesehen von
dem Reichsverweser Engelbert, von dem wir später handeln werden, nur einer dessen Gunst Walther sich rühmt:
ein Patriarch von Aquileja. Er nennt ihn (34, 36) neben
Herzog Leopold und dessen Oheim Heinrich als seinen
freundlichen Wirt. Es sind zwei Patriarchen, die in Betracht kommen können, zunächst Wolfger von Ellenbrechtskirchen, der im Jahre 1204 dem Patriarchen Pilgrim folgte
und dann dessen Nachfolger Berthold aus dem Hause Andechs Meran (1218—1251). Auf den letzteren hatte Uhland zuerst den Spruch Walthers bezogen, und wenn unsere
auf S. 57 gegebene Datierung richtig ist, so bleibt es bei
dieser Bestimmung[188].

Aber wie die vor einiger Zeit aufgefundenen Reiseberechnungen Wolfgers zeigen, hat Walther auch dessen Gunst erfahren. Wolfger war einer der geschicktesten und einsichtsvollsten Staatsmänner, der bei den deutschen Königen Heinrich, Philipp und Otto IV. nicht minder in Ansehen stand als bei den Päpsten Coelestin und Innocenz, und zu wiederholten Malen als Vermittler zwischen Papst und König eine bedeutende Rolle spielte. Ehe er Patriarch wurde, war er Bischof von Passau gewesen, und als solchen finden wir ihn öfters in Österreich und in Verbindung mit österreichischen Fürsten [129]. In Österreich empfing auch Walther seine Gabe: pro pellicio V. solidos longos (s. S. 45)[130]. Die Rechnungen zeigen ihn auch sonst als einen Mann, der seine Taschen vor dem fahrenden Volk nicht zuhielt, und es ist sehr wohl möglich, dafs Walther öfters als Gast an seinem Hofe geweilt hat. Thomasin von Zirclære, der Verfasser des wälschen Gastes, der interessante Beziehungen zu Walther zeigt [131], war Wolfgers Dienstmann [132].

Endlich ist hier noch des Abtes von Tegernsee zu gedenken, den Walther für Ungastlichkeit mit einem Scheltliede straft (104, 23). Wann Walther den undankbaren Abstecher zu dem berühmten Kloster machte, welchen Abt er schilt, wissen wir nicht: ob Manigold, der von 1189 bis 1206, oder Berthold der von 1206—1217 regierte, oder endlich Heinrich, der nachdem er der Abtei von Kaiser und Papst grofse Vergünstigungen erworben hatte, 1242 seine Würde niederlegte [133].

Walther und das Reich.

Philipp.

Auf die Höhe seines Ruhmes und Einflusses stieg Walther durch seine Beziehung zum Reich; durch sie gewann seine Poesie einen Gehalt, der zu der Nichtigkeit der hergebrachten Minnepoesie in überraschendem und wohlthuendem Gegensatz steht. Was Goethe von Lessings Minna von Barnhelm rühmt, läfst sich ohne Einschränkung auf diese Lieder anwenden. Sie eröffneten glücklich den Blick in eine höhere, bedeutendere Welt, waren die ersten aus dem bedeutenden Leben gegriffenen Produktionen von spezifisch temporärem Gehalt. Ob sie deswegen auch „eine nie zu berechnende Wirkung" thaten? Es konnte kaum anders sein, und Zufall ist es gewifs nicht, dafs die Einleitungsstrophe des Tones, in dem Walther zum ersten Mal den grofsen Bewegungen des nationalen Lebens seine Stimme lieh, den Vorwurf zu dem Bilde gegeben hat, das die Sammlung seiner Lieder in der Pariser und Weingartner Hs. ziert. Es ist das Bild des beschaulichen, in ernstes Nachdenken versunkenen Dichters; er sitzt auf einsamem Felsen, den Ellenbogen aufs Knie gestützt, das sinnende Haupt in die Hand gelehnt; ein ernstes sittliches Problem beschäftigt ihn: wie es möglich ist in diesen wilden Zeitläuften die drei Ziele menschlichen Lebens Gut, Ehre und Gottes Huld mit einander zu vereinen.

Den vollen Eindruck dieser Gedichte sich zu vergegenwärtigen fällt schwer, denn sie sind recht eigentlich Gelegenheitsgedichte, die nach Anlafs und Gesellschaft, nach Stimmung und Zweck auf gegebenen Voraussetzungen beruhen, und wie wäre es möglich den mageren Berichten unserer historischen Quellen mit Sicherheit die Accorde abzulauschen, welche diese Lieder ursprünglich begleiteten. Das einzige was wir thun können ist die Entwickelung der historischen Ereignisse uns möglichst genau zu vergegenwärtigen, um der Phantasie den Stoff zu geben, aus dem sie den Hintergrund für diese Poesieen gestalten kann. Es ist deshalb im folgenden ein gutes Stück Zeitgeschichte erzählt, natürlich nicht nach den allgemeinen Gesichtspunkten des Historikers, sondern der beschränkteren Aufgabe gemäfs, die nur das Verständnis und die Beurteilung des Sängers ermöglichen will.

Walthers politische Poesie beginnt mit dem Jahre 1198. Ein Jahr zuvor war Kaiser Heinrich VI. gestorben, und sein Tod war das Signal zu allgemeinem Aufstand, zu Unruhe und Empörung. „Mit dem Kaiser starb Recht und Friede im Reiche" heifst es in den Jahrbüchern des Abtes Gerlach von Mühlhausen[14]. Einst hatte Heinrich versucht, Deutschland in ein Erbreich umzuwandeln. Aber es mufste ihm genügen, dafs er zu Ende des Jahres 1196 die Wahl seines zweijährigen Sohnes Friedrich zum Nachfolger durchsetzte; und selbst diesen Erfolg vereitelte sein früher Tod. Ein dreijähriges Kind war nicht geeignet den höchsten Thron der Christenheit einzunehmen. Allenthalben machten sich Bedenken dagegen geltend, sowohl bei den Feinden als den Freunden des stanfischen Hauses. Heinrichs Bruder Philipp versuchte zunächst die Fürsten dahin zu bestimmen, dafs sie durch Einsetzung einer vormundschaftlichen Regierung ihre Eide bewahrten und dem jungen Könige die Krone erhielten; er selbst wollte die Vormundschaft übernehmen und für den König Friedrich die Regierung in Deutschland leiten. Aber ein Teil der Fürsten widerstrebte und wünschte die Wahl eines andern [133]. Manche dachten an den König Philipp August von Frankreich, mehrere an den König von England, einige an dessen Neffen, den welfischen Pfalzgrafen Heinrich und wieder andere an dessen jüngeren Bruder den Grafen Otto von Poitou. Unterhandelt wurde nach einander mit dem Herzog Bernhard von Sachsen, dem Herzog Berthold von Zähringen und mit Otto. Es war ein Unglück, dafs viele Reichsfürsten, und unter ihnen grade die bedeutendsten, beim Ausbruch dieser Wirren im Orient abwesend waren [134], namentlich der Erzbischof von Mainz, der erste der geistlichen, und der Pfalzgraf bei Rhein, der erste der Laienfürsten bei der Wahl des deutschen Königs. Als die Nachricht von dem Ableben Heinrichs ins Morgenland gekommen war, hatten die Fürsten dort beschlossen an Friedrich festzuhalten; aber als sie im Frühjahr und Sommer 1198 nach Deutschland zurückkehrten, fanden sie ihren Entschlufs durch die Ereignisse bereits überholt [135].

Dafs die Gegenpartei eine Neuwahl betrieb und zu diesem Zweck mehrfach Versammlungen abhielt, war bekannt. Philipp sah, dafs man einen König wählen wolle aus einem den Staufen seit lange verfeindeten Hause, mit dem er nicht in Friede und Freundschaft leben konnte. Das wollte er hindern. Am 15. Februar ist er in Nordhausen, um mit den sächsischen Fürsten zu verhandeln, und schon zu An-

fang März fand eine Versammlung zu Arnstadt und Erfurt
statt, durch welche er sich unter dem Titel eines Reichs-
defensors eine aufserordentliche Gewalt übertragen liefs;
sie sollte dem vollen Umfang der königlichen Macht entsprechen aber zeitlich beschränkt sein und erlöschen, sobald König Friedrich in das Land komme. Aber schon am
6. März beschlofs man Philipp förmlich auf die Wahl zu
bringen und am nächsten Sonntag, dem 8. März, wurde er
in der Reichsstadt Mühlhausen zum König gewählt. Der
Erzbischof von Magdeburg gab die erste Stimme ab. Die
Gültigkeit der Wahl war wohl anfechtbar; nicht nur dafs
Friedrichs Rechte entgegenstanden, sie war auch nicht der
Sitte und dem Herkommen gemäfs eingeleitet und nicht
auf fränkischem Boden vollzogen. Aber Philipp nahm sie
an, nannte sich nun König, nahm das Reichsgut in seine
Hand, forderte die Huldigung ein und zeigte sich am Sonntag nach Ostern zu Worms öffentlich mit der Krone.[113]

Was die Fürsten besonders geneigt machte Philipps
Herrschaft anzuerkennen oder seine Wahl vorzunehmen,
das war seine Macht und sein grofser Schatz, den er ihnen
bereitwillig öffnete. Sie erklärten, *nullum alium principem
sufficere ad sustinenda onera imperii vel in divitiis condigne
posse respondere imperii dignitati*. Nach einer der Placen-
tiner Chroniken hatte Philipp den Schatz seines Bruders
Heinrich mit sich nach Deutschland geführt, und der Papst
macht schon im Jahre 1198 den König von England auf
dieses bedeutende Mittel in der Hand Philipps aufmerksam.
Besonders charakteristisch aber ist das, was Philipp selbst
im Jahre 1206 an Innocenz III. schreibt: „Das sollt ihr
wissen, dafs damals unter allen Reichsfürsten niemand
reicher, mächtiger, angesehener als ich war. Überall hatte
ich weite Besitzungen, viele starke und uneinnehmbare
Burgen, so viel Dienstmannen, dafs ich ihre Zahl niemals
genau angeben konnte, und Städte und Dörfer mit überaus
reichen Insassen. Ich besafs einen grofsen Schatz an Gold und
Silber und kostbaren Steinen, und auch das heilige Kreuz,
die Lanze, die Krone, die Gewänder und alle Insignien des
Kaisertums. Niemand konnte zum König erwählt werden,
der nicht mehr meiner Unterstützung als ich seines Wohl-

wollens bedurft hätte[139]. Die unverhüllte Habgier auf der einen Seite, das eitle Prunken auf der andern, Zeichen gleicher Barbarei.

Über die Thätigkeit der antistaufischen Partei sind wir nicht so genau unterrichtet, wie es zu wünschen wäre. Die Angaben über Zeit und Ort der Versammlungen und Vorabredungen sind unbestimmt und unzuverlässig, die Nachrichten über die Reihenfolge der Kandidaten widersprechend; besser kennen wir ihr Benehmen. Zuerst Bernhard von Sachsen[140]. Wir wissen, daſs er einmal nach Andernach gekommen ist, in der Hoffnung dort gewählt zu werden. Aber Philipp ließ durch seinen Gesandten protestieren; Bernhard selbst fand Bedenken; „er erkannte, daſs seine Wähler nicht mit geringem Lohne zufrieden sein würden, er dachte an den unvermeidlichen Bürgerkrieg, an seine eignen körperlichen Beschwerden; am Ende trat er ganz zurück".

Ein andrer Bewerber, Berthold von Zähringen, empfahl sich der welfischen Partei zunächst als langjähriger Feind des staufischen Hauses; außerdem stand er in dem Ruf groſsen Reichtums an baarem Gelde. Sonst entwerfen die Geschichtsschreiber von seiner Persönlichkeit kein lockendes Bild. Er galt für tyrannisch, habgierig und geizig; es gab keine Schlechtigkeit, die man ihm nicht zugetraut hätte. — An seinem Geiz scheiterte auch die Wahl. Man unterhandelte über das Geschäft; die Erzbischöfe von Köln und Trier verlangten zunächst 1700 Mark, eine mäſsige Summe. Aber zu groſs für den Kargen. Er erklärte, er wolle die Krone gar nicht, am wenigsten wolle er sie kaufen. Jedoch Vorstellungen seiner Freunde machten ihn von neuem geneigt; er versprach sich an einem bestimmten Tage zu stellen und wählen zu lassen. Neue Ausgaben erwuchsen, allmählich hatte er schon 6000 Mark angewandt. Da wurde es ihm zu viel, er überlegte sich die Sache und trat ganz zurück. Philipps Unterhändler, der Bischof Diethelm von Konstanz und der Pfalzgraf Rudolf von Tübingen, thaten das ihrige dabei. Zum Ersatz der verlorenen Ausgaben verlieh ihm Philipp die Reichsvogtei Schaffhausen und verpfändete ihm Breisach für 3000 Mark[141].

Der letzte Kandidat war Otto von Poiton, der Neffe des englischen Königs. Der Oheim bestritt zunächst den Aufwand. Viele Kostbarkeiten und 150000 Mark Silber, erzählte man im Volk, hatte er dem jungen Fürsten mitgegeben, und Otto erwies sich nicht karg. Daher ging es mit ihm schnell. Am 17. Mai war er in Lüttich, am 9. Juni wurde er in Köln gewählt, am 10. Juli nahm er Achen ein, am Tage darauf verlobte ihm die Herzogin von Brabant ihre Tochter, am 12. Juli wurde er von Adolf von Köln gesalbt und gekrönt und zum Thron geleitet, auf welchem auch seine jugendliche Braut Platz nahm[116]. Das erste Auftreten Ottos in Deutschland war nicht ungünstig, und durch die Krönung, die allerdings nicht mit den echten Insignien vorgenommen werden konnte, war er seinem Gegner zuvorgekommen. — Das sind die allgemeinen politischen Verhältnisse die Walthers Spruch 8, 28 voraussetzt.

Der Sänger sitzt am murmelnden Bach und schaut dem Spiel der Fische zu. Sinnend ruht sein Auge auf der umgebenden Natur, er versinkt in Nachdenken über ihr wunderbares Treiben, wie sich alles hafst, bekämpft und starke Stürme streitet, und doch Ordnung und Recht in ihrem Reiche anerkannt ist.

sô wê dir, tiuschiu zunge,
wie stêt dîn ordenunge!
das nû diu mugge ir künec hât,
und das dîn ére alsô zergât.
bekêra dich, bekêre.
die cirkel sint ze hêre,
die armen künege dringent dich:
Philippe setze en weisen ûf, und heis sie treten
hinder sich.

Wann hat Walther diese Verse gedichtet? Jedenfalls vor Philipps Krönung im September; höchst wahrscheinlich später als Berthold von Zähringen aufgetreten war, denn nur sein Verhalten, scheint es, konnte den Anlafs geben die Kandidaten der Gegenpartei als arme Könige zu bezeichnen; aber früher als Ottos erstes glänzendes Auftreten neue Besorgnis hervorgerufen hatte. Also vermutlich im Frühjahr 1198[119]. Und wo, fragt es sich weiter, trug

der Sänger den Spruch vor? in welcher Versammlung
durfte er es wagen, das Wort zu sprechen: *die cirkel
sint ze hêre*, die Fürsten sind zu übermütig. Schwerlich
am Hofe Philipps selbst, sicherlich nicht vor einem Manne
der selbst den Fürstenreif trug. Den natürlichen Hintergrund für diesen Spruch bildet nur eine Versammlung von
Herren, die ohne den Fürsten und vielleicht trotz ihm,
über ihr politisches Verhalten beratschlagten und den Anschlufs an Philipp planten. Demnach mag man sich vorstellen, dafs Walther in einer Maiversammlung österreichischer Landherren — denn in Österreich war er damals
noch — den Spruch gesungen habe. Philipps Emissäre
mochten auch hier thätig sein, das schimpfliche Benehmen
Bertholds schildern und mit Geschenken und Versprechungen für ihren Herren werben. Dafs Herzog Leopold der
stanfischen Sache abgeneigt gewesen sei, läfst sich zwar nicht
beweisen; aber es ist schon von andern aus andern Gründen vermutet. Jedenfalls war der Herzog an Philipps Wahl
nicht beteiligt, und Winkelmann meint, der Böhmenkönig,
der sich gleich mit Philipp verbündete, habe deshalb im
Sommer 1198 seinen verwüstenden Zug nach Österreich
unternommen, um Leopold zur Anerkennung zu zwingen [144].
Die Ansicht über Walthers Spruch aber wird dadurch bestätigt, dafs eben in dieser Zeit der Sänger die Schuld
auf sich lud, die der Herzog ihm lange nicht vergab, ganz
vielleicht nie.

Als Walther den kecken Sang wagte, durfte er der
baldigen Rückkehr seines Gönners, des Herzogs Friedrich,
entgegensehen. Statt dessen kam die Trauerbotschaft seines
Todes; Leopold folgte ihm in der Herzogswürde, und der
Dichter sah sich genötigt, das Land seiner Jugend zu verlassen. Der Gang in die Fremde war ihm zunächst schwer,
aber er führte ihn in die höhere Bahn; Philipp selbst
nahm ihn in sein Gesinde auf, am Königshofe fand der
müde Wandrer die ersehnte Feuerstatt (19, 29) [145].

Ob aber Walther schon im Jahre 1198 an Philipps
Hof kam, ist sehr zweifelhaft; eine sichere Spur finden
wir erst zu Weihnachten 1199 [146]. Der König weilte damals
mit seiner Gemahlin in Magdeburg bei seinem Freunde

dem Erzbischof Ludolf, der einst die erste Stimme bei
seiner Wahl abgegeben hatte. Ottos Stern war bald wieder
verblichen, namentlich als nach dem Tode König Richards
der Zufluſs englischen Geldes stockte. In demselben Maſse
war Philipps Macht und Ansehen gestiegen. Der glänzende
Kreis, der sich jetzt um ihn versammelte, zeigte, daſs der
welfische Einfluſs auch im Nordosten gebrochen war.
„Die vielen Fürsten, Grafen und Edelherren mit ihren
zahlreichen Begleitern bildeten eine so stattliche Versammlung, daſs selbst der ganz welfisch gesinnte Braun-
schweigische Reimchronist zugesteht, es sei die gröſste
Hochzeit dieser ganzen Zeit gewesen. Die höchste Pracht
wurde bei dem Festzuge am Weihnachtstage entfaltet; die
Halberstädter Chronik giebt davon einen Bericht, der auf
eigener Anschauung beruht. Der König selbst schritt ernst
und feierlich einher in dem vollen Schmuck seiner Würde,
die Kaiserkrone auf dem Haupt, das Scepter in der Hand.
Ihm folgte züchtig und holdselig (tam decentissime quam
venustissime) seine Gemahlin Augusta, gleichfalls im königlichen Schmuck, geleitet von der Äbtissin Agnes von Quedlinburg und Herzog Bernhards Gemahlin Judith, mit einer
groſsen Schar anderer edeler Frauen. Die anwesenden
Bischöfe gingen im vollen Ornat ehrerbietig dem Herrscher-
par zur Seite. Der Herzog Bernhard, der selbst einst die
Hand nach der Krone ausgestreckt hatte, trug das königliche
Schwert voran. Es folgten die übrigen Fürsten, Grafen
und Freiherren und eine groſse Schar anderer, alle waren
erfüllt von dem glühenden Wunsch, dem König ihre Willfährigkeit zu zeigen und das Fest zu verherrlichen, man
freute sich im Herzen, jauchzte im Geist, schlug frohlockend
in die Hände und jubelte laut auf. Der Kanzler Konrad
erntete viel Lob, dafs er alles so weise angeordnet und
vorsorglich durchgeführt hatte" [147]. Die festlich gehobene
Stimmung ist in dem Bericht des Chronisten nicht zu verkennen, sie war allgemein, sie spricht sich ebenso in dem
Liede des Sängers aus (19, 5). Die Vergleiche mit dem
Heiligsten nimmt er zur Hülfe, um der ehrerbietigen Begeisterung der Versammelten Ausdruck zu geben. Die
hehre Abkunft und die hohe Würde Philipps, er selbst ein

König, eines Kaisers Bruder und eines Kaisers Kind, gemahlnen ihn an die heilige Dreifaltigkeit, der Name seiner Gemahlin — sie hiefs in Deutschland Maria — an die Himmelskönigin, die Rose ohne Dorn, die Taube sonder Galle. In den Schlufsversen tönt die lobende Anerkennung wieder, welche dem Kanzler für seine Bemühungen zu Teil wurde.

Neben diesem Spruch ist ein anderer überliefert (18, 29), in welchem Walther den König Philipp unter Krone sieht. Der Blick des Sängers weilt mit sichtlichem Wohlgefallen auf der Person „des jungen süfsen Mannes", wie ihm die altererbte Krone so gut passe, und der Weise über seinem Nacken allen Zweifelnden ein Leitstern sein könne. Gewöhnlich nimmt man an, dafs Walther hier die Krönung Philipps feiere, sei es die erste[148], welche am 8. September 1198 in Mainz vollzogen wurde, zwar mit den echten Insignien, aber von einem unberufenen Mann, dem Erzbischof Aimo von Tarentaise, dessen Rang als Reichsfürst nicht einmal aufser Zweifel stand; sei es die zweite[149], die am 6. Januar 1205 stattfand, und den Mangel der ersten ersetzen sollte. Aber es ist nicht zu bestreiten, dafs das Lied ebenso gut an jenem Magdeburger Weihnachtsfest vorgetragen sein kann[150]. Die Sprüche sind in den Hss. unmittelbar neben einander überliefert, in demselben Tone gedichtet, dieselbe Gesinnung und Stimmung waltet in beiden. Auch die Mahnung am Schlufs war hier ganz an der Stelle, da Philipp doch noch nicht allgemein anerkannt war und eben damals die erste Huldigung des nordöstlichen Deutschlands empfing. Wenn diese Beziehung richtig ist, so verliert die Annahme, dafs Walther schon 1198 zu Philipp gekommen sei, ihren Boden; wir wüfsten nicht, wo er in den anderthalb Jahren nach dem Tode Friedrichs von Österreich sich aufgehalten habe, würden aber mit Wahrscheinlichkeit annehmen, dafs in diese Zeit sein unbefriedigender Besuch auf der Wartburg falle (20, 4)[151], und dafs er von dort aus nach Magdeburg gekommen sei. Die Art wie Walther in dem Spruche 19, 29 von seinem Leben nach Friedrichs Tode spricht, kann die Annahme, dafs er ein längeres unglückliches Wanderleben geführt habe, wohl unterstützen.

Wie lange Walther dem Hoflager Philipps folgte, wissen wir nicht. Zu Pfingsten 1200 war er vielleicht schon wieder in Österreich[101]; als politischen Anhänger Philipps sehen wir ihn nur noch einmal auftreten: Im Jahre 1201, als die Entscheidung der römischen Kurie eine neue Phase in dem Thronstreit herbeizuführen schien, hielt der Sänger einen Rückblick über die Ereignisse der letzten Jahre und rief in demselben Tone, in welchem er einst für Philipps Wahl und Krönung eingetreten war, jetzt Gottes Hilfe gegen das Pfaffenregiment an (9, 16): *owê der bâbest ist se junc: hilf, hêrre, dîner kristenheit.*

Nicht lange nach Kaiser Heinrichs Tode, am 8. Januar 1198 war auch der Papst Coelestin gestorben; der jüngste der Kardinäle, Lothar von Segni, wurde zu seinem Nachfolger erhoben; er nannte sich Innocenz III. Ein Historiker, dem man römische Gesinnung am wenigsten vorwerfen kann, schildert seine Persönlichkeit so[103]: „Innocenz hatte bei kleinem Wuchs ein schönes Äufsere, Untadelhaftigkeit seines Lebenswandels, gründliche Bildung, schnelles Auffassungs- und feinesUnterscheidungsvermögen, ungemeine Herrschaft über den Ausdruck und einen schönen Wohlklang der Stimme. Mit den Vorzügen eines vortrefflichen Homileten, eines ausgezeichneten Gelehrten vereinigte er die Gaben eines geborenen Herrschers, den unermüdlichsten Thätigkeitstrieb, eine Geschäftskunde, die ihres gleichen suchte, die Übersicht über Kleines und Grofses, unbeugsame Festigkeit in Rücksicht auf seine Ziele, aber im amtlichen Leben gemäfsigt durch jene weise Beschränkung, welche auch mit dem unvermeidlichen zu rechnen weifs". Die verhältnismäfsige Jugend des Mannes zeigte sich höchstens in der rüstigen Entfaltung der Kraft.

Den Thronstreitigkeiten in Deutschland gegenüber nahm Innocenz eine zuwartende Stellung ein[104]. Er beklagt mit vielfachen Gründen die Spaltung von welcher das Reich heimgesucht werde, er ermahnt die Fürsten mit eindringlichen Worten bessere Fürsorge zu treffen; er erklärt im anderen Falle, weil die Kirche nicht länger eines Verteidigers entbehren könne, demjenigen seine Gunst zuwenden zu müssen, für welchen die gröfsere Zahl der Anhänger und das eigene Verdienst sprächen: aber er vermied es lange, offen und entschieden für eine oder die andere Partei zu wirken. Wenn Innocenz sich zugleich des jungen Königs Friedrich angenommen, die Fürsten ermahnt hätte, ihm treu zu bleiben und durch die Übertragung der vormundschaftlichen Regierung an Philipp ihm die Nachfolge zu sichern: die Thronstreitigkeiten wären vielleicht gar nicht zum Ausbruch gekommen, oder in ihrem Keime erstickt. Aber abgesehen davon, dafs Philipp sich im Bann befand [164], so widerstritt ein solches Vorgehen zu sehr den eigenen Absichten des Papstes. Er wollte eine bedeutende weltliche Herrschaft der Kirche in Italien; das Haus der Staufer, das in Süditalien festen Fufs gefafst hatte, war ihm unbequem, und erst eben hatte die Kirche empfunden, wie sehr sie in ihrer freien Thätigkeit dadurch, dafs die deutsche Kaiserkrone auf dem Haupte des Herren von Sicilien ruhte, gehemmt war. Von einem Welfen war dergleichen weniger zu befürchten, und Otto hatte gleich in seiner Wahlkapitulation umfassende Zugeständnisse gemacht. Dem staufischen Königtum seinen Arm zu leihen hatte also Innocenz keine Neigung, andererseits aber nahm er auch Anstand sich offen für Otto zu erklären; denn er fürchtete eine Entscheidung, die in Deutschland nicht Anerkennung fände, er wollte sich nicht für eine Sache engagieren, die er vielleicht nicht durchführen könnte.

In diesem Sinne suchte Innocenz auf den Erzbischof von Mainz zu wirken, als dieser im Jahre 1199 aus dem Orient über Italien nach Deutschland zurückkehrte. Er verlangte von ihm, dafs er auf jeden Fall seine Entscheidung anerkenne [156]. Aber Konrad war weit davon entfernt, dieser Forderung Folge zu leisten. Er wollte weder Philipp anerkannt sehen noch Otto, sondern erklärte Friedrich für den einzig rechtmäfsigen König, zu dessen Wahl er selbst im Jahre 1196 wesentlich beigetragen und dem er noch neuerdings, im Frühjahr 1198, geschworen hatte. Er hoffte noch, ihn in Deutschland zur Anerkennung bringen zu können. Als er sich aber bald überzeugte, dafs er mit diesen wohlmeinenden Bemühungen bei keiner der Parteien durchdringe, versuchte er einen Stillstand herbeizuführen und die ganze Sache einem Schiedsgericht von acht Fürsten zu unterbreiten [187]. Aber auch das vergeblich; die staufische Partei im Gefühl ihrer Macht, vielleicht auch ihres Rechtes verwarf den Vorschlag. Sie hatte schon sehr energische Schritte für Philipps Königtum gethan.

Bereits am 28. Mai 1199 [188] hatten sechsundzwanzig Fürsten und Grofse des Reiches in ihrem eigenen Namen und im Namen von andern einundzwanzig, durch die sie bevollmächtigt waren, eine Erklärung an den Papst gerichtet, dafs Philipp rechtmäfsig gewählt sei (!) und dafs sie ihm neuerdings zu Nürnberg nachhaltigen Beistand zur Unterwerfung seiner Widersacher gelobt hätten. Sie versichern, dafs sie die Rechte der Kirche wahren wollten, aber sie warnen anderseits den Papst, dafs er die Hand nach den Rechten des Reiches ausstrecke. Sie bitten ihn, ihrem Freunde Markward, dem Markgrafen von Ancona, Herzog von Ravenna etc. seine Gunst zuzuwenden und nicht seinen Widerparten Unterstützung zu gewähren. Warnung und Bitte aber ergänzten sie durch die Mitteilung, dafs sie demnächst mit aller Macht, so viel sie könnten, nach Rom ziehen werden, um dem von ihnen gewählten König auch die Kaiserkrone zu verschaffen.

Dieses Schreiben mufste Innocenz als eine Herausforderung ansehen. Die Rechtmäfsigkeit der Wahl Philipps, welche die Fürsten behaupteten, unterlag schweren Bedenken; die Art wie sie von Markward sprachen, liefs erkennen, dafs die staufische Partei die Absichten der Kirche in Italien keineswegs anerkennen werde, die Erklärung über die Kaiserkrönung war mindestens unangemessen. Aber trotzdem hielt Innocenz noch an sich [189]; er hoffte noch von dem Schiedsgericht. Den deutschen Gesandten der Reichspartei liefs er erst im August 1200 eine Antwort zu Teil werden; der Warnung in betreff der Rechte des Reiches setzte er die Versicherung entgegen, dafs er sie achten wolle, und den Wunsch, dafs umgekehrt seine Rechte nicht von Seiten des Reiches verletzt werden möchten. Auf die Ankündigung der Fürsten, dafs sie Philipp zur Kaiserkrönung nach Rom führen würden, erwiderte er, dafs er den rechtmäfsigen König zur Krönnng berufen werde. Die Empfehlnng Markwards lehnte er ab, weil sie einem ganz unwürdigen und eidbrüchigen Menschen zu Teil würde, der das dem päpstlichen Stuhl gebührige Königreich Sicilien widerrechtlich angreife.

Die Gegensätze spitzten sich zu, es konnte nicht lange dauern, so war eine Entscheidung nötig. Dafs sie für Otto ausfiel, war natürlich und gereicht dem Papst nicht zum Vorwurf; ein Vorwurf trifft ihn nur wegen seines früheren Verhaltens, aber ein viel stärkerer die Deutschen selbst, die durch ihre Uneinigkeit dem Papst erst die Handhabe gegeben hatten.

Wir haben ein interessantes Aktenstück, eine Denkschrift, welche Innocenz, wie es scheint, selbst zu Ende des Jahres 1200 für sich und das Kardinals-Kollegium aufgesetzt hat, und die von der päpstlichen Kanzlei häufig benutzt ward, die deliberatio d. Innocentii super facto imperii de tribus electis[160]. Darin setzt der Papst die Gründe seines Verhaltens gegenüber der Wahl in Deutschland auseinander. Er geht von dem Satze aus, dafs die Entscheidung über die Reichsfrage principaliter et finaliter der Kirche zustehe, und darnach prüft er die Gründe, welche auf dem Standpunkt der Kirche in Betracht zu ziehen wären, sobald es sich darum handle, einen der drei zu deutschen Königen gewählten als den rechtmäfsigen König zu bestätigen. Diese deliberatio führt zu dem Resultat, dafs die Kirche weder Friedrich, noch Philipp, nur Otto anerkennen könne.

Am 1. März 1201 schrieb Innocenz dem Welfen die entscheidenden Worte, dafs er in der Erwartung, derselbe werde seinen frommen Vorfahren nacheifern, ihn als König und künftigen Kaiser anerkenne[161]. Die deutschen Fürsten wurden gleichzeitig über die hauptsächlichsten Entscheidungsgründe des Papstes unterrichtet und zum Gehorsam und zur Ehrfurcht gegen ihren König ermahnt. Die folgsamen versprach Innocenz von den früheren Eiden zu entbinden, ungehorsamen drohte er mit Kirchenstrafen[162]. Am 3. Juli berief der Kardinalbischof Guido von Praeneste die in Köln versammelten Fürsten in den Dom, übergab ihnen und Otto die Briefe des Papstes und rief kraft päpstlicher

Vollmacht Otto als den rechtmäfsigen König aus, erteilte ihm den Segen und sprach endlich mit verlöschten Kerzen den Bann über alle, die sich ihm ferner widersetzen möchten.

Während die Erwägungen der Kurie langsam zum Entschlufs reiften, wüteten in Deutschland die Greuel des Bürgerkrieges. Zu grofsen Unternehmungen kam es nicht, nirgends zu einer bedeutenden und entscheidenden Schlacht, aber die feindselige Parteistellung führte zu allgemeiner Unsicherheit, zu Raub, Brand, Plünderung und roher Gewaltthat, auch an Wehrlosen. Einer der schlimmsten war der Bischof Lupold von Worms, den Philipp ohne Recht als Erzbischof von Mainz anerkannt und mit den Regalien investiert hatte, ein teuflischer Mann, ,wie Caesarius von Heisterbach sich ausdrückte'[163], ein Bischof nur dem Namen nach, der selbst Kirchen und Kirchhöfe nicht schonte. Überhaupt, den meisten Schaden stifteten die Scharen Philipps und seiner Anhänger; aber nicht weil sie schlimmer, sondern weil sie zahlreicher und stärker waren als die welfischen. Nur vorübergehend, namentlich im Jahre 1200, neigte sich das Glück auf Ottos Seite[164]. Er drang ungehemmt rheinaufwärts vor, vertrieb den Bischof Lupold, nahm Mainz und zeigte sich am Weihnachtsfeste dem Volk unter der Krone. Mächtige Geschlechter traten auf seine Seite und sein Bruder Heinrich konnte wieder von der Pfalz Besitz nehmen; das ganze linke Rheinufer schien dem staufischen König verloren. Diese günstige Wendung mag auch auf Innocenz Entscheidung eingewirkt haben; aber sie war von kurzer Dauer. Als der Papst seine Legaten nach Deutschland entliefs, waren Ottos Erfolge schon wieder zu nichte geworden, und selbst der offne Schutz der Kirche, der ihm jetzt gewährt wurde, konnte zunächst die Macht und das Ansehen des Staufers nicht wesentlich schädigen. Das zeigte die glänzende Versammlung, welche sich am 8. September 1201, an dem Krönungstage, zu Bamberg um Philipp scharte. Auch viele und hervorragende Kirchenfürsten waren, unbekümmert um des Papstes Bann und Interdikt, erschienen, und alle verpflichteten sich eidlich, an Philipp festzuhalten[165].

Das waren die Verhältnisse, auf die Walther zurückschaute, als er in der Weise des Sehers anhub: *Ich sah mit mînen ougen manne und wîbe tougen* (9, 16). In Rom nimmt er den Ursprung des Übels wahr. Das vorsichtige Zaudern des Papstes, die schliefsliche Verwerfung Friedrichs und Philipps nennt er Lug und Trug [166]. Das Verhalten der Kurie hat den Streit in Deutschland angefacht, den gröfsesten und verderblichsten der je da gewesen ist. Die beiden Parteien bezeichnet er als Laien und Pfaffen schlechthin, obwohl auch zu Philipp viele kirchliche Fürsten standen. Aber Otto nannte sich in den an den Papst gerichteten Briefen „durch Gottes und des Papstes Gnaden König der Römer", und bei dem Ritter war die Abneigung gegen die Pfaffheit stärker als die gegen das welfische Königtum. Die Reichspartei behielt die Oberhand, die Pfaffen legen das Schwert nieder und greifen zu den Waffen des geistlichen Amtes, zu Bann und Interdikt, aber wider Billigkeit und Recht.

si bienen die sie wolten,
und niht den si solten.
dô stôrte man diu goteshûs.

Die letzten Worte sollen nicht, wie wohl allgemein angenommen wird, eine Zerstörung von Kirchen und heiligen Stätten bezeichnen, sondern wie sich aus 10, 35 zweifellos ergiebt, das Interdikt. Die Kirche versagt dem Volke die Segnungen des Gottesdienstes. Das ist das Leid, welches der fromme Einsiedler in seiner Klause beweint [167].

Beachtenswert ist der Schlufs des Spruches. Nicht gegen die heilige Person des Papstes richtet sich der Angriff des Dichters, sondern gegen seine Ratgeber, denen der allzu junge willenlos ergeben sei. Diese Wendung, die bei einem Manne wie Walther überraschen mufs, zeigt, dafs seine Dichtung mit dem in Bamberg beschlossenen Protest aufs engste zusammenhängt. Denn auch „die Unterzeichner dieses Protestes zogen nicht den Papst selbst für das was in Deutschland in seinem Namen geschehen war, zur Rechenschaft, sondern sie schoben alle Schuld auf den Legaten und verlangten dessen Bestrafung" [168]. Walthers Spruch ist nur der Reflex jener Verhandlungen.

Gegen Innocenz (1201). Mahnung an Philipp.

Das besprochene Lied ist das letzte, in welchem Walther für die Politik Philipps eintritt; den Hof des Königs hatte er, wie wir vermuteten schon früher verlassen. Wie sich sein Verhältnis zu Philipp gelöst hatte, wissen wir nicht, vielleicht war es nie so intim, wie man nach den Worten *mich hât daz rîche und ouch diu krône an sich genomen* (19, 36) zunächst annehmen möchte (s. Anm. 145). Wir haben nur noch zwei Sprüche, die mit Sicherheit auf Philipp zu beziehen sind, in denen Walther den Mann, der doch weder mit dem eignen noch mit dem Reichsgut gekargt hatte, zur Milde ermahnt.

Der erste (19, 17) nimmt in unserer Überlieferung die beachtenswerte Stellung zwischen dem Preisliede auf den Magdeburger Festzug und einem Dankliede ein; es liegt nahe, diese Reihenfolge so aufzufassen, daß das Lob die Bitte begründete, auf die Bitte Begabung und Dank folgte; aber die Summen, die der Sänger anführt: *dû möhtest gerner dankes geben tûsent pfunt dan drîsic tûsent âne dank*; die Beispiele, die er dem König vorhält; der Erfolg, den er ihm von der Freigebigkeit verspricht, machen eine Beziehung auf die hohe Politik wahrscheinlicher, als auf die kleinen Verhältnisse des fahrenden Mannes. Der Sänger scheint den König zur Großmut gegen die Fürsten zu mahnen. Immerhin wird die überlieferte Stelle die ursprüngliche sein [149]. In den letzten Versen des vorhergehenden Spruches rühmt Walther den frommen Dienst der Thüringer und Sachsen, der Dienst motiviert die Forderung. Der Fürst aber, dessen Interessen Walther hier so freundlich vertritt, kann kaum ein anderer sein als der Landgraf Hermann, dessen Ansprüche und Erwartungen durch Philipp nur teilweise befriedigt waren.

Dieselbe Tendenz verfolgt Walther in dem Spruche 16, 36; mehrere Jahre später, wie es scheint, und wieder in Hermanns Dienst. Die Ereignisse der Jahre 1202 und 1203 waren für Philipp ungünstig gewesen; seine Unternehmungen schlugen fehl, sein Anhang lichtete sich, Fürsten, die bis dahin zu ihm gestanden hatten, fielen ab, andere wankten in ihrer Treue, Otto glaubte schon sein Ziel erreicht zu haben. Erst das Jahr 1204 brachte eine Wendung. Philipps Macht und Ansehen fingen wieder an sich zu kräftigen und zu wachsen. Ottos Bruder, der Pfalzgraf Heinrich, trat zu ihm über, auch der Landgraf Hermann mufste sich, nicht ohne Demütigung, wieder unterwerfen. Innocenz selbst, verzweifelte, das welfische Königtum noch länger stützen zu können und dachte daran mit Philipp seinen Frieden zu machen; im August 1207 liefs er ihn durch seine Legaten vom Banne lossprechen, und bot ihm seine Vermittelung, um Otto zur Abdankung zu bewegen. Alles das scheint Walther nur aus der Ferne gesehen zu haben, ohne in seiner Umgebung einen Anlafs zu finden, sich über die Ereignisse auszusprechen.

Als aber dann im Herbst 1207 die Unterhandlungen mit Otto begannen, und Philipp selbst in Nordhausen und Quedlinburg Hof hielt, trat Walther noch einmal im Gefolge seines Herren, des Landgrafen, vor ihn auf. *Philippe, künic hêrre,* begrüfst er ihn, *si gebent dir alle heiles wort, und wolden liep nâch leide.* Jetzt, als der Widerstand der Kurie selbst bezwungen war, schien endlich die Zeit des Leidens überstanden, jetzt erst Philipps Königtum gesichert zu sein; nun soll er aber auch seiner königlichen Pflicht gedenken und Alexanders Freigebigkeit üben, um den Beruf des deutschen Königs, Herr der Welt zu sein, zu erfüllen:

wie Alexander sich versan!
der gap und gap, und gap sim ellin riche.

Der Spruch enthält keine einzelne Angabe, die ihn gerade in diese Zeit zu setzen zwänge; aber ohne Frage pafst er vortrefflich in die angegebenen Verhältnisse[170], und der folgende Spruch (17, 11) empfiehlt den Ansatz. — Auf die Bitte folgt die Drohung. Walther rät den Reichshofbeamten, die Gaben für die Fürsten reichlicher zu bemessen; er hält dem König und seinen Räten ein warnendes Beispiel entgegen: in Griechenland sei von karger Hand ein Spiefsbraten verschnitten, *der brâte was se dünne. des muose der hêrre vür die tür, die fürsten sâzen ander kür. der nû das riche also verlür, dem stüende baz, das er nie spîs gewünne.* Koberstein hatte in seiner Abhandlung über den Wartburgkrieg (S. 32) die Ansicht ausgesprochen, dafs diese Worte auf die Eroberung des griechischen Kaisertums durch die Lateiner anspielten. Beifall hatte dieselbe nicht gefunden, aber neuerdings hat sie Zarncke wieder aufgenommen und als richtig erwiesen [171].

Am 1. August 1203 nämlich hatten die Kreuzfahrer, die durch grofse Versprechungen gewonnen waren, den Alexius neben seinem Vater Isaac Angelus auf den Thron des oströmischen Reiches erhoben. Jedoch weder bei den Fremden noch bei dem eignen Volk konnte er sein Ansehen behaupten. Diese beschwerten sich, dafs der Kaiser seinen Verbindlichkeiten nicht nachkomme, jene grollten über den Einflufs und die Habgier der Fremden, deren Befriedigung unerschwingliche Opfer verlangte. Am 27. Januar 1204 ward in einer Versammlung, an der der Senat, die oberste Priesterschaft und die höchsten Richter teilnahmen ein anderer Kaiser gewählt. Alexius wurde von seinen Verwandten getötet, Isaac starb bald nachher.

Die Sache blieb natürlich in Deutschland nicht unbekannt. Die allgemeine Aufmerksamkeit war auf Griechenland und die Gründung der neuen Reiche im Osten gerichtet. Alexius war der Schwager König Philipps, ein Verwandter des Herzogs von Österreich. Er war im Sommer 1201 selbst nach Deutschland gekommen, um Hülfe zu erbitten. Philipp hatte ihn an seinem Hofe ehrenvoll empfangen und ihm schliefslich die Hülfe der Kreuzfahrer erwirkt [178]. Wenn also Walther im ersten Jahrzehnt des dreizehnten Jahrhunderts von einem griechischen Kaiser erzählt, der wegen seiner Kargheit abgesetzt sei, so mufste jeder in seinen Worten eine Anspielung sehen, die für Philipp wegen der Verwandtschaft besonders empfindlich war. Auch in jenem unechten aber alten Briefwechsel zwischen Otto und Philipp, der gegen das Ende des Jahres 1204 verbreitet wurde, weist Otto spöttisch darauf hin, dafs Philipps Schwiegervater und Schwager das Reich von Konstantinopel und ihr Leben verloren hätten [179]. Also vor dem Frühjahr 1204 kann der Spruch nicht gedichtet sein.

Aber auch nicht unmittelbar nach dieser Zeit; denn auf einen König, der noch um den Besitz seiner Würde ringt, passen nicht die Vorstellungen, von denen der Dichter ausgeht. Er mufs seine Mahnung ausgesprochen haben, als Philipps Macht ziemlich fest gegründet schien; nicht Fürsten, die unnterworfen auf der Seite des Gegners standen, hat er im Auge, sondern solche, die sich gebeugt hatten, aber unzufrieden sich mit Umsturzplänen beschäftigten.

Das führt uns in dieselbe Zeit, in die wir den Spruch 16, 34 versetzten, nach Thüringen und in das Jahr vor Philipps Tode. Wir erfahren zwar nicht, dafs der Landgraf, als er sich damals am königlichen Hofe aufhielt, bestimmte Forderungen an Philipp gestellt habe, aber nach dem Charakter des Mannes wäre es fast unwahrscheinlich, wenn er es nicht gethan hätte, und seine weitere Politik zeigt, dafs ihm irgend welche Ansprüche nicht gewährt waren. An Philipps Hof finden wir ihn fortan nicht mehr, er und der Markgraf von Meifsen unterhandelten wieder mit Otto, der auf Dänemark und England gestützt, von neuem den Kampf aufnehmen wollte. Philipp wufste von ihrem Wankelmut, obschon offener Abfall noch nicht vorlag; er schickte sich eben an, die Abtrünnigen zu strafen, als er durch Otto von Wittelsbach ermordet wurde. Im Herbst 1207, nehmen wir demnach an, als der Landgraf sich grollend von Philipp zurückzog, ist der Spruch gesungen; kurz vorher, in den Stunden der Hoffnung, der unmittelbar vorhergehende 16, 30 [17a].

In dieselbe Zeit gehört dann vielleicht noch ein anderer Spruch (83, 14), in dem Walther sich über den Einflufs der Reichsdienstmannen auf die Regierung beschwert; sie mafsten sich die Entscheidung über Dinge an, die sie nicht verständen, und wenn sie mit der Kunst nicht weiter kämen, griffen sie zur Lüge. Die Krone, schliefst er, liegt in Folge dessen nieder, und die Kirche triumphiert. Dafs Philipp den Forderungen des Papstes entgegen kam und seine Vermittelung nutzte, konnte der Gegner seiner Politik wohl als ein Unterliegen der Reichshoheit bezeichnen. — Der folgende Spruch (83, 27) von den drei guten und den drei schlechten Rüten gehört jedenfalls in dieselbe Zeit, enthüllt aber noch weniger einen Hinweis auf bestimmte Verhältnisse [13].

Otto.

Nach Philipps Tode hatte Otto binnen kurzem allgemeine Anerkennung in Deutschland gefunden. Das Land war des Streites müde, die Zahl derer, welche den Frieden wünschten, überwog; man hatte nur noch einen Thronprätendenten und verzichtete darauf, ihm einen andern zur Seite zu stellen, obschon der Welfe nicht allen genehm war. Ein französischer Versuch, den Herzog von Brabant aufzustellen, hatte keinen Erfolg, Ottos rücksichtsvolle Politik, die Energie, mit der er die Mörder Philipps verfolgte, sein Entgegenkommen gegen die alten Anhänger des staufischen Hauses, die fast zur Schau getragene Bereitwilligkeit sich mit dem feindlichen Hause zu versöhnen und durch Bande des Blutes eng zu verbinden, das Aufgeben oder Aufschieben von Plänen, die speziell durch die welfische Hauspolitik veranlafst waren, erleichterten den Zusammenschlufs des ganzen Deutschlands; seine widerstandslose Willfährigkeit gegen die Forderungen der Kirche verhüteten, dafs von aufsen der Same der Zwietracht gestreut würde.

Sobald Innocenz den Tod Philipps erfahren hatte, war er kräftig für seinen Schützling eingetreten. Er sah, obschon er den Königsmord verabscheute, doch in dem Ausgang der verbrecherischen That ein entscheidendes Gottesurteil. Die Fürsten mahnt er, sich zu Otto zu halten, den Bischöfen stellt er Bann und Absetzung in Aussicht, falls sie die Wahl eines andern nicht mit aller Macht hindern oder sich gar an der Salbung und Krönung eines so gewählten beteiligen würden[173a]. An die, welche früher zu Philipp gestanden hatten, schrieb er, sie würden, da nun durch Gottes Urteil der Zwang gehoben sei, keine begründete Entschuldigung mehr anführen können, wenn sie ihm fortan Hülfe und Gunst versagen wollten. Die Bedenken, welche die nahe Verwandtschaft zwischen Otto und Beatrix gegen eine eheliche Verbindung beider hervorrufen könnte, räumt Innocenz bereitwillig aus dem Wege. Lange war nicht ein so freundliches Einvernehmen zwischen

Papst und Kaiser gesehen worden. Als die Botschaft von Ottos Wahl in Frankfurt (11. Nov. 1208) an Innocenz gelangte, war er krank; er antwortet dem Gewählten, die frohe Kunde habe ihm die Gesundheit wieder gegeben; er kündigt die Absendung von Legaten an, die Otto jede geeignete Hülfe und den Angelegenheiten desselben den nötigen Rückhalt gewähren sollten [174].

Aber indem Innocenz dem Welfen die Wege ebnete, liefs er keinen Augenblick seine eignen Interessen aus dem Auge. Wie er schon in seinem ersten Schreiben seinem Günstling riet, dafs er den Fürsten gegenüber mit Zugeständnissen nicht schwierig, mit Versprechungen nicht karg sein möge [175], so verlangte er ein gleiches Entgegenkommen auch für sich selbst. In jenem Briefe, in welchem er ihm zu der Wahl Glück wünscht und die Absendung der Legaten meldet, bereitet er ihn auf die Forderung vor, welche diese überbringen sollten und stellt weitere in Aussicht; und was Otto dann am 22. März 1209 zugestand, „das ging weit über alles hinaus, was in den Zeiten seiner Ohnmacht von ihm verlangt und zugestanden war" [176].

Otto hatte, vielleicht mit gutem Bewofstsein, mehr versprochen, als er nachher halten konnte oder wollte [177]. Gar bald kam Innocenz zu der Einsicht, dafs er seinen Eiden zu leicht vertraut habe. Noch ehe Otto das nächste Ziel seines Strebens, die Kaiserkrone, erreicht hatte, liefs er das erwachende Selbstgefühl merken, indem er von dem bisher gebrauchten königlichen Titel das demütigende „von Papstes Gnaden" abstreifte [178]. In den Unterhandlungen, die er auf Italiens Boden mit dem Papste führte, ist nichts mehr von der früheren widerstandslosen Nachgiebigkeit zu merken. Selbst bei persönlicher Zusammenkunft konnte Innocenz es nicht erlangen, dafs Otto seine Wünsche hinsichtlich des Patrimoniums erfüllte; er verlangte, dafs ihm die Krönung bedingungslos gewährt werde; darnach wolle er gern alles thun, was rechtens sei. Der Papst gab nach, und so schmerzlich ihn das Mifslingen seiner Pläne berührt haben mag, er überwand die Mifsstimmung, und herzlich wie er den Kaiser empfangen hatte, trennte er sich von ihm [179]. Er wollte den Frieden, so lange noch irgend

Aussicht auf eine friedliche Lösung war, und so empfing denn Otto am 4. Oktober 1209 aus seinen Händen die höchste Krone der Christenheit. Der Strafsenkampf, der in Rom entbrannte, während in St. Peter die heilige Handlung vollzogen wurde, zeigte die Antipathie der Römer, hatte aber mit den entscheidenden Ereignissen nichts zu thun.

Auch nachher, als Otto in Mittelitalien die Rechte und Güter des Reiches wieder an sich nahm, wurden die Unterhandlungen fortgesetzt, und zwar in einer Weise, welche zeigt, dafs man an einem friedlichen Ausgleich noch nicht verzweifelte [160]. Aber man kam zu keiner Einigung. Der Kaiser glaubte durch Nachgeben die Rechte des Reiches, der Papst die der Kirche zu verletzen. Ein Schiedsgericht wurde von Otto verworfen und vergebliche Verhandlungen verbitterten die Stimmung.

Ottos rücksichtslose Natur trat immer entschiedener hervor. Er belehnte Diepold von Acerra, „den Mann, in welchem seit Jahren aller Widerstand gegen die sicilische Politik der Kurie recht eigentlich verkörpert war", mit dem der Kirche abgewonnenen Herzogtum Spoleto und liefs gleichzeitig erkennen, dafs seine Absichten auch auf Sicilien gegen den jungen König Friedrich und dessen päpstlichen Lehensherren gerichtet waren [161]. Eben jener Diepold, der 12 Jahre dem Papst und Friedrich im Kampf gegenüber gestanden hatte, nannte sich schon im März Grofskapitän von Apulien und Terra di Lavoro, was einer Kriegserklärung gleich kam [162]. Die offnen Feindseligkeiten begann Otto im August 1210 mit der gewaltsamen Occupation kirchlicher Besitzungen, und ohne der Mahnung, die selbst da noch Innocenz an ihn richtete, zu achten, drang er im November in Sicilien ein [163]. Auf die Nachricht, dafs er die Grenzen des Königreichs überschritten habe, sprach Innocenz am 12. November 1210 über ihn und seine Helfer den Bann aus und entband die Unterthanen des Kaisers von der Verpflichtung zur Treue [164].

Die Anerkennung äufserster Langmut kann man dem Papst nicht versagen; ob er sie übte aus christlicher Milde und Frömmigkeit, oder aus Furcht vor den Folgen, welche das Einschreiten gegen den unbändigen Mann auch für ihn und die Kirche haben konnte, kann hier unerörtert bleiben; jedenfalls handelte er wie ein Mann, der sorglich zuvor erwägt. Hätte Otto die Tragweite seiner Handlungen ebenso sorglich bemessen, es würde nicht zum Kampfe gekommen sein. Aber er zeigte sich recht als ein Kind seiner Zeit, seines Geschlechtes und Standes, beherrscht von Stimmung und Eigenwillen und ohne richtige Würdigung der Kräfte. Innocenz that den ersten Schritt nicht ohne Vorbereitung, und als er ihn gethan hatte, machte er entschlossen, umsichtig und energisch von allen Mitteln Gebrauch, die er gegen Otto anwenden konnte. Mit Waffengewalt konnte er ihn nicht vertreiben; er sorgte dafür, dafs die deutschen Angelegenheiten eine längere Abwesenheit des Kaisers nicht gestatteten.

Bereitwillige und wirksame Unterstützung fand Innocenz an dem Könige von Frankreich, in dessen Interesse es lag, dafs der mit England verwandte und verbündete ihm von jeher feindlich gesinnte Welfe gestürzt werde. Unter den deutschen Fürsten war es namentlich der Landgraf von Thüringen, der Erzbischof von Mainz und der König von Böhmen, welche sich dem Plane des Papstes und Philipps willig zeigten. Aber die Opposition drang doch nur langsam durch. Der König Philipp, der schon im Winter 1210/11 in Übereinstimmung mit den Wünschen des Papstes die deutschen Fürsten bearbeitete, meldet diesem, die Fürsten verlangten ein offenes Schreiben vom Papst und den Kardinälen, dafs die Kirche nie und nimmer mit Otto Frieden schliefsen werde, und dafs alle von der Treue gegen Otto entbunden würden, so dafs sie dann einen andern wählen könnten [185]. Diese Vorsicht war wohl angebracht, denn obwohl Otto gebannt war, setzte Innocenz noch die Unterhandlungen fort, und so lange die Möglichkeit einer Einigung der beiden höchsten Gewalten bestand, erschienen die Folgen des Abfalls doppelt bedrohlich. Bis in die Mitte des Februars 1211 wurden diese Verhandlungen weiter gesponnen; da aber Otto hartnäckig alle Anerbietungen zurückwies, mufsten sie endgültig abgebrochen werden [186].

Um diese Zeit [187] richtete denn Innocenz auch ein Schreiben an die deutschen Fürsten, um ihnen die Excommunication und die Eideslösung amtlich anzuzeigen. Er begründet sie durch den Hinweis auf Ottos Angriff gegen Sicilien und sein Unrecht an der Kirche. Er macht die Fürsten darauf aufmerksam, dafs Otto eine so wichtige und gefährliche Sache allein nach seinem eignen Gutdünken begonnen habe, ohne die Fürsten zu fragen; er warnt sie vor dem eigenmächtigen Benehmen des Mannes auf ihrer Hut zu sein, damit sie nicht etwa in dieselbe abhängige Stellung hinabgedrückt würden wie die englischen Barone durch Ottos Verwandte. Er entschuldigt sich, dafs er Otto früher unterstützt habe; er habe sich in ihm geirrt, habe doch Gott selbst den von ihm erhobenen Saul nachträglich wieder verwerfen müssen. „Ihr aber", ruft er am Schlufs den deutschen Fürsten zu, „lernet an mir, dafs es euch nicht etwa so gehe, dafs ihr nicht wollt, wenn ihr könnt, und nicht könnt, wenn ihr wollt" [188].

Die erste Besprechung der Opposition, von der wir vernehmen, fand im Frühling in Naumburg statt. Aufser dem Erzbischof von Mainz, dem König von Böhmen und dem Landgrafen, sollen sich dort auch der Erzbischof von Magdeburg und der Markgraf von Meifsen eingefunden haben [189]; noch wurde tiefes Geheimnis bewahrt. Entschiedener trat die Versammlung von Bamberg auf, zu der vielleicht schon der Herzog Leopold von Österreich und Ludwig von Baiern erschienen waren [190]. Der Erzbischof Siegfried sprach hier den Bann über den Kaiser aus und erliefs an alle Bischöfe die Mahnung dasselbe zu thun. Ottokar von Böhmen sagte dem Kaiser offen ab, indem er sich zugleich früher als irgend ein andrer Fürst für Friedrich von Staufen erklärte [191]. Zu Anfang September endlich, als die der Opposition gewonnenen Fürsten von neuem in Nürnberg zusammen trafen, der König von Böhmen, die Herzöge von Baiern und Österreich, der Landgraf von Thüringen und andere: da beschlossen sie, Friedrich zum künftigen Kaiser zu erwählen und sandten Boten an ihn ab mit dem Versprechen, dafs er sogleich nach seiner Ankunft auf deutschem Boden förmlich zum König erwählt werden solle [192].

Im Oktober 1211 erhielt Otto die schlimmen Nachrichten aus Deutschland, als er eben im Begriff war nach Sicilien überzusetzen [103]. Einen Augenblick scheint er geschwankt zu haben, wohin er sich wenden sollte, dann entschied er sich für Deutschland. Zögernd und vielfach beschäftigt wich er nordwärts. Am 22. Februar war er noch in Como, in der Mitte des März aber schon in Frankfurt. Am Palmsonntag hielt er daselbst einen Hoftag ab, der zwar von wenigen Bischöfen, aber wie es scheint von ziemlich vielen Laienfürsten besucht war [104]. Aufser dem Bruder des Kaisers, dem Pfalzgrafen, war der Herzog von Lothringen erschienen und eine grofse Anzahl von niederrheinischen Herren, auf die Otto schon bei seiner ersten Erhebung sich wesentlich gestützt hatte. Wichtiger war, dafs Besorgnis und Furcht vor dem Gewaltigen selbst Männer, welche zur Opposition gehört oder wenigstens in Beziehung zu ihr gestanden hatten, nach Frankfurt führte, den Herzog von Baiern und den Markgrafen von Meifsen:

ir dúf enmoht sich niht verheln,
si begonden under noischen steln
und alle ein ander melden.
seht, diep stal diebe,
dró diu tete liebe. (105, 22).

Zu denen, welche damals vor Otto erschienen, gehörte auch Walther von der Vogelweide [105]. In drei herrlichen Sprüchen (11, 30 f.) bietet er ihm den Willkommen in der Heimat. Die gleichen Worte *hêr keiser*, mit denen alle drei beginnen, bilden gleichsam den Grundaccord dieses Gesanges; in ihm tritt die Kaiseridee in ihrer ganzen Grofsartigkeit zu Tage, glanzvoller noch, als sie ihrem Wesen nach gefafst werden kann. Der Papst und der Kaiser, das war die Anschauung, sollten gemeinsam das Reich Christi auf Erden begründen und leiten. Der Papst sollte das Haupt der Kirche sein, die alle Seelen in sich aufzunehmen bestimmt war, der Kaiser in seiner Person die Hoheit aller weltlichen Herrschaft vereinen, aber im Dienst des Christentums. Deshalb gehörte der Reichsapfel [106] mit dem Kreuze zu den Insignien seiner Würde. Bei Walther ist von den Rechten des Papstes nicht die Rede; er will zwischen Gott

und Kaiser. Gott ist der oberste Bischof, der Kaiser sein
Vogt auf Erden, dem der weltliche Schutz des Gottes-
reiches obliegt:
> Hêr keiser, ich bin frônebote
> und bring iu boteschaft von gote.
> ir habt die erde, er hât daz himelrîche.

Der Grafs des Sängers entsprach dem hohen Bewufstsein,
das Otto von seiner Kaiserwürde hatte. Der bekannte
Vergleich von Papsttum und Kaisertum mit den beiden
Lichtern des Himmels, den auch Innocenz öfters anwendet,
war nicht nach seinem Geschmack; auf seinen Kaiser-
siegeln liefs er Mond und Sonne zu beiden Seiten der
sitzenden weltlichen Majestät abbilden[126a].

Mit besonderem Nachdruck weist Walther auf die
Macht des Kaisers zu strafen und zu lohnen (11, 33):
> iur hant ist krefte und guotes vol:
> ir wellet übel oder wol,
> sô mac si beidiu rechen unde lônen.

Kriegerische Stärke und Reichtum sind die Stützen des
Thrones, manheit und milte die kaiserlichen Tugenden; in
Ottos Wappentieren findet der Dichter ihren symbolischen
Ausdruck (12, 24). Auf der Romfahrt trug er im roten
senkrecht geteilten Schilde rechts drei halbe Löwen, links
einen halben schwarzen Adler; die drei Löwen als Inhaber
des Herzogtums Schwaben, den Adler als römischer König[127].
Der Löwe ist das Zeichen der Kraft, der Adler der Freigebigkeit. Ausgerüstet mit diesen Gaben soll Otto festen
Frieden in Deutschland herstellen und dann die Heiden-
schaft unterwerfen.

Es könnte auffallend erscheinen, dafs Walther grade
in dieser schwierigen Zeit zur Kreuzfahrt mahnt (12, 6. 28),
und wenn man sieht, welche Hoffnung er ein ander mal,
wenn auch unter der Form des Scherzes, mit solcher
Kreuzfahrt verbindet (29, 15), könnte man gar an seiner
redlichen Absicht zweifeln. Aber die Sprüche machen nicht
den Eindruck der Unwahrheit, und das Drängen zur Reise
über See erklärt sich aus der allgemeinen Zeitströmung
zur Genüge. Das Jahr 1212 sah den Kinderkreuzzug; in
Frankreich war die wunderliche Bewegung ausgebrochen,

bald verbreitete sie sich nach Deutschland und steckte
namentlich die rheinländische Jugend an. Wie wäre dies
möglich gewesen, wenn nicht auch der Sinn der Erwachsenen ganz von der frommen Schwärmerei wäre eingenommen gewesen. Innocenz liefs die Sorge um das heilige
Land nie aus dem Auge, und von dem Kaiser, dem höchsten Herrscher der Christenheit, erwartete man längst, dafs
er sich dem gottgeweihten Unternehmen nicht entziehen
werde. Schon vor der Romfahrt war ernstlich davon die
Rede, und am Tage der Krönung nahm Otto vom Bischof
von Cambrai das Kreuz, freilich nur im geheimen, aber sicher
nicht nur zum Schein [198]. Caesarius von Heisterbach erzählt von der alten Prophezeiung eines Saracenen, dafs
ein christlicher Kaiser Namens Otto auferstehen werde, der
das gelobte Land und die Stadt Jerusalem, dem christlichen
Kult wiedergewinnen werde [199]; er fügt hinzu, dafs er selbst
geglaubt habe, Otto IV. werde dieser Kaiser sein. Otto
selbst mögen solche Pläne gar nicht so fern gelegen haben.
Wie nahe und grofse Gefahr ihm drohte, ahnte er jedenfalls nicht, und dafs er sich mit hochfahrenden Entwürfen
trug, sagt wenigstens Innocenz in einem Briefe an den
König von Frankreich [200]. Auch Gervasius von Tilbury, der
dem Kaiser im Herbst 1211 seine Otia imperialia widmete,
weist den Unternehmungsgeist des kampflustigen Mannes
nach Osten auf Konstantinopel und die Völker, welche ihn
nicht kennen [201], und so ist es wohl begreiflich, wenn auch
Walther an eine Kreuzfahrt denkt.

Übrigens darf nicht übersehen werden, dafs Walther
die Kreuzfahrt zwar als höchstes Ziel hinstellt, aber als nächste Aufgabe, auch darin mit Gervasius übereinstimmend [202],
doch die Wiederherstellung des Friedens im eignen Lande
bezeichnet. Und das that wohl not. Eine der ersten Re-
gierungsmafsregeln Ottos war es gewesen, dafs er der Recht-
und Friedlosigkeit Schranken setzte; auf demselben Frankfurter Reichstage, auf dem er gewählt wurde, schärfte er den
Landfrieden ein, beschwor ihn und liefs die Fürsten ihn
beschwören [203]. Sein Ansehen erhielt ihn auch aufrecht,
als er über die Alpen gezogen war. „Im ganzen deutschen
Reich herrschte trotz seiner Abwesenheit der vollkommenste

Friede und solche Sicherheit, dafs alle sich des wunderten", schreibt ein Chronist, der dem Kaiser nicht grade günstig ist [204]. Aber sobald der Aufstand sein Haupt erhob, war es auch mit diesem Frieden vorbei, am Rhein, in Sachsen und in Mitteldeutschland stiefsen die Parteien wieder aufeinander, heerten, brannten und raubten. Von der Ankunft des Kaisers erwartete man, dafs er mit Strenge die Ruhe wieder herstelle, den Frieden *stæte* mache *bî der wîde*. Die erste Pflicht war, die Meuterer zur Rechenschaft zu ziehen.

Aber seltsam, während Walther mit der einen Hand auf die Pflicht des Kaisers weist, hält er die andere schützend über das Haupt derer, die von der Erfüllung der Pflicht bedroht waren. Wenn man der Vorgänge gedenkt, die Otto in die Heimat zurückgerufen hatten, so ist es wirklich mehr als naiv, wenn das zweite Wort nach der Begrüfsung ist:

die fürsten sint iu undertân,
si habent mit sühten iuwer kunft erbeitet,

und dann gar die kühne Versicherung, dafs sich eher ein Engel zum Abfall von Gott, als der Meifsner vom Kaiser werde verleiten lassen. In wessen Diensten Walther damals stand, kann nicht zweifelhaft sein. Seine Absicht und Aufgabe war, das Mifstrauen des Kaisers gegen gewisse Fürsten zu beschwichtigen, und namentlich von dem Meifsner jeden Verdacht fern zu halten. — Man hat in Walthers Lob einen Beweis für die Unschuld des Markgrafen gesehen [205]: eher thut es das Gegenteil dar, und stellt wenigstens so viel aufser Zweifel, dafs ein Verdacht bestand. Auch aus dem günstigen Vertrage, den Otto in Frankfurt mit Dietrich abschlofs, folgt keineswegs, dafs der Markgraf nie in seiner Treue gewankt, nie einen Anlafs zum Mifstrauen gegeben habe, sondern höchstens soviel, dafs damals kein Mifstrauen bestand, und vielleicht nicht einmal so viel. Otto wurde durch die Verhältnisse zu freundlichem Entgegenkommen gezwungen; er brauchte die Hülfe des Markgrafen und das verlangte seinen Preis. Übrigens hielten auch die neuen Eide nicht lange, schon im folgenden Jahre schlug Dietrich sich wieder zu Ottos Feinden. — Walthers Lob strafte er dadurch nicht mehr lügen, der Sänger selbst war ihm damit zuvorgekommen (ob. S. 76 f.). Die verhafsten Feinde, gegen die der Markgraf Dietrich sich Otto verpflichten mufste, waren der König von Böhmen und der Landgraf von Thüringen. Die Verpflichtung gegen den König konnte ihm nicht schwer fallen, denn Ottokar war sein eigner Feind, und die Absichten des Kaisers versprachen ihm die längst ersehnte Rache und seinem Hause bedeutenden Zuwachs an Macht; aber hinsichtlich des Landgrafen folgte er nur der Notwendigkeit, denn Hermann war sein Freund und Schwager. Denn Kaiser gegenüber hatte dieser schwere Schuld auf sich geladen. Schon ehe der Papst bei den deutschen Fürsten Hilfe gegen Otto suchte, hatte der Landgraf mit den Feinden des welfischen Hauses unterhandelt. Im November des Jahres 1210 erhielt er von dem König Philipp August von Frankreich die urkundliche eidliche Zusage, dafs dieser Hermanns Tochter Irmengard zur Frau nehmen wolle, wofern es jenem gelinge, die Scheidung Philipp Augusts von der dänischen Ingeborg, die er längst wünschte, beim Papste durchzusetzen. Für den Fall, dafs der König das Mädchen zu häfslich finde oder sonst von dem Vertrage zurücktreten werde, wurde die Abfindung Hermanns durch Geld in Aussicht genommen. Sicherlich sollte diese Ehe nur ein Unterpfand und eine Grundlage für gemeinsames politisches Handeln sein, das nur gegen Otto gerichtet sein konnte[806]. Und wenn der König die Aufforderung des Papstes, er solle die deutschen Fürsten bearbeiten, dahin beantwortet, dafs er das schon gut und glücklich besorgt zu haben glaube, so ist dabei in erster Linie wieder an Hermann zu denken; ihn sehen wir überall an der Spitze der Opposition in Deutschland[807]. Seinem Lande brachte das schwere Heimsuchung; schon 1211 setzte ihm der kaiserliche Feldherr, der Reichstruchsefs Gunzelin, der von den thüringischen Grafen und Herren lebhaft unterstützt wurde, so hart zu, dafs er sich auf die Behauptung seiner Burgen beschränkt sah; und als Otto nach Deutschland zurück kam, war es eine seiner ersten Sorgen, Mafs-

regeln zur Unterdrückung des gefährlichen Mannes zu
treffen. Ob einer der Fürsten Fürsprache für den Ab-
wesenden einzulegen wagte, wissen wir nicht; Walther
that es (105, 13). Er bittet um Gnade für seinen alten
Gönner, weil dieser doch wenigstens offen sein Feind gewesen sei, während die andern, römischer Weisung folgend,
heimlich intrigiert und nachher in feiger Angst sich selbst
verraten hätten²⁰⁸. — Dieses Eingeständnis hochverräteri-
scher Pläne widerspricht dem feierlichen Fürstenlobe, das
Walther kurz vorher verkündet hatte; der wegwerfende
Blick auf die Fürsten, die sich Verzeihung und Versöhnung
suchend, in Frankfurt gestellt hatten, stimmt nicht zu dem
Preise des Meifsners. Wodurch dieser Umschwung in dem
Verhalten des Dichters, herbeigeführt wurde haben wir
früher gesehen. Eine Wirkung übte Walthers Spruch
nicht aus; sobald die nötigen Vorbereitungen getroffen
waren, fiel Otto mit seinen Genossen über Thüringen her.

Den drei Kaisersprüchen, die Walther in Frankfort
sang, stehen drei Sprüche gegen den Papst zur Seite.
Der erste, den er mit den Worten *Hēr bâbest* beginnt, wie
jene mit *Hēr keiser*, läfst mit schneidendem Hohn den
Bannfluch auf den Papst zurückfallen; der zweite benutzt
das Gleichnis vom Zinsgroschen zu einer Mahnung, dafs
die Kirche dem Kaiser sein Recht nicht verkümmere; der
letzte deckt den logischen Widerspruch im Verhalten des
Papstes auf. Alles Unrecht sieht der Dichter auf dessen
Seite. Die Sprüche sind so frisch und andringlich, dafs
man sie als unmittelbare Antwort auf jenes Schreiben des
Papstes auffassen möchte, in dem er den Deutschen den
Bann anzeigt und sie von der Treue gegen Otto enthindet.
Aber doch sind sie schwerlich früher als in Frankfurt ge-
sungen²⁰⁹; der Anfang *hēr bâbest* weist darauf hin und der
Inhalt. In den Kaisersprüchen wird des Papstes mit keinem
Worte gedacht; es bilden also diese drei Sprüche ge-
wissermaßen eine notwendige Ergänzung und das wirk-
samste Gegenstück. Auf der einen Seite das hehre Bild
des Kaisertums, rein und ungetrübt, gestützt auf die Treue
der Fürsten, auf der andern die finstere Gestalt eines feind-

seligen und zerstörerischen Papsttums, mit seinen verlogenen Pfaffen. Die Klagen und Anklagen, die der Dichter erhebt, sind der poetische Ausdruck dessen, was in Frankfurt gesprochen und gehört wurde, von den Anhängern des Kaisers und vom Kaiser selbst. Denn es ist selbstverständlich, dafs es Otto in diesem ersten Reichstage nicht versäumte, sein Verhalten zu rechtfertigen und die Vorwürfe des Papstes zu widerlegen: *cum quibusdam principibus et nobilibus colloquium habuit, ubi de iniusta excommunicatione pape in eum facta querimoniam fecit*[110].

Die Sprüche, die Walther in Frankfurt vortrug, zeigten ihn als einen Mann, der unter den obwaltenden Umständen dem Kaiser gute Dienste leisten konnte, und Walther wiederum folgte nur der eignen Neigung, wenn er sich einem Herren anschlofs, für den ein energischer Kampf gegen die Kirche unvermeidlich geworden war. Die rücksichtslosen Lieder, die er jetzt gegen den Papst und die Geistlichkeit richtete, sind in Ottos Dienst gesungen, sie sind aber zugleich, wenn irgend etwas in Walthers Poesie, wahre, unwiderstehliche Herzensdichtung.

Nur zwei dieser Sprüche beziehen sich auf ein bestimmtes Ereignis und gestatten genauere Fixierung: 34, 4. 14. Innocenz hatte über all den politischen Wirren die Sorge um das gelobte Land nicht aufser Auge gelassen. Im Jahre 1213 erliefs er eine Kreuzzugsbulle, in welcher er alle Gläubigen zur Beschirmung des heiligen Landes aufrief, das jetzt in gröfserer Gefahr schwebe als je. Zugleich veröffentlichte er ein für das heilige Land in den Mefskanon einzuschaltendes Gebet, und verordnete, dafs in allen gröfseren Kirchen ein Opferstock (truncus concavus) aufgestellt werde, um darin die nötigen Beisteuern zu sammeln. Der Stock sollte drei Schlösser haben, und die Schlüssel dazu einem Priester, einem Laien und einem Ordensgeistlichen anvertraut sein; die Verwendung des Geldes aber nach dem Befinden derer geschehen, denen die Sorge dafür übertragen wäre; vorsichtige Mafsregeln, die einen eigennützigen Verbrauch des Geldes, oder den Verdacht eines solchen ausschliefsen sollten. Der Papst legte sich selbst und den Kardinälen den Zehnten und den

Sprüche gegen Innocenz (1213).

andern Geistlichen das Opfer des Vierzigsten aller Einkünfte auf; es ist keine Frage, dafs es Innocenz heiliger Ernst mit dieser Sache war[111]. Aber für Walther war alles nur Pfaffentrug und -list. Der Papst, schmäht er, freut sich, wieder zwei Almân unter eine Krone gebracht zu haben; er will nur seinen Geldkasten füllen; die guten Deutschen sollen ausgesogen werden, damit die Geistlichkeit um so besser leben kann, in Gottes Land wird wenig von dem Gelde kommen. — Die Sprüche sind der Ausdruck einer Parteileidenschaft die Mafs und Würde verloren hat. Ein Jahr früher hatte Walther selbst noch zum Kreuzzug gemahnt; jetzt schilt er die Anordnung, welche die nötigen Mittel für das Unternehmen aufbringen sollte, und scheut sich nicht vor gemeinen Verdächtigungen. Thomasin von Zirclære (v. 1163 f.) urteilte gerecht, wenn er erklärt, Walther habe sich schwer am Papste vergangen. Dichter sollten wie die Priester ihre Worte wohl in Hut haben, dafs man sie nicht verkehren könne; sie sollten nicht lügen, sondern Zeugen der Wahrheit sein. Aber wo wäre Platz für die Wahrheit und Gerechtigkeit, wenn die Parteien im Kampfe erbittert sich gegenüber stehen! Die Geistlichen, die im Namen des Papstes das Kreuz predigten, eiferten zugleich gegen den von der Kirche verstofsenen Otto und erregten namentlich das Land am Niederrhein[118]. Das forderte die welfische Partei zum Widerspruch heraus, und dieser Widerspruch mufste um so heftiger werden, je schneller Ottos Stern niederging. Die bedeutende Wirkung der Waltherschen Sprüche lehrt uns eben jener Thomasin kennen, wenn er hinzufügt, dafs Walther durch diese eine Rede tausende bethört habe, Gottes und des Papstes Gebot zu überhören[113].

Einige andere Sprüche desselben Tones und neben jenen überliefert, enthalten keine Beziehung auf bestimmte Ereignisse, werden aber allgemein wegen des gleichen Charakters in dieselbe Zeit gesetzt[113a]. Sie richten sich vorzugsweise gegen den Papst und die römische Kurie. Walther vergleicht Innocenz mit Silvester II, dem Zauberer Gerbert[114], findet ihn aber schlimmer: denn jener habe nur sich selbst ins Verderben gestürzt, dieser richte sich und die ganze

Christenheit zu Grunde (33, 21), denn alle Welt folge dem heiligen Vater auf seinem verderblichen Wege (33, 11). Er nennt ihn einen neuen Judas (33, 20), einen Schüler des Teufels, der zwar St. Peters Schlüssel trage, aber seine Lehre unterdrücke (33, 1). Insbesondere eifert er gegen den Ablafs; das Christentum verbiete Gottes Gabe zu verhandeln (32, 5); die Kirche sei im Besitz der Gnadenmittel, der Papst der Kämmerer des Himmelhortes, aber dieser Kämmerer raube den Schatz, der Hirt sei zum Wolfe geworden (33, 28). — Die Pfeile des Dichters treffen hier wirkliche Gebrechen der Kirche; aber Innocenz selbst erkannte sie als solche und war bemüht sie zu heben. Noch ein Jahr vor seinem Tode wurde durch die grofse Kirchenversammlung in Rom unzeitiger übertriebener Sündenerlafs, welcher die Achtung gegen die Kirche untergrabe und ihre gesetzlichen Bedingungen nicht berücksichtige, nachdrücklich untersagt[115]. Zuweilen drängten die weltlichen Herren die Kirche zu einem nachdrücklicheren Gebrauch ihrer Mittel. Der freisinnige Friedrich II. beschwert sich beim Papst, dafs die Kreuzprediger keinen Ablafs gewährten[116].

Wo Walther den Papst angreift, da beklagt er die Bischöfe und die edelen Pfaffen, dafs sie sich von ihm hätten verleiten lassen (34, 1). In andern Sprüchen wendet er sich gegen die Geistlichkeit insgemein (33, 31. 34, 24). Mit Hohn weist er auf ihre Forderung, dafs die Laien ihren Worten folgen sollten, nicht ihren Werken; sie hätten sich dem Sündenleben ergeben und versagten den Laien gutes Beispiel. — Auch hiermit sagt Walther nichts anderes, als was Innocenz selbst beklagt und rügt. In der langen Rede, mit der er die Kirchenversammlung eröffnete, heifst es: „Alle Verderbnis im Volke geht zunächst und vorzugsweise von den Geistlichen aus; denn wenn der geweihte Priester sündigt, so verleitet er auch das Volk zur Sünde; und wenn jener nicht Vorbild der Tugend, sondern Vorgänger in Lüsten ist, so wird auch das Volk zu Ungerechtigkeiten und Schandthaten hingerissen. Daher entschuldigen sich die Laien, sobald man ihnen über ihren Wandel Vorwürfe macht, und sprechen: soll der Sohn nicht thun, was er den Vater thun sieht? oder genügt es nicht, wenn der Schüler dem Lehrer gleich ist? Daher geht der wahre Glaube zu Grunde, die Religion wird entstellt, die Freiheit zerstört, die Gerechtigkeit mit Füfsen getreten; daher wachsen die Ketzer empor; daher wüten die Ungetreuen; daher siegen die Ungläubigen"[817]. Der Papst und der Sänger beide sagen im wesentlichen dasselbe, aber in sehr verschiedener Absicht. Der Papst sprach so in einer Versammlung von Geistlichen, Walther rief seinen Spruch hinaus in die erregte Menge; der Papst straft die Übeln und sucht die Gebrechen der Kirche zu heilen, der Dichter will ihre Autorität ruinieren; der Papst ist, wie es der Würde seiner Stellung entspricht, bemüht für das Wohl der Menschheit, der Dichter kennt nur den Parteizweck und nur vom Parteistandpunkt erscheint sein Verhalten zweckmäfsig und richtig.

Heftiger noch greift Walther in den zweiten Spruch (34, 24) die Geistlichkeit mit samt dem Papst an. Wenn er dort auf den Widerspruch zwischen Worten und Werken aufmerksam machte, so hebt er hier die Harmonie zwischen beiden hervor; jetzt sei beides verkehrt, Worte und Werke. Der Papst selbst mehre den Unglauben und ein Wunder sei es, wenn noch ein Herz auf dem rechten Wege bleibe. — Mit diesem Vorwurf der Ketzerei war der Gipfel erreicht.

Andere Sprüche Walthers, welche dieselbe Tendenz gegen die Macht der Kirche haben, aber wegen ihrer Allgemeinheit eine bestimmte Beziehung nicht gestatten, werden später erwähnt werden. In allen, darf man annehmen, spricht er nicht nur die eigene Gesinnung aus, sondern die Anschauungen der Gesellschaft, in der er sich bewegte, und namentlich die seines Herren und Kaisers. „Man traute Otto die Absicht zu, durch eine umfassende Reduktion der Kirchengüter die Geistlichkeit politisch und gesellschaftlich um einige Stufen herunter zu drücken, seine eignen Machtmittel und Einkünfte aber bedeutend zu verstärken. Der Hofkanzler Bischof Konrad von Speier soll nach seiner Rückkehr aus Italien öffentlich in Mainz die auf eine solche Beraubung der Kirchen abzielenden Pläne des Kaisers als die Ursache seiner Loslösung von ihm bezeichnet, die

Wahrheit seiner Enthüllungen durch einen Eid bekräftigt haben"[218]. Man verbreitete sogar einen Brief unter dem Namen des Kaisers, in welchem er solche Pläne offen aussprach[219], und schon auf dem Fürstentage zu Naumburg wurde ihm vorgeworfen, dafs er unter hohnvoller Mifsachtung kirchlicher Würden die Erzbischöfe einfach Kleriker, die Äbte Mönche, ehrwürdige Frauen, Weiber genannt und alle, die nach Gottes Willen geehrt werden sollten, entehrt habe[220]. So erhält auch in einem Liede Walthers der Abt von Tegernsee nur den Titel Mönch (104, 32).

In diesem Kampf des Sängers gegen Rom sind noch einige negative Punkte von Interesse. Zunächst der, dafs Walther sich nirgends an dem Dogma vergreift; selbst das Recht und die Wirksamkeit des Bannes zieht er nirgends in Frage, sei es dafs er selbst nie von Zweifeln dieser Art gequält wurde, sei es dafs er vorsichtig genug war sie nicht auszusprechen. Mit den Ketzern, die gerade in diesen Jahren auch in Deutschland sich zu regen anfingen[221], hat er keinerlei Gemeinschaft; nirgends findet man bei ihm ein Wort für oder wider sie. Ja vielleicht darf man annehmen, dafs er den Leich, der in diese Jahre zu gehören scheint, dichtete, um in dem bittern Kampf gegen die augenblicklichen Machthaber der Kirche doch keinen Zweifel an seiner frommen christlichen Gesinnung zu lassen.

Weiter ist zu beachten, dafs Walther sich lediglich und allein gegen die Kirche richtet. Mit keinem Wort trifft er Ottos Gegenkönig Friedrich, mit keinem Wort irgend einen der zahlreichen Fürsten, die an Otto treulos wurden; höchstens dafs er vielleicht an sie vor andern denkt, wenn er von den Nachfolgern des Papstes auf dem übeln Wege spricht (33, 19), oder an anderer Stelle (31, 21) von der Käuflichkeit des römischen Reiches. Fürchtete er Leute zu verletzen, deren Gunst ihm später vielleicht erwünscht werden konnte? ahnte er schon, dafs die Zeit kommen werde, in der auch er auf Friedrichs Seite stehen würde? oder fand er in dem Auftreten Friedrichs und dem Verhalten der Fürsten nichts sonderlich Anstößiges? Vielleicht war das eine und das andere der Fall.

Endlich fällt auf, dafs kein Lied Walthers eine persönliche Annäherung an Otto verrät. Für keinen ist er energischer eingetreten als für ihn; aber nirgends zeigt sich eine Spur, dafs die Waffengenossenschaft freundliche Beziehungen geweckt habe. Nie ruht das Auge des Sängers auf dem Kaiser mit jenem Wohlgefallen, mit dem er einst Philipp betrachtet hatte, den jungen süfsen Mann, als er ihn zuerst mit der Krone erblickte, nie zeigen die Lieder, die sich auf Otto beziehen, die behagliche Laune, die der Dichter vor andern Fürsten, vor Leopold von Österreich und vor König Friedrich, nicht verbirgt. Ich glaube nicht, dafs das Zufall ist. Otto hatte nichts Gewinnendes; er flöfste mehr Furcht und Schrecken ein als Liebe. Innocenz wufste, was er that, als er im Jahre 1208 seinen Günstling warnte, sich harter Reden und gewaltthätiger Werke zu enthalten, Wohlwollen und Herablassung, Ehre und Gnade allen zu erweisen [121]. Aber solche Eigenschaften lassen sich nicht lernen. Dazu kam dann noch, dafs Otto es nicht verstand, zu rechter Zeit und in rechter Weise die Freigebigkeit zu üben; *magnificus promissor et parcissimus exhibitor* heifst er bei Mattheus von Paris [122].

Als solchen bewies er sich auch dem Sänger gegenüber (26, 23); um so leichter mufste es diesem werden, sich von ihm loszusagen, und wie so viele andere und gröfsere vor ihm zu Friedrich überzugehen. Der letzte Spruch, den Walther vor Otto gesungen hat, mag die Bitte um einen festen Wohnsitz gewesen sein (31, 23). Die Schlufsworte *nû büezet mir des gastes, daz in got des schâches büeze* zeigen, dafs sie an einen bedrängten König gerichtet sind, und der gemeingültigen Annahme, dafs damit Otto gemeint sei, wird man mit Erfolg nicht widersprechen können [123]. Wann Walther seine Bitte vortrug, läfst sich genau nicht bestimmen; vielleicht im Anschlufs an die Sprüche gegen den truncus (Ostern 1213). Otto weilte damals am Rhein; seine Mittel waren erschöpft, sein Anhang gering. *Otto cum paucis ad Coloniam recessit et in Saxoniam se transtulit*, schreibt Reinald von Lüttich. Den Sommer über unternahm er ohne dauernden Erfolg Raub- und Fehdezüge in die Länder seiner Nachbarn, des Erzbischofs von Magdeburg und des Landgrafen Hermann.

Walther scheint direkt in das Lager seines Gegenkönigs übergegangen zu sein; die Art wie er ihn begrüfst, zeigt, dafs er sich nicht lange besonnen hat[125]. Wie dem Meifsner gegenüber: entschieden als Freund, entschieden als Feind; der Vorwurf der Undankbarkeit und des mangelnden Lohnes gilt beidemal als Grund.

Friedrich.

Der erste Spruch, mit dem Walther sich an Friedrich wendet, ist ein Scheltlied gegen Otto; gegen Herren Otto, wie er ihn gleich im Eingang nennt, um sofort zu bezeichnen, dafs er ihn als Kaiser nicht mehr gelten lasse (26, 23). „Ich habe Herren Ottos Wort, er wolle mich noch reich machen. Wie hat er aber meinen Dienst immer so trügerisch genommen, oder welchen Anlafs kann der König Friedrich haben mir zu lohnen? Auf ihn habe ich keine Forderung, es sei denn, dafs er sich an meinen alten Liedern freute. Ein Vater lehrte ehedem seinen Sohn so: Sohn, diene dem bösesten Mann, dafs der beste dir lohne. Herr Otto, ich bin der Sohn; ihr seit der bösesto Mann, denn so gar bösen Herren habe ich noch nie gehabt: Herr König seit ihr der beste, da Gott euch Lohn gewährt hat"[126]. Wohlthätig berührt dieser kalte Hohn nicht; aber Ottos Charakter, und die näheren Umstände, die wir nicht kennen, mögen ihn erklären und entschuldigen. Friedrich amüsierte sich daran, und besser als Otto an reichliche Spende gewöhnt, läfst er dem Sänger ein Geschenk verabreichen. Walther dankt in einem ganz vortrefflichen humoristischen Spruch (26, 34): er habe Ottos Freigebigkeit nach seiner Leibeslänge bemessen wollen, da sei das Mafs viel zu grofs gewesen; er habe dann umgekehrt den Leib nach der Freigebigkeit gemessen, da wäre er gar kurz geworden, *miltes muotes minre vil dan ein getwerc; und ist doch von den jâren wol das er niht wahset mêre.* Als er aber dem Könige das Mafs angelegt habe:

wie er ûf schôz!
sin junger lip wart beide michel unde grôz.
mi seht waz er noch wahse: erst iese übr in wol risen gnôz.

Die letzte Zeile spricht augenscheinlich eine neue Erwartung aus; wie andere versgewandte Bittsteller verstand es Walther, Dank und neue Bitte in einem Liede zu verbinden.

Wie der junge König den Scherz aufnahm, wissen wir nicht; aber mit einiger Wahrscheinlichkeit läfst es sich vermuten. Den beiden ersten Sprüchen folgt nämlich in der Handschrift ein dritter in demselben Ton und Charakter (27, 7). Walther spricht da von einem königlichen Lehen von dreifsig Mark: *der künec mîn hêrre lêch mir gelt ze drîzec marken*. Dreifsig Mark jährlicher Einkünfte wäre nicht so wenig gewesen; der Dichter selbst schätzt an einer andern Stelle ein gutes Ritterpferd auf drei Mark (104, 11)[147]; auch sagt er hier ausdrücklich: *der nam ist grôz*. Wenn er aber hinzufügt: *der nuz ist aber in solher mâze, daz ich in niht begrîfen mac, gehœren noch gesehen*, so ist klar, dafs diese Einkünfte nur in der Idee existierten, sie waren ungreifbar und unsichtbar. Friedrich hatte es verstanden der gewandten Bitte sich gewandt zu entziehen, sei es, dafs er dem Dichter eine Anweisung auf ungewisse Zukunft gab[148], sei es dafs er Scherz mit Scherz vergeltend ihm ein gar nicht vorhandenes Lehen erteilte[149]. Einer bestimmten und sichern Auslegung im Einzelnen entzieht sich der Spruch, ähnlich wie 35, 17; er scheint eine scherzhafte Verhandlung vor dem Könige vorauszusetzen, die in dem Tone geführt wurde, den der Dichter selbst angeschlagen hatte.

Geraume Zeit war wohl verstrichen, als Walther von neuem Friedrichs Freigebigkeit in Anspruch nahm, diesmal mit rührender Klage und inständigem Bitten; er war des langen unstäten Wanderlebens müde und sehnt sich nach einem bleibenden Heim (28, 1):

Von Rôme vogel, von Pülle künec, lât iuch erbarmen
das man mich bî richer kunst lât alsus armen.
gerne wolde ich, möhte es sin, bi eigenem fiure erwarmen.
kume ich spâte und rîte fruo, „gast, wê dir, wê!":
sô mac der wirt wol singen von dem grüenen klê.
die nôt bedenkent, milter künec, daz iuwer nôt zergê.

Friedrich erfüllte die Bitte; denn es kann kaum zweifelhaft sein, dafs der warme Dank, den Str. 28, 31 ausspricht, eben hierher gehört. Aus der Anrede und Bezeichnung des Königs (28, 1. 34) ersieht man, dafs die Begabung erfolgte, ehe Friedrich im Jahre 1220 Deutschland verliefs; genaueres ergeben diese Sprüche nicht [330].

Die gemeine Annahme ist, dafs das kaiserliche Leben jener Hof in Würzburg gewesen sei, auf dem Walther die letzten Lebensjahre zubrachte [331]. Wenn jedoch die früheren Kombinationen das Richtige trafen, würde er auch in den zwanziger Jahren noch in Österreich gelebt haben. Er kehrte zunächst in die alte Heimat zurück, aber in glücklicheren Verhältnissen, im Besitz eines gesicherten Einkommens, das die Sorge des Lebens von ihm nahm. Die Erklärung, dafs seine Nachbaren ihm jetzt freundlicher begegnen würden, als ehedem, entspricht dieser Voraussetzung sehr wohl (28, 36); er fiel jetzt keinem andern mehr lästig. Reichstage und festliche Versammlungen besuchte er nach wie vor, aber er brauchte nicht mehr die Gunst karger Herren zu erflehen und unterscheidet sich mit Selbstbewufstsein von den gabeheischenden Fahrenden (84, 19). Nach Würzburg mag er übergesiedelt sein, als ihm eine neue neidenswerte Gabe vom Kaiser zu Teil geworden war (84, 30) [332].

Eine politische Thätigkeit Walthers im Interesse Friedrichs läfst sich vor dem Jahre 1220 nicht nachweisen; aber wir müssen auch die vorhergehende Zeit in unsere Betrachtung ziehen; denn die Verhältnisse, in die Walther einzugreifen berufen war, hatten sich langsam vorbereitet.

Wunderbar glücklich war dem jungen Staufer alles in den ersten Jahren gelungen. Ein Jüngling von siebzehn Jahren, ohne Kriegsmacht und ohne Reichtum, hatte er es unternommen das Reich seiner Väter zu gewinnen. Nicht ohne grofse persönliche Gefahren hatte er den Weg durch Italien zurückgelegt; auf ungesatteltem Pferde hatte er den Lombro durchschwimmen müssen, um den Nachstellungen der Mailänder zu entgehen; vorsichtig, auf entlegneren Pfaden wurden die Alpen überstiegen. Was er nach Deutschland mitbrachte, war nicht vielmehr als er selbst und die Unterstützung des Papstes. Als Otto vor Weifsensee die Nachricht erhielt, Friedrich sei unterwegs nach Deutschland und schon bis Genua gekommen, da soll er zu seiner Umgebung gesagt haben: „Hört die neue Mähre, der Pfaffenkaiser kommt und will uns vertreiben"[1]. Aber wenige Wochen nachher mufste er schon die Belagerung, da sie fast vollendet war, aufheben; die Schwaben verliefsen bei der Nachricht von der bevorstehenden Ankunft ihres angestammten Herren den verhafsten Sachsen, die Baiern folgten ihnen, Otto sah, dafs er nach dem Süden aufbrechen müsse, um dem Gegenkönig die Spitze zu bieten. Aber der Vorgang im Lager wiederholte sich im Grofsen: Ottos Anhang zerrann, Fürsten und Herren fielen dem freigebigen Staufer zu und Otto sah sich an den Niederrhein zurückgedrängt. Schon im December 1212 versammelte Friedrich zu Frankfurt einen grofsen Fürstentag, wurde zum römischen König gewählt und dann zur Krönung nach Mainz geführt. Das Jahr 1214 brachte auf französischem Boden die Entscheidung. In der Schlacht bei Bouvines am 27. Juli 1214 gewann König Philipp den Sieg über die verbündeten Engländer und Wolfen und damit war auch über Ottos Kaisertum entschieden.

Otto trug die Kaiserkrone noch fast vier Jahre, aber sein Einflufs war auf seine Erblande und einen Teil seiner nächsten Nachbarn beschränkt. Am 19. Mai 1218 starb er, noch nicht volle sechsunddreifsig Jahre alt. In königlicher Kleidung, eine Krone auf dem Haupte, das Scepter in der Rechten, den Apfel in der Linken und das Schwert zur Seite wurde er in St. Blasien zu Braunschweig begraben. Bis zum letzten Atemzuge hat er die kaiserliche Würde behauptet[2].

Der Kampf gegen das welfische Kaisertum war ohne grofse Anstrengungen zu Ende gegangen. Das Wohlwollen der Kirche, die alte Anhänglichkeit an das staufische Geschlecht, die Unterstützung Frankreichs hatten Friedrich schnell erhoben und seinen Thron gesichert. Aber während er hier alles erreichte, was er wünschen konnte, war schon der Grund zu Verwicklungen gelegt, die bald unheilvoll wurden und schliefslich den Glanz des deutschen Kaisertums für immer vernichteten.

Am 25. Juli 1215 fand Friedrichs feierliche Krönung in Aachen statt[235]. Im Anschlufs an die Krönungsmesse mahnten die Geistlichen, welche schon längere Zeit in diesen Gegenden für den bevorstehenden Kreuzzug warben, die Anwesenden zur Kreuznahme. Da liefs Friedrich zur Überraschung aller sich das heilige Zeichen auf die Schulter heften, um, wie er im Rückblick auf diesen Vorgang später einmal sagte, Gott für so viele empfangene Wohlthaten sich selbst als Dankopfer darzubringen. Auch an den folgenden Tagen dauerten die Kreuzpredigten fort und das Beispiel und die Bitten des Königs veranlafsten viele, ihm zu folgen; Bischöfe und Fürsten, viele Edle und Ritter gelobten damals die Fahrt in das heilige Land. Dieses Kreuzzugsgelübde, das Friedrich erst im Jahre 1228 einlöste, gab den Anlafs zu ernsten Mifshelligkeiten zwischen ihm und der römischen Kurie und führte schliefslich zum Bann.

Innocenz hatte die Befreiung des gelobten Landes von jeher mit besonderem Eifer betrieben[236]. Zwei Dinge, hatte er bei der Berufung des grofsen Konzils gesagt, lägen ihm besonders am Herzen: die gesammte Verbesserung der Kirche und die Befreiung des heiligen Landes; und seinem Willen gemäfs fafste die Versammlung den Beschlufs, dafs die Teilnehmer des schon 1213 ausgeschriebenen allgemeinen Kreuzzuges sich am 1. Juni 1217 in Brindisi und Messina versammeln sollten[237]. Der Papst selbst wollte das Unternehmen in seine besondere Obhut nehmen und versprach die Einschiffung zu leiten. Um den Frieden in der Lombardei herzustellen, vor allem den Krieg zwischen Venedig, Pisa und Genua beizulegen, und den Kreuzfahrern die Strafsen zu Wasser und zu Lande zu sichern, machte er sich im Frühjahr 1216 selbst nach dem Norden auf; im Mai kam er nach Perugia, hier ergriff ihn ein Fieber, dem er am 16. Juli unterlag[238].

Aber das Unternehmen sollte darum keinen Aufschub erleiden; der Papst Honorius verfolgte das Ziel seines Vorgängers mit nicht geringerem Eifer, und seit dem März 1217 setzten die Kreuzfahrer sich in Bewegung[239]. Es war eine beträchtliche Zahl, die aus Deutschland aufbrach, namentl-

lieh aus dem Nordwesten und Südosten; aber auch jene
Gegenden, denen der Kampf zwischen Otto und Friedrich
Verheerung drohte, entsandten manchen Glaubensstreiter;
jedoch der König blieb heim und von seinen Schwaben
beteiligten sich wenige[10]. Honorius hatte im Frühjahr
1217 bereitwillig Aufstand gewährt; er mochte hoffen, dafs
es auch ohne Friedrich ginge. Als aber aus dem Orient
unerwünschte Nachrichten einliefen und Friedrich ohne
hinlänglichen Grund zu säumen schien, da fängt im Herbst
1218 Honorius an zu mahnen. Der König bittet um Aufschub, zunächst bis zum 24. Juni 1219, bald nachher verlangt er den 29. September, dann den 21. März des folgenden Jahres 1220, und als dieser Tag heran naht,
erklärt er sich wieder aufser Stande das Versprechen einzulösen. Auch jetzt noch gewährt Honorius einen neuen
Termin bis zum 1. Mai; aber dabei liefs er merken, wie
ungern er es thue, und erinnert den König daran, dafs es
Gottes Sache sei, die er führe; könnte Friedrich aber auch
dann nicht den Zug antreten, so sollte er die übrigen
Kreuzfahrer nicht länger aufhalten, sondern sie ziehen
lassen[11]. Auch dieser Termin wurde nicht inne gehalten;
andere Angelegenheiten lagen dem Könige mehr am Herzen
als die Lösung seines Gelübdes.

Anfangs mochte er sein Säumen durch den Hinweis
auf die Opposition rechtfertigen. Und in der That, so
lange Otto lebte, seine Ansprüche aufrecht erhielt und einen
wenn auch noch so kleinen Anhang hatte, liefs die Unzuverlässigkeit der deutschen Fürsten befürchten, dafs Friedrichs Abwesenheit neue Verwickelungen herbeiführen
würde. Auch Ottos Tod hob noch nicht alle Schwierigkeiten, da sein Bruder, der Pfalzgraf Heinrich, sich weigerte die Reichsinsignien herauszugeben[12]. Aber dafs
diese Besorgnis und die Furcht vor den Welfen nicht der
eigentliche, wenigstens nicht der einzige Grund des immer
neuen Aufschubs war, das zeigte sich, als Friedrich auch
nachher, nach dem Sommer 1219 noch zauderte und seiner
Pflicht sich entzog. Was ihn an Deutschland fesselte, war
das Verlangen vor dem Kreuzzuge den deutschen Thron
seinem Hause gesichert zu sehen. Und dieses Verlangen

stiefs auf mancherlei Schwierigkeiten sowohl bei der Kurie als bei den Fürsten.

Innocenz hatte sicherlich nicht leicht den Entschlufs gefafst den staufischen Friedrich gegen Otto zu erheben. Die Trennung Siciliens von Deutschland schien ihm notwendig für die Freiheit der Kirche; dadurch aber, dafs er dem Herren von Sicilien zum deutschen Königsthrone verhalf, mufste er fürchten selbst einen Schritt zu ihrer Vereinigung zu thun. Durch Eide und Verträge suchte er die Gefahr abzuwenden. Friedrich mufste den Lehenseid für Sicilien erneuern und liefs auf Verlangen des Papstes seinen Sohn Heinrich, der damals erst wenig über ein Jahr alt war, zum Könige von Sicilien krönen²¹³. Diese Abmachungen erhielten eine weitere Entwickelung und festere Gestalt in Friedrichs Urkunde vom 1. Juli 1216²¹⁴; sobald er selbst die Kaiserkrone erlangt haben werde, verspricht er seinen Sohn aus der väterlichen Gewalt zu entlassen, sich selbst nicht mehr König zu nennen, und die Regierung dieses Landes bis zur Mündigkeit Heinrichs einem im Einvernehmen mit dem Papste zu bestellenden Verwalter zu übergeben, damit man nicht daraus, dafs er zugleich das Kaiserreich und das Königreich inne habe, schliefse, das letztere habe irgend eine Union mit dem ersteren, weil aus solcher sowohl dem apostolischen Stuhle als auch seinen eignen Erben Nachteil entstehen könne. So war die Kurie wenigstens vor der Hand gesichert; so lange als Friedrich Kaiser war, konnte ohne Rechtsbruch eine Personal-Union nicht vollzogen werden. Aber wie stellte sich die Sache, wenn die deutschen Fürsten Heinrich, den anerkannten König von Sicilien, zum römischen Könige wählten? Mit diesem Wahlakt wäre der sorglich gehegte Plan des Papstes augenscheinlich durchbrochen worden. Wir wissen nicht, wie weit es zu festen Vereinbarungen zwischen dem Papst und Friedrich gekommen war, um dieser Eventualität vorzubeugen²¹⁵, so viel aber ist klar, dafs die Kirche mit allen Mitteln der Wahl Heinrichs widerstreben mufste.

Im Interesse der deutschen Fürsten lag es wenigstens nicht die Wahl zu vollziehen, so lange Friedrich lebte. Es kann hier unerörtert bleiben, ob auf dem Reichstage in

Würzburg 1209 zwischen dem Kaiser und den Fürsten vereinbart wurde, dafs die Wahl eines römischen Königs nicht vor der Erledigung des Thrones vollzogen werden sollte, jedenfalls erheischte es der Vorteil der Fürsten, die Wahl nicht früher vorzunehmen. Denn die Macht des Kaisers beschränkte die Freiheit der Wahl, wenn sie dieselbe nicht gar vereitelte; und lukrativ konnte das Wahlgeschäft nur werden, wenn die Entscheidung frei bei den Fürsten stand.

Wann Friedrich den ersten Entschlufs fafste, seinen Sohn wählen zu lassen, wird uns nicht gesagt; aber man darf vermuten, dafs er dieses Ziel schon ins Auge gefafst hatte, als er im Jahre 1216 den jungen König und seine Mutter aus Sicilien nach Deutschland führen liefs[146]. Ich zweifle nicht, dafs hiermit die gleichzeitige Bewegung zusammenhängt, die sich unter den deutschen Fürsten gegen Friedrich geltend macht[147]. Man hört, dafs Hermann von Thüringen wieder mit Otto verhandelt, und dafs das Verhältnis des Königs zu Herzog Ludwig von Baiern und dem Markgrafen von Meifsen sich trübt[148]. Aber der Landgraf starb bald nachher und die Mifshelligkeiten mit Baiern und Meifsen wurden beigelegt; von Heinrichs Wahl ist zunächst nicht die Rede. Da Friedrich sich an dem Kreuzzug von 1217 nicht beteiligte, hatte er keine Ursache zu drängen. Er belehnte den Knaben inzwischen mit dem schwäbischen Herzogtum und machte ihn etwas später zum Rector von Burgund[149].

Als aber nach Ottos Tode Honorius zur Erfüllung des Gelübdes mahnte, da wurde das Bedürfnis die Thronangelegenheit zu ordnen wieder stärker. Man hat bemerkt, dafs Heinrich seit der Mitte des Jahres 1218 nicht mehr den sicilischen Königstitel führt[150]. Der Grund ist augenscheinlich der, dafs Friedrich durch das Aufgeben des Titels den Widerstand beseitigen wollte, den die Kurie der Wahl Heinrichs als des Königs von Sicilien entgegen setzte. Friedrich tritt in Unterhandlung mit Honorius, er bittet, man möge ihm Sicilien überlassen, damit Heinrich den Titel los würde, aber nur so viel liefs Honorius nach, dafs, wenn der junge Heinrich ohne Erben und Brüder sterben sollte, Friedrich beide Reiche auf Lebenszeit behalten möge. Der Autrag desselben, ihm Deutschland und Neapel ohne jede Bedingung lebenslänglich zu lassen, fand so viel Bedenken beim Papst, dafs Friedrich die schriftlichen Verhandlungen über diesen Punkt abbrach, zugleich aber die Hoffnung ausdrückte, durch mündliche Darstellung dereinst zum Ziele zu gelangen[251]. Inzwischen arbeitete er in Deutschland weiter.

Am 12. Januar 1219 schreibt er dem Papst, dafs er auf den nächsten 14. März einen Hoftag nach Magdeburg ausgeschrieben habe, wo man über die Person des Statthalters während seiner Abwesenheit von Deutschland Anordnungen treffen werde[252]. Aber so bald wollte es nicht gelingen, die Sache in das erwünschte Geleise zu bringen. Die Magdeburger Versammlung wurde gar nicht abgehalten, erst im April 1220 kam es in Frankfurt zur Wahl.

Die nähern Umstünden erfahren wir nur aus einem Briefe, den Friedrich am 13. Juli an den Papst richtete, drei Monate nach der Wahl; er hat sich mit der Anzeige nicht beeilt. Manches bleibt dunkel, aber so viel ist klar, dafs die Wahl nicht ohne Schwierigkeiten in Scene gesetzt wurde, und dem Papst zu gerechter Klage Anlafs geben durfte. „Ob wir gleich von Euch sonst keine Briefe empfangen haben", schreibt Friedrich, „so hören wir doch aus den Erzählungen vieler Personen, dafs die Kirche, unsere Mutter, über die Erhebung unseres geliebten Sohnes nicht wenig beunruhigt sei, weil wir diesen schon längst ihrem Schofse anvertraut und versprochen hätten, für ihn nach völliger Entlassung aus der väterlichen Gewalt keine weiteren Bemühungen zu übernehmen. Die Kirche ist ferner beunruhigt, dafs ihr wegen Erhebung unseres Sohnes keine Anzeige gemacht und unser so oft angekündigter Aufbruch immer noch sei verschoben worden. Wir wollen Ew. Heiligkeit den Vorgang dieser Sache aufrichtig und der Wahrheit gemäfs erzählen, und können und dürfen hierbei zuvörderst nicht leugnen, dafs wir zur Erhebung unseres einzigen Sohnes, den wir mit väterlicher Zärtlichkeit zu lieben nicht unterlassen können, stets mit aller Anstrengung wirkten, bisher jedoch das Ziel zu erreichen nicht im Stande waren. Als wir nun aber einen Reichstag in Frankfurt wegen des bevorstehenden Aufbruchs nach Rom hielten, erneuerte sich ein alter Streit zwischen dem Erzbischof von Mainz und dem Landgrafen von Thüringen, und wuchs durch das Vertrauen auf die gegenseitige Kraft und Kriegsmacht zu solcher Höhe, dafs dem ganzen Reich hieraus schwere Gefahr drohte. Deshalb schwuren die Fürsten, sie wollten nicht eher von der Stelle weichen, bis sie die Streitenden versöhnt hätten, und wir bestätigten urkundlich diesen Schlufs. Als aber alle Bemühungen der Vermittler ohne Erfolg blieben, und vorherzusehen war, dafs nach unserer Entfernung das Übel zum gröfsten Verderben des Reiches überhand nehmen werde, so traten unerwartet die Fürsten, und vorzüglich diejenigen zusammen, welche sich zeither der Erhebung unseres Sohnes am meisten widersetzt hatten und wählten ihn zum Könige in unserer Abwesenheit und ohne unser Wissen. Sobald uns diese Wahl bekannt wurde, welcher Euer Wissen und Eure Zustimmung fehlte, ohne die wir nie etwas wollen und unternehmen, so verweigerten wir unsere Einwilligung und drangen darauf, dafs jeder von den Wählenden seinen Beschlufs in einer mit seinem Siegel beglaubigten Schrift vorlege, und Eure Heiligkeit hiernach die Wahl annehme. Dem zufolge sollte der Bischof von Metz sogleich nach Rom abreisen, aber eine schwere Krankheit hat ihn unterwegs abgehalten; welches alles Euer Kaplan umständlicher erläutern und bestätigen wird"[253].

Also die Wahl war in Friedrichs Abwesenheit geschehen; er hatte sich entfernt, um den Schein des Einflusses und der Teilnahme zu vermeiden. Wenn er zu Eingang seines Schreibens sagt, dafs er stets mit aller Anstrengung für die Erhebung seines Sohnes gewirkt habe, so gesteht er damit nur, was er nicht leugnen konnte, weil der Papst es längst wufste. Die spätere Versicherung, er habe der vollzogenen Wahl seine Einwilligung verweigert, steht damit nicht in Widerspruch. Friedrich hatte sich um die Erhebung seines Sohnes bemüht, indem er sich bemüht hatte, die ihr entgegen stehenden Hindernisse zu beseitigen. Er hatte die Einwilligung versagt, weil die

Wahl vollzogen war, ohne dafs alle diese Hindernisse beseitigt waren, ohne dafs die Zustimmung des Papstes erfolgt war. Er hatte die Verpflichtung, einer solchen Wahl nicht zuzustimmen, darum mufste sie in seiner Abwesenheit geschehen; er wälzt alle Verantwortung auf die Fürsten. Dafs aber seine Weigerung und sein Streben nur Schein war, wer wird das bezweifeln? Den geistlichen Fürsten lohnte er auf demselben Reichstage mit einem umfassenden Privilegium „für den treuen Beistand, welchen sie ihm im allgemeinen und insbesondere bei der Wahl seines Sohnes geleistet hätten".

So hatte Friedrich das eine erreicht, was er erreichen wollte, ehe er Deutschland verliefs: der Sohn war gewählt. Aber die Wahl war nicht das einzige, was ihn zurückgehalten hatte. Einmal waren mancherlei Fehden und Unruhen auch nach Ottos Tode ausgebrochen, welche die Anwesenheit des Reichsoberhauptes wünschenswert erscheinen liefsen, (Friedrich unterläfst es nicht den Papst in jenem Schreiben über die Wahl davon in Kenntnis zu setzen[**]); sodann fand er bei den deutschen Fürsten für den Kreuzzug nicht die Unterstützung, die er verlangte. Es kam ihm dabei wol nicht nur darauf an, eine Achtung gebietende Macht in den Osten zu führen, sondern auch darauf, dafs Deutschland möglichst von ruhelosen Herren befreit würde. Je mehr Fürsten Friedrich bei sich hatte, um so weniger war zu befürchten, dafs in Deutschland während seiner Abwesenheit etwas Entscheidendes gegen ihn geschehe.

In dieser Richtung erbat und erhielt er die Unterstützung des Papstes zu wiederholten Malen. So schreibt er am 12. Januar: „Damit der grofse Zweck sicherer erreicht werde, so eröffnet Euerseits allen bekrenzten Fürsten und Prälaten, dafs der Bann sie treffe, wenn sie bis Johannes den Zug nicht antreten; entbindet niemand vom Gelübde, der nicht nach unserer und der Fürsten Meinung zur Verwaltung des Reiches notwendig zurückbleiben mufs; befehlt allen, dafs sie den von uns gesetzten Stellvertretern in unserer Abwesenheit Gehorsam leisten .. Durch diese Mittel wird Christi Angelegenheit zum Ziele geführt werden, und jede etwa früher vorhandene Entschuldigung dahin fallen"²⁵⁵. In einem Schreiben vom 11. Februar 1219 kommt Honorius diesen Bitten nach. Im Oktober auf dem Reichstag zu Nürnberg verpflichtet Friedrich einige Fürsten durch Eidschwur seinem Abzuge zu folgen²⁵⁶, andere auf dem nächstfolgenden Hoftage zu Augsburg. Aber, schreibt er an den Papst, viele Fürsten wären dem Unternehmen ganz abgeneigt, weshalb dieser nochmals nicht blofs allgemeine Schreiben erlassen, sondern durch einzelne Briefe die einzelnen Fürsten antreiben und den Bann über jeden sprechen möge, welcher die gesetzten Fristen nicht halte. Seinerseits wolle Friedrich, sofern Honorius es billige, einstweilen die Gerüsteten vorausschicken, fortdauernd für das heilige Unternehmen wirken und endlich selbst nachfolgen. Wenn er bei diesem Plan etwa einige Tage über die gesetzte Frist verweilen müsse, so möge der Papst ihn um so weniger unter die Säumigen zählen, da er Gott zum Zeugen anrufe, dafs er nicht betrüglich und hinterlistig rede²⁵⁷. — Gleichzeitig wurde wieder öffentlich für den Kreuzzug geworben; „es erhoben sich wieder Kreuzprediger in Deutschland, Ungarn und England und es wurde im Kaiserreich die Exkommunikation gegen alle ohne Unterschied der Person, die das Kreuz genommen, erneuert, wenn sie sich nicht im nächsten März auf den Weg machen und das Begonnene fortführen würden"²⁵⁸.

Das ist also die Situation zu Anfang des Jahres 1220: Der Papst drängt zum Aufbruch, der König ist verpflichtet durch Gelübde und voller Mifstrauen gegen die Fürsten; die Sorge um sein Haus und sein Reich hält ihn zurück, er will den Sohn gewählt haben und möchte nicht eher Deutschland verlassen, als bis ihm die Unsicheren vorangegangen sind. Unter diesen Verhältnissen sang Walther den Spruch 29, 15, eine humoristische Aufforderung an die Fürsten, sich den Wünschen des Königs nicht zu widersetzen. Das erheische sowohl der heilige Zweck der Fahrt, als auch der eigne Vorteil, sie sollten dem Könige doch seinen Willen thun, damit sie ihn endlich los würden. Mit dem Willen ist natürlich die Wahl Heinrichs gemeint, und sehr bezeichnend ist es, dafs Walther für diese Absicht keinen bestimmten Ausdruck braucht, gerade so wie

Friedrich selbst es vermeiden mußte eine bestimmte Pression zu üben. Der Dichter war von den Intentionen des Hofes augenscheinlich sehr gut unterrichtet, er stellt seine Kunst hier ganz in den Dienst der persönlichen Politik Friedrichs [159].

Solche Dienstwilligkeit hatte Anspruch auf Lohn; die Bitte Walthers um ein eignes Heim (28, 1), die in demselben Tone vorgetragen ist, findet in den besprochenen Verhältnissen den geeignetsten Hintergrund [160]. Die Schlußworte des Spruches: *die nôt bedenket milter künec, daz immer nôt sergé* bedürfen keiner weiteren Erläuterung.

Auch nachdem Friedrich Deutschland verlassen hatte, blieb Walther noch in Beziehung zu ihm und zum Reich. In Frankfurt war Heinrich zum römischen König gewählt; die Pflegschaft des jungen neunjährigen Königs und die Regierung des Reiches wurde dem Erzbischof Engelbert von Köln übertragen [161]. Staufische Dienstmannen, Konrad Schenk von Winterstetten und Eberhard Truchseß von Waldburg, welche an dem Frankfurter Hoftage für die Wahl Heinrichs gewirkt hatten, bekamen die Verwaltung des staufischen Herzogtums Schwaben. Aus demselben ritterlichen Kreise wurden die eigentlichen Erzieher für den jungen König bestellt, Konrad und Wernher von Bolanden. An die Stelle des letzteren, bald gestorbenen, trat später Graf Gerhard von Dietz. Die Hauptperson aber der „alleinige und einzige gubernator" war der Erzbischof Engelbert [162].

Dieser bedeutende Mann, ein Sprößling des Grafengeschlechtes von Berg, war im Jahre 1216 zum Erzbischof gewählt, und hatte in der Verwaltung seines gänzlich zerrütteten Erzstiftes gar bald seine hervorragenden Regentengaben gezeigt. Die Stadt Köln, deren Bürgerschaft sich in den Wirren des letzten Jahrzehntes an fast völlige Selbständigkeit gegenüber den Erzbischöfen gewöhnt hatte, lernte zuerst seine Energie, aber auch die Macht seines Wohlwollens kennen, indem er die widerspenstigen zum Gehorsam zwang und zugleich dem materiellen Gedeihen der Stadt jede Fürsorge widmete [163]. Ebenso sicherte er die

Der Reichsverweser Erzbischof Engelbert.

Autorität gegen Fürsten und Herren, und nahm die unter seinen Vorgängern abhanden gekommenen Rechte und Güter kräftig zurück. Durch geschickte Unterhandlung, durch Geld und, wo es nötig war, durch Gewalt verfolgte er sein Ziel und suchte die Grofsen an Unterordnung zu gewöhnen. Gestützt auf die bedeutenden Besitzungen seines Hauses und die Beziehungen desselben zu andern mächtigen Familien des Nordwestens warf er die widerstrebenden Limburger nieder; er zog die Grafen an der Mosel und auf dem Hundsrück in die Kölnische Lehnsmannschaft hinein und wagte sogar mit dem neuen Inhaber der rheinischen Pfalz, Herzog Ludwig von Baiern, anzubinden, nahm die starke Burg Turon und andere pfalzgräfliche Güter in der dortigen Gegend mit Gewalt, und hielt sie trotz der Klagen Ludwigs fest[244].

Ein solcher Mann schien wohl geeignet in der Abwesenheit des Kaisers die Ruhe im Lande aufrecht zu erhalten, und wie Engelbert sich in seinem Bistume gezeigt hatte, so bewährte er sich in seiner Stellung eines Gubernators von ganz Deutschland[245]. Den Landfrieden herzustellen und zu sichern, liefs er sich vor allen Dingen angelegen sein. Mit der unnachsichtigsten Strenge schritt er gegen die Gewaltthätigkeiten der grofsen und kleinen Herren ein, und sorgte dadurch nach langen Jahren des Bürgerkrieges für eine friedliche Entwickelung. Was der Name des Mannes bedeutete, zeigt eine Anekdote, die Caesarius von Heisterbach von ihm erzählt. Ein Kaufmann hat einst in Gegenwart Engelberts einen Bischof um Geleit durch seine Diöcese, wurde aber von diesem wegen der Böswilligkeit des dortigen Adels abgewiesen. Da mischte sich Engelbert ein: „Sage mir, guter Mann, wagst du es, dich meinem Schutz anzuvertrauen?" und als der Kaufmann mit einem freudigen Ja antwortete, fuhr jener fort: „So nimm meinen Handschuh; zeige ihn, wenn du in Not gerätst; und sollte dir dann noch etwas mit Gewalt genommen werden, will ich dir den ganzen Schaden ersetzen". Niemand hat sich an den gewagt, der solchen Schutzbrief führte.

Vielen kam diese Thätigkeit des Statthalters zu gute;

andere fühlten sich durch sie bedrückt und beengt. Das Streben nach politischer Selbständigkeit galt bei den weltlichen und geistlichen Fürsten damals schon als selbstverständlich; wo aber gleiche Tendenzen in den Städten und in dem Adel hervortraten, da stiefsen sie bei dem Gubernator auf energischen Widerstand. Die Städte mochten sich durch die Sicherung des Verkehrs, die dem friedlichen Gewerbe so viel Förderung brachte, einigermafsen für entschädigt halten; dem Adel aber war das Regiment des geistlichen Fürsten eine lästige Fessel. Es entsprach wenig seinen Interessen und Bedürfnissen, dafs am 28. December 1224 ein Rechtsspruch erging, durch welchen alle Verbindungen, namentlich eidliche unter Vasallen für ungültig erklärt wurden[444]. Die Abneigung gegen Engelbert wuchs in diesem Stande von Jahr zu Jahr.

Engelbert wufste, wie verhafst er sich durch seine Strenge gemacht hatte, durch eine starke Leibwache suchte er sein Leben zu sichern; aber schliefslich erreichte ihn doch die Hand des Mörders. Graf Friedrich von Altena Isenburg, der wie Engelbert aus der Familie der Grafen von Berg entsprossen war, ein Enkel seines Oheims, fafste den Entschlufs den lästigen Aufseher aus dem Wege zu räumen; am 8. November 1225 wurde Engelbert am Gewelsberge bei Schwelm von ihm und seinen Leuten erschlagen[441]. Der Graf Friedrich übte persönliche Rache, aber er wufste, dafs seine That vielen angenehm sein würde; die Kölner Annalen sagen es ausdrücklich, dafs er von vielen Edeln, deren Übermut der Erzbischof niedergehalten hatte, zur That ermuntert sei. Das Gericht, das in Nürnberg über die Mörder gehalten wurde, zeigte, dafs eine ganze Partei hinter ihm stand.

Dorthin war König Heinrich gezogen, um seine Vermählung mit Margaretha von Österreich zu vollziehen; der Gubernator selbst wurde erwartet, statt seiner traf die Nachricht von seinem schmählichen Tode ein. Auf der Burg zu Nürnberg erschienen die Kläger mit den blutigen Kleidern des Ermordeten. Der König fragt den edeln Gerlach von Büdingen um ein Urteil, ob der Mörder sogleich könne geächtet werden, und Gerlach bejaht es mit

Rücksicht auf die offenbaren Beweise. Dem widerspricht Friedrich von Truhendingen zu Gunsten seines Standesgenossen; erst müsse der Beklagte vorgeladen werden, das sei sein Recht. „Dagegen nimmt die anwesende Geistlichkeit, an ihrer Spitze der Erzbischof von Trier, die Partei Gerlachs. Immer heftiger wird der Wortwechsel, selbst die Gegenwart des Königs hält die lang aufgesparte Erbitterung des Herrenstandes nicht mehr in Schranken; schon greift man zu den Waffen. Erschreckt stürzt die Menge aus dem Saale, auf der Treppe entsteht ein furchtbares Gedränge, sie bricht und viele finden auf der Stelle oder später an den Wunden ihren Tod." — „Die Vergeltung aber liefs nicht lange auf sich warten. In Frankfurt sprach König Heinrich dem Mörder seine Allode und Leben ab, löste seine Mannen von der Treue, erklärte seine Gattin für Wittwe, seine Kinder für Waisen und bis in die vierte Generation alles Rechtes verlustig. Die Frau tötete sich und ihren kleinen Sohn im Wahnsinn. Der Verbrecher selbst hatte vergeblich in Rom Gnade und Vergebung gesucht. Die Nemesis trieb ihn zum Schauplatz seiner That zurück; als Kaufmann verkleidet kam er nach Lüttich, ward aber erkannt und von einem Ritter Balduin de Genef verrätherisch gefangen und für 1000 Mark Silber an den Erzbischof Heinrich von Köln verkauft. An dem Todestage Engelberts ward er vor dem kölnischen Severinsthor auf das Rad geflochten".

In mehreren Sprüchen sehen wir Walther in Beziehung zu Engelbert. Er rühmt den Fürstenmeister, den treuen Pfleger des Königs, den Trost des Kaisers wegen seiner Verdienste um das Reich, und ermuntert ihn zugleich, sich um den Hafs elender Gesellen nicht zu kümmern (85, 1). Der Spruch zeigt, dafs Engelberts Thätigkeit nicht allgemeine Billigung fand, er läfst Differenzen erkennen, aber die Angaben sind zu unbestimmt, um ihn mit Sicherheit auf ein Factum beziehen zu können. Möglicherweise ist er 1224 auf einem Nürnberger Reichstage vorgetragen, wo am 23. Juli wieder ein Rechtsspruch zu Gunsten des freien Verkehrs auf der königlichen und öffentlichen Strafse erlassen wurde[164]. Die Annahme ist um so wahrscheinlicher, als auch der Spruch 84, 14 mit seiner Angabe *ze Nuerenberc was guot gerihte* am passendsten anf diesen Tag bezogen wird[109]. — Wie Walther den Lebenden gerühmt hatte, so versagte er ihm auch sein Lob nicht nach dem Tode (85, 9). Der Spruch ist jedenfalls gesungen, ehe den Mörder die Strafe erreicht hatte, wahrscheinlich unter dem unmittelbaren Eindruck der Trauerkunde in Nürnberg selbst. Bemerkenswert sind die Eingangsworte; der Widerstreit entgegengesetzter Ansichten über die Politik und das Verdienst des Gubernators tönt aus ihnen vernehmlich wieder; fast scheint es, als ob Walther mit den Worten: *Sines leben ich lobe, des tût den wil ich iemer klagen* ein Ansinnen der Adelspartei, durch sein Wort die Erregnng gegen den Mörder nicht noch zu steigern, von der Hand weise[210].

Es müfste auffallen, Walther in so freundschaftlicher Beziehung zu Engelbert zu sehen, wenn Engelbert nicht eben Reichsverweser gewesen wäre. Die hervorragende Persönlichkeit des Mannes, seine kraftvolle Thätigkeit wird auch dem Sänger imponiert haben. Aber sicher war es nicht diese, welche Walther, den Ritter und Pfaffenfeind, mit dem geistlichen Fürsten und Bedrücker seines Standes verband. Es müssen bestimmte Aufgaben des Reichsdienstes gewesen sein, welche die beiden Männer zusammen führte. Den Beweis für eine gemeinsame oder auf ein gemeinsames Ziel gerichtete Thätigkeit giebt der Spruch 84, 22. Derselbe bietet der Erklärung mancherlei Schwierigkeiten. Es ist noch nicht gelungen genau anzugeben, wer unter den *rederichen* zu verstehen sei, was man sich unter den drei bestimmt geschiedenen Sangesarten zu denken habe, und nur auf eine Vermutung ist man angewiesen in Betreff des „Liedes", für welches sich Walther die Hülfe Engelberts erbittet.

Früher meinte man, Walther habe bei dem jungen ungeratenen König Heinrich das undankbare Amt eines Erziehers gehabt, und darauf bezog man denn auch unseren Spruch[211]. Der Dichter habe mit seinem schwierigen Zögling nicht fertig werden können und deshalb *in disen twerhen dingen* die Hülfe Engelberts in Anspruch genommen. Diese Ansicht hat lange in unbestrittener Geltung gestanden, ich

will nicht versuchen sie zu widerlegen. Es ist eine der
Hypothesen, welche diejenigen, die sie glauben, sich nicht
leicht werden rauben lassen; während sie andern so aben-
teuerlich vorkommen, dafs sie es für unnötig halten
näher darauf einzugehen[113]. Mir ist es undenkbar, dafs
ein Mann wie Friedrich II. einen fahrenden Sänger zum
Erzieher seines königlichen Sohues sollte berufen haben.
Wir kennen die Personen, welche mit der Sorge um Heinrich betraut waren, aus historischen Quellen; der berühmte
Sänger wird nirgends unter ihnen genannt[113].

Das Lied, von dem Walther hier spricht, ist ein wirkliches Lied; und wenn er dafür die Hülfe des Reichsverwesers erbittet, so darf man annehmen, dafs sich dieses
Lied auf die öffentlichen Angelegenheiten bezog; ich zweifle
nicht, dafs es die Sorge für den Kreuzzug war, welche den
Dichter und den Statthalter zusammenführte.

Wir haben die Entwickelung der Kreuzzugsangelegenheit bis in das Jahr 1220 verfolgt. Als Friedrich Deutschland verliefs, schien die Lösung seines Gelübdes unmittelbar bevor zu stehen; aber noch Jahre vergingen, ehe es
dazu kam. Den letzten vom Papst gestellten Kreuzzugs-
termin, den 1. Mai, hatte Friedrich verstreichen lassen;
gemäfs der getroffenen Vereinbarung wäre er jetzt schon
nach Fug und Recht dem Banne verfallen gewesen, aber
Honorius begnügte sich damit, ihm eine kirchliche Bufse
zu diktieren und gewährte ihm bei Gelegenheit der Kaiserkrönung am 22. November 1220 eine weitere Frist[114].
Friedrich nahm damals von neuem das Kreuz, stellte
Bürgschaft, dafs schon im März 1221 eine Verstärkung in
den Orient abgehen sollte, und versprach, dafs er selbst
im August abfahren würde.

Die Expedition wurde nun auch mit Eifer in ganz
Italien betrieben. Noch zu Ende des Jahres 1220 ging
der Meister des deutschen Ordens Hermann von Salza und
Bischof Siegfried von Augsburg mit Truppen nach Damietto
ab; im folgenden Frühjahr schifften sich andre deutsche
Fürsten und Herren, die wie Friedrich selbst bei der
Kaiserkrönung ihr Gelübde erneuert hatten, ein; der Her-
zog Ludwig von Baiern hatte die Führung[115]. Wieder

ein neues Kontingent, das der Kaiser selbst hatte ausrüsten lassen, folgte im Sommer: aber Friedrich selbst blieb zu Hause, und alle aufgewandte Mühe und Kosten und Menschenleben waren vergeblich. Die Unternehmung scheiterte gänzlich, im Herbst 1221 fiel Damiette in die Hände der Feinde zurück.

Friedrich war noch durch sein Gelübde gebunden. Neue Unterhandlungen mit dem römischen Stuhle begannen und im März 1223 wurde als neuer Termin für den Kreuzzug der 24. Juni 1225 festgesetzt. Wieder bot Honorius durch Kreuzprediger die Getreuen zur heiligen Fahrt unter kaiserlicher Führung auf; der König Johann von Jerusalem, dessen Tochter, die Erbin des Reiches, mit Friedrich vermählt werden sollte, suchte persönlich die Könige von Frankreich und England zu gewinnen; Honorius erliefs auf Friedrichs Rat Aufforderungen nicht nur an den Herzog Leopold von Österreich, an den Landgrafen Ludwig von Thüringen, so wie an den König von Ungarn und seine Magnaten, sondern auch an alle deutschen Bischöfe; indem er ihnen zu bedenken giebt, wie schmachvoll es wäre, den der heiligen Sache ergebenen Kaiser Friedrich in Stich zu lassen [370].

Friedrich liefs inzwischen in seinem Königreich Sicilien umfassende Rüstungen vornehmen; schon im März 1224 lagen, wie er dem Papst meldet, hundert Galeeren, genügend für die Überfahrt von 10000 Kriegern in seinen Häfen bereit, und aufserdem hatte er befohlen 50 Schiffe von ungewöhnlicher Gröfse für den Transport von 2000 Rittern, ihren Pferden und ihrer Begleitung zu bauen; freie Überfahrt, Lebensmittel und jede sonstige Beihülfe bot er den Kreuzfahrern an [371]. Aber die kampfbereiten Scharen fehlten; die Ereignisse der letzten Jahre hatten die Lust der Völker an diesen Unternehmungen gelähmt. Friedrich selbst wollte nach Deutschland kommen, um die Säumigen anzutreiben; nur die unruhige Haltung der Saracenen hielt ihn zurück. Statt seiner kam der bewährte Deutsch-Ordensmeister, der treffliche Hermann von Salza; Honorius schickte als Legaten den Kardinal-Bischof Konrad von Urach. Im Mai 1224 auf dem grofsen Hoftage zu Frankfurt entledigten sich die Bevollmächtigten ihres Auftrages; aber obschon Papst und Kaiser ihren ganzen Einfluſs einsetzten, das Resultat blieb ein geringes [276].

Unter diesen Umständen, scheint es, wurde Walther von dem Reichsverweser aufgefordert, auch seinerseits die Bemühungen des Kaisers zu unterstützen und die Macht des Gesanges an den Gemütern zu erproben. Wer den Eindruck beobachtet hatte, den einst zu Kaiser Ottos Zeiten Walthers Sprüche gemacht hatten, dem konnte es in der That nicht ferne liegen, den Sänger zu veranlassen, mit seinem begeisterten Worte auf die Menge zu wirken. Die Förderung des Kreuzzuges war, wie ich glaube, die Aufgabe die Walther mit dem Reichsverweser zusammen brachte; sie verlangte das Lied, für welches er den Rat und die Unterstützung Engelberts erbittet; sie war der Anlaſs, daſs der Kaiser ihm von Italien aus ein Geschenk anweisen lieſs (84, 30), und daſs er später den Kaiser direkt auffordert, nicht länger zu säumen (10, 17).

Wir haben zwei Kreuzlieder Walthers, die aller persönlichen Beziehungen bar nichts aussprechen als was jeder Pilger sich aneignen und nachsingen konnte. Ihre abstrakte Allgemeinheit giebt keine Handhabe zu einer chronologischen Bestimmung, wir können nur feststellen, in welche Zeitverhältnisse die überlieferten Lieder am besten passen, ohne deshalb behaupten zu dürfen, daſs sie grade unter diesen Verhältnissen entstanden sein müssen. Ich nehme an, daſs das Lied *Vil süeze wære minne* (76, 22) in das Jahr 1228 gehört, das andere, berühmtere (14, 38) dasjenige ist, für welches sich Walther einige Jahre früher die Hülfe Engelberts erbittet. Ob letzteres nur eine Wendung der Höflichkeit ist, oder ob der Sänger sich wirklich mit dem welterfahrenen Mann zu beraten wünschte, mag unentschieden bleiben[279].

Die Anlage des Liedes ist beachtenswert; so einfach sie ist, so ist sie doch keineswegs selbstverständlich, für unser Gefühl nicht einmal nahe liegend. Das Ziel des Dichters ist, die Bedeutung, die das gelobte Land gerade für die Christen hat, nachdrücklich zu Gemüte zu führen. Er hebt an mit dem Gedanken, daſs erst der Anblick des

heiligen Landes dem Leben seinen wahren Wert gebe, er
schliefst mit der zuversichtlichen Behauptung, dafs die
Christen das beste Recht auf dieses Land hätten; den
Nachweis dafür erbringt er, indem er die enge Beziehung
der Wirksamkeit Christi zu diesem Lande hervorhebt. Hier
ist der Heiland geboren, hier hat er sich taufen lassen,
hier ist er gestorben, von hier zur Hölle gefahren, hier
auferstanden, hier wird er sein jüngstes Gericht halten. —
Ein moderner Dichter würde nicht so verfahren sein; er
würde etwa die verschiedenen heiligen Stätten hervorgehoben haben, Bethlehem, Nazareth, den See Genezareth,
Jerusalem, den Ölberg u. a. und dabei an einzelne Züge
aus dem Leben und Leiden des Heilands erinnern; er würde
vor allem der Thaten der Väter gedenken, wie sie in
frommer Begeisterung auszogen, wie so viele von ihnen
dort den Tod und im Tod die Krone des Lebens gewannen,
er würde auch nicht den alten Kaiser Barbarossa, den
Ahnen jenes Friedrich, der jetzt zum Kreuzzug mahnte,
vergessen. Nichts von solchen belebenden Zügen finden
wir bei Walther. „Eine kühle, trockene schwunglose Erzählung vom Leben und Leiden Christi" hat man sein Gedicht genannt™; es trägt die starren Züge einer durch
heiliges Herkommen gebannten Kunst.

Die beiden Gedichte Walthers sind die einzigen für
den Gesang vieler bestimmten Kreuzlieder, die wir aus
dem 13. Jahrh. haben; ihnen voran geht, um anderthalb
Jahrhunderte älter, das berühmte Lied Ezzos. Wie in dem
zweiten Gedicht Walthers steht auch bei Ezzo die Erzählung vom Leben Christi im Mittelpunkt, aber breiter
ausgeführt und verbunden mit einem Rückblick auf die
der Geburt des Heilands vorangehende Zeit und mit einer
mystischen Ausdeutung des alten Testamentes. In welchem
der beiden Gedichte sich ein gröfserer Künstler zeige, will
ich nicht entscheiden; jedenfalls sieht man, dafs das künstlerische Schaffen an Freiheit und Beweglichkeit gewonnen
hatte. Dafs Ezzos Lied für eine Wallfahrt bestimmt war,
könnten wir nicht wissen, wenn es nicht ausdrücklich überliefert wäre; in dem Gesang kommt nichts vor, was darauf
hinwiese; in Walthers Gedicht zeigt jede Strophe, dafs er

sein Ziel im Auge hielt; die spätere Zeit hatte es gelernt
einen gegebenen Stoff auf einen bestimmten Punkt zu
richten. Wie weit Walthers Dichtung etwa durch ältere
Gesänge vorbereitet war, wissen wir nicht, weil die ähnlichen Dichtungen des 12. Jahrh.'s verschollen sind. Für
ihre Existenz legt Gerhoh Zeugnis ab, welcher schreibt: *In
ore Christo militantium laicorum laus Dei crebrescit, quia
non est in toto regno Christiano, qui turpes cantilenas
cantare in publico audeat, sed tota terra jubilat in
Christi laudibus etiam per cantilenas linguae vulgaris, maxime in Teutonicis, quorum lingua magis apta est concinnis
canticis*[181]. Bemerkenswert ist, dafs auch hier das Lob
Christi als Inhalt der Kreuzlieder bezeichnet wird.

Von dem mächtigen Erfolge, den Ezzos Lied hatte,
berichten uns Zeitgenossen; für die Verbreitung von Walthers Lied legen unsere Handschriften Zeugnis ab. Wenig
andere Lieder des Dichters sind so oft überliefert als das
Lied *Allerêrst lêh ich mir werde* und die Entstellungen, die
es in den Handschriften erfahren hat, zeigen, dafs diese
Überlieferung durch den Mund des Volkes gegangen war[182].
Der Waltherschen Weise bedienten sich, wenn man aus
der Übereinstimmung der metrischen Form schliefsen darf,
und falls Walther nicht etwa selbst nach älterer Melodie
dichtete, Ulrich von Lichtenstein, der Markgraf Otto von
Brandenburg und ein unbekannter Dichter zu Minneliedern[183].

An dieser Stelle möge noch ein kürzeres Lied erwähnt werden, das sich gleichfalls mit der Kreuzfahrt beschäftigt, aber in wesentlich anderem Charakter gehalten
ist (78, 24). Es beginnt mit einem Lobe auf den ewigen
allmächtigen Gott, geht dann zur heiligen Jungfrau über,
der Mutter des Erlösers, der Himmelskönigin, und wendet
sich schliefslich in humoristischem Tadel gegen die Engel,
die trotz ihrer starken Macht nichts zur Befreiung des
heiligen Landes gethan haben. Walther giebt in diesem
Liede Ansichten nach, welche Gegner der Kreuzzüge längst
geäufsert hatten. Schon Albrecht von Johansdorf klagt
(MF. 89, 24), dafs Thoren spotteten: *wære ez unserm hêrren
ande er ræche ez an ir aller zart*; und schon der heilige
Bernhard mufste solchen Zweifeln wehren: „Nicht weil die

Macht des Herren geringer geworden ist, ruft er schwaches Gewürm zum Schutz seines Erbteils auf — denn sein Wort ist That, und mehr denn 12 Legionen Engel könnte er zu Hülfe senden —; sondern weil der Herr euer Gott euch retten will, führt er die Gelegenheit herbei, wo ihr seinen Dienst übernehmen könnt. Er erweckt den Schein, als ob es ihm mangele, während er nur eurer Not zu Hülfe kommt; er will als Schuldner gelten, während er seine Krieger überschwenglich belohnt und ihnen Vergebung der Sünden und ewigen Ruhm erteilt"[143]. — Dafs die vier Strophen Walthers nicht darauf berechnet waren die Begeisterung im Volke zu wecken und zu heben, ist selbstverständlich. Der heitere, um nicht zu sagen frivole Ton, erinnert an jenen auf dem Reichstage in Frankfurt vorgetragenen Spruch, in welchem er den Fürsten rät, die Abreise des Königs nach Italien und Palästina nicht zu behindern. In Frankfurt mag auch dieses Lied vorgetragen sein; in einem Kreise, den ein Friedrich II. um sich gesammelt hatte, mochte dieser Ton Beifall finden.

Dieses heitere Gesellschaftslied, wie sticht es ab von den schwermütig sehnsuchtsvollen Klagen und Mahnungen, die Walther in den letzten Jahren seines Lebens derselben Angelegenheit widmet! Lange Zeit hatten Friedrich und der Papst einmütig neben und miteinander gestrebt, dann folgten freundschaftliche Unterhandlungen über entgegengesetzte Ansichten und Ansprüche, schliefslich blieb wieder nur der Gegensatz übrig; die beiden höchsten Gewalten der Christenheit stiefsen abermals in hartem Streit aufeinander. Da war kein Raum mehr für heiteren Scherz; es war wieder die Zeit für Vorwurf, Kampf und Klage gekommen.

Wir haben vorher gesehen, wie gemäfs der Übereinkunft von Ferentino auf beiden Seiten redliches Bemühen waltete, für das Jahr 1225 einen neuen Kreuzzug in das Leben zu rufen. Aber als der Termin heran rückte, glaubte der Kaiser doch nicht in der Lage zu sein, sein Gelübde zu erfüllen. Er schickte den König Johann und den Patriarchen von Jerusalem mit Hermann von Salza zur Verständigung über einen neuen Termin an den Papst;

aber die Mafsregeln die er gleichzeitig ergriff, um sich
einen günstigen Bescheid zu sichern, zeigen schon deutlich,
dafs das frühere Vertrauen gewichen war[24]. Unter irgend
einem Vorwand hatte er die Prälaten seines Königreichs
um sich versammelt und hielt sie als wichtige Unterpfänder
für das Betragen der Kurie fest; erst als günstige Nachrichten einliefen, liefs er sie los. Am 25. Juli 1225 schwur
nun Friedrich in San Germano, dafs er im August 1227
den Zug antreten werde. In Gegenwart vieler Fürsten
ging er diese neuen Verpflichtungen ein; aus Deutschland
waren zur Stelle die Herzöge Leopold von Österreich und
Bernhard von Kärnthen, die Bischöfe von Bamberg, Regensburg, Merseburg und Paderborn. Sein Königreich Sicilien
hatte er für sein Gelübde eingesetzt und zugegeben, dafs
schon jetzt der Kirchenbann über ihn ausgesprochen würde,
in den er ohne weiteres verfallen sein wollte, wenn er
den Vertrag nicht hielte. Alle Vorsichtsmafsregeln waren
ergriffen und in der ersten Hälfte des Jahres 1227 zweifelte wohl niemand, dafs das versprochene und vorbereitete
Werk werde ausgeführt werden. Gregor IX, der am 9.
März 1227 dem Honorius gefolgt war, bot gleich nach
seiner Weihung die ganze Christenheit durch feurige Briefe
auf, der Kaiser schickte Hermann von Salza nach Deutschland, um 700 Ritter anzuwerben; den Fürsten und ihrer
Begleitung wurde alle mögliche Beihülfe zugesichert, auch
Geld für die Teilnahme gezahlt; der Legat Konrad von
Urach unterstützte den kaiserlichen Gesandten mit Eifer.

Aus allen Teilen Deutschlands brachen jetzt bewaffnete Scharen zum heiligen Kriege auf; die, welche über
die Alpen gingen, sammelten sich um den Landgrafen
Ludwig von Thüringen, der am 14. Juni von Eisenach
auszog und im Juli beim Kaiser eintraf. Aber die Abfahrt
verzögerte sich. Das Zusammenleben so grofser Menschenmassen, die Hitze des Sommers, die fremde Lebensweise,
wohl auch der Mangel an genügender Verpflegung erzeugten
eine furchtbare Krankheit, viele Pilger starben, andere
gingen wieder nach Hause; der Kaiser und der Landgraf
selbst waren schon krank als sie endlich am 8. September
in See gingen. Bald nachher sahen sie sich veranlafst

wieder zu landen. Ludwig starb schon am 11. September, Friedrich kehrte nicht wieder auf die Flotte zurück[265]. Gregor gewann nicht die Überzeugung, dafs die Umkehr Friedrichs begründet sei[266]. Er sprach daher am 29. September in Anagni den Bann über ihn aus und setzte in einem ausführlichen Rundschreiben vom 10. November die Gründe auseinander, die ihn zur Exkommunikation des Kaisers bewogen hätten. Ein Versuch denselben zum Gehorsam unter die Kirche zurückzuführen mifslang; und so verkündete denn Gregor am 18. November in Rom, wohin er die Prälaten Italiens entboten hatte, öffentlich den Bann. Friedrich antwortete von Capua aus in einem ausführlichen Rechtfertigungsschreiben, das in Ausfertigungen vom 5. und 6. December erhalten ist[267]. Deutsche Fürsten suchten noch zu vermitteln; im Frühjahr 1228 überbrachte der Erzbischof von Magdeburg, wahrscheinlich auch im Namen andrer Fürsten, dem Papst einen Friedensentwurf mit der Bitte, dem zum Kampf für Christus bereiten Kaiser nicht den Segen der Kirche zu verweigern; gleichzeitig hatte sich der Herzog von Österreich nach Italien aufgemacht zu einer Begegnung mit Friedrich; aber es war vergeblich[268].

Den Eindruck, den das furchtbare Ereignis auf die Anhänger des Kaisers in Deutschland machte, schildert eine Reihe Sprüche Walthers, die zum Teil auf direkten Zusammenhang mit dem Rechtfertigungsschreiben und den Mafsnahmen Friedrichs schliefsen lassen. In jenem Schreiben hatte Friedrich nachdrücklich versichert: „Wir werden auf keinen Fall von dem begonnenen Dienst Christi nachlassen, den wir nicht nur in Worten sondern in Werken mit aufrichtiger Gesinnung und kaiserlicher Anstrengung, mit der Hülfe dessen, der das Anfang und das Ende ist, zum erwünschten Ziele zu führen verlangen: sollte uns nicht — was Gott verhüten möge — schwerer Zwist gegen unsern Willen und gezwungen von so heiliger Fahrt zurück rufen. Wir hoffen, dafs die Gottheit mit ihrer Barmherzigkeit zum Vorteil des heiligen Landes unseren Zug verschoben hat, denn die Fürsten und andere einsichtige Männer haben schon eingesehen, dafs wenn wir inmitten der mäfsigen

Schar, welche hinüber gegangen ist, gezogen wären, der Waffenstillstand nicht könnte gebrochen werden[100]; sondern dafs wir, die wir Namen und Kraft vor den übrigen Fürsten haben und dessen Ruf den Barbaren ein Schrecken ist, die Hülfe anderer erwarten müfsten zur ewigen Schande des Reiches und des ganzen christlichen Namens. Wir bitten euch daher insgesamt, fordern und mahnen, dafs das allgemeine Gelübde zum Dienst Christi nicht ermatte, sondern je bedrängter die Lage ist, um so mehr erglühe, und dafs ihr, sowohl die mit dem Kreuz bezeichneten als die übrigen, welche vom Eifer der Überfahrt beseelt sind, euch rüstet zu gehöriger Zeit zu kommen, damit wir in der Mitte des künftigen Mais mit mächtiger Hand und erhobenem Arm glücklich hinüberfahren"[101].

Den Wünschen des Kaisers entsprechend läfst Walther noch einmal den Ruf zur Kreuzfahrt ertönen. Aber in seinem Sange fehlt siegesfrohe Begeisterung; die Aufforderung zur gottgeweihten Fahrt hüllt sich in den elegischen Ton der Klage. Es sind sieben Strophen in zwei verschiedenen Tönen; alle beginnen mit dem Worte *owé* (13, 5. 124, 1).

Für den ersten Ton ergiebt die zweite Strophe, dafs er im Winter 1227 auf 1228 gesungen ist. „Ja es kommt ein Sturm", ruft der Sänger, „des seid überzeugt, von dem wir singen und sagen hören; der soll mit Grimm alle Königreiche durchfahren. Waller und Pilger höre ich davon klingen, Bäume und Türme wird er niederwerfen und die mächtigen aufs Haupt treffen: *nú suln wir fliehen hin ee goles grabe*". Der Sturm, den Walther hier meint, vor dem man Zuflucht suchen soll beim heiligen Grabe, von dem Waller und Pilgrime singen, ist der Sturm, der unter den Vorzeichen des jüngsten Gerichtes genannt wird. Am zehnten Tage, heifst es in einem der Gedichte, welche von den Vorzeichen handeln, erheben sich 72 Winde und stürzen alle Steine, Berge und Bäume um: *só ist úf der vert kein boum só grós noch só hert . . . er breche mit wurze und ouch mit este . . só vervallent die bürge nider in den grunt . . der tac ist geheizen, nim war, der starken ebenûr*[102]. Selbst die Worte Walthers klingen hier an. Die Furcht vor dem jüngsten Tage war eben damals wieder verbreitet. In jener Encyclica Friedrichs II. heifst es: *sumus nos, ad quos devenerunt saeculorum fines*[293]. Dafs aber Walther unter den Vorzeichen des jüngsten Gerichtes grade den Wind hervorhebt, das hat seinen Grund in den realen Verhältnissen; sehr ansprechend hat Lachmann vermutet, dafs der Dichter auf den grofsen Sturm im December 1227 deute, welchen der Mönch Gottfried erwähnte, und gewifs auf den Bann, den Gregor um dieselbe Zeit über Friedrich aussprach. Auf den gewaltigen Sturm in der Natur hinweisend sagt er: „Ja, wisset es kommt freilich ein Sturm, von dem wir längst singen hören" u. s. w.[193]

In denselben Winter wird das schöne Lied *Owê war sint verswunden alliu miniu jâr!* gehören[294]. Das Leben erscheint dem Dichter wie ein Traum. Jetzt ist er erwacht, und erkennt nicht, was ihn umgiebt. Land und Leute, unter denen er aufgewachsen ist, sind ihm fremd geworden; seine Gespielen sind träg und alt; das Feld ist verheert, der Wald niedergehauen, nur das Wasser beharrt in seinem alten Lauf. Von dieser stimmungsvollen Einleitung geht der Sänger über zur Betrachtung der allgemeinen Weltlage, dem Zerwürfnis des Kaisers mit dem Papste, der Vergänglichkeit der Weltfreude und der Mahnung durch die Gottesfahrt die Krone des Lebens zu verdienen. Ein ganz herrliches Lied! Es zeigt, dafs der eigentümliche Charakter, den die beiden Kreuzlieder Walthers haben, nicht in der mangelhaften Fähigkeit des Dichters, sondern in dem Zweck, den er verfolgte, begründet ist. Walther verstand es, und kein mittelalterlicher Dichter auch nur annähernd so wie er, seine individuellen Empfindungen auszudrücken und selbst das allgemeine individuell zu fassen. Dieses Lied ist das vollendetste Beispiel. Dafs dieser Klagesang wie der andere noch im Winter entstand, darauf deuten die Worte *die wilden vogelin betrüebet unser klage* (124, 30); das winterliche Verstummen der Waldvöglein fafst der Dichter poetisch so auf, als drücke sie dasselbe Weh wie die Menschen[295]. Eine genauere Fixierung scheint unmöglich; beide Lieder mögen vorgetragen sein in einer Versammlung von Fürsten, die berieten, wie sie sich in

dem neu ausgebrochenen Zwist zu verhalten hätten; auch
die Freunde des Kaisers waren bekümmert[294].

Vier andere Sprüche tragen einen energischeren Charakter; sie sind in ähnlicher Tonart wie die Sprüche, die Walther einst in Ottos Dienst gesungen hatte, aber doch um vieles gemäfsigter. Eine ernste Betrachtung über die Unbegreiflichkeit des unbegrünzten Gottes leitet die politischen Lieder ein[295]. In dem ersten (10, 9) fordert er Gott den Herren zur Rache gegen seine Feinde auf, nicht nur gegen die Heiden, sondern gegen alle, welche der Befreiung seines Landes entgegen treten; diese versteckten Feinde seien gerade die schlimmsten. Walther nimmt hier einen Gedanken aus dem Rechtfertigungsschreiben Friedrichs auf, wo dieser erklärt, das Ziel der Kreuzfahrt unverrückt zu verfolgen, wenn er nicht durch schweren Zwist und das Verhalten des Papstes zurückgehalten werde. Gregor aber liefs sich zu keiner Umkehr bewegen, am 23. März 1228 wiederholte er den Bann in Rom und schärft ihn durch den an die sicilische Geistlichkeit erlassenen Befehl, den Aufenthalt des Kaisers mit dem Interdikt zu belegen[296]. Walthers Spruch läfst sich als Erwiderung darauf auffassen. — In zwei andern Sprüchen (10, 25. 33) wendet er sich an die Geistlichkeit; er gedenkt von neuem des Unheils, das Konstantins Schenkung hervorgebracht, und mahnt die Pfaffen der Reinheit der alten Kirche eingedenk sich auf Gottesdienst, fromme Lehre und Mildthätigkeit zu beschränken; er fürchtet, dafs, wie ehedem, die Meister der Gotteshäuser erkranken und das Land mit dem Interdikt belegen möchten, und fordert den Kaiser auf, ihnen zur Vergeltung ihre Pfründen zu nehmen[297]. Was der Dichter wünscht, lag Friedrich nicht fern. In einem Schreiben, das vielleicht in diese Zeit gehört[298], ermahnt er die Geistlichen in Sicilien, je schlimmer die Zeiten seien, um so eifriger in Gottes Dienst zu sein; diejenigen aber, welche ihre Pflicht versäumten, werde er ihrer Güter berauben. Auch ein apokryphes Schreiben Friedrichs verdient hier erwähnt zu werden, weil es in der Art wie zur Hülfe gegen den Papst als den wahren Feind der Kirche aufgefordert und auf die reine Einfach-

heit der alten Kirche hingewiesen wird, mit Walthers
Sprüchen sich nahe berührt[361]. „Gesandte", heifst es da,
„gehen unaufhörlich durch alle Lande, nach Willkür bin-
dend, lösend, strafend. Nicht damit der echte Same und
das Wort Gottes ausgestreut werde und empor wachse,
sondern damit diese in Schafskleider gehüllten Wölfe alle
Freien unterjochen, alle Friedlichen beunruhigen und überall
Geld erpressen. Und so kommt es, dafs sie die heilige
Kirche, die Zuflucht der Armen, die Wohnungen der Heiligen stören, welche unsere Väter mit frommem und ein-
fachem Sinne gründeten zur Stärkung der Armen und der
Pilger und zur Unterhaltung der Frommen. Jene erste
Kirche, welche Heilige in so grofser Zahl erzeugte, war
auf Armut und Unschuld gegründet; und einen andern
Grund, als den unser Herr Jesus Christus gelegt hat, kann
niemand erfinden und legen. Jetzt aber, da die angebliche
Kirche sich in Reichtümern wälzt, auf Reichtümern ein-
herschifft, nur durch Reichtümer erbaut, steht zu befürchten,
dafs das ganze Gebäude zusammen stürze. Wenn das
römische, zur Unterhaltung der Christenheit bestimmte Reich
von Feinden und Ungläubigen angefallen wird, so greift
der Kaiser zum Schwert und weifs, was sein Amt und
seine Ehre erheischt: wenn aber der Vater aller Christen,
der Nachfolger des Apostels Petri, der Stellvertreter Christi
uns überall Feinde erweckt, was sollen wir da hoffen?
was beginnen? Strecken nicht die Ausgearteten, die Un-
edelen in ihrem Wahnsinn verwegene Hände nach Königs-
reichen und Kaisertümern aus? Möchten sie nicht, damit
die ganze Welt sich verwirre, Kaiser, Könige und Fürsten
zu ihren Füfsen sehen? ... Deshalb vereinige sich die Welt
zur Vernichtung dieser unerhörten Tyrannei, dieser allgemeinen Gefahr; denn Niemand wird dem Untergang entrinnen, welcher einem widerrechtlich bedrängten beizu-
stehen unterläfst und vergifst, dafs da, wo das Feuer schon
des Nachbars Wand ergriffen hat, stets von der eigenen
Rettung die Rede ist". Das Schreiben, dem diese Stelle
entnommen ist, ist unecht, „eine schwülstige Schularbeit",
aber doch wohl alt und vielleicht weit verbreitet, jedenfalls
den Tendenzen Friedrichs entsprechend.

Während Walther so für die Sache des Kaisers eintritt, unterläfst er es anderseits doch nicht, den Kaiser zu mahnen, sich durch die Säumigkeit andrer nicht abhalten zu lassen, sein Gelübde zu erfüllen. Er antwortet damit den Anklagen und der Aufforderung, die Friedrich in seinem Rechtfertigungsschreiben an die deutschen Fürsten richtete. Die Einkleidung des Spruches ist so, als ob der Dichter einen Boten an den Kaiser entsende, der Inhalt entsprach den Ansichten und Wünschen der Fürsten, die im Frühjahr 1228 sich nach Italien begaben, um zu vermitteln[301]. Jedenfalls ist der Spruch vorm August 1228 gesungen.

In diese Zeit setzen wir auch das Kreuzlied 76, 22. Die freudige Siegesgewifsheit, welche in dem ersten Liede sich kund giebt, ist hier gewichen; wir vernehmen den Pulsschlag eines bekümmerten Herzens, das an eigner Kraft verzweifelnd, seine Sache Gott anheim stellt. In dem ersten Kreuzlied sieht der Dichter das heilige Land schon in den Händen der Gläubigen, hier liegt ihm ein näheres Ziel am Herzen. Die Säumnis des Kaisers hatte das Unglück veranlafst, die Sorge um die Abfahrt trat daher jetzt in den Vordergrund des Interesses. Deshalb mahnt ihn sein treuer Diener, er möge bald fahren (10, 20), deshalb kleidet sich sein Wunsch an der Kreuzfahrt teilnehmen zu können, in die Worte: *möht ich die lieben reise gevaren über sê* (125, 9), deshalb ruft er hier (76, 30): *læser üz den sünden, wir gern zen swebenden ünden.* Die Abfahrt war das Ereignis, das mit Sehnsucht erwartet wurde. Die Feindseligkeit zwischen Papst und Kaiser wird natürlich in dem frommen für den Gesang vieler bestimmten Liede nicht erörtert; aber bezeichnend für die Stimmung ist doch der Anfang:

Vil süeze wære minne
berihte kranke sinne.
got, dur din anbeginne
bewar die kristenheit.

Der Gott, der die Liebe ist, wird angerufen, dafs er sich der traurigen Lage der Christenheit annehme und den schwachen Menschensinn auf die rechte Hahn führe[302].

Heinrich.

An dem Streit zwischen Kaiser und Papst hat Walther weiter keinen Teil genommen, wenigstens fehlt dafür ein Zeugnis; vielleicht aber beziehen sich noch einige spätere Sprüche auf die deutsche Reichsregierung, an deren Spitze, als das Ungewitter in Italien sich zusammenzog, der Herzog Ludwig von der Pfalz und Baiern gestellt war. Wir sahen, wie die deutschen Fürsten eine zwischen Papst und Kaiser vermittelnde Politik suchten. Sie baten den Papst nichts gegen den Kaiser zu unternehmen und drangen in den Kaiser sein Gelübde zu lösen. Sicherlich war es ihr Einfluss, dass Friedrich zu einer Zeit, wo der Krieg in Italien schon unvermeidlich war, sich entschlofs die mühselige Reise über See anzutreten und sein Erbland Sicilien den zurückbleibenden Feinden preis zu geben. Wir müssen annehmen, denn wir haben keinen Grund zu zweifeln, dafs sie das Beste des Kaisers und des Reiches im Auge hatten und jedenfalls gesonnen waren, während Friedrichs Abwesenheit in Deutschland die Ruhe und sein Recht zu erhalten. Aber schon wenige Monate nach der Abfahrt des Kaisers kam es zum offnen Konflikt zwischen dem jungen König und dem zum Pfleger des Reichs bestellten Herzog Ludwig. Zu Weihnachten 1228 brach der Zwist in Hagenau aus, indem man den Herzog des Einverständnisses mit dem Papst bezichtigte⁵⁰⁴. Die neuere Geschichtsschreibung hat diese Anklage zu gläubig aufgenommen. Bis zu einem gewissen Grade mag sie wohl berechtigt sein; aber jedenfalls ist die Stellung des Herzogs zu Kaiser und Reich nicht der erste und eigentliche Anlafs gewesen, warum es zwischen ihm und dem König Heinrich zum Bruch kam. Das sieht man deutlich, wenn man das Verhältnis eines andern Fürsten, der von jedem Verdacht frei ist, ins Auge fafst.

In den Jahren 1227 und 1228 erscheint in den Urkunden König Heinrichs neben dem Herzog von Baiern ganz besonders häufig der Herzog Leopold von Österreich, Heinrichs Schwiegervater, ein treu ergebener Anhänger Friedrichs, den er nach seiner Rückkehr aus dem Morgenlande wieder an seine Seite berief, um an den Verhandlungen mit der Kurie Teil zu nehmen. Wir finden in diesen Jahren den Herzog Leopold zugleich mit Ludwig am Hofe des Königs in Würzburg, Oppenheim, Worms, Donauwört, Hagenau, Straubingen, Nürnberg, Ulm, Efslingen, Nördlingen[305]. Am 7. September 1228 tritt Leopold gerade wie Ludwig zum letzten Male als Zeuge in einer Urkunde Heinrichs auf, von da an kam er nicht wieder an den Hof seines Schwiegersohnes. Überhaupt verschwinden vom Herbst 1228 alle weltlichen Fürsten aus Heinrichs Umgebung. Sollten sie alle auf Verrat gesonnen haben? Es ist nichts davon wahrzunehmen; die Kandidatur Ottos von Lüneburg, die der Papst wünschte, fand weder bei Otto selbst noch bei den andern Fürsten Anklang[306]. Der Grund für die auffallende Erscheinung kann nur in dem Verhalten des jungen Königs selbst liegen, der, als er den Vater fern wufste, glaubte sich seiner Selbstherrlichkeit freuen zu können, und den Rat der zunächst Berufenen verschmähte.

Etwas länger als die weltlichen Fürsten hielten die geistlichen bei Heinrich aus. Aber nicht Treue gegen das Reich band sie, sondern der eigne Vorteil. Im Herbst 1228 nämlich schickte der Papst den Kardinallegaten Otto nach Deutschland; seine Aufgabe war, die kirchlichen Verhältnisse des Reiches im Sinne der neuen Orden zu reformieren und die Exkommunikation des Kaisers zu verkünden. Man behauptete, er habe eine Neuwahl betreiben sollen. Der Legat stiefs auf energischen Widerstand. Er mufste lange in Valenciennes warten, ehe er überhaupt in das Reich kommen konnte, und als er endlich nach Lüttich ging, wurde er durch den Reichsvogt von Achen fort gejagt und mufste in Huy Schutz suchen[307]. Freude hatte die Sendung des Legaten bei keiner Partei in Deutschland hervorgerufen; ob aber ein so schroffes Auftreten gegen ihn zweckmäfsig sei, darüber konnte man doch verschiedener Ansicht sein. Die Mittelpartei billigte es nicht und mufste von den Chauvinisten deshalb den Vorwurf des Verrates ertragen. Der heftige Widerstand ging von geistlichen Herren aus, denen es unbequem war, dafs der Kardinal der fortschreitenden Verweltlichung des Klerus wehren sollte. So rühmt Konrad von Fabaria den Abt von St. Gallen, dafs er die Brüder seines Klosters vor dem lästigen Besuch geschützt habe, denn er hätte gesehen, wie beschwerlich die Visitatoren anderswo, namentlich in dem benachbarten Reichenau die Mönche geschoren und auf ihr Mandat zu schwören gezwungen hätten. Der Herzog Albrecht von Sachsen fordert in einem Rundschreiben die Prälaten auf, nicht zu dulden, dafs der Legat ihre Kirchen belaste und ihre Pfründen vergebe [308]. Das war es, was die Herren fürchteten, und deshalb suchten sie unter dem Schutz der königlichen Autorität die Anwesenheit des Legaten zu hindern. Im Januar 1229 sehen wir König Heinrich noch im Verkehr mit dem Erzbischof von Mainz, den Bischöfen von Würzburg, Worms und Speier [309]; sie und besonders jener Abt von St. Gallen, der sein Kloster so wacker schützte, wufsten es durchzusetzen, dafs ein Koncil, welches der Legat zu Anfang des Jahres 1229 nach Mainz ausschrieb, vereitelt wurde. Der König verbot: niemand dürfe in seinem Königreich Koncilien abhalten, mit Ausnahme der Bischöfe zu deren Amt es gehöre [310]. Als aber die Koalition der Interessen aufhörte, verschwinden auch die grofsen Kirchenfürsten aus Heinrichs Umgebung. Als die einflufsreichste Person an seinem Hofe bleibt der Abt von St. Gallen, ein persönlicher Gegner des Herzogs Ludwig; im übrigen fällt er der Ritterschaft anheim und sucht einen Halt in den Städten.

Alsbald schlägt Heinrich politische Bahnen ein, welche der Tradition und den Ansichten seines Vaters durchaus nicht entsprachen, er verwickelt sich unter dem Vorgeben das Reich und das Ansehen des Kaisers zu schützen in Fehden, die in Wahrheit das Reich schädigten, gegen den Bischof Heinrich von Strafsburg, einen alten Feind, und gegen Ludwig von Baiern. Der Einfall in Baiern glückte auch; aber die Rückkehr Friedrichs aus dem Morgenlande setzte der eigentümlichen Siegeslaufbahn des Sohnes ein Ziel; die Stellung von Geiseln, die Ludwig hatte geloben müssen, unterblieb, und sein Heer entliefs der König auf Drängen der Fürsten [311]. Die unerwartete Rückkehr des Kaisers in Italien, das Glück und die Schnelligkeit, mit der er den kriegerischen Anhang des Papstes in Italien nieder-

warf, erstickte die feindliche Bewegung in Deutschland
im Keim.

Auf den König Heinrich und seine Regierung sind
vielleicht einige Sprüche Walthers zu beziehen, die den
Anschauungen und Absichten der fürstlichen Mittelpartei
entsprechen würden, die Walther ja auch dem Kaiser selbst
gegenüber vertrat (10, 17). In dem ersten (101, 23) kündigt er einem jungen Herren den Dienst auf. Er nennt
ihn ein *selbwahsen kint*, das sich nicht grade biegen lasse;
dem Besen sei es zu grofs, dem Schwert zu klein. Der
Dichter macht sich selbst einen Vorwurf aus seiner früheren
Ergebenheit und der verschwendeten Teilnahme; jetzt möge
ein andrer seine Stelle einnehmen; doch wisse er wohl,
sein Einflufs werde nicht weiter reichen als seine Macht.
Das Gedicht könnte wohl entstanden sein zu Weihnachten
1228, wo die Feindseligkeit Heinrichs gegen Ludwig offen
ausbrach und der Herzog, der untrieus, wie er hiefs, dem
Hofe den Rücken wandte [111]. Das Verhalten des Reichsverwesers wäre wie zu Engelberts Zeiten auch jetzt für
den Sänger mafsgebend gewesen, und sein Spruch verträte
auch hier nicht sowohl persönliche Interessen, als den
Standpunkt der vom Kaiser bestellten Reichsregierung.
Einer besondern Aufmerksamkeit von Seiten des jungen
Fürsten wird sich Walther überdies nicht zu erfreuen gehabt haben, denn wir finden in seiner Nähe Dichter, deren
Kunst Walthers Bahnen verlassen hatte: Gottfried von
Neifen, den Schenken von Winterstetten und Burkhard von
Hohenfels [112].

Der zweite Spruch desselben Tones warnt vor übereilter Liebe; die Frauen sollen vor Kindern ihr Jawort
bergen, damit es nicht zum Kinderspiel werde; Minne und
Kindheit seien einander gram. Dieser Spruch gestattet
Beziehung auf Heinrichs Verhalten gegen seine Gemahlin
Margaretha von Österreich. Er war einst, all zu früh, ein
vierzehnjähriger Knabe, aus politischen Rücksichten mit
ihr vermählt worden. Nachher wollte er das drückende
Ehebündnis lösen, und die Gemahlin, die ihm schon einen
Sohn geboren hatte, heimschicken. Er berief sich darauf,
dafs er schon früher mit einer böhmischen Prinzessin ver-

lobt worden sei, und beschwerte sich, dafs man ihm die Mitgift nicht ausgezahlt habe. Wann Heinrich zuerst seine Abneigung offen zu erkennen gab, wissen wir nicht; jedenfalls aber mufs es noch bei Lebzeiten Herzog Ludwigs geschehen sein, denn der Bruder Wernher hebt es unter den Verdiensten desselben hervor, dafs er den König an *siner rehten ê* erhalten habe [314].

Der dritte Spruch endlich klagt, dafs Weisheit, Adel und Alter von ihrem Throne gestürzt seien; *der tumbe rîche* hat den Sitz aller drei eingenommen, und deshalb hinkt das Recht, trauert die Zucht, siecht die Scham. Der Sänger fleht zur heiligen Jungfrau und dem Erlöser, dafs sie den drei Verbannten wieder zu Ehren verhelfe. Solche Klagen hatten die Fürsten über Heinrichs Ministerialen-Regierung zu führen. Also auch dieser Spruch pafst gut auf dieselben Verhältnisse wie die beiden andern, und die Möglichkeit der gleichen Beziehung für alle drei macht die Auslegung wahrscheinlich, wenn sie auch nicht völlig sicher ist [315]. — Auch das daktylische Liedchen 85, 25 kann hierher gehören [316].

Wir haben Walther jetzt auf seiner ehrenvollen Laufbahn durch mehr als drei Decennien begleitet. Durch das Schwert seines Gesanges hatte er, der arme, unbegüterte Ritter sich eine Stellung im deutschen Reich erobert, die kein Sänger neben und nach ihm wieder eingenommen hat. Unter drei Königen und Kaisern hat er an den öffentlichen Angelegenheiten Teil genommen; seine Bedeutung und sein Einflufs war mit den Jahren gewachsen. Die Gelegenheitsgedichte zur Feier höfischer Feste, wie er sie schon in Philipps Dienst dichtete, die Bettellieder für einzelne Fürsten verschwinden nachher; den grofsen Aufgaben des politischen Lebens widmet er seinen Gesang. Es ist ganz merkwürdig, wie dieser Mann alles Kleine und Einzelne verschmähte, (das mochten andere Gelegenheitsdichter singen); sein Blick ist auf die wichtigsten und grofsartigsten Bewegungen der Zeit gerichtet: den Kampf zwischen Papst und Kaiser und auf den Kreuzzug. Seine Arbeit ist anfangs negativ; er wehrt ab, er zerstört; aber Friedrich gewinnt ihn für die positiven Aufgaben seiner Regierung; der Dichter sollte die Begeisterung wecken, die Kaiser und Papst hervorzurufen verzagten. Am Abend seines Lebens erscheint Walther auf der Höhe seiner Thätigkeit.

Man möchte wohl wissen, wie weit die Fürsten, die Walthers Kunst nutzten, dieselbe zu würdigen wußten, ob er für sie nur ein erwünschter Gehülfe zu praktischem Zweck war, oder ob sie auch die Sangeskunst als solche schätzten. Wir haben auf diese Frage nur die unbestimmte Antwort, welche die Charaktere der Personen geben. Denn die Geschichtsschreiber jener Zeit berichten nichts von dem Aufschwung der Kunst und ihren Pflegern; was zum Schmuck und zur Freude des Lebens gehörte, schien ihnen der Aufzeichnung nicht wert.

Bei Philipp darf man Sinn und Verständnis für die Kunst voraussetzen; schien doch die Natur ihn mehr dazu bestimmt zu haben ein Friedensfürst zu werden, als in Kämpfen und Fehden ein unruhiges Leben zu erschöpfen. Seine Milde und Freundlichkeit, sein Wohlwollen und seine Leutseligkeit, sein heiterer Sinn, der auch in trüben Tagen durch Scherz und treffenden Witz die Umgebung aufrecht hielt, wird von vielen gerühmt. Von seinem Vater, Kaiser Friedrich wird erzählt, dafs er allen seinen Kindern eine sorgfältige Erziehung habe geben lassen; am wenigsten konnte sie Philipp fehlen, dem jüngsten Sohne, der für den geistlichen Stand bestimmt war. Die Mutter Beatrix war eine burgundische Prinzessin, also von Jugend auf mit dem romanischen Leben vertraut, dessen Schmuck damals die Deutschen zu erwerben trachteten. Am kaiserlichen Hofe war der bedeutendste der älteren Minnesänger, Friedrich von Hausen, eine angesehene Persönlichkeit; Philipps Bruder selbst, der Kaiser Heinrich, hat sich im Minnelied versucht und in seiner Umgebung finden wir mehrere ritterliche Sänger. So darf man denn glauben, dafs in Philipp, auch wenn er nicht selbstthätig an der Pflege der Poesie teilnahm, doch frühzeitig der Sinn für Lied und Sang geweckt war, und dafs er Walther nicht gering hielt[317].

Ein ganz anderer Mann war Otto, das Urbild eines kampfrohen und kampftüchtigen Ritters; eine hochragende

Gestalt, ausgezeichnet durch ungewöhnliche Körperkraft, Kühnheit und kriegerische Tüchtigkeit. Kampf war ihm Lust, er suchte die Gefahr ohne Not. Dabei war er eigensinnig, heftig und über alle Mafsen hochfahrend. Die Natur schien ihn nicht zum Sängerfreunde gebildet zu haben; aber doch, Familientradition und Erziehung lassen annehmen, dafs auch er den Sänger an seinem Hofe gern gesehen habe, obschon vielleicht mehr aus Mode als aus Bedürfnis. Von Vater und Mutter Seite stammte Otto aus Geschlechtern, welche durch Gunst und Lohn die Kunst wie wenig andere gefördert hatten. Sein Ahne Heinrich der Stolze hat das Verdienst das Rolandslied in Deutschland eingeführt zu haben[818], am Hofe seines Vaters Heinrichs des Löwen entstand vielleicht die älteste in Bruchstücken enthaltene Bearbeitung der Herzog Ernstsage, in die seine eignen Schicksale verwoben wurden[819]. Zu seinen Dienstmannen gehörte jener Eilhart von Oberge, der die erste deutsche Bearbeitung der Tristansage gab[320]. Von dem Herzog selbst wird erzählt, dafs er alte Geschichtsbücher sammelte und nachts sich vorlesen liefs[321]. Seine Gemahlin aber war die Tochter König Heinrichs II. von England, dessen Hof der Mittelpunkt der normännisch-französischen Dichtung zur Zeit ihrer Blüte war.

Den Einflufs des englisch-französischen Wesens erfuhr jedoch Otto nicht nur durch die Vermittelung der Mutter und ihres Hofstaates, er hat seine ganze Erziehung im Auslande empfangen[322]. Als Kind hat er vielleicht einige Jahre in Braunschweig gelebt, seit 1190 aber nahm ihn sein Oheim Richard Löwenherz zu sich, der ihn ganz besonders liebte und in allen ritterlichen Künsten sein Lehrmeister wurde. Der Gesang fehlte an seinem Hofe nicht. „Richard zog viele Dichter an sich und belohnte sie reichlich, indem er so seine Neigung zur Dichtkunst und seine Ruhmliebe zugleich befriedigte. Sein alter Biograph Roger von Hoveden bemerkt, er habe sich zur Vergröfserung seines Ruhmes erbettelte Gedichte und Loblieder verschafft und französische Sänger und Spielleute durch Geschenke an sich gelockt, um sein Lob auf den Strafsen verkünden zu lassen"[323]. Otto also folgte nur dem früh

gesehenen Beispiel, wenn er später Walther in seinen Dienst
nahm, freilich hat dieser ihm keine Loblieder gesungen. —
Auch den Genufs lateinischer Litteratur verschmähte er
nicht, wie man aus den ihm gewidmeten Otia imperialia
des Gervasius von Tilbury ersieht. Das Gedicht vom
Herzog Friedrich von der Normandie, das er aus dem
Wälschen hatte übersetzen lassen, ist nur in schwedischer
Übersetzung erhalten [374].

Mehr als Philipp und Otto wäre Friedrich II. zu einer
reinen und vollen Würdigung der Kunst geeignet gewesen.
Die Natur hatte ihn mit hohen Geistesgaben reich ausgestattet,
eine sorgfältige Erziehung sie glänzend entwickelt.
Die schnellen Fortschritte des Knaben waren schon das
Entzücken seines Vormundes Innocenz; er wufste nicht
nur die lateinische und französische Sprache zu gebrauchen,
er verstand auch das Italiänische, Arabische und Griechische.
Dem Erwachsenen war die Beschäftigung mit philosophischen,
mathematischen, naturwissenschaftlichen und medicinischen
Fragen eine Lust und Erholung von Regierungssorgen.
So verfügte Friedrich über einen Schatz von
Fähigkeiten und Kenntnissen, wie er für einen Fürsten
jener Zeit ganz ungewöhnlich war. Aber ob er für deutsche
Art und Kunst besonderes Interesse hatte? Seine Mutter
war eine Fremde, den Vater verlor er schon im dritten
Jahre, unter Fremden wuchs er auf und in den ersten
fünfzehn Jahren seines Lebens hat er von deutschem Wesen
wohl wenig kennen gelernt. Ja selbst das ist fraglich,
ob er auch nur die deutsche Sprache kannte, als deutsche
Fürsten ihn zu ihrem Könige wählten. Er dichtete, wenn
die Überlieferung Glauben verdient, in italischer Mundart;
wir wissen dafs er Übersetzungen in das Lateinische und
Französische veranlafste, dafs er mit gelehrten Juden und
Arabern in Verkehr stand: dagegen wird nirgends berichtet,
dafs er der deutschen Sprache Pflege habe zu Teil
werden lassen [375]. Wie wenig er sich aber auch darum
gekümmert haben mag: Walthers Sang wufste er zu würdigen;
kein anderer Fürst hat dem Sänger gröfsere Ehre
und reicheren Lohn gewährt.

III. Gedanken und Anschauungen.

Das Leben und Wirken Walthers von der Vogelweide gehört der Öffentlichkeit an; um so gröfseres Interesse haben seine Lieder. Seine Thätigkeit hängt nicht allein von seiner individuellen Begabung ab, sondern sie wird wesentlich durch die Bildung seines Publikums bestimmt, und je allgemeineren Beifall der Dichter fand, um so mehr sind wir berechtigt, seine Lieder als den Spiegel seiner Zeit anzusehen. Wir sehen aus ihnen, an welchen Gegenständen die damalige gute Gesellschaft Gefallen fand, in welchen Gedanken und Anschauungen sie sich bewegte, was ihrem Verständnis zugemutet werden konnte. Wenn wir es also im folgenden unternommen haben, die Gedanken und Anschauungen Walthers in systematischer Übersicht vorzuführen, so glauben wir damit eine Arbeit geliefert zu haben, die für die Erkenntnis der Vergangenheit und der historischen Entwickelung unseres Volkes überhaupt nicht ohne Wert ist[1].

Minne.

Poesie und Leben.

In einer ganz merkwürdigen Einseitigkeit tritt die lyrische Dichtung in der zweiten Hälfte des 12. Jahrhunderts an das Licht. Der Ritterschaft gehört sie an, und wie wenig atmet sie von dem ritterlichen Geist! Selbstgefühl und trotziger Sinn, frohes Gepränge und munterer Waffenschall tönen uns aus diesen Liedern nicht entgegen; kein Thatendrang, keine Waffenfreude, kein Ritterstolz, keine Lust an Abenteuern; nur Minnewerben, nur Preis der Geliebten, Klagen über ihre Härte, Freude über gehofften Lohn. Die Minne allein herrscht, und selbst die tiefe allgemeine Erregung, welche die Kreuzfahrten für tausende mit sich brachten, wagt sich nur schüchtern an der Hand der Minne in die Poesie. Soll man glauben, dafs die eine Empfindung der Liebe damals alles andere zurückgedrängt habe? Die Liebe ist ja der allgemeinste, mächtigste Trieb, die Liebe kehrt sich nicht an Gesetz und Sitte, sie erkennt keinen über sich und keinen neben sich an, kaum der Fanatismus der Religion vermag die Leidenschaft so zu entflammen wie die Liebe. — Aber diese wilde, verzehrende, diese persönlichste und freieste Leidenschaft lebt nicht im Minnesang.

Der Charakter, den die Liebe in dieser Poesie zeigt, ist ebenso befremdlich, wie die Beschränkung der Poesie auf die Liebe; er widerspricht durchaus den Erwartungen, die man haben mufs, wenn man sich diese doch immer noch geistig ungebildete und sittlich rohe ritterliche Gesellschaft vergegenwärtigt, wie wir sie aus der Geschichte kennen. Er entspricht namentlich auch nicht den Anschauungen über das geschlechtliche Leben, die sie sonst in Wort und That bewährt. Die Achtung vor der Würde der Frauen und der Reinheit der Ehe wird den Germanen schon in den ältesten Zeiten nachgerühmt, auch im 12. Jahrhundert hatte man das Gebot nicht vergessen[18], aber die socialen Verhältnisse erschwerten und gefährdeten seine Erfüllung aufs Äufserste. Wie den Geistlichen das Coelibat auferlegt war, so brachte die Entwickelung des Rittertums für viele Laien die Ehelosigkeit mit sich, und gar mancher mochte wie Walther (91, 17. 117, 29) über das Elend seines Standes seufzen, ohne die Mittel zu haben, es zu wenden. Es konnte nicht ausbleiben, dafs die sittlichen Bande sich lockerten und freiere Anschauungen Platz fanden. Von den Pfaffen zwar und den Frauen verlangte man, dafs sie den Kampf gegen die Natur aufnähmen; die Ritter aber beugten sich solchen Forderungen nicht, auch wird niemand verkennen, dafs ihre äufseren Lebensverhältnisse sie am wenigsten ertrugen. Ja sie hielten es nicht nur für entschuldbar, Befriedigung des natürlichen Triebes zu suchen, sie sahen es sogar als Ruhm an, Mädchen und Frauen zu überwinden. Mit überraschender Offenherzigkeit erklärt der Verfasser des zweiten Büchleins (v. 700), wie verschieden doch die Rechte der Männer und Frauen seien:

ir schande ist unser ére:
des wip dâ sint gehœnet,
des will wir sin gekrœnet:
swaz ein man wîbe erwirbet,
daz er doch niht verdirbet
an sinen éren dâvon.
dar under sin wir gewon
an wiben die mit éren lebent
und sich schanden begebent,
diu einen guoten friunt hât,
daz si der andern habe rât.

So rächte sich die Unnatur der Zustände; das Wagnis, die verbotene Frucht zu pflücken, reizte den Unternehmungsgeist und wurde als Triumph gefeiert[1].

In den Liebesliedern, mit denen solche Gesellen sich die Zeit verkürzten, sollte man nun den Ausdruck frecher Begehrlichkeit und roher Lust erwarten, wie sie uns in verschiedenen Erzeugnissen der Vagantenpoesie vorliegen. Aber wie weit ist davon der Minnesang entfernt! Wenn man diese ritterlichen Sänger in so manchen ihrer Lieder von ihrer grenzenlosen Verehrung der Frauen, von ihrem treuen Ausharren in ergebnislosem Dienst singen hört, so möchte man glauben, dafs nur eine jungfräulich schüchterne Liebe, eine auf reiner Verehrung beruhende selbstlose Hingabe in ihrer Brust lebe. Wir stofsen auf einen Kontrast zwischen Leben und Poesie, der in der Geschichte der Kunst seinen Grund haben mufs.

In der Provence hatte sich die mittelalterliche Lyrik zuerst entwickelt, hier vielgestaltig und frisch, als ein organisches Erzeugnis. Die Deutschen nahmen sie auf als eine fremde Form, als Bestandteil eines feineren gesellschaftlichen Lebens, das sie nach romanischem Muster sich anzueignen trachteten. Der altväterischen Sitte trat die feine höfische Bildung gegenüber, die den geselligen Verkehr zu veredeln und den Frauen eine freiere Bewegung in der Männergesellschaft gestatten und ermöglichen wollte. Im Gefolge dieser modernen Bildung, als einer ihrer wesentlichsten Begleiter, war der Vortrag eines kunstvoll ausgebildeten Gesanges. Dieser lyrische Gesang gehörte mit zur Mode, er diente einer bestimmten Tendenz der Gesellschaft, und empfing von ihr seine Richtung. Er ist der Gesang einer Partei und natürlich kehrt diese Partei nur das hervor, was ihr eigentümlich war. Kriegerischer Sinn und kühne Waffenthat im Dienste Gottes oder der weltlichen Herren, das war allen eigen, das hielten alle für gut; Eleganz, Kunstsinn und Galanterie war das Neue, wofür das Terrain erworben werden sollte.

Indem so der Minnesang den Kampf der neuen Sitte unterstützte, mußte er selbst ihren Zwang sich gefallen lassen; die gesellschaftliche Vorschrift, kein böses Wort gegen die Frauen über die Lippen kommen zu lassen, nichts zu erwähnen, was sie kompromittieren könnte, galt für den Dichter ebenso gut wie für die andern. Die Kunst wurde demselben Gesetz unterworfen wie das gesellschaftliche Leben, die Etikette schrieb ihr den Gang vor. Das ist der Grund, warum in diesen Liedern immer nur vom Sehnen und Bitten, nicht vom Gewähren die Rede ist, warum das *trûren* immer als wirklich, die Freude immer als bedingt oder gewünscht erscheint. Die lyrische Poesie sah sich eingeschränkt auf das enge Gebiet des Minnewerbens; die Enthaltsamkeit und strenge Tugend der Frau wird zur notwendigen Voraussetzung dieser Poesie", wofern die Hute oder die Merker nicht die Ergebnislosigkeit des Dienstes erklären.

Das Verhältnis der Geschlechter dreht sich um. Ehedem war der Mann selbstbewußt dem Weibe gegenüber getreten; seine Liebe galt als ein beneidenswerter Besitz, der Frau gebührte die Sehnsucht und die Sorge den Unbändigen an sich zu fesseln. Jetzt ordnet der Mann sich unter, die Geliebte wird zur *frouwe* erhoben, das Liebesverhältnis unter dem Bilde des Herrendienstes gefaßt. In einigen altertümlichen Liedchen erscheint die neue Anschauung noch im Kampf mit der älteren, die modischen Wendungen werden verkehrt gebraucht, weil die Dichter selbst sich noch nicht in die neue Anschauung zu fügen wissen¹, aber bald herrscht sie unbestritten, wenigstens in der Poesie.

Diese Auffassung der Minne als Dienst war zunächst wohl durch die sociale Stellung der tonangebenden Dichter bedingt; ihr Minnesang ist keine Kunst der Dilettanten sondern der Berufsdichter, welche ihrer Herrschaft mit Gesange dienen. Die Deutschen übernahmen diese Auffassung, die sich für die Entwickelung des Minnesanges aufserordentlich fruchtbar gezeigt hat, von den Romanen. Die Thätigkeit des Dichters selbst wurde dadurch geadelt. Das Lied war seine Leistung, das beste was er zu geben hatte. Wem anders hätte er es widmen dürfen als einem höher gestellten. Niemand dient seines Gleichen und je höher der Herr, um so ehrenvoller der Dienst². Darum gehört dieser Gesang nicht der Geliebten, sondern der Frouwe.

Diese Minne wird nun als Quelle alles Glückes und aller Erhebung auf Erden gepriesen. Wie man sich im vorigen Jahrhundert bemühte den moralischen Nutzen der Poesie, namentlich der dramatischen Poesie zu beweisen, um dadurch den Widerstand ängstlicher Gemüter zu brechen, so erhob man jetzt den sittlichen Wert der Minne als Feldzeichen, unter dem man die Gegner aus dem Felde zu schlagen suchte. Die Minne — das wird oft von diesen Sängern proklamiert — macht den Menschen besser; nur der Unverstand weigert sich, ihrem Banner zu folgen.

Man darf sich jedoch durch so grofse Worte über den wahren Gehalt des Minnewerbens nicht täuschen lassen. Freilich übte der Minnedienst einen veredelnden Einfluß, und nicht nur in den Minneliedern, sondern auch in didaktischen Gedichten wird er dem jungen Mann ernstlich und mit gutem Grund empfohlen. Ein Blick ins Leben zeigte ja den Nutzen. Der Wunsch der Frau zu gefallen hielt

Körper und Geist in stäter Arbeit und litt nicht, dafs der
Mann in Unthätigkeit verkomme; der Frauenritter sorgte
um geschmackvollen Putz und gefälligen Anstand, suchte
feine Sprache, ersann zierliche Verse und zarte Weisen,
während die andern wie die Bauern auf ihren Höfen safsen,
unbeholfen und stumpf, und ihren Geist verkümmern liefsen.
Die feinere gesellschaftliche Bildung, die ihren unbestreitbaren Wert hat, erschien mit dem Minnedienst, durch
den sie zunächst wesentlich getragen wurde, unlösbar verbunden, und darum wurde mit Recht seine sittigende Macht
gerühmt⁴. Ja selbst der Sittlichkeit leistete die neue Mode
vielleicht bis zu einem gewissen Grade Vorschub, indem sie
dem raschen, im Fluge gewonnenen Liebesgenufs das durch
treuen Dienst mühsam erworbene Glück als das wertvollere
gegenüber stellte; sie lehrte die Triumphe wägen, nicht
blofs zählen. Aber das letzte Ziel blieb doch immer *halsen,
triuten, bi gelegen;* einen andern befriedigenden Abschlufs
des Werbens als den sinnlichen Genufs kannte dieses Geschlecht nicht.

Nach unsern modernen Anschauungen sollte man nun
erwarten, dafs der Minnende seine Huldigungen einem
Mädchen, einem ledigen Weibe darbrachte, um in der
glücklichen Vereinigung einer rechtmäfsigen Ehe den Abschlufs seines Werbens zu finden. Aber diese Grenze hielt,
wie das bekannte Beispiel Ulrichs von Lichtenstein zeigt,
der Minnedienst keineswegs inne. Im Gegenteil; meistens
meinten die Dichter mit ihren Huldigungen (mögen sie
nun Spiele der Phantasie sein oder in den realen Verhältnissen wurzeln, darauf kommt hier nichts an) jedenfalls
verheiratete Frauen. Der Grund liegt teils darin, dafs die
jungen Damen überhaupt dem Verkehr ziemlich fern gehalten worden, teils aber in den Voraussetzungen des
Dienstes. Wie hätte der Diener verlangen können, dafs
ihm die Frau offen vor der Welt die Hand reiche und ihren
Stand mindere? Die Rücksicht auf den Adel und das Urteil der Welt galt mehr als das Gebot der Sittlichkeit; der
Minner war bescheiden und trachtete nur nach heimlicher
Gunst. Was der Minnedienst konnte und wollte, spricht
Thomasin von Zirclere sehr deutlich aus. Er mahnt den

Mann mit seinen Forderungen und Ansprüchen nicht zu
angestüm zu sein; er soll der Frau langen Dienst widmen,

ê er si des dinges bite
dâ von si mac ir guote site,
ir kiusche, ir guot getæte,
ir triuwe und ouch ir stæte,
ir pris und ir hüfscheit,
ir guoten namen und edelkeit,
ir tugent gar zebrechen
und sich selbe swechen.

Also das war der Einsatz der Frau beim Minnespiel! —
Ein wunderlicher Widerspruch, das Werben als höchst preiswürdig zu erheben, das Erworbene als Schande zu verwerfen; an diesem Widerspruch krankte das sittliche Leben [1].

Die Minne also ist *tougenminne*, Diskretion die erste Tugend des Mannes [2], und die Dichtung, welche ein Bild dieses Dienstes sein sollte, durfte nicht indiskreter sein. Der Name der gefeierten Dame durfte nicht genannt werden, nichts von den Umständen verraten werden, was zu einer Entdeckung des Geheimnisses geführt hätte. Was wir von persönlichen, geistigen und leiblichen Vorzügen der Frau vernehmen, hält sich in den allgemeinsten Umrissen; von ihrer äufsern Lage erfahren wir so gut wie nichts. Die konkreten Verhältnisse, welche die Empfindungen erregen und bestimmen, werden uns vorenthalten; eine anschauliche, lebensvolle Poesie konnte auf diesem hoch umzäunten Gebiet nicht gedeihen.

Die Schranke, welche der Stoff des Minneliedes errichtete, wurde von der Rücksicht auf die Gesellschaft gestützt. Der natürliche Mensch sträubt sich dagegen, die Geheimnisse seines Herzens offen darzulegen, und er wird verletzt, wenn er sieht, dafs es andere thun. Die Empfindung, welche Herder angesichts gewisser Briefe hatte, mochte so mancher unserer Altvordern haben, wenn er einen Sänger vor grofser Gesellschaft sein Liebeslied anstimmen hörte. „Wer mit diesen Fasern des Herzens und der Freundschaft überall als mit Flittergold zu trödeln vermag, der hat die wahre Gottesfurcht und Treue am

Altar der Seele längst verloren". Bei den germanischen
Völkern des Nordens hat der Minnesang bekanntlich keinen
Eingang gefunden, langsam nahmen ihn die Niederdeutschen
auf. Ich zweifle nicht, dafs diese sittliche Abneigung gegen
den Inhalt der Grund war, denn Musik und Gesang gefiel
auch ihnen. Weniger streng zeigten sich die Süddeutschen;
aber auch bei ihnen fand der Minnesang nicht Eingang
ohne seinen Zoll entrichtet zu haben. Sie liefsen sich die
duftigen Gestalten, die auf den Flügeln der Etikette vor-
überschwebten, gefallen, aber sie wünschten nicht, dafs
die Kunst den Fufs fest auf den Boden setze und durch
Aufnahme realer Verhältnisse einen zu grofsen Schein
realer Wahrheit erlange. Dafs das Ziel des Minnedienstes
sittlich strenger Anschauung nicht entsprach, liefs sich nicht
ändern, aber offne und direkte Angriffe auf die sittliche
Ordnung hatten die Sänger zu vermeiden. Viele von ihnen
klagen über die Merker und die Hute, die den Verkehr
mit der Geliebten hindern und stören; aber keiner wagt
es seinen Fluch direkt gegen die Personen zu richten,
denen zunächst diese Bewachung zugekommen wäre, gegen
den Gatten, die Eltern, die Brüder der Frau; solche Frech-
heit hätte man nicht geduldet*.

Man könnte Bedenken tragen, der Mode und Sitte
solche Macht über die Poesie einzuräumen, da die Gesellschaft
des 12. und 13. Jahrhunderts sich sonst gar nicht so spröde
zeigt. Dieselben Herrschaften hörten doch auch die Artus-
romane vorlesen, Gotfrieds süfses Liebesepos und Heinrichs
von Türlin schlüpfrige Erzählung. Ja in der Lyrik selbst
haben wir die Tagelieder, die das Glück des Liebesgenusses oft sehr unverhüllt darstellen. Warum sollte man
also dem Dichter, der von Minne sang, nicht entsprechen-
des erlaubt haben, wofern er nur gewollt hätte? Thatsache ist, dafs die älteren Dichter es nie wollten, dafs sie
sich also mit ihrer Kunst in engere Schranken gewiesen
fühlten; und der Grund dafür kann nur in der eigentümlichen Form ihrer Poesie liegen. Die Lyrik verlangt
den Schein, als ob der Dichter sein eigenes Leben dar-
lege, der Sänger tritt als Glied der Gesellschaft auf und
darf daher ihre Sitte nicht verletzen; sein Lied soll gewisser-

mafsen das Idealbild des höfischen Verkehrs zwischen Herr und Dame sein. Etwas anderes war es, wenn er die subjektive Form des lyrischen Liedes aufgab, und wie im Tagelied als Erzähler auftrat. Im Grunde waltet hier ein Mangel an ästhetischem Abstraktionsvermögen, aber ein Mangel, der im 12. Jahrhundert nicht überraschen kann, da er sich noch im 18. Jahrhundert in den zahlreichen Angriffen, Mahnungen und Befürchtungen gegen die anakreontische Poesie kund thut. Noch heute möchte mancher aus leichtfertigen lyrischen Liedern sich eher einen Schlufs auf die Sittlichkeit des Autors erlauben, als aus einem schlüpfrigen Roman mit moralischer Tendenz.

Aus dem Zwang, den die lyrische Form übte, erklärt sich nun auch die eigentümliche Stellung, welche die Frauenstrophen im Minnesange haben. In dem eigentlichen Minneliede herrscht Zurückhaltung, Stolz und Härte in dem Benehmen der Frau, in den Frauenstrophen fast ausnahmslos liebende Hingabe, Verlangen und Sehnsucht¹⁰. Der Unterschied ist so grofs, dafs man daran gedacht hat, die Frauenstrophen den Dichtern, unter deren Namen sie überliefert sind, abzusprechen und Frauen als Verfasser anzunehmen. Aber in unserer Überlieferung findet diese Annahme nicht die allermindeste Stütze. Der Gegensatz erklärt sich vielmehr daraus, dafs die Dichter hier, wo sie die Frauen sprechen lassen, sich freier bewegen durften. In den Frauenliedern bringen die Dichter die Empfindung zum Ausdruck, die sie in ihrem eigenen Gesange verschweigen mufsten, hier stellen sie die Frauen von einer Seite dar, die sie sonst nach dem Gebot der Sitte nicht zeigen durften. Dem Manne ziemte es nicht, sich eines Erfolges zu rühmen, aber wenn die Frau sagte *ime wart von mir in allen gâhen ein küssen und ein umbe vâhen*, was konnte er dazu? Der gegensätzliche Inhalt der Männer- und Frauenstrophen zeigt, wie hier alles von der Konvention abhängt, wie ängstlich der Schritt dem Kommando der Sitte folgt, wie wenig der Minnesang als der freie und volle Ausdruck des Lebens genommen werden darf.

Eine andere Frage ist, woher die Frauenstrophen stammen; denn dafs die Ritter diese Form erfunden hätten, um die Einseitigkeit ihres Gesanges zu ergänzen, die Zucht in ihnen gleichsam zu überlisten, das ist sehr unwahrscheinlich. Man wird sich der Annahme nicht entziehen können, dafs wirklich von Frauen oder Mädchen gedichtete Lieder ihnen als Muster vorgelegen haben. Jedoch fällt diese Annahme mit der andern, dafs vor der ritterlich-höfischen Lyrik eine ältere Liebespoesie in Deutschland bestanden habe, keineswegs zusammen. Die Gründe, aus denen diese letztere Annahme nicht glaublich ist, haben wir auf S. 16 f. entwickelt; wir brauchen sie hier nicht zu wiederholen. Die Frauenstrophen treten nicht früher auf als der übrige Minnesang, und wenn ihr Gebrauch ältere Muster voraussetzt, so müssen diese Muster anderswo gesucht werden; dem Gesange der deutschen ritterlichen Frauen und Mädchen können die Dichter diese innigen Weisen nicht abgelauscht haben. Ich vermute ihren Ursprung in den Liedern gewerbsmäfsiger Sängerinnen, wie sie in romanischen Landen in dieser Zeit sich nachweisen lassen. Solchen Mädchen gestattete ihre Lebensstellung, wovon andere natürliche Scheu und weibliche Sittsamkeit zurückhielt, hingebende Liebe und sehnsüchtiges Verlangen offen im Liede auszusprechen. Der Bischof Wolfger von Passau hatte auf seinen italienischen Reisen Gelegenheit, solche puellas cantantes vor sich singen zu lassen.

Von den ältesten Minnesängern braucht Heinrich von Veldeke solche Frauenstrophen nicht; am beliebtesten waren sie in den östlichen Landen; den bedeutendsten Raum nehmen sie in den Liedern Kürenbergs ein. Da wo aus dem wälschen Lande die befahrenste Strafse über den Brenner das Innthal hinab in die verkehrsreiche Donaustrafse einmündet, ist der eigentliche Sitz dieser Dichtung. Ein Lied des Kürenbergers, eins der schönsten, zeigt zu einem italienischen Sonett die engste Verwandtschaft. Wer in Deutschland zuerst den glücklichen Gedanken hatte, den Minnesang durch die Aufnahme dieser Gattung zu bereichern, ob etwa verschiedene unabhängig von einander darauf kamen, weifs ich nicht; wenn der Kürnberger der erste war und die andern seinem Beispiele folgten[104], so würde ihm damit nicht geringes Verdienst zufallen, denn die

Frauenstrophen gaben Anregung und Möglichkeit eine wahre Liebespoesie zu entfalten.

Die Aufnahme der Frauenstrophen bildet die Grundlage für die sogenannten Wechsel, Gedichte, in denen die Empfindungen der Liebenden einander gegenüber gestellt werden [11]. In der Regel sind nur zwei Strophen mit einander verbunden, aber auch längere Gedichte kommen vor und nicht immer sind die Strophen auf Mann und Frau gleichmäfsig verteilt [12]. Zuweilen setzt die zweite Strophe die erste voraus, insofern ihre Gedanken erst durch jene geweckt sind, gewöhnlich aber ist der Parallelismus das einzige Band. Die Lieder stehen wie Bilder neben einander, die als Pendants aufgehängt sind; jedes ist selbständig, aber das eine hebt die Wirkung des andern [13]. Diese Form des Parallelismus ist im älteren Minnesang sehr beliebt und wird auch auf andere Stoffe angewandt [14].

Dem gegenüber ist es nun sehr auffallend, dafs der eigentliche Dialog so gar selten vorkommt [15]. Gerade diese Form lag doch nahe, da sie in der epischen Poesie, namentlich der volkstümlichen, alt hergebracht war. Überhaupt steht die Lyrik in einer merkwürdig strengen Absonderung neben der Epik. Fast überall herrscht die reinste Form des lyrischen Liedes; selbst da, wo die Sänger Gedanken und Empfindungen anderer Personen Worte leihen, thun sie es nach Art der lyrischen Poesie, indem sie sich ganz an die Stelle der andern zu setzen suchen [16]. Das episch-lyrische Lied, welches das natürliche Mittelglied zwischen der alten und neuen Kunst zu bilden scheint und grade der ältesten Zeit am nächsten hätte liegen müssen, findet keine Pfleger, nur selten und in sparsamen Worten geben die Dichter sich als Berichterstatter zu erkennen [17].

Der wesentliche Grund für diese auffallende Erscheinung dürfte darin liegen, dafs der Unterschied der Stände die Sonderung der Gattungen unterstützte. Der Minnesang war eine adlige Kunst, welche die Ritter für sich allein in Anspruch nahmen. Man hielt es für unangemessen, dafs ein Mann, der dem bevorzugten Stande nicht angehörte, auch nur im Gesange um eine edle Frau geworben und an einer Unterhaltung teil genommen hätte, die diesem

Stande eigen war. Und wie nun die ritterlichen Dichter das übrige Volk von ihrem Sange fern hielten, so mieden sie ihrerseits, was an die Kunst der Fahrenden erinnert hätte. Die Erzählung blieb jenen überlassen, „der Minnesang flüchtete sich in die Betrachtung des Geistigen".

So war diese Kunst von allen Seiten beengt: durch die Tendenz der neuen Mode, durch die Rücksicht auf die gesellschaftliche Sitte, durch Standesvorurteil. Sie bewegte sich in einem engen Kreise und erschöpfte sich in emsiger Durcharbeitung des kleinen Gebietes, in neuen Kombinationen und immer feinerer Ausbildung der herkömmlichen Elemente. Für die Entwickelung der poetischen Technik war diese Beschränkung ohne Frage von Vorteil; der Minnesang war so recht eine Schule der Virtuosität, die ihre Zöglinge auf einen Artikel einarbeitete, aber einen freieren Flug des Geistes hemmte.

Der Grundschaden war der Mangel einer freien ästhetischen Auffassung; je mehr man sich allmählich daran gewöhnte, die Kunst an und für sich als einen wertvollen Besitz des Lebens zu geniefsen, umsomehr wurde dieser Mangel überwunden und freiere Bahnen eröffnet. Das Tagelied ist der Vorbote der späteren Entwickelung; in ihm kündigt sich die Lieblingsgattung der Volksdichtung an, das episch-lyrische Lied. Es ist bezeichnend, dafs die sinnlichste Situation zuerst ergriffen wurde, und dafs der Dichter, welcher auch sonst vor seinen Genossen sowohl durch weitere Gesichtspunkte als durch Hinneigung zum Volkstümlichen sich auszeichnet, vor allen andern Gefallen daran fand[16]. Walther übertrifft die älteren Dichter an Freiheit und Vielseitigkeit seines Gesanges bedeutend; er übernimmt ihr Erbteil unverkürzt: Minnelied, Frauenlieder, Wechsel, Tagelied, und fügt neues hinzu; eigentliche Liebespoesie in den Liedern der niederen Minne, Frühlings- und Herbstlieder und eine scherzhafte Ballade. Gewifs erkennt man mit Recht in diesen Erweiterungen das Zeichen eines freien Dichtergeistes; aber die Möglichkeit, dafs dieser Geist sich frei entfalten durfte, verdankt er dem allmählichen Fortschritt der Gesellschaft, der nicht von der Kraft eines einzelnen abhängt.

Epische Elemente.

Die Entfaltung mannigfacher Charaktere, Situationen und Ereignisse, die anschauliche Darstellung des Gegenständlichen wurde durch die Bedingungen, denen der Minnesang unterworfen war, nicht begünstigt. Die Lieder sind im allgemeinen abstrakt, ohne Frische und Eindringlichkeit; es fehlt an erzählenden Momenten, an individuell bestimmten Situationen und fortschreitender Handlung.

Von besonderen Thaten, die der Ritter im Minnedienst vollbracht hätte, ist nirgends die Rede; namentlich fehlt es ganz an den romanhaften Elementen, aus denen Ulrich von Lichtenstein seinen Frauendienst zusammengesetzt hat. Die Ereignisse und Situationen des Minneliedes halten sich in dem Kreise des gewöhnlichen Lebens[19]. Der Sänger gedenkt der Stunde, wo er die Geliebte kennen gelernt hat 110, 13; ihr Anblick hat ihn erfreut 99, 17. 112, 17. 118, 30; ihr *werder gruos* zwingt ihn zum Gesang 109, 4. Die Frau erwähnt, dafs sie ihm ihre Liebe gestanden 72, 26. 113, 31; Kuſs und Umarmung gewährt hat 119, 31. Die Spröde läſst ihn reden, aber er kommt nicht zum Ziel 121, 2 (vgl. den Dialog 85, 34); seine Beredsamkeit verstummt in ihrer Gegenwart 115, 22. 121, 24; sie lächelt, wenn sie ihm versagt 121, 5; sie vorgiſst zu danken 100, 15; meidet es, ihn anzusehen 58, 22. 73, 1; verbietet gar den allzukühnen Gesang 61, 33. — Die Liebenden sind von einander getrennt, sei es daſs die Merker den Verkehr hindern 93, 32. 98, 16; sei es daſs der Beruf den Sänger in die Ferne führt[10]. Er entschuldigt sich, daſs er sie so selten grüſst 70, 1; er bittet sie, die Abwesenheit maſsvoll zu klagen 61, 8, und nicht zu fürchten, daſs er bei andern Frauen sie vergiſst 53, 17. 57, 15. — Eigentümlicher ist die Erwähnung des Kirchganges 111, 12, und des Bades 54, 24.

Aber alles das ist nur kurz erwähnt; gröſsere sinnliche Kraft zeigt der Dichter, wo er seiner Phantasie im Wünschen und Wähnen freien Lauf läſst: wie er an der Seite der Geliebten ruht und sich in ihrem Auge spiegelt

165, 11 (vgl. 54, 32), oder wie er sich im Traum mit ihr glücklich vereint sieht 75, 17. Solche Stellen zeigen, dafs Walther wohl das Vermögen zu anschaulicher Schilderung besafs, und dafs er nur durch den herkömmlichen Stil des Minneliedes zurückgehalten wurde. Allmählich macht er sich von der Tradition frei und brachte die Keime, die wir in einigen älteren Liedern finden[21], zu voller Blüte. Für das Tagelied hatte er Vorgänger in Dietmar und Wolfram; selbständiger und anmutiger zeigt seine Kunst sich in einigen andern Gedichten: dem Frühlingslied: *sô die bluomen ûz dem grase dringent* (45, 37), dem Tanzlied: *Muget ir schouwen waz dem meien wunders ist beschert* (51, 13), und dem Gedichte von Halmmessen 65, 33. Auch das humoristische Gedicht *Dô der sumer komen was* (94, 11) mag hier erwähnt werden; die Krone aber gebührt zwei Liedern der niedern Minne: *Nemt frouwe disen kranz* (74, 20) und *Under der linden an der heide* (39, 11).

Die persönliche Umgebung der Liebenden ist dem Bedürfnis des Minnesanges gemäfs gezeichnet, und ebenso abstrakt und unindividuell wie die Liebenden selbst.

Die Liebe ist eifersüchtig. Daher die Klagen über die Nebenbuhler. Anfangs ist es die Frau, die den Verkehr des Mannes beobachtet und den Verlust des Unbeständigen befürchtet oder beklagt[17]. Je mehr die Anschauungen des Minnedienstes aufgenommen und ausgebildet werden, umsomehr verschwindet dieses Motiv; für den höfischen Minner sind bescheidene Unterordnung und geduldiges Ausharren selbstverständliche Tugenden; die Flatterhaftigkeit wird verurteilt. — Bei Walther klingt das alte Motiv noch einmal durch (53, 17), indem er voraussetzt, dafs die Frau wegen seines unstäten Wanderlebens besorgt sei. Ja in einem andern Liede (70, 22) stellt er uns in vollem Licht einen Mann alten Schlages hin, der unbeschränkte Freiheit in der Liebe beansprucht, aber nur, um ihn von der Frau energisch abfertigen zu lassen[23]. — Eifersucht von seiten des Mannes wird nicht häufig laut, und nur behutsam, damit nicht ein Vorwurf für die Frau daraus entstehe. Walther sieht es mit Trauer oder Unmut, dafs seine Dame auch gegen andere freundlich ist (53, 9. 59, 25), aber er darf keine Anklage wagen: *ich darf ir werben dâ niht niden. ichn mac, als ich erkenne, des gelouben niht, daz ieman sanfte in zwîfel bringen müge. mirst liep daz die getrogenen wizzen waz si trüge, und alse lanc daz iemer rüemic man gesiht* 66, 16[14].

Die Liebe soll verschwiegen sein, daher die Klagen über lästige Gesellschaft und Neugierige, die den Verkehr schon durch ihre Gegenwart hindern [15] und in das Geheimnis der Liebe einzudringen suchen. Sie fragen nach dem Namen der Frau[16]: *Maneger fraget mich der lieben, wer si si der ich diene und alles her gedienet hân. sô des betraget mich, sô spriche ich ir sint drî* etc. 98, 26. *Si fragent unde fragent aber al ze vil von mîner frouwen wer si sî. daz müet mich sô daz ichs in allen nennen wil* etc. 63, 32; natürlich erfolgen neckische Antworten, am anmutigsten im Schlusse des Liedes 73, 23. — Die Gesellschaft mufs über das stille Einverständnis getäuscht werden. Das Mädchen meidet es den geliebten Mann anzublicken, er bittet, sie möge zum Grufs auf seinen Fufs sehen 50, 19 f.[17]

Schlimmer als die Neugierigen sind die neidischen und eifersüchtigen *merkære*[18], die den Verkehr der Liebenden belauschen und durch Zwischenträgereien ihr Verhältnis stören[19]: *Vor den merkæren kan nu nieman liep geschehen, wan ir huote twinget manegen werden lîp. daz muoz beswæren mich; swenn ich si solte sehen, sô muoz ich si mîden si vil sælic wîp* 98, 16. Sie verderben andern ihre Freude 98, 15, und verdienten kräftigen Fluch 73, 23[20]; der Sänger vermacht ihnen in seinem Testament seine Schwermut und sein Ungemach 60, 38. Anderseits aber sind die Merker ein gutes Zeichen; der könnte sich glücklich schätzen, den sie mit Recht verfolgten 63, 14. 74, 2[21].

Ebenso lästig wie die Merker, wenn auch nicht ebenso verwerflich, sind die Leute, welche die Tugend der Frau zu bewachen haben, die *huote*. Zuweilen werden Merker und Hut neben einander genannt[22], und nicht immer ist genau zu unterscheiden, denn auch die merkære hüten: *vor den merkæren kan nu nieman liep geschehen, wan ir huote twinget manegen werden lîp* 98, 16[23].

Die Merker und Hüter werden durch die allgemeinen Voraussetzungen des Minnedienstes gefordert. Denn da die Liebe des Liedes resultatlos bleiben sollte, so mufste sie entweder durch die Standhaftigkeit der Frau oder durch äufsere Verhältnisse behindert sein. Walther klagt das doppelte Ungemach: *min frouwe ist zwir beslozzen, der ich liebe trage, dort verklûset, hie verhêret dâ ich bin* 93, 30[34]; er wünscht einen Bund, gegen den keine Hute etwas einzuwenden hat (98, 12—15. 22—25) und tröstet sich vorläufig damit, dafs dieselbe wenigstens den Verkehr der Seelen nicht hindern kan: *mac diu huote mich ir libes pfenden, dâ habe ich ein trœsten bi : sin kan niemer von ir liebe mich gewenden, twinget si daz eine, so ist daz ander frî* 94, 7. 99, 31[35]. — Manchen Gedanken, den die ältere Dichtung bot, hat Walther verschmäht[36]. Vom Betrügen der Hut ist nur im epischen Tageliede die Rede (88, 37)[37]; allgemeine Betrachtungen über den Wert der Bewachung stellt er trotz seiner Neigung zum Reflektieren nicht an; nur einmal ist kurz angedeutet, dafs er des Weibes Tugend für die beste Hut hält[38]. In seinen späteren Liedern hat er überhaupt das veraltete Thema fallen lassen.

Auch der Bote, der den Verkehr der Liebenden vermittelt, kommt in Walthers Gesang nur einmal vor, in einem Liede, dessen Echtheit bezweifelt wird 112, 35[39].

Einen anmutigen Schmuck für viele Liebeslieder giebt die Beziehung auf die Jahreszeit: der Sommer ist die Zeit der Liebe[40]. Es scheint überflüssig nach dem Ursprung einer Ideenverbindung zu fragen, die selbst unsere Zeit, für welche die Kunst die Einflüsse der Jahreszeit ausgeglichen oder gemildert hat, als ganz natürlich und fast selbstverständlich empfindet. Aber in unserer Minnedichtung hatte dies Band doch wohl einen festeren Zusammenhang als die blofse Ähnlichkeit verschiedener Empfindungen. Der Sommer war nicht blofs die schöne Zeit, die liebe Zeit, die wonnige Zeit, er war die Zeit schlechthin, d. h. die Saison[41]. Im Winter safsen die Leute einsam auf ihren einsamen Höfen, der Sommer führte sie zusammen, und dann erschien in der fröhlichen Gesellschaft der Sänger, um nach den leiden Wintertagen (114, 29. 73, 29) zu Lust und Freude zu mahnen. Es war also natürlich, wenn er seinen Vortrag mit dem Hinweis auf die alles erlösende Jahreszeit begann.

Dazu kommt noch ein anderes Moment, das aber doch mit dem Erwähnten zusammenhängt. Wir hören in der späteren Zeit von Maileben und Maibuhlen, von Knappen- und Pfaffeuchen, die im Mai geschlossen werden und nicht länger als den Sommer dauern. Die weitverbreitete Sitte ist unter verschiedenen Formen in Frankreich, England und Deutschland nachgewiesen und hat sich hier und da bis in unsere Tage erhalten[42]. Wie alt sie ist und wo sie zunächst ausgebildet wurde, wissen wir nicht. Die äußern Zeugnisse würden gestatten, sie als Ausfluss des Minnedienstes anzusehen, denn in den Minneliedern begegnen wir den ersten Spuren[43]; aber wahrscheinlich ist sie älter und mag selbst mit Frühlingsgebräuchen des Heidentums zusammenhängen.

Auch Walther benutzt das alte Motiv; wir finden es, wenig ausgeprägt, in dem wunderschönen Wechsel 64, 13; ferner in dem scherzhaften Liede 73, 23, wo der Sänger im Sommer die Gelegenheit zum Verkehr zu finden hofft, die ihm während des Winters die Merker genommen haben; und 95, 17, wo er klagt, dafs die schöne Jahreszeit ihm nie seine Hoffnung erfüllt habe. Am schönsten und eigenartigsten ist es in einem Liede der niedern Minne angewandt, in dem Tanzliede: *Nemet, frouwe, disen kranz* (74, 20); da sucht er unter den Tänzerinnen die Freundin des vorigen Jahres, und träumt sich dann auf dem Blumenlager unter blühendem Baume süfses Liebesglück[44].

Die strenge Auffassung des ausgebildeten Minnedienstes aber sträubt sich gegen diese vorübergehende Sommerliebe. In ihm wird die Jahreszeit nicht in Beziehung zu dem Liebesverhältnis gesetzt, sondern nur in Beziehung zur Empfindung, sei es dafs solche anerkannt oder abgelehnt wird[45]. Manche Dichter verschmähen die Anknüpfung ihrer Liebe an die Jahreszeit überhaupt.

Gleich die beiden ersten Meister des höfischen Minnesanges schlagen verschiedene Bahnen ein. Während Heinrich von Veldeke die Natureingänge liebt, und ausführlicher als die meisten andern die Sommerlust schildert, erwähnt Friedrich von Hausen die Jahreszeit nur einmal ganz kurz, als rhetorisches Mittel (43, 11). Andere folgen ihm. Etwas eigentümlich deutsches oder volkstümliches in diesen typischen Einleitungen des Minneliedes zu sehen hat man keinen Grund; wir finden sie auch in der romanischen Poesie, und grade der Dichter, dessen Lieder am selbständigsten der herkömmlichen Art des Minnesanges gegenüber stehen, der von Kürenberg, braucht sie nicht¹⁶.

Auch Reinmar ist ziemlich enthaltsam und ebenso Walther. Er erwähnt öfters Sommer- und Liebeswonne neben einander; aber nicht um die Harmonie beider Empfindungen, auch nicht um ihren Kontrast hervorzuheben, sondern um ihre Macht zu vergleichen. Größere Freude als die Natur gewähren die Frauen: *doch fröuwet mich ein anders bas dan aller vogelline sanc; swâ man noch wîbes güete mac, dâ wart ir ie der habedanc* 92, 13. Dasselbe Thema behandelt er in den beiden Sprüchen 27, 17. 27 und vor allem in dem schönen Liede 45, 37 ¹⁷. Deshalb ist die Jahreszeit für den Liebenden gleichgültig: *Sumer unde winter beide sint guotes mannes trôst* 99, 0. Der Winter fällt dem Glücklichen nicht schwer 118, 33¹⁸; er entschädigt für die kurzen Tage durch lange Nacht 117, 36; wer der Liebe entbehrt für den hat auch der Sommer keine Freude 89, 19. 95, 17.

An solchen Stellen dient der Hinweis auf die Natur als rhetorisches Mittel, den Ausdruck der Liebe zu steigern. Aber die tiefe und innige Auffassung der Natur, durch die Walther vor vielen andern sich auszeichnete, blieb dabei nicht stehen. Er erweiterte die Kunst durch Frühlings- und Herbstlieder; und auch im Minnesang ist ihm der Reiz der Natur mehr als Mittel des Stils und der Rhetorik. Was bei andern Dichtern lose verbundene Einleitung, gleichsam Rahmen des Minneliedes ist, wird bei ihm zu einem Teil des Gemäldes selbst, zu einem wirkungsvollen Hintergrund, aus dem die Personen anschaulich und lebensfrisch uns entgegen treten. So in dem Liede 45, 37, in dem Kranzliede 74, 20 und vor allem in dem Liede *Under der linden* 39, 11. Kein Dichter vor Walther hat auch nur annähernd gleiche Kunst gezeigt.

Sänger und Publikum.

In die gleichförmige, unter dem Zwang der Sitte erstarrte Welt des Minneliedes kommt nun ein frischer Hauch durch die Beziehung zwischen Sänger und Gesellschaft. An und für sich zwar ist die Rücksicht auf andere vielleicht keiner Empfindung so fremd als der Liebe; aber da der Minnesang wesentlich der Unterhaltung der Gesellschaft diente, so gewinnt diese Rücksicht bald bedeutenden Einfluſs und am meisten natürlich bei den Dichtern, die ganz Berufsdichter waren. Anrede an die Zuhörer finden wir nicht in den Liedern Friedrichs von Hausen, Kürenbergs, Dietmars, der beiden Burggrafen, Meinlohs, des Grafen von Neuenburg, Berngers von Horheim, Bliggers von Steinach; dagegen schon bei Veldeke, und dann bei Johansdorf, Rugge, Reinmar, Morungen, Hartmann[49], vor allem aber bei Walther.

Wir übergehen hier die Anreden, die nur dazu dienen den Gesang zu beleben und die Aufmerksamkeit des Publikums anzuregen[50]; der Sänger verlangt thätigere Teilnahme. Die Zuhörer werden aufgefordert einzelne Fragen zu prüfen und zu entscheiden: ob er das Wesen der Minne recht beurteile 69, 1; ob die Herren oder die Damen an der Freudlosigkeit schuld sind 45, 6; ob die Natur oder die Frauen mehr Lust gewähren 46, 21[51]; ja selbst das Lob der Geliebten will der Sänger durch die Gesellschaft bestätigt sehen 59, 34[52]. Anderseits sollen sie ihm helfen seinen Kummer klagen 72, 36[53]; er sieht sich ratlos und verlassen, er ist ein *freudehelfelôser man* 54, 38; andern kann er so gut helfen, sich selbst weiſs er keinen Rat 120, 37[54]; er schaut in dem Kreise nach Freunden aus: *jâ friunt! waz ich von friunden sage* 55, 3[55], und ruft sie zum Beistand in dem minniglichen Rechtsstreit auf 74, 4—19[56].

Nicht alle Zuhörer schenken dem Sänger freundliches Gehör. Wo in der Gudrun (str. 362) Horant seinen süfsen Gesang erschallen läfst, unterbricht ihn Fruote, als Vertreter einer älteren Generation, mit einer spöttischen Bemerkung; und solche Verächter ihrer Kunst fanden unsere Minnesänger auch im Leben. Schon Heinrich von Veldeke beschwert sich über sie[57], öfter Reinmar[58]. Den gewerbsmäfsigen Dichtern, die mit ihrer modernen Bildung in uncivilisierte Gegenden vordrangen, lagen diese Klagen am nächsten; der Unmut über mangelnde Anerkennung spricht oft deutlich aus ihren Worten. Walther hat solche ἄμουσοι wohl im Auge, wenn er der *hövescheit* klagt, dafs ihm so mancher *missebiete* (185, 31), und wenn er am Schlufs eines Vortrags erklärt, den *schamelôsen* nun das Feld räumen zu wollen (64, 4); selbst bei den Damen fand die zarte Kunst nicht immer den gewünschten Beifall (91, 1. 117, 22)[59].

In dieselbe Kategorie gehören die ruhmredigen Prahler, welche nach Burschensitte mit ihren Erfolgen renommieren und die Ehre der Frauen beschimpfen; die *schamelôsen* (64, 6), die *valschen ungetriuwen* (97, 10), die *rüemære und lügenære* (41, 25 vgl. 66, 20. 50, 38), *die sô manegen schœnen lip habent ze bœsen mæren bråht* (41, 17. 66, 20). Walther bekämpft sie als seine Feinde; aber leider findet er sie übermächtig (64, 4 vgl. 44, 23) und selbst bei den Frauen in Gunst: *ezn si ein wol bescheiden wip, diu schamt sich des, swâ iemer wibes schame geschiht* 91, 8[60].

Harmloser sind die Ungläubigen, die an der Aufrichtigkeit der Liebesversicherungen und an der Wahrheit der ewigen Liebesklagen zweifeln. Reinmar giebt diesem Mifstrauen oft Ausdruck, es ist ihm ein rhetorisches Mittel die Macht der eignen Empfindung zu betonen. Walther folgt ihm in einem Liede, das Reinmars Art überhaupt sehr nahe steht (13, 37): *maneger fråget waz ich klage unde giht des einen, daz ez iht von herzen gê; der verliuset sîne tage wand im wart von rehter liebe neweder wol noch wê* (vgl. 49, 33)[61].

Den Verächtern des Minnesanges stehen die gegenüber, welche seine Weisen mifsbrauchen, die nutreuen Liebhaber, *die mit velsche minnen* (61, 6), und mit heiligen

Schwüren die Frauen zu fangen wissen (61, 24)⁴¹. Sie schaden dem redlichen Minner, insofern sie das Werben überhaupt verdächtigen. Die Frauen werden mifstrauisch, *sit man valscher minne mit sô süezen worten gert, daz ein wip niht wizzen kan, wer si meine* 14, 25⁴². Solchen Lügnern verbietet Walther sein Lied 41, 17 (vgl. 53, 33); Verzweiflung soll ihr Erbteil (61, 5), Gottes Gericht ihr Lohn sein (61, 27).

Es ist nicht zu verkennen, dafs diese Wechselwirkung zwischen dem Sänger und seinem Publikum dem Gesange Walthers ungewöhnliche Frische verleiht; aber für die Liebespoesie war sie doch gefährlich. Die Liebe will nicht profaniert sein, will nicht Gegenstand geselliger Unterhaltung werden. Dieser Widerstreit bedroht die Lieder am meisten, die am freiesten die Empfindung zum Ausdruck bringen dürfen, die Frauenlieder. Mit Recht sagt Scherer in seiner Litteraturgeschichte (S. 207), Walthers Lied „Unter der Linde an der Heide" sei einzig an Naivetät, Grazie, Schalkhaftigkeit. „Und man wäre geneigt, es für das schönste des ganzen Minnesanges zu erklären, so voll von Leben und überraschendem Reichtum ist es, — wenn nicht die Grundvoraussetzung eine konventionelle wäre: denn ein Mädchen so beschaffen, wie dieses gedacht ist, wird ein solches Erlebnis überhaupt nicht oder nicht so erzählen".

Endlich dürfen wir, wenn wir von den Personen des Minneliedes sprechen, nicht die Personifikationen und allegorischen Figuren übergehen. Sie begegnen schon bei älteren Dichtern; aber von keinem sind sie so lebendig herausgearbeitet als von Walther. Hier war die Kunst frei, unbeengt durch Sitte und Rücksicht. Die frouwe bleibt ein blofser Schemen, über sie mufste das Lied schweigen; die Figuren der Frau Minne, der Frau Welt, der Sælde durften voll und farbenfrisch dargestellt werden; im Verkehr mit ihnen galt kein geselliger Zwang. Einige der reizendsten Lieder Walthers fallen in diesen Kreis; hier unter den freien Schöpfungen der Phantasie fand er Ersatz für das, was das Leben noch versagte (vgl. S. 168).

Auffassung der Minne.

Das eigentliche Thema des Minnesanges ist die Erörterung und Darlegung der Empfindung. Die Minne ist das charakteristische Ideal der ritterlichen Sänger. *gotes hulde* und *miner frouwen minne* bezeichnet Walther 84, 7 als die Ziele seines Strebens; jene führt zur ewigen Seligkeit, diese ist die Quelle alles Glückes und aller Erhebung auf Erden.

Diese idealistische Auffassung der Minne ist erst im Minnedienst und in der Minnepoesie herausgearbeitet. Bei Friedrich von Hausen begegnet sie noch nicht; aber Heinrich von Veldeke vertritt sie und andere Sänger, deren Lieder zum Teil ein altertümlicheres Gepräge haben. Veldeke sagt 61, 33: *Swer se minne ist sô fruot, daz er der minne dienen kan, und durch minne pine tuot, wol im derst ein sælic man. von minne kumt uns alles guot; diu minne machet reinen muot. Waz solte ich sunder minne dan.* Der Burggraf von Regensburg führt 19, 17 den Gedanken aus, dafs der Minnedienst den Mann läutere, wie das Feuer das Gold"; Dietmar von Aist weifs, dafs er im Umgang mit der Frau besser geworden ist, dafs sie ihm *den muot getiuret* 33, 26, ihm manche *wilde tât* benommen habe 39, 3; und schon Meinloh erklärt 11, 7: *er ist vil wol getiuret, den dâ will frouwe haben liep*". Öfters hebt Reinmar die sittigende Macht der Minne hervor", und ebenso mit nicht geringem Nachdruck Walther: *swer guotes wîbes minne hât, der schamt sich aller missetât* 93, 17". Die Tugenden der Frau erhöhen den Wert des Mannes 92, 29; er hofft, dafs der Dienst ihn unter die Zahl der Besten erhebe 86, 2; er bittet sie um die Mafse 43, 18; er klagt, dafs sie ihm ihre Lehre vorenthalte 71, 3; wünscht, dafs sie sich seine Bildung angelegen sein lasse 43, 9".

Der Minnedienst ist eine Schule der Erziehung"; besonders für den Mann, aber auch für die Frau". In einer Frauenstrophe Heinrichs von Rugge (103, 32) heifst es: '*das ist uns beiden guot gewin, das er mir wol gedienen kan und ich sîn friunt darumbe bin*'; und Walther preist diejenigen glücklich *der herze einander sint mit triuwen bi; ich wil daz daz ir beider lip getiuret und in hôher wirde sî* 96, 1. Reicher entfaltet ist diese Anschauung in dem Liede *Ich hœre in sô vil tugende jehen* (43, 9), wo die Frau die Bitte des Mannes um Unterweisung erst bescheiden ablehnt, und dann beide sich einander belehren: ein höfischer Tugendspiegel in dialogischer Form. In einem andern ähnlichen Gedichte (85, 34) tritt die ernste und eingehende Lehrhaftigkeit hinter dem heiteren pointierten Scherz zurück [71].

Die Minne erzieht und erfreut zugleich: *minne ist aller tugende ein hort, âne minne wirdet niemer herze rehte frô* 14, 8. *sich wœnet maneger wol begên, sô daz er guoten wîben niht enlebe; der tôre kan sich niht verstên, waz ez froide und ganzer wirde gebe* 96, 9 [72]. *swer wirde und froide erwerben wil, der diene guotes wîbes gruoz* 96, 15. *ganzer froide hâst dû niht, sô man die werdekeit von wîbe an dir niht siht* 91, 21. vgl. 93, 25. *er tuo dur einer willen sô, daz er den andern wol behage: sô tuot in ouch diu eine frô, ob ime diu ander gar versage. daran gedenke ein sælic man: dâ lit vil sælde und êren an* 93, 11. vgl. 98, 6 [73]. *er ist ouch sælic sunder strit, der nimt ir tugende rehte war* 96, 4. Freude, Heil und Würde giebt die Frau 97, 15; sie verwandelt die Traurigkeit, und lehret das Beste zu thun 113, 20.

Die Frauen geben ganze Freude [74]: *er ist rehter frôide gar ein kint, der ir niht von wîbe wirt gewert* 99, 8; nichts gleicht den Freuden, *dâ liebez herze in triuwen stât, in schœne, in kiusche, in reinen siten* 93, 1; nichts ist so gut gegen *trûren und ungemücte* als der Anblick einer schönen wohlgesinnten Frau 37, 31; *daz kan trüeben muot erfiuhten und leschet allez trûren an der stunt* 27, 23; ihr Lob erfreut 100, 3, und schon der Gedanke an sie befreit von Sorgen 42, 15 (Nr. 207 f.).

Die Welt hat nichts lieberes zu geben als ein Weib 93, 20 [75]; *der werlte hort mit wünnerlîchen vröuden lit an in; ir lop ist lûter unde klâr* 27, 32. Aller Schmuck des Mais, die strahlende Sonne, die lachenden Blumen im Tau, der Vöglein wetteifernder Gesang ist nichts gegen die Frau 45, 37. vgl. 27, 17 (Nr. 47). Gott hat sie *gehœhet und gehêret* 27, 30; sie sind die Engel auf Erden 57, 8 [76].

Diese dem ganzen Geschlecht dargebrachte Huldigung tritt in den Liedern der älteren Sänger nicht hervor; sie liefsen sich, wie es beim Liebeslied natürlich ist, mit dem Lobe der einen genügen. Aber da das Minnelied eben nicht nur Liebeslied war, sondern vor allem der Unterhaltung dienen sollte, nahm es ganz naturgemäfs diese Wendung; namentlich bei Reinmar. Walthers Nachruf (82, 30): *dû solt von schulden iemer des geniezen, daz dich des tages wolte nie verdriezen, du ensprœches ie den frouwen wol*, enthält ein charakteristisches Lob. — Die oft hervorgehobene Berührung zwischen Marienkult und Frauendienst tritt hier, wo es sich nicht um Individuelles handelt, besonders hervor. Unbedenklich braucht Reinmar zum Preise des ganzen Geschlechtes Ausdrücke und Wendungen, die zunächst von der heiligen Jungfrau gelten, der reinen, deren Lob nicht auszusingen ist, von der alles Heil und alle Freude kommt [77]. Walther ist zurückhaltender.

In dieser hehren Auffassung erscheint die Minne fast als eine würdige Ergänzung der religiösen Anschauungen. Die Sehnsucht nach dem Himmel hatte zur Weltflucht, die Sorge für die Seele zur Feindschaft gegen den Leib geführt. Das freundliche Antlitz der Minne versprach der Tugend und der Freude Gedeihen. Wie das Lob der Frauen sich mit dem Lobe der heiligen Jungfrau mischt, so berührt sich die Feier der Minne mit der Verehrung der wahren Minne, des heiligen Gottesgeistes. Albrecht von Johansdorf singt 89, 13 *swer minne minneclîchen treit gar âne valschen muot, des sünde wirt vor gote niht geseit, si tiuret und ist guot. wan sol miden bœsen kranc und minnen reiniu wîp. tuo erz mit triuwen, sô hab iemer danc sîn tugentlîcher lîp.* Vgl. 87, 9. 93, 2 [78]. Ähnlich preist Walther die Minne, dafs sie nie in falsches Herz kam, und ohne sie niemand Gottes Huld gewinnen kann 81, 31—82, 10; aber er hat dort die himmlische, nicht die irdische Liebe im Auge; denn so glänzend auch das Ideal der Minne herausgearbeitet war, vor der ernsten Majestät der Religion hält es nicht stand. Der Ritter der das Kreuz genommen, giebt den Minnedienst auf, um der wahren Minne zu folgen[19], und Walther gebietet in bufsfertiger Stimmung: *lip, lâ die minne, diu dich lât, und habe die stæten minne wert: mich dunket, der dû hâst gegert, diu si niht visch uns an den grât* 67, 28[60].

Durch die erziehende Macht behält die **unerhörte Minne** ihren Wert. Albrecht von Johansdorf schliefst ein Zwiegespräch, in welchem die Dame das Liebeswerben des Ritters abweist, mit den Worten: '*Sol mich dan min singen und min dienest gegen iu niht vervân?*' '*iu sol wol gelingen: âne lôn sô sult ir niht bestân*'. '*wie meinet ir daz frouwe guot*'? '*daz ir deste werder sint und dâ bî hôhgemuot*' 94, 9. Derselben Anschauung giebt Reinmar wiederholten Ausdruck[61]; er tröstet sich sogar mit dem Gedanken: *hât si mir anders niht gegeben, sô erkenne ich doch wol sende nôt* 158, 30[62]. So genügsam ist Walther nicht; aber auch er lehrt: *ob dus danne niht erwirbest, dû muost doch iemer deste tiurre sin* 91, 29. *si lâze in iemer ungewert, ez tiuret doch wol sinen lip* 93, 9. Diese Anschauung, welche über dem gerühmten sittlichen Einflufs der Liebe ihr nächstes Ziel zu vergessen sucht, ist die Konsequenz des Bildes, welches die Liebe als Dienst darstellt. Auch im Dienste eines kargen Herrn konnte der Knappe zum tüchtigen Manne herangebildet werden: *sun diene manne bœsem, daz dir manne beste lône*, führt Walther (26, 28) als sprichwörtliche Lehre an.

Zwei verschiedene Auffassungen der Liebe treten einander gegenüber: die sinnliche Liebe, die zum Genufs eilet[63], und die edele Minne, die sich im Dienste übt. Meinloh stellt beide in einem Wechsel dar (12, 1. 14). In der einen Strophe heifst es: *ez mac niht heizen minne, der lange wirbet umb ein wîp; man sol se minne gâhen, deist für die merkære guot, daz 'nieman werde inne, ê ir wille si ergân*. In der Gegenstrophe erklärt er, wer edelen Frauen dienen wolle, der müsse in seinem Herzen stilles Schwen tragen und enthaltsam sein: *unkiusches herze wirt mit ganzen triuwen werden wiben niemer holt*. Dieser zurückhaltenden Liebe gehört der Minnesang. Heinrich von Veldeke (61,33) preist den als glücklich, der *durch minne pine tuot* und *der minne dienen kan*, Rudolf von Fenis (84, 28) bezeichnet die, welche langes Harren schelten, als unbesonnen[14]; in einer Frauenstrophe Reinmars wird die Sinnenlust verurteilt: *minne heizent es die man und möhte baz unminne sin. wé im ders alrêst began* 178, 19[15]; er sieht mit Geringschätzung auf die, *den liep âne leit geschiht* 189, 25, *die nie gewunnen leit von senedër swære* 167, 27. In demselben Sinne spricht sich Walther aus; auch ihm ist die *süeze arebeit* von der *herzeliebe* unzertrennlich 92, 30[66]. *Já hêrre*, ruft er aus, *wes gedenket der, dem ungedienet ie vil wol gelane? es si ein sie, ez si ein er, swer alsô minnen kan, der habe undane, und dâbî guoten dienest übersiht* u. s. w. 96, 19[17]. Hier wurzelt seine Unterscheidung zwischen der hohen Minne (*ric amor*) und der niederen: *niderin minne heizet diu sô swachet, daz der lip nâch kranker liebe ringet: diu liebe tuot unlobeliche wé. hôhiu minne reizet unde machet daz der muot nâch hôher wirde ûf swinget: diu winket mir nû daz ich mit ir gê* 47, 5. Die Liebe giebt Lust, der Dienst Tugend: *friundin dast ein süezes wort, doch sô tiuret frouwe uns an daz ort* 63, 24.

Im Minnedienst, der zugleich Ehre und Liebesgenufs sucht, hat der ältere Minnesang sich entwickelt. Der erste Dichter, welcher die beiden heterogenen Elemente trennte, ist Walther. Er stellt den Namen Weib über Frau, die Bezeichnung der Gattung über die des bevorzugten Standes[88], und wagt es sein Lied einem Mädchen zu widmen, das nicht zur Gesellschaft gehörte (49, 25). Auch unter den Liedern des streng höfischen Minnesanges sind manche, die ganz als Liebeslieder erscheinen, als Ausdruck eines wahren und innigen Gefühls; aber Walthers reine Empfindung und klare Anschauung war damit nicht zufrieden; er wollte, dafs die Kunst eine von allen Standesrücksichten freie Liebe ausdrücklich anerkenne. Nirgends hat Walther schöne Menschlichkeit und echten Dichtergeist besser bekundet als in diesen Liedern der niederen Minne. Er selbst bezeichnet sein Unternehmen als etwas Neues: *Si verwîzent*

mir, *daz ich sô nidere wende minen sanc; daz si niht ver-
sinnent sich, waz liebe sî!* Die Entwickelung der Kunst
zeigt, dafs das nicht leere Worte sind. Den Überdrufs
gegen die Minnepoesie teilten viele; unter den Dichtern spricht
sich Hartmann an einer Stelle (216, 37) ausdrücklich von
dem undankbaren Dienste los. Aber seine Kunst fand kein
neues Gebiet. Standesdünkel und Roheit der Empfindung
versagten diesen einfachen Liedern der Liebe den Beifall.
Die niedere Minne wurde freilich in den Kreis höfischen Gesanges aufgenommen, aber in der zersetzenden Dorfpoesie
Neidharts. Ihre humoristisch spöttischen Töne verschlangen
die zarten innigen Weisen Walthers[49].

Auch den Widerspruch zwischen dem Minnedienst
und den sittlichen Anschauungen liefs Walther nicht unbe-
merkt, und obschon er im ganzen die hergebrachten Formen
schonte, nimmt man doch das Bestreben wahr, ihre be-
denklichen Folgen zu umgehen. In demselben Cyklus, dem
die Lieder der niedern Minne angehören, bezeichnet er die
Frau, der er seinen Dienst widmet, ausdrücklich als ein
ledic wîp (47, 24), und in einer Gruppe von Liedern, die
zu den ältesten gehören, stellt er den Besitz eines Weibes
als das letzte Ziel des Werbens hin: *swelh sælic man daz
hât erstriten, ob er daz vor den liuten lobet, sô wizzet, daz
er niht entobet* (93, 4), und dem entsprechend wünscht er
98, 12 eine Vereinigung mit der Geliebten, gegen die keine
Merker und keine Hut etwas einzuwenden hätten. Die
tougenminne ist damit überwunden[50].

Eigenschaften der Liebenden.

Da der Minnedienst eine Schule edler Sitte sein soll,
so wird oft der Gedanke ausgeführt, dafs die Tugenden
den Dienst bestimmen[51]; denn nur wo die Besten sich
zur Minne vereinen, kann sie zu gegenseitiger Läuterung
führen. Der Dichter preist sich glücklich und dankt Gott,
so ein vortreffliches Weib gefunden zu haben: *nû lob ich
got, sît diniu bant mich sulen twingen, deich sô rehte hân
erkant, wâ dienest werdeclîchen lît* 56, 9[52]. Ihre Schönheit

und Güte sind des Dienstes wert, und fesseln seine Treue: *der herze ist ganzer tugende vol, und ist sô geschaffen an ir libe, daz man ir gerne dienen sol* 115, 14. *daz ich von ir niht gescheiden enkan, daz hât ir schœne und ir güete gemachet* 110, 17⁹⁵; wenn er sich von ihr abwendete, so würde er nirgends eine *alsô wol getâne* finden, *diu sô wære valsches âne* 119, 7⁹⁶.

Aber auch der Mann bedarf hoher Tugend, um der edeln Minne wert zu sein: *der alsô guotes wîbes gert, als ich dâ gere, wie vil der tugende haben solte* 59, 10⁹⁷; und die Frau freut sich, dafs der Ritter, dem sie ihre Gunst schenken will, *mit valschelôser güete lebt* 72, 9⁹⁸. Der schlechte Mann, der seine Ritterpflicht verabsäumt, insbesondere der sich der Kreuzfahrt entzieht, ist der Frauenhuld nicht wert: *dem sint die engel noch die frouwen holt* 13, 9⁹⁹. Ebenso nicht der Unerfahrene; es ist eine häufig gebrauchte Entschuldigung für die Härte der Dame, dafs der Werbende ihrer Gnade noch nicht wert sei⁹⁹. Minne und Kindheit sind einander gram 102, 8⁹⁹, und daraus ergiebt sich für die Frau Minne der scherzhafte Vorwurf, dafs sie *tôren jugent* dem erfahrenen Alter vorziehe 57, 23¹⁰⁰.

Die Liebenden sind nicht mit ihrer Überzeugung zufrieden, sie wollen ihr Urteil durch das Urteil der Welt bestätigt sehen. Mehr als die provenzalischen Sänger legen die Deutschen auf dieses Zeugnis Gewicht¹⁰¹. Walther braucht es vorzugsweise in den Frauenliedern; vielleicht nicht zufällig; denn auch uns klingt diese Berufung im Munde der Frau, welcher der Dienst angetragen wird, natürlicher, als von Seiten des Mannes, der nach eigner Willkür wählt. '*Ich hœre im maneger êren jehen, der mir ein teil gedienet hât*' 71, 19. '*got hât vil wol ze mir getân.. daz ich mich underwunden hân, dem alle liute sprechent wol*' 119, 26. '*sit daz ime die besten jahen, daz er alsô schœne kunne leben*' 114, 17. Aber einmal läfst auch Walther den Ritter sagen: *Ich hœre iu sô vil tugende jehen, daz iu mîn dienest iemer ist bereit* 43, 9; vgl. 64, 27¹⁰².

Die hohe Tugend der Frau wird oft und nachdrücklich gerühmt¹⁰³: sie ist ohne Wandel¹⁰⁴ und ohne

Falsch[106], was sie beginnt ist gut[106], ihr Lob ist unaussprechlich[107], sie ist die beste schlechthin[108]. Walther enthält sich solcher Superlative nicht durchaus: nirgends wüfste er eine Frau, die so schön und tadellos wäre 119, 8; sie ist gefeierter als Helena und Diana 119, 10; so lang er singt, wisse er ihr ein neues Lob zu finden 64, 24; nur einen Fehler könne er an ihr entdecken, die Ungnade 59, 19 [109]; auch die Frau spricht von der *valschelôsen güete des Ritters* 72, 9. Aber im allgemeinen ist Walther doch sparsam, und von höherer Wirkung als so gesteigertes Lob ist sein bescheidenes: *lihte sint si bezzer, dû bist guot* (51, 4). Hier ist der reine subjektive Ton wahrer Lyrik, der von jenen Berufungen auf fremdes Urteil wohlthätig absticht, glücklich getroffen [110].

Die Macht und Gröfse der Tugenden offenbart sich in ihrer Wirkung; sie halten den Liebenden wie Zauberkräfte 115, 30 [111]; er sieht seine Dame lieber als *himel* oder *himelwagen* 54, 1; ein ganzes Land könnte sich an ihrer Schönheit freuen 118, 22 [112]; ja der Kaiser würde ihr Spielmann werden, um sie zu gewinnen 63, 5 [113]. Dazu kommen die drastischen Wendungen: *wir lâzen alle bluomen stân und kapfen an daz werde wîp* 46, 19. *ich hete ungerne ' decke blôz ' gerüefet, do ich si nacket sach* 54, 21 [114]. — Der Schönheit und Tugend folgt der Dienst, sie sind aber auch die Ursache des Liebesweh‍s. Diesen letzteren Gedanken deutet Walther 64, 30 kurz an: *ez tuot in den ougen wol daz man si siht, und daz man ir vil tugende giht, daz tuot wol in den ôren. sô wol ir des! sô wê mir wê;* andere hatten ihn häufig wiederholt [115].

Die Frau wird bewundert als ein Meisterwerk des Schöpfers. Besonders liebt Hausen diesen von den Tronbadours überkommenen Gedanken [116]; bald spricht er ihn allgemein aus, bald mit bestimmter Beziehung auf die Schönheit und Güte [117]; auch Morungen braucht diese Wendungen; aber in sinnlicherer Ausführung als sie stellt Walther den göttlichen Werkmeister dar, wie er die Wangen weifs und rot malt 53, 35, oder *schœne* und *reine* wie im Erzgufs zusammenfügt 45, 23.

Vergleiche mit berühmten Schönheiten sind selten;

Walther's *sist schœne und baz gelobet dann Elêne und Dijâne* (119, 10) steht vereinzelt [118].

Wo Walther den Wert seiner Dame nachdrücklich hervorheben will, pflegt er zwei lobende Attribute mit einander zu verbinden, von denen das eine die Schönheit, das andere unkörperliche Vorzüge, Güte, Tugend, Adel, preist. Die einfachste und nächst liegende Wendung *ir schœne und ir güete* [119] braucht er nur einmal 110, 27, und nicht ohne den lieblich lachenden roten Mund hinzuzufügen. Sonst zieht er, wie Heinrich von Morungen, Wendungen vor, die weniger abgenutzt scheinen mochten [120]: *guot und wolgetân* 121, 1; *güete und wolgetæne* 86, 3; *schœne und reine* 45, 22. Als Inbegriff aller Vollkommenheit bezeichnet er nachdrücklich *schœne und êre* 59, 30. 110, 27; *ir sit schœne und sit ouch wert* 62, 16 [121]; *von den wîben, die mit werdekeit lebent und die schœne sint dar zuo* 53, 17; *sælde und êre* 97, 29. In diesen Beispielen hat der Dichter die durchsichtige Form des Parallelismus gebraucht; aber auch andere Verbindungen kommen vor: *schœne frouwe wolgemuot* 27, 35, *schœne frouwe guot* 90, 6; *ein alsô wol getâne, diu sô wære valsches âne* 119, 7 [122]. Zierlicher klingt: *waz din reiner lip erwelter tugende pfliget* 42, 24; *der herze ist ganzer tugende vol, und ist sô geschaffen an ir lîbe, daz man ir gerne dienen sol* 115, 14; oder in bildlicher Redeweise: *frouwe ir habt ein werdez tach an iuch gesloufl, den reinen lip; ich wæn nie bezzer kleit gesah; ir sit ein wol bekleidet wip, sin unde sælde sint gesteppet wol darin* 62, 36; oder die Tugenden der Frau werden auf die Wahrnehmung bezogen: *ez tuot in den ougen wol, daz man si siht, und daz man ir vil tugende giht, daz tuot wol in den ôren* 64, 27; überall liegt die einfache Gliederung zu Grunde [123].

Die Verbindung geistiger und leiblicher Vorzüge führt zu ihrer Vergleichung. Der innere Wert soll dem äusseren entsprechen: *si sehe daz innen sich bewar, si schinet ûzen froidenrîch, daz an den siten iht irre var: sô wart nie wip sô minneclich. so ist ir lop vil frouwen lobes entwich, ist nâch ir wirde gefurrieret diu schœne, diu si ûzen zieret* 121, 6. Er klagt: *ich gesah nie houbet baz gezogen, in ir herze kunde ich nie gesehen* 52, 31 [124]. Die Tugend ist mehr wert als die Schönheit (s. III Nr. 482 f.); als drittes sollte zu Schönheit und Tugend sich die Gnade gesellen 62, 16. 121, 1.

Einzelne Tugenden sollen in anderm Zusammenhange besprochen werden. Lobende Attribute allgemeiner Art sind *guot, güete* [125], *tugent, reine reinekeit, wert werdekeit, êre, edel* [126]; ihnen gegenüber stehen *wandel, wandelbære, missewende, valsch, lôse* [127], *bœse, schamelôs, verschampt*. Mit Bezug auf die Empfindung des Liebenden heifst die Frau *froidenrich, minneclich, wünneclich, süeze*. Den Inbegriff alles Guten bezeichnet *sælde, sælic*, dem nhd. herrlich etwa entsprechend, namentlich in einer Gruppe älterer Lieder hat Walther dieses Wort bis zur Ermüdung gebraucht. [128] — Eine Häufung verschiedener lobender Attribute, eine Aufzählung guter Eigenschaften findet man nur hin und wieder. Walther sagt *edeliu schœne frouwe reine* 46, 10; *die reinen, die lieben, die guoten* 110, 21; *dô liebes herze in triuwen stât, in schœne, in kiusche, in reinen siten* 93, 1. [129].

Im Preise der Schönheit sind die Minnesänger sehr enthaltsam; sie verweilen, der beschränkten Aufgabe ihrer Kunst gemäfs, lieber bei den geistigen Vorzügen als bei dem äufseren Sinnenreiz. Nur Heinrich von Morungen entfaltet einen gröfseren Reichtum von zierlichen Wendungen und anmutigen Vergleichen; Walther übertrifft wenigstens seine oberdeutschen Kunstgenossen [130].

Das allgemeinste Lob ist *schœne* [131]; zierlicher das gleichbedeutende *wol getân* 74, 21. 75, 9. 119, 8. 14. 116, 8. 121, 1 [132], *se wunsche wol getân* 54, 18; *diu wolgetæne* 86, 5; ähnlich *wunderweol gemachet* 53, 25. Vgl. ferner *reiner lîp* 62, 37, und, subjektiv gefafst: *minneclîcher lîp* 46, 18 [133].

Von einzelnen Teilen des Leibes werden Mund und Augen am öftesten gepriesen. *rôt* ist fast stehendes Attribut des Mundes 39, 28. 51, 37. 110, 17. 112, 0 [134]; die frische Farbe, den Provenzalen unbeachtet [135], vergleicht sich der Rose [136] im Tau 27, 29; die schwellenden Lippen sind das duftende Polster (*küssen*), das zu freundlicher Ruhe lockt und dem Kranken Labung verspricht 54, 7. Der rote Mund wird zur Bezeichnung der Geliebten selbst, vielleicht bei Walther zuerst, häufig bei späteren Dichtern 51, 37. Neben der Farbe wird das freundliche Lächeln erwähnt [137]: *und ir rôter mund der sô lieplichen lachet* 110, 17; das süfse Wort: *ir minniclicher redender munt* 43, 37 [138]. *von minneclichem munde* 52, 5 [139]. — Den Schmuck der Zähne [140], und die Kleinheit des Mundes [141], die der von Wizensee so anmutig hervorhebt, erwähnt Walther nicht.

An den Augen wird der Glanz gerühmt: *lieht* 74, 32. 110, 1 [142]. *spilnde* 27, 26. 109, 19 (118, 32) [143]; sie gleichen zwei Sternen 54, 31; aus ihnen lacht die Liebe: *dû lêrest liebe ûz spilnden ougen lachen* 109, 19; die freundlichen Blicke [144] rühren ans Herz: *ir vil minneclichen ougenblicke rüerent mich alhie .. in min herze* 112, 17; sie treffen es wie Pfeile: *und strâle ûz spilnden ougen schieze in mannes herzen grunt* 27, 26 [145].

Aufserdem kommen vor die blühenden Wangen [146], auf denen die Farbe der Rosen und Lilien sich mischt 53, 35. 74, 30; das *wol gezogene houbet* 52, 31; das blonde aufgebundene Haar 111, 18; der frische natürliche Teint 111, 11 [147].

Viele einzelne Züge aufzuzählen meidet der Minnesang [148]; einzig in seiner Art ist Walthers Lied 53, 25, wo der Sänger die Schönheit von Kopf bis zu Fufse betrachtet, das Haupt, die Augen, die Wangen, die schwellenden Lippen, Puls, Hände, Fufs [149]; anmutige Bilder und zierliche Wendungen heben das einzelne hervor, aber die Absicht zielt doch nicht sowohl auf anschauliche Schilderung, als darauf, die Verwunderung der Zuhörer ob solcher Kenntnis und Indiskretion zu steigern und mit überraschender Wendung das Rätsel zu lösen.

Poetischer als dieses pointierte Lied sind die Stellen, an denen der Dichter uns die Schönheit in ihrer Bewegung zeigt; besonders die hübsche Strophe des Tanzliedes 74, 28: *si nam das ich ir bôt einem kinde vil gelich daz êre hât; ir wangen wurden rôt* etc.; sodann die zweite Strophe des bekannten Frühlingsliedes, das den Streit zwischen der Schönheit der Natur und der Frau behandelt: *swâ ein edeliu schœne frouwe reine wol gekleidet unde wol gebunden* etc. 46, 10. Auch der Schmuck eleganter Kleidung findet

188   Gedanken und Anschauungen.

hier sein Lob[150], aber die natürliche Schönheit hat den Preis vor allen Toilettenkünsten: *selprar ein wip, ân vernis rôt, ganzlicher stæte* 111, 12[151].

Liebesbekenntnis.

Mit dem Preise der Geliebten verbindet sich das Liebesbekenntnis; bald äufsert es sich in einem einzelnen Wort, einem Attribut, einem Namen; bald wird es nachdrücklicher ausgesprochen. Das Bekennen der Liebe steigert sich zur Liebesversicherung; Aufrichtigkeit, Unwandelbarkeit, Macht der Liebe werden hervorgehoben und zuweilen die Aussage kräftig beteuert[152]: Walther zeigt sich auch hier mafsvoll. Seine Opferwilligkeit gegenüber der Geliebten versichert er einmal durch die Worte *so ich iemer wol gevar* 52, 38; ein andermal schwört er feierlicher *Ich wil al der werlte sweren ûf ir lip: den eit sol si wol vernemen: si mir ieman lieber, maget oder wip, diu helle müeze mir gescmen* 74, 4; aber das ist in einem scherzhaften Liede. Sonst meidet er solche Schwüre grade in Liebesliedern. Er scheidet sich mit Bewufstsein von denen, die Leben, Ehre und Seligkeit verschwören 61, 24; durch Einfachheit erreicht er auch hier wieder das Höchste. Sein herzliches *seht min triuwe, daz ichz meine* 74, 27 wird durch keinen übertroffen.
Die allgemeinsten Ausdrücke sind *liep, liebe, minne, minnen, meinen, holt sin, guot sin*. Künstlicher sind Wendungen, in denen die einzelnen Kräfte der Seele zu Trägern der Empfindung gemacht werden, z. B. *sit deich die sinne sô gar an si wante* 110, 15 *ich hân den muot und die sinne gewendet an die reinen* 110, 20[153]. *der min herze treit cil kleinen haz.* Das Ergebenheitsverhältnis bezeichnen: *dienest*[154], *dienen, eigenliche dienen* 112, 21, *eigen sin* 110, 24. *eigenliche understân sin* 120, 16. *sich für eigen jehen* 112, 20. — Ihr gehört sein ganzes Leben: *lâ mich dir einer iemer leben* 70, 22. 93, 27[155]; ihr neigt er sich in Gehorsam wie der Diener dem Herren: *sô wil ich mich neigen und tuon allez daz si wil* 116, 21[156].

Die Liebe ist aufrichtig und unwandelbar.

Die Geliebte heifst *friundîn*, die Herrin *frouwe*[147], auch *küneginne* 118, 29[148].

Das Werben wird bezeichnet durch *werben, dienen, biten, gern, ringen*[149]; das Ziel des Dieners ist *hulde, genâde, lôn, gelt, miete*[150].

Auf die Gesinnung kommt es an: *mîn wille ist guot und klage diu sêre, gêt mir an den iht abe* 100, 21[151]; er tröstet sich, dafs sie eine Frau ist, die *guoten willen kan gesehen* 121, 30; er bittet, dafs sie ihm den Willen vergelte 99, 38; er zweifelt nicht, dafs sie es thun würde, wenn sie seine Gesinnung kennte 14, 20[152]. Demgemäfs erklärt die Frau: *tæte er mir noch den willen schîn, hæt ich iht liebers dan den lîp, des müeser hêrre sîn* 71, 26.

Die Liebe ist aufrichtig: *mit triuwen* 89, 15. 95, 38. *mit stæten triuwen* 94, 3. *mit rehten triuwen* 14, 15. *entriuwen holt* 119, 21. Der Liebende beteuert seine Gesinnung: *seht mîn triuwe, daz ichz meine* 74, 27[153]; er wehrt dem Zweifel; aber die Frau fürchtet, *daz erz mit valsche meine* 71, 19; denn an untreuen Liebhabern fehlt es nicht (ob. S. 175) und dem Menschen ist der Blick ins Herz versagt. Daher bittet sie: '*der im inz herze kan gesehen, an des genâde suoche ich rât*' 71, 21[154]. Ebenso klagt der Mann: *Ich gesah nie houbet baz gezogen, in ir herze kunde ich nie geseken* 52, 31 (s. oben S. 185 f.).

Die Liebe kommt von Herzen: *von herzen meinen* 93, 26. 99, 3; die Frau ist *von herzen liep*, 66, 13[155]; sie ist ein *herzeliep*, die Liebe zu ihr eine *herzeliebe*[156]. Sie liegt am Herzen: *dâ si mit rehten triuwen sprach, ich mües ir herzen nâhe sîn* 72, 27[157]; sie wohnt im Herzen[158]: '*nû hân ich ouch im vil nâhen in mînem herzen eine stat gegeben*' 114, 10. '*sîn tugent hât ime die besten stat erworben in dem herzen mîn.*' 72, 18. *lâ stân! dû rüerest mich mitten an daz herze, dâ diu liebe liget* 42, 25. Das Herz ist wie eine Burg, in welche die Minne mit Gewalt einzieht 55, 10; das Herz der Geliebten ein wohl geziertes Haus der Freude: *rehter froiden vol, mit lûterlîcher reinekeit gezieret wol*; die Minne soll hineinziehen und dem Liebenden das Thor öffnen 55, 21.

Die Liebe ist unwandelbar (Michel S. 126): *stæte*

(s. Nr. 514 f.), *mit triuwen stæte sunder wanc* 89, 15 [169]; sie hat bisher bestanden 94, 3 [170] und wird immer bestehen 77, 22. 99, 5 u. a. [171]; in der Vergangenheit und für alle Zukunft: *der ich diene und allez her gedienet hân* 98, 28; *der ich vil gedienet hân und iemer mêre gerne dienen wil* 57, 15 [171]. Sie hat mit der Jugend begonnen: *nû brâht ich doch einen jungen lîp in ir dienest* 52, 25 [172], und wird das ganze Leben lang währen: *sît daz ich eigenliche sol, die wîle ich lebe sîn undertân* 120, 16 [171].

Er kann nicht von ihr lassen: *dâvon enkume ich niemer* 56, 11. *ich trage in minem herzen eine swære, der ich von ir lâzen niht enmac* 112, 23. *ich mac der guoten niht vergezzen, noch ensol* 64, 22 [175]. Ihre Liebenswürdigkeit fesselt ihn (Nr. 91—94). — Nicht der Einfluß anderer kann ihn davon abbringen [176]: *daz enkunde nieman mir gerâten, daz ich schiede von dem wâne* 119, 5; nicht die Härte der Geliebten: *bin ich dir unmære, des enweiz ich niht; ich minne dich* 50, 19. *diust von mir vil unverlân, iedoch sô tuot si beides mir sô vil* 57, 17. *ein ander man es lieze: nu volg ab ich, swie ich es niht genieze* 71, 31 [177].

Die Liebe ist einzig in ihrer Art; so wie er, liebt kein anderer: *waz sol ich dir sagen mê, wan daz dir nieman holder ist dan ich* 49, 29. *dô mich dûhte daz si wære guot, wer was ir bezzer dô dan ich* 73, 11 [178].

Sie ist die teuerste von allen Frauen: *gerne ich in allen dienen sol, doch hân ich mir dise ûz erkorn* 53, 29. *wan ichs alle schouwe, die mir suln von schulden wol behagen, sô bistuz min frouwe* 50, 35. *daz ich si minne vor in allen* 71, 5. *sî mir ieman lieber maget oder wîp, diu helle müeze mir gezemen* 74, 6 [179]. An ihr hat er erst rechte Liebe kennen gelernt: *ê was mir gar unbekant, daz diu minne twingen solde wie sie wolde, unz ichz an ir bevant* 109, 13 [180].

Andere Frauen sind ihm jetzt gleichgültig: *fremdiu wîp, die dankent mir vil schône . . daz ist wider miner frouwen lône mir ein kleinez denkelîn* 100, 17. *doch ist ir deheine, weder grôz noch kleine, der versagen mir iemer wê getuo* 53, 22 [181]. *lihte sint si bezzer, dû bist guot* 51, 4. *ein ander weiz die sinen wol: die lobe er âne minen zorn,*

Die Liebe ist unwandelbar, opferwillig, mächtig. 191

hab ime wis und wort mit mir gemeine: lob ich hie, sô lob er dort 53, 31. Sie ist es, diu mir enfremdet alliu wîp 72, 5 [103]. In demselben Sinne sagt die Frau: er eine tuot in allen mâl 114, 22 [143].

Ja, die Geliebte ist das teuerste auf der Welt: liep und lieber des enmeine ich niht; dû bist aller liebest daz ich meine, dû bist mir alleine vor al der werlte frouwe, swaz sô mir geschiht 42, 27 [104] (vgl. MF. 54, 10). Die alte Formel: lieb wie das eigne Leben, liep als der lîp, braucht Walther nicht [105].

Die Liebe ist bereit zu jeder Gabe und Leistung: sô wil ich mich neigen und tuon allez daz si wil 116, 21 [106]. het ich vil edel gesteine, daz müese ûf iuwer houbet 74, 24. möht ich ir die sternen gar müeren unde sunnen zeigene hân gewunnen, daz wær ir, so ich iemer wol gevar 52, 35 [107]. ' het ich iht liebers dan den lip des müese er herre sin ' 71, 26 [108].

Sie wünscht alles Gute: frouwe, daz ir sælic sît 14, 34. 52, 18. sælic sî, diu mir daz wol versté ze guote 109, 3. got gebe dir hiute und iemer guot 49, 26 [109]. Sie erträgt alles Leid: nu vergebez ir got, dazs an mir missetuot 57, 21 [110]. da enspriche ich niemer übel zuo, wan sô vil daz ichs klage 71, 34 [111].

Die Liebe kennt kein Mafs: nu enweis ich wes diu mâze beitet, kumet diu herzeliebe sô bin ich verleitet 47, 11 [112].

Sie herrscht mit unumschränkter Gewalt: diu min iemer hât gewalt 109, 5. diu mich twinget und alsô betwungen hât 98, 39. diu mir den lip und den muot hât betwungen 110, 14 [113]. Wie ein Zauber erscheint sie und stärker als Zauber: Schönheit und Ehre, deutet Walther, sind die Mittel, mit denen sie ihre Kunst an seinem Leibe übt 115, 30 [114].

Die Liebe verdrängt den Sinn: sît deich die sinne sô gar an si wande, der si mich hât mit ir güete verdrungen 110, 15; sie setzt sich an seiner Statt im Herzen fest 55, 8. Der Liebende erscheint sinnelôs 98, 11 (vgl. 121, 24 f.) [115]; er ist ein êrenlôser ougenûne 69, 27. 42, 3; er vergifst sich selbst 44, 20 (vgl. Peire Vidal, Michel S. 108. Erec 1736. Iwein 1335). Vor der Geliebten verwirren sich seine Gedanken 121, 24 f. und die Worte versagen ihm 115, 22 (vgl.

Bern. de Ventadorn, Michel S. 106)[196]. In der Gesellschaft erscheint er teilnahmlos. Mancher nahet, um mit ihm zu reden: *só swîg ich und lâze in reden dar, waz wil er anders daz ich tuo? hete ich ougen oder ôren danne dâ, sô kunde ich die rede verstân: swenne ich niht ir beider hân, son kan ich nein, son kan ich jâ* (vgl. Pons de Capdoill, Michel S. 110)[197].

Sinn und Gedanken weilen bei der Geliebten: *min lip ist hie, sô wont bî ir min sin* 44, 17. *min schîn ist hie noch, sô ist ir daz herze mîn bî* 98, 9[198]. — Das Herz läfst sich nicht von ihr scheiden: *sol ich dich frouwe miden eines tages lane, sô enkumt mîn herze doch niemer von dir* 89, 9; er ist *ellende mit gedanken* 44, 15[199].

So werden die Gedanken zu einem Mittel des Verkehrs; sie sind die Augen des Herzens, die durch Wand und Mauer zur Geliebten dringen 99, 17[200]. Der Liebende hofft, dafs die Frau auch ihn so aufsuche: *min frouwe ist underwîlent hie; sô guot ist si als ich des wæne wol* 44, 11[201]. Die Seelen sind ungeschieden und die Liebe spottet des äufseren Zwanges: *nu hüeten swie si dunke guot, sô sehent si doch mit vollen ougen herze sin und al der muot* 99, 31. *mac din huote mich ir libes pfenden, dâ hab ich ein trœsten bî: si enkan niemer von ir liebe mich gewenden. beinget si daz eine, sô ist daz ander fri* 94, 7[202].

Liebesleid und -lust.

Aus der Liebe quillt Leid und Lust. Ausdrücke für Freude und heitere Stimmung: *freude, frô, freudenrîche. sælic*[203], *hôchgemüete, hôher muot, hôchgemuot, trôst, lieber wân, liebe, wünne, gemeit, geil* 66, 29. 116, 36; *mir tuot sanfte, wol; mir ist, wirt, geschiht wol, liebe* u. a.[204] Negativ: *âne sorgen, sorgen buoz, daz trûren zergât, der kumber zergât mit froiden, von kumber erlôst werden, trûren vertriben, ungemüete wirt kranc* u. a.

Das Leid bezeichnen: *leit, herzeleide, kumber, sorge, swære, angest, ungemüete, riuwe, klage, unsœliekeit, sêr, müejen, verdriezen, mir ist wê, betwungen, trûric*[205]. Negativ: *unsælie, der trôst zergât, gedinge unde wân verliesen, an vröiden verderben, vroidenrîchen muot verkêren* u. a.

Besonders wird der Liebesschmerz durch senen bezeichnet: *senediu nôt, sendîcher kumber, sorge, muot, herze, sin, suht* [206].

Wie die Liebe einzig in ihrer Art ist (Nr. 108. 179), so auch ihre Wirkungen. Glückliche Liebe giebt immer während e Freude [207]: *mich froit iemer daz ich alsô guotem wîbe dienen sol* 110, 5. *git daz got, daz mir noch wol an ir gelinget, seht sô wære ich iemer mêre frô* 109, 9. *owê wolt ein sælic wîp alleine sô getrûrte ich niemer lac* 100, 10. *die mine froide hât ein wîp gemachet stæte und endelôs von schulden al die wîle ich lebe* 72, 20. *nû bin ich iedoch frô und muoz bî froiden sîn durch die liebe* 98, 6. — Sie giebt ganze Freude [208]: *ganzer froiden wart mir nie sô wol ze muote* 109, 1. *ganzer froiden hâst du niht* etc. 91, 21. *ganzer trôst mit froiden underleinet* 93, 27. — Die Frau selbst ist Freude [209]: *sist iemer mêr vor allen wîben ein wernder trôst ze froiden mir* 121, 21 (s. Nr. 72 f.)

Sie ist im Besitz der Freude: *sît an ir sîn froide stât* 113. 15 [210]. *al mîn froide lit an einem wîbe* 115, 14 [211]. *het ich niht mîner froiden teil an dich herzeliep geleit, sô möht es wol werden rât; sît nû mîn froide und al mîn heil, dar zuo al mîn werdekeit niht wan an dir einer stât* etc. 97, 12. Aus ihrem Freudenhort soll sie dem Liebenden mittheilen: *sît daz nieman âne froide touc, sô wolde ouch ich vil gerne froide hân* etc. 99, 13. *ob ir in welt froiden rîchen* 113, 4. *scheidet frouwe mich von sorgen . . oder ich muoz an froide borgen* 52, 15. 48, 6. Sie soll ihm Freude geben, bringen, senden: *enlât iuch niht verdriezen ir engebet im hôhen muot* 113, 6. *ich hân trôst, daz mir noch froiden bringe, der ich* etc. 63, 10. *ob ir in se froiden bringet* 113, 11. *sendet im ein hôhgemüete* 113, 15. *diu mîn iemer hât gewalt, diu mac mir wol trûren wenden unde senden froide manievalt* 109, 5 [212].

Die Frau allein giebt rechte Freude und hebt allen Kummer [213]: *swaz ich ie freuden zer werlte gewan, daz hât ir schœne und ir güete gemachet* etc. 110, 24. *alsus froit mich din sælde und ouch din êre, und enhân niht froide mêre* 97, 29. *ich wære ouch gerne hôhgemuot, möhte es mit liebes hulden sin* 95, 35. *sol der [kumber] mit froide an mir zergân, sô wird ichs anders niht erlôst, ern kome als ich mirz hân gedâht* etc. 72, 1. *daz mich enmac getrœsten nieman si entuoz* 120, 21. *mines herzen tiefiu wunde, diu muoz iemer offen stên, sin werde heil von Hiltegunde* 74, 16. *sie noch min froide an sweret stât, den mir diu guote mac vil wol gebüezen* 121, 18. *daz mich frouwe an froiden irret daz ist iuwer lîp, an iu einer ez mir wirret* 52, 7.

Die Geliebte giebt das höchste Glück: *waz ist den froiden ouch gelîch, dâ liebez herze in triuwen stât* 93, 1. *iuwer wîz niht daz ze froiden hôher tüge, swenne ein wîp von herzen meinet* etc. *dâ ist ganzer trôst mit froiden underheinet, disen dingen hât diu werlt niht dinges obe* 93, 25 ²¹⁴. An andern Stellen wird der Gedanke persönlich gefaſst: *ganzer froiden wart mir nie sô wol ze muote* etc. 109, 1 ²¹⁵. *endet sich min ungemach, sô weiz ich von wârheit danne, daz nie manne an liebe baz geschah* 110, 9 ²¹⁶.

Nicht weniger nachdrücklich wird der Liebe Leid betont: *daz si dâ heizent minne, deist niuwan swnde leit* 88, 20 ²¹⁷. *waz hân ich erworben, anders niht wan kumber den ich dol* 52, 29 ²¹⁸.

Der Kummer währt lange: *dû solt gedenken, daz ich nû lange kumber hân* 97, 22 ²¹⁹; er währt immer: *den kumber, den ich durch si hân geliten nû lange und iemer alsô lîden muoz* 120, 18. *des min herze innerliche kumber lîdet iemer sît* 119, 31 ²²⁰. Nur die Geliebte kann ihn heben (s. Nr. 213).

Kein Schmerz ist so groſs wie Liebesgram. Der Glückliche kann ihn nicht begreifen (s. Nr. 61), er führt in Verzweiflung und Tod : *darumbe wære ich nû verzaget, wan daz si ein lützel lachet, sô si mir versaget* 121, 4 ²¹¹. *sol ich eine alsus verdorben sin* 41, 4. *ich was vil nâch ze nidere tôt, nû bin ich aber ze hôhe siech* 47, 2. *nimet si mich von dirre nôt, ir leben hât mins lebennes êre, sterbet si mich, so ist si tôt* 73, 16 (vgl. Folquet de Marseilla, Pons de Capdoill bei Michel S. 97)¹²². Diese letzte Stelle gebürt einem humoristischen Liede an. Im Verhältnis zu andern Dichtern zeigt Walther keine Neigung zu diesem Thema; die Vorgänger hatten alle rhetorischen Mittel erschöpft, die Grösse des Liebesgrames auszusprechen [223].

Bildliche Ausdrücke schildern das Seelenleben (vgl. Nr. 93). Ungluckliche Liebe ist eine niederdrückende Last: *frouwe ich trage ein teil ze swære* 69, 15. *hilf mir tragen, ich bin ze vil geladen* 50, 26 [224]. Sie greift an das empfindliche Herz: *lâ stân! dû rüerest mich mitten an daz herze* etc. 42, 25. *ir vil minneclichen ougenblicke rüerent mich alhie . . in mîn herze* 112, 17 [225]. Die Liebe trifft mit scharfem Pfeile: *si such mich niht, dô si mich schôz, daz mich noch sticht als ez dô stach* 54, 23 (s. Nr. 258). Das Herz ist wund: *mines herzen tiefiu wunde* 74, 14. 16. 18. *mîns herzen sêr* 54, 6 [226]. Liebesgram ist todbringende Krankheit: *ich was vil nâch ze nidere tôt, nû bin ich aber ze hôhe siech* 47, 2 [227]. — Glückliche Liebe gewährt Heilung: *sô stüende ich ûf von dirre nôt und wære ouch iemer mê gesunt* 54, 9. *mines herzen tiefiu wunde, diu muoz iemer offen sîn, si enheiles ûz und ûf von grunde* 74, 15. *und wirt mir gernden siechen, sender sühte baz* 54, 36 [228]; sie giebt Jugend und Leben (vgl. Nr. 222): *ich junge und tuot si daz* 54, 35. *und nerne iemer von ir schæne niuwe jugent* 93, 39 [229]. Der Mut hebt sich: *sô stîgent mine sinne hôher danne der sunnen schîn* 118, 28 (vgl. 76, 13 *mîn herze swebbet in sunnen hô.* 42, 34 *die jungen, die von vröuden solten in den lüften sweben* [230]). Das Kraftgefühl wächst: *ich bin nu sô rehte frô, daz ich vil schiere wunder tuon beginne* 118, 24 [231].

Die Empfindung gewinnt **körperlichen Ausdruck**: das Mädchen errötet und senkt züchtig die Augen 74, 30 [232]. In der Freude funkeln die Augen: *ich ensach die guoten nie mir ne spilten dougen ie* 118, 30. *dû lierest liebe* (Lust) *ûz spilnden ougen lachen* 109, 19 [233]. Das Herz klopft: *unde spilet im sîn herze gein der wünneclichen zît* 120, 31. Als das Herz die Augen zur Geliebten sandte: *seht, dô brâhtens ime diu mære, daz ez fuor in sprüngen gar* 99, 18 [234]. Im Lachen äufsert sich die selige Stimmung des Liebenden: *seht, dô muost ich von froiden lachen* 75, 21 [235]. (Heitere Stimmung überhaupt äufsert sich in *tanzen lachen unde singen* 51, 23, *in tanzen und springen* 114, 36; *ich hân alsô hôhen muot als einer der vil hôhe springet* 58, 16 [236]. Der

Glückliche richtet sich stolz auf, während der Bedrückte langsam und gesenkten Hauptes einherschleicht 19, 32 [237]).

Der Liebeskranke versinkt in Gedanken und erscheint teilnahmlos in froher Geselligkeit: *als ich mit gedanken irre was, sô wil mir maneger sprechen zuo, sô swig ich unde lâze in reden dar* 41, 37 [238]. Heftigeren Ausdruck der Empfindung verbietet Walther (s. Nr. 590), und er meidet daher manches, was andere Dichter aussprechen [239].

Vor allem ist der Gesang Ausdruck der Liebe [240]: *ganzer froiden wart mir nie sô wol ze muote, mirst geboten, daz ich singen muoz . . mich mant singen ir vil werder gruoz* 109, 1. Liebe ist Voraussetzung und Bedingung des Gesanges [241]: *ich wil mit hôhen liuten schallen werdent diu zwei wort mit willen mir* 63, 21. *swelh schœne wip mir deune gæbe ir habedanc, der lieze ich liljen unde rôsen ûz ir wengel schînen* 28, 6. vgl. 19, 37. 54, 23. Wo die Liebe fehlt, verstummt der Gesang [242]; auch Walther hatte einmal daran gedacht lange zu schweigen, aber die Rücksicht auf das Publikum heifst ihn von neuem anstimmen 72, 31 [243]. Die zürnende Herrin verbietet den Gesang [244].

Was die Liebe berührt, nimmt ihre Farbe an. Gesegnet ist die Stätte, wo die Geliebte sich zeigte 54, 25; gesegnet die Stunde der Bekanntschaft: *wol mich der stunde daz ich si erkande* 110, 13. Die Zeit der Liebe ist glückliche Zeit: *vil sælic sin ir jâr und al ir zît* 96, 3 [245]; selbst der Winter ist dem Liebenden willkommen (s. S. 173). Alles Ungemach verschwindet vor der Liebe; sie erträgt gern Drangsal: *son ruoche eht waz ich kumbers dol* 121, 18 [246]; sie kümmert sich nicht um Anfeindung: *ob mir liep von der geschiht, so enruoche ich wes ein bœser giht* 63, 12. *trœstet mich diu guote alleine, diu mich wol getrœsten mac, so gœbe ich umbe ir niden kleine* 74, 2 [247].

Wo das Liebesglück fehlt, sind auch andere Freuden nichts: dem scheidenden Geliebten sind die bunten Sommerblumen leid, wie den Vöglein die winterkalten Tage 69, 19 (Nr. 45); die Zeit verstreicht ihm sorgenvoll und langsam 70, 8 [248].

Gern hebt Walther die zwiespältige Macht der Liebe hervor; sie bereitet Wonne und Weh [249]: *was im wart von rehter liebe neweder wol noch wé* 14, 1. *sist ein wip diu schœne und ére hât, dû bî liep und leit . . ir wünnecliches leben machet sorge und wünne* 116, 25. *trûren unde wesen frô, sanfte zürnen sére süenen deis der minne reht; diu herzeliebe wil alsô* 70, 9. *gnáde und ungenâde dise sicéne namen hât min frouwe* 63, 96. *nimet si mich von dirre nôt, ir leben hât min lebennes ére, sterbet si mich so ist si tôt* 73, 19. Sie lindert die Schmerzen, die sie selbst verursacht hat: *diu guote wundet unde heilet* 98, 34. Sie wandelt Freude in Leid und umgekehrt[350]: *wol mac si min herze séren; waz danne ob si mir leide tuot? daz kan si wol verkéren* 119, 3. *Minne wunder kan din güete liebe machen, und din twingen swenden froide vil; dû lérest liebe úz spilnden ougen lachen, swâ dû méren will din góukelspil; dû kanst froidenrichen muot sô verworrenliche verkéren* etc. 109, 17.

Liebe und Leid gehören zusammen: *herzeliebes, swaz ich des noch ie gesach, dâ was herzeleide bî* 41, 33. ' *mir tuot einer slahte wille sanfte und ist mir doch darunder wé* ' 113, 31[351]. Daher das Oxymoron: *süeze arebeit* 92, 30. 119, 24. *ein senfte unsenftekeit* 109, 24. *ir séren tuot sanfte unsanfte* 109, 17; *sanfte zürnen, sére süenen deist der Minne reht* 70, 3[352].

Das rätselhafte Doppelwesen beschäftigt die Reflexion: schon Hausen 53, 15 wirft die Frage auf: *was mac daz sin daz diu werlt heizet minne . . in wânde niht daz es ieman erfunde*[353]. Für Walther ist es ein Lieblingsthema: *saget mir ieman waz ist minne? weiz ich des ein teil, sô wiste ichs gerne mê* 69, 1. *minne ist ein gemeinez wort und doch ungemeine mit den werken* 14, 6. *diu minne lât sich nennen dâ, dar si doch niemer komen wil; si ist den tôren in dem munde zam und in dem herzen wilde* 102, 1. *diu minne ist weder man noch wip*[354], *si hât noch sête noch den lip, si gelichet sich dekeinem bilde. ir name ist kunt, si selbe ist aber wilde* 81, 31. Nur die freundliche Minne verdient den Namen Minne: *minne ist minne tuot si wol, tuot si wé so enheizet si niht rehte minne* 69, 5[354].

Die Minne wird personifiziert. Schon bei den älteren Minnesängern wird sie nicht selten angeredet und wie ein selbständiges Wesen behandelt[356]; viele einzelne Züge der Personifikation sind vorhanden, aber Walther faſst sie erst zu anschaulichem Bilde zusammen. Unter den älteren Dichtern kommt Hausen an einer Stelle (53, 23) ihm am nächsten; fast nichts gewährt Reinmar und, was auffallender ist, Morungen [157]. Bei Walther erscheint die Minne als Herrscher über jung und alt 50, 5 (vgl. Eneit 273, 34); als Königin 41, 1. 56, 12; als Kriegerin mit Pfeil und Bogen 40, 32. 35; sie verwundet und heilt 41, 2 [158]; sie bestürmt das Herz wie eine Burg 55, 10. 20; oder sie schleicht sich wie eine Diebin hinein 55, 31 [159]; sie sitzt auf dem Richterstuhl und ihre Dienstmannen naben, um Recht zu nehmen 40, 20. 47, 14 oder Hülfe zu erbitten 14, 11. 41, 5. 55, 15. 109, 25. Oder die Minne tritt als Gesellschaftsdame auf, die ihre alten Getreuen vernachlässigt und um die Gunst junger Leute buhlt 57, 23.

Liebe und Gegenliebe, Dienst und Lohn.

Die Liebe hofft und verlangt Gegenliebe, der Dienst Lohn: *eines friundes minne diust niht guot, da ensi ein ander bi. minne entouc niht eine, si sol sin gemeine* 51, 7. *min gedinge ist, der ich bin holt mit rehten triuwen, dazs ouch mir dazselbe si* 14, 44. *friunt und geselle diu sint din: só sin friundin unde frouwe min* 63, 30. *minen willen gelte mir, sende mir ir guoten willen: minen den habe iemer ir* 99, 38. *sist só guot, swenn ir güete erkennet min gemüete, daz si mir dazselbe tuot* 14, 18. *minne ist zweier herzen wünne: teilent si gelîche, so ist diu minne dâ. sol ab ungeteilet sin, sô enkans ein herze alleine niht enthalten* 69, 10 [160]: eine Minne soll die andere suchen 44, 15. 99, 34 [161], zwei sollen ihre Last gemeinsam tragen 50, 23; Liebesweh und -Wunden gleich geteilt sein 40, 38. 41, 2. Die Liebenden sollen einander angehören: *eine sult ir iuwern lîp geben für eigen, nement den sînen* 86, 19 [162]. *er sælic man, si sælic wîp, der herze einander sint mit triuwen bi!* 95, 37 [163]. Und kein dritter ist zum Mitgenofs berufen: *(Minne) sol sin gemeine; só gemeine, das si gê durch zwei herze und durch deheines mê* 51, 11. '*an allen guoten dingen hân ich wol gemeine, wan dâ man teilet friundes lîp*' 70, 31 [164].

Der Dienst giebt Anspruch auf Lohn; die Herrin ist zur Gnade verpflichtet, denn so ziemt es dem Hohen und Mächtigen. *Frouwe ir sit schœne und sit ouch wert; den zwein slâ wol genâde bi* 62, 16. *ist nâch ir wirde gefurrieret diu schœne diu si then zieret, kan ich ir denne gedienen iht, des wirt bi selken êren ungelônet niht* 121, 11. *ir sit doch genâdenriche; tuot ir ungenædicliche, sô sit ir niht guot* 52, 12. *vil guot sit ir, wan daz ich guot von guote wil* 62, 33 [165]. *du solt eine rede vermiden .. als die argen sprechent, dû man lônen sol: hete er sælde, ich tæte im guot* 70, 15 (s. die Ausgabe). Die Leistungen, auf die der Liebende diesen Anspruch begründet, sind sein guter Wille und seine Tugend [166], insbesondere seine Treue und Beständigkeit, seine Liebe, sein Sehnen und Schmachten: *frouwe du versinne dich ob ich dir sihte mære si* etc. 51, 5. *doch solt du gedenken sælic wip, daz ich nû lange kumber dol* 97, 21 (das ganze Lied). *sô sol si nemen den dienest min, und bewar darunder mich, daz si an mir ouch niht versüme sich* 120, 22 [167]. Selbst die Teilnahme an geselliger Freude machen die Sänger als Dienst geltend 185, 21—30 [168].

Des Dichters besondere Gabe ist sein Lied; den Wert dieser Gabe hebt namentlich Walther gern und selbstbewußt hervor: *ich setze ir minneclichen lip vil werde in minen hôhen sanc* 53, 27. *du solt aber eines wizzen, daz dich rehte lützel ieman baz danne ich geloben kan* 69, 20. *hie ist wol gelobet, lob anderswâ* 59, 30 [169]. Er läßt durch den Boten sein Lied als wertvolle Leistung ankündigen: *dâvon wirt sin sin bereit, ob ir in se froiden bringet, daz er singet imer êre und werdekeit* 113, 11; er selbst sagt: *swaz ich si geloben mac, daz ist ir liep und tuot ir wol*. Er erwartet dafür Dank: *du solt mich des geniezen lân, daz ich sô rehte hân gegert* 97, 32. *disen wünneclichen sanc hân ich gesungen miner frouwen zêren, des sol si mir wizzen danc* 118, 30 [170]. Er beschwert sich, daß die Frau ihm gebührenden Lohn vorenthalte (100, 12) und droht mit Kündigung (s. S. 208). An andern Stellen erkennt die Frau selbst den Gesang als dankenswerten Dienst an [171]: '*der ie das beste von uns saget, dem sin wir holt*' 44, 3. '*ich *wil iu ze redenne gunnen* . . *das hât ir mir an gewunnen mit dem inwern minneclichen lobe*' 86, 9.

Da die eigne Kraft nicht ausreicht, wird Gott zur Hülfe gerufen: *Hêrre got gesegne mich vor sorgen* 115, 6. *nú müeze es got gefüegen sô, das ich noch von wâren schulden werde frô* 120, 32 [171]; oder die Frau Minne (s. S. 198).

Glück und Mifsgeschick, die dem Werbenden zufallen, werden oft durch sehr allgemeine Ausdrücke bezeichnet; *sælde* und *heil* (*ein mannes heil* 72, 26; *ein schœnes wîbes heil* 72, 16) stehen auf der einen Seite, auf der andern *unsælikeit, ungelücke, arebeit, ungemach, schade, nôt* (*senende nôt* 116, 35), *minneclicher strît* 74, 12.

Die Gunst der Geliebten wird als Ziel [175] (*ende*) bezeichnet: *ich kan ab endes nie gewinnen* 121, 1 [174]; als Gegenstand der Wünsche und des Strebens: *een kome, als ich mirs hân gedâht* [175] *umb ir vil minneclichen lîp* 72, 3; *das müeze uns beiden wol werden verendet, swes ich getar an ir hulden genuoten* 110, 22 [176]; *nú müeze mir geschehen als ich geloube an ir* 121, 23. Und in Frauenstrophen: '*in getar leider niht getuon des willen sîn*' 114, 14 [177]; '*das ich muoz verjehen, swes er wil*' 114, 7; '*ein man der mir wol iemer mac gebieten, swas er wil*' 72, 9 [178]; '*wes ich getuon, des er mich bat*' 119, 33; '*dem enmac ich niht versagen nie des er mich gebeten hât*' 113, 34 [179]. vgl. '*der muz erwerben swes er gert*' 44, 8 [180].

Allgemeine Ausdrücke des Gelingens und Mifslingens schliefsen sich an: *git duz got, das mir noch wol an ir gelinget* 109, 9. *nochn ist mir leider niht gelungen* 97, 8 [181]; *dâ mac er leider niht erwerben* 55, 15; *ungelücke mir verkêret, das ein sælic man volenden kan* 92, 5 [182]; *owê möhi ichs verenden* 122, 20 [183]. '*mich dunket das min niemer werde rât*' 113, 36; *sô müht es wol werden rât* 97, 14; vgl. 90, 22. 109, 28 [184]; *an iu einer es mir wirret* 52, 9.

Das Ende des Mifsgeschicks ist Glück: *nimet si mich von dirre nôt* 70, 15; *sô stüende ich ûf ûz dirre nôt* 54, 9 [185]; *endet sich min ungemach* 160, 9.

Oft beziehen sich die Ausdrücke auf Gesinnung und Verhalten der Frau. Denn von ihr hängt alles Glück ab, ihr Wille entscheidet. *Genâde und ungenâde dise zwêne namen hât mîn frouwe beide* 63, 36. *owê, wolt ein sælic wîp alleine, sô getrûrte ich niemer tac* 100, 10. *welt ir, sin trûren ist verkêret* 113, 20. *den zwîvel mac diu guote gebüezen, ob sie willen hât* 121, 17 [294].

Der Liebende hofft auf Gegenliebe (s. S. 198) und Vertrauen (s. S. 189); er strebt *nach seiner frouwen minne* 84, 7. 118, 27; er sucht ihre Gnade [295], ihre Huld [296], ihre Güte [297]; er bittet um ihren guten Willen 96, 8. 100, 1 [298]; er wünscht, dafs sie ihm nicht nur *frouwe*, sondern auch *friundin* sei: *friundin unde froun in einer wæte wolt ich an dir einer gerne sehen* 63, 20. *friundin deist ein süezes wort doch sô tiuret frouwe uns an dem ort* 63, 24. *friunt und geselle die sint dîn, sô si friundin unde frouwe mîn* [299].

Er erwartet, dafs sie ihm gutes erweise: *liebes unde guotes* (vgl. 91, 19) *des wurd ich von ir gewert* 14, 29. *guot tuon* 70, 15. *daz beste tuon* 14, 21; *guotes gunnen* 95, 20; *wan daz ich guot von guote wil* 62, 33 [?]. *und bite iuch vrouwe, daz ir iuch underwindet mîn* 43, 14. Die Frau sagt '*wan ich sîn vil schöne enpflac*' 72, 13 [?].

Er verlangt *lôn* 49, 13. 56, 25. 70, 16. 72, 7. 74, 34. 100, 19; Hilfe: *hilf mir tragen* 50, 26. *owê woldest du mir helfen* 69, 12. *wellest du mir helfen, sô hilf an der zît* 69, 14 [?]. Förderung: *du solt mich des geniezen lân, daz ich sô rehte hân gegert* 97, 33. *er mac wol geniezen iuwer güete* 113, 17 [?], und Gewährung: *nû sprich, bin ich daran gewert?* 97, 32 [?].

Wie das Glück, so ist auch das Unglück in der Gesinnung der Frau begründet. Es fehlt ihr an Vertrauen (s. S. 189), sie zeigt sich gleichgültig: *bin ich dir unmære* 50, 19. *si ob ich dir gar unmære* 69, 17 [?]; *ab si vergizzet iemer mîn* 100, 15 [?]; sie versagt 114, 10. 121, 5. Sie ist ungnädig: *mîn frouwe ist ein ungenædic wîp* 52, 23. *tuot ir ungenædecliche, sô sît ir niht guot* 52, 12 [?]. Sie ist stolz und übermütig: *ze hêr* 54, 0. *überhêr* 49, 22, *verkêret* 93, 30 [?]. Sie zürnt 70, 2 [?]; *von minneclichem munde ergât unminne* 52, 5; sie ist ihrem besten Freunde gram 53, 9 [?].

Sie gewährt nicht Gutes; *si missetuot* 52, 20 [?]; bereitet *schaden* 50, 24. 47, 15, *nôt* 53, 5 (14, 28. 116, 35) und ungemach 96, 31. 110, 9. Sie spottet des Unglücklichen, sie *hanet* ihn 40, 19 und fügt zum Schaden den Spott 52, 1 [303].

Die Liebe bleibt unerwidert: *waz hilfet mich, daz ich si minne* 71, 5 [304]; *der mir ist liep, dem bin ich leit* [305]; der Dienst ungelohnt: *der ich diene und hilfet mich vil kleine* 110, 12 [306]. Sie sucht Ausflüchte: *hete er sælde, ich tæte im guot* 70, 15 [307]. Die Hoffnung ist betrogen: *in ir herze kunde ich nie gesehen; ie darunder bin ich gar betrogen, daz ist an den triuwen mir geschehen* 52, 33. *sol ich miner triuwe alsus engelten, so ensol niemer man getrûwen ir* 112, 31 [308]. Mühe [309] und Zeit [310] sind verloren: *lide ich nôt und arebeit, die klage ich vil kleine; mine zit alleine, hân ich die verlorn, daz ist mir leit* 53, 5. *owê miner wünneclichen tage, swaz ich der an ir versûmet hân* 53, 1. *owê sô verlorner stunde* 52, 4. *nû brâht ich doch einen jungen lip in ir dienest . . . wie ist daz nû verdorben* 52, 25. Krankheit und Tod ist der Liebe Lohn (s. S. 194 f.).

Andere Ausdrücke für Liebesglück und Unglück beziehen sich auf die Stimmung des Liebenden, auf Leid und Lust (s. S. 192): *liep geschiht, iht liebes tuon* 95, 34. *liep geben* 69. 20. 98, 25; *trôst, træstelin* 66, 2, *trœsten; freude, freudelin* 52, 20, *frönwen, freude rîchen* 113, 4, *freude senden* 109, 5, *freude bringen* 63, 10. 91, 37, *ze freuden bringen* 113, 12, *froide stæte machen* 72, 20, *schaffe daz ich frô gestê* 62, 19; *hôhen muot geben* 113, 6, *hôhgemüete senden* 113, 15 [311].

leit, sunderleit 122, 21, *leit geschiht* 96, 34, *leit tuon* 57, 18, *ze leide tuon* 119, 14; *si tuot ir friunden wê* 59, 25, *beswæren* 62, 31, 98, 30.

Negative Wendungen schließen sich an: *trûren verkêren* 113, 20. 100, 10; *trûren* (109, 6), *swære* (113, 1) *wenden; von sorgen scheiden* 52, 15, *erlösen* 72, 20; *kumber* (120, 18), *zwîvel* (121, 15) *gebüezen; des herzen riuwe senften* 74, 10; *des herzen wunden heilen* 74, 16. — *an froiden irren* 52, 7. — *der sorgen wirt buoz* 75, 4, *rât* 109, 28. *ungemüete wirt kranc* 110, 8. *liebe* (53, 3), *trôst* (14, 13), *trûren* (110, 4) *zergât*.

Künstlicher sind die Wendungen, welche das Glück der Liebe durch ihre Wirkung auf andere bezeichnen: *mit den wil ich iemer gerne liden, frouwe, dâ solt dû mir helfen suo* etc. 63, 14; *das wende, das ich der valschen ungetriuwen spot von miner swære iht müeze sin* 97, 9, vgl. 98, 14[313].

Oft wird die Gunst, die der Liebende erstrebt oder geniefst, auch durch bestimmtere Ausdrücke bezeichnet. Das erste Ziel ist, dafs die Frau sich die Werbung gefallen lasse MF. 152, 34[313]; ein Bote überbringt den Antrag 112, 35[314], oder der Ritter selbst erbietet sich zum Dienst 43, 10[315], er wünscht, der Frau sein Lied widmen zu dürfen 62, 18[316], er verlangt, dafs sie es freundlich aufnehme: *wil si das ich andern wîben widersage, sô lâz ir mine rede ein wênic baz gevallen* 71, 7[317]. Er klagt, dafs sie ihn nicht verstehe: *wie kumt, das ich sô wol verstân ir rede, und si der miner niht* 71, 27[318]. Sie setzt seiner Rede Schweigen entgegen 71, 5, sie verbietet sie gar 61, 32[319], oder verachtet sie. Die Bitten bleiben unerhört: *diu lât mich aller rede beginnen, ichn kan ab endes nie gewinnen* 121, 2[320]; Lob wird mit Spott vergolten 40, 19. 73, 1; Gesang und Rede sind verloren 100, 12[321].

Der Anblick und die Nähe der Geliebten werden ersehnt und gepriesen: *owê sold ich si dicke sehen* 112, 19. *got lâze mich si noch gesehen die ich minne* 119, 17. *ob ichz vor sünden tar gesagen, so sæhe ichs iemer gerner an dan himel oder himelwagen* 54, 1 (vgl. Michel S. 215). *swenne ez diu ougen sante dar, seht, so brâhtens im diu mære, das ez fuor in sprüngen gar* 99, 17. *Ichn sach die guoten hie sô dicke nie, das ich des iht verbære mirne spilten dougen ie* 118, 30, vgl. 45, 37[322]. Freilich kann auch der Anblick der Geliebten zur Beschwer werden: ihre Schönheit betbört (Nr. 115. 145), und ihre Gegenwart raubt den Sinn (Nr. 195)[323].

Die Liebe verlangt aber mehr als Anblick, sie will persönlichen Verkehr[324]: '*sô ich in underwîlen gerne bi mir sæhe, sô ist er von mir anderswâ*' 70, 26. — Trennung und Ferne wecken Leid[325]: '*wil er mich ermüden mêre, sô versuochet er mich al ze vil*' 114, 5. '*ez tuot sô manegem wîbe wê, daz mir dâron niht wol geschæhe*' 70, 37. Den Abschiedsschmerz stellt das Tagelied dar 89, 5. 39.

Wenn Merker und Hute den Anblick und Verkehr

hindern (s. S. 170), oder der Beruf den Mann in die Ferne führt (s. S. 168), vermittelt der Bote (s. S. 171); Nachricht von der Geliebten erfreut (Nr. 39), bei ihr weilen die Gedanken (s. S. 102); die Erinnerung an sie ist Trost 42, 15[128].

Nicht geringe Gunst ist ein freundlicher Blick: *der blic gefrewet ein herze gar, den minneclich ein wip an siht* 92, 33. *durch ir liehten ougen schin wart ich alsô wol empfangen, gar zergangen was daz trûren mîn* 110, 1[127]. Die hartherzige vermeidet es, den Minnenden anzusehen: *einez ist mir swære, du sihst hi mir hin und über mich* 50, 21. 73, 1. 47, 27[128].

Den Grufs verlangt der Sänger als Lohn für sein Lied von allen Damen der Gesellschaft 72, 8. 56, 26. 66, 23. 49, 12[129]. Besonderen Wert hat der Grufs der Erwählten[130]: *mich mant singen ir vil werder gruoz* 109, 1. *bezzer wære miner frouwen senfter gruoz* 111, 30. *kint mit hulden mich den gruoz verschulden, der an friundes herzen lit* 14, 35. Er bittet, wenn sie ihn nicht offen zu grüfsen wagt: *sô sich nider ûf minen fuoz, sô dû daz enmügest, daz si dîn gruoz* 50, 54.

Ähnliche Bedeutung wie *gruoz* hat *danc: disen wünneclîchen sanc hân ich gesungen miner frouwen zêren, des sol si mir wizzen danc* 118, 36. *mich froit, daz ich alsô guotem wîbe dienen sol ûf minneclîchen danc* 110, 6. *si wunderwol gemachet wip, daz mir noch werde ir habedanc* 53, 26[131]. *frömdiu wîp, diu dankent mir vil schöne, daz iemer sælic müezen sin! daz ist wider miner frouwen lône mir ein kleinez denkelîn* 100, 17. Unfreundliche Herrin vergifst den Dank 100, 14; vgl. 49, 22.

Freundliches Lachen: *ich erwirbe ein lachen wol von ir, des muoz si gestaten mir* 115, 18. *darumbe wære ich nû versaget, wan daz ein wênic lachet, sô si mir versaget* 121, 2. 5. vgl. 110, 19. 27, 25. 35[132].

Nicht geringes Glück ist Gelegenheit zur Unterredung: *'ich wil iu ze redenne gunnen (sprechent swaz ir wolt), ob ich niht tobe'* 86, 9; das Höchste, was eine züchtige Frau glaubt gewähren zu können: *'tuot durch minen willen mê, sit niht wan mîn redegeselle'* 86, 28. Der Dichter klagt über die Frau: *diu lât mich aller rede beginnen, ichn kan ab endes nie gewinnen* 121, 2 [333].

„Kufs: *mines herzen tiefiu wunde, diu muoz iemer offen stên, si enküsse mich mit friundes munde* 74, 14. *si hât ein küssen, daz ist rôt, gewünne ich daz für minen munt* etc. 54, 7. *wurde mir ein kus noch seiner stunde von ir rôten munde, sô wære ich an froiden wol genesen* 112, 7. Vgl. 111, 36. 119, 30. 39, 26 [334].

Das letzte, bald mehr bald weniger unverhüllt bezeichnete Ziel ist glückliche Vereinigung [335]: *ist aber daz dir wol gelinget, sô daz ein guot wîp dîn gemüete hât, bei was dir danne froiden bringet, sô si sunder wer vor dir gestât. hulsen, triuten, bi gelegen, von solher herzeliebe muost du froiden pflegen* 92, 1. '*im wart von mir in allen gâhen ein küssen und ein umbevâhen*' 119, 30. *ich wünsche sô werde, daz ich noch gelige bî ir sô nâhen, daz ich in ir ougen sihe* 185. *dâ liuhtent zwêne sterne abe, dâ müeze ich mich noch inne ersehen, daz si mirs alsô nâhen habe* 54, 32. *doch müese ich noch die zit geleben, daz ich si willic eine finde, sô daz diu huote uns beiden swinde* 96, 22. *hei solten si zesamene komen mîn lip, mîn herze, ir beider sinne* etc. 98, 12. *solt ich pflegen der zweier slüzzel huote, dort ir libes, hie ir tugent, disiu wirtschaft næme mich ûz sendem muote* 93, 36. *bi der ich vil gerne lougen wære beide naht und ouch den liehten tac* 112, 25 [336]. Die lange Winternacht ist den glücklich Liebenden willkommen 117, 36. 118, 5 (s. S. 173). Auch bildliche Ausdrücke braucht der Dichter: Blumenbrechen 75, 12. 119, 11. vgl. 39, 12. Rosen lesen 112, 3 [337]. *getragene wât ich nie genam, dise næme ich als gerne ich lebe* 63, 3. — In den eigentlichen Minneliedern wird dieses Ziel immer nur gewünscht oder gehofft. Die Erfüllung zeigt sieh nur in Frauenstrophen (s. S. 164), im epischen Tagelied, und im Traumgesicht 75, 17 [338].

Wahn und Wunsch.

Je seltner die Gewährung ist, um so häufiger ergeht sich der Liebende in Hoffnungen. Wahn und Wunsch sind unbehindert: *wân unde wunsch daz wolde ich alles ledic lân* 62, 20. *joch sint iedoch gedanke frî* 62, 19[189]. Die Gedanken gewähren Trost: *swer verholne sorge trage, der gedenke an guotiu wîp, er wirt erlöst, und gedenke an liehte tage* etc. 42, 15. (s. S. 204). Die Gedanken beschweren aber auch das Herz: *liezen mich gedanke frî son wiste ich niht umb ungemach* 41, 35[240]. Liebe Hoffnung (*wân, gedinge, trôst*) erfreuet und kräftigt[241]: *ein niuwer sumer, ein niuwe zît, ein guot gedinge, ein lieber wân, diu liebent mir enwiderstrît, daz ich noch trôst ze froiden hân* 92, 9. *mit dem trôste ich dicke trûren mir vertribe unde wirt mîn ungemüete kranc* 110, 7. *sist iemer mêr vor allen wîben ein werder trôst ze froiden mir* 121, 21. 115, 10 ff. Die Hoffnung verspricht Liebe[242]: *mîn gedinge ist der ich bin holt mit rehten triuwen, daz och mir dazselbe sî* 14, 14. *mîn frouwe ist underwîlent hie, sô guot ist si, als ich des wæne, wol* 44, 11. *ich hân trôst, daz mir noch froide bringe, der ich mînen kumber hân geklaget* 63, 10. *doch tuot mir der gedinge wol . . deichs noch erwerben sol* 92, 7. Sie gewährt Glück: *ze wâre wünschen unde wænen hât mich dicke frô gemachet* 185, 10. Sie fesselt die Treue[243]: *daz enkunde nieman mir geråten, daz ich schiede von dem wâne* 119, 6. *ich diene iemer ûf den minneclîchen wân* 94, 6; und bewahrt vor Abtrünnigkeit 66, 6. Sie mufs Ersatz bieten für die Wirklichkeit: *und ich mich selben niht enkan getrøsten, mich entriege ein wân* 120, 36. 185, 9[244]; aber sie weckt auch die Sehnsucht nach der Wirklichkeit: *mich hât ein wünneclîcher wân und ouch ein lieber friundes trôst in senelîchen kumber brâht* 71, 35. Sie ist Selbsttäuschung 116, 33—39, die zerrinnt: *sus sazte ich alles bezzerunge für: swie vil ich trôstes ie verlür, sô hât ich doch ze froiden wân, darunder misselanc mir ie* 95, 21[245]. Wo die Erfüllung fehlt, giebt sie wenig Freude: *triuget daran mich mîn sin, sô ist mînem wâne leider lützel froide bî* 14, 16[246]. Rechtes Glück ist sie nicht: *muoz ich mî sin* nâch wâne frô, sô heize ich niht ze rehte ein sælic man 95, 27³¹⁷.

Die Ungewifsheit der Hoffnung ist Qual, der Wahn verbindet sich mit dem Zweifel: *swaz ich leides hân, daz tuot zwivelwân, wiez mir umb die lieben sül ergân* 111, 2. *swie noch min froide an zwivel stât, den mir diu guote mac vil wol gebüezen* 121, 15. *in einen zwivellîchen wân was ich gesezzen und gedâhte ich wolte von ir dienste gân; wan daz ein trôst mich wider brâhte* 65, 33³¹⁸.

Entschuldigung und Drohung.

Der echte Minner wagt es nicht, die Frau für sein Liebesweh verantwortlich zu machen; er klagt, aber er klagt nicht an: *dâ enspriche ich niemer übel zuo, wan sô vil daz ichs klage* 71, 31³¹⁹; er tröstet sich, dafs sie ihn nur versuchen wolle³²⁰: *triste si den willen min, liebes unde guotes des wurde ich von ir gewert* 14, 22³²¹. Oft nimmt der Liebende alle Schuld auf sich; er hat ja gewählt³²², sein Herz hat ihn verraten³²³, er strebte zu hoch³²⁴, er ist ihrer nicht wert³²⁵.

Die Wendungen die Walther braucht, klingen vorwurfsvoller. Er bezeichnet seine Treue und Hingebung als Ursache seines Leides: *Stæte ist ein angest unde ein nôt, in weiz niht ob si fro si* 96, 29³²⁶; er spricht davon, dafs er die Frau durch seinen Dienst verwöhnt hat: *ouwê waz lob ich tumber man? mach ich si mir ze hêr, vil lihte wirt mins mundes lop mins herzen sêr* 54, 5³²⁷. Er denkt daran, den Dienst aufzugeben: *In einen zwivellîchen wân was ich gesezzen und gedâhte ich wolte von ir dienste gân* 65, 33; aber die Hoffnung hält ihn zurück³²⁸. Er wagt es seinen Unmut zu äufsern; aber das kaum gesprochne Wort wird wieder zurückgenommen: *frouwe ich trage ein teil ze swære . . wê waz spriche ich ôren lôser ougenâne, den diu minne blendet wie mac der gesehen* 69, 15—28; oder durch das Geständnis der Liebe abgeschwächt: *sol ich miner triuwe alsus engelten, so ensol niemer man getrûwen ir . . wê war-umbe tuot si daz, der min herze treit vil kleinen haz* 112,

29—34. 53, 22—24 [259]. Aber auch das kommt vor, dafs der gekränkte Mann seine Klage aufrecht erhält; er kündigt der Minne den Dienst auf, falls sie ihm nicht helfen will 40, 19—41, 12 [260]; er zeiht die Frau der Undankbarkeit 40, 19—25; 52, 23—53, 16 (s. S. 199. 201 f.). Die Mahnungen werden dringender: *sô sol si nemen den dienest min und bewar darunder mich, daz si an mir ouch niht versûme sich* 120, 23. *wellest dû mir helfen, sô hilf an der zit. si ab ich dir gar unmaere, daz sprich endeliche, sô lâze ich den strit* 69, 16 [261]; er droht ihr mit der Ungnade der Welt: *hêrre waz si flüeche liden sol, swenn ich nû lâze minen sanc* etc. 73, 5—10 [262]; niemand mehr soll ihr trauen, wenn sie ihm seine Treue so übel vergilt 112, 29 [262a]. Er weist darauf hin, dafs sie nur in seinem Gesange lebt: *sterbet si mich, sô ist si tôt* 73, 16. Er wünscht, dafs ein Jüngerer komme und ihn an der Hartherzigen räche: *sô helfe iu got, hêr junger man, sô rechet mich und gét ir alten hût mit sumerlaten an* 73, 21 [263]. Schliefslich wendet er sich andern zu: *ich wil min lop kêren an wip die kunnen danken. waz hân ich von den überhêren* 49, 22. 71, 1 [264].

Natur.

Unter den Zeitgenossen Walthers ist keiner, der ein liebevolleres sinnigeres Versenken in das Naturleben bekundet, als er, keiner der es anmutiger und wirkungsvoller zu benutzen weifs. Zuweilen ist es, als vernähmen wir schon die Sehnsucht des modernen Menschen von dem aufreibenden Tagesleben am Busen der Natur auszuruhen [265]. Der Sänger flieht die Gesellschaft, um seinen Gedanken nachzuhängen. Wir finden ihn auf einsamem Felsen (8, 4), oder am Ufer des Baches (8, 28); die Wellen rauschen, die Fische schwimmen, das Auge ruht auf Feld und Wald, Rohr und Gras; die Gedanken richten sich auf die Tierwelt, was kriecht und fliegt und geht: Streit und Kampf überall, aber überall auch feststehendes Mafs und Gesetz, nur nicht in der Menschenwelt[365a].

Die Natur steht dem Sänger wie ein lebendiges, mitempfindendes Wesen gegenüber[366]. Er ruft den Sommer: *sîezer sumer, wâ bist dû* (76, 17), er bittet ihn um Trost und Freude (64, 19. 76, 10), er lobt ihn wegen seiner Arbeit (64, 10), und schliefst sich seinem Gesinde an (13, 22). Er redet den Mai an: *hêr Meie* (46, 30); er rühmt seine Gewalt, dafs er alle Welt verjünge wie ein Zauberer (51, 18), alles in Frieden schlichtet (51, 29), Heide und Wald in Festgewand kleidet 51, 10. Er droht dem Tage, der das Liebesglück stört 88, 16. Blumen[367] und Klee erheben einen Wettstreit (51, 34. 111, 27); der Anger errötet schamhaft über sein winterliches Leid, wenn der Frühling ins Land kommt (44, 21)[368]. Die Blumen lachen gleichsam der Sonne entgegen 45, 38. Die Vöglein[349] begrüfst er als Saugesgenossen: *wol iu kleinen vogellinen! iuwer wünneclicher sanc der verschallet gar den mineu* (111, 5)[370]; ihr winterliches Verstummen ist ihm Teilnahme an menschlichem Leide 124, 30. Er kennt auch geheimnisvolle Kräfte der Tiere: des Kuckucks Ruf und das Eselgeschrei sind von übler Vorbedeutung 73, 31.

Der Kreislauf der Natur im Wechsel[371] der Jahreszeiten ist das unerschöpfte Thema der Dichtung. Sommer und Winter sind die allgemeinen Gegensätze[371a]; der Sommer entfaltet seinen höchsten Glanz im Mai[376], der Winter übt seine Herrschaft am grimmigsten im Hornung 28, 32.

Der Sommer ist die freundliche Jahreszeit, *diu wünnecliche zît* (120, 13)[373] mit den *liehten tagen* (42, 17)[374]. Da entspriefst die Heide (114, 26), Anger und Aue werden frisch, Klee und Blumen[375] keimen empor (42, 21. 51, 32. 64, 13. 76, 11. 45, 37), weifs und rot (75, 12)[376]; auf dem Felde grünt die Saat (64, 15); Wald und Busch (*lô*) belauben sich (51, 31. 64, 14. 76, 11. 122, 33)[377]; die Bächlein rauschen (94, 17); die Vöglein erheben ihren Gesang (46, 2. 51, 26. 75, 15. 111, 5. 114, 25)[378], voran die Nachtigall (94, 19). Am schönsten ist die Natur, wenn sie morgens, tauerfrischt (27, 21. 29), der Sonne entgegenlacht (46, 1)[379].

Der Sommer ist der Trost in trüben Tagen (42, 17.

64, 13. 76, 11. 95, 19. 120, 13), die Zeit der Festfreude und Liebe (73, 25. 92, 9. 111, 1). Die ganze Welt freut sich (52, 20), Pfaffen und Laien eilen hinaus (51, 15) zu Tanz und Gesang (51, 21. 114, 35)[367] und Ballspiel (39, 4)[341]. Der Ritter verkündet der Frau die neue Zeit (114, 29); er sucht unter den Tänzerinnen sein Mädchen und bietet ihr den frischen Blumenkranz (75, 1). In sommerlicher Wärme lockt der lautere Brunnen am Waldessaum (94, 17) und der kühle Schatten der Linde (94, 24); die Liebenden gehen hin, die Blumen zu brechen (39, 10. 14. 75, 16. 36. 112, 3)[368]; die Natur bereitet ihnen ihr reich geschmücktes Lager (39, 11. 75, 12. 112, 3), die Bäume streuen ihre Blüten über sie (75, 17).

Unter den Vögeln ist dem Dichter die Nachtigall[369] vor allem traut (94, 19), der verschwiegene Zeuge der Liebe (30, 19. 40, 16); die Krähe stört süfsen Traum (94, 39). Unter den Blumen wird die Linde besonders genannt (39, 11. *diu l. mœre* 94, 24. *diu l. süeze und linde* 122, 35)[364], unter den Blumen Rose[365] und Lilie (s. Nr. 403).

Dem freundlichen Sommer steht der Winter gegenüber, die finstern (42, 19)[366], winterkalten Tage (89, 24)[367]. Die Erde verliert ihre frohen Farben, sie wird *val* (39, 2)[368]; *bleich* und *übergrâ* (75, 30)[369]; Reif[390] und Schnee decken sie (39, 10. 75, 37). Den Vöglein thut der Frost weh (75, 38. 114, 23. 89, 23)[391]; sie verstummen (39, 3. 75, 27. 122, 34)[392]; nur der heisere Ruf der Nebelkrähe tönt durch die Natur (75, 28).

Den Menschen erfüllt sein Nahen mit Sorge 42, 19; er bringt ihnen Kummer und Not (95, 19. 39, 1); die armen Leute jammern (76, 2); die Herzen verzagen (76, 14); Unmut liegt in den Mienen (75, 31); die Festfreude verstummt, man möchte die üble Zeit verschlafen (39, 6).

Das sind die Züge, mit denen Walther die Natur schildert. Es ist keine erdrückende Fülle von Einzelheiten, kein Haschen nach Fernliegendem, nichts was nur der Spüherblick des Forschers erreicht. Aber er hat doch genug Detail aufgenommen, um die Phantasie zu erregen; und er hat solche Züge gewählt, die, weil sie jedem offnen Auge sich darbieten, in der Dichtung unmittelbar wirken.

Über die Art, wie Walther die Darstellung des Naturlebens mit der Minnepoesie verbindet, haben wir früher gesprochen. Die typischen Eingänge liebt er nicht; er mifst die Lust der Liebe an der Freude der Natur; er braucht die landschaftliche Scenerie als Hintergrund des Liebesliedes. Er zuerst hat aber auch Lieder gedichtet, welche die Stimmung, wie sie durch das wechselnde Leben der Natur hervorgerufen wird, als eigentliches Thema behandeln: Frühlingssehnsucht 39, 1, Frühlingsfreude 114, 23. 51, 13, Winterleid 75, 25.

Die Darstellung und Benutzung der Natur in Walthers Lyrik ist dem modernen Gefühl fast überall entsprechend, und doch war das Naturgefühl jener Zeit von dem unseren noch sehr verschieden. Das materielle Bedürfnis drückte noch die Vorstellungen und bezeichnete die Grenze für den Naturgenufs. Walther sucht die idyllische Landschaft, den Waldessaum auf sanftem Hügel, der den Blick über freundliche Gegend öffnet (39, 11. 94, 11. 76, 32); für die Natur, die der Arbeit des Menschen hinderlich oder übermächtig ist, für die Pracht des Winters, den geheimnisvollen Zauber der Nacht, für den Aufruhr in der Natur, für das Grofsartige, Erhabne, Furchtbare hat er und seine Zeit noch kein poetisches Verständnis. Eine charakteristische Stufenleiter seines Naturgefühls giebt er in dem Liede 64, 13; die Heide mit ihrem bunten Schmuck gefällt ihm, besser der Wald, aber das Schönste ist das bebaute Feld.

Der Natursinn des Dichters bekundet sich ferner in Bildern und Vergleichen[293]. Bald sind sie nur kurz angedeutet und allgemein verbreitet, bald eigenartiger und breiter ausgeführt. Nur Heinrich von Morungen übertrifft ihn in der Fülle und Anschaulichkeit glücklich gewählter Naturbilder.

Das Haupt der Geliebten ist ihm wie der Himmel, ihre Augen wie die Sterne 54, 1. 27; vor ihrem Gefolge strahlt die edle Frau, wie die Sonne vor den Sternen 46, 15[294]. Die Höhe der Sonne ist das Mafs für die Höhe der Lust 76, 13. 118, 29[295]. Der wahre Dichter und Herr Wicman verhalten sich wie *ars* und *müne* 18, 10. Die Krone des deutschen Königs ist der *leitesterne* der Fürsten 19, 4. Freundeslachen ist wie süfses Abendrot 30, 15. Die trügerische Freundlichkeit eines kargen Herren ist ein wolkenloses Lachen, das scharfen Hagel birgt 29, 19 [396]. Das Eis [397] ist ein Bild glatter Unbeständigkeit 79, 33, die Freigebigkeit ist ein erquickender Regen 21, 2 [398], der Wind bedeutet Nichtigkeit 10, 11. 36, 17. 122, 26 [399]. Sturm (13, 12) und Sonnenfinsternis (21, 31) sind Vorzeichen des jüngsten Gerichtes.

Der kurze Sommer (15, 22. 122, 28 f.) [400], der Klee (35, 14), die bunten Blumen (42, 12. 102, 33) sind Bilder irdischer Vergänglichkeit; das fliefsende Wasser bezeichnet die Beständigkeit im Wechsel 124, 11. Die Gaben des Freigebigen lohnen wie die Saat 17, 3; *er ist eine schœne wol gezieret heide darabe man bluomen brichet wunder* 21, 4 [401]. Der Hofstaat eines Fürsten ist wie ein schöner Krautgarten, den Unkraut und Dornen zu überwuchern drohen 103, 13. Der Sänger schämt sich seines winterlichen Leides, wie die Heide vor dem Angesicht des Sommers errötet 42, 20. Eine tugendhafte Frau ist wie Linde, Blumen und Vogelsang 43, 33 [402]. Die Vereinigung von Rose und Lilie bezeichnen ihre Tugenden (43, 32), die frischen Farben ihrer Wangen 74, 31. 28, 7. 54, 38 [403]. Ihr roter Mund ist wie eine Rose im Tau 27, 29 [404], ihr Atem wie Balsamduft 54, 14. Die Königin Irene ist ihm eine Rose ohne Dorn 19, 19, der Landgraf Hermann eine Blume, die auch im Winter blüht 35, 15. Blumenbrechen bedeutet Liebesgenufs (s. Nr. 337). Blatt (103, 36) und Bohne (26, 26) sind Bilder der Nichtigkeit.

Der Löwe ist das Symbol der Kraft 12, 25 [405]. Der böse Mann ist gleich einem bissigen Hunde 29, 9 [406]; Herr Wicmann wie ein Jagdhund, der die Fährte verloren hat 18, 14, die Klätscher am Hofe wie Hofhunde oder Mäuse mit Schellen 32, 27. Das Rind bezeichnet die Dummheit 123, 36, Affenaugen den unstäten Blick 82, 20.

Der Adler [407] ist Sinnbild der Freigebigkeit 12, 25; der Thor heifst *gouch* 10, 7. 22, 30. 24, 7. 73, 31. 79, 2 [408] (vgl. *guggaldei* 82, 21). Kranichstritt und Pfauengang charakterisieren den Glücklichstolzen und den Bekümmerten

19, 31 f. Die Königin Irene heifst *tûbe sunder galle* 19, 19. Der Gesang der Nachtigall ist dem Dichter das Bild der eignen Kunst 65, 21[409], wenn er in trüber Zeit verzagt, so ist er wie das Vöglein, das sich beim Dunkeln des Abends birgt: *in singe niht, ezn welle tagen* 58, 29[410]. Der verlassnen Frau sind die Blumen zuwider wie den Vögeln die winterkalten Tage 89, 23.

Die glatten Windungen des Aals bezeichnen treulose Unbeständigkeit (30, 34)[411], die Frösche im See wüst schreiende Sänger (65, 21), Ameise und Grille, Fleifs und Trägheit (13, 26)[412].

Mannesmut soll fest sein wie ein Fels (*stein*) (30, 27)[413]; Liebenswürdigkeit und Schönheit bestehen nebeneinander wie Gold und Edelstein (02, 26)[414]. Das Blei ist sprichwörtlich wegen seiner Schwere (76, 3)[415], das Glas wegen seiner Vergänglichkeit: *ein meister las, troum unde spiegel glas, daz si sem winde bi der stæte sin gezalt* 122, 24[416].

Persönliche Angelegenheiten.

Über die Sprüche, welche persönliche Angelegenheiten behandeln, ist hier nicht mehr viel hinzu zu fügen; die Bitt-, Lob- und Scheltlieder sind schon in anderem Zusammenhange erörtert; bemerkenswert ist, dafs neben ihnen die Totenklage um verstorbene Gönner fehlt. Unter Hergers Liedern steht eins dieser Art, in dem er den Dank gegen den Verstorbenen mit der Bitte an seinen Erben verbindet, und sicherlich waren solche Gedichte alt hergebracht. Auch Hartmann (MF. 210, 23) beklagt den Tod seines Herren, später folgen andere mit ähnlichen Gedichten. Reinmar suchte dem alten Thema einen neuen Reiz zu geben, indem er die Weise des Minneliedes hineinklingen liefs und die Klage um den verstorbenen Herzog Leopold einer Frau in den Mund legte. Walther leistete auf diese

Gattung ganz verzieht; der Spruch, der an den Mord Engelberts anknüpft, ist nicht sowohl Totenklage als Aufruf zur Rache gegen die Mörder. Dagegen ist Walther, soviel wir wissen, der erste Dichter der einem Kunstgenossen einen Nachruf widmete (82, 24); und wenn wir auch nicht beweisen können, dafs es ältere Lieder dieser Art nicht gegeben habe, so waren sie jedenfalls erst in einer Zeit möglich, in der Kunst und Sänger zu höherem Ansehen vor der Gesellschaft gelangt waren. Nachfolger hat Walther mehrere gefunden, auch ihm klagten andre nach, aber unter diesen vermochte keiner ein Denkmal zu errichten, wie er es Reinmar geweiht hatte.

Religion.

Als Walther auf den Plan trat, war bereits eine reiche religiöse Litteratur vorhanden; auch bestand schon, wie uns Hergers Beispiel zeigt, die Sitte, dafs weltliche Sänger in weihevoller Stunde religiöse Lieder vortrugen. Aber obschon Sitte und Stoff alt sind und in Walthers religiösen Liedern vielleicht kein Gedanke, kein Bild vorkommt, das ihm eigentümlich wäre, so ist doch auch hier seine Dichtung neu durch die Behandlungsweise. In der Minnepoesie, so abstrakt sie zunächst war, hatte man die Form für eine persönliche Lyrik gefunden, und in diese Form fafst Walther den allgemeinen Inhalt der Religion. Festkantaten, wie sie sich Herger für Weihnachten und Ostern gedichtet hatte, verschmähte Walther; denn die Gebundenheit und Eintönigkeit, welcher regelmäfsig wiederkehrende Feste, namentlich religiöse, mit sich bringen, ist der freien Poesie ein lästiger Zwang. Auch Walther hat einen Spruch auf das Weihnachtsfest gedichtet, aber auf das ganz bestimmte Weihnachtsfest, wie es 1199 in Magdeburg gefeiert wurde.

Alte Themen, Sündenklage, Glaube und Beichte, Mahnung an die Vergänglichkeit der Welt, die Vorzeichen des jüngsten Gerichtes kehren auch bei Walther wieder; aber kaum erinnert man sich bei seinem Gesange der alten Weisen; ihre Töne sind verklungen. Nur das eine Kreuzlied bewahrt seiner Bestimmung gemäfs den typischen anlebendigen Ausdruck der alten Dichtung; seine übrigen Lieder sind von persönlicher, durch Umstände und Zeit bedingter Empfindung ergriffen und durchwärmt; selbst in dem prachtvollen feierlichen Leich, in welchem Walther Glauben, Beichte und Bitte für viele ablegt, fehlt nicht die Beziehung auf die Zeitverhältnisse. Die lange Pflege, welche mehrere Generationen grade der religiösen Dichtung und der Durcharbeitung der Religion überhaupt gewidmet hatten, macht sich am meisten vielleicht in der Fülle von Anschauungen und Gedanken geltend, die sich in den religiösen Liedern drängen. Man bewegte sich leicht in dem Reichtum, in dem man aufgewachsen war.

Der Ton in Walthers religiöser Dichtung ist ernst und gehalten. Der Sänger ist durchdrungen von der Wahrheit und Heiligkeit seiner Religion, obschon sich sein menschliches Denken und Empfinden zuweilen gegen ihre Lehren und Forderungen sträubt. Er erkennt das christliche Gebot uneingeschränkter Nächstenliebe an, aber er bekennt sich unfähig alle mit gleicher Liebe zu umfassen: *frôn krist vater und sun dîn geist berihte mîne sinne. wie solt ich den geminnen der mir übele tuot? mir muoz der iemer lieber sîn, der mir ist guot* (26, 9). Er zweifelt nicht an der göttlichen Gerechtigkeit, aber er vermifst sie, wenn er den Zustand der Welt bedenkt und sähe gerne schon in diesem Leben manchem ein Schandmal aufgedrückt (30, 19). Er ruft die Christenheit auf, ihre Stimme zu erheben, dafs sie Gott aus seinem Schlafe aufwecke: *Alle zungen suln ze gote schrîen: wâfen! und rüefen ime wie lange er welle slâfen* (33, 25). Blasphemistisches ist in solchen Wendungen nicht zu suchen, sie sind die Folge der stark sinnlichen Gottesauffassung (vgl. Psalm 35, 23. 44, 24); einen leichtfertigeren Ton schlägt Walther nur in einem Liede an (78, 24 s. S. 139), und auch hier braucht er ihn nicht gegen die heilige Person der Gottheit, sondern gegen ihre Diener, die Engel.

Von den Gedichten Walthers gehören hierher vor allem der Leich 3, 1, dann die Kreuzlieder 14, 38. 76, 22, die Sprüche 10, 1 und 26, 3, mit denen der Dichter einen längeren Vortrag einleitete; ferner einige Strophen der Töne 20, 16 und 78, 24. Allgemeine Betrachtungen über die irdische Welt und ihr Verhältnis zur Gottheit enthalten die Lieder 59, 37. 100, 24. 66, 21, einige Sprüche des Tones 20, 16 und die Elegieen 13, 5. 124, 1. Auch das Lied 122, 24, obwohl es wahrscheinlich nicht von Walther ist, hat in der folgenden Zusammenstellung Berücksichtigung gefunden"[1].

Göttliche Mächte.

Alle Grundlehren des Christentums kommen bei Walther vor. Zu Anfang des Leichs bekennt er die Dreieinigkeit des hohen, heiligen, ewigen Gottes 3, 1; ein Gott aber drei Personen (*namen*) 16, 32; eine feste Einheit: *stêht und ebener danne ein ein als er Abrahâme erschein* 15, 32. Er erwähnt alle drei neben einander: *nû sende uns vater unde sun den rehten geist herabe* 6, 28. *frôn Krist, vater und sun, dîn geist berihte mîne sinne* 26, 9. Oder er ruft, ohne Unterscheidung, einen nach dem andern an: *got hêrre, Krist hêrre* 24, 19. 21. *vil süeze wære minne, got* 76, 22. 24; oder er überträgt auf den einen, was zunächst von dem andern gilt: *heiliger Krist, sît dû gewaltic bist der werlte gemeine, diu nâch dir gebildet ist* 123, 27.

Gott: *got, got vater, got hêrre, hêrre got, rîcher got*. Er ist ohne Anfang und Ende 78, 24, unermefslich an Macht und Ewigkeit, unfafsbar für des Menschen Geist 10, 1.

Der Schöpfer und Erhalter der Welt 78, 24; *der alliu lebenden wunder nert* 22, 16; der uns aus nichts geschaffen hat 20, 18, nach seinem Bilde 7, 19. 123, 30; der kunstreiche Bildgiefser 45, 25 und Maler 53, 35; der die Frauen

Dreieinigkeit. Gott. Christus. 217

herrlich gestaltet hat 27, 30. 45, 21, den Menschen irdisches
Gut und Sinn gewährt 20, 19. 122, 9, dem Sänger Wort
und Weise giebt 20, 4.

Er ist der allmächtige Herr des Himmels und der
Erde, der himmlische Kaiser 13, 8. Das Scepter (*ris, stap*)
ist das Zeichen seiner Würde 26, 5. 77, 19. Er setzt
Könige ein und ab 12, 30. Die ganze Welt 123, 29, Christen,
Juden und Heiden dienen ihm 22, 16; selbst der
Teufel ist unter seiner Kraft 3, 16. 26. 12, 17.

Gott selbst wird als Kriegsheld aufgefafst, der zur
eignen Ehre (3, 17. 21) den Kampf gegen die Bösen führt
23, 24. 10, 12. 33, 25; gegen den Teufel 3, 26; insbesondere
gegen die Heiden, die sein Erbland besitzen 10, 9. 78, 40.
Da sind die Gläubigen sein Heer 78, 3; der weltliche Kaiser
sein Genosse 12, 9. Leib und Seele hat er den Menschen
als Leben gegeben, das Leben entrichten sie ihm als Zins
76, 38; sie fahren *Kristes reise* 29, 18 und erwerben dafür
als reichen Sold die ewige Seligkeit 13, 8. 77, 6. 125, 5.

Er (und Christus) ist der gerechte Richter 30, 19, der
die Bösen hafst 33, 34. 61, 27; der zürnt 7, 21, und droht
77, 27, und einem jeden lohnt nach Verdienst 67, 16.
10, 8. 77, 27.

Er ist der Schirmherr der Seinen 76, 25, der sie vor
der Hölle bewahrt 78, 4. 129, 38; ihnen hilft gegen den
Teufel und des Fleisches Lust (3, 18. 77, 1) und im Kampf
gegen die Heiden 16, 34. 76, 29. Er nimmt sich der Bedrängten
an, richt Wittwen, Weisen und Arme 16, 10. 76, 28;
ist der Urquell der Barmherzigkeit 7, 36. 57, 21. Er sendet
die rechte Lehre 3, 9, den rechten Geist 5, 28, die wahre
Liebe 123, 32. 26, 7, er unterstützt in der Pflicht 7, 16.
24, 32. 113, 26. Ihm vertraut man sein Geschick 24, 18.
105, 10; ihm klagt man sein Leid 9, 38. 122, 18. 115, 6,
25, 23; er gewährt alles Gute 49, 26. 109, 9. 119, 17. 18, 24.
26, 32. 115, 4. 119, 26. 120, 32, und verhütet das Übel
29, 22. 31, 22. 113, 30.

Sein Name wird oft interjektionell gebraucht, in Bitten,
Beteurungen[418] und in Verwünschungen 64, 34.

Christus: *Jesus* 123, 26, *Krist* 12, 13, *frôn Krist* 20, 9,
heiliger Krist 123, 27, *der wâre Krist* 4, 25; *der sun* 11, 19.

12, 10 u. a. *der megde kint* 10, 9, *megde barn* 102, 20, *daz reine lamp* 5, 1. In ihm ist, das gröfste der Wunder, der eine Gott Mensch geworden 5, 31; *junger mensch und alter got* 24, 26. *vater und sun* 6, 28. 26, 9; das Kind ohne Kindessinn 5, 28, das demütig vor Esel und Rind in der Krippe lag 24, 27.

Er liefs sich taufen, um uns zu reinigen 15, 13, sich verkaufen, um uns zu befreien 15, 15. Er ist der Erlöser von Sünden 76, 30. 123, 26, der für uns starb 77, 26. 14, der mit seinem Blut Evas Schuld abwusch 4, 29, den Teufel in der Hölle besiegte 15, 24, wieder auferstand 15, 16 und wiederkommen wird zum jüngsten Gericht 16, 8. 77, 27. Er hat durch seinen Tod unseren Tod getötet 4, 28, uns von der Hölle befreit 78, 34, und die Pforten des Himmels geöffnet 76, 34.

Das heilige Land ist sein Erbland 12, 10, er hat es geweiht 14, 38 f.; seine Wunden bluten, solange es in feindlicher Hand ist 77, 0.

Der heilige Geist: *der geist, der rehte geist* 6, 28, *der geist vil gehiure* 6, 20, *daz minnefiur* 6, 17, *die süeze wære minne* 76, 22 (vgl. 81, 31), *gotes minne* 34, 26. Er lenkt den Sinn richtig 76, 22, bringt die wahre Reue, labt und läutert die Herzen 6, 17. 76, 32.

Neben dem dreieinigen Gott thront im christlichen Himmel die Jungfrau Maria: *diu reine süeze maget* 3, 28. 78, 32, *diu maget vil unbewollen* 5, 19, *diu maget ob allen mageden* 4, 37, *diu künegin ob allen frouwen* 77, 12, *diu gotes werde* 7, 32, die Gott selbst sich zur Mutter erkoren hat 19, 6. 7, 22, *diu gotes amme* 4, 39, die den Heiland geboren hat 3, 28. 78, 34.

Ihre jungfräuliche Geburt wird als das gröfste der Wunder gepriesen 15, 10. 5, 35; sie empfing durch das Ohr 5, 23. 148, 10, sie trug und gebar ohne Sünden und Schmerzen 5, 35, sie ist *maget und muoter* 4, 2. 4, 21.

Im Leich häuft der Dichter die herkömmlichen Bilder zu ihrem Ruhme: sie ist die gerte Aarons 4, 4, *diu fric rôse sunder dorn* 7, 23, die Balsamstaude 4, 35, das aufgehende Morgenrot 4, 5, *diu sunnevarwiu klâre* 7, 24, die Pforte Ezechiels 4, 6, der Saal für Salomons hohen Thron 4, 32, das Fell Gideons, das Gott mit seinem Tau begofs 5, 20. Sie blieb unversehrt in der Geburt, wie der feurige Busch Moses 4, 13, wie das Glas, durch welches die Sonne scheint 4, 10.

Sie ist die mächtige Himmelskönigin: *himelfrouwe* 5, 26, deren Wille im Himmel gilt 78, 36, der ihr Sohn nichts versagt 78, 33. 24, 23, die Gottes Zorn besänftigt 7, 21, und ihre Bitte vor dem Urquell der Barmherzigkeit erklingen läfst 7, 33. An sie, die barmherzige Mutter (7, 22), wendet sich daher der Mensch um Hülfe, Trost und Fürsprache 4, 2. 5, 15. 3, 9. 7, 33. 77, 13. Sie hat Teil an dem Erlösungswerk 5, 39, sie kann wahre Reue verleihen wie Gott 8, 3.

Auch der Engel gedenkt der Dichter öfters 7, 25. 13, 9. 25, 14. 15, 11; sie sind in Chöre eingeteilt 79, 12; an der Spitze stehen die Erzengel Michael Gabriel und Raphael. Gabriel als Beschützer des Christkindes 24, 24.

Von der Verehrung der Heiligen und Reliquien kommt bei Walther nur wenig vor; aber er unterschied sich darin nicht von seinen Zeitgenossen. Palästina ist ihm heilig und wert als das Land, wo Christus gewandelt hat 15, 5; Speer, Kreuz und Dornenkrone sind kostbare Schätze 25, 13. 15, 18; den Erzbischof von Köln begrüfst er als den Kämmerer der heiligen drei Könige und elftausend Jungfrauen 85, 8. Hingegen den Aberglauben behandelt er mit einer humoristischen Ironie, welche die geistige Freiheit bekundet 31, 30. 95, 8. 73, 31[*fg*].

Die göttlichen Gestalten sind das Höchste, das es giebt; sie dienen zu den erhabensten Bildern. Unter dem Bilde der Dreieinigkeit verehrt der Dichter den König Philipp 19, 5; unter dem Bilde der heiligen Jungfrau dessen Gemahlin 19, 22; mit den Engeln vergleicht er die Frauen 57, 8 und bezüglich der Treue den Fürsten von Meifsen 12, 5.

Gott gegenüber, aber mit ungleicher Kraft (3, 26), steht der Teufel, *der hellemor* 33, 7, *der fürste üz helle abgründe* 3, 13; der den Menschen verleitet, Sünde lehrt und Unenthaltsamkeit 3, 10. 26; der Seelenräuber 77, 2; der Wirt im Lusthaus der Welt, der die Menschen an sich

lockt 123, 22, und schlimmeren Wucher treibt als ein
Jude 100, 29. Er ist das Bild des Schrecklichsten 23, 17:
*der tiuvel wœr mir niht sô smœhe . . sam des bœsen bœser
barn.*

Gott und Welt.

Gotes hulde soll das höchste Ziel des Menschen sein:
8, 16. 13, 10. 20, 23. 22, 25. 37, 29. 83, 32. 64, 7. Auch
die Welt hat viel liebe Dinge 60, 6, aber nichts ist vollkommen: *si jehent daz niht lebendes âne wandel si* 59, 21 [110],
jô brœche ich rôsen wunder wan der dorn 102, 35. Sie giebt
süsse Freuden 101, 8; aber in ihrem Honig schwebt die
bittere Galle 124, 36 [111]; sie glänzt anfsen im Schmuck
bunter Farben, aber innen ist sie *swarzer varwe, vinster
sam der tôt* 124, 37; sie ist ein üppiges Weib, an deren
Brüsten der Mensch ruht: *Frô Welt ich hân ze vil gesogen,
ich wil entwonen, des ist zît;* aber in ihrem Rücken wohnt
Grauen 101, 5 [112]; sie ist die Kupplerin im Lusthaus des
Teufels 100, 24 [113].

Die Freuden der Welt sind vergänglich 95, 25 [114],
sie sind wie ein kurzer Sommer, der vergängliche Blumen
und kurzen Vogelsang bringt 42, 11. 13, 22. Ihr Leben ist
wie Traum, Spiegelglas und Wind 122, 24. 124, 1. Die
Welt wird immer schlimmer 23, 11 [115]. Schliefslich verfällt
sie dem Untergang.

Das alt beliebte Thema vom jüngsten Gericht hat
Walther in den Sprüchen 21, 25 und 148, 1 behandelt [116];
aber auch in andern Gedichten finden sich Beziehungen.
Es ist der Tag, *gein dem wol angest haben mac ein ieglich
kristen, juden unde heiden* 21, 25; wo ein *gerihte* ergehen
soll, *daz nie deheines mê wart alsô strenge* 148, 3. 77, 27;
wo Pfand und Bürgen nichts gelten 16, 8. 148, 5. Furchtbare Zeichen verkünden den Tag: die Sonne verkehrt
ihren Schein 21, 31; gewaltiger Sturm legt Bäume und
Türme nieder 13, 16; die Bande der sittlichen Ordnung
lösen sich auf 21, 32; das Weltall geht in Feuer auf 67, 17.

Vergänglich wie die Welt ist der Mensch. Dem sündigen Leib sind die Jahre gemessen 77, 32 (vgl. 88, 1)[127]; seine Schönheit welkt dahin 67, 32, das Haar wird weifs 57, 31. 73, 19; der schwankende Schritt bedarf der Stütze 66, 30; der Mensch fühlt sich vereinsamt 124, 7; der Tod naht 77, 4. 123, 9, und nackt wie er geboren scheidet der Mensch von der Welt 67, 10[128]. Mit dem Leibe vergeht die weltliche Ehre 22, 9. 102, 29; Weisheit und Kunst 82, 24. 66, 30[129]. Im Tode sind alle gleich 22, 9. Aber am jüngsten Tage wird die Seele ihre Hülle wieder aufsuchen 68, 6.

Gott und der Welt zugleich dienen, ist eine schwere Sache 8, 20 f.[130] *des libes minne ist der sêle leit* 67, 24. Wer dieser Wonne folgt, der hat jene dort verloren 124, 33[131]. Wer nur der Welt folgt, sieht sich zuletzt arg betrogen, 13, 31; sein Traum giebt böses Ende 123, 1. Die Welt weifs sich ihren Getreuen geschickt zu entwinden 60, 14. 29; sie treibt mit ihnen Possenspiel 67, 14[132]. Der Teufel ist ein böser Gläubiger 100, 30; wer sich zu seinem Gesinde gesellt ist ein Thor 123, 21, *tôren schulten ie der wîsen rât; man siht wol dort wer hie gelogen hât* 13, 31[133].

Darum soll man sich zur rechten Zeit von der irdischen Lust losmachen: *lip, lâ die minne, diu dich lât* 67, 29. *got gebe dir, frouwe, guote naht; ich wil ze herberge varn* 101, 21[134]. Der Mensch soll nach *staeten frôiden* ringen 13, 25[135], nicht nach *varnden* 42, 14; er soll die ewige Minne in sein Herz schliefsen 67, 29, nicht der Grille folgen, sondern der Ameise 13, 26. Er soll das irdische Leben hingeben um das ewige zu erwerben: *verzinset lip und eigen* 76, 38[136]. *diu menscheit muos verderben suln wir den lôn erwerben* 77, 24. *ez wart nie lobelîcher leben, swer sô dem ende rehte tuot* 67, 6[137].

Auch dieses Thema, Entsagung der Welt, war von den Fahrenden der früheren Zeit behandelt. Aber wie weit sind Walthers Lieder 100, 24. 66, 31 über die Kunst Hergers (MF. 29, 6) hinausgekommen!

Vom christlichen Leben.

Alle Menschen sind der Macht Gottes unterthan (s. S. 216), aber nur der Christ hat Anspruch auf seine Hülfe 16, 34. 77, 18. Der wahre Christ mafs mit dem Namen Christi christliches Leben verbinden; die Begriffe Christentum und Christenheit sollen sich decken 7, 3; *swelh kristen kristentuomes giht an worten und an werken niht, der ist wol halp ein heiden* 7, 11. Der Glauben ohne die Werke ist tot; wer seinen Nächsten nicht als Bruder ansieht, nennt mit Unrecht Gott seinen Vater 22, 5; die *wâre minne* und die *rehten werc* gehören zusammen 26, 6 [439].

Das verdienstlichste Werk ist die Kreuzfahrt [139]: *kristes reise* 29, 18; *diu liebe reise über sê* 125, 9; die Siegesfahrt 125, 4. Sie zu fördern ist Christenpflicht 12, 6. 18; wer sie stört, sündigt 29, 19; wer sich ihr entzieht, ist verachtet vor Gott und Menschen 13, 5 [440]. Der Kreuzfahrer gewinnt Gottes Schutz 12, 17; Gottes Lohn und der Welt Ehre 28, 16. Er löst sich von Sünden und Hölle 28, 16. 77, 6; er erwirbt künftige Ehre 36, 1; des himmlischen Kaisers Sold 13, 6. 125, 5; *der sælden krône* 125, 7; das Himmelreich 77, 37 [441].

Von dem Wege zum Himmel verleiten den Menschen der Teufel (s. S. 219) und die böse Lust des Fleisches: *sündic lîp* 77, 32. *bœses vleisches gir* 3, 13. 67, 32. Im Hinterhalt lauern schlimme Wegelagerer: Mord, Brand, Wucher, Neid, Hafs, Habsucht u. a. 26, 13; namentlich auch die Trunkenheit 29, 28. 30, 7.

Die Sünde kann nur durch wahre Reue gebüfst werden: 6, 7—16. 76, 33; durch die Thränen, welche vom Grunde des Herzens aufsteigend (6, 16) die Schuld abbaden 7, 40. Aber auch die rechte Reue ist ein Werk göttlicher Gnade 8, 1 [442].

Ethik.

Die lyrisch-didaktische Dichtung beginnt für uns zugleich mit der Minnepoesie; die Strophen des alten Herger sind mit den ältesten Liebesliedchen etwa gleichzeitig, und mit dem Aufschwung der Minnepoesie hebt sich die didaktische. Wernher von Elmendorf gehört noch dem 12. Jahrh. an; der wälsche Gast, Freidank, der Winsbeke sind Walthers Zeitgenossen. Herger hat seine Sprüche in derselben Weise vorgetragen wie seine andern Lieder, er hat sie gesungen; auch der Winsbeke bediente sich der Strophenform, aber doch war sein Gedicht wohl für das Lesen bestimmt; Wernher, Thomasin und Freidank wenden die Reimpaare an. Der Winsbeke hatte die ritterliche Jugend im Auge, Thomasin schrieb für gebildete Leser, die kurzen prägnanten Sprüche Freidanks waren für den weitesten Zuhörerkreis bestimmt.

Diese Entwickelung der reflektierenden Poesie ist von grofsem Interesse und vielleicht von hoher Bedeutung für das geistige Leben überhaupt. Eine Menge von sittlichen Anschauungen treten jetzt in die Litteratur, werden besprochen, klären sich durch die Besprechung ab und bilden den Geist zu neuen Fortschritten. Sie bereiten den Aufschwung der Predigt im 13. Jahrh. vor und wirken neben der Predigt an der Erziehung des Volkes. Schon die Thatsache, dafs ein fahrender Mann wie Freidank auf den Vortrag solcher kurzen sprichwörtlichen Weisheit seine Existenz gründen konnte, zeigt uns, wie begierig das Volk solcher Unterhaltung lauschte, wie bedeutend also auch die Anregung sein mufste, die es dadurch erhielt. Und diese Bedeutung erschöpfte sich nicht mit der Zeit des Dichters. Er blieb Jahrhunderte lang in Geltung und Ansehen, so dafs noch Sebastian Brant von ihm sagte, man habe auf keinen Spruch etwas gegeben, den nicht Herr Freidank verfafst habe. Die Sprüche Freidanks sind bei weitem das Bedeutendste, was die reflektierende Dichtung im 13. Jahrh. hervorgebracht hat. An Verbreitung und Einflufs ihnen am nächsten dürften die Gedichte Walthers stehen. Und dabei sind sich der ritterliche und der bürgerliche Dichter in ihren Anschauungen so ähnlich, dafs einer der gründlichsten Kenner beider sie glaubte identifizieren zu müssen.

Walther bedient sich für seine moralischen Betrachtungen gewöhnlich der Spruchtöne; aber nicht ausschliefslich. Manche seiner Sittengedichte stehen in der Form den Minneliedern gleich oder nahe, und in das Minnelied selbst zieht die Reflexion ein, zuweilen in breiterem Strom als unserem Stilgefühl zusagt. Namentlich liebt es Walther seinen Vortrag mit allgemeinen Betrachtungen zu beginnen.

Seine Lehren sind mannigfach; aber doch wesentlich bedingt durch seine persönliche Stellung. Die gröfste Masse bezieht sich auf den Zustand der Gesellschaft, den rechten Gebrauch des Gutes, die Pflichten der Ehre, auf Freude und Freudlosigkeit, auf Wert und Wesen der Minne. Oft liegt der individuelle Anlafs klar zu Tage; oft aber sind die Sprüche auch ganz allgemein gehalten.

Die persönliche Haltung des Dichters zeigt eine schöne Mannigfaltigkeit. Bald vernehmen wir den ruhigen objektiven Ton des Didaktikers, bald die subjektiven Töne des lyrischen Liedes; bald erhebt er muntere Anklagen und kleidet ernste Betrachtung in das Gewand des Scherzes, bald schwingt er die scharfe Geifsel des Satirikers, bald stimmt er sein Lied zu wehmütiger Klage. Wir treffen ihn in der vornehmsten Gesellschaft vor Fürsten und Königen und hochgeborenen Frauen, oder auch vor den jungen Knappen, um ihren Blick auf die Pflichten und Freuden des selbständigen Lebens zu lenken (22, 32. 91, 17). Ein Lied richtet sich mit weiser und doch gewinnender Mahnung an die Unerwachsenen, über denen noch die Rute des Zuchtmeisters waltet (87, 1)[113].

Die Quellen der moralischen Erörterungen werden sich wohl selten für den einzelnen Fall bestimmen lassen. Gar manches, was Walther und die andern Dichter sangen, mag in anderer oder ähnlicher Form schon Eigentum des deutschen Volkes gewesen sein. Aber das meiste geht, wenn nicht unmittelbar, doch jedenfalls mittelbar auf die geschriebenen Quellen der gelehrten Litteratur zurück; nicht als ob sittliches Gefühl dem deutschen Volke erst aus dieser Litteratur gekommen wäre, wohl aber die ausgedehntere litterarische oder poetische Behandlung desselben. Die Hauptquelle sind die Bücher der Bibel und die auf ihnen beruhende geistliche Litteratur; zumal die Schriften des neuen Testamentes, die Sprüche Salomons, auch die Weisheit und das reiche Buch Jesus Sirach; dann die Disticha Catonis, der Publius Syrus und andres der Art.

Die höchsten Güter.

Als wesentliche Ziele menschlichen Strebens überhaupt nennt Walther in seinem ältesten politischen Gedicht *gotes hulde*, *êre* und *guot* 8, 15; und in Übereinstimmung hiermit bezeichnet er in einem andern etwas jüngeren Gedichte (83, 37) *frume, gotes hulde* und *weltlich êre* als die drei guten Räte, die ein Kaiser wohl in seinen höchsten Rat nehmen sollte. Ihnen gegenüber stehen die bösen: *schade, sünde und schande*. Dieselbe Gruppierung von Vorstellungen wiederholt sich 20, 25. 22, 18. 23, 5 [44].

Die höchsten irdischen Güter sind also Gut und Ehre. *frume und êre* (23, 20), *êre und guot* (16, 39. 90, 29), *sælde und êre* (93, 16. 97, 29) werden oft neben einander genannt [45]. Beide sind von hohem Wert: *zweier künige hort* 16, 29 [46]; aber schwer zu vereinen 8, 15 [47].

Die Ehre behauptet den Vorrang vor dem Gute (31, 17). Gottes Huld und Ehre sollen das menschliche Handeln leiten 22, 25 [48]. Die Ehre ist die Tugend und der Schmuck dieser Welt, insbesondere des Ritterstandes [49]. Der Dichter fasst sie auf als Fürstin (24, 3), oder als Kammerfrau und Hofmeisterin der Welt (60, 31). Dem Herzog Bernhard von Kärnthen erweist er hohes Lob, indem er ihn Märtyrer um Ehre nennt 32, 32; indem er an seiner Frau *schœne* und *êre* rühmt, glaubt er ihr Lob erschöpft zu haben 59, 33, vgl. 116, 27. 74, 29. Er selbst bezeichnet die Ehre als die Richtschnur seines Handelns 62, 1.

Die Ehre ist gewissermafsen die Frucht, oder auch der Inbegriff aller persönlichen Vorzüge (*wirde, werde-*

keil, wert, tiure). Sie wird erworben durch gute Sitte (90, 27), feine Zucht (91, 1), edle Kunst (32, 1. 64, 31), reine Minne, insbesondere durch die Freigebigkeit, die sich in einem standesgemäfsen Glanze entfaltet (19, 22. 21, 24. 25, 28. 26, 36. 104, 24. 84, 37)[449]. Sie ist nicht abhängig von Macht und Vermögen: *lât mich an einem stabe gân und werden umbe werdekeit als ich von kinde hân getân: sô bin ich doch, swie nider ich si, der werden ein* 66, 33[451]. Man soll die Ehre nicht nur zu erwerben, sondern auch zu erhalten suchen: *swer sich so gehaldet, daz im nieman niht gesprechen mac, wünnecliche er aldet* 102, 36[452].

Aber die Ehre ist nicht nur persönliche Tüchtigkeit, sondern gewöhnlich und vorzugsweise Anerkennung[453]; und darin liegt ihre Schwäche. Die Welt läfst sich blenden durch den Schein (vgl. S. 234); ihre Anerkennung wird oft dem Unwürdigen zu Teil. Von Gottes und Rechts wegen sollte der Verständige nicht geringer geachtet werden als der Reiche 122, 9, ja man sollte diesen vielmehr höher schätzen: *armen man mit guoten sinnen sol man für den rîchen minnen, ob er êren niht engert* 20, 19[454]; aber leider handeln die Menschen nicht so. Ihre Anerkennung fällt dem rohenden Besitz zu 21, 19[455]. Edler Anstand und Kunst stehen niedrig im Preise; ungebildete Leute geniefsen den Vorzug bei Hofe[456]; was zur Ehre gereichen sollte, wird Unehre 32, 2. Ungefüge lärmender Schall hat den guten Gesang verdrängt 64, 36. 32, 2. Die Jugend hat den Wohlgezogenen zum Narren 24, 7[457]; ihre Unerfahrenheit geniefst den Vorzug vor dem gereiften Alter bei der Frau Minne (57, 23) und vor der Welt 60, 27. *Mit den getriuwen alten siten ist man nû ser werltevesmiten; êre unde guot hât nû lützel ieman, wan der übel tuot* 90, 29[458]. Bei den Frauen ist es nicht anders: *so ich ie mêre zühte hân, so ich ie minre werdekeit bejage* 91, 3. Die alte Ehre ist aus der Welt entwichen 60, 31. 21, 24; ihr Saal stehet leer 24, 3.

Was der Ehre den gröfsten Schaden thut, ist das Gut 8, 15[459]. Freilich ist das Gut wichtig und lieb: *guot was ie genæme* 23, 4. 31, 17[460]; *guot und êre ist zweier künige hort* 16, 39; vgl. 11, 13[461]. Armut bringt Leid 21, 3. 31, 26[462] und läfst den Verstand nicht zur Geltung kommen

81, 27 [465]. Aber anderseits hat auch der Reichtum seine
Gefahren, er verführt zur Hoffahrt und verderbt edle Sitte
(*kühle sluckei*) 81, 23. 20, 21 [466]. An und für sich ist das
Gut kein Gut 31, 22 [465]; es wird erst dazu durch die rechte
Gesinnung [466], und seltsam liebt es Frau Sælde, Reichtum
mit *ungemüete, kumber* mit *hohem muote* zu verbinden
43, 1 [467]. Die Rücksicht auf Ehre und Gott müssen den
Gebrauch des Gutes regeln 31, 17. 20, 25 [468].
Wer dem Gute zu eifrig nachtrachtet, der verfällt in
Hauptsünde und Schande, verliert Seele und Ehre 22, 18.
23, 6. 20, 25 [469]. Ein Thor, wer ihn lobt 22, 29 [470]. Aber
dennoch lassen sich die meisten von der Habgier (*gītekeit*
26, 21) beherrschen [471]; *diu meiste menge enruochet wie si erwirbet guot* 31, 15 [472]. Das Geld ist gewaltig bei den Frauen
31, 19 [473]; um Geld minnen die Männer 49, 36 [474]; das Geld
herrscht im Rat der Könige 31, 13 [475]. Die Habsucht verweigert den Armen ihr Recht 16, 10 [476]; der *tumbe riche*
hat die Sitze eingenommen, wo einst Weisheit, Adel und
Alter sasen 102, 15. Vor allem aber ist die Kirche davon
beherrscht (s. S. 250).
Wie die Ehre so fällt auch das Gut oft dem Unwürdigen zu, und entzieht sich dem, der es verdient 90, 29.
43, 1. Der Dichter beschwert sich, dass Frau Sælde ihm
stets den Rücken zukehre 55, 35, und dass man ihn bei
reicher Kunst so arm lasse 28, 2 [477]. Er erkennt es als
billig an, dass Gott dem einen Gut, dem andern Sinn verliehen habe [478]; nur sollten beide auch gleicher Ehre teil-
haftig werden 20, 16. 122, 4 [479].
Den Gedanken, dass Einsicht und persönliche Vorzüge
überhaupt höher zu schätzen sind als Gut [480], spricht Walther nicht aus. In einem Punkte stehen sie dem Gute
nach, dass sie sich nicht vererben lassen 38, 19. 82, 24 [481].

Tugenden und Pflichten.

Die geistigen Vorzüge [482] behaupten den Preis vor
denen des Leibes. Walther schätzt zwar die Schönheit:
er sieht es als ein Zeichen des Verfalls an, dass sie ihren
Wert verliert (118, 21), aber sie ist vergänglich (67, 32)

und trügerisch: *ze wich und ofte hœne* 35, 28; *vil dicke in schœnem bilde siht man leider valschen lip* 102, 9 [**]; er ruft ein Wehe aus über die, welche nach Gut und Schönheit minnen 49, 36; *bi der schœne ist dicke haz, zer schœne nieman si ze gâch* 50, 1 [**]; höher steht weibliche Anmut und Liebenswürdigkeit: *liebe tuot dem herzen baz, der liebe gât diu schœne nâch. liebe machet schœne wip, desn mac diu schœne niht getuon; si machet niemer lieben lip* 50, 3. *sist schœner danne ein schœne wip, diu schœne machet lieber lip* 92, 19 [**]. Und beide werden übertroffen durch die Tugend: *ich weiz wol, daz diu liebe mac ein schœne wip gemachen wol: iedoch swelh wip ie tugende pflac, daz ist diu, der man wünschen sol. diu liebe stât der schœne bi baz danne gesteine dem golde tuot, nû jehent, waz danne bezzer si, hânt dise beide rehten muot* 92, 21 [**]. Dem entsprechend sagt die Frau: *ichn weiz ob ich schœne bin; gerne hete ich wibes güete, lêret mich wiech die behüete, schœner lip entouc niht âne sin* 86, 11 [**].

Noch weniger gilt die Schönheit des Mannes: *an wibe lobe stêt wol, daz man si heize schœne: manne stêt ez übel, ez ist ze wich und ofte hœne* 35, 27. *fuoge* ist mehr wert 116, 21. Walther rühmt den Grafen von Katzenellenbogen als einen der schönsten Ritter; aber er meint nicht *die schœne nâch dem schine: milter man ist schœne und wolgezogen* 80, 35.

Wie es im Herzen aussieht, darauf kommt es an: *nieman ûzen nâch der varwe loben sol; vil manec môrc ist innen tugende vol* 35, 33. *man sol die inre tugent ûz kêren* 81, 4. *man sol iemer frâgen von dem man, wies umb sin herze stê* 103, 6 [**]. Die Tugend besteht nicht in einer einzelnen That, sondern sie ist Eigenschaft des Herzens. Der gute Wille ist das wesentliche [**], Gottlob nur aus äufserer Rücksicht ist kein Zeichen von Tugend. *geligeniu zuht und schame vor gesten mugen wol eine wile erglesten: der schin nimt drâte ûf und abe* 81, 11. *mancger schinet vor den trômelen guot und hât doch valschen muot. wol im ze hove, der heime rehte tuot!* 103, 10 [**]. Beständigkeit gehört zur Tugend 35, 10 [**], dem guten Anfang mufs ein gutes Ende entsprechen [**].

Jeder Mensch soll sich selbst schützen: *wolveile*

Tugend und Schönheit. Selbstachtung. Liebe und Neid. 229

unwirdet manigen lip. ir werden man, ir reiniu wîp, niht ensit durh kranke miete veile 81, 15 Anm., aber vor Überschätzung mufs man sich hüten. Walther warnt vor der Hoffahrt in der Parabel von der Sechs, die eine Sieben werden wollte 80, 3: *swer der mâze brechen wil ir strâze, dem gevellet lihte ein enger pfat*[494].

Die Selbstbeherrschung preist der Dichter als die gröfste Tapferkeit: *wer sleht den lewen? wer sleht den risen? wer überwindet jenen und disen? daz tuot jener der sich selber twinget und alle sîne lit in huote bringet* 81, 7[495]. Er mahnt die Jugend: *tumbiu werlt, riuch dînen zoum, wart umbe dich; wilt dû lân loufen dînen muot sîn sprunc der vellet dich* 37, 23. Insbesondere warnt er vor der Trunksucht 29, 25[496], und vor dem Mifsbrauch der Zunge: *hüetet iuwer zungen, daz zimt wol den jungen. stôz den rigel für die tür lâ kein bœse wort der für* 87, 9[497].

Seinen Mitmenschen soll man lieben, denn alle Menschen sind Brüder und Gott ihr Vater; so will es Gottes Gebot (22, 3)[498], das freilich schwer zu erfüllen ist. Walther selbst klagt sich an: *ichn hân die wâren minne ze mînem ebenkristen, hêrre vater, noch ze dir; sô holt enwart ich ir dekeinem nie sô mir* 26, 6[499].

Der brave Mann erkennt gerne fremdes Verdienst an: *ich wil guotes mannes werdekeit vil gerne hœren unde sagen* 41, 21[500]; eine edle Frau freut sich, wenn edle Frauen gelobt werden 45, 17[500].

Neid und Hafs sind Hauptsünden 26, 20, die Schaden und Schande bringen 59, 8. 61, 1[501]. Ihr einziges Lob ist, dafs sie sich am liebsten an den Besten hängen und so ein Beweis seiner Tugend oder seines Glückes sind 73, 38. 59, 1[502].

Die christliche Lehre, sogar den Feind zu lieben, bekennt Walther reumütig nicht befolgen zu können 26, 10: *wie solt ich den geminnen, der mir übel tuot? mir muoz der iemer lieber sîn, der mir ist guot*[503]. Er stellt sich auf den Boden des Gesetzes: *mir ist umbe dich reht als dir ist umbe mich* 49, 20[504] (vgl. 79, 33. 105, 33) und wünschte selbst, dafs Gott solche Gerechtigkeit übte 30, 19[505].

Treu und aufrichtig, wahrhaft und zuverläfsig

soll der Mensch in allen Verhältnissen sein[506]; *des mannes muot sol veste wesen als ein stein, uf triuwe steht und eben als ein vil wol gemachter stein* 30, 27; *einlætic und wolgevieret* 79, 38. Sein Lachen gleiche dem Abendrot, das heiteres Wetter verkündet 30, 15[507]. Herz und Zunge, Gesinnung und Miene sollen übereinstimmen 30, 9[508]. — Lügen ist schlechte Weisheit 28, 27; ein wahres Nein besser als zwei gelogene Ja 30, 18[509]; offne Feindschaft besser als gleisnerische Freundschaft 10, 14. 105, 16.

Der untreue Mann ist ein Greuel 30, 12, und schreckliches Meerwunder 29, 5; sein Lachen ist ein unecht Metall, *swer es strichet an der triuwen stein, der vindet kunterfeit* 29, 7; er beifst ohne Ankündigung[510], trägt zwei Zungen im Munde, eine kalte und eine warme 29, 11. 13, 4, in seinem süfsen Honig birgt sich der giftige Stachel 29, 12; Honig ist auf der Zunge, Galle im Herzen 30, 13[511]; sein wolkenloses Lachen bringt scharfen Hagel 29, 13[512]; sein Mut ist *rêch gezieret* 80, 1[513] und *sinewel* 79, 35; er behandelt den Freund wie einen Ball 79, 34, ist schlüpfrig wie Eis 79, 33, windet sich wie ein Aal aus der Hand 30, 24, dreht die Hand und wird zum Schwalbenschwanz 29, 14.

Insbesondere wird Treue und Beständigkeit in der Liebe verlangt. Wie die Liebe wird auch die Stæte als eine persönliche Macht dargestellt, die den Liebenden zwingt mit Angst und Not 96, 29. Walther rühmt sich im Dienst der Minne *wider unstæte liute* gestritten zu haben 40, 29; die Stæte ist an sich schätzenswert 97, 1[514], und zahlreich sind die Stellen, wo er der Frau diese Gesinnung beteuert (s. S. 189 f.). Aber auch den Frauen ist sie ein Hauptschmuck: *wir wellen, daz diu stætekeit in guoten frouwen gar ein krône si* 43, 29; vgl. 50, 13. 97, 23. 66, 17. 117, 26. 113, 37[515].

Gegen den Freund soll man aufrichtig sein 79, 37, ihm ohne Wanken 79, 25[516] und unter allen Verhältnissen zur Seite stehen 30, 26, ihm ein festes Schwert in der Not sein 31, 2[517], ihn nicht um eines Fremden[518] und Höheren[519] willen fallen lassen 30, 30 f. — Ein echter Treubund ist mehr wert als Verwandtschaft 79, 22[520], aber er beruht auf Gegenseitigkeit, dem Treulosen schuldet man keine Treue 79, 33. 30, 9. 105, 27[521].

Treue Gesinnung ist selten geworden: *triuwe*, *zuht* und *êre* sind ohne Erben gestorben 38, 18. Untreue lauert im Hinterhalt 8, 24, hat allenthalben ihren Samen ausgestreut 21, 32. Die Lügner ziehen offen einher, belästigen die Guten, raten *unstæte, schande, sünde, unêre*, verderben Herren und Frauen 44, 28, und geben Lügen für Weisheit 28, 27; *mit den getriuwen alten siten ist man nú zer werlte versniten* 90, 27; *triuwe und wârheit sint vil gar bescholten* 21, 23[522]. Mancher Herr ist zum Lügner geworden 28, 21 (vgl. 26, 23. 32, 17; s. S. 232), zum bebenden Gaukler 37, 34. Die Geistlichen lügen und widersprechen sich 21, 36, der Papst an der Spitze 33, 17. 9, 21. 12, 33 (s. S. 250). Falsche Liebesschwüre sind allgemeine Sitte 14, 25. 61, 6. 20. *schame und triuwe* gereichen zum Schaden 59, 16. Selbst unter Verwandten ist die Treue dahin: *er ist ein kol gefriunder man, alsô diu werlt nú stât, der under zwênzic mâgen einen guoten friunt getriuwen hât* 38, 10. *der vater bî dem kinde untriuwe findet, der bruoder sînem bruoder liuget, geistlich leben in kappen triuget* 21, 35[523]. — Gott sollte die Untreuen durch ein Schandmal kennzeichnen 30, 19[524].

Neben den allgemein menschlichen Tugenden sind noch zwei anzuführen, die insbesondere den Mann zieren, Tapferkeit und Freigebigkeit; eine, welche von den Frauen verlangt wird, weibliche Sittsamkeit. *Manheit und milte, des aren tugent, des lewen kraft* rühmt Walther als königliche Tugenden 12, 25 vgl. 11, 33[525]. Als dritte Mannestugend fügt er diesen beiden die *stæte* hinzu 35, 29; sie sind für den Mann das, was die Schönheit für die Frau ist.

Öfter als die Tapferkeit wird die Freigebigkeit[526] erwähnt. Die Lebensverhältnisse des Dichters brachten es mit sich, dafs er dieses althergebrachte Thema oft behandelte. Ein anständiger Aufwand war die Pflicht der Mächtigen und Reichen; namentlich an fürstlichen Ehrentagen erwartete man, dafs sie ihre Schätze öffneten und Geld, Kleider und Pferde verteilten (25, 7. 32); da fand oder hoffte auch der Sänger die beste Gelegenheit, Gut um

Ehre zu nehmen (25, 28). In vielen Sprüchen verfolgt Walther dieses Ziel; bald sind sie an Einzelne gerichtet, bald allgemein gehalten; bald sprechen sie Lob und Dank, öfter Mahnung und Rüge aus (s. S. 44).

Die Forderungen, welche das Mittelalter an die Freigebigkeit stellt, erscheinen uns oft unangemessen[510a]. Auch Walther verlangt *das küneges hende dürkel solten sin* 19, 24, und rühmt den Herzog Leopold, dafs er gegeben habe, als er *niht lenger wolte leben* 25, 26 Anm. Muster solcher Freigebigkeit sind ihm Alexander, Saladin, König Richard von England (17, 9. 19, 23. 26) und der verschwenderische Herzog Welf (35, 4).

Der Freigebige gilt ihm als schön und wohlgezogen 81, 3; ihm wird Gottes Lohn zu Teil (105, 7)[527] und der Welt Ehre (s. S. 226). Die Milte ist wie ein erquickender Regen 21, 2[528]; ihr Lohn ist *só diu sát diu wünnecliche wider gát, dar nâch man si geworfen hát* 17, 3[529]. Der freigebige Mann ist wie eine *schöne wol gezierte heide dar abe man bluomen brichet wunder* 21, 4[530].

Zu dem Lobe ungemessener Freigebigkeit pafst wenig die anderwärts ausgesprochene Forderung, dafs auch den Gebrauch des Gutes die Mâze regeln soll: *leg úf die wâge ein rehtez lôt und wig et dar mit allen dinen sinnen, als es diu mâze uns ie gebot* 23, 8[531]. Man soll geben mit Rücksicht auf sein Vermögen und auf den Empfänger: *swelh hêrre nieman niht versaget, der ist an gebender kunst verschraget, der muoz iemer nôtic sin ald triegen* 80, 11[532]. Es ist schwer, dafs der Freigebige immer Wort halte: *daz milter man gar wârhaft si, geschiht daz, da ist ein wunder bi; der grôze wille der dâ ist, wie mac der werden verendet* 104, 33; vgl. 32, 24[533]. Vor solchen Versprechungen, die man nicht halten kann, mufs man sich hüten: *zehen versagen sint bezzer dunne ein liegen. geheize minre und grüeze baz. welle er ze rehte umb êre sorgen, swes er niht müge üz geborgen noch selbe enhabe, versage doch daz* 80, 14[534]; ein wahres Nein ist besser als zwei gelogene Ja 30, 18. Die Ratgeber der Fürsten sollen dafür sorgen, dafs diese ihre Versprechungen einlösen: *wan mugens in råten, daz si lâzen in ir kragen ir valsch gelübede oder nâch gelübede niht versagen* 28, 27[336].

Man soll staete sein in der Freigebigkeit[336]: *swer hiure schallet und ist hin ze jâre boese als ê, des lop grüenet unde valwet sô der klê* 35, 13[337]. Man soll gerne geben: *du möhtest lieber dankes geben tûsent pfunt, danne drîzec tûsent âne danc* 19, 17[338]; die Wohlthat nicht bereuen: *der alsô tuot, der sol den muot an riuwe selten kêren* 105, 6[339] und nicht lange säumen 17, 11. 28, 30. 85, 24 (?)[340].

Hier ist auch der *hûsêre*[341] zu gedenken, die den Mächtigen und Reichen die Pflicht auferlegte auch im gewöhnlichen Lauf des Lebens einen anständigen Haus- und Hofhalt zu führen; ein gefährliches Ding, das gewifs manchen Adeligen ruiniert hat. Es war nicht genug, draufsen bei festlichen Anlässen *der gernden diet* offne Hände zu zeigen, auch im Hause sollte jeder Tag ein Festtag sein[342]: *maneger schînet vor den frömden guot, und hât doch valschen muot. wol im ze hove, der heime rehte tuot!* 103, 10. *geligeniu zuht und schame vor gesten mugen wol eine wîle erglesten; der schîn nimt drâte ûf unt abe* 81, 12. Diese Hausehre vermifste Walther in Wien 24, 30[343], später in Tegernsee 104, 23, er rühmt sie an dem thüringischen Landgrafen 35, 7 (vgl. auch 28, 18), das Muster ist Artus Hof 25, 1.

In dem allgemeinen Verfall der Sitten erliegt auch die Freigebigkeit. Die Zahl der bösen und tugendlosen Herren mehrt sich 23, 11; der *milte* entgeht die verdiente Ehre (s. S. 226), dem verdienten Manne der Lohn (S. 227).

Die Tugend weiblicher Sittsamkeit und Zurückhaltung[344] wird häufig in den Minneliedern hervorgehoben, denn sie gehört zu den Voraussetzungen des ergebnislosen Minnewerbens[345]. Die Sänger rühmen, dafs die Frau nie aus der Strafse der Pflicht getreten sei[346], sie wehren der Annahme, dafs sie höhere Gunst erworben hätten[347], sie versichern, wie sehr ihnen selbst die Tugend ihrer Dame am Herzen liege[348]. Walther hält mit solchem Lobe und solchen Versicherungen an sich. Zwar rühmt auch er seiner Frau *schœne* und *êre* als die wesentlichsten Eigenschaften 59, 33, er preist sie als ein *reines wîp*, er bezeichnet die *stætckeit* als Krone der Frauen 43, 29, er erklärt, er habe wohl eingesehen, dafs *der vil reine wîbes list sie behüete, ihre sælde und êre* sei seine höchste Freude: aber er schliefst mit den Worten *nû sprich bin ich daran gewert? dû solt mich des geniezen lân, daz ich sô rehte hân gegert* 97, 26. Die strenge Tugend gereicht der Frau zwar zur Ehre, für den Minnenden aber ist sie die Quelle des Leides, und so fafst sie Walther auf; als Tugend und Pflicht wird sie nur in den Frauenliedern betont. Der Ritter sucht die Bedenken zu beschwichtigen: *waz schadet iu, daz man iuwer gert* 62, 18 [541]; aber die Frau fürchtet dem Antrage Gehör zu geben: *krumbe wege die gânt bî allen strâzen, dâvor got behüete mich* 113, 23 [542]; sie bittet den Werbenden nur ihr Redegeselle zu sein 86, 23; die Pflicht kämpft in ihr gegen die Liebe 114, 9. 119, 20 (s. Nr. 10. 11).

Die liebenswürdige Tugend mädchenhafter Schüchternheit kennt das Minnelied nicht; sie verträgt sich nicht mit der Vorstellung der *frouwe*. Nur in Walthers Tanzlied kommt holdseliges Erröten vor (74, 28): *si nam daz ich ir bôt einem kinde vil gelich daz êre hât. ir wangen wurden rôt sam diu rôse dâ si bî der liljen stât* [550].

Mit den Tugenden mufs sich rechte Einsicht verbinden [551]. An der Dame wird *rehter muot* (92, 28) und *sin* (86, 14. 63, 2) gerühmt, sie heifst *ein wol bescheiden wîp* 91, 8 [552]. Es wird von ihr erwartet, dafs sie *guoten willen kan gesehen* 121, 30 und sich nicht täuschen lasse 61, 22. 59, 19. 14, 19—29. Man soll wissen Übel und Gut zu unterscheiden 44, 2. 123, 20 [553]; denn es ist Pflicht die Guten von den Bösen zu trennen und ein gemeiner Schaden, dafs es so oft unterbleibt (s. S. 235 f.).

Tugenden des geselligen Verkehrs.

In der Gesellschaft hat der gebildete Mann seinen Platz [554]. Walther verwahrt sich gegen die Verwünschung des Herzogs Leopold: *herzoge ûz Österriche, lâ mich bî den liuten, wünsche mir ze velde niht ze walde: ichn kan niht riuten: si sehent mich bî in gerne, alsô tuon ich sie* 35, 17. Er erklärt selbstbewufst: *ez ist mîn site, daz man mich iemer bî den tiursten finde* 35, 8. Denn gute Gesellschaft gereicht zur Ehre 102, 36[555]; sie soll man aufsuchen, die Bösen aber meiden (s. S. 240).

Insbesondere sollten das die Damen berücksichtigen und nicht mit unwürdigen Männern verkehren 41, 20. 96, 24—28[556]. Es ist ein Jammer und gemeiner Schade, dafs sie die Männer nicht gehörig scheiden 48, 25, mit *unfuoge* um sich werben lassen 90, 31—38, *den schamelôsen* (45, 34) und Lügenern geneigtes Ohr leihen 44, 33. 61, 22. Selbst der Auserwählten bleiben solche Vorwürfe nicht erspart: *si schadet ir vinden niht und tuot ir vriunden wê* 59, 25; *swer ir vient ist, dem wil si mite rinnen* 53, 11. *mirst al ze lanc, daz iemer rüemic man gesiht* 66, 19.

Gute Lebensart verlangt, dafs man Ton und Stimmung der Gesellschaft anerkenne: *Zwô fuoge hân ich doch, swie ungefüege ich si: der hân ich mich von kinde her vereinet. ich bin den frôn bescheidenlicher froide bî und lache ungerne sô man bî mir weinet* 47, 36[557]. *nû si alle trûrent sô, wie möhte ichs eine danne lân? ich müese ir vingerzeigen lîden, iehn wolte froide durch si mîden* 119, 37. 116, 11 ff. *manegem ist unmære waz einem andern werre: der si ouch bî den liuten suoere* 48, 9. — Das Lied des Sängers richtet sich nach den Umständen: *iemer als ez danne stât, alsô sol man danne singen* 49, 16; schlimm für ihn, wenn der Sinn der Gesellschaft geteilt ist: *Wer kan nû ze danke singen? dirre ist trûric, der ist frô: wer kan daz zesamne bringen? dirre ist sûs und der ist sô* 110, 27[558].

Im allgemeinen soll man der Gesellschaft eine heitere Stimmung entgegentragen. Zuchtvolle Heiterkeit ist ein hohes Lob der Frau: *kumt ir mit zühten sîn gemeit, sô stêt diu lilje wol der rôsen bî* 43, 31[559]; *hovellîchen hôchgemuot* 46, 13 besagt etwa dasselbe (provenz. *cortes e gai*). Aus dem Schatz ihrer Freude sollen sie dem Werbenden mitteilen (s. S. 193). Für den Mann der Welt ist Heiterkeit Pflicht und Ehre. Ohne Freude taugt niemand, sagt Walther (99, 13)[560]; der Welt ruft er zu (60, 24): *waz wil dus mê, Welt, von mir wan hôhen muot*, und der Frau

Minne rühmt er, er habe *alsô hôhen muot als einer der vil hôhe springet* 58, 15[441].

Selbst wenn das Herz nichts davon weifs, soll man gesellige Heiterkeit zeigen. Walther rühmt sich: *Maneger trûret, dem doch liep geschiht; ich hân ab iemer hôhen muot und enhabe doch herzeliebes niht* 41, 29; vgl. 71, 28. 121, 15. *maneger wænet der mich siht, min herze si an froiden hô. hôher froiden hân ich niht* 117, 1; *weder ist ez übel od ist ez guot, daz ich min leit verhelen kan? wan siht mich dicke hôh gemuot, sô trûret manic ander man der mînen schaden halben nie gewan. sô gebâre ich deme gelîche als ich si hôher froiden riche* 120, 25, *bî den liuten nieman hât hovelichern trôst dann ich; sô mich sende nôt bestât, sô schîne ich geil und trœste selben mich; alsô hân ich dicke mich betrogen und durch die werlt manege fröide erlogen; daz liegen was ab lobelich* 110, 33[442].

Minne[443] und Freigebigkeit sind die Stützen der Freude; daher ist die Freude Pflicht der Jungen[444] und Reichen: *Junger man wis hôhes muotes durch die reinen wol gemuoten wîp. frou dich libes unde guotes* 91, 19. *war zuo sol ir junger lîp, dâ mite si froide solten minnen. hei wolten si ze froiden sinnen! junge man, des hulfen iu diu wîp* 98, 2. — Daher trifft die Jungen und die Reichen die Schuld, wenn die Freude fehlt: *ichn weiz anders wem ichz wîzen sol, wan den richen wîze ichz und den jungen, die sint unbetwungen; des stât in trûren übel und stüende in freude wol* 42, 35. 117, 29[445].

Wo die Freude fehlt hat die Welt ihren Reiz verloren[446]. Herren und Frauen erörtern die Ursache und schieben sich gegenseitig die Schuld zu. Die Herren werfen den Frauen vor, *si sehent niht frœlich ûf als ê, si wellen alze nider schouwen* (44, 37), die Herren werden beschuldigt, *si sin mê dan halbe versaget beidiu libes unde guotes*[447]. Der Sänger hält bald den Verzagten das Widerspiel: 63, 8; er streitet leidenschaftlich gegen den Mifsmut der Alten 121, 33; er vertröstet auf bessere Tage, auf *froide und sanges tac* 58, 21. 48, 20[448]. Bald sieht er mit Wehmut auf die Vergangenheit[449]: *leider ich muoz mich entwenen maneger wünne, der min ouge an sach* 117, 8; *ez tuot mir inneclichen wé, als ich gedenke wes man pflac in der werlte wîlent ê. owê deich niht vergezzen mac, wie rehte frô die liute wären* 120, 7. 65, 1. Bald ergeht er sich in Klagen: die wonnigen Tage sind dahin, die Welt waltet keiner Freuden mehr 21, 17. 121, 33⁶⁷⁹. 97, 34. Niemand ist mehr froh, die Jugend in Sorgen, Tanz und Sang, Glanz und Festfreude verschwunden 124, 15. Vgl. das Klagelied über den Wiener Hof 24, 33⁵¹¹. (Frühling als Festzeit S. 210.)

Im geselligen Verkehr soll man Nachsicht und Geduld üben: *ob ich mich selben rüemen sol, sô bin ich des ein hübscher man, daz ich sô manege unfuoge dol, sô wol als ichs gerechen kan* 62, 6; vgl. auch 50, 7 und den scherzhaften Anfang des Liedes 73, 23. Selbst grofsmütige Vergeltung wird empfohlen: *frouwe, ir habt mir geseit alsô seer mir beswære minen muot, daz ich den mache wider frô; er schame sich lihte und werde guot* 62, 26⁵¹². Die Herren sollen den Damen mit Galanterie begegnen. Einer gebührt die Huldigung ins besondere; aber alle haben Anspruch auf Achtung, Lob und Ergebenheit⁵⁷³; *gerne ich in allen dienen sol, doch hân ich mir dise ûz erkorn* 53, 29. *diu mir enfremdet alliu wîp, wan daz ichs alle dur sî êren muoz* 72, 5. *er tuo durch einer willen sô, daz er den andern wol behage* 93, 11. Walther stellt es als eine Kardinaltugend hin, stets das Beste von den Frauen zu sagen 44, 3; durch ihre Vortrefflichkeit haben sie Anspruch darauf, *daz man in wol sol sprechen unde dienen zaller zît* 27, 31. 91, 11; er verspricht Reinmar unsterblichen Ruhm, weil er immer die Frauen gelobt hat 82, 30⁵⁷⁴.

Reine Frauen zu schelten ist grobe Unzucht 24, 12⁵⁷⁵, und den Vorwurf, dafs er ihrer übel gedenke weist Walther kräftig zurück 59, 32; vgl. 45, 7 (s. S. 175).

Aber doch dürfen nicht alle Frauen gleich behandelt werden: *dâ von sol man wizzen daz, daz man alliu wîp sol êren und iedoch die besten baz* 99, 10; Walther scheidet die guoten von den bœsen. *lobt ich si beide gelîche wol, wie stüende daz* 58, 35⁵⁷⁶. Leider widerstreben die Frauen selbst dieser Sonderung 45, 27. 48, 30⁵⁷⁷, und darüber verstummt das Lob. So lange sie es verdienten, wurde ihnen

Lob zu Teil 90, 35; die schlechten unter ihnen hindern es: *torst ich vor den wandelbæren, sô lobt ich die ze lobenne wæren; des enhaben deheinen muot. ichn gelobe si niemer alle, swies den lôsen missevalle, sine werden alle guot* 45, 11.

Die Damen sollen den Herren freundlich entgegenkommen. *frouwe, daz wil ich iuch lêren, wie ein wip der werlte leben sol. guote liute sult ir êren, minniclîch ansehen und grüezen wol; eime sult ir iuwern lip geben für eigen* etc. 86, 16. Der Dichter hebt die weibliche Güte hervor 109, 25[578], die *minnicliche rede* 47, 14; *den minnicliche redenden munt* 43, 96[579]. Er erwartet als Lohn für seinen Gesang freundlichen Gruſs 56, 25. 72, 7 (s. S. 204). Den *überhêren* wendet er den Rücken zu 49, 12[580]. — Über die Ansprüche des Liebenden s. S. 198 f.

Über dem Verkehr der Liebenden soll rücksichtsvolle **Diskretion** walten. Prahlen und Lügen, Aufschneiden und Renomieren widerstreitet seiner Rittersitte[581]. *tougenlîche stât mîn herze hô*, rühmt sich Walther 41, 13; nur so viel, dafs sie seine Herrin ist, glaubt er ohne Rühmen sagen zu dürfen 50, 37. Die *schame* ist neben der *triuwe* seine Haupttugend 59, 14; die *schamelôsen*, die *riemære* und *lügenære* sind seine Feinde (s. S. 175). Der Mann soll sich hüten, die Damen durch maſslose und unverhüllte Wünsche zu verletzen. Es ist ein öfter wiederholtes Thema dafs der Liebende allzu kühne Forderungen durch den Zorn der Frau büſst. Auch Walther hatte einst den Wunsch ausgesprochen, ihr so nahe zu liegen, dafs er sich in ihrem Auge spiegeln könne (185, 1); er erzählt dann, dafs ihm der Sang verboten sei: *ich sol ab mîner zühte nemen war und winneclicher mâze pflegen* 61, 36[582].

Die **Mâze** nimmt unter den Tugenden des ritterlichen Zeitalters einen hohen Rang ein. Sie kann als die Quelle aller Tugenden angesehen werden; denn diese entstehen, indem die Mafse die menschlichen Kräfte in die rechte Bahn weist. Diesen aus der Ethik des Aristoteles stammenden Gedanken[583] führt Thomasin im achten Buch des wälschen Gastes durch. Ein Gedicht, das man noch ins zwölfte Jahrh. setzt, beginnt mit den Worten: *Muoter aller tugende gezimet wol der jugende: Mâze ist siu genant*[584].

In gleichem Sinne preist Walther 46, 32 die *Mâze* als *aller werdekeit ein füegerinne*[543]. *Unmâze* (29, 26. 47, 4. 80, 19) und *übermâze* (80, 5) stehen ihr gegenüber.

Im allgemeinen aber verbindet man mit dem Worte *mâze* einen weniger tiefen Begriff; sie ist wie die provenzalische *mesura* die Tugend des Anstandes[544]. Der dienende Ritter bittet die Frau, dafs sie ihm die *mâze* gebe 43, 18; er wird durch sie gemahnt, *wünneclicher mâze* zu pflegen 61, 37; die Dame selbst würde sich glücklich schätzen, wenn sie selbst *mâze* hätte: *kund ich die mâze als ich enkan, sô wære ez ich zer werlte ein sælic wîp* 43, 19. Die Mafse ist wesentlich dasselbe wie *zuht, fuoge, hüvischeit*.

Die feine Zucht bändigt die Selbstsucht der Empfindung. Die Frau bezeichnet es als eine Haupttugend des Mannes: *kan er ze rehte ouch wesen frô und tragen gemüete ze mâze nider unde hô* 44, 5[547]. Freude und Leid sollen mafsvoll sein.

Man soll *mit zühten gemeit* sein (s. S. 235); keinem mit seiner Freude zu nahe treten: *ich bin als unschedeliche frô, daz man mir wol ze lebenne gan* 41, 13[548]; *ich bin den frôn bescheidenlicher frôide bî* 48, 1; im Spiel den Anstand bewahren: *tanzen lachen unde singen âne dörperheit* 51, 23. Lautes Schreien ist verpönt: *wær ez niht unhüvescheit, sô wolt ich schrien: sê gelücke, sê!* 90, 17. Das Schallen verstöfst gegen die Zucht 24, 12; daher dem Thüringer Hofe 20, 4 nur ein *zwivellop* zu Teil wird[549].

Ebenso soll man sich dem Schmerz nicht zu sehr hingeben[550]: *mir ist liep daz si mich klage ze mâze, als ez ir schône stê*; der Sänger straft die, *die sich des flîzent, daz si den munt sô sêre bizent* 61, 8. Ebenso soll man im Werben das rechte Mafs beobachten; es ist eine strafbare Unsitte, Leib und Seele zu verschwören, um das Frauenherz zu überwinden 61, 24 (s. Nr. 62).

Der feine Anstand zeigt sich auch im gemessenen Gang; vom König Philipp und seiner Gemahlin heifst es: *er trat vil lîse, im was niht gâch: im slîch ein hôhgebornin küneginne nâch* 19, 11[551]; in der Bewegung: *si nam daz ich ir bôt, einem kinde vil gelîch, daz êre hât* 74, 29; im ganzen Benehmen: *kan ich rehte schouwen guot gelâz*[552] *und lîp, sem mir got, sô swüere ich wol daz hie diu wip bezzer sint danne ander frouwen* 57, 3. Vgl. den höfischen Aufzug 46, 10. Auch auserlesene und geschmackvolle Kleidung gehört dazu: *wol gekleidet unde wol gebunden* 46, 10; und welches Gewicht darauf gelegt wurde zeigt 124, 24, wo es — seltsam für unsere Empfindung — mitten unter den ernstesten Klagen heifst: *nû merket, wie den frouwen ir gebende stât, die stolzen ritter tragent dörpelliche wât.* Vgl. den bildlichen Ausdruck: *sô weˆ dir, Welt, wie dirs gebende stât* 122, 37. Die Krautjunker, die dem Leben am Hofe fern blieben, verschmähten solchen Schmuck[598]. Ihr Urbild ist der rauhe Jäger Esau: *Ich bin verlegen als Esaû, min sleht hâr ist mir worden rû* 76, 15.

Das gesittete Benehmen, *die zuht, fuoge, hüvischeit* hebt Walther oft hervor; er erkennt sie als seine Gebieterinnen an 64, 6, und klagt, dafs sie ihre Herrschaft verloren haben. Ehedem kamen tausend Gefüge auf einen ungefügen Mann 64, 9; jetzt wird der Wohlgezogene als Narr angesehen 24, 7. 90, 25; je mehr Zucht um so weniger Ehre 91, 3; *der jungen riter zuht ist smal, sô pflegent die knehte gar unhövescher dinge* 24, 4. die Zucht trauert, die Scham siecht 102, 27. 25, 16. 38, 18. 112, 14. *Unfuoge* hat allenthalben Platz gegriffen 48, 18. 64, 31—65, 32. 24, 8. 90, 38.

Die Erziehung wird durch gutes Beispiel geleitet; deshalb soll man schlechte Gesellschaft meiden: *die den verschampten bî gestânt, die wellent lihte ouch mit in schaffen* 45, 29. Die jungen Leute sollen sich den Bösen entziehen 37, 31[599], Augen und Ohren hüten, dafs sie nur gute Sitte wahrnehmen 87, 17[599]. Schläge, erklärt der Dichter vor den jungen Knappen, gebühren dem Edeling nicht: *den man zêren bringen mac, dem ist ein wort als ein slac, nieman kan mit gerten kindes zuht beherten* 87, 1[600]; aber anderwärts vertritt er nachdrücklich Salomons weise Lehre: *der sprichet, swer den besmen spar, daz der den sun versûme gar* 23, 26. 24, 9[601].

Politik.

Walther ist der erste deutsche Dichter, der die öffentlichen Angelegenheiten in den Bereich der lyrischen Dichtung gezogen hat. „Politische Lieder mehr persönlichen Charakters mag es immerhin gegeben haben. Mancher Spielmann wird seinem Gönner die Dienste eines Leibjournalisten zum Angriff auf politische Gegner geleistet haben. Aber das leidenschaftliche Gefühl für Wohl und Wehe der Nation und des Reiches, die dichterische Beteiligung an der hohen Politik lag diesen Leuten niederer Abkunft gewifs fern; das hat erst Walther von der Vogelweide in die deutsche Poesie gebracht"."

Dieser Zweig der Lyrik entwickelte sich naturgemäfs, als ein ritterlicher Sänger die Pflege der Kunst in die Hand genommen und das enge Gebiet der Minnepoesie zu verlassen gewagt hatte; er welkte ab, als die Ritter sich vor den bürgerlichen Dichtern zurückzogen und gleichzeitig mit dem Verfall des Reiches das Interesse an den grofsen gemeinsamen Angelegenheiten schwand. Walther hat viele Nachfolger gehabt; aber alle bleiben weit hinter ihm. Persönliche Begabung und die Gunst der äufsern Verhältnisse kamen zusammen, um sein politisches Lied auf eine überragende Höhe zu stellen. Sein Leben fiel in eine Zeit, wo das Leben der Nation durch wichtige Fragen tief erregt wurde; und sein Blick war frei genug, um das Allgemeine und Bedeutende zu erfassen. Grade dadurch übertrifft er sowohl seine Nachfolger in Deutschland, als auch die Troubadours, die vielfach in politische Händel verstrickt, schon vor Walther auch diese Saite in ihrer Poesie hatten wiederklingen lassen.

Um die politische Dichtung Walthers richtig zu würdigen, mufs man jedoch nicht vergessen, dafs auch sie wesentlich Gesellschaftsdichtung ist. Heut zu Tage giebt die gesteigerte Bildung und Regsamkeit einer breiten Volksmasse, der rasche Verkehr, die Buch- und Zeitungspresse, nicht zum wenigsten der sichere Schutz, den das Individuum vor jeder Willkür geniefst, auch einem Mann ohne

Rang und Vermögen die Mittel in die Hand, seine persönliche Meinung kund zu thun und selbst gegen den Willen der Machthaber zur Anerkennung zu bringen. Im 13. Jahrhundert fehlten diese Vorbedingungen ganz oder waren erst in den Anfängen ihrer Bildung. Das Regiment lag noch fest in der Hand einzelner, welche durch ihre Geburt dazu bestimmt waren. Die Fürsten und Herren waren die Leiter der öffentlichen Angelegenheiten; in ihren Versammlungen wurde das gemeine, über das persönliche Wohl beraten, und aufser diesen Versammlungen gab es keine Stätte für eine öffentliche politische Wirksamkeit. Hof- und Fürstentage boten dem Sänger die Gelegenheit, sein Lied erschallen zu lassen, und was es zum Ausdruck bringt, ist die Stimmung der Gesellschaft.

Individuelle Ansichten, selbständige politische Überzeugungen könnte diese Dichtung höchstens insofern wiederspiegeln, als der Sänger jedesmal seiner Gesinnung gemäfs sich die Gesellschaft gesucht hätte; aber selbst für diese Annahme würde man sich vergeblich nach einem Beweise umsehen. Walther war Dichter, und das einzige äufsere Ziel, das er mit seiner Kunst verfolgte, war Lobn und Ehre, nicht politische Thaten. Für seinen Übertritt von Otto zu Friedrich giebt er selbst keinen andern Grund an, als dafs jener ihm seine Verheifsungen nicht erfüllt habe, dafs er karg gewesen sei; und dem Markgrafen von Meifsen erklärt er die Feindschaft, ohne Skrupel dafs er dadurch sein eignes früheres Urteil Lügen strafe und in das Gegenteil verkehre (s. S. 119. 77).

Aber obschon es ungerechtfertigt ist, eigne Initiative und reformatorisches Streben in Walthers politischer Dichtnng zu suchen, so ist doch auch die praktische Bedeutung seines Gesanges nicht zu unterschätzen. Der glückliche Ausdruck dessen, was die Herzen bewegt, ist zu allen Zeiten eine starke Macht gewesen. Indem Walther der Gesinnung der Versammlung seine Stimme verlieh, stärkte er sie; er half sie befestigen und ausbreiten. Das Urteil Thomasins von Zirclære und die Aufträge und Belohnungen Friedrichs II. sind Zeugnis.

Wir haben die politischen Sprüche Walthers oben

besprochen und, soviel als möglich, auf ihre Anlässe zurückgeführt; hier soll zusammen gestellt werden, was sich für seine allgemeinen Anschauungen über das staatliche Leben ergiebt.

Staat.

Der eigentliche Zweck des staatlichen Verbandes ist Friede im Innern und Achtung nach aufsen. Gleich der erste Spruch Walthers läuft aus in eine Klage über den unsicheren Rechtszustand: Untreue liegt im Hinterhalt, Gewalt führt auf der Strafse, Friede und Recht sind todwund 8, 24. *gewalt gêt ûf*, ruft er an einer andern Stelle aus, *reht vor gerihte swindet* 22, 1. Mit Verlangen denkt er an die Zeit zurück, wo der deutsche Name bei allen Nachbarn gefürchtet war 85, 25.

Den Frieden und die Würde Deutschlands mit starker Hand aufrecht zu erhalten ist die Pflicht des Kaisers[1]. Dieses ist die Folge von jenem: *hêr kaiser, swenne ir tiutschen fride gemachet stæte bî der wîde, sô bietent iu die fremeden zungen êre* 12, 18. Walther verlangt ein strenges Regiment; die Strafe des Stranges soll den Frieden sichern. Heute würde ein Dichter, der seinem Könige den Willkommen bietet, ihn schwerlich auf das Ansehen des Galgens hinweisen; das Fürstenideal des Mittelalters hatte härtere Züge. Die Achtung, die es verlangt, ist Unterwürfigkeit, seine Hoheit Unnahbarkeit, seine Gerechtigkeit furchtbare Strenge. Der Grufs Walthers gilt dem Kaiser Otto. Reinhard, später Abt von Zwifalten, schildert den Eindruck seines Auftretens in folgenden Versen:

surrexerat Otto
more leonino, cuius vox terruit omnes,
vindictam nactus, pressorum spes quoque factus
ipsius et siluit in conspectu teres orbis[2].

Entsprechend heifst es in der Braunschweiger Reimchronik: *went von siner zokomenden hand irscrack und bibete al das lant*[3].

Freigebigkeit und Macht, *des aren tugent, des lewen kraft* sind die Stützen des Thrones 12, 25. Den Guten soll Lohn zu Teil werden, die Bösen Rache treffen 11, 35. Der König spendet seinen Getreuen Ehre und Gut 16, 39. Arme Künige taugen nicht 9, 14, und die Geizigen sind der Krone nicht wert 17, 11 [603].

Von der Würde des Kaisers hat Walther die höchste Vorstellung; seine Krone scheint über allen Kronen 11, 32; auch die fremden Völker sollen ihn anerkennen 12, 20 [603]; er ist der Stellvertreter Gottes auf Erden; ja mehr als das: Erde und Himmel sind geteilt, so dafs der Kaiser das Reich auf Erden, Gott im Himmel hat 12, 8. Man müfste sich wundern, wie der Dichter des christlichen Mittelalters zu dieser Anschauung käme, wenn sie nicht in einem aus dem Altertum überlieferten, oft angeführten Verse vorgebildet wäre: *divisum imperium cum Jove Caesar habet* [604].

Die königliche Gewalt stammt von Gott: *got git ze künige swen er wil* 12, 30 [605]; durch den Papst wird die kaiserliche Würde übertragen; denn ihm sind die Insignien derselben Speer, Kreuz und Krone von Constantin übergeben 25, 13 [606].

Dem Kaiser ziemt die höchste Verehrung; man soll gehorsam das Knie vor ihm beugen 11, 11; die Fürsten sollen sich nicht überheben 9, 13, und ihm unterthan sein 12, 1 [607]. Selbst den Insignien mifst Walther hohe Bedeutung bei. Er sieht es als ein Zeichen Gottes an, dafs dem jungen König Philipp die ererbte Krone so gut pafst 18, 29, und nimmt den Weisen über seinem Nacken als Beweis, dafs er der rechtmäfsige Herrscher sei 19, 4 [608].

Die Macht des Kaisers ist jedoch eingeschränkt. Walther läfst das unbedingte Wahlrecht des Fürsten gelten und findet es ganz natürlich, wenn sie den König, der ihren Erwartungen nicht entspricht, vor die Thür setzen 17, 11 [609]. Ja auch den Anspruch Innocenz III., dafs der Papst das Kaisertum nach eigner Willkür verleihen und entziehen könne, scheint er in dem Spruche 12, 90 gelten zu lassen, wenigstens tritt er ihm nicht entschieden entgegen. Er verlangt nur eine bündige Erklärung darüber, dafs Innocenz demselben Manne fluche, den er vorher gesegnet habe. In einem andern Spruche (25, 11) freilich weist Walther das Vorgehen des Papstes als einen unbefugten Eingriff in die Rechte der Laien zurück. — Es handelt sich hier um die Constantinische Schenkung, bekanntlich eine Erdichtung des 8. Jahrhunderts, die allmählich erweitert und im Interesse der weltlichen Macht des Papsttums wirksam ausgenutzt wurde. Walther hält, wie die meisten seiner Zeitgenossen, die Thatsache für richtig und unbestreitbar; er kennt nur Zweifel über den Inhalt und die Tragweite der Schenkung. Während die Freunde des weltlichen Kirchenregiments behaupteten, die Reichsinsignien und die weltlichen Reiche seien dem römischen Stuhle von Constantin zu eigen gegeben, und daraus weiter folgerten, dafs der Kaiser gleichsam als Vasall der Kirche anzusehen sei, der seine Würde von der Kirche zu Lehen hätte, sahen andere in solchen Ansprüchen eine Störung der göttlichen Weltordnung; denn nicht die Schlüssel des irdischen Reiches, sondern nur die des Himmels habe der Papst von Gott empfangen[610]. Innocenz III. behauptete natürlich uneingeschränktes Recht: *Omne regnum Occidentis ei (Silvestro) tradidit et dimisit*[611]. Dem tritt Walther 25, 11 entgegen:

> *Küne Constantin der gap sô vil,*
> *als ich ez iu bescheiden wil,*
> *dem stuol ze Rôme, sper kriuz unde krône.*

Die nachdrücklichen scharf bestimmten Worte zeigen, dafs Walther den Streit über den Umfang der Schenkung wohl kannte. Er schränkt sie auf ein Minimum ein: nur die Abzeichen der Herrschaft, nicht das imperium selbst hat Constantin dem Papst übergeben; die Herrschaft empfängt der König durch die Wahl der Fürsten[612].

Wie das Verhältnis zwischen Kaiser und Fürsten, so beruhen auch andere Treuverhältnisse auf gegenseitiger Verpflichtung. Der Dienst verlangt Lohn, und wo der Lohn ausbleibt, da erhebt der Dienende den Vorwurf der Undankbarkeit oder Untreue und giebt den Dienst auf 26, 23. 29, 4. 30, 9. 79, 25 [613]. Durch Treue im unbelohnten Dienst würde sich der Mann selbst herabsetzen: *wolveile unwirdet manegen lîp, ir werden man, ir reiniu wîp, niht ensit durch kranke miete veile* 81, 15. Der Herr mufs seine Freunde erwerben: *mâcschaft ist ein selbwahsen êre, sô muoz man friunt verdienen sêre* 79, 22. Aber solche Freunde sind auch mehr wert als die Verwandtschaft: *man hôhgemâc, an friunden kranc, daz ist ein swacher habedanc: baz gehilfet friuntschaft âne sippe* 79, 17 (Nr. 520). Denn der Freund, solange er eben Freund ist, ist seiner Natur nach zuverlässig, nicht der Verwandte: *er ist ein wol gefriunder man, alsô diu werlt nû stât, der under zwênzic mâgen einen guoten friunt getriuwen hât* 38, 10[134]. Darum sollen die Herren wohl Acht geben, solche Freunde sich zu erhalten 79, 23 und sie nicht aus Hochmut fallen lassen 30, 29[111].

Die Schranken der natürlichen oder historischen Ordnung sollen inne gehalten werden. Niemand soll über seinen Stand hinausstreben: *swer der mâze brechen wil ir strâze, dem gerellet lihte ein enger pfat* 80, 6[110]. Pfaffen sollen sich nicht Laienrecht anmafsen 9, 28. 25, 24, die Fürsten sich nicht der Krone gleichstellen 9, 13[115]; Männer und Weiber, Pfaffen und Ritter, Junge und Alte jeder in seinem Recht bleiben 80, 19[116].

Auf edeles Geschlecht legt Walther wie das ganze germanische Altertum hohen Wert: *swâ der hôhe nider gât und ouch der nider an hôhen rât gezucket wirt, dâ ist der hof verirret* 83, 14. Darum hebt er mit besonderem Nachdruck Philipps hohe Verwandtschaft hervor 19, 8: *eins keisers bruoder und eins keisers kint*. Hohe Geburt und Einsicht sind ihm gleichbedeutend; die Niedrigen verstehen nichts und geraten in Lug und Trug: *dieselben brechent uns diu reht und starrent unser ê* 83, 17—25[117]. Daneben aber kommen auch die humanen, demokratischen Gesinnungen des Christentums zum Ausdruck[118]. Hierhin gehört die schon angeführte Ansicht über *mâgschaft* und *friuntschaft*. Der Dichter betont ferner die Gleichheit der Menschen im Tode[119] (*wir wahsen ûz gelîchem dinge* etc. 22, 12) und vor Gott[120]; er deutet darauf hin, dafs die edle Gesinnung Adel verleihe: *lât mich an einem stabe gân und werben umbe werdekeit . . sô bin ich doch, swie nider ich sî, der werden ein* 66, 33[121].

Walthers Ritterstolz findet an einigen Stellen charakteristischen Ausdruck: *hêr Walther* nennt er sich 18, 6. 11, wie er auch seinen Gegnern *Wicman* und *Atze* ihr standesgemäfses *hêr* nicht vorenthält (18, 1. 104, 7). In dem Ausfahrtsegen bittet er Gott, er möge ihn in seiner Hut gehen lassen und — reiten (24, 20), und entsprechend in der an Friedrich II. gerichteten Bitte: *kume ich spâte und rîte fruo: 'gast, wê dir, wê!'*. Zu Fufse zu gehen ziemte sich nicht für den Rittersmann⁹⁹⁹.

Aufser dem Adel kommt die durch Alter gereifte Erfahrung in Betracht. Der älteste Spruch, in dem Walther gegen die ungebührliche Herrschaft der Kirche eifert, schliefst mit den Worten: *Owê, der bâbest ist ze junc, hilf, hêrre, dîner Kristenheit* 9, 39. Wo die Jungen handeln, die Alten raten ist es gut bestellt um das Reich 85, 30. In den Tagen König Heinrichs klagt er, dafs Adel, Weisheit und Alter ihre Stühle verloren haben, und an ihrer Statt allein *der tumbe rîche waltet* 102, 17; vgl. 23, 35⁹⁹⁹.

Das Bewufstsein von den Pflichten des einzelnen gegenüber dem Staat ist noch wenig entwickelt. Walther verlangt freilich Gehorsam gegen das Staatsoberhaupt; offne Erhebung erkennt er als Schuld an, als gröfsere heimlichen Verrat 105, 13; der Spruch 31, 13 mag mit seinen Klagen über die Macht des Geldes gegen eigennützigcs politisches Handeln gerichtet sein; im allgemeinen aber fand der Dichter, wie seine ganze Zeit, politische Gesinnungslosigkeit viel weniger anstöfsig als wir⁹⁹¹. Jedenfalls zeigt sich nirgend eine Spur, dafs er Fürsten, welche ihr politisches Handeln von ihrem persönlichen Vorteil abhängig machten, gemieden habe. Die Pflichten gegen den Staat waren noch identisch mit den Pflichten gegen das Staatsoberhaupt und reichten nicht über diese hinaus. Deshalb wandte man auch auf dieses Verhältnis ganz natürlich den Satz an: wie du mir, so ich dir. Die Fürsten erhoben den König zur höchsten Ehre; sie erwarteten und verlangten dafür ihren Lohn, *guot* und *êre*, Länder und Gerechtsame 16, 39. 17, 11, und verfuhren dabei nach dem Grundsatz des Sängers: *wolveile unwirdet manegen lîp; niht ensî durch kranke miete veile*. Der persönliche Vorteil waltete, das Reich war nur dazu da ausgebeutet zu werden.

Also die Tugend eines Staatsbürgers, wenn ich so sagen soll, kennt Walther noch nicht. Sein Patriotismus besteht in dem Bewufstsein des Gegensatzes zu fremden Nationen und in dem Stolz auf die Eigenart; er ist das ungeläuterte Gefühl der Nationalität und Rasse. Aber auch das ist etwas wert; es zeigt, dafs die Stammesunterschiede zurückwichen und sich die Grundlage für eine umfassendere Einheit bildete. Dieselbe patriotische Gesinnung nehmen wir schon in einigen Gedichten des 12. Jahrhunderts wahr [525] aber den herrlichsten Ausdruck hat sie in Walthers berühmtem Liede *Ir sult sprechen willekomen* (56, 14) gefunden; mit Grund war der Sänger selbst stolz auf das Lob, das er hier dem deutschen Namen gezollt hatte.

Kirche.

Gegen die Kirche hat Walther von Anfang an, aber nicht immer mit gleicher Schärfe, eine oppositionelle Stellung eingenommen. Am heftigsten führte er den Kampf, als Innocenz auf dem Gipfel seiner Macht durch Bann und Absetzung Ottos den Frieden in Deutschland am offenbarsten und erfolgreichsten gekränkt hatte. Auf den Sprüchen, die Walther gegen den Papst und die Geistlichkeit gerichtet hat, beruht in unseren Tagen sein Hauptruhm, und in der That ragen sie unter seinen politischen Liedern durch Gehalt und Kraft hervor.

Walther hat den Kampf nie ohne Anlafs aufgenommen, aber immer mit Lust. Nur wenn die Irrungen zwischen Reich und Kirche die Gemüter lebhafter erregten und die öffentlichen Versammlungen der Grofsen beschäftigten, erhob er seine Stimme, aber so, dafs man merkt: dieser Streit war ihm eine Herzensangelegenheit. Der Standeshafs, die Mifsgunst der Ritter gegen die Pfaffen, die sich im Besitz ihrer reichen Pfründen wohl sein liefsen, und mit thatenlosem Leben den arbeitseligen Rittern am Hof und bei den Frauen [526] den Rang streitig machten, verleiht seinem Sange Kraft und Glut. Ritter und Pfaffen waren die beiden Stände, die sich zuerst aus der Masse des Volkes ausgesondert hatten, und um die Herrschaft kämpften. Die Erfüllung des apostolischen Gebotes [527], den Geistlichen Ehre zu erweisen, wurde den Rittern nicht leicht[373]. Walther kennt es und sucht sich mit ihm abzufinden; er bedauert, dafs die Pfaffen, ebenso wie die Frauen, fest zusammenhalten und sich nicht scheiden lassen 45, 28[374], er warnt die Bischöfe und edeln Pfaffen vor den Fallstricken des Teufels 33, 1, aber am liebsten sähe er sie allesamt beseitigt: *scheides von in* (die guten von den schlechten), *oder scheides alle von den karen* ruft er dem Kaiser Friedrich zu.

Der Grund für die Verkommenheit der Geistlichen lag in dem Reichtum der Kirche. Nicht nur die Ketzer richteten ihre Angriffe vorzugsweise auf diesen Punkt, auch rechtgläubige und hochgestellte Geistliche sprachen sich in demselben Sinne aus[375]. Ja im Anfang des 12. Jahrhunderts hatte ein Papst selbst, Paschalis, daran gedacht im Namen der Kirche auf alle weltlichen Güter Verzicht zu leisten, um ihr dadurch eine um so gröfsere Unabhängigkeit zu sichern. Die Geistlichkeit erklärte er, müfse mit Zehnten und Gaben zufrieden sein, das andere Weltliche möge der König für sich und seine Nachfolger zurück nehmen. Ähnliche Ansichten vertraten andere, namentlich und mit entschlossener Rücksichtslosigkeit Gerlob von Reichersperg; und zu Anfang des 13. Jahrhunderts führte diese Richtung zur Gründung der Bettelorden, deren unglaublich schnelle Verbreitung zeigt, wie empfänglich die ganze Christenheit für diese Anschauungen war.

Wenn unter den Geistlichen selbst solche Gesinnung sich ausbreitete, so ist selbstverständlich, dafs die Laien ihnen nicht fremd blieben. Wie späterhin die Ausbreitung der Reformation wesentlich durch die Aussicht der Herren gefördert wurde, durch Einziehung des Kirchengutes ihre Schätze zu mehren, so leuchtete auch damals den weltlichen Grofsen und der ritterlichen Gesellschaft die Beraubung der Kirche als etwas höchst Zweckmäfsiges ein. Schon in einem seiner ältesten Sprüche stellt Walther den frommen bedürfnislosen Klausner als das Ideal eines Geistlichen hin (9, 37), und in einem seiner letzten Lieder (11, 2), als Kaiser Friedrich sich mit der Kurie entzweit hatte und von neuem Bann und Interdikt drohten, fordert er ihn ununwunden auf, den Geistlichen mit *swindem widersreane* zu entgelten:

> *an pfrüenden und an kirchen müge in misselingen.*
> *der si vil die dar ûf iezuo haben gedingen*
> *daz ir guot verdienen umb daz riche in liehten ringen.*

Die Schenkung Constantins, welche als die Grundlage der weltlichen Herrschaft des Papstes galt, erschien ihm als schweres Unheil 25, 11; hätte Constantin gewufst, welches Übel daraus entstehen würde, so würde er der Kirche die Macht nicht gegeben haben 10, 29.

Wie sehr solche Anschauungen denen der Kaiser Otto und Friedrich wenigstens zeitweise entsprachen, ist früher bemerkt. In ihrem Dienste dichtete Walther die Sprüche, in denen er alle möglichen Vorwürfe gegen den Papst, die Kurie und die Geistlichkeit im allgemeinen häuft. Seine Klagen und Anklagen waren längst bei strengen Geistlichen, bei lateinischen und provenzalischen Dichtern beliebte Gemeinplätze, auf denen das Publikum sich gern tummeln liefs[430].

Der nächste Angriff richtet sich gegen den Geiz und die unersättliche Habgier 10, 25. 33, 9. 16. 34, 4 f.[430]; der Papst sät Zwietracht, um sich selbst zu bereichern 34, 17[431]; er ist ein ungetreuer Kämmerer, der Gott am den Schatz der kirchlichen Gnadenmittel bestiehlt 33, 28[432]; an die Stelle der Reue ist der Handel getreten; in Rom treibt man Simonie 6, 39. 33, 5[433], und Mifsbrauch mit kirchlichen Strafen 9, 32. 10, 34; der Papst raubet und mordet und ist zum Wolf unter den Schafen geworden 9, 29. 33, 29[434].

Die Pfaffen wollen Laienrecht verkehren 25, 24 und greifen zum Schwert der Ritter 9, 28[435].

Die Geistlichen sollten die Laien lehren und ihnen mit gutem Beispiel vorangeben; statt dessen sprechen sie: *swer ir worten volgen welle und niht ir werken, der si âne zwivel dort genesen* 33, 35[436]; sie sündigen ohne Furcht 33, 34; sie lügen und trügen 21, 30. 9, 20. 11, 6. 12, 30. 33, 17[437], sind genufssüchtig und unkeusch 10, 32. 34, 1. 12[438]. Ja mehr als das, sie freveln in Wort und Werk 33, 27, *das wirs unrehte würken sehen, unrehte hœren sagen* 34, 30, und fälschen den wahren Glauben 10, 32. 34, 1. 12. 6, 32.

Rom und der Papst gehen in allem Schlimmen voran 33, 1. 11. 21. 34, 24, und sind daher Schuld an dem allgemeinen Unglück***, insbesondere an dem Unglück des Reiches 34, 22. 25, 11.

Dafs solche Klagen Walthers und anderer nicht grundlos waren, ist gewifs; aber man hüte sich daraus zu schliefsen, dafs die Geistlichkeit unverhältnismäfsig schlecht gewesen sei, etwa gar brutaler als das übrige Volk. Die ganze Zeit war roh und unbändig, und Kinder ihrer Zeit waren auch die Geistlichen. Nicht übel ist ein Spruch Fridanks 10, 14:

> *Mane leie sünden mê begât*
> *dan tûsent pfaffen, ders verstât.*
> *der pfaffen sünde ist anders niht,*
> *wan das mit wibelin geschiht.*

Walthers Sprüche sind Erklärungen einer Partei, mit dem Eifer der Parteileidenschaft vorgetragen. Das sollte man anerkennen, auch wenn man den Zielen dieser Partei die vollste Sympathie zuwendet. Noch weniger darf man den Sänger als Vorläufer der Reformation ansehen; alle geistlichen Rechte, welche die Kirche für sich in Anspruch nahm, vom Bann bis zur Verwaltung des Schatzes überzähliger guter Werke erkannte er an.

Wir haben jetzt das Gebiet durchmessen, über welches Walthers Kunst sich ausdehnte. Wie der Stoff, den er seinen Zuhörern bietet, verhältnismäfsig mannigfaltig und reich ist, so liebt er es auch für seine Person verschiedene Formen anzunehmen. In beiden Beziehungen knüpft er an die ältere Tradition an, in beiden unterscheidet er sich von seinen nächsten Standesgenossen. Im allgemeinen bewegen sich die Minnesänger wie unter ihres gleichen. Ihr Vortrag erscheint als ein Teil der gemeinsamen Unterhaltung, kaum dafs sie sich als Sänger einführen. Walther entkleidet sich gern des eintönigen Gesellschaftskostüms, um eine charakteristischere Tracht anzulegen. Er tritt offen als Spielmann ein (65, 7), der zum Tanz nach der Geige (19, 37) und zum Empfang des Mais auffordert (46, 21. 51, 13); als Wanderader, der aus der Fremde allerlei

Neuigkeiten mitbringt (56, 14. 20, 5. 84, 14). Er spielt anderseits die Rolle des erfahrenen weisen Mannes, der den Lauf der Welt beobachtet (8, 4. 28. 102, 15. 85, 25) und über die höchsten Fragen nachgedacht hat (10, 1); er regt die Betrachtung an über das, was vor Augen liegt (18, 29) und durchschaut wie ein Seher den geheimen Zusammenhang der Dinge (9, 16); er kennt das menschliche Herz, seine Leiden und Freuden (110, 34. 69, 8. 120, 34); er kritisiert Ereignisse (19, 14) und Anschauungen (48, 38) und den allgemeinen Zustand von Staat, Kirche und Gesellschaft. Er tritt auf als Lehrer guter Sitte (43, 9) und als Sittenprediger (21, 10. 25. 24, 8. 35, 31. 48, 25. 81, 16. 102, 1); er unterweist die Jugend (22, 32. 37, 34. 87, 1. 91, 17. 97, 34. 101, 23). Er übernimmt das Amt des öffentlichen Sprechers (28, 11. 12, 18. 11, 30) und politischen Mahners (9, 8. 83, 26); er wirft sich auf zum Ratgeber von Königen (16, 36. 19, 17. 10, 17. 105, 13), Fürsten (29, 15. 17, 11. 83, 27. 85, 17. 103, 13. 105, 13), und Herren (36, 1. 125, 1), von Papst und Pfaffen (10, 25. 11, 6); als Bote Gottes selbst tritt er in die Versammlung (12, 6). Wir sehen ihn ferner als Erblasser und Testator (60, 34), als Kläger vor dem Fürsten (104, 7) und vor dem Richterstuhl der Minne (40, 19. 54, 37); das Publikum selbst wird ihm zum Gerichtshof (74, 5. 44, 35). Die Rollen die der Sänger übernimmt, sind bald mehr bald weniger bestimmt ausgeführt; durch ihre Mannigfaltigkeit übertrifft er alle andern Dichter. Bemerkenswert aber ist, dafs unter keiner der angenommenen Gestalten die persönliche Würde leidet; zum Lustigmacher und Possenreifser erniedrigt er sich nirgends. Die Kunst sollte der Gesellschaft dienen, nicht die Person des Künstlers.

IV. Entwickelung des Dichters.

Es ist anmutig sich vorzustellen, wie der Dichter als Knabe in der Waldeinsamkeit liegt, im Schatten der Linde am murmelnden Bach, das Auge schweifend in der Ferne über blühende Thäler zu hochragenden Bergen; wie da Phantasie und Gemüt sich füllt, und dann, wenn der Jüngling von den ersten Regungen zarter Liebe ergriffen wird, der volle Strom der Lieder aus der Brust bricht, der die Herzen der Damen ihm neigt, und Fürsten und Könige zu Freunden gewinnt. Der Wirklichkeit entspricht solche Auffassung nicht.

Der vertraute Verkehr der Jugend mit einer lieblichen oder grofsartigen Natur mag dichterische Anlage kräftigen und nähren können und auch in Walther genährt haben; aber Form und Richtung fand diese Anlage nicht durch sich selbst. Man hat den Minnesang oft mit dem Gesang der Vöglein verglichen; er ist auch in der That mit ihm vergleichbar, insofern die Weisen der Sänger trotz aller Mannigfaltigkeit doch so gleichartig, so gebunden erscheinen; aber er ist keineswegs wie der Vogelgesang der unmittelbare Ausdruck natürlicher Begabung, poetischer das ganze Zeitalter beherrschender Stimmung. Der Minnesang ist eine Kunst, die gelehrt und gelernt wurde; die Wort und Weise, Poesie und Musik umfafste. Walther sagt von sich selbst: *ze Österriche lernte ich singen unde sagen* (32, 14).

Wer sein Lehrer war, wissen wir nicht; nicht einmal welchem Stande er angehörte. Den Geistlichen lag die Pflege eines kunstmäfsigen Gesanges von jeher ob. Seit Karl der Grofse den römischen Gesang kennen gelernt halte, wurde die Musik in Schulen und Klöstern mit Eifer und Liebe gepflegt, zunächst im Interesse des Kultus; aber auch zum Vorteil der weltlichen Kunst. Söhne der Edeln nahmen, ohne grade für den geistlichen Stand bestimmt zu sein, an dem Unterricht der Geistlichen Teil[1] und kunstgeübte Geistliche fanden am Hofe lohnende Stellung. Von Karl selbst erzählt der Monachus S. Gallensis (1, 33) er habe einen in jeder Beziehung ganz unvergleichlichen Kleriker an seinem Hofe gehabt, der sich mehr als ein anderer hervorthat sowohl durch die Kenntnis weltlicher Wissenschaften (*saecularium litterarium*) als auch der Theologie, durch Bekanntschaft mit dem Kirchengesang und scherzhaften Liedern, durch das Talent des Dichters und Musikers (*nova carminum compositione sive modulatione*) und aufserdem durch die süfseste Stimme der Welt. Ähnlich begabte Leute wird es auch sonst gegeben haben, und es wäre seltsam, wenn man sich ihrer nicht bedient hätte andere heranzubilden. Im Alexanderliede ist es ein gelehrter Meister, der den jungen König im Gesang unterrichtet; in Gotfrieds Tristan tritt der Spielmann als vollendeter, in der Theorie und Praxis erfahrener Künstler und als Lehrer der jungen Königin auf; aber auch hier weifs nur ein Pfaffe Tristans musikalische Leistungen recht zu würdigen[2].

Zwischen der volksmäfsigen Vortragsweise und dem kunstmäfsigen Gesang mag lange ein bedeutender Unterschied bestanden haben, aber eine gewisse Beeinflussung konnte um so weniger ausbleiben, als bestimmte Stilarten noch wenig ausgebildet waren (s. ob. I, Nr. 39). Die Spielleute suchten, wie schon jenes früher angeführte Beispiel des blinden Bernlef zeigt, von den Geistlichen zu lernen, und geistlich gebildete Leute selbst mischten sich unter die Fahrenden.

Bedeutende Förderung erhielt die Pflege der Musik unter den Laien jedenfalls durch den Minnedienst. Der weltliche Gesang der Ritter wurde jetzt dem geistlichen ebenbürtig. Die Rivalität bekundet eine Stelle Walthers (104, 1), und in der Gudrun (St. 390) erhält Horants Gesang das Lob: *sich unmârte in den kœren dâvon der pfaffen sanc*. Der Pfaffensang in der Kirche war bis dahin das Schönste gewesen, was dem Volke geboten war; jetzt kam daneben eine weltliche Kunst zur Geltung. Wie das steigende Interesse an litterarischer Unterhaltung ein massenhaftes Zuströmen litterarischer Stoffe veranlafste, so nahm man begierig auch neue Melodieen auf, und das Fremdartige gereichte zur Empfehlung. Morolf hat zu *Gilest* in *Endiân, dâ diu sunne ir gesidele hât* eine schöne Weise gelernt (Str. 256), und Horant bezaubert die junge Hilde durch eine *wîse, diu was von Amilê, die gelernte nie kristen mensche sît noch ê, wan daz er si hôrte ûf dem wilden vluote* (Gudrun St. 397). Jetzt konnten ritterliche Sänger selbst als Lehrer in der neuen Kunst dienen (Eilhart 130 f.), und wenn der Herzog Leopold einen Mann wie Reinmar an seinen Hof berief, so ist kaum zu bezweifeln, dafs er im wahren Sinne des Wortes Schule machte.

Derartige Unterweisung mag denn auch Walther nicht gefehlt haben; aber ich zweifle, ob es die einzige war. Der Gedanke an eine gelehrte Erziehung ist jedenfalls nicht von vornherein abzuweisen. Freilich kommt in seiner Dichtung nicht viel Gelehrsamkeit vor, aber man darf auch nicht erwarten, dafs die Lieder des Sängers uns den vollen Umfang seiner Kenntnisse darstellen; sein Geschmack bewahrte ihn davor, vielleicht auch die Rücksicht auf sein Publikum. — Beziehungen auf die Religion finden sich ziemlich zahlreich. Die Grundlehren des Christentums und die Hauptmomente aus dem Leben des Heilands werden erwähnt, die moralischen Sprüche knüpfen oft an Worte der Bibel an; der Dichter erwähnt Abraham (13, 33), den Segen Jacobs (11, 13), Esau (77, 15), Salomons Lehre (23, 26), den Traum Nebukadnezars (23, 11), das Gleichnis vom Zinsgroschen (11, 18); er erörtert die Constantinische Schenkung (25, 11) und hat vom Papst Silvester (Gerbert 33, 22) gehört; ja auch lateinische Worte kommen vor: *in nomine domini* (31, 33) und der Schlufs des Paternosters: *set libera nos a malo! Amen* (17, 38)[1]; der Leich endlich zeigt volle Vertrautheit mit theologischen Kenntnissen allerlei Art. Ich will nun nicht behaupten, dafs ein Ungelehrter diese Kenntnisse nicht hätte erwerben können; aber ich zweifle, ob er sie gesucht und in dieser Weise verwertet hätte, wenn die Erziehung ihn nicht darauf hingelenkt hätte. Aus der profanen Geschichte und Sage kommt sehr wenig vor. Helena und Diana (119, 10), Alexander (17, 9), König Artus Hof (25, 1) und das deutsche Heldenpaar Walther und Hildegunde (74, 19), sonst nur ältere oder jüngere Zeitgenossen. Dieses Mifsverhältnis zwischen geistlichen und weltlichen Dingen ist jedenfalls interessant; es zeigt wie ungemeine Bedeutung die christliche Religion und Kirche damals in dem gesammten Geistesleben des deutschen Volkes noch hatte.

Aber wie es sich auch mit der Erziehung Walthers verhalten mag, das Leben hat ihm jedenfalls noch viel hinzugebracht, Kenntnisse und Anschauungen. Wir dürfen annehmen, dafs er mit allem Grofsen und Bedentenden, was damals das deutsche Leben bot, bekannt geworden ist. Sein Beruf führte ihn in die verschiedensten Teile Deutschlands, seine Tüchtigkeit verschaffte ihm Zutritt zu allen Kreisen der Gesellschaft; ja selbst das entwickeltere Leben in romanischen Ländern lernte er kennen. Seine Gedichte beweisen nicht, dafs er französisch konnte; aber wenn seine Wanderungen ihn bis zur Seine und bis zum Po führten (31, 13), so wird er schwerlich das Mittel entbehrt haben, sich der fremden Bevölkerung verständlich zu machen und sie zu verstehen. Und wenn bis jetzt noch keine direkte Einwirkung französischer Kunst in seinen Liedern nachgewiesen ist, vielleicht auch nie sich wird nachweisen lassen, so ist anderseits zu bemerken, dafs auch die Einwirkung deutscher Dichter wenig sichere Spuren in seinen Werken hinterlassen hat. Walther war zu selbständig; auch da, wo er von andern Einflufs erfuhr, verarbeitete er das Empfangene, so dafs er es wie sein Eigen beherrschte.

Unter diesen Umständen ist es sehr schwer, ein zuverlässiges Bild seines geistigen Wachstums und seiner künstlerischen Entwickelung zu gewinnen. So lange man die Gedichte Walthers, auch seine Liebeslieder, als unmittelbaren Reflex des Selbsterlebten ansah, ging man von der biographischen Untersuchung aus'. Man teilte die Lieder, gestützt auf 47, 1 f. in zwei Hauptgruppen, Lieder

der niederen und Lieder der hohen Minne, und suchte
dann die letzteren so aneinander zu reihen, dafs man etwa
die mögliche Entwickelung eines Minneverhältnisses erhielt.
Aber nicht aus dem Leben und Lieben des Dichters
können wir die chronologische Reihenfolge seiner Werke
wieder gewinnen, sondern nur eine auf die Kunstentwickelung gerichtete Untersuchung läfst einigen Aufschlufs erwarten. Wir müssen versuchen, die Gedichte so
zu gruppieren, dafs sie uns eine in sich wahrscheinliche
Entwickelung darstellen. Das ist der Weg, den Burdach
eingeschlagen hat. Indem er von der unzweifelhaft richtigen Voraussetzung ausging, dafs Walthers Kunst sich an
die vorhandene Lyrik anschlofs, kam er zu dem Resultat,
welches die früheren Annahmen nahezu auf den Kopf
stellte, dafs die Lieder, in welchen Walther zu der hergebrachten höfischen Minnedichtung in Gegensatz tritt, den
Höhepunkt seiner Kunst bezeichnen. Wir halten dieses
Resultat für richtig.

Das Ziel, welches die frühere Forschung glaubte erreichen zu können: eine im einzelnen fixierte Reihenfolge
der Lieder Walthers zu gewinnen, erscheint von der neuen
Grundlage unerreichbar; man mufs zufrieden sein, die
Gruppen zu erkennen. Die Wahrnehmung, dafs die Lieder
öfters sich zu längeren Vorträgen zusammenschliefsen, wird
die Untersuchung wesentlich stützen und sichern, namentlich
da, wo diese Vorträge in ihrer ursprünglichen Anordnung
erhalten sind.

Einen solchen Liedercyklus bietet die Pariser Hs.
in den Strophen C 65—76, 92—103, vierunddreifsig Strophen
in acht Tönen[5]. Auf den eigentümlichen Charakter dieser
Gruppe wiesen wir schon in unserer ersten Arbeit über
Walther hin[6]. Indem wir die Lieder der niedern Minne
als Ausgangspunkt der Waltherschen Lyrik festhielten,
setzten wir sie in die späteste Zeit seiner Minnedichtung,
jetzt weisen wir sie umgekehrt in den Anfang. Allgemeine
Betrachtungen und die Darstellung persönlicher Verhältnisse sind in dieser „Rede" eigentümlich mit einander
verflochten, so dafs namentlich im ersten Teil die Reflexion
einen ungewöhnlich breiten Raum einnimmt. Das ganze

ist nach einem wohl überlegten Plane angelegt, sowohl die Reflexionen als die persönlichen Verhältnisse lassen eine fortschreitende Entwickelung deutlich erkennen. Wir fassen beide für sich ins Auge, zunächst die letzteren.

Am Schlufs des ersten Liedes (91, 17) erklärt der Sänger, dafs er noch kein Liebesglück genossen, aber die Hoffnung auf Erfüllung nicht aufgegeben habe: *doch tuot mir der gedinge wol der wile, den ich hân, deichs noch erwerben sol.* Diesen Gedanken nimmt das folgende Lied gleich im Anfang auf: II. (92,9) *Ein niuwer sumer, ein niuwe zit, ein guot gedinge ein lieber wân die liebent mir en widerstrît das ich noch tröst ze froiden hân.* Der Sänger verrät, dafs er diesen Trost erwartet von einer Frau, die der Ausbund von Schönheit, Liebenswürdigkeit und Tugend ist 92,17. III. (93, 20). Aber die Hoffnung erfüllt sich sobald nicht. Es fehlt die Gelegenheit mit der Geliebten zu verkehren. Ihr Stolz einerseits, die Hut anderseits schliefsen sie ab; er wünscht die Schlüssel in seine Hand zu bekommen und durch sie freien Zutritt zu der Verehrten. Schon der Anblick ihrer Schönheit werde ihm immer neue Jugend geben; nur sehen will er sie. Wenigstens freut er sich in Gedanken bei ihr weilen zu können: *ich diene iemer ûf den minneclîchen wân. mac diu huote mich ir lîbes pfenden, dâ hab ich ein trœsten bî; sin kan niemer von ir liebe mich gewenden. twinget si daz eine, so ist daz ander frî* 94, 7—10. — IV. (95, 17). Aber der Sommer verstreicht, ohne dafs die Hoffnungen sich erfüllen: *Was ich doch gegen der schœnen zît gedinges unde wânes hân verlorn;* er klagt, dafs die Wahnfreude doch keine rechte Freude sei: *muoz ich nû sîn nâch wâne frô, son heize ich niht ze rehte ein sælic man* 95, 27. Er wagt es eine direkte Bitte auszusprechen, aber ganz kurz und allgemein, ohne mit der eignen Person hervorzutreten: *ein sælic wîp, diu sich verstêt, diu sende ouch guoten willen dar* 96, 8. V. (96, 20). Die Klagen werden heftiger, die Bitten bestimmter; der Sänger erscheint persönlich vor der Frau: die treue Beständigkeit in der Liebe ist kein Unglück; sein Lebensglück und -wert hängt von ihr ab; ihr Glück ist seine Freude. Der Erörterung des ersten Themas sind zwei Strophen gewidmet, den beiden folgenden je eine; jeder der drei Abschnitte schliefst mit einer Bitte: *das wende sælic frouwe min, das ich der valschen ungetriuwen spot von miner stäte iht müeze sin.* — *doch solt dû gedenken, sælic wip, das ich nû lange kumber hân.* — *dû solt mich des geniezen lân, das ich só rehte hân gegert.* Das Lied bezeichnet den Höhepunkt: mit dem folgenden beginnt gewissermafsen der zweite Akt, in welchem die Empfindung sich absenkt. VI. (97, 34). Die Dame ist wieder in der Ferne: *min schin ist hie noch, só ist ir das herze min bî* 98, 9. Der persönliche Verkehr ist den Liebenden versagt; früher hatte die strenge Hute den Minnenden zurück gehalten; die Gelegenheit zum Verdacht gegen seine Person war noch nicht gegeben, da ein gegenseitiges Verhältnis noch nicht bestand; er sehnte sich ja erst nach ihrem Anblick. Jetzt erwähnt er die *merkære*, die eifersüchtigen Aufpasser, die es verhindern, dafs ihm Gunst zu Teil wird 98, 16 f. Er verliert sich in Wünsche; aber die Wünsche sind anders als früher. Anfangs sehnte er sich nach Gelegenheit die Frau zu sehen; jetzt sieht er sich in Gedanken mit ihr vereint: *hei solten si zesamene komen, min lip, min herze, ir beider sinne, das si des wol wurden inne, die mir dicke froide hânt genomen* 98, 12. *doch müeze ich noch die zit geleben, das ich si willic eine finde, sô das diu huote uns beiden swinde, dâ mite mir wurde liebes vil gegeben.* Er wendet sich an die Frau Minne um Beistand, dafs sie auch an der Geliebten ihre Macht zeige; aber er hat sich doch so ziemlich in sein Schicksal gefunden: *nú bin ich iedoch fró und muoz bî froiden sin durch die lieben, swies darunder mir ergât* 98, 6. — VII. (99, 6). In dem siebenten Lied schildert er ausführlich den Verkehr des Herzens mit der Geliebten; es sendet ihr seine Augen, die Gedanken, und die Boten bringen ihm Botschaft, *das es fuor in sprüngen gar.* Von den hohen Wünschen des vorigen Liedes, deren Erfüllung durch die Verhältnisse vereitelt ist, steigt er hinab zu dem wohlthuenden Gedanken, dafs auch die Frau einen ähnlichen Seelenverkehr suche: *siht si mich in ir gedanken un, só vergiltet si mir mine wol. minen willen gelte mir, sende mir ir guoten willen, minen den hab iemer ir* 99, 36. VIII. (100, 3). Das letzte Lied gestellt die Hoffnungslosigkeit ein. Wenn im sechsten und siebenten Lied die Hute im Wege stand, so ist es hier wieder der Wille. All sein Lob hilft ihm nichts; *si vergizzet iemer min, só man mir danken sol.* Aber er bleibt treu; mit unverkennbarer Beziehung auf die letzten Verse des vorhergehenden Liedes schliefst er: *si habe den willen, den si habe; min wille ist guot und klage diu were, gêt mir an den iht abe.* Also das ist die fortlaufende Reihe: Keimen und Wachsen der Hoffnung, Vereitelung und würdige Resignation.

Die Beziehung auf die Jahreszeit fehlt in diesen Liedern nicht ganz, aber sie ist wenig ausgeführt. Die Zeit der Hoffnung ist der Frühling, im zweiten Liede 92, 9; im vierten Liede 93, 17 erklärt der Sänger mit dem Sommer die Hoffnung verloren zu haben; das siebente beginnt: *Sumer unde winter beide sint guotes mannes trôst, der trôstes gert.* Auch hier also ist der Kreislauf geschlossen.

Ebenso bilden die allgemeinen Betrachtungen über das Wesen der Minne eine zusammenhängende Reihe. I. Die Minne allein giebt dem Leben volle Freude und ganzen Wert. Selbst wenn sie unerhört bleibt, macht sie den Mann besser; mit der Gewährung aber wird ihm die höchste Seligkeit zu Teil. II. Das zweite Lied entwickelt das Ideal eines wahren Minneverhältnisses. Die Frau ist die Krone der Schöpfung. Wahre Liebe ist da, wo ein Mann einer Frau dient, welche Schönheit, Liebenswürdigkeit und Tugend vereint. Ihr freundliches Entgegenkommen ist die Quelle der Lust; der Dienst bewahrt ihn vor aller Missethat. III. Das dritte Lied führt diese Gedanken weiter; während das vorhergehende den segensreichen Einflufs der Minne auf den Mann vorzugsweise ins Auge fafste, so betont dieses das Glück gegenseitiger Liebe: *in weis niht daz se froiden hôher tüge, swenne ein wîp von herzen meinet den der ir wol lebet ze lobe, dâ ist ganzer trôst mit vroiden underleinet; disen dingen hât diu werlt niht dinges obe* 93, 25. — Nachdem die Beziehungen zwischen den Liebenden selbst erörtert sind, wendet sich dann der Dichter zu den andern Leuten, zu den Freunden und zu den Gegnern der Minne: auch der ist glücklich zu preisen und gutes Lohnes wert, der das Verhalten glücklich liebender sich zum Muster nimmt 96, 3; anderseits giebt es Thoren, welche gut zu leben meinen, wenn sie sich dem Frauendienst entziehen und nur sinnlichem Genufs nachjagen. Solche Leute trifft des Sängers Fluch: *ez si ein si, ez si ein er, swer alsô minnen kan, der hohe undanc, und dâ bî guoten dienest übersiht. ein sælic wîp, diu tuol des niht, diu merket guotes mannes site; sô ist ein tumbiu sô gewon, daz ir ein tumber volget mite* 96, 21. — An diese Unterscheidung knüpft dann das siebente Lied die Mahnung: *dâvon sol man wizzen daz, daz man elliu wîp sol êren und iedoch die besten baz.*

Diese allgemeinen Betrachtungen, die in fast systematischer Behandlung das ganze Gebiet des Minnewerbens umfassen, sind nun geschickt mit der Darstellung der persönlichen Verhältnisse verbunden, so dafs die Theorie gewissermafsen durch den einzelnen Fall illustriert wird. Nachdem der Dichter im ersten Liede den Minnedienst empfohlen hat, tritt er im zweiten selbst werbend hervor. Das Idealbild der Frau, das er dort entwirft, bezieht er auf die eigene Geliebte: *daz meine ich an die frouwen mîn* 92, 17. Das Glück gegenseitiger Liebe, das er im zweiten und dritten Liede preist, stellt er als sein noch unerreichtes, durch die Hut und den Stolz der Dame behindertes Ziel hin, und bittet dann im vierten Liede solche Glückliche, dafs sie seiner nicht spotten 95, 29. Er spricht weiter in demselben Liede von den leichtsinnigen Verächtern des Minnewerbens: in dem fünften macht er die Anwendung, indem er die Frau bittet, sie möge ihn diesen *valschen ungetriuwen* nicht zum Gelächter werden lassen 97, 10. Er hat gleich in den beiden ersten Liedern des veredelnden Einflusses angelobten Dienstes gedacht: er bewahrheitet dies, als sein Werben nicht zum glücklichen Ziele führt 98, 6. Er hat den Gedanken ausgesprochen, dafs der Dienst, der einer gewidmet ist, Freude gebe und vor allen angenehm mache (93, 10): diesen Gedanken bezieht er auf sich im letzten Liede 100, 3. 17.

Zu der Darstellung des Liebesverhältnisses, der Beziehung auf die Jahreszeit, den allgemeinen Reflexionen kommt als viertes Moment noch die Beziehung des Sängers zu seinen Zuhörern. Sie tritt, wie billig, im ersten Liede am stärksten hervor. Der Sänger richtet sich an ein jugendliches Publikum; er will belehren. Zum zweiten Male redet er es zu Anfang des zweiten Aktes an (97, 34); nicht in gleicher Weise. Zuerst hatte er sie zur Freude gemahnt, hernach klagt er, dafs ihnen die rechte Freude fehle und dadurch auch seine Freude zu Grunde gehe; der Sinn der Worte ist schwerlich ein anderer, als dafs der Sänger sich über mangelnden Beifall beschwert. In dem letzten Liede spendet er den Damen Dank für freundliche Aufnahme 100, 18.

Aus der planmäfsigen Anlage dieser Liedergruppe ergiebt sich einmal, dafs sie nicht nachträglich aus einzelnen Liedern zusammengestellt sein kann[7], sodann, dafs die Lieder nicht als der unmittelbare Ausdruck des Erlebten, nicht als Gelegenheitsgedichte angesehen werden können.

Das Alter mufs nach dem Stil bestimmt werden. Besonders stark tritt die Neigung zu antithetischem Ausdruck und die häufige Wiederholung desselben Wortes oder Wortstammes hervor; jene verleiht der Rede Schärfe und Licht, diese Nachdruck. Die Worte *froide, frô, fröuwen,* dann *sælic* und *sælde* wiederholt der Sänger ohne zu ermüden[8], (sie bezeichnen das Ziel des ganzen Vortrags). In dem Liede 99, 6 kommt ferner das Wort *ouge* achtmal vor; das Bravourstück aber in dieser Art ist zu Anfang des fünften Liedes (96, 29), welches auch durch seinen Inhalt den Höhepunkt bezeichnet, das zwölfmal wiederholte *stæte*. — Sehr wirksam ist diese Wiederholung, wo sie die innere Zusammengehörigkeit von Subjekt zu Prädikat bezeichnet: *ob im sin liep iht liebes tuot* 95, 34 *dem liht gemuoten dem ist iemer wol mit lihten dingen* 96, 13. *sô ist ein tumbin sô gewon, daz ir ein tumber volget mite* 96, 27; alle drei Beispiele im vierten Liede, und dann zu Anfang des fünften: *wan ob ich sis iemer bæte, sô ist si* (die Stæte) *stæter vil danne ich* 96, 36; im siebenten: *und iedoch die besten bas* 99, 12. Oder wenn das Prädikat in verschiedenem Modus oder Tempus wiederholt wird: *nú bin ich iedoch frô und muoz bi fröiden sin* 93, 7. *der ich diene und allez her gedienet hân* 98, 28. *diu mich twinget und alsô betwungen hât* 98, 38.

Der sinnliche Schmuck, den die Beziehung auf die Jahreszeit vielen Liebesliedern giebt, fehlt. Der Dichter erwähnt der Vöglein Sang 92, 14, und den Sommer und den Winter, aber er giebt nicht, wie später, ausgeführte Schilderungen der Jahreszeiten und des Naturlebens. Dagegen sucht er einige Bilder auf: das verbreitete vom Edelstein in Goldfassung 92, 26, origineller und breiter ausgeführt, das Bild von den beiden Schlüsseln 93, 30, und endlich im siebenten Lied, das Schönste bis zum Schlufs aufsparend und mit sichtlichem Behagen vortragend, die lebendige Auffassung des Herzens, das mit seinen Gedankenaugen Mauer und Wand durchdringt 99, 15 f.

Für die Personification, die Walther später mit vollendeter Meisterschaft braucht, finden wir die Keime: Herz und Leib leben von einander gesondert 98, 9. 99, 15; die Stæte zwingt ihn 96, 29, die Minne soll ihm helfen als Kriegerin und Rechtsbeistand 98, 36. Aber in den Personifikationen wie in den Bildern fehlt die volle sinnliche Kraft der spätern Lieder. Sie zeigen mehr abstraktes Denken und verstandesmäfsiges Zusammensetzen, als phantasievolle Auffassung des Konkreten.

Die Fähigkeit zu knappem epigrammatischem Ausdruck bekundet sich mehrfach; man vergleiche die Strophenschlüsse in den Liedern 93, 20. 95, 17. 96, 29; besonders die beiden letzten Verse des zweiten Liedes: *swer guotes wibes minne hât, der schamt sich aller misselât* 93, 17. Aber noch fehlen die überraschenden zierlichen Pointen, mit denen Walther später so oft seine Lieder schliefst. — Der reizende Humor des Dichters wagt sich nur einmal schüchtern hervor, in der Antwort, die er den neugierigen Fragern erteilt 98, 26; aber später weifs er auch dieses Thema ganz anders zu behandeln (74, 19).

Künstlerbewufstsein ist schon vorhanden; er begründet auf sein Lob die Bitte um Huld 97, 33; er segnet sich, dafs die Damen sich seines Gesanges freuen 100, 7. Jedoch die volle Freiheit im Verkehr mit seinem Publikum hat er

noch nicht erworben; die kecken Angriffe und heftigen
Anfälle gegen die, welche ihm die gehörige Anerkennung
vorenthalten, wagt er noch nicht. Die Bescheidenheit zü-
gelt den Unberühmten, und schön schliefst er seinen Vortrag mit den Worten: *min wille ist guot, und klage diu
were gét mir an den iht abe* 100, 22.

Die Reime sind vollkommen rein gebildet, doch kommen
im Cäsurreim wie es scheint, Formen vor, die der ausgebildeten Kunst nicht gemäfs sind: *lebenne : gebenne* 93, 20.
iedoch frô : hie noch sô 98, 6; und im Anftakt gestattet
sich der Dichter in mehreren dieser Lieder gröfsere Freiheit
als später.

Im Stil und Metrum erinnert manches an Reinmar,
das erste Lied stimmt in der Strophenform mit einem Liede
desselben überein, aber der Inhalt zeigt keine Berührung.
Überhaupt kommt nichts vor, was einen direkten Einflufs
Reinmars anf Walther erweisen könnte; eher läfst sich Einwirkung Hartmans behaupten. Hartman wiederholt wie
Walther in zwei Strophen des Liedes 211, 35 das Wort
stæte. Er schliefst ein Lied, indem er die treu ansharren-
den Liebhaber mit den untreuen vergleicht (212, 35) ähnlich pointiert wie Walther 96, 27; er tadelt die letzteren
an einer andern Stelle (209, 1) mit denselben Worten wie
Walther 96, 22 (Hartman: *swer alsô minnen kan, der ist
ein valscher man*. Walther: *swer alsô minnen kan, der habe
undanc)*. Wir finden im 1. Büchlein 172 den Vers: *des
ich nû leider âne bin*, parenthetisch eingeschoben, im Reim
anf *sin*, bei Walther 95, 31 ebenso: *sin, des ich vil leider
âne bin.* Auf dem Verkehr zwischen Leib und Herz, den
Walther in dem siebenten Liede benutzt, beruht das ganze
erste Büchlein. — Anderes erinnert an das zweite Büchlein:
der Dichter sagt (v. 136 f.), dafs man die Stæte als *aller
sælden brste* bezeichne, er aber habe nur *kumber* davon:
ich'n weis ob er der séle frumet; Walther beginnt sein Lied :
Stæt ist ein angest und ein nôt: in weiz niht ob si ére si;
und ähnlich wie Walther 99, 27 verbindet er in v. 659
müre und *wart : laut*. Die beiden Büchlein sind Minne-
lehren; Walther hat — und das ist grade das Wesentliche
dieses Vortrages — das Thema in die Form des lyrischen

Liedes gebracht. Zufällig sind die Beziehungen nicht;
aber wer war der Gebende, wer der Empfangende? Ich
kann hier nur sagen: ich glaube, dafs Walther von Hartman lernte. Denn an Hartman bildete sich zunächst auch
die österreichische Epik, und woher sollte Walther seine
Sprache haben, wenn nicht aus der Schule schwäbischer
Dichter?

Zu einem zweiten Cyklus schliefsen sich die Lieder
MF. 152, 25—153, 4. Walther 71, 19. 13, 33. 109, 1. 72, 9.
113, 31. 119, 17 zusammen, denen vielleicht noch 63, 32
folgte. Die Überlieferung läfst uns hier in Stich; die
Lieder sind in dieser Folge in keiner Hs. erhalten, denn
sie fehlen in der Quelle BC, welche die alten Vortragsgruppen
am besten bewahrt hat. Aber die Gedankenentwickelung
führt auf ihre Verbindung, und mir scheint dieselbe um so
sicherer, als Burdach, von ganz andern Gesichtspunkten
ausgehend und ohne einen Zusammenhang anzunehmen,
alle diese Lieder in dieselbe Periode Walthers gesetzt hat.

Der Sänger beginnt mit Gedanken, welche sein Verhältnis zum Publikum betreffen (MF. 152, 25), findet aber
schnell den Übergang zu seinem Minnethema; er ist entschlossen einer Frau seine Huldigung darzubringen (MF.
152, 34). Die Frau antwortet: sie hat manches Gute von
ihm gehört; wenn sie nur von seiner Aufrichtigkeit überzeugt wäre, so würde sie sich ihm willenlos zu eigen geben
(71, 19). Er hinwiederum klagt, dafs sie ihn nicht verstehe; jedoch wolle er seine Liebe nicht verwünschen:
*swaz ich darumbe swære frage, da enspriche ich niemer übel
zuo, wan sô vil daz ichs klage* (71, 27). — Das letzte Wort
nimmt der folgende Ton auf: II. (13, 33) *Maneger fråget,
waz ich klage unde giht des einen, daz ez iht von herzen
gê*. Sie wissen nicht, was Liebe ist; er ruft die Minne
an, dafs sie ihm helfe; er ist überzeugt, dafs die Frau ihm
Gnade erweisen würde, wenn sie nur seine wahre Gesinnung kennte. Aber leider ist das Mifstrauen in der trügerischen Welt nur zu sehr gerechtfertigt. Das Lied schliefst
mit der Verwünschung derer, die es mit ihrer Liebe nicht
aufrichtig meinen, mit einem Heileswunsch für die Frau

und der Bitte: *frouwe, daz ir sælic sît, lât mit hulden mich den gruoz verschulden der an friundes herzen lit.* — III. (109, 1). — Der Grufs ist ihm zu Teil geworden; es folgt ein Freudenlied: *mich mant singen ir vil werder gruoz.* Die Minne wird gepriesen in ihrer Macht, Wünsche und Bitten schliefsen sich an. — IV. (72, 9 Strophe der Frau). Der Bann ist gebrochen, der Zweifel gewichen; sie weifs, dafs er *mit valschelôser güete* lebt (vgl. 71, 24. 14, 25); sie freut sich des Glückes, das beiden winkt; er hat die beste Statt in ihrem Herzen erworben. Dem gemäfs antwortet der Mann (72, 20); er freut sich des Liebesbekenntnisses und fühlt sich aller Sorgen ledig. — Aber die Hoffnung weckt die Sehnsucht; nur wenn der liebe Wahn sich erfüllt, kann er von dem Sehnen befreit werden (71, 35). — V. (113, 31). Entsprechende Gedanken entwickelt die Frau. Lust und Leid erfüllen ihre Brust. Liebe und Pflicht kämpfen; sie darf ihm nicht gewähren und kann ihm nicht versagen. Da die Besten ihn rühmten (vgl. 71, 19. 72, 18), hat sie ihm eine Stätte im Herzen gewährt, *dâ noch nieman in getrat; si hânt das spil verlorn, er eine tuot in allen mat* (parallel 72, 5). — VI. (119, 17). Schon das vorhergehende Lied kündigt an, dafs die Liebenden getrennt sind (114, 5); wodurch und warum bleibt dem Zuhörer zu erraten, wie im ersten Cyklus. Die Strophen 119, 17 f. drücken das gegenseitige Verlangen aus. Er leidet süfse Mühe, eine *senfte unsenftekeit;* er weifs, dafs sie ihn liebt, und doch nicht beglücken darf. Sie wiederum findet Trost in dem Gedanken, dafs der Mann, den sie mit Sorgen liebt, von allen gerühmt wird; sie gesteht, dafs sie ihm Kufs und Umarmung gewährt habe, und dafs ihr nur die Gelegenheit fehlt sich ihm ganz hinzugeben. Das Ziel, auf welches das erste Lied (71, 20) hinwies, ist erreicht. Neigung verriet die Frau von Anfang an; Zweifel und Pflicht hielten sie zurück; eins nach dem andern wird überwunden. Zum Schlufs wendet der Dichter sich wieder an das Publikum[10]. Von dem Gedanken, mit dem er seinen Vortrag begonnen: *ich lebte ie nâch der liute sage,* geht er auch hier aus: *ich müese ir vingerzeigen liden, ichn wolte fröide durch si miden;* er ergeht sich in Klagen über die Freudlosigkeit und die schlechten Zeiten. — Diese beiden Strophen (119, 35—120, 15) nehmen in dem Vortrage dieselbe Stelle ein, wie im ersten Cyklus die Strophe 97, 34; und wie dort die Frage nach der Frau sich anschliefst, so dürfte auch hier der Ton 63, 32 gefolgt sein. Die zweite Strophe desselben kündigt an, dafs der Vortrag sich dem Ende zuneigt. Er erhebt schwere Vorwürfe gegen seine Zuhörer, und thut so, als müsse er den Ungefügen das Feld räumen.

Den Artigen sang er dann noch die beiden folgenden Strophen, einen wunderschönen, empfundenen Wechselgesang. Der Fiktion der vorhergehenden Strophe folgend ist der Sänger jetzt in der Ferne, fern auch von der Geliebten; beide beklagen die Trennung. Die Erwähnung des Sommers in Str. 64, 13 pafst zu den Voraussetzungen von 120, 13.

Dieser Vortrag hat nun einen wesentlich andern, man möchte sagen entgegengesetzten Charakter als der erste. In dem ersten hatte Walther vor allem den Minnedienst gepriesen und empfohlen, selbst den ungelobnten; in dem andern ist zwar zu Anfang auch vom Dienst die Rede (MF. 152, 34. 71, 20), aber nur obenhin, die Liebe ist das Ziel. Dort wurde die Minne als die Quelle alles Glückes und aller *werdekeit* gerühmt, hier ist Freude und Leid der Liebe das Thema. Die Frau betont noch zu wiederholten Malen, dafs es die allgemein anerkannte Tüchtigkeit des Mannes ist, welche ihm ihre Neigung gewonnen hat, aber der veredelnde Einflufs der Minne wird nirgends hervorgehoben. Dort herrscht die Lehre, hier die Empfindung. Dort ist die Frau durch ihren Stolz und durch die Hut bewahrt, hier kämpft sie gegen die Furcht einen treulosen Freund zu haben, und gegen die Scheu ihre Pflicht zu verletzen. Die Lieder des ersten Vortrages sind alle dem Mann in den Mund gelegt, der zweite besteht zum grofsen Teil aus Frauenliedern und Frauenstrophen. Alle Wechsel die Walther überhaupt gedichtet hat, gehören in diese Gruppe.

Die Neigung zum antithetischen Parallelismus, herrscht in beiden Vorträgen, aber hier findet sie, wesentlich unterstützt durch den Gebrauch der Frauenstrophen, den schöneren Ausdruck. Eine besondere Form des Gegensatzes ist das Oxymoron; Walther braucht in dem ersten Cyklus das althergebrachte *süeze arbeit* 92, 30; hier wiederholt er dasselbe 119, 23, aber er fügt hinzu *ein senfte unsenfteheit* 119, 24; ähnlich in dem dritten Liede (109, 24) *sanfte unsanfte;* vgl. auch den Anfang des sechsten Liedes 113, 31 *mir tuot einer slahte wille sanfte, und ist mir doch dar under wê.* Die Erörterung des widerspruchsvollen Gefühles der Liebe, die in diesem Cyklus einen breiten Raum einnimmt, führt auf den Gebrauch dieser Form. — Die lebhafte Revocatio[11], die im ersten Vortrag nicht vorkommt, braucht er hier 14, 18: *neinâ hêrre sist so guot.* — Die übermäfsige Wiederholung desselben Wortes, die dem ersten Vortrag ein eigentümliches Gepräge giebt, ist hier aufgegeben; nur in dem dritten Liede wird *froide frô* öfters mit unverkennbarer Absichtlichkeit wiederholt.

Auch die Beziehung auf die Jahreszeit tritt hier noch weniger hervor als dort, erst die letzte Strophe des sechsten Tones (120, 13) giebt eine Andeutung, dafs es Frühling ist. Ein liebevolleres Eingehen auf die Natur würde die Francnstrophe 64, 13 bekunden, falls diese noch zum Vortrage gehörte. — Bilder fehlen; personifiziert wird nur die Minne 14, 12. 109, 14. Die Strophen- und Liederschlüsse veranlassen keine besondere Bemerkung. Die Frage nach der Geliebten hat Str. 63, 32.

Die grofse innere Verschiedenheit der beiden Vorträge erschwert das Urteil über ihr relatives Alter; aber doch zweifle ich nicht, dafs der erste älter ist. Denn wenn auch in dem zweiten weniger rhetorische Kunstmittel angewandt werden, so geht daraus nicht hervor, dafs der Dichter sie nicht hätte anwenden können, wenn er gewollt hätte. Der zweite Vortrag zeigt eine reifere Kunst; der Dichter beherrscht seinen Stoff besser. Während in dem ersten trotz aller Antithesen und nachdrücklichen Wortwiederholungen die Gedankenmassen nicht überall deutlich aus einander treten, ist in dem zweiten Vortrag alles klar und licht und leicht verständlich. Man vergleiche z. B. die beiden Strophen, in denen die neugierigen Frager abgewiesen werden. Strophe 63, 32 ist ganz und abgerundet;

hingegen Str. 98, 26 schliefst mit zwei Zeilen, die einen herkömmlichen, mit dem Vorhergehenden nicht näher zusammenhängenden Gedanken aussprechen. Oder man stelle die Reflexionen über den Wert des Minnewerbens in den beiden Liedern 91, 17 und 92, 9 neben die Betrachtungen über das Wesen der Liebe in den Liedern 13, 33 und 109, 1. Wie viel freier sind die Bewegungen des Dichters hier als dort! Vor allem zeichnet sich der zweite Vortrag in dem aus, was seinen wesentlichen Kern bildet, in der Darstellung und Entwickelung der Empfindung; der Preis gebührt dem Liede 113, 31.

Auch in der metrischen Form macht sich ein Fortschritt geltend; der Auftakt ist mit gröfserer Gleichmäfsigkeit behandelt, und in dem einen Ton (119, 17) sind die Strophen durch Körner mit einander verbunden, ein Kunststück, das der Dichter sich wieder bis gegen das Ende seines Vortrages aufgespart hat.

Endlich läfst die Art, wie Walther seine Beziehung zum Publikum behandelt, erkennen, dafs er eine Stufe höher gestiegen ist. Die Strophen, die sich mit einander vergleichen lassen, sind 97, 84—98, 5 und 119, 35—120, 15. Der Gegensatz zwischen ihm und den Zuhörern, zwischen jetzt und früher bildet an beiden Stellen das Thema. Aber wie viel reicher ist es an der zweiten ausgeführt, und mit wie lebendigen Zügen: *ich müese ir vingerzeigen liden* 120, 2, *unde spilet ime sin herze gein der wünneclichen zit* 120, 13. — Auch das wird wohl nicht zufällig sein, dafs Walther in dem ersten Cyklus sich nur an die Jugend wendet; in dem untergeordneten Kreise begann er die Laufbahn; hier wendet er sich an die *liute* im allgemeinen, und wünscht sie zu Gesellen in seiner Freude. Und nun gar in der Strophe 64, 4, wo er sich gegen die *schamelôsen* wendet! da merkt man schon den späteren Walther.

Einige Beziehungen zu Hartmans Dichtung sind auch in diesem Vortrage wahrzunehmen. Die Klage, dafs die untreuen Liebhaber die Frauen mifstrauisch machen, begegnet im ersten Büchlein 217 f. zum Teil mit denselben Worten. Walther 14, 25: *sît man valscher minne mit sô süezen worten gert, daz ein wîp niht wizzen mac, wer si meine.* Hartman: *nû ist ez leider ein slac, daz ein wîp niht wizzen mac, wer si mit triuwen meinet.* Vgl. auch die Verwünschung der Ungetreuen im 1. Büchl. 265 und Walther 14, 30. Der Vers 119, 26 *Got hât vil wol ze mir getân* findet sich ebenso bei Hartman 211, 12 vgl. 217, 34 [12]. Aus einem Liede Berngers von Horheim 112, 19 dürfte die drastische Wendung *ich müeze ir vingerzeigen lîden* hergenommen sein (s. Anm.). Am meisten aber wird man durch diesen Liedercyklus an Reinmar erinnert. Es gehören diese sieben Lieder sämmtlich zu denen, in welchen Burdach auf Grund seiner stilistischen Untersuchungen völlige Abhängigkeit Walthers von der Poesie Reinmars wahrnahm [13]. Auch an einzelnen übereinstimmenden Phrasen, die wie Reminiscenzen aussehen, fehlt es nicht. Vgl. Walther 14, 18 *neinâ hêrre! sist sô guot;* und Reinmar 160, 37 *neinâ, hêrre! jô ist si sô guot.* Walther 72, 23 *genâde suoch ich an ir lîp* (: *wîp*); Reinmar 151, 17 *genâde suochet an ein wîp* (: *lîp*). Walther 72, 29 *sus darf es nieman wunder nemen;* Reinmar 162, 23 *so endarf eht nieman wunder nemen.* Walther 64, 22 *ich mac der guoten niht vergezzen noch ensol;* Reinmar 166, 38 *von ir enmac ich noch ensol.* Wichtiger aber als diese Einzelheiten ist das Verhältnis der einleitenden Strophen zu Reinmar 153, 5. Nur durch eine Hebung in der fünften Zeile unterscheiden sich die beiden Töne und der Inhalt zeigt unverkennbare Beziehungen. Reinmar hat für sich das Recht in Anspruch genommen, vor der Gesellschaft seine Stimmung zu behaupten: er will heiter sein und kümmert sich nicht um unrechten Spott (153, 5 f.), er ist schwermütig und verlangt, dafs man seinen Klagen zuhöre (154, 5 f.). Walther hingegen beginnt: *ich lebte ie nâch der liute sage, wan daz si niht gelîche jehent;* er möchte sich allen accomodieren, wenn nur alle unter sich übereinstimmten; er ist vergnügt, aber er will seine Stimmung nicht aufdrängen: *ich gelache niemer niht wan dâ ez ir dekeiner siht* 120, 5 [14]. Reinmar erklärt, er habe es nicht gewagt, der Dame seine Anträge zu machen: *als ichs beginnen under wîlen solte, sô sweic et ich deich niht ensprach, wan ich wol weste, daz nie man noch liep von ir geschach.* Er wartet, dafs sie ihm entgegen komme, und beschliefst sich mit Wahnfreude genügen zu lassen (153, 36—154, 4. 153, 5 f.). Walther hingegen, ein mutigerer Liebhaber, fafst einen andern Entschlufs: *ein wille der riet mir, deich ir bæte, und zurnde ab sie, daz ich ez dannoch tæte. nû wil ichz tuon, swaz mir geschiht, ein reine wîse sælic wîp lâze ich sô lihte niht* (MF. 152, 38). Walther stellt sich also mit seinem Gesange Reinmar gegenüber.

Hinsichtlich des Verhältnisses zwischen beiden Dichtern ergiebt sich aus dem Vorstehenden, dafs Walther nicht eigentlich als Schüler Reinmars anzusehen ist[13]. Denn mag auch die ältere Liedergruppe in Stil und Gedanken manche Ähnlichkeit mit Reinmar zeigen, mag Walther auch, als er sie dichtete, Lieder Reinmars gekannt haben, so steht er in ihr doch Reimars Weise ferner als in der zweiten. Wenn wir uns aus dem Charakter des ersten Cyklus einen Schlufs auf Walthers Bildungsgang erlauben dürfen, so haben wir anzunehmen, dafs er eine Schule der Rhetorik und Verstandesarbeit durchgemacht habe; von der Vorstellung, die man mit dem Worte Volksgesang verbindet, liegen diese Lieder möglichst weit ab. Rhetorische Sprache und breite Reflexion, beides dem Volksliede fremd, sind die hervorstechenden Eigenschaften dieses Vortrages; er läfst uns den Dichter erkennen, der berufen war zugleich Meister der didaktischen und der lyrischen Poesie zu werden. Im Wetteifer mit Reinmars Kunst lernte Walther dann die Beobachtung und Darlegung der Empfindung. Diese Stufe der Entwicklung bezeichnet der zweite Vortrag.

Dieser Auffassung von dem Verhältnis der beiden Dichter zu einander entspricht auch Walthers Auftreten gegen Reinmar. Nirgends, auch nicht in den schönen Sprüchen auf Reinmars Tod, bekundet er sich als seinen Schüler, überall als seinen Nebenbuhler. Die beiden Sänger standen einander im Wege und befehdeten sich in ihren Liedern[14]. Reinmar war der ältere Dichter; er war, wie wir aus dem Zeugnis Gotfrieds von Strafsburg sehen, zunächst ohne Frage der berühmtere, und sicherlich hat Walther ihm viel zu danken; doch nicht jede Übereinstimmung zwischen beiden läfst auf

Entlehnung von Seiten Walthers schliefsen[17]. Wie viel der eine dem andern verdankt, wird sich sehr schwer bestimmen lassen. Die Forschungen über Reinmar, so viele dankenswerte Resultate auch Fleifs und Scharfsinn bereits gewonnen haben, sind noch nicht abgeschlossen; vor allem müssen seine Lieder noch auf ihren Zusammenhang und nach den dichterischen Intentionen geprüft werden[18].

Ein dritter Vortrag Walthers umfafst die Lieder 42, 15. 45, 37. 43, 9. 46, 32. 47, 16. 47, 36. 49, 25. 50, 19, woran sich vielleicht 69, 1. 40, 19. 72, 31 anschliefsen. Die Lieder dieses vorzüglichen Vortrags bilden den Kern der alten Sammlung BC, und sind der Hauptsache nach in ihrer alten Ordnung erhalten.

I. (42, 31) Mit lebhaftem Zuruf tritt der Sänger in die Versammlung, die Jungen und die Reichen zur Freude ermunternd und auf seine unverdiente Dürftigkeit hinweisend. Dann beginnt er seinen Minnevortrag: Die hellen Tage des Sommers und gute Frauen geben Trost in Trübsal; seine Auserwählte ist ihm die Liebste von allen. — II. (45, 37). In dem ersten Liede hatte er Frühling und Frauen in gleicher Weise als Trost genannt; jetzt erörtert er, was von beiden den Vorzug verdient. Er preist den Frühling, er schildert die Frau, wie sie an der Spitze ihres Gefolges einherschreitet, und fordert dann die Zuhörer auf, selbst hinauszuziehen zum Feste des Frühlings und zu urteilen: *hêr Meie, ir müeset Merze sin, ê ich min frouwen dâ verlür.* — III. (43, 9). Der erste Dialog Walthers. Der Ritter hat Audienz. Die Tugenden der Dame haben ihn veranlafst, ihr seinen Dienst anzutragen, er hofft durch sie die *Mâze* zu gewinnen. Im Zwiegespräch legen beide die Forderungen dar, die an höfische Herren und Damen gestellt werden. Mit einer neckischen Wendung, die nicht all zu hohe Gunst erwarten läfst, schliefst die Dame. — IV. (46, 32). Im Dienst hatte er Mâze gesucht (43, 17), die Dame hatte es als eine Hauptforderung hingestellt, dafs der Minnende in Liebe und Leid rechtes Mafs bewahre; daran knüpft das vierte Lied an[19]. Er preist die Mafse als Mutter aller Tugenden, und bittet sie, dafs sie ihn auf ebner Strafse führe. Ehedem hat ihn niedere Liebe fast

in den Tod gebracht, jetzt siecht er an zu hoher Minne.
Aber die Maſse bleibt nun; er hat ein Weib gesehen, so
liebenswürdig ihre Rede ist (bezieht sich auf den Dialog),
er fürchtet doch Schaden von ihr. — Nun kommt das
Prachtstück, mit dem der erste Akt schliefst: V. (47, 16),
eine Strophe in Schlagreimen. Die Befürchtung erfüllt
sich; die Frau ist hart und entzieht ihm ihren Anblick. Er
wendet sich an die Minne; sie soll ihm zu seinem Recht
verhelfen und dafür sorgen, dafs die Frau ihm einen
freundlichen Blick gönne; denn er habe doch auch seine
Vorzüge: *sô solte, wolte si, mich an etewenne denne ouch
sehen, sô ich gnuoge fuoge kunde spehen*. — VI. (47, 36)
knüpft an die Schlufsworte des vorigen Liedes an: *Zuô
fuoge hân ich doch, swie ungefüege ich si*. In fünf Strophen,
die ähnlich wie Sprüche loser mit einander verbunden
sind [10], findet der Dichter den Übergang zu der zweiten
Hälfte seines Vortrages, zu den Liedern der niedern Minne:
*ich wil mîn lop kêren an wîp die kunnen danken: was hân
ich von den überhêren* (49, 22). — Hierauf beginnt er VII.
(49, 25), das schöne Lied: *Herzeliebez frouwelîn*. Schon
die Anrede bezeichnet die Abkehr von den *überhêren*.
Recht im Gegensatz zu der überkünstlichen Strophe 47, 16
hat der Dichter für diesen Gesang reiner Empfindung eine
möglichst einfache Weise gewählt, eine leise Variation
einer Strophenform, deren sich auch andere Dichter bedient haben. Der einfachste Heileswunsch im Anfang und
die natürlichste Versicherung der Liebe sind von unüber-
trefflicher Wirkung. Er versichert das Mädchen seiner
Liebe, was auch andere darüber sagen mögen, dafs er
seinen Gesang so niedrig wende. Der Schlufs des Liedes
äufsert Zweifel, ob ihm das gehoffte Glück werde zu Teil
werden. — VIII. (50, 19). Er findet keine Gegenliebe.
Das Mädchen meidet ihn anzusehen. Noch sucht er sie zu
entschuldigen, über den Grund ihres Verhaltens sich zu
täuschen; neue Liebesversicherungen folgen, zum Schlufs
aber die Mahnung, sie möge bedenken, dafs Liebe Gegenliebe verlange: *eines friundes minne ist niht guot, dâ enst
ein ander bî. minne entouc niht eine; si sol sîn gemeine, sô
gemeine, daz si gê durch zwei herze und dur dekeinez mê*.

Bis hierher leitet die Reihenfolge der Überlieferung. Dafs der Vortrag mit dem Liede 50, 19 nicht abschlofs, ist wohl als sicher anzusehen; die drei Lieder, die wir folgen lassen, bieten eine geeignete Fortsetzung; sie beruhen auf denselben Voraussetzungen wie die vorhergehenden und führen das Thema in angemessener Gedankenentwickelung zum Schlufs. IX. (69, 1). Die Anschauung, dafs die Minne eine Last sei, die Liebe Gegenliebe verlange (50, 26. 51, 7 f.) werden hier zum Gegenstand einer allgemeinen Erörterung gemacht. In dem vorhergehenden Liede hob der Sänger an: *bin ich dir unmære, des enweiz ich niht; ich minne dich* (50, 19); dann mahnte er (51, 5): *frouwe, dû versinne dich, ob ich dir zihte mære sî;* hier dringt er auf Entscheidung (69, 17): *sî ab ich dir gar unmære, daz sprich endeliche, sô lâz ich den strît.* Aber am Schlufs erfolgt die Revocatio; er vermag nichts, denn er fühlt sich widerstandslos in der Macht der Liebe. — Dieser Gedanke führt passend zu dem Liede X (40, 19) hinüber. Der Sänger erscheint vor dem Stuhl der mächtigen Herzenskönigin, um Recht zu nehmen. Das Verhältnis zur Geliebten ist in beiden Liedern übereinstimmend aufgefafst: sein Gesang ist eine Ehre für sie; kein anderer kann sie ebenso gut loben (69, 20. 40, 19); er hat *si gêret* (40, 23), aber sie vergilt mit üblem Lohne (40, 25. 69, 25). Am Schlufs droht er auch der Minne sich von ihr loszusagen, wenn sie ihn nicht erhört: *lât mich in daz ende sagen und engâts uns beiden, wir zwei sîn gescheiden. wer sol iu dann iemer iht geklagen.* — Nach dieser Verhandlung mit der Minne dürfte, wie im ersten Teile des Vortrages, das Schlufslied gefolgt sein. Ein beglückender Ausgang ist nach dem bisherigen Verlauf nicht anzunehmen. Der Sänger wartet vergebens auf günstigen Bescheid und hebt nun an: XI. (72, 31) *Lange swîgen des hât ich gedâht: nû muos ich aber singen als ê. darzuo hânt mich guote liute brâht.* Zuerst hatte er sich an die Frau gerichtet; dann wendet er sich an die Minne; schliefslich klagt er dem Publikum seine Not. „Das Verhältnis zur Geliebten ist wieder wie in den vorigen Liedern: seine Liebe und Kunst gereicht ihr zur Ehre (49, 32. 51, 6. 69, 20. 40, 23. 73, 2); aber sie macht sich nichts aus ihm. Die Anklage: *mich enmil ein wîp niht angesehen* (73, 1) erinnert an 50, 22: *dû sihst bî mir hin und über mich*; die Worte: *dô mich dûhte, das si wære guot, wer was ir bezzer dô dann ich*, an 51, 4: *lihte sint si bezzer, dû bist guot* und an 49, 20: *was sol ich dir sagen mê, wan das dir nieman holder ist dann ich*. Mit einer kräftigen humoristischen Wendung, die noch lange im Gesang anderer fortlebte, beendete der Sänger seinen Vortrag.

Gegenüber den beiden vorher besprochenen Liedercyklen bezeichnet dieser dritte einen grofsen Fortschritt. Gleich die einleitenden Strophen zeigen, dafs Walther an Ansehen und Selbstbewufstsein gewonnen hat. Frei und siegesgewifs tritt er vor die Gesellschaft, vor die Reichen und die Jungen: *Wil ab ieman wesen frô, das wir iemer in den sorgen iht geleben*, und hält nicht die Bemerkung zurück, dafs Frau Sælde besser gethan hätte, ihm das Gut zu geben, mit dem mancher andere nichts Rechtes anzufangen wisse. In dem ersten Vortrage hatte er sich an junge Leute gewandt, ihnen mit seiner Lehre aufzuwarten; auch im zweiten ordnet er sich im ganzen noch der Gesellschaft unter und erkennt ihre Stimmung als mafsgebend an; hier nimmt er mit freierem Blick die allgemeinen Verhältnisse zum Mafsstab und übt an der Gesellschaft freimütige Kritik (48, 12 f.). Er verkehrt jetzt mit seinen Zuhörern auf gleichem Fufs und weifs, was er ihnen ist (72, 33 f.).

In der ersten Hälfte des Vortrages, in den Liedern der hohen Minne, entfaltet der Dichter den ganzen Reichtum seiner Kunst. Der dürftige Vergleich zwischen der Schönheit des Frühlings und den Frauen, den wir im ersten Cyklus (92, 9 f.) fanden, ist hier in aller Pracht ausgeführt 45, 37. Das reizende Bild von der errötenden Heide (42, 20) hat in den ältern Liedern nichts annähernd Gleiches. Hier zeigt sich der Dichter zuerst auch als ein Meister in der Darstellung des Gegenständlichen. — Von der Wiederholung desselben Wortes macht er mehrfach Gebrauch, aber er vermeidet das Übermafs des ersten Vortrags und berechnet weise die Wirkung. In Str. 48, 25 ist das Wort *wîp* mit unverkennbarer Absichtlichkeit wiederholt; die folgende Strophe wird dadurch vorbereitet, die berühmte

Entscheidung, dafs der Name *wip* ein höheres Lob sei als *frouwe*. Ähnliche Bedeutung hat die Reimhäufung in Str. 47, 5. 6; der Dichter bereitet auf das grofsartige Kunststück der folgenden Strophe vor.

Dieser Pracht gegenüber steht dann die gesuchte Einfachheit in den folgenden Liedern der niedern Minne: keine Bilder, keine Vergleiche, keine Schlagreime und doch noch höhere Wirkung. Einen gröfseren Aufwand von Kunstmitteln zeigen dann wieder die Verhandlungen mit der Frau Minne. Sie tritt uns hier in der vollen Anschaulichkeit einer Hauptfigur entgegen, während sie im ersten Teil nur kurz erwähnt war. Wir fanden diese Personification schon in dem ersten Cyklus; in Str. 98, 30 erscheint sie schon als Kriegerin und Richterin; aber was dort mit blassen Zügen entworfen war, ist hier mit kräftigen Farben ausgeführt.

Der Neigung zu allgemeinen Reflexionen entsagt Walther nicht; aber sie überwuchern nicht mehr das Übrige wie in dem ersten Vortrage, und sind schärfer abgegrenzt als in dem zweiten; sie sind klar und durchsichtig, geschickt eingeleitet und interessant behandelt (69, 1), und an passender Stelle eingeordnet; nur 50, 1 behagt unserem Geschmack nicht. — Ein kleines Meisterwerk in seiner Art ist der Dialog 43, 9, ein Tugendspiegel in der Form eines Liedes; wie verschwommen ist dagegen die entsprechende Stelle in dem ersten Vortrage (92, 19—28)!

Konkrete, lebendig ergriffene Einzelzüge thun die beste Wirkung: *lá stân! dú rüerest mich mitten an daz herze, dû din liebe liget* 42, 25. Die hohe Minne winkt den Liebenden zu sich 47, 10. *dar kêr ich vil hêrscher man minen nac od ein min wange* 49, 18. Dann besonders in der zweiten Hälfte: das gläserne Ringlein 50, 12; der Vers *dû sihst bî mir hin und über mich* 50, 22, und die drastische Wendung: *sô rechet mich, hêr junger man, und gât ir alten hût mit sumerluten an* 73, 21. — Ein grammatisch rhetorisches Mittelchen findet sich in jeder Hälfte des Vortrags: *liep und lieber des enweine ich niht, dû bist aller liebest, daz ich meine* 42, 27, und *ich vertrage als ich vertruoc und als ichz iemer teil vertragen* 50, 7; der Dichter hatte die Motion der Adjectiva und die Konjugation der Verba gelernt.

Ich will nicht versuchen alles einzelne anzuführen, was zum Lobe dieser Liederreihe gesagt werden kann: *die wîse ich singen wil, sô vinde ich iemer wol ein niuwe lop das ir gezimet.* Nur auf die geschickten Pointen am Schluſs der Lieder 44, 9. 46, 30. 41, 12. 69, 27 sei noch hingewiesen.

Was diesen Cyklus aber vor allem interessant macht, ist der Inhalt: der Übergang von den Liedern der hohen Minne zu denen der niederen. Auch die älteren Minnesänger haben von Liebe gesungen, denn Minnedienst und Liebe gehören zusammen. Aber Walthers Natur lehnte sich auf gegen eine Behandlung der Liebe im Dienst, welche wahrer Liebe widerstrebt. Den Gedanken hatte schon Hartman ausgesprochen; Walther ist der erste, welcher der niedern Minne seine Kunst weiht und dadurch die Kunst aus ihrer verstiegenen Höhe zur Natur zurückführt.

Mit dem Vortrag von Sprüchen hatte Walther sich über die Schranke gewagt, die bis dahin für den ritterlichen Sänger gegolten hatte; mit den Liedern der niedern Minne stieſs er nicht weniger an. Die Betrachtung über *wîp* und *frouwe* ist die Rechtfertigung, und die Worte: *si verwîzent mir daz ich sô nidere wende mînen sanc* sind doch wohl mehr als eine rhetorische Wendung. Es ist nur natürlich, daſs solche Verstöſse gegen die hergebrachten Vorurteile manchen Leuten misfielen. — Daſs die Lieder der niedern Minne, die zu diesem Cyklus gehören, die ersten waren, die Walther dichtete, braucht man nicht anzunehmen. Im Gegenteil; die Rechtfertigung und die Erwähnung des Vorwurfs lassen eher annehmen, daſs ähnliche Lieder schon vorangegangen waren; eben dahin weist auch die Wendung 47, 2[30a].

Als Walther diesen dritten Vortrag dichtete, hatte er, wie man aus 48, 12 f. ersieht, die einseitige Pflege der Liebesdichtung aufgegeben und seine Poesie ernsteren Aufgaben gewidmet. Wir wissen, daſs dies mit einer Änderung seiner äuſseren Verhältnisse zusammenhing, daſs der Beginn seiner Spruchdichtung auch der Beginn seines Wanderlebens ist. Wir sehen ferner aus 49, 12, daſs der vorliegende

Cyklus später entstand als das Lied: *Ir sult sprechen willekomen* (56, 14), welches Walther sang, als er nach längerer Abwesenheit wieder in den bekannten österreichischen Kreis zurückkehrte. Man darf demnach als sicher ansehen, dafs er wenigstens schon in Thüringen gewesen war und die dort heimische Dichtung kennen gelernt hatte. Veldeke hat mehr als ein anderer Vorgänger Walthers das Minnelied als Gesellschaftslied behandelt und der Naturschilderung breiten Raum gestattet; Morungens poetische Darstellung zeichnet sich aus durch sinnliche Fülle, Wolfram durch Humor und keckes Hervortreten seiner Persönlichkeit. Das sind die Richtungen in denen Walthers Entwickelung sich bewegt. Man wird diese zum Teil wenigstens auf die fremde Anregung zurückführen dürfen, wenn auch in den Liedern, die hier zunächst in Frage kommen, sich im einzelnen nur Einwirkung Morungens mit einiger Sicherheit erkennen läfst. Vgl. Morungen 133, 31 *schœne unde schœne unde schœne, aller schœnest ist si, mîn frouwe;* und, mit mehr grammatischer Schulung, Walther 42, 27 *liep und lieber des rn meine ich niht, dû bist aller liebest.* Morungen 132, 19 *sit si herzeliebe heizent minne, sône weiz ich wie diu leide heizen sol;* Walther 69, 5 *minne ist minne, tuot si wol: tuot si wê, so enheizet si niht rehte minne. sus enweis ich wie si danne heizen sol.* — Morungen 126, 11 *owê, daz ich lie durch si mîn sane! ich wil singen ober als ê.* Walther 72, 31 *lange swîgen des hât ich gedâht: nû muoz ich singen aber als ê*[81].

Bedeutendere Beziehungen zeigen sich zu Reinmar; jedoch darf man schwerlich behaupten, dafs Reinmar überall vorgesungen habe; auch der umgekehrte Fall kann eingetreten sein. So ist es mir zweifelhaft ob Walthers Worte (42, 25): *sô lâ stân dû rüerest mich mitten an daz herze,* ein Nachklang von Reinmars schönen Versen (194, 26) sind: *lâ stân, lâ stân! waz tuost dû sælic wîp, daz dû mich heimesuochest an der stat, dâ sô gewalteclîche wîbes lîp mit starker heimesuoche nie getrat.* Die Darstellung Reinmars ist jedenfalls reicher. Vgl. ferner: Walther 42, 31 *Wil ab ieman wesen frô;* Reinmar 183, 3 *Wil ab ieman guoter lachen* (beides als Strophenanfang). — Der Ausdruck *redender muint* Reinmar 159, 37, Walther 43, 37. — Die Schlagreime, die in Walthers Lied 47, 16 zum ersten Male erscheinen, könnten im Wetteifer mit Reinmars Künsteleien in Str. 187, 31 entstanden sein. — Unverkennbar und unzweifelhaft ist die Beziehung Walthers auf Reinmar in dem Liede 72, 31, mit diesem wollte er die zarten Töne des Nebenbuhlers parodieren. Die Strophenform unterscheidet sich von Reinmar 185, 27 nur durch eine Hebung im letzten Verse, und den Gedanken Reinmars, dafs er im vergeblichen Dienst alt werde und sie inzwischen nicht jünger, hat Walther in derber Weise benutzt[18]. Den Gedanken, den Walther als eine Drohung gegen die Undankbare ausstöfst: *Hérre, waz si flüeche liden sol, swenn ich nü lâze minen sanc*, hat Reinmar in einem andern Liede (177, 28) als Besorgnis der Frau geäufsert: *ist ab daz ichz niene gebiute* [nämlich dafs er wieder singt] *sô verliuse ich mine sælde an ime und verfluochent mich die liute*. Und in den Worten: *sterbet sie mich, sô ist si tôt* sieht Burdach S. 150 mit Recht eine spöttische Anspielung auf Reinmars Vers (158, 28): *stirbet si, sô bin ich tôt*. So erscheint das ganze Schlufslied des Vortrages gewissermafsen als eine gegen Reinmars Manier gerichtete Pointe, und die Wirkung des ohnehin wirkungsvollen Liedes wurde dadurch noch wesentlich erhöht.

Im ganzen ist dieser dritte Vortrag vielleicht das schönste, was Walther gedichtet hat, wenigstens hat die Überlieferung ihn ausgezeichnet, und Walther selbst hat später den Anfang desselben in einem Liede wiederholt (117, 29). Aber doch hat die Kunst des Sängers noch nicht in jeder Beziehung das Höchste erreicht. Die Arbeit ist vortrefflich, aber man merkt zuweilen, dafs es Arbeit ist. Die Bilder, mit welchen der Dichter in der Strophe 43, 29 die Tugenden der Frau aufführt, sind ansprechend; aber sie haben in ihrer Häufung und Steigerung etwas Absichtliches, das wahrer Anmut widerstrebt. Das Lied 45, 37 *Sô die bluomen ûz dem grase dringent* ist sehr schön, sehr klar disponiert und mit poetischem Schmuck reich ausgestattet; aber das Thema ist mit einer gewissen pedantischen Gründlichkeit behandelt. Und endlich das schöne Lied

49, 25 wird verunziert durch die dritte Strophe mit ihrem abstrakten Inhalt. Die alte Neigung zur Reflexion tritt hier kalt und verletzend hervor. — Der Dichter erscheint in diesem dritten Cyklus schon im Besitz aller Kunstmittel; aber noch fehlt ihm die graziöse Leichtigkeit in ihrem Gebrauch.

Eine nicht unerhebliche Zahl von Liedern zeigt, dafs Walthers Entwickelung damit nicht abschlofs; die Wiederholung derselben Themata erleichtert die Vergleichung und zeigt den Fortschritt. Die Schilderung des Frühlings, mit der das Lied 45, 37 anhebt, wie die Blumen aus dem Grase dringen, als ob sie der Sonne entgegen lachten, und die kleinen Vögelein die beste Weise singen, die sie gelernt haben, ist höchst anmutig. Aber wie viel freier ist die Bewegung in dem Liedchen 39, 1, wo Winter und Sommer im Kampf liegen, persönliche Wünsche und frische Züge aus dem Menschenleben in das landschaftliche Bild gezeichnet sind. Und gar in dem Liede 51, 13 *Muget ir schouwen, waz dem Meien wunders ist beschert*, wo die ganze Natur, Menschen, Blumen und Bäume vom Zauber des Mais belebt erscheint. — Über den Verkehr mit der Frau geben die älteren Lieder nur sparsame Andeutungen, in denen die Phantasie keinen Halt und keine Nahrung findet. Kleine Scenen, wie sie der Dichter in den Strophen 115, 22 und 121, 24 schildert, wie er die Rede vor der Geliebten vergifst, und ihr Anblick ihm die Sinne verwirrt, sind etwas Neues in seiner Dichtung; und wie erhebt sich wieder über diese das Tanzlied: *Nemt, frouwe, disen kranz* (74, 20) und das köstliche *Under der linden* (39, 11). Hier finden wir eine neue Kunst, welche die alten Frauenlieder weit dahinten läfst. Die Reflexionen und Betrachtungen sind aufgegeben; das Konkrete, Erlebte, das in dem zweiten Vortrag mit den kurzen Worten *im wart von mir in allen gâhen ein küssen und ein umberâhen* abgethan wurde (119, 30), ist hier in warmer Schilderung dargestellt. Die Kunst in der Behandlung des Gegenständlichen, zuerst geübt im Tageliede, zeigt sich jetzt auch da, wo der Sänger sich in Wünschen und Wähnen ergeht. In dem ersten Vortrage haben wir die unanschaulichen Bilder vom doppelten Ver-

schlufs der Frau durch Stolz und Hute, den Wunsch *lip
und herze ir beider sinne vereint* zu sehen, die Gedankenaugen des Herzens: jetzt sieht sich der Dichter an der
Seite der Geliebten (185, 11)
*Ich wünsche mir sô werde, daz ich noch gelige
bî ir sô nâhen daz ich in ir ouge sehe,
und ich ir alsô volleclîchen angesige,
swes ich si denne frâge, daz si mirs verjehe.
sô sprich ich, wildus iemer mê
beginnen dû vil sælic wîp
daz dû mir aber tuost sô wê?
sô lachet si vil minneclîche.
wie nû, sicenne ich mir sô gedenke,
bin ich von wünschen denn niht rîche?*
Dasselbe Thema, aber weniger ausgeführt, schon 54, 32. 8.

Die Beziehungen des Sängers zum Publikum fanden
von Anfang an ihren Ausdruck; aber allmählich wird ihm
das Publikum selbst zu einem Bestandteil seines poetischen
Themas, so 46, 21. 72, 33 f. Er steht den Zuhörern nicht
mehr gegenüber, er steht mitten in ihrem Kreise (114, 23.
51, 13); sie sollen sein Urteil bestätigen (69, 9), seinen
Kummer klagen helfen (72, 36), sein Lob unterstützen
(59, 34). In dem Liede 73, 23 wird ihm die Gesellschaft
zum Gerichtshof, dem er seinen Liebesstreit vorlegt. — Die
indiskrete Frage nach der Geliebten begegnet schon im
ersten Cyklus (98, 26); sie wird zierlicher wiederholt 63, 32;
in dem vortrefflichen Liede 73, 23 wird das hergebrachte
Thema benutzt zu einer unerwarteten Schlufswendung.

Der Dialog 43, 9 ist ein wohl gesetztes Stück, tadellos in der Anlage und sauber ausgeführt, im Schlufs sogar
nicht ohne Humor. Aber die Kunst erscheint herbe, wenn
man das reizende Lied 85, 34 mit seinem schlagfertigen
Witz und seinem gewandten Humor daneben stellt[25]. Der
Dichter treibt hier sein anmutiges Spiel mit herkömmlichen
Phrasen und metaphorischen Ausdrücken (86, 29. 35). Wie
schwerfällig scheint dem gegenüber im ersten Cyklus die
Sorge, dafs die Zuhörer ihn verstehen: *welt ir wizzen, waz
diu ougen sin, dâ mite ich si sihe dur elliu lant! ez sint die
gedanke des herzen mîn: dâ mite sihe ich dur mûre und ouch*

dur want. Solche schülermäfsige und selbstgefällige Umständlichkeit kommt später nicht mehr vor. — Durch eine Fülle ansprechender Metaphern ausgezeichnet ist namentlich das Lied 54, 37, das eine ebenbürtige Fortsetzung zu 73, 23 zu bilden scheint. Die Freunde, denen er dort seinen minniglichen Streit vorgetragen hat, lassen ihn ohne Rat und Hülfe; daher wendet er sich an die Minne, dafs sie ihm die Geliebte erwerbe. Das Herz als Behausung des Geliebten kommt im zweiten Vortrage vor: 72, 18. 114, 20; hier erscheint es als eine wohl ausgestattete Burg; vergebens hat er Einlafs begehrt, die Minne soll ihm öffnen. — Die Minne tritt uns mit der ganzen Lebendigkeit einer wirklichen Person entgegen, und doch im anmutigen Wechsel der Vorstellungen, ohne ermüdende Konsequenz, als Herrscherin, als Bote, als Meisterin der Diebe. Der Dichter selbst ist ihr ergeben, aber nicht unterwürfig; er ist hilfesuchend und zugleich überlegen. In ähnlichem Verhältnis erscheinen der Dichter und die Minne in dem Liede 57, 23, das vielleicht zu demselben Cyklus gehört. Die Personifikation der Minne braucht Walther von Anfang an und in jedem der besprochenen Vorträge; in dem dritten ist ihre Figur schon ganz sinnlich ausgebildet, aber doch bei weitem nicht so lebendig und vor allem nicht so originell ergriffen wie hier, wo das üppig übermütige Weib mit der ausgelassenen Jugend am Reigen springt, während der treue Diener, der in ihrem Dienst ergraut ist, mit Naserümpfen bei Seite geschoben ist, und aus der Ferne dem wilden Spiel zusieht. Auch die Frau Sælde gewinnt feste Formen (55, 35 vgl. 43, 1), mehr noch die Frau Welt (59, 37) namentlich in dem schönen Liede 100, 24. — In den reinen Schöpfungen der Phantasie, in den allegorischen Figuren, entfaltet diese abstrakte Lyrik zuerst sinnliche Kraft.

Was die Auffassung der Liebe betrifft, so ist natürlich aus Str. 49, 12 nicht zu schliefsen, dafs Walther nach dem dritten Cyklus nur noch Lieder der niederen Minne gedichtet habe oder habe dichten wollen; er erweiterte nicht die Grenzen der Kunst, um sie auf der andern Seite wieder ins Enge zu ziehen. Unter all seinen jüngeren Gedichten sind nur zwei, die sich ausdrücklich mit bestimmten

Worten an ein Mädchen niedern Standes wenden: 74, 20 und 39, 11. Die übrigen sind gewöhnliche Liebeslieder, in denen die Formen des Minnedienstes bald mehr bald weniger gelten. Nur ein gewisser Ton des höfischen Minnesanges, die unbedingte Unterordnung des Mannes, das hoffnungslose und entsagende Trauern und Schmachten, wie das alles namentlich Reinmar ausgebildet hatte, war ihm zuwider. Walther will auch den Damen gegenüber sein Recht, dringt darauf die guten und schlechten zu scheiden (48, 30. 45, 14. 58, 35. 91, 6. 117, 26) und betont die Gleichheit in den Ansprüchen der Liebenden (51, 9. 69, 10. 71, 14). Und wo er sich unterordnet und in höfischer Weise wirbt, wie in den Liedern 184, 1. 62, 6 geschieht es doch mehr in den Formen einer geistreich spielenden Unterhaltung, als in den sehnsüchtigen Ausdrücken wahrer Herzensempfindung".

Wir übersehen die Entwickelung der Waltherschen Kunst in ihren Hauptzügen, und eine Ausgabe, welche es versuchte, durch die Anordnung der erhaltenen Lieder die Entwickelung des Dichters vor Augen zu stellen, würde uns nicht als ein mifsiges Unternehmen erscheinen. Aber natürlich läfst sich dieses Ziel doch nur annähernd erreichen; eine Anordnung zu finden, von der sich im Einzelnen nachweisen liefse, dafs sie die ursprüngliche sei, darauf mufs man von vornherein Verzicht leisten. Ja wenn sich alle Lieder zu grofsen Cyklen gruppieren liefsen, würde das wohl möglich sein; aber manche haben, so viel wir sehen können, gar nicht zu solchen Gruppen gehört; sie haben für sich selbständig bestanden, z. B. 94, 11. 74, 20. 76, 25, das Tagelied 88, 9. Andere erscheinen als Teile von Liedercyklen, für manche von ihnen läfst sich auch mit Wahrscheinlichkeit eine Fortsetzung in einem andern Liede finden, aber nach einer vollständigen Ergänzung sieht man sich in dem uns erhaltenen Material vergebens um. Wir wollen das hier nicht weiter verfolgen; was wir im einzelnen zu bemerken haben, wird in der Ausgabe seinen Platz finden.

Wie lange Walther Minnelieder gedichtet habe, können wir nicht wissen. In dem Liede, in welchem er der Minne

den Dienst kündigt (57, 23), bezeichnet er sich selbst als
einen Vierziger, aber man braucht die anmutige Pointe
dieses Liedes nicht für einen ernsten und unverbrüchlichen
Entschluſs zu halten. Anderseits freilich sehen wir in
diesem Liede Walthers Kunst in voller Entfaltung, und wir
haben keinen Grund anzunehmen, dafs er nachher in der
Liebeslyrik noch irgend einen Fortschritt gemacht habe,
weder hinsichtlich der Form, noch des Inhaltes. Auch
entspricht es dem Alter und der Entwickelung des Mannes,
wenn er damals der Minnepoesie wenigstens nicht mehr
das höchste Interesse zuwandte. Etwa in dieselbe Zeit
mag das Lied 62, 6 gehören, dessen wohl berechnete Schlufswendung doch nur dann natürlich erscheint, wenn das
Lied wirklich vor einem Kaiser vorgetragen werden sollte;
also vor Otto. Für die Abfassung des Liedes würde sich
daraus das Jahr 1212 oder 1213 ergeben. Als Walther im
Jahre 1220 sich mit der Bitte um ein Leben an König
Friedrich wandte, hatte er neue Minnelieder längere Zeit
nicht mehr gedichtet (28, 4 f.), und die Art, wie er damals
sein dem Könige gegebenes Versprechen, wieder ein Lied
in der alten Weise erklingen zu lassen, löste, scheint zu
bekunden, dafs auf diesem Gebiete seine Kunst erstarrt
war. Die Sprüche 27, 17—30 zeigen viel rhetorischen
Prunk, aber Leben und Wärme fehlt. — Die ersten zehn
bis fünfzehn Jahre des dreizehnten Jahrhunderts erscheinen
demnach als die Zeit, in der Walthers Entwickelung ihren
Abschluſs und Höhepunkt erreichte[35].

In der Minnepoesie hat Walther sich zuerst geübt;
als er die bürgerliche Lyrik in sein Bereich zog, hatte er
die ersten Stadien bereits durchlaufen, jedoch noch nicht
die Meisterschaft erreicht. Die meisten Spuren einer nicht
völlig ausgereiften Kunst zeigen Strophen des Tones 20, 16.
Wie in dem ersten Liedercyklus setzt der Sänger die jungen
Leute als sein Publikum voraus (22, 13); die Jugend wird
gemahnt und gestraft[36]. In Str. 20, 31 überstürzen sich,
wie Bechstein S. 89 richtig bemerkt, Bilder heterogenster
und selbst falscher Art. Derselbe nimmt in Str. 24, 18
nicht ohne Grund an der Verworrenheit der Konstruktion
und dem leeren Verse 24, 30 Anstofs. In andern Strophen

(22, 3. 18) vermifst man, grade wie in Liedern des ersten Cyklus die klare und durchsichtige zielbewufste Rede, die sonst unsern Dichter auszeichnet". — Schöner sind die beiden Sprüche 8, 4. 28, obschon sie etwas älter sind. Die Schilderung zu Eingang des ersten Spruches ist in ihrer Art vollendet, das Beispiel, mit dem der andere beginnt, tadellos ausgeführt; die Schlufszeilen in beiden von kräftiger Wirkung. Man würde, wenn der Inhalt nicht die Zeit der Abfassung verriete, die Sprüche wohl für jünger halten; nur das Zeugma *si kiesent künege unde reht* 9, 6 bekundet noch eine gewisse Ungewandtheit, und in dem ersten Spruche hat der Dichter seinen metaphorischen Ausdruck nicht richtig erfafst: *daz guot und weltlich êre und gotes hulde mêre zesamene in ein herze komen* (8, 20). — Ohne Tadel sind die Sprüche im König Philipps-Ton. Er steht dem dritten Cyklus der Zeit nach nicht fern und so verschieden auch die Stoffe sind, zeigen beide doch dieselbe Kunststufe. Die Art, wie Walther den König Philipp und seine Gemahlin in dem Magdeburger Festzuge schildert, haben schon andere mit dem höfischen Aufzuge in Str. 46, 10 verglichen: dieselbe sorgfältige Behutsamkeit und noch etwas schablonenhafte Darstellung, durch welche Uhland an die byzantinischen Gemälde auf Goldgrund erinnert wurde.

Die Töne, die Walther demnächst braucht: 82, 11. 16, 36. 11, 6. 31, 13, umfassen das Schönste, was er auf diesem Gebiete hervorgebracht hat. Die empfindungsvolle Klage um Reinmars Tod, die innige Bitte um Aufnahme an den Wiener Hof (84, 1), der übermütige Spruch an die Reichsköche (17, 11), die kecken Angriffe auf Gerhard Atze (82, 11. 104, 7) und Herrn Wiemann (18, 1), die feierliche Begrüfsung Ottos in Frankfurt (11, 6), die Zornsprüche gegen Innocenz: das sind die Stücke, die sich jedem Leser leicht einprägen; sie sind meist bedeutend durch ihren Inhalt und alle anziehend durch ihre Form. Die Sprüche die Walther in einem neuen Ton vor König Friedrich sang (26, 3. 23. 33), stehen kaum zurück: zuerst das renmütige Bekenntnis den Feind nicht lieben zu können, dann die Anklage gegen Otto, und die hohnvolle Vergleichung seiner

Milte und Länge, diese drei Sprüche bilden ein vortreffliches Ganze. Aber um das Jahr 1213 scheint auch hier der Höhepunkt erreicht. In den nächsten zwölf oder dreizehn Jahren sind dem Sänger wohl noch manche Sprüche gelungen — die, welche er vor Leopold in Aquileja sang, die rührende Bitte, die er im Jahre darauf an Friedrich richtete (28, 1), und der freundliche Rat an die Reichsfürsten, den Kreuzzug nicht zu stören (29, 15) — aber unter dem, was wir mit Sicherheit oder Wahrscheinlichkeit in diese Zeit setzen können, ist doch nicht Weniges, was von geringerem Werte ist, namentlich in den Tönen 26, 3 und 78, 23. Diese allgemeinen Klagen über Treulosigkeit, Hochmut, Unmafse, Traukenheit u. s. w. entbehren des poetischen Zaubers und mahnen schon stark an die spätere Spruchpoesie des 13. Jahrhunderts[10]. Die Schuld liegt zum grofsen Teil an den Stoffen, aber auch die Wahl des Stoffes ist des Dichters Sache.

Die Jahre von c. 1214 an waren unergiebig für die Kunst des Dichters, und traurig für seine äufsere Lage. Ohne festen Halt im Leben, ohne grofse Aufgaben für seinen Gesang, mifsmutig über Rivalen, die früher nicht in Betracht gekommen waren, versank er in Unzufriedenheit (29, 1). Die höfische Kunst ritterlicher Sänger hatte ihre Glanzzeit gehabt, bürgerliche Berufsdichter fingen an, ihnen wirksame Konkurrenz zu machen. Den Wieman, den wir wohl in Thüringen zu suchen haben, bezeichnet Walther noch als Herren; aber Stolle ist ein gewöhnlicher Fahrender, einer von den nicht hoffähigen Leuten, den *unhövesehen*, wie Walther sie nennt 32, 3, die nun doch *ze hove genæmer* geworden sind. Die alten Stoffe des Heldenepos hatten ihre Anziehungskraft nicht verloren; unter der Einwirkung der ritterlichen Dichtung, der Epik und Lyrik, waren sie zu neuen Werken umgebildet, und fanden nun auch bei dem Hofgesinde willkommene Aufnahme. Das ist die ungefüge Dichtung die von den *gebúren* kommt, das Geschrei der Frösche, vor dem die Nachtigall verzagt[19].

Bessere Tage kamen für Walther noch einmal, als er durch Friedrich reichlich beschenkt und zu wichtigem

Dienst berufen wurde. Aber der warme Sonnenglanz der Freude und der treffende Strahl des Witzes kehren nicht wieder. Der Geist des Sängers war milde geworden. Erst am Abend seines Lebens zeigt sich seine Kunst noch einmal in ihrer ganzen Schönheit. Dem deutschen Reiche und dem Leben des greisen Dichters hätte man freudigere Ereignisse wünschen mögen, als sie die Jahre 1227 und 1228 brachten. Aber die schwermütige Stimmung, die der Widerstreit zwischen Papst und Kaiser in Deutschland hervorrief, entsprach der Empfindung des Alters. In ihr fand Walther einen Stoff, den er in seinen Elegieen mit der Kraft der frei wirkenden Natur ergriff und behandelte. Aus dem düstern Gewölk, das sich von Italien aus über Deutschland zusammenzog, bricht, der scheidenden Sonne gleich, der milde Glanz seiner Dichtung noch einmal hervor.

Es ist, als ob der Sänger sein Lebensende vorher geahnt hätte. Nachdem er der Gesellschaft vierzig Jahre und länger mit seinem Gesange gedient hatte, sang er in dem Liede 66, 21 sich selbst sein Requiem. Die trübe Weltanschauung des Mittelalters: Alles ist eitel, bildet den Grundaccord. Es berührt seltsam, wenn man neben diese Strophen die Lieder des ersten Vortrages stellt; dort Aufruf zu Lebensgenufs und Freude das dritte Wort; hier das Bekenntnis: *lip, lâ die minne diu dich lât, und habe die stæten minne wert. mich dunket, der dû hâst gegert, diu si niht visch unz an den grât.* Die irdische Lust ist der Seele Leid, der Geist sehnt sich aus seinem Kerker befreit zu werden, die Mahnung an das schreckliche *dies irae, dies illa solvet saeclum in favilla* schliefst das Lied:

din jâmertac wil schiere komen
und brennet dich darumbe iedoch.

Und doch ist es nicht das traurige Bild eines Verzweifelnden, das wir aus diesem ernsten Gesange empfangen. Das stolze Bewufstsein unbefleckter Ehre (66, 33) und die frohe Hoffnung des Christen (69, 4) tragen den ritterlichen Sänger über das finstere Thal des Todes.

Anmerkungen.

Die auf die deutsche Litteratur bezüglichen Citate werden als vorständlich vorausgesetzt. Im übrigen wird folgendes genügen: *AfdA* = Anzeiger für deutsches Altertum und deutsche Litteratur. Berlin 1876 f. — *Burdach*, Reinmar der Alte und Walther von der Vogelweide. Ein Beitrag zur Geschichte des Minnesangs. Leipz. 1880. — *Francke*, zur Geschichte der lat. Schulpoesie des 12. und 13. Jahrh. München 1879. — *Germania*, Vierteljahrsschrift für deutsche Altertumskunde. Wien 1856 f. — *Knochenhauer*, Geschichte Thüringens zur Zeit des ersten Landgrafenhauses, mit Anm. hrsg. von K. Menzel. Gotha 1871. — *Krones*, Handbuch der Geschichte Österreichs etc. Berlin 1876. — *Henrici*, zur Geschichte der mhd. Lyrik. Berlin 1876. — *Menge*, Kaisertum und Kaiser bei den Minnesängern. Köln 1800 (Progr. des Gymn. an Marzellen). — *Menzel*, das Leben Walthers von der Vogelweide. Lpz. 1865. — *Michel*, Heinrich von Morungen und die Troubadours. Straßburg 1880. — *PBb* = Beiträge zur Geschichte der deutschen Sprache und Litteratur, hrsg. von H. Paul und W. Braune. Halle 1874 f. — *QF* = Quellen und Forschungen zur Sprach- und Culturgeschichte der germanischen Völker, hrsg. von Ten Brink, Martin, Scherer. Straßburg 1874 f. — *Scherer*, DSt = Deutsche Studien. I Spervogel. II Die Anfänge des Minnesanges. Wien 1870. 1874 (aus den Sitzungsberichten der kais. Ak. der Wiss. LXIV. S. 283. LXXVII. S. 437). — *Schirrmacher*, Kaiser Friedrich II. Göttingen 1859 f. — *E. Schmidt*, Reinmar von Hagenau und Heinrich von Rugge. Straßburg 1874. — *Simrock*, Walther von der Vogelw. hrsg. geordnet und erläutert. Bonn 1870. Wo neben Simrocks Namen verschiedene Bände citiert werden, ist gemeint: Gedichte Walthers von der Vogelweide, übersetzt von K. Simrock und erläutert von K. Simrock und W. Wackernagel. 2 Tle. Berlin 1833. — *Thurnwald*, Dichter, Kaiser und Papst Wien 1872. — *Uhlands* Schriften zur Geschichte der Dichtung und Sage. 8 Bde. Stuttgart 1865—73. — *Wackernell*, Walther von der Vogelweide in Österreich. Innsbruck 1877. — *Waitz*, VG = Verfassungsgeschichte. Bd. 5—6. Kiel 1874—1878. — *Wattenbach*, Deutschlands Geschichtsquellen im Mittelalter. 4. Aufl. Berlin 1877. — *Winkelmann*, Philipp von Schwaben und Otto IV. von Braunschweig. Bd. 1. Lpz. 1873. Bd. 2. Lpz. 1878. — Geschichte Kaiser Friedrichs II. und seiner Reiche. Berlin 1863. — *ZfdA* = Zeitschrift für Deutsches Alterlum. Weidmannsche Buchh. Leipz.-Berlin 1841 f. — *ZfdPh* = Zeitschrift für deutsche Philologie. Halle 1869 f.

I.

1. Welchen Umfang die deutsche Litteratur im neunten Jahrhundert gewonnen hatte, können wir nicht bestimmen. Dafs gar manches verloren ist, darf man um so eher annehmen, als wir vieles von dem Erhaltenen nur dem Zufall verdanken. Zwar die umfangreicheren Dichtungen, der Heliand und Otfrieds Werk sind in selbständigen Handschriften mehrmals überliefert; aber die kleineren Werke sind nur erhalten, wo sie mit andern Aufzeichnungen, die wertvoller erschienen, unlösbar verbunden waren. Das Hildebrandslied hat auf der ersten und letzten Seite einer Handschrift seinen Platz gefunden, ebenso das Muspilli; das Gedicht von Christus und der Samariterin ist in die Originalhs. der Lorscher Annalen eingetragen, um übrig gebliebenen Raum zu füllen; der Bittgesang an St. Peter nimmt den bescheidenen Platz am Ende einer lateinischen Hs. ein; ebenso steht die Übersetzung des 138. Psalms am Ende einer Hs., und auf das Ludwigslied folgen nur noch 15 Hexameter. Es ist also lediglich Zufall, dafs wir diese alten Zeugen noch vernehmen können. Warum hätte man sie auch durch die Jahrhunderte hin aufbewahren sollen? Die Sprache veränderte sich gar schnell, die Kunstform erschien einer späteren Zeit roh und ungeschickt, ein historisch antiquarisches Interesse an der eignen litterarischen Vergangenheit hatte man noch nicht. So liefs man diese alten Schätze sorglos untergehen, ihre Bedeutung schien mit der Gegenwart erschöpft zu sein. Aber wenn auch mancherlei zu Grunde gegangen sein mag: grofse Ausdehnung und weite Verbreitung kann im Zeitalter der Karolinger die deutsche Litteratur und litterarisches Interesse noch nicht gehabt haben. Man würde sonst die weitere Entwickelung nicht verstehen.

2. Fitting, peculium castrense (Halle 1871) S. 504. Fürth, Ministerialen S. 64 ff. Waitz, VG. 5, 298 Anm. 4. 400. Büsching, 1, 91 f. 189 f.

3. Waitz, VG. 5, 297. 310. 332. 843. Auch Freigeborne traten in den Hofdienst: Roth von Schreckenstein, Geschichte der Reichsritterschaft (Tübingen 1859) 1, 187. 189; vgl. Fürth S. 77. Waitz, VG. 5, 314. 882 f.

4. Roth 1, 296. Waitz, VG. 5, 343 f. — Ministerialen streben aus ihrer unfreien Stellung, Roth 1, 292. Waitz, VG. 6, 72.

5. Unfreie Leute erhielten schon zur Zeit der Karolinger durch Aufnahme in den Beamtendienst Waffenrecht. Pipini regis Ital. capit. circ. a. 793: *Servi qui honorati beneficia et ministeria tenent et caballos arma et scutum et lanceam spatam et semispatam habere possunt.* Roth 1, 169 A. 1. — Unfreie Ritter: Roth 1, 161 A. 2. 168 A. Fürth S. 67. 68. — Verschiedene Arten von Rittern: Waitz, VG. 5, 398. Ficker, Germ. 20, 271 f.

6. Über die rechtliche Stellung der Ministerialen s. Fürth S. 29. Roth 1, 293. Waitz, VG. 5, 810.

7. Roth 1, 160. 175. Waitz 6, 60.

8. Im ersten Landfrieden Friedrichs I. wird das Kampfrecht verweigert, *nisi probare possit quod antiquitus ipse cum parentibus suis natione legitimus miles existat.* Roth 1, 196 A. 1. Waitz, VG. 5, 402.

9. Fürth 82 f. Roth 1, 269.

10. Roth 1, 199. Waitz, VG. 5, 402. — Vier Ahnen, Fürth S. 84. Vgl. Wolfdietrich (Dresdener Heldenbuch Str. 105): *von deinen vir enencken pistu ein kunig rein.* Die Ambraser Hs. Str. 302 entstellt: *von allen vier enden alt ir ein küneges sun.* Die Stelle gehört zu denen, welche zeigen, daß der jüngste Herausgeber die Überlieferung nicht richtig beurteilt hat. Vgl. Karlmeinet 1, 39 und dazu Bartsch S. 4.

11. Roth 1, 177.

12. Er. v. 412 *mugen si der schilte vil geleisten helme unt brünne, das ist ellin ir wünne. das si mit menige riten, unt heizen in die gegende witen dirnen sues sô si* (s. Heinzels Anm. und Einl. S. 84). Vgl. auch die Schilderung in den Satiren des Amarcius (Haupt, Monatsberichte der Berl. Ak. 1851. S. 162).

13. Waitz 6, 76. 78 f. 5, 309 A. 2.

14. Vita Henrici 3. 886; angeführt von Roth 1, 183 A. 2.

15. Recht brsg. von Karajan in den Deutschen Sprachdenkmalen des 12. Jahrhs. S. 6 f.

16. Er. v. 511 ff. Ernste und Interessante Betrachtungen, was ein verarmter Ritter beginnen solle, ohne die Pflichten des Standes zu verletzen, stellt Johannes Rothe im Ritterspiegel an v. 2173 ff. Das wilde Raubrittertum war sicher in vielen Fällen die Folge bitterster Not. Otto Frising. de gestis Frid. 1, 1, 2 c. 25: *Gallus ego natione sum, non Lombardus, ordine quamvis pauper eques, conditione liber, casu non industria hos latronibus adjunctus pro resarcienda familiaris rei penuria.* W. Gast 14108 *ein man kan niht gedenken wol das der man niht wille ist der daz nimt zaller vrist das er durch ruom gehen wil. er hât für wille untugende vil .. der wille materge sint arme liute: die habe wir verkêret hinte zer erge: materge, wan wir nemen selten, ob irs wol eernemen, niwan dem arma der niht*

enmac, das machet gar der widerslac. — Hauptsünden des aufblühenden Ritterturns: *superbia, vana gloria, ventris inglurics* MSD. 600.
17. Fr. v. 354. 18. Diemer 135, 26. Henrici S. 88.
19. Scherer, QF. 1, 80. Kaiserchr. D. 55, 10 *luzzel was ein habe, er het wisliche rede, er was sô wortspæhe, si sprâchen daz sîn selwer dâ niender wære.* (vgl. 79, 14. 51, 17.) Exodus D. 130, 2 *din bruoder ist redre genuoch redespæhe, vil wol man in erkennet* (Aaron). Rolandsl. v. 115 *Gergers iher wâre ther was kuone unt wortspâhe.* 8681 *ze Âche wolt er then hof hân, thâ was manch wortspâger man.* Eneit 34, 19: Aeneas wählt 500 Mann, *daz si wol kunden sprechen und gebâren.* Hartman, Gregor 954 als charakteristisch für den höfischen Mann im Gegensatz zum Bauern: *wie wol er sine rede kan.* Erec 2520 *wortwîse,* von einem Garzun des Königs Artus. Lanzelot 7290 *Tristrant ein wortwiser wigant.* — Auch an den Damen wird Beredsamkeit gerühmt: Iwein 8467. Parz. 706, 5 *süeziu wort von süezem munde.* 869, 9 sagt Obilot: *wan mir min meisterin verjach diu rede wære des sinnes dach.* — III No. 271.
20. Scherer, QF. 12, 95. Bartsch, Karlmeinet S. 10. — Alex. (Weismann) 207; vgl. AfdA. 7, 266 f. Wackernagel, Kl. Schr. 1, 266 f.
21. Schon bei Eilhart v. 130 f.
22. Pruts, Friedrich I. 3, 388.
23. Gregor 1875 *sun, mir saget vil maneges munt, dem se ritterschaft ist kunt, swer dâ ze schuole belîbe uns er dâ vertrîbe ungeriten swelf jâr, der müeze iemer für wâr gebûren nâch den pfaffen.* — Über die Erziehung der Prinzen, Waitz, VG. 6, 208 f. Thomasin tadelt im W. Gast 4207 die Adeligen, die stolz auf ihren Adel, nichts lernen wollen; er bedauert, dafs die Laien nicht mehr studieren wie früher 9194, und dafs manche Eltern der Kosten wegen verabsäumen die Kinder an den Hof oder in die Schule zu schicken. Dagegen 8687 betrachtet er die Schriftkenntnis als ein Vorrecht der Geistlichen: *der leie dunkt sich ouch niht wert, ern habe zuo sinem swert diu buoch, wan der schrift sin wil er ouch haben an gewin. er heizet im schrîben harte wol daz wuocher daz man im geben sol.* (Anfänge einer ordentlichen Buchführung, die bis dahin die Geistlichen zu ihrem Vorteil allein ausgeübt hatten.)
24. Mätzner, Altfranzösische Lieder S. 193. Scherer, DSt. 2, 86 f.
— In Hartmans Iwein 6467 kommt eine junge vornehme Dame vor, die ihren Eltern *welhisch* vorliest. Thomasin will im W. Gast 857 von den gelehrten Damen nichts wissen: *man engert ir niht ze potentâl. ein man sol haben künste vil: der edelen vrouwen zuht wil daz ein vrouwe habe niht vil list, diu biderbe unde edel ist: einvalt stêt den vrouwen wol.*
25. Williram sagt von Lanfranc: *ad quem audiendum cum multi nostratum confluant, spero quod eius exemplo etiam in nostris provin-*

ciis ad multorum utilitatem industriae suae fructum producant. — Wackernagel, Altd. Pred. S. 322. Wattenbach II, 7 f.

26. Giesebrecht II, S. 684. Waitz, VG. 6, 239 A. 1.

27. Wackernagel, Altfranzösische Lieder und Leiche S. 195 A.

28. Weinhold, Deutsche Frauen S. 419 ff. (²241 f.)

29. Wackernagel, Litteraturgeschichte 109, 21. Altfrz. Lieder 195. — Frankreich als Mutterland der Ritterschaft und des Minnedienstes, Morie von Craon 255 f.

30. Thomasin von Zirclære (W. Gast 1136) sieht die ganze deutsche Litteratur als Übersetzungslitteratur an: *ddcon ich den danken wil die uns der áventiure vil in tiusche sungen hánt verkért.* Vgl. 87 f.

31. Wackernagel, Altfrz. Lieder S. 198.

32. Wackernagel, Altfrz. Lieder 195. Dagegen Henrici S. 71. 42.

33. Merkwürdig wäre es, wenn nicht auch von Italien her die fremde Bildung angedrungen wäre. „Die provenzalische Dichterkunst hatte sich auch in der Lombardei eingebürgert. Bekannte Trubadoure waren von dort gebürtig und haben sich dort umgetrieben (Raynouard V, 147. 211. 389. 416. 444). Ein solcher Sänger, Ferrari von Ferrara, kam häufig nach Treviso (Raynouard V, 146). Wälsche Ritter reiten in Ulrichs Gefolge (Frauendienst S. 06). Zu Botzen wird ihm einst eine Singweise zugeschickt, die im deutschen Lande noch unbekannt ist, damit er sie deutsch singe." Uhland 5, 242. — Arnaut von Marueil hat Beziehungen zu einem Markgrafen von Montferrat (Dietz, Leben und Werke S. 126), ebenso Peire Vidal (Dietz S. 171), der auch Ungarn besuchte (S. 173); Rambaut von Vaqueiras (Dietz S. 268 f. 270 f); Peirol (Dietz S. 317); Gaucelm Faidit (Dietz S. 369); Elc von Saint-Cyr (Dietz S. 420); Aimeric von Peguilain (Dietz S. 433 f.). Sänger und Musikanten aller Art drängen sich an Wolfger von Ellenbrechtskirchen, in Italien viel mehr als in Deutschland. — Über die Pflege der deutschen Dichtung in Italien vgl. die kritischen Bemerkungen Winkelmanns, Philipp von Schwaben 2, 87 f. Anm.

34. Scherer, Geschichte der geistlichen Litteratur S. 28. Hartman, Gregor 1401 f.

35. Eilhart von Oberge v. 6 *nú wuste ich gerne ob iman in desir wise ummir wére der sulchir rede gerne entbére: des wolde ich hir getrósten mich. doch man in láze, her touget sich an bósem willen schire. ir werdin lichte mér wen cire die des begint vordrízen.* (vgl. Rogge 108, 24 *fróuwent sich swéne sô spottent ir viere.* Bligger 118, 2 *dâ bî sint vier den min leit sanfte tuot.*) Hartman, Iwein v. 70 *dise hôrten seitspil. dise von sneder arbeit, dise von grôzer manheit. Gawein ahte úf wáfen: Keii legt sich slâfen úf den sal under in: se gemache án ére sluont sin sin.* Vgl. auch den Anfang der Kaiser-

chronik; ferner Iwein 250 f. Hagen, GA. 1, 455. Deutscher Cato. — Gegner des Minnesanges: III No. 59. — Klagen über Mifsgünstige bei lateinischen Poeten: Francke, Lateinische Schulpoesie S. 15 f. — Auf der andern Seite suchten die Gelehrten den Dichtern Koncurrenz zu machen; Gervasius von Tilbury, der seine otia imperialia Otto IV. widmete, schreibt ihm (S. 898): *quia ergo optimatum naturae fatigatae remedium est amare novitates et gaudere variis, nec decet tam sacrus aures spiritu mimorum fallaci centilari, dignum duxi* etc. und weiter: *nec iam, sicut fieri solet, optimates per mimorum aut histrionum linguas mendaces percipiant dei virtutes, sed per fidelium narrationem, quam vel ex veteribus autorum libris congessimus, vel* etc. S. auch Waitz, VG. 6, 252 Anm. 4.

86. Ein solches Zeugnis vermag ich auch nicht in der bekannten Stelle des Ruodlieb zu sehen (Grimm und Schmeller, lat. Gedichte des X und XI Jahrh. S. 193 f. MSD. XXVIII). Dort trägt die Frau dem Boten Rudliebs auf, seinem Herren ans treuem Herzen so viel Liebes zu sagen, wie es Laub giebt, so viel Minne wie die Vöglein Wonne haben, so viel Ehre, als es Gras und Blumen giebt. Die deutschen Worte, die der Dichter hier ganz gegen seine Sitte in den lateinischen Text mischt, zeigen, dafs er hier absichtlich auf einen deutschen seinen Lesern wohl bekannten Liebesgrufs anspielt; das Hervorbrechen ganz ähnlicher Grüfse in der Dichtung des 15. und 16. Jahrh. beweist die volksmäfsige Überlieferung derselben vom 11. Jahrh. an; nicht aber beweist sie die Existenz einer volkstümlichen angesmäfsigen Liebeslyrik im 11. Jahrh. Uhland, der in seiner Abhandlung über das Volkslied (3, 261 ff.) zuerst auf die Fortdauer jener alten Klänge hinwies, hat sie auch in den richtigen Zusammenhang gesetzt. „Volksmäfsige Liebesgrüfse, poetische Wunschformeln, können im gleichen Zuschnitt von sehr früher Zeit bis zu den gereimten Briefmustern unserer Jahrmärkte aufgewiesen werden... Der Liebesgrufs an Ruodlieb ergeht noch durch mündlichen Auftrag... In den Briefmustern, wie sie seit dem 15. Jahrh. zum Vorschein kommen, findet man die poetischen Grüfse gesammelt, doch tragen sie auch hier noch mitunter die Spur mündlicher Grufsendung". Diese Liebesgrüfse vergleichen sich zunächst mit den „büeblein" wie sie unter den höfischen Dichtern Hartman, Ulrich von Lichtenstein und andere dichteten. Minnepoesie sind diese freilich auch, aber wesentlich verschieden von dem lyrischen Minnesang.

87. Uhland 5, 267. Burdach S. 131. Die Stelle Strickers misverstanden von Bartsch, Strickers Karl S. V. Geltar MSH 2, 178ᵃ *wan singet minnewise dâ ze hove .. sô ist mir sô nôt nâch alter wât deich niht von crouwen sunge.* Vgl. auch Grimm über Freidank in den Abhandl. der Ak. der Wiss. 1849 S. 847.

38. Wackernagel, Altfrz. Lieder S. 211. Vgl. Bartsch, Germ. 2, 284. SMD. zu XLI, 30.
39. Anfänge gründlicherer Erörterung bei Burdach S. 174 f. Vgl. AfdA. 7, 266 f. Dafs das Gefühl für verschiedene, durch den Inhalt bedingte musikalische Darstellungsformen im 12. Jahrh. noch wenig entwickelt war, dafür sprechen der erste und sechste Leich Rudolfs von Rotenburg (MSH. 1, 74. 84); der eine ist ein Minneleich und ganz persönlich, der andere allgemein und religiösen Inhalts, beide aber gehen nach derselben Melodie. Walther sang seine rührende Klage um Reinmar nach derselben Weise, wie eins seiner Spottgedichte gegen Gerhart Atze (82, 11. 24); und mit seinem Kreuzlied 14, 38 stimmen Minnelieder späterer Dichter in der Strophenform überein. Lachmann Anm. S. 139.
40. Braune, ZfdPh. 4, 268 ff.   41. Henrici S. 12 ff.
42. Eine unbillige Charakteristik des Dichters giebt Burdach S. 33 f.
43. Müllenhoff ZfdA. 14, 133 f. Lehfeld, PBb. 2, 345 f. Burdach S. 35.
44. Scherer, Geschichte der deutschen Dichtung S. 138. Ders., DSt. 2, 81 (515); Litteraturgeschichte S. 145. vgl. Lehfeld, PBb. 2, 371 Anm.
45. MF. S. 247 Anm.
46. Michel, Heinrich von Morungen und die Troubadours. Strafsburg 1880; dazu: Werner, Anz. 7, 121 f. Wijmanns, Historische Zschr. N. F. 11, 72 f. — Gottschau, PBb. 7, 335-430. Charakteristik: Burdach S. 46 f.
47. Scherer, DSL 2, 10 (444) f.
48. Charakteristik dieser Dichter Burdach S. 38 f.
49 Pfaff, ZfdA. 18, 54 f. Burdach S. 40.
50. Martin, ZfdA. 23, 440. Burdach S. 37 f.
51. E. Schmidt S. 9 f. 29. Burdach S. 43.
52. Burdach S. 40. 42 f. Kummer, Herrand von Wildonie S. 65.
53. Burdach S. 41.   54. Burdach S. 8 f.
55. Heinrich von Melk, Er. 610 *nû sich, in wie getâner heite diu tunge lige in sînem munde dô wil er diu trütlîcî kunde behagenlichen singen*. Ich kann jedoch starke Zweifel gegen die richtige Datierung dieses Dichters nicht unterdrücken.
55a ZfdA. 17, 561-581.   56. Paul, PBb. 2, 406-418.
57. Walther von der Vogelweide S. 108. — Lachmann bestimmte nur die Grenze nach der einen Seite, die Abgrenzung nach der andern ist schwer. Die Sprache der Lieder enthält nichts hervorragend altertümliches, die Kunstform zeigt nur, dafs der Dichter den Einflufs der höfischen Lyrik im Südwesten Deutschlands nicht erfahren hatte. Aber wie schnell und wie weit verbreitete sich diese? Wenn

der Kürnberger wirklich aus dem Donauthal war, wird man den Beginn seiner Thätigkeit auch nicht viel später ansetzen dürfen als 1170; denn das Donauthal ist die Hauptverkehrsstrafse.

58. MF. S. 230. Über andere Orte des Namens Kürenberc s. Vollmöller, Kürenberg und die Nibelungen S. 41 Anm.

59. In diesem Sinne kann ich mir den Ausdruck Gelegenheitspoesie gar wohl gefallen lassen; aber diese Lieder als den unmittelbaren Ausdruck und die Abschilderung des wirklich Erlebten anzusehen, erscheint mir nicht glaublich, in manchen Fällen abgeschmackt.

60. Scherer, DSt. 2, 22 f. [456 f.]
61. Scherer, DSt. 2, 20 [454]; dagegen Paul, PBb. 2, 453 A.
62. Scherer, DSt. 2, 27 (461) f.   63. DSt. 2, 39 [472] f.
64. Anderer Ansicht ist Burdach S. 77 Anm.
65. Scherer, DSt. 2, 41 [475] f. nimmt umgekehrt Einflufs Dietmars auf Veldeke an. Aber wenn Veldeke in der Strophe 67, 0 ein Gegenstück zu Dietmar 36, 16 hätte dichten wollen, würde auch bei ihm die Beziehung auf die Liebe hervortreten.

66. Das *tarschen bî geligen* (40, 34. 41, 6: *was half der tarschen bî mir lac? jo enwart ich nie sîn wîp*) stammt doch wohl aus dem Parzival, wo der *tarsche Wâleise* das Beispiel giebt S. 191. 202. Bemerkenswert ist, dafs in dem vorhergehenden Tone der Ritter das Prädikat *wol gewaht* erhält (von Lachm. in *wol bedaht* geändert, s. Paul, PBb. 2, 453 Anm.). vgl. Parz. 242, 21. s. III Nr. 132.

67. Sie fehlen in B, und standen auch nicht in der Quelle BC; denn in den Strophen, die aus dieser Quelle in die Sammlung C übergegangen sind, sind die Reime geglättet.

68. Dagegen sprach sich Haupt aus in den Anm. zu MF. 26, 21 und Scherer, DSt. 1, 293 (11); vgl. Paul, PBb. 2, 427.

69. E. Henrici sucht den Dichter in die erste Hälfte des Jahrh. hinaufzuschieben. Vgl. Kinzel ZfdPh. 7, 481 f. Steinmeyer, AldA. 2, 138.

70. Anderer Ansicht ist Scherer, DSt. 1, 45 [327]; vgl. Paul, PBb. 2, 429 f. und Ph. Wackernagel, das deutsche Kirchenlied 2, 41 f.

71. Scherer, DSt. 1, 46 [328].   72. Scherer, DSt. 1, 15 [297].

73. Simrock, Übersetzung 1, 175 f. Rathay, Über den Unterschied zwischen Lied und Spruch. Wien 1875. Scherer, DSt. 1, 45 [327] f.

74. Scherer, DSt. 1, 45 [327].   75. Scherer, DSt. 1, 49 [331].

76. Scherer, DSt. 1, 55 [337].

77. 30, 20—31, 12. 78, 24—79, 16. Vgl. Scherer, DSt. 1, 46 f. [328.]

II.

1. Vgl. Burdach S. 27 f.

1a. Auch wir haben früher den Wechsel zwischen Ihr und Du zur chronologischen Bestimmung der Waltherschen Lieder verwertet (vgl. Lachmann zu 19, 36. Rieger S. 11), sind aber jetzt der

Ansicht, dafs das Du, wo es in der Anrede an Fürsten begegnet, überall als poetische Licenz aufzufassen ist. Auch die Annahme, dafs diese poetische Licenz nur da stattfinde, wo der Dichter nicht persönlich vor dem Angeredeten stand, (Menzel S. 138 f. Nagele, Germ. 24, 301 Anm. vgl. Wackernell 126 f.), scheint uns unbegründet und haltlos. Der Wechsel zwischen Ihr und Du in der Anrede an dieselbe Person, wenn er überhaupt einen Grund hat, ist nur der Ausflufs der augenblicklichen Stimmung. „Denn", wie wir schon früher in der Ausgabe S. 20 Anm. bemerkten, „dadurch unterscheidet sich der ältere Gebrauch von dem heutigen, dafs er sich viel leichter den jedesmaligen Verhältnissen anschliefst, und da, wo die Stimmung bewegter ist, nicht selten den Übergang aus der einen Form der Anrede gestaltet (s. Lachmann zu Nib. 161. Klage 1466). Auch bei Walther findet dieser Übergang in dem Liede 100, 25 statt". Der Bischof Bonus von Siena schreibt 1209 an Otto IV. (Winkelmann, Philipp 2, 519): *Loquar ad dominum meum regem stilo humili et precor ipsum, ut audiat me sibi familiariter colloquentem, non presumentem, sed toto pure devotionis dicentem, non plurali sed singulari affatu. O bone rex, lauda eum, time, dilige eum* etc. Schenk von Limburg MSH. 1, 138ᵃ: *einer vrâget lihte nû, warumbe ich dich heize dû? daʒ von rehter liebe.*
2. Vogt, Leben und Dichten der Spielleute im Mittelalter. Halle 1876. Scherer QF. 12, 11—25. Über Spielleute in Frankreich Tobler, Im neuen Reich 1875 Nr. 9.

3. Oder beschrieb er die Scene vorher und mit Rücksicht auf das bevorstehende Fest, um dadurch den Herren, denen er aus seinem Epos vortragen durfte, einen Spiegel fürstlicher Freigebigkeit vorzuhalten? Vgl. Behaghel, Heinrich von Veldeke S. CLXIII. Der Herr von Muth (Sitzungsb. der k. Ak. phil. hist. Kl. 95, 683 f.) hat den Sinn der Verse 347, 1 f. richtig erfafst, wenn er sie als Bettelei bezeichnet, nur begründet dieser Zweck der Verse keine Athetese.

4. *guot umb êre* s zu 25, 28. Über die *scheltære* s. Wackernagel LG. S. 310 Anm. 19. Erec 2105 *was der diete dar kam, der guot umb êre nam. der let man eines niht rât; dem gelich und varendez volc hât, swâ man einem vil git und dem andern niht, des hât er nit und fluochet der hôchzît.* Von den lobsüchtigen Herren spricht Thomasin öfters: W. Gast 5985 *swer ser wârheit komen mac, der hüete sich vor des ruomes slac, wan ist er ein genanter man unde erwert sich daran, der lât gern liegen aller zit, daʒ man von im sage wît.* 3790 *swelhen ze geben geschiht varnden liuten, daʒ si von in liegen, die haben ouch den sin, daʒ si der armen niht vergeʒʒen gar, wan si von in sagent wâr.* 3711. 5780. Vgl. auch Walther 22, 29 und nachher Nr. 331.

5. In „Huon de Bordeaux, chanson de geste, publiée par Mm.

F. Guessard et C. Grandmaison, Paris 1860" wird p. VI anm. folgende interessante Stelle aus einer Summa de penitentia des 13. Jahrh. herausgehoben: „*Cum igitur meretrices et histriones veniunt ad confessionem, non est danda eis penitentia, nisi ex toto talia officia relinquant, quare aliter saleari non possunt . . . Sed notandum quod tria sunt histrionum genera. Quidam transformant et transfigurant corpora sua per turpes saltus vel per turpes gestus, vel denudando corpora sua turpiter, vel induendo horribiles larvas; et omnes tales dampnabiles sunt nisi relinquant officia sua. Sunt eciam alii histriones qui nichil operantur sed curiose agunt, non habentes certum domicilium, sed circumeunt curias magnas et loeuntur opprobria et innominias (ignominias) de absentibus: tales et dampnabiles sunt, quare prohibet apostolus cum talibus cibum sumere, et dicuntur tales scurre sive magi, quare ad nichil aliud utiles sunt nisi ad devorandum et ad maledicendum. Est tertium genus histrionum, qui habent instrumenta musica ad delectandum homines; sed talium duo sunt genera: quidam enim frequentant potaciones publicas et lascivas congregationes ut cantent ibi lascivas cantilenas, et tales dampnabiles sunt, sicut alii qui movent homines ad lasciciam. Sunt autem alii, qui dicuntur joculatores qui cantant gesta principum et vitas sanctorum, et faciunt solacia hominibus in egritudinibus suis vel in angustiis suis, et non faciunt innumeras turpitudines sicut faciunt saltatores et saltatrices et alii qui ludunt in ymaginibus inhonestis, et faciunt videri quasi quedam fantasmata per incantationes vel alio modo. Si autem non faciunt talia, sed cantant gesta principum instrumentis suis, ut faciant solatia hominibus, sicut dictum est, bene possunt sustineri tales, sicut ait Alexander papa. Cum quidam joculator quereret ab eo. utrum posset salvare animam suam in officio suo, quesivit ab eo papa, utrum sciret aliquid aliud opus unde posset vivere. Respondit, quod non. Permisit igitur dominus papa, quod ipse viveret de officio suo, dummodo abstineret a predictis lasciviis turpitudinibus. Notandum est quod omnes peccant mortaliter qui dant scurris vel lecatoribus vel predictis histrionibus aliquid de suo. Histrionibus dare nichil aliud est quam perdere, etc. etc.* (Ms. de la Bibl. Imp., Sorbonne, 1552, fol. 91 r° col. 2.) — Ce passage, reproduit en françois dans le *Jardin des Nobles*, ouvrage du XV siècle, a été cité par M. Paulin Paris (Manuscrits françois, t. II, p. 144)." Vgl. Tobler, a. O. S. 338. Vogt Anm. Nr. 36.

6. Scherer, QF. 12, 24. Es kommt besonders auf eine Urkunde Heinrichs IV. an, die unter andern ' *Rupertus ioculator regis*' unterzeichnet. Toeche (Heinrich VI S. 504) bemerkt hierzu: „Er stand in so hohen Ehren, dafs er königlichen Urkunden sich als Zeuge unterschreiben durfte. Vielleicht ist er dieselbe Person mit dem Narren, der gleichfalls dem Könige folgt, ihm mit seinen Späfsen zu

unterhalten". Letzteres ist unerweislich, aber die allgemeine historische Anschauung auf der die Vermutung beruht, halte ich für richtig Vgl. Dietz Leben und Werke S. 149 über Peire Vidal.
6a. Vgl. AfdA. 1, 153. Burdach S. 32.

7. Morungen 137, 34 *ob ich iemer âne hôhgemüete bin, wes ist iemen in der werlte deste baz? gênt mir mîne tage mit ungemüete hin, die nâch fröiden ringent, dien gewirret daz.* Reinmar 165, 17 *ichn gelîge herseliebe bî, son hât an mîner vröude nieman niht.* 177, 27 die Frau fürchtet sich das Verbot, das sie über den Gesang erlassen hat, aufrecht zu halten: *sô verliuse ich mîne sælde an ime und verfluochent mich die liute, daz ich al der werlte ir vröude nime.* Peirol (Michel S. 151): „Manche Leute tadeln mich, weil ich nicht häufiger singe. Wer mir solche Vorwürfe macht, weiß doch gar nicht, wie lange sie, die in meinem Herzen wohnt, mich in schwerem Kummer gehalten hat." Vgl. auch die unter Walthers Namen überlieferte Strophe S. 190.

8. Reinmar 193, 88 *verliesent mich die fröiden gernt, sô hât diu rede ein ende, die nû vil lîhte mîn enbernt, die windent danne ir hende.*

9. Rugge 110, 9 *daz biute ich mînen friunden zêren und weil in iemer fröide werrn.* Reinmar 168, 38 *jône singe ich zwâre durch mich selben niht, wan durch der liute frâge, die dâ jehent, des mir, ob got wil, niht geschiht, daz fröiden mich betrâge.* 185, 29 *guoten trôst wil ich mir selben geben .. si sagent mir alle, trûren stê mir jæmerlîchen an* Peire Rogier (Michel S. 154): „Um meine Nachbarn zu erfreuen, die mir zürnen, weil ich nicht singe, muß ich jetzt ein neues Lied verkünden, das sie fröhlich machen soll." Ähnlich P. Reimon de Toloza (Michel s. O.).

10. Morungen 127, 18 *doch klaget ir maneger mînen kumber vil dicke mit gesange.* Vgl. 130, 16. (Beide Stellen sind mißverstanden von Burdach S. 40, auch von Michel S. 90. Der Sänger will nichts sagen, als daß sein Lied in vieler Munde lebt).

11. Morungen 146, 8 *alt daz diu werlt mit sorgen alsô gar betwungen stât, nû swîget maneger der doch dicke wol gesungen hât.* Bernard de Ventadorn (Michel S. 160): „Zu singen trage ich durchaus kein Verlangen; so sehr bekümmert es mich, daß ich diejenigen, welche eifrig nach Preis, Ehre und Ruhm zu streben pflegten, weder sehe noch höre von Liebe reden; darum wird Preis und Höfischkeit vernachläßigt" s. III. Nr. 242.

12. Morungen 128, 6 *swîge ich unde singe niet, sô sprechent si daz mir mîn singen zæme baz. spriche ab ich und singe ein liet, sô muoz ich dulden beide ir spot und ouch ir haz.* (Mißverstanden von Michel S. 152.) Bligger 118, 10. Rugge 105, 24. Anm. zu Walther 110, 27.

13. Veldeke 67, 25 *die dd wellen haren minen sanc, ich wil das si mir sin wizzen danc stæteclichen unde sunder wanc*.

14. Bescheidner Heinmar 169, 3 *ich wil aller der enbern die min enbernt und das tuont die schulde. vind ich iender die mit triuwen an mich gernt, den diene ich umbe ir hulde. ich hân iemer einen sin, erne wirt mir niemer liep dem ich unmære bin*. s. III, Nr. 609.

15. s. S. 287.

16. Heinmar 193, 29 ff. 194, 31 *Ich hân hundert tûsent herze erlôst von sorgen, alse frô was ich, wê, jâ was ich al der werlte trôst: wie kœme ir das, sin trôste ouch mich?* Morungen 143, 6.

17. Zingerle, Reiseverchnungen Wolfgers von Ellenbrechtskirchen. § 9, 14. — Über die Zeitbestimmung s. Nr. 130.

18. Tobler, Im neuen Reich V (1875), 1, 329. 330. 337. Auf einen solchen Streit fahrender Leute coram publico gehen vielleicht auch Hergers Sprüche MF. 27, 34—28, 12. 26, 13. Fahrende Leute mit Hunden verglichen: Kolin MSH. 3, 20(3). Discipl. cleric. XXII, 1 (S. 66). Anselm. Leod. II, 84, S. 208 (Waitz, VG. 6, 252): *mimos caeterosque palatinos canes*.

19. Ein ähnliches aber weniger ausohaulich ausgeführtes Gleichnis findet sich schon bei Hergér, MSF. 29, 20.

20. Leben Walthers S. 99; näher begründet in der Abhandlung über das Volkslied (5, 71). Pfeiffer Nr. 72. Burdach S. 171. Scherer, Litteraturgeschichte S. 213. Dagegen Lachmann zu 66, 32. Haupt zu Neidhart 86, 30 S. 217.

21. Tobler, a. O. erwähnt ein französisches Gedicht, dessen Verfasser „gegen weniger geschickte Musikanten als s. D. Trommler und Dudelsackspieler eifert, die besser auf dem Dorfe geblieben wären, statt feiner Leute Ohren zu betäuben und richtiger Künstler Geigen zu übertönen". — S. auch unten IV, Nr. 29.

22. Scherer, DSt. 1, 55 (287) Anm. Burdach S. 82.

23. Fahrende Spielleute vereinigten sich zu gemeinsamer Wirksamkeit. Unter den Gaben Wolfgers ist verzeichnet: *puellis cantantibus* 2 sol. veron. (p. 26.) *puellis cantantibus* 5 sol. veron. (p. 30.) (Über *spilwip* s. Schultz, Höfisches Leben 1, 445.) *cuidam vetulo discantatori et filiis eius ial*. (p. 27.) *cuidam cantatrici et duobus ioculatoribus* 7 sol. et 6 den. sen. (p. 26.) Auch Herger trat mit seinen Söhnen vor dem Publikum auf (MF. 25, 13), aber es ergiebt sich nicht, ob diese den Vortrag des Alten unterstützten, oder nur seine Hülfsbedürftigkeit illustrierten. — Als einen Vortrag mehrerer mit einander verbundenen Spielleute fasse ich MF. 20, 1—21, 4. Der erste Sänger mahnt einen Herren auch im eignen Hause die Freigebigkeit walten zu lassen (s. III Nr. 541), denn das ist der beste Ruhm, der sich im eignen Hause bewährt. Wer träge ist im Dienst der Ehre, den soll man nicht mit hohem Lobe preisen: *waz hilfet daz*

man tragen euch mit snellem marke rennet? — An diese in die Form einer Frage gekleidete Lehre reiht die folgende Strophe mehrere praktische und ethische Lehren (*der rôte habech* v. 10 ist misverstanden in Bezzenbergers Beiträgen 1, 56), die letzte Mahnung sich von einem weisen Manne raten zu lassen, kehrt zum Anfang der ersten Strophe (v. 2) zurück: der Reiche soll freigebig sein. — Nun hebt ein anderer (oder ist es schon der dritte?) an, empfiehlt den Rat, den sein Geselle Spervogel gegeben hat, und verspricht dem, der so gutem Rate folgt, unsterblichen Ruhm. — Die vierte Strophe kann als ein gemeinsam gesungenes Trostlied der Unbelohnten aufgefaßt werden: *Es sint wol helden, das si frô nâch leide sin; auf Schaden kommt wohl Vorteil. darumbe suln wir niht versagen: es wirt noch bas versuochet.* Hiernach kann's von neuem losgehen. — Andere Deutungsversuche von Haupt in der ZfdA. 11, 579. Simrock zu Vollmöllers Schrift über den Kürnberger S. 38 Anm. Scherer, DSt. 1, 10. — Solche Vorträge setzt auch wohl eine Dichtung wie der Wartburgkrieg voraus. Vgl. ferner die Anm. zu Walther 119, 11.

24. Daß Walther dem Ritterstande angehörte, beweist schon die Bezeichnung 'Herr', die ihm in den Hss. und von den Zeitgenossen gegeben wird. (Über Kurz's verfehlten Versuch ihn zu einem bürgerlichen Sänger zu machen s. Menzel S. 62—75.) Aber ein ritterliches Gut besaß er nicht (vgl. Waitz, VG. 5, 334 f. Ficker, Germ. 20, 271 f.); deshalb nennt ihn Thomasin von Zirclære *der guote kneht.* Daß er durch die Belebnung Friedrichs II. ein solches erhalten habe, läßt sich nicht beweisen; das Gegenteil aber darf man aus 125, 1: *dar an gedenkent, ritter, es ist iuwer dinc,* doch auch nicht schließen; Menzel S. 72 f. — Ganz haltlos ist die Annahme, daß der Name von der Vogelweide dichterische Erfindung sei (W. Grimm, Über Freidanc S. 9. Lucas, Über den Wartburgkrieg S. 229), auf welche E. H. Meyer den Versuch gründete, den Dichter mit dem Schenken Walther von Schipfe zu identifizieren (Bremen 1863); s. darüber Menzel S. 52 f.

25. Vogelweide ist nom. appell. und bedeutet *aviarium,* einen Ort, wo Vögel sich aufhalten oder gehalten werden. Die Falkenjagd verlangte die Einrichtung solcher Vogelweiden, wo die Jagdvögel gezogen und abgerichtet wurden, und daher kommt das Wort nicht selten als Ortsname vor. Scherer, ZfdÖG. 1860. S. 311. Scheins, ZfdA. 19, 239. L. Müller, AfdA. 6, 98. — Vogelweid oder Vogelweider als Familienname: Palm, ZfdPh. 5, 203 f. Die Erwähnung eines Hans Vogelweider in Stumpfs Schweizerchronik (s. die Urkunde in der ZfdA. 19, 239 f.) veranlaßte den Glauben, daß Walther ein Schweizer sei. Derselbe hat vom 16. Jahrh. an lange unbestritten gegolten; Zweifel äußerte Uhland; Kurz suchte sie neu zu stützen im Progr. der Aargauischen Kantonschule von 1860; s. Menzel S. 9—20.

26. Der Mangel eines Beweises beweist natürlich nicht das Gegenteil. Fischer, Germ. 20, 271—273.

27. Über Schwaben, Rheinland, Baiern, Meißen, Böhmen s. Menzel S. 6—6. Über Österreich s. ob. S. 59; über Tyrol und Franken s. Nr. 28.

28. Auf Tyrol wies zuerst Pfeiffer (Ausg. von 1864 S. XIX). In einem unter der Regierung Meinhards, Grafen von Tirol († 1295) geschriebenen Urbarbuche fand er unter der Rubrik: *der alte gelt (redditus antiquus) im Wiptal* Bl. 28ᵃ zwischen Mittenwalde und Schellenberch aufgeführt: *datz Vogelweide an dem herbiste driu pfunt*. In der Nähe von Sterzing, im Eisack- oder obern Wipthal, nahm er an, müsse der Hof Vogelweide gelegen haben, der Walthers Heimat gewesen sei. Der Hof selbst sei verschwunden, nur an einem Walde in der Gemeinde Telfes scheine sein Name noch zu haften (vgl. Menzel S. 49—51, und die halbe Umkehr auf S. 340). Bald nachher machte der Pfarrer Joh. Haller von Layen im Tyroler Volksblatte 1867 Nr. 90 darauf aufmerksam, dafs sich im Layener Ilied zwei Vogelweiderhöfe befänden, von denen der ältere entschieden mehr Anrecht darauf habe, als Walthers Heimstätte angesehen zu werden, als der Vogelweiderwald bei Sterzing. 'Das war der zündende Funke; denn jetzt erhoben sich die Tyroler und nahmen den Dichter für sich in Anspruch und kämpften — und mit ihnen viele andere — mit allen Waffen des Geistes dafür, dafs er ihnen nicht mehr entrissen werde'. Leo S. 68 f. Dieser verzeichnet auch die Schriften, welche Tyrol als Walthers Heimat nachzuweisen suchen, den Vogelweiderhof beschreiben, und das Waltherfest das im October 1874 auf diesem Hofe gefeiert wurde, schildern. 1189 soll „der schlichte Sohn der Berge" mit Ortulf von Säben nach Österreich gekommen sein (Zingerle, Germ. 20, 268. Wackernell S. 6). — Eine kritische Beleuchtung dieser Litteratur giebt Schönbach. AfdA. 4, 1 ff.

Für Franken waren Oberthür, Wackernagel, v. d. Hagen, Rieger (S. 5) u. a. eingetreten; auch Pfeiffer in der Germ. 5, 1—20. Sie stützten sich dabei teils auf den Umstand, dafs Walther in Würzburg begraben ist (s. ob. S. 62), teils auf die unrichtige Auslegung von 64, 20 ; s. Menzel S. 40—46.

29. Krones, Handbuch der Geschichte Österreichs 1, 616.

30. Winkelmann, Philipp von Schwaben und Otto IV. von Braunschweig 1, 373; vgl. 890, 1.

31. Winkelmann 2, 159; *vir facundissimus et litteratus* heifst er bei Arnold von Lübeck.

32. Es war die Tochter von Otakars verstoßener Gemahlin Adela, einer Schwester des Markgrafen von Meifsen. Winkelmann 1, 310.

33. Über die Zeit dieser Heirat s. Nagele. Germ. 24, 399.

34. Krones 1, 619.

35. In einem Briefe Innocenz III. Meiller p. 96. Nr. 84.
36. Meiller p. 96. Nr. 64. p. 98. Nr. 70.
37. Zum Teil vielleicht um Innocenz hinsichtlich des Bistums willig zu machen.
38. Meiller p. 98. Nr. 68. Damit hängt jedenfalls die Recognoscierung zusammen, die Wilbrand von Oldenburg im Auftrage Ottos und Leopolds 1211 in Palästina vornahm.
39. Krones 1, 619 sagt „angebliche Rüstungen". s. Winkelmann 2, 379.
40. s. ob. S. 56 und Winkelmann 2, 450.
41. Thomasin von Zirklere, Wälsche Gast v. 12684 *er wil niht, daz der vdlant zebreche sin zende schani, swenner si ezze, dâ von heizet er si sieden unde brâten êr.* Winkelmann 2, 843.
42. Krones 1, 590.   43. Scherer, QF. 1, 68 f.
44. Krones 1, 599. Scherer s. O.
45. Den Zusammenhang bemerkte zuerst Diemer (Berichte der k. k. Ak. der Wiss. phil.-hist. Kl. 6 [1851], S. 834), ohne ihn richtig zu verstehen.
46. Krones 1, 599.   47. Wattenbach, Geschichtsquellen ² 2, 61.
48. Wattenbach 2, 62.
49. Scherer ZfdöG. 1868. S. 572. Wattenbach 2, 197.
50. Wattenbach 2, 237 f.   51. s. I, Nr. 85.
52. Wir würden den Anfang seiner Thätigkeit ziemlich genau bestimmen können, wenn wir wüsten, in welchem Jahre er das Lied 66, 21 gedichtet hat, in dem er selbst angiebt 'vierzig oder mehr Jahre' gesungen zu haben. Höchst wahrscheinlich gehört es in die letzten Jahre des Dichters und da keine Spur seines Lebens über das Jahr 1228 hinausführt, so hat man anzunehmen, dafs Walther gegen 1188 als Sänger aufgetreten, also gegen 1170 geboren sei. In seinen Gedichten ist nichts was einen früheren Anfang wahrscheinlich machen könnte, und so finden sich die angegebenen Daten bei den meisten Forschern (s. Menzel S. 1 f.): W. Grimm c. 1168, Karajan 1165—1167, Kobernsten 1165—1170, Kurz 1165, Pfeiffer c. 1170. — Rieger S. 67, 76 f. und Menzel S. 3 suchen das Lied 66, 21 in frühere Zeit hinaufzuschieben und setzen demnach auch die Geburt Walthers etwas früher.
53. Wirnt von Grafenberg hrsg. von Pfeiffer S. XII.
54. Lachmann zu Walther 19, 36.
55. Enenkels Fürstenbuch hrsg. von Megiser S. 106 (Rauch, Script. rer. Austr. 1, 310). Die Wiener klagen: *Wer singet uns nu vor se Wienne ûf dem chor, als er vil dicke hât getân der vil tugenthafte man, wer stift uns nu reien im herbst und in dem meien* etc. Vgl. Reinmars Klage um Leopold V. MF. 167, 31, und ähnliche über Friedrich den Streitbaren Uhland 5, 251. — Im Wartburgkrieg ist

es namentlich die Strophe: *Ich wil der Dürenge herren geben* MSH.
2, 6ᵇ. Simrock S. 33): *Dô man der Unger künec in hazze gegen den
fürsten sach, den schilt er zuo dem arme warf mit ellenthafter hant,
suo sîne konerære er sprach: 'nu schaffe, daz der gernden diet er-
læset sîn diu pfant!'* Das paßt auch besser auf Friedrichs Art.
Daß aber auch Leopold Freigebigkeit zu üben verstand, bezeugt
sein Beiname '*liberalis et gloriosus*', Walthers Lob 25, 26; Ulrich
von Lichtenstein 11, 1 f.

56. Die Beziehung *des fürsten ûz Österrîche* 21, 1 auf Leopold
(Lachm. zu 19, 36) ist fast allgemein angenommen; nur Simrock hält
ohne Grund auch noch in der Ausgabe S. 84 daran fest, daß hier
und 25, 26 Leopolds Bruder Friedrich gemeint sei. Lachmann setzte
den Spruch ins Jahr 1198, genauere Grenzen haben Menzel S. 98.
Wackernell S. 72 zu gewinnen gesucht. Nagele, Germ. 24, 161 bezeichnet ihn als den letzten Versuch den Walther machte, ehe er
im Herbst 1198 Österreich verließ. Aber der Spruch enthält nichts,
warum er nicht auch später gedichtet sein könnte, und wenn unsere
Ansicht über den Spruch 8, 28 richtig ist (s. ob. S. 87 f.), so hat
Walther schwerlich schon im Sommer 1198 sich bittend an Leopold
gewandt.

57. Wackernagel zu Simrock 2, 133, Pfeiffer zu Nr. 68, Simrock
S. 88 verstehen die Worte *ezn galt dâ nieman einer alten schulde* so,
daß der Fürst den Fahrenden ihre Pfänder angelöst habe, so daß
dieselben nichts zu bezahlen hatten. Rieger S. 10 will den Ausdruck
doppelsinnig fassen. Die richtige Deutung aber hat ohne Frage Lachmann zu 19, 36 gegeben; vgl. Menzel S. 118. Wackernell S. 52.

58. Lachmann zu 25, 29, und ihm folgen die meisten andern;
s. Menzel S. 117. — Simrock steht mit seiner Beziehung auf den
Herzog Friedrich allein; vgl. Nr. 66.

59. Daran dachte schon Wackernagel zu Simrock 2, 139; vgl.
Rieger S. 10. Seitdem man aus den Reiserechnungen Wolfgers von
Ellenbrechtskirchen schließen durfte, daß Walther im Herbst 1203
in Österreich anwesend war, kam man mit größerer Zuversicht auf
diese Annahme zurück; Wackernell S. 75—77. 80—88 ZfdPh. 11, 62 f.
Aber wenn sich jetzt beweisen läßt, daß Walther 1203 in Österreich
war, so folgt daraus nicht, daß er 1200 nicht dort gewesen sei.
Nagele, Germ. 24, 160 f. 162 f. bezieht den Spruch auf die Feierlich-
keiten, welche stattfanden, als Leopold 1198 im Herbst die österreichische Regierung übernahm; 25, 26 soll der älteste Spruch des
Tones sein; aber ich verstehe dann nicht 'die alte schulde'.

60. Eine sichere Zeitbestimmung gewinnen wir auch durch
diese Voraussetzung nicht. Man pflegt Reinmars Tod unter Berufung
auf den Tristan Gotfrieds 121, 19 f um das Jahr 1200 anzusetzen
(s. Lachm. zu 82, 24. 83, 14. 20, 4. Menzel S. 153. Simrock zu Nr. 68),

aber die Sache ist sehr unsicher; vgl. Burdach S. 4. Den Spruch
84, 1 setzen manche in die Jahre 1215 oder 1216, Menzel S. 158
zwischen 1207—1209. Was den Ort betrifft, so nimmt man gewöhnlich, aber ohne Grund, an, er sei aus der Fremde nach Österreich
gesendet, aus Kärnthen oder Thüringen (s. Menzel S. 155); auch
Reinmars Totenklage soll dort angestimmt sein; aber am natürlichsten ist es, alle drei Sprüche in Österreich gesungen zu denken; vgl.
Wackernell S. 89 f. Nageles Einwendungen (Germ. 24, 305 f.) treffen
nicht zu: den Wunsch am Wiener Hof Aufnahme zu finden, konnte
Walther auch in Wien vortragen.

61. Lachmann, Simrock u. a. setzen den Spruch 24, 33 in das
Jahr 1198; Rieger nimmt an, er sei 1217 entstanden, als der Herzog
zum Kreuzzug aparte; ebenso Bechstein S. 89. Wackernell S. 95. vgl.
Paul 8, 108 f. — Menzel S. 262 f. setzt ihn in die Jahre 1217—1219;
ähnlich andere. Nagele, Germ. 24, 164. 303 bezieht ihn auf die zerrütteten Verhältnisse des Wiener Hofes, die eine Folge des Krieges
mit Ungarn 1198/1199 gewesen sein sollen.

62. Dass der Reisesegen mit diesem Spruche zu verbinden sei,
nahmen wir schon in der ersten Ausgabe an (vgl. Wackernell S. 72 f.).
Menzel S. 97 und Simrock (zu Nr. 16) setzen ihn in andere Zeit.
Nagele setzt alle Sprüche dieses Tones in die Zeit von 1198-1199.

63. Aber keineswegs, daß ihn Leopold an seinen Hof gezogen
habe, wie manche meinen. Menzel S. 262 f. Thurnwald S. 55. Wackernell S. 37.

64. Menzel spricht S. 271 von begeistertem Lobe, nimmt aber
wie wir (und Thurnwald S. 50) an, daß der Spruch in Aquileja gesungen sei. Nagele Germ. 24, 309 setzt ihn in das Jahr 1212, als
Leopold von seinem Kreuzzuge nach Spanien zurückkehrte.

65. Wackernagel und Rieger haben die beiden Sprüche an
die Spitze des ganzen Tones gestellt, weil der Dichter mit 91, 33
augenscheinlich einen neuen Ton einweihe (Rieger S. 13. Menzel
S. 115); aber ohne Frage konnte Walther ebenso in einem früher
gebrauchten Tone sprechen. Die verschiedenen Ansichten über Zeit
und Ort dieser Sprüche verzeichnet Menzel S. 160 f., vgl. auch
Wackernell S. 36 f. 91. Thurnwald S. 81). Die meisten nehmen an,
daß sie in Kärnthen oder Thüringen gesungen seien zwischen 1214
und 1220; Menzel setzt sie nach Thüringen vor 1207. Nagele Germ.
24, 298 richtig nach Aquileja; doch können wir seiner Ansicht, daß
82, 7 vor 81, 33 gesungen sein müsse, nicht beipflichten.

66. Richtig erkannt von Menzel S. 165, und doch trennt er
die Sprüche durch ein Decennium; vgl. Wackernell S. 88. 98 f.
Dieser läßt den Spruch in Wien vorgetragen sein. Nagele Germ.
24, 304 hat zuerst den Spruch nach Aquileja versetzt, bezieht ihn
aber auf den Patriarchen Wolfger † 1218. s. Nr. 128.

67. Ohne jeden ersichtlichen Grund nimmt Menzel S. 272 an, der Spruch sei im Nov. 1219 auf dem Reichstag zu Nürnberg gesungen.

68. Andere fassen den Spruch als einen harmlosen Scherz auf. Karajan schloſs daraus, daſs Walther einen Sohn Leopolds zu erziehen gehabt habe; s. über die verschiedenen Hypothesen Menzel S. 274 f. Nagele, Germ. 24, 802 f. versteht den Spruch wie Lachmann und setzt ihn, wie wir, in Beziehung zu 91, 83 und 32, 7.

69. 'Ausdrückliche und sehr verbindliche Einladungen', wie Menzel S. 265 meint, hat Walther nie von Leopold erhalten, geschweige denn, daſs er ihn berufen hätte, während seiner Abwesenheit im Morgenlande an den herzoglichen Kindern Vaterstelle zu vertreten; ders. S. 267 im Anschluſs an Karajan.

70. Diese Ansicht stellte Lachmann, zuerst in der 4. Ausg., auf; Anm. zu 124, 7. Was dagegen vorgebracht ist, verzeichnet und vermehrt Menzel S. 20 f.

71. Über die Last der Verpflegung und Bewirtung bei Reichstagen s. Waitz, VG. 6, 345 f.; dieselbe fiel keineswegs dem Adel des Territoriums zu, in welchem der Reichstag stattfand.

72. Lachmann faſst die letzten Worte *wan dér ein gast dd wære* als eine Entschuldigung, die Leopold gebraucht hätte, auf; näher liegt es sie als ironische Entschuldigung der Fahrenden zu fassen.

73. Wer in diesem Fall die heimischen Fürsten wären, das ist eine Frage für sich, über die der Spruch keine Auskunft giebt. Auf keinen Fall aber dürfte an den fränkischen Adel gedacht werden (Pfeiffer, Menzel, Simrock S. 110. Falch, Blätter für das bayerische Gymnasialschulwesen 11, 214 f.), denn Adelige sind keine Fürsten.

74. Diese Auffassung Lachmanns hat Pfeiffer, Germ. 5, 6 f. verworfen und Menzel S. 23 f. 296 f. in ausführlicher Polemik als unsinnig erweisen wollen.

75. Zuerst mitgeteilt von Oberthür, die Minne- und Meistersänger aus Franken als Entwurf zu einem vaterländischen Geister-Drama, mit Gesang und Instrumental-Musik, in drei Aufzügen (Würzburg 1818), S. 30 aus einer geschriebenen Chronik des Neumünsterstiftes von Ignaz Gropp. Eine gründliche sehr erwünschte Untersuchung, die auf die ältesten Quellen zurückgeht und zeigt, wie Sage und Unkritik die Überlieferung erweitert und fortgebildet haben, hat Zarncke in PBb. 7, 582 f. gegeben. Ältere Angaben werden dadurch teils vermehrt teils richtig gestellt. — Die Mitteilung Gropps über Walthers Testament möge auch hier ihre Stelle finden (Zarncke S. 589): *Facetum est, quod in quodam chronico Wirseburgensi MS. reperi, Wultheri cuiusdam testamentulum pro volucribus scriptum, atque hic referri meretur. Verba citati chronici reddo: In Novi Monasterii*

ambitu, vulgo Lusemsgarten. sepultus est aliquis nomine Waltherus sub arbore. Hic in vita sua constituit in suo testamento, volucribus super lapide suo dari blanda et potum; et quod adhuc die hodierna cernitur, fecit quatuor foramina fieri in lapide, sub quo sepultus est, ad aves quotidie pascendas. Capitulum vero Novi Monasterii suum hoc testamentum volucrum transtulit in semetlas (l. semellas), *dari canonicis in sua anniversario, et non amplius volucribus. In ambitu praefati horti, vulgo im Creutzgang, de hoc Walthero adhuc ista carmina saxo incisa leguntur* [folgen die angeführten Verse]. — Das jüngste Zeugnis für die Existenz des Denkmals (s. ZfdA. 1, 93 Anm.) hat sich durch Zarnckes Untersuchung als ein falsches Zeugnis erwiesen.

76. Zweifel dagegen erhob W. Grimm, ZfdA. 1, 83. Dagegen Pfeiffer, Germ. 2, 183. 5, 9.

77. Die Urkunde zuerst mitgeteilt von Reufs, Walther von der Vogelweide, eine biographische Skizze (Würzburg 1843) S. 7. Menzel S. 248. Pfeiffer, Germ. 5, 10.

78. von der Hagens Germania 2, 82. Wichtig ist in diesen Versen die Angabe, dafs Dichtung und Dichter von draufsen kamen. Aber wir kennen aus der ältern Zeit nur den einen Reinmar. Reinmar von Zweter mag der Sohn eines solchen Dichters gewesen sein, der wie Reinmar der Alte vom Rhein gekommen war; er war vom Rhein geboren, aber in Österreich aufgewachsen, MSH. 2, 204[b] (152). — Auch die Grundlage unseres Nibelungenliedes mufs vom Westufer des Rheines gekommen sein, denn nur hier konnten Alzei und Tronje in die Dichtung kommen, und der ritterliche Spielman Volker kann nicht älter sein als die ritterliche höfische Dichtung.

79. Meiller p. 244 Anm. 299. Scherer im AfdA. 1, 246.

80. Raumer 2, 219. 3, 27. Riezler, Bairische Geschichte 1, 697. Eine Monographie über ihn von Adler, Hannover 1881.

81. Knochenbauer, Geschichte Thüringens herausg. von Menzel S. 24 f.

82. Ders. S. 109. 141 f. 195. 196.

83. Ders. S. 162. 180. 195. 84. Ders. S. 127. 129.

85. „Der Brief vom Jahre 1161 abgedruckt bei Falckenstein, Thür. Chron. II S. 647 f. Über den Streit wegen seiner Echtheit s. Räutle, Landgraf Hermann I. von Thüringen in der Zschr. des Vereins für thüringische Geschichte und A. Bd. V. S. 77 Anm. 2." Knochenbauer S. 163.

86. Knochenbauer S. 198. 201. 203.

87. Wir wissen von dieser Vermählung nur aus der Eneit 358, 4. Die Annahme, dafs der Landgraf sie 1166 verstofsen habe, ist mehr geläufig als begründet. v. Muth, Heinrich von Veldeke und die Genesis der romantischen Ethik. Sitzungsberichte der kais. Ak

d. Wim. 1870. S. 17 [027] giebt sie als Thatsache, vermutlich nach Ettmüller S. XIV; Ettmüller verweist auf v. d. Hagen, Minnesinger 4, 73; dieser S. 74 Anm. 1 auf seinen litterarischen Grundrifs S. 219, wo er Eccardi, hist. geneal. Princ. Saxon. col. 831 f. anführt. Dort heifst es: *Uxores Ludovicus binas habuit. Prima fuit Margareta Leopoldi Ducis Austriae filia, de qua teste Historia Langraviorum, filios non habuit, hoc est, liberos; eamque anno circiter 1186 repudiavit opponens ei titulum consanguinitatis, ut Arnoldus Lubecensis lib. III cap. 15 loquitur.* Margaretham tamen, cuius quoque nullus Scriptorum Austriacorum meminit, non fuisse Austriacam, sed Clivensem conjicias, imo concludas ex *Henrici de Veldecken in Aula Thuringia tunc Poeseos vernaculae laude celebris epilogo Versionis Germanicae rhythmicae Aeneidos Virgilii.* Von der Hagen, dem Ettmüller folgt, schlofs unvorsichtig aus Eccards Worten, dafs Arnold von Lübeck (um 1209) Margarethe von Österreich als Ludwigs Gemahlin nenne. Eccard citiert für seine doppelte Angabe zwei Quellen. Arnold von Lübeck, der ein glaubwürdiger Gewährsmann wäre, sagt nur (MG. SS. XXI p. 168): *circa dies illos Lothewigus lantgravius de Thuringia, filius sororis imperatoris, repudiata uxore, quam prius habebat, opponens ei titulum consanguinitatis, uxorem duxit matrem Kanuti regis Danorum.* Der Name Margaretha und die Verwandtschaft mit Österreich wird nur in der Historia Landgraviorum erwähnt, einer ganz jungen Chronik, welche die Geschichte des Landgrafen bis zum Jahre 1426 führt; und diese Geschichte der Landgrafen weifs wiederum nichts von der durch Arnold von Lübeck verbürgten Ehescheidung und der zweiten Heirat. Es heifst dort nur (Pistorius, rer. Germ. scriptores ed. Struve. Ratisbonae 1726. I, 1318): *Hic Lantgravius de uxore sua Margareta, filia ducis Austriae, non habuit filios. Ideo frater eius Hermannus, Comes Palatinus, ei successit in principatu, anno domini MCXCIII.* Das Datum ist falsch, und die Nachricht über die Ehe verdient um so weniger Glauben, als hier die zweite Vermählung und die Ehescheidung gar nicht erwähnt, die Nachfolge Hermanns unmittelbar durch die Kinderlosigkeit der ersten Ehe begründet wird, und, wie schon Eccard bemerkte, eine österreichische Prinzessin dieses Namens, die der Landgraf Ludwig hätte heiraten können, nirgends vorkommt. Auf zuverlässigem Zeugnis beruhen also nur die beiden Angaben, dafs Landgraf Ludwig einst eine Gräfin von Cleve heimführte, und dafs er um 1186 eine Gemahlin vorstiefs. Die Margaretha von Österreich ist eine höchst fragwürdige Person, und jedenfalls ist es eine ganz kritiklose Kombination, eine Margaretha von Cleve an ihre Stelle zu setzen. Von der Hagen äufsert a. O. nicht ohne Tadel und Verwunderung, dafs der 'Anmerker zur neusten Ausgabe des Iwein' S. 407 diese alten Vermählungs- und Verstofsungsnachrichten ganz übergehe. Der Anmerker hatte vermutlich den Eccard und Pistorius nachgeschlagen und gewürdigt. Auch der Herausgeber des Arnold von Lübeck in den Mon. Germ. hätte lieber dem Anmerker folgen sollen, als ohne Angabe der Quelle und ohne Änserung eines Zweifels die Margareta comitissa de Clevo als Ludwigs Gemahlin zu nennen. Dafs die Frau, welche Ludwig um 1166 von sich liefs, die Gräfin von Cleve gewesen sei, ist möglich, aber nicht zu erweisen; von ihrem Vornamen wissen wir nichts.

88. Knochenhauer S. 256. 274.

89. Bartsch, Liederdichter Nr. XXIV. MSH. 4, 463 f. Abhängigkeit von Morungen, Burdach S. 50 Anm.

90. Das letzte Gedicht kleidet pessimistische Betrachtungen über das demoralisierende Hofleben in die Form eines Zwiegespräches zwischen Kein and Gawan. Dafs die Strophenform mit der Almentweise Stolles übereinstimmt, scheint mir kein ausreichender Grund, es dem Dichter abzusprechen.

91. Bartsch, Liederdichter Nr. XXXII.

92. Es ist freilich auch die entgegengesetzte Ansicht aufgestellt, s. Menzel S. 135.

93. So nimmt Rieger S. 9 an, der aber, veranlafst durch seine Datierung des Spruches 16, 29 voraussetzt, Walther sei schon 1198 nach Thüringen gekommen, und habe sich schon im Herbst dieses Jahres an Philipps Hof begeben. — Lachmann zu 19. 36. 20, 4 setzt den Besuch ins Jahr 1205. — Menzel 135 f. hält den Spruch für einen diplomatischen Bericht, den der Sänger in den Jahren 1199 —1203 an den König erstattet habe. Nagele Germ. 24, 154 f. meint er bezeuge einen gelegentlichen Besuch Walthers in Eisenach, während der Dichter in Philipps Diensten stand, zwischen Weihnachten 1199 und 1203, s. Nr. 151.

94. Lachmann zu 11, 6.

95. Er starb am 25. oder 26. April 1217. Knochenhauer S. 268 Anm. Früher hatte man den Tod falsch datiert.

96. Versuche den Spruch genauer zu fixieren verzeichnet Menzel S. 178 f.; dieser selbst setzt ihn in den Winter 1209—1210; Thurnwald S. 29 meint, er sei gleich nach Walthers Ankunft in Thüringen entstanden.

97. S. Lachmann zu 20, 4. Lachmann nimmt an, dafs Walther nicht nach Thüringen gegangen sei, ehe der Landgraf sich dem König Philipp unterwarf (17. Sept. 1204), wahrscheinlich nicht lange nach Philipps zweiter Krönung (6. Januar 1205). Diese letzte Annahme beruht auf der unhaltbaren Auffassung von 18, 29. Die Schlüsse aus Walthers politischer Stellung erkennt auch Menzel S. 150 an. Vgl. Wackernell, Germ. 22, 280 f.

98. Haupt zu Lachm. 62, 11 weist ihn im Jahre 1196 als Zeugen in einer Urkunde des Landgrafen nach.

99. Wer die Sprüche in einen spätern Aufenthalt Walthers setzen will (s. Menzel S. 153), ist auch nicht zu widerlegen; ja schon bei dem ersten Besuch kann die Geschichte sich zugetragen haben.

100. Rieger S. 15 glaubt, die Sprüche seien in Kärnthen gedichtet; s. Menzel S. 155.

101. Knochenbauer S. 816 f.

102. Germ. 5, 12; ebenso Rieger und Menzel S. 511; derselbe berichtet auch über andere Auffassungen.

103. Knochenbauer S. 828.

104. Knochenbauer S. 225. 282 f. Toeche, Heinrich IV. S. 393 f.

105. Meiller p. 105 Nr. 67 und Anm. 355. Die beiden Verlobten waren noch unmündige Kinder, zu einer Vermählung kam es nicht.

106. zu Simrock 2, 144 Anm., vgl. dagegen Wackernagels Ausgabe S. IX Anm.

107. Vgl. Zacher, Neue Jahrb. für Phil. und Paed. 2. Abth. 85, 460 f.

108. Walther sagt nicht, was für ein Lob er von Dietrich erwartet hatte, vielleicht hatte er gewünscht, daſs der Markgraf ihn dem Dienste des Kaisers empfehle. So vermutet Menzel S. 194.

109. Lachmann zu 12, 3, Menzel S. 182 beziehen die Worte auf die böhmische Krone, welche Otto 1212 dem Neffen Dietrichs, Sohne seiner Schwester Adela, der verstoſsenen Gattin König Ottokars versprochen hatte. Aber die böhmische Krone würde nicht als *die krône* schlechthin bezeichnet sein. Den v. 106, 7 miſsversteht Menzel.

110. Winkelmann 2, 346.

111. Menzel S. 194 setzt die Sprüche in den Herbst 1212.

112. Vgl. Walther 93, 20 *Was hât diu welt ze gebenne liebers danne ein wîp das ein sende herze baz gefröuwen müge?* MSH. 1, 18 (V, 1) *Was hât diu welt ze gebenne mê dâvon ein sendiu nôt zergê dan wîbes minne eine.* — MSH. 1, 14ᵇ (VI, 3) *und wirde ouch nimer mê gesunt von minen wunden, mich helfe danne ir rôsenrôter munt: des kus hilft mir, und anders niht, gesunden.* Walther 54, 10 *und wær ouch immer mê gesunt.* 74, 14 *mines herzen tiefiu wunde diu muoz iemer offen stên, si enküsse mich mit friundes munde u. s. w.* — MSH. 1, 14ᵇ (VI, 2) *wil diu vil hêre, das ich urô bestê, sô sol ir rôter munt mir güetlich lachen das von getriuwes herzen grunde ûf gê.* Walther 27, 34 *für trûren und für ungemüete ist niht sô guot, als an ze sehen ein schœne frouwen wol gemuot, sô si ûz herzen grunde ir friunde ein lieblich lachen tuot.* Vgl. auch Walther 27, 30 f. 28 und MSH. 1, 14ᵃ (V, 2). Walther 24, 12 MSH. 1, 14ᵃ (V, 2). Walther

96, 25. MSH. 1, 14ª (V, 3). — Weiter berührt sich der Markgraf mit Reinmar 156, 11 *ze fröiden zwinget sich mîn muot, als der valke enfluge tuot und der are enzweime*. MSH. 1, 13ᵇ (III, 3) *daz herze und ouch der sîne lip hôh ûf gên den lüften var, sîn muot der vliuget alsô hô, alsam der edel adelar* (vgl. Rol. 1904 f.). — Mit Wachsmuot von Kanzich, einem Nachahmer Walthers; MSH. 1, 303ᵇ (V, 1): *jâ vröuwe ich mich, und ich doch nie liep gewan, noch solhen segen, den liep nâch leide tuot mit senden sorgen, sô siu scheident sich: sô sldf aber ich uns an den morgen, daz nieman sprichet: 'vriunt, got segene dich!'* MSH. 1, 13ª (I, 2) *ich hân bî liebe nû gelegen, dâvon erwuoche ich, wenne ez tagt, minen muot ich wenden muoz von einer angst, ja erwuoche ich, was der wahter ûf der zinne sagt*. — Entschiedene Beziehungen auf Heinrich von Morungen finden sich nicht; doch vergleich MF. 128, 28. MSH 1, 13ª (I, 2). MF. 130, 30. 142, 10. MSH. 1, 13ª (I, 3). MF. 131, 27. 136, 25 ff. MSH. 1, 14ª (V. 1). Der Einfluss der österreichischen Dichter auf den Markgrafen erklärt sich aus seinem Leben. Er war erst 1218 geboren und wurde 1224 von seiner Mutter dem Herzog Leopold von Österreich übergeben, der ihn 1225 mit seiner Tochter Konstanze verlobte. Die Vermählung fand 1234 statt.

113. Dafs Walther Dienstmann Ludwigs von Baiern gewesen sei, ist nicht zu erweisen; noch weniger dafs er 1211 von Thüringen aus an den Hof des Herzogs gegangen und von dort als politischer Agent nach Meifsen gekommen sei (Menzel S. 166 f.).

114. S. die Ausgabe. Die Richtigkeit der Lesart bezweifelt neuerdings wieder Paul, PBb. 8, 201 f. vgl. Menzel S. 184.

115. Lachmann zu 18, 15 nimmt an, dafs Walther nicht in Frankfurt gewesen sei, und Dietrich von dort das Geschenk Ludwigs mitgebracht habe. Ebenso andere; s. Menzel S. 180. 183. vgl. Nr. 195 f.

116. Winckelmann 2, 273 Anm. 2. 3.

117. So vermutete schon Dafsis S. 5; vgl. Menzel S. 180 Anm.

118. Winckelmann 1, 826. vgl. 1, 514 Anm.

119. a. O. 2, 164. 120. a. O. 2, 237.

121. a. O. 2, 302. 122. a. O. 2, 339.

123. Ob das Scheltlied erhalten ist, welches es ist, können wir nicht wissen. Die Strophe 26. 21 entspricht allen Voraussetzungen die wir nach den Sprüchen 32, 17—30 machen müssen. Andere beziehen den Spruch 28, 21 ohne Grund auf Ottos Umgebung; s. Menzel S. 216.

124. Versuche genauerer Fixierung verzeichnet Menzel S. 166. Wackernell S. 33. 97. — Die Beziehung zu den Sprüchen 31, 33—32, 16. (Rieger S. 19 f. Wackernell S. 91 u. a.) leugnet Menzel mit Recht. Auch die Beziehung von 35, 9 auf das Erlebnis in Kärnthen

(Lachmann, Rieger u a.) ist ganz unsicher. Menzel setzt die Sprüche ins Jahr 1209; aber dafs Walther schon damals in diesem Tone gesungen habe, läfst sich nicht wahrscheinlich machen.

125. Menzel S. 170 f. Daraus dafs Walther in dem ersten der Sprüche vom Kärnthner in der dritten Person spricht, ist nicht zu folgern, dafs er seine Rechtfertigung am dritten Ort und vor dritten Personen vorgetragen habe. Er büfst in dieser objektiven Form zunächst sein Scheltlied, dann erst wagt er es, sich direkt an den Fürsten zu wenden.

126. Nagele Germ. 24, 300 leugnet einen Aufenthalt Walthers in Kärnthen. — Willkürlich verbindet Wackernell S. 35 das Lied 44, 23 mit diesen Sprüchen.

127. Recension der Lachmannschen Ausgabe in Seebode, kr. Bibl. f. d. Schulwesen 1828. Wenk, hess. Landesg. 1, 265.

128. Über Bertholds Verwandtschaft s. Menzel S. 270.

129. J. V. Zingerle, Reiserechnungen Wolfgers von Ellenbrechtskirchen. Heilbronn 1877. In der Einleitung sind die Nachrichten über den Mann kurz zusammen gestellt.

130. 1203 oder 1199, darüber ist man nicht einig. Winkelmann Germ. 28, 236 nimmt 1199 an; ebenso Nagele 24, 163. 892. Zarncke, Berichte der kgl. sächs. Ges. der Wiss. phil. hist. Klasse 1878 S. 32 f. sucht das Jahr 1203 zu erweisen, und hält gegenüber den Ausführungen Winkelmanns und Nageles daran fest Germ. 25, 71.

131. s. Nr. 213.   132. Grion in der ZfdPh. 2, 429.

133. Wackernagel zu Simrock 2, 158: 'Übrigens hatte Walther zu Tegernsee wohl nur besonderes Unglück: denn grade zur gröfsten Gastfreundschaft war dieser Konvent durch alte und mannigfache Vorschriften angewiesen; s. Max. von Freyberg, Gesch. von Tegernsee S. 156 f.' — Menzel S. 332 bringt die Strophe in wunderliche Beziehung zu Walthers Kreuzfahrt.

134. MG. SS. XVII p. 709. Winkelmann 1, 43.

135. Winkelmann 1, 51.   136. Ders. 1, 60.

137. Ders. 1, 66.   138. Ders. 1, 68. 78.

139. Ders. 1, 66. 50.   140. Ders. 1, 56.

141. Die Angabe von 11000 Mark Schmerzensgeld ist übertrieben. Winkelmann 1, 72 A. 3.

142. Ders. 1, 84 f.

143. Lachmann zu 19, 36 meint: 'vielleicht auf dem Tage zu Nürnberg, wo Herzog Leopold (18. April) zugegen war'; ein solcher Hoftag hat gar nicht statt gefunden. Als die armen Könige sieht er Berthold von Zäringen und Otto von Poiton an; 'nicht auch Bernhard von Sachsen; denn der Dichter heifst sie zurücktreten, Bernhard und Berthold aber waren nicht zugleich auf der Wahl.' Menzel S. 102 will den Ausdruck „ganz allgemein" auf die armen

Fürsten beziehen; ebenso Nagele Germ. 24, 159. Menzel verlangt ferner, ohne Grund, dafs der Spruch vor Philipps Wahl am 6. März gedichtet sei; ebenso Wackernell S. 71. Pfeiffer S. 181 setzt ihn zwischen den 6. März und 8. September (Krönung in Worms); ebenso Winkelmann 1, 79. Nägele Germ. 24, 159 in das Jahr 1200, eine Bestimmung, die ich mit Walthers Worten schlechterdings nicht vereinen kann. — Über den Spruch 8, 4 s. die Ausg.

144. Winkelmann 1, 188 Anm. 2.

145. Aus den Worten *mich hât das riche und ouch diu krône an sich genomen* schliefst Menzel S. 138, Walther sei 'förmlich als Reichsdienstmann in des Reiches und der Krone Dienst, genommen. Daran ist nicht im entferntesten zu denken, so leicht wurde man nicht Reichsministeriale. (Vgl. unten über 28, 81.) Falls die Worte, was wohl möglich ist, nicht etwa gar mehr einen Wunsch als eine Thatsache aussprechen, so würde doch nichts anderes aus ihnen folgen, als dafs Philipp dem Dichter den Aufenthalt als Gast an seinem Hofe gestattete. Vgl. über solche Verhältnisse Waitz VG. 5, 334 f. — Wie lange Walther bei Philipp blieb, ist ungewifs; nach Menzel (S. 130) bis 1204, nach Lachmann und andern bis 1205. — Über den Aufenthalt Walters in diesen Jahren existieren allerlei Kombinationen, die sämmtlich eines festen Grundes entbehren; s. Menzel S. 198 f., über die Phantasien Schrotts s. Zingerle, Germ. 20, 262 f. Schönbach AfdA. 4, 7 f.

146. Lachmanns Annahme, dafs Walther schon 1198 zu Philipp gekommen sei (Anm. zu 19, 36), gründete sich nur auf die irrige, erst von Böhmer berichtigte Bestimmung des Magdeburger Weihnachtsfestes (Haupt zu 19, 5). Andere ältere Irrtümer verzeichnet Menzel S. 115 f.

147. Winkelmann 1, 149 f.

148. So Uhland. Rieger S. 8. Pfeiffer S. 200. Menzel S. 105. 110. Wackernell S. 28, u. a.

149. So Lachmann, dem andere sich angeschlossen haben, s. Menzel S. 105, Winkelmann 1, 363.

150. So Simrock S. 46 f. Nägele Germ. 24, 152 f. Natürlich fällt dann auch der Spruch 19, 29 nicht in frühere Zeit; ältere irrtümliche Ansichten über denselben verzeichnet Menzel S. 110 f.

151. Der Landgraf Hermann kehrte im Sommer 1198 aus dem Morgenlande heim; sein Weg ging über Böhmen. Winkelm. 1, 63 Anm. 2. Er schlofs sich zunächst an Otto an; a. O. 1, 132.

152. Leopold unterzeichnete am 18. März 1200 in Nürnberg eine Urkunde König Philipps (Ficker, Regesten S. 17); dort also hatte Walther, wenn er in Philipps Gefolge geblieben war, Gelegenheit seinen Herzog zu sehen, und mag aus seinem Verhalten Mut geschöpft haben, ihm zu dem bevorstehenden Feste in die Heimat

zu folgen, und eine Bitte an ihn zu wagen. Menzel S. 119 (vgl. 133 f.) meint Walther sei vielleicht in diplomatischer Mission des Königs nach Wien gekommen. Für solche Verwendung des Sängers fehlt aber jeder Anhalt. Hingegen ist das immerhin möglich, dafs Walther, als er nach Wien ging, sich nicht von dem König losgesagt hatte und nach dem Feste zu ihm zurück kehrte. Menzel S. 120.

153. Winkelmann 1, 95.   154. Ders. 1, 162.
155. Ders. 1, 493 f.   156. Ders. 1, 166.
157. Ders. 1, 171. 175. 2, 527 f.
158. Ob dieses Schreiben 1199 oder 1200 erlassen ist, ist eine Streitfrage; s. Ficker, Regesten S. 11.
159. Winkelm. 1, 180. 182.
160. Ders. 1, 493. 198.   161. Ders. 1, 209.
162. Ders. 1, 219.   163. Ders. 1, 192 f.
164. Ders. 1, 184. 194. 206.   165. Ders. 1, 237.
166. *swêne künege* v. 21 bezog Lachmann mit Unrecht auf Philipp und Otto; ebenso Simrock noch in der Ausgabe.
167. Der fromme bedürfnislose Klausner ist der Repräsentant des wahren Christentums, ein Idealbild, das der nach weltlicher Herrschaft ringenden Kirche gegenüber gestellt wird (vgl. Uhland S. 23). Ohne Grund vermutete zuerst J. Grimm, dafs Walther eine bestimmte Person im Auge habe; er dachte an Gualtherus von Mapes oder Henricus Septimellensis, Opel an den Bischof Konrad von Halberstadt (Menzel S. 318), Zingerle (Germ. 20, 268) an einen Propst Ortulf; vgl. Schönbach, Anz. 4, 11.
168. Daraus ergiebt sich auch, dafs z. 9, 35 auf Otto zu beziehen ist, nicht wie Lachmann annahm auf Innocenz; vgl. Menzel S. 122. — Die richtige Datierung des Spruches hat Abel in der ZfdA. 9, 138—140 gegeben; seinen Ausführungen haben die meisten andern zugestimmt (s. Menzel S, 121 f.). Simrock jedoch setzt auch noch in der Ausgabe S. 29 f. den Spruch in das Jahr 1198. — Über die Verbindung des Spruches mit den beiden andern desselben Tones s. die Ausgabe.
169. Dafs der Spruch nicht an Philipp direkt gerichtet sei, ergiebt sich weder aus dem Duzen noch aus dem Ausdruck *die nâhe spehenden* (Menzel S. 130 f.). Die scharfen Beobachter führt Walther nur ein, um wie er es auch sonst liebt, den Tadel durch andere verkünden zu lassen, und die poetische Licenz des Duzens ist nicht auf die Gedichte, die aus der Ferne gesandt wurden, zu beschränken (s. ob. Nr. 1*a*). — Pfeiffer zu Nr. 102 setzt den Spruch etwas später an als 16, 36. Menzel S. 128 umgekehrt früher. Nagele, Germ. 24, 156 meint Walther mahne den König zur Freigebigkeit gegen den Landgrafen und sein Gesinde.
170. Rieger S. 11 glaubt in diesem Spruche die Sachlage gegen

Ende des Jahres 1204 zu erkennen; Menzel S. 133 möchte ihn um einige Monate später ansetzen; S. 150 spricht er die Vermutung aus, dafs er nach Thüringen gehöre.

171. In PDb. 7, 592 f. (vgl. Thurnwald S. 28 f.) Gegen Koberstein sprach sich Lachmann aus, Anm. zu 17, 11. Menzel S. 141. Lachmann bezieht den Spruch auf Philipp, nimmt an, der Dichter klage über die Kargheit des Königs gegen ihn selbst, und konjiziert Z. 14 *türsten* st. *fürsten*. Simrock und Pfeiffer beziehen das Gedicht gleichfalls auf Philipps Regierung, leugnen aber den rein persönlichen Inhalt. — Wackernagel (zu Simrock 2, 154), von der Hagen 4, 105, Rieger S. 18 f. deuten ihn auf Otto; ebenso Menzel S. 141. 196 f. und ebenso wieder Paul 8, 169; denn Philipp, dem schon ein gewählter Gegenkönig gegenüber stand, habe nicht mit einer Gegenwahl bedroht werden können. — Bekanntlich spielt Wolfram im Willehalm 280, 19 auf den Spruch an.

171a. Winkelmann 1, 524 f. 310 Anm. 2.

172 Ficker, Regesten S. 71 Nr. 235.

172a. Knochenhauer S. 263. Winkelmann 1, 244. — Zarncke setzt den Spruch in das Frühjahr 1204. ehe Philipps Macht sich von neuem gefestigt hatte. — Wir setzten den Spruch früher in das Jahr 1202, und sprachen die Vermutung aus, die Bezeichnung der Reichshofbeamten als Köche beziehe sich auf das Amt des Küchenmeisters, das Philipp, um einen Prozefs zwischen Heinrich von Waldburg und den Rotenburgern wegen des Truchsessenamtes zu schlichten, neu eingeführt hatte. 1202 erscheinen die Rotenburger zuerst in ihrer Würde (ZfdA. 18, 252). Je später der Spruch gesetzt wird, um so weniger wahrscheinlich wird diese Anspielung.

173. Lachmann bezog wie Wackernagel (2, 159) die Sprüche auf Ottos Regiment; ebenso Menzel S. 222 f. — Rieger S. 44—54, den Menzel S. 219 f. 343 f. widerlegt, auf König Heinrich.

173a. Winkelmann 2, 109.   174. Ders. 2, 140.
175. Ders. 2, 110.   176. Ders. 2, 142. 144.
177. Ders. 2, 146.

178. Ders. 2, 191. Diese Änderung im Titel war jedenfalls mehr als reine Form. Der Zusatz war der Ausdruck dafür, dafs Otto den in der Deliberatio aufgestellten Anspruch, dafs dem Papst die Entscheidung über die Kaiserwahl principaliter et finaliter zustehe, anerkannt habe; die Verwerfung des Zusatzes drückte aus, dafs er die Anerkennung zurücknehme. — Ich halte noch an der Ansicht fest, dafs dieser Auffassung gemäfs vor Ottos Römerzuge auf dem Reichstage in Würzburg Anordnungen über die deutsche Königswahl getroffen wurden.

179. Winkelm. 2, 194. 192.   180. Ders. 2, 210. 212.
181. Ders. 1, 219 f.   182. Ders. 2, 233.

183. Ders. 2, 240 f.
184. Ders. 2, 249.
185. Ders. 2, 252.
186. Ders. 258 f.
187. Man weiſs nicht genau, wann. Winkelmann 2, 255 Anm. 3. Scheffer-Boichorst, Forsch. z. d. Gesch. VIII, 531 A. 2. 3.
188. Winkelm. 2, 256.
189. Ders. 2, 272.
190. Ders. 2, 273 f.
191. Winkelmanns Reflexionen 2, 271 reichen schwerlich aus, das Verhalten des Böhmenkönigs genügend zu erklären.
192. Ders. 2, 279 f.
193. Ders. 2, 282.
194. Ders. 2, 299.
195. Diejenigen, welche mit Rücksicht auf 18, 15 Walthers Anwesenheit in Frankfurt leugnen, nehmen an, daſs diese Sprüche zu Pfingsten 1212 in Nürnberg gesungen seien; s. Menzel S. 189.
196. Gervasius 1, 10 (Winkelmann 2, 199). Waitz, VG. 6, 226. Aufsatz, Anz. 1884, Sp. 66 f.
196a. Winkelmann 2, 208.
197. Ausführlich darüber Winkelmann 2, 488. — Thomasin von Zirclære ersetzt Walthers Auslegung, die er sicher kannte, durch eine andere (Wälsche Gast v. 10471 f. 12351 f.). Ein halber Ar ist zu wenig, drei Löwen zu viel:

ein lewe bezeichent hôhen muot,
drî lewen bezeichent übermuot.
swer drier lewen herse hât,
volget der übermüete rât:
swer hât eines lewen muot
mich dunket das er genuoc tuot.
der ar sliuget harte sêre,
ein hôher vluc bezeichent êre,
sô bezeichent ouch für wâr
der êre schidunge ein halber ar.

Paul findet es PBb. 8, 170 wahrscheinlicher, daſs Walther Friedrichs Wappen meine (so schon Uhland), und daſs an ihn die Aufforderung zum Kreuzzuge gerichtet sei.
198. Winkelmann 2, 206.
199. Dial. mirac. 4, 15. Winkelmann 2, 159 Anm. 3.
200. „Sein Übermut überschreitet so alle Grenzen, daſs er öffentlich verkündigt, in kurzem würden alle Könige der Welt seiner Herrschaft unterworfen sein." Winkelmann 2, 255.
201. Gervasius 2, 18. Winkelmann 2, 202.
202. Winkelmann 2, 200 meint, Walthers Sprüche 12, 6. 18 müſsten unmittelbar nach dem Bekanntwerden der Krönung gedichtet sein; denn nach dem Bruch des Kaisers mit dem Papst hätte nicht mehr an einen Kreuzzug gedacht werden können. Aber der gleiche Anfang läſst es nicht geraten scheinen, die drei Sprüche von

einander zu trennen, und der Anfang des dritten (12, 18) weist auf das Jahr 1212.

203. Ders. 2, 129.   204. Ders. 2, 267.

205. Ders. 2, 300 Anm. 4. 272 Anm. 2. Menzel S. 180 bildet sich gar ein, „dafs es Walther war, welcher die beiden wankenden Fürsten zur Treue gegen den gebannten Kaiser zurückgeführt."

206. Knochenbauer S. 271 f.

207. Winkelmann 2, 262, 269. 275. 276. — Winkelmann führt die ganze Bewegung auf den König von Frankreich zurück; er nennt ihn gradezu den Auftraggeber (2, 278), der den schlimmsten Intriganten unter den deutschen Fürsten, den Landgrafen, für seinen Dienst gewonnen habe (2, 261). Ich kann dieser Auffassung nicht beipflichten und glaube, dafs das Verhältnis zwischen Philipp August und Hermann nicht richtig bezeichnet ist. Walther von der Vogelweide hebt grade die Selbständigkeit des politischen Handelns Hermanns hervor, er stellt ihn in Gegensatz zu der römisch-[französischen] Partei; und die Hartnäckigkeit Hermanns sowie Ottos Zorn zeigen, dafs er mehr war als ein Handlanger. Der Hafs Hermanns gegen den Welfen war älter als sein Bündnis mit Philipp August und der Grund, dafs er sich mit diesem zusammenfand. Ich halte an der Auffassung fest, die ich früher dargelegt habe (Reorganisation des Kurfürsten-Kollegiums S. 81 f.).

208. Die drei Sprüche des Tones 105, 13 gehören eng zusammen und sind hinter einander vorgetragen. Die Anklage mit der Walther den ersten schliefst, hat zum Hintergrunde das in den beiden folgenden näher ausgeführte. Wenn also jene Sprüche noch in Frankfurt entstanden sind, so mufs auch der erste in diese Zeit gesetzt werden. Früher glaubte ich, die Fürbitte für den Landgrafen gehöre in den August 1212, als Otto Weifsensee belagerte und die hart bedrängte Besatzung durch Vermittelung des Markgrafen Dietrich von Meifsen einen Vertrag schlofs, wonach sie die Stadt freiwillig räumte, sich in die Burg zurückzog und die Entscheidung des Landgrafen einholte. Aber wenn Walther damals die Absichten des Meifsners unterstützt hätte, würde er sicher nicht zugleich verächtliche Vorwürfe gegen ihn erhoben haben, wie sie in v. 105, 15 f. liegen. Aufserdem gaben die Umstände keinen Anlafs zur Fürbitte; denn der Landgraf suchte Ottos Gnade nicht, gebot im Gegenteil den tapfern Kämpfern in Weifsensee auszuhalten, und der Erfolg gab ihm Recht. — Rieger S. 19—23. Menzel S. 199 setzen den Spruch in das Jahr 1213, andere noch später; s. Menzel a. O.

209. Vgl. Thurnwald S. 39. In frühere Zeit setzen die Sprüche: Wackernagel, Rieger, Pfeiffer, auch Winkelmann 2, 296. Nagele, Germ. 24, 308 A.; dagegen Menzel S. 191.

210. Ann. Col. max. p. 826. Winkelmann 2, 299 Anm. 8.

211. Menzel S. 209. Wackernagel 2, 146 f. — Nagele, Germ. 24, 307 f. A. leugnet, dafs Walthers Sprüche sich auf die erste Aufstellung der Opferstöcke beziehen, ohne jedoch seine Ansicht näher zu begründen. — Die betreffende Stelle in dem päpstlichen Schreiben, das im April 1213 erlassen wurde (Potthast, Reg. Pont. 1, 410) lautet (Migne, Patr. CCXVI S. 821): *Singulis autem diebus intra missarum solemnia, post pacis osculum, cum iam pro peccatis mundi offerenda vel sumenda est hostia salutaris, omnes tam viri quam mulieres humiliter prosternantur in terram, et a clericis psalmus iste,* Deus venerunt gentes in hereditatem tuam (Psal. LXXVIII, *din erbelant Walther* 10, 10), *alta voce cantetur; quo cum hoc versu devote finito: Exsurgat Deus, et dissipentur inimici eius, et fugiant a facio eius qui oderunt eum* (Psal. LXVII), *sacerdos qui celebrat, orationem istam super altare decantet: Deus, qui admirabili providentia cuncta disponis, te suppliciter exoramus ut terram quam unigenitus tuus Filius proprio sanguino consecravit de manibus inimicorum orcis eripiens, restituas cultui Christiano etc. In illis autem ecclesiis in quibus conveniet processio generalis, trunces concavus statuantur tribus clavibus consignatus etc.*
212. Winkelmann 2, 383 Anm. 1. 393 Anm. 4. 397. Röhricht, Beiträge zur Gesch. der Kreuzz. 1, 55 Anm. 22.
213. Über die Nachwirkung der Walthersehen Sprüche s. Wackernagel 2, 145. Winkelmann 2, 397 Anm. 1.
213a. Ich glaube nicht, dafs diese sieben Sprüche (33, 1—34, 24) vereinzelt und- selbständig ans Licht traten, sondern Glieder eines oder vielleicht mehrerer Vorträge waren. Leider sind sie uns nicht aus der alten Quelle BC überliefert. In den Hss A und C liegt ein Liederbuch von 12 Strophen dieses Tones zu Grunde, das in A 62—73 in seiner ursprünglichen Ordnung, d. h. in der Ordnung, die der Sammler ihm gegeben hatte, erhalten ist. Von diesen 12 Strophen kommen hier zunächst drei in Betracht A 67—69 = Lchm. 33, 1. 34, 4. 24. — Drei andere Sprüche bietet die Quelle B 25—27 = Lchm. 33, 11. 21. 31. Den siebenten (34, 14) hat nur die Hs. C, und zwar an der Stelle, welche ihm sein Inhalt zuweist, er folgt wie in der Ausgabe auf 34, 4; vgl. ZfdA 13, 221 f.
Die drei in AC überlieferten Sprüche nebst dem vierten nur in C erhaltenen fügen sich gut zusammen; der Gegensatz zwischen Rom und den Interessen Deutschlands beschäftigt den Dichter. Er wendet sich an die Bischöfe und Geistlichen, dafs sie sich von den Teufelstricken des Papstes losmachen sollen, der Gottes heilige Lehre fälsche; die Cardinäle deckten ihren Chor, während der deutsche Fronaltar unter übler Traufe stehe. Daran schliefsen sich passend die beiden Sprüche gegen den Opferstock; auch sie belebt der Gegensatz zwischen den Wallen und den Almân, dem tiutschen sil-

ber und dem welichen schrin. Erst führt der Dichter den Papst redend ein, dann wendet er sich zu mehrerer Wirkung an den Herrn Stock selbst. Der vierte Spruch leitet dann die Betrachtung wieder ins Allgemeine; der Vorwurf, dafs der Papst selbst den Unglauben mehre, nimmt den Gedanken von 83, 4 *saget warumbe er sine lére von dem buoche schabe*, wieder auf; die Erklärung, mit der der Dichter 83, 1 beginnt: *ir bischofe und ir edeln pfaffen ir sit verleitet*, wird hier ausgeführt; die Anspielung auf 9, 37: *wan aber min guoter klösenære klage und sére weine*, bildet einen wirksamen Schlufs.

Ebenso geben die drei in B überlieferten Sprüche einen guten Zusammenhang; auch hier richten sich die beiden ersten gegen den Papst, der dritte gegen die Geistlichkeit insgemein. Der Papst trägt die Schuld an aller Verderbnis; denn alle Welt folgt der Spur des Vaters; der jetzige Papst ist schlimmer als Gerbert; dieser schändete nur das eigne Leben, Innocenz will die ganze Christenheit mit sich reifsen. Nie hat die Christenheit so in den Tag hineingelebt; die Geistlichen, die sie lehren sollten, gewähren kein gutes Beispiel und führen ein Sündenleben. — Zur Einleitung für diese drei Sprüche eignet sich vortrefflich der Spruch 81, 13 (A 64. B 21. C 321): die Klage über den Einflufs des Geldes. Man vermifst hier, wo aller Welt Habgier vorgeworfen wird, die Erwähnung der Pfaffen; Walther überging sie in der Einleitung absichtlich, weil ihre Strafe das eigentliche Thema seines Vortrags werden sollte. Er schliefst den Spruch mit den Worten:

só wé dir, guot! wie ræmesch riche stát!

du enbist niht guot: dú habst dich an die schande ein teil ze sére.

und führte nun in den folgenden Strophen aus, wie das ganze Unheil von Rom kommt; nicht die Habsucht der Fürsten, die sich durch Friedrich haben kaufen lassen, ist der eigentliche Grund des Übels, sondern der Papst: 'Wir jammern alle, und wissen doch nicht, was uns eigentlich drückt, dafs uns der Papst, unser Vater, so in die Irre geleitet hat'.

So hätten wir denn im möglichst engen Anschlufs an die Überlieferung zwei Vorträge von je vier Strophen. Ob beide zu einem gröfseren Ganzen zu vereinen sind, ist mir zweifelhaft; sollte es der Fall sein, so müfste jedenfalls die Gruppe 81, 18. 83, 11. 21. 81 vor 83, 1. 34, 4. 14. 24 gestellt werden; erst die Gemeinplätze, dann die bestimmten Angriffe. Auch bezeichnet 34, 30 f. gegenüber 33, 30 f. offenbar eine Steigerung, und v. 34, 39 mufs der Schlufs sein.

214. Silvester II. hatte sich durch seine grofse und vielseitige Gelehrsamkeit, namentlich durch seine Kenntnis der Naturwissenschaften und der Mathematik ausgezeichnet. Von seiner Zauberkunst wufsten die ihm zunächst stehenden Generationen nichts, höchstens wird geheimnisvoll darauf hingewiesen, dafs Gerbert seine Wissen-

schaft bei den Sarazenen in Spanien schöpfte. Am Ende des 11. Jahrh. findet man die ersten Spuren der Legende, bei Wilhelm von Malmesbury hat sie ihre volle Ausgestaltung erreicht, zu Anfang des 13. Jahrh. ist das Factum bereits unbestritten und in Legenden, Chroniken und Curiosen-Sammlungen verbreitet. Ketzerische Sekten datierten vom Papst Silvester her den Verfall der römischen Kirche, durch ihn sei sie angesteckt vom Bösen. So lehrten die Katharer und die Waldenser. Hock, Gerbert oder Papst Silvester II. und sein Jahrh. (Wien 1837) S. 160 f. Döllinger, Papstfabeln des Mittelalters S. 156—159.

215. Raumer, Geschichte der Hohenstaufen 3, 302. — Walther bezieht sich wohl auf den Ablafs, den Innocenz in derselben Encyclica versprach, in der er die Aufstellung des truncus concavus verordnete; aber auch dort macht der Papst die Reue zur Bedingung. Es heifst (Migne p. 618): *Nos enim de omnipotentis Dei misericordia et beatorum apostolorum Petri et Pauli auctoritate confisi, ex illa quam nobis Deus, licet indignis, ligandi atque solvendi contulit potestate omnibus qui laborem istum in propriis personis subierint et expensis, plenam suorum peccaminum, de quibus veraciter fuerint corde contriti et ore confessi, veniam indulgemus, et in retributione iustorum salutis aeternae pollicemur augmentum. Eis autem qui non in personis propriis illuc accesserint, sed in suis duntaxat expensis iuxta facultatem et qualitatem suam viros idoneos destinarint, et illis similiter qui licet in alienis expensis, in propriis tamen personis accesserint, plenam suorum concedimus veniam peccatorum. Huius quoque remissionis volumus et concedimus esse participes iuxta quantitatem subsidii et devotionis affectum omnes qui ad subventionem terrae sanctae de bonis suis congrue ministrabunt.*

216. Winkelmann, Frd. 185 Anm. 4.

217. Raumer 3, 301.   218. Winkelmann 2, 293 f.

219. Ders. 2, 295. Sitzungsberichte der phil.-hist. Kl. d. bair. Akad. d. Wissensch. 1876 S. 661 f. Es heifst dort: *clerum autem aut monachos aut deponamus aut deportemus oportet. sic tamen ut pauci maneant, quibus satis sit arcta facultas et qui oblata tantummodo stipe vivant. Villas autem et decimas maiores milites recipiat illique habeant, quibus respublica curae est, qui pugnando faciunt populos et clerum in pace quiescere . . Quanto satius, quanto commodius nobis iura novantibus, haec tam culta novalia et villas tot deliciis opibusque fluentes impiger miles habebit, quam genus hoc pigrum et fruges consumere natum, quod otia ducit, quodque sub tecto marcet et umbra, qui frustra vivunt, quorum omnis labor in hoc est, ut Baccho Venerique vivant* etc.

220. Winkelmann 2, 293 A. 3.   221. Ders. 2, 343 Anm. 1. 2.

222. Ders. 2, 110. — Charakteristisch für Otto ist sein Begegnis mit Otto von Este und Ezelin von Romano. Ders. 2, 186.
223. Ders. 2, 154 Anm. 8.   224. Menzel S. 213 f.
225. Als eine Art Rechtfertigung des Abfalls sieht man wohl mit Recht das Gebet 26, 8 an; s. Menzel S. 216 f. Derselbe bemerkt S. 227 auch richtig, dafs der Übertritt von Otto zu Friedrich unmittelbar erfolgte. Gewöhnlich setzt man denselben in das Jahr 1215 oder 1216, was mit der falschen Datierung von 105, 13 zusammenhängt; Menzel S. 220 f. frühestens in den Winter 1213 auf 1214, spätestens unmittelbar vor die Schlacht bei Bouvines (27. Juli 1214); ähnlich schon Rieger S. 26. Walther kann sich aber schon im Sommer 1213 an Friedrich gewandt haben, der im Juli einen stark besuchten Reichstag in Eger abhielt.
226. Menzel S. 229. 244 mifsversteht die letzten Worte und glaubt schliefsen zu müssen, dafs dieser Spruch jünger als 29, 1 sei, später als die Schlacht von Bouvines, vielleicht auch die Krönung Friedrichs.
227. Vgl. Buchner, Bair. Gesch. 5, 21 Anm. Riezler, Bair. Gesch. 1, 782.
228. '*quantocius Deo dante pecuniam habuerimus*' sagt er in einer Urkunde. Winkelmann 2, 325 Anm. 2.
229. So vermutete Simrock; s. Menzel S. 254. — v. 27, 14 bezieht Menzel auf die 1215 vom Lateran-Concil ausgeschriebene aufserordentliche Kreuzzugssteuer (Walthers Worte enthalten nichts, was grade diese Deutung rechtfertigte), den Spruch aber setzt er in das Jahr 1216 oder 1217; er müsse mindestens 1½ Jahre später sein als 28, 31.
230. Ich setze diese Belehnung in das Jahr 1220 (ob. S. 130); ebenso Lachmann, Dafsis u. a., s. Menzel S. 254. Menzel sucht S. 244 f. nachzuweisen, dafs sie schon 1214 erfolgte. S. 254 leugnet er eine doppelte Begabung des Dichters. Vgl. Thurnwald S. 53 f. — Aus der Anrede '*von Rôme voget*' schliefst er S. 227, dafs der Spruch gedichtet sei, bevor Friedrich 1215 zum König der Deutschen gekrönt wurde; Nagele Germ. 24, 309 glaubt aus demselben Grunde ihn gar vor den 9. Dec. 1212 setzen zu müssen. Aber in dem Titel liegt die Anerkennung, dafs Friedrich König der Deutschen sei (vgl. Waitz VG. 6, 112), und sehr passend braucht Walther diese Anrede, als Friedrich nach Italien zog, um als advocatus ecclesiae die höchste Krone zu empfangen.
231. Lachmann zu 124, 7, vgl. Menzel S. 285. — Dieser glaubt S. 288 erwiesen zu haben, dafs Walther vom April 1220 bis mindestens zum Herbst 1221 dem königlichen Hofe folgte; S. 296 dehnt er den Zeitraum bis in das Jahr 1223 aus; dann sei er auf sein Lehen gegangen S. 298.

232. S. oben S. 187. — *lêhen* 28, 31 braucht keineswegs ein Landgut zu bezeichnen; es kann eine Rente sein. — Menzel behauptet ferner S. 250 Walther sei durch diese Belehnung in die höchste Klasse der Dienstmannen eingetreten, er sei Reichsministeriale geworden.

233. Winkelmann 2, 307. 234. Ders. 2, 466.

235. Ders. 2, 392. Röhricht, die Kreuzfahrt des Kaisers Friedrich II. (Beiträge zur Geschichte der Kreuzzüge I, 1—112).

236. Ders. 2, 420. 237. Ders. 2, 447. Friedrich S. 109.

238. Winkelmann 2, 425 f. 239. Ders. 2, 447 f.

240. Ders. 2, 451.

241. Ders. 2, 449. Friedrich S. 113. 115. 119. 122.

242. Ders. Friedrich S. 118. 243. Winkelmann 2, 316.

244. Ders. 2, 437.

245. Winkelmanns Betrachtungen 2, 436 befriedigen mich nicht.

246. Über die hiermit verbundenen Verhandlungen s. Winkelmann 2, 436 f.

247. Winkelmann 2, 444 f.

248. Es sind dieselben Fürsten, welche im Jahre 1211 gegen den anerkannten Kaiser intrigierten, nur Ottokar von Böhmen fehlt; der war dadurch gewonnen, dafs Friedrich in Abwesenheit aller weltlichen Fürsten ganz auf eigne Hand am 26. Juli den jüngeren Sohn Wenzeslaus als König bestätigte und auf Bitten seines Vaters sogleich mit Böhmen belehnt hatte.

249. Winkelmann, 2, 440. Friedrich S. 119.

250. Winkelmann, Friedrich S. 115.

251. Winkelmann, Friedrich S. 121; über die weitere Entwickelung S. 147. Es ist nicht glaublich, dafs Friedrich so behutsam und schonend zu Werke ging, nur um eine Empfindlichkeit Roms zu schonen. Sein Verhalten beweist, dafs er durch bestimmte Versprechungen gebunden war, die er zu beseitigen suchte.

252. Der Papst gab im voraus seine Zustimmung. Winkelmann, Friedrich S. 116 meint, dafs bei dem Stellvertreter nur an Heinrich gedacht werden konnte, und dafs die Zustimmung des Honorius zeige, dafs der Papst nichts dagegen einzuwenden hatte. Das ist gewifs unrichtig. Der Papst dachte an jeden andern eher als an Heinrich.

253. Winkelmann, Friedrich S. 124 f. Wilmans, Kurfürsten S. 89 f.

254. Winkelmann, Friedrich S. 111.

255. Raumer 3, 322. 256. Winkelmann, Friedrich S. 114.

257. Ders. S. 120. 122. Raumer 3, 327.

258. Winkelmann S. 120.

259. Menzel S. 227 f. wird durch ein Mifsverständnis der

ersten und letzten Zeile veranlaßt den Spruch vor die Schlacht bei Bouvines zu setzen. Simrock setzt den Spruch in das Jahr 1215, Lachmann und Daffis in die Jahre 1218—1220; s. Menzel S. 254.

260. Vgl. Menzel S. 282 f. Thurnwald S. 58 und Nagele Germ. 24, 809 f. wollen den Spruch in frühere Zeit setzen.

261. Winkelmann, Friedrich 232, 269.

262. Winkelmann, Friedrich 267 f.

263. Winkelmann 2, 438. 264. Winkelmann 2, 457 f.

265. Winkelmann, Friedrich S. 284 f.

266. Ders. S. 287. 267. Ders. S. 254 f.

268. Auf Anfrage des Erzbischofs von Salzburg erging der Rechtsspruch, „daſs kein Landesherr oder sonst jemand den Leuten irgend einer die Benutzung der königlichen und öffentlichen Straſse, sofern sie darauf ihre Kaufmannswaaren einherschaffen und ihre Handelschaft treiben wollen, untersagen dürfe". Damit wurde den Herren eine Einnahmequelle verstopft. Böhmer reg. imp. p. 218. Menzel S. 303. — Menzel S. 288 setzt den Spruch in das Jahr 1221, (1. Sept. Hoftag zu Frankfurt), auch das ist möglich; aber die sicher datierbaren Sprüche dieses Tones fallen in spätere Zeit

269. Lachmann dachte an den Reichstag vom 1. Mai 1216 oder den vom 21. Januar 1217; aber der erstere fand nicht in Nürnberg, sondern in Würzburg statt, und weder auf dem einen noch dem andern geschah, so viel wir wissen, etwas, das den Ausdruck *guot gerihte* rechtfertigte; auch ist es nicht wahrscheinlich, daſs Walther schon damals sich dieses Tones bediente. Pfeiffer Germ. 5, 12 f. bezog den Spruch auf den Hoftag vom Juli 1224; ebenso Wackernagel und Rieger (S. 91); s. Menzel S. 26 f. 298 f. Simrock S. 110 behauptet, daſs die Worte *guot gerihte* nicht auf Rechtspflege oder Gesetzgebung gehen, sondern auf die „gerichteten (aufgeschlagenen) Schaubänke". Er bezieht den Spruch auf den Hoftag vom November 1225. Aber von diesem Tage, würde Walther nicht so berichtet haben. Schrott setzt ihn ins Jahr 1219. s. Zingerle, Germ. 20, 262 f. Dagegen Schönbach AfdA. 4, 7.

270. Vgl. Menzel S. 297.

271. Daffis hat sie zuerst aufgestellt, viele andere gebilligt (Menzel S. 289 f.); s. ZfdA. 13, 262 f. Der Gedanke, Walther zum fürstlichen Gouverneur zu machen, ist schon älter; s. Nr. 89.

272. Rieger S. 82. Menzel S. 294.

273. Winkelmann, Friedrich 267 f. An und für sich glaublich wäre etwa, daſs Walther den jungen Mann im Singen und Dichten hätte unterweisen sollen. Diese Annahme würde aber den Spruch 84, 22 in keiner Weise erklären.

274. Winkelmann, Friedrich S. 149.

275. Ders. S. 167 f. 276. Schirrmacher 2, 82.

277. Winkelmann, Friedrich S. 185. 278. A. a. O. S. 188.
279. Vgl. wie sich der Archipoëta an Reinold von Dassel
wendet Grimm kl. Schr. 8, 24. Eilbert von Bremen an Wolfger von
Ellenbrechtskirchen, Zingerle S. XI Anm.
280. Pfeiffer Nr. 78. Vgl. Germ. 5, 33. Treffend bemerkte
Lachmann: 'Dafs Walther selbst eine Kreuzfahrt gethan habe, wird
aus diesem Liede Walthers mit Unrecht gefolgert'. Wenn die
meisten dennoch den Glauben an Walthers Kreuzfahrt festgehalten
haben (s. Menzel S. 824 f. Wackernell S. 58 f.), so mag sich das
teils daraus erklären, dafs man in diesen Kreuzliedern eine Stütze
für Walthers Tirolische Heimat zu haben glaubte (Pfeiffer etc.),
teils daraus, dafs diese Annahme dem Leben des greisen Sängers
einen so schönen poetischen Abschlufs gewährt. Pfeiffer teilt hinsichtlich des Liedes 14, 85 die Anschauung Lachmanns, meint aber
doch dafs Walther im Jahre 1228 mit andern Kreuzfahrern wenigstens nach Italien gezogen sei. Im entgegengesetzten Sinne erörtert
Falch (Blätter für das bayerische Gymnasial- und Realschulwesen
15, 251 f.) die Frage. — Was die Zeit betrifft, so vermutete Lachmann zu 12, 12, dafs die Kreuzlieder in das Jahr 1212 gehören.
Pfeiffer nimmt an, dafs beide Lieder 1228 auf dem Wege nach Italien gedichtet seien; die meisten glauben dafs 14, 85 in Palästina
selbst entstanden sei.
281. Vgl. auch Walther 77, 22 *manc lop dem kriuze erhillet*.
282. Nur die in A überlieferten sieben Strophen sind echt;
sie behandeln, wenn man von der ersten und letzten absieht, welche
Einleitung und Schlufs bilden, folgende Punkte aus dem Leben
Christi der Reihe nach: 1. Menschwerdung. 2. Taufe. 3. Höllenfahrt.
4. Auferstehung. 5. Jüngstes Gericht. Diese Disposition erinnert,
worauf mich Zacher schon vor Jahren hinwies, an die Auslegung
und Zusammenstellung der septem sigilla. Der Abt Rupert von
Deutz († 1135) sagt darüber in seinem Kommentar zur Apokalypse:
*signatum septem sigillis, quia videlicet septem sunt Christi mysteria,
circa quae versantur sancta legalis et prophetica scriptura. scil. 1. in-
carnatio. 2. passio. 3. resurrectio. 4. ascensio. 5. datum spiritus s.
paracleti. 6. vocatio gentium. 7. secundus adventus Christi ad judican-
dum*. In einer tabellarischen Zusammenstellung verschiedener heiliger
Siebenzahlen (MSD. S. 451) werden, etwas abweichend, folgende als
die sieben Siegel bezeichnet: *1. nativitas. 2. baptisma. 3. passio. 4
sepultura. 5. resurrectio. 6. ascensio domini. 7 dies iudicii*. Ebenso
werden die septem sigilla in dem Traktat des Albinus de septem
sigillis aufgeführt (MSD. S. 451). Aus dem 14 Jahrh. haben wir
dann auch ein deutsches Gedicht über die sieben Siegel, welches der
Magister Thilo von Kulm (ZfdA. 18, 516 f.) im Jahre 1331 zu Ehren
der Deutschordensbrüder und vornehmlich des Hochmeisters Luther

von Braunschweig verfaſste. In diesem Gedicht werden die Menschwerdung, Taufe, Marterpein, Auferstehung, Himmelfahrt, Ausgiefsung des hl. Geistes und das jüngste Gericht angeführt. Walthers Kreuzlied stimmt mit der lateinischen Tabelle. Dafs dort an vierter Stelle die *sepultura* steht, während Walther von der Höllenfahrt spricht, macht keinen Unterschied. Die einzige Abweichung von der Tabelle und zugleich von den übrigen Zusammenstellungen ist die, dafs in dem Gedichte die Himmelfahrt übergangen ist, aber diese Abweichung ist in dem Zweck des Kreuzliedes begründet. Es hatte keinen Sinn, in einem Gedichte, welches die enge Verbindung Christi mit dem gelobten Lande darstellen sollte, hervorzuheben, dafs er jetzt nicht mehr in diesem Lande, sondern im Himmel wohne. Aus demselben Grunde fehlt die Ausgiefsung des hl. Geistes. Ein Interpolator suchte dem vermeintlichen Mangel abzuhelfen (15, 1). Auch zu andern Interpolationen gab der behandelte Stoff leicht Anlafs. In der volkstümlichsten Form bietet die Weingartner Hs. das Gedicht. An die Einleitungsstrophe schliefst sich gleich die letzte, die den Rechtsanspruch der Christen betont. Darauf folgt die Strophe von der Taufe und dem Tode des Erlösers, dem noch eine neue Strophe (15, 20) gewidmet ist; dann kommt das jüngste Gericht, und, hinzugefügt, eine Bedrohung der ungerechten Richter; im ganzen sechs Strophen, vier echte und zwei jüngere. Die Lieblingsthemata waren weiter ausgeführt, und was im Vordergrund der Empfindung stand, die Betonung des Rechtes, drängte sich vor.

263. s. Lachmann zu 16, 35.

263a. Auch Innocens geht in seiner Encyclica vom Jahre 1213 von diesem Gedanken aus (Migne, Opera Innoc. 3, 817): *Poterat omnipotens Deus terram illam, si vellet, omnino defendere ne in manus traderetur hostiles. Posset et illam, si vellet, de manibus hostium facile liberare, cum nihil possit eius resistere voluntati. Sed cum iam superabundasset iniquitas, refrigescente charitate multorum, ut fideles suos a somno mortis ad vitae studium excitaret, agonem illis proposuit, in quo fidem eorum velut aurum in fornace probaret* etc.

264. Winkelmann, Friedrich S. 189 f.
265. Winkelmann, Friedrich S. 276 f.
266. Ders. S. 280.   287. Ders. S. 283.
268. Ders. S. 291.

269. Es ist dies der am 21. August 1221 abgeschlossene Waffenstillstand, der mindestens acht Jahre gehalten werden sollte, sofern nicht ein gekröntes Haupt im Morgenlande den Krieg wieder beginne. Auf diesen Waffenstillstand bezieht sich wohl auch Walther 78, 20; *mit welher nôt si ringen, die dort den borgen dingen,* wenn die Lesart und Beneckes Erklärung: 'den Waffenstillstand

unterhandeln' richtig ist. [Vielleicht ist zu lesen: *der borge dingen. dingen e. g.* seine Zuversicht auf etwas setzen; *borge* uff. Aufschub, hier = Waffenstillstand]. Ein Teil der Kreuzfahrer, die im August 1227 hinübergegangen waren, kehrten, als sie sich vom Kaiser in Stich gelassen sahen, alsbald nach Hause zurück; andere erklärten dasselbe zu thun, wenn man den Waffenstillstand nicht breche. Nach langer Beratung beschlofs man, zunächst Cäsarea und Joppe zu befestigen; im August des nächsten Jahres hoffte man fertig zu sein, und dann mit der eingetroffenen Hülfe vorzudringen (Schirrmacher 2, 176 f.). Die Lage dieser zurückgebliebenen Schar hatte Walther im Auge; sie schien ihm gefährdet, falls die Sarazenen selbst den Frieden brechen sollten, eine Befürchtung die auch unter den Kreuzfahrern laut wurde. Der Waffenstillstand war ihre Hoffnung. Dafs Walther diese Verhältnisse erwähnt, kann nicht befremden, da in einem Schreiben des Patriarchen von Jerusalem, das der Papst verbreiten liefs, davon die Rede ist: *Erant et multi qui dicebant, quod si contingeret recedere peregrinos, post recessum eorum, in eos insurgerent Saraceni treuga non obstante.* Der Brief schliefst: *Clamat autem ad singulos Christi sanguis de terra, supplicat parvus et humilis exercitus sed devotus, sibi celeriter subveniri* etc. Mansi, Conc. 23, 40.

290. Winkelmann, Friedrich S. 284. Huillard-Bréholles 3, 36 f. 291. ZfdA. 1, 122. 292. Huillard-Bréholles 3, 37. 293. Vgl. Menzel S 321 f. Rieger will die Strophen in das Frühjahr 1227 setzen.

294. Man hat dieses Lied vielfach benutzt, um die Frage nach Walthers Heimat zu entscheiden. Dafs man dazu kein Recht habe, zeigt Zarncke PBb. 2, 574 f. vgl. auch Wackernagel zu Simrock 2, 194 und Falch, Blätter für das bayerische Gymnasialschulwesen 11, 440 f. Einwendungen versucht Menzel S. 333 f. Nicht die bestimmte Heimat, die Stätten der Jugend, sondern die irdische Welt überhaupt stellt der Sänger in Gegensatz zu der ewigen Unvergänglichkeit des himmlischen Lebens. Aber andererseits ist nicht zu leugnen, dafs wenn Walthers Betrachtungen durch äufsere Umstände angeregt sind, kein passenderer Anlafs gedacht werden kann, als der Anblick einer Jahre lang entbehrten Heimat. Und warum sollte Walther nicht im Winter 1227/28 nach Österreich gekommen sein? Die Politik der Fürsten, denen vom Kaiser die Sorge um das Reich anvertraut war, hat er bis zuletzt vertreten; er war, wie es scheint (10, 17), zugegen als im Frühjahr 1228 die Deputation nach Italien abging, und zu dieser gehörte der Herzog Leopold.

295. Andere halten die Elegie wegen v. 10. 24. 32 für ein Frühlingslied. Menzel S. 888. Wackernell S. 101.

296. Kurz hat die Ansicht aufgestellt, dafs die Elegie in das Jahr 1212 gehöre; s. Menzel S. 334.
297. Andere Sprüche desselben Tones (84, 14 f.) sind älter; aber das ist kein Grund, wie man vielfach gethan hat (s. Menzel S. 266), diesen religiösen Spruch aus der Umgebung zu trennen, in der er überliefert ist. Ebenso ist es grundlos, zum Teil auch unwahrscheinlich, einige von den fünf Strophen vor den Tod des Papstes Honorius, den Spruch 10, 9—16 aber in die Zeit nach Friedrichs Ankunft in Palästina zu setzen. Die verschiedenen Ansichten verzeichnet Menzel S. 313 f. 341 f.
298. Winkelmann, Friedrich 1, 286; vgl. Fridanc 157, 16. 160, 10.
299. Man hat den Spruch 10, 33 wegen des Ausdrucks *der irre bâbest* vor den Todestag des Papstes Honorius setzen wollen; ohne Grund und Wahrscheinlichkeit; vgl. Menzel S. 313 f.
300. Winkelmann, Friedrich S. 287 Anm. 2. Huillard-Bréholles 6, 50 f.
301. Ders. S. 284. Huillard-Bréholles 3, 48 f.
302. Vgl. Rieger S. 41.
303. Vgl. oben Nr. 289. Anders Wackernell S. 103.
304. Winkelmann, Friedrich S. 821 Anm. 1. — Das Verhältnis Ludwigs zum königlichen Hofe scheinen mir die Notae S. Emmer. p. 575 richtig zu bezeichnen: *Heinricus rex in tutelam Ludwici ducis B. a patre commissus, cum in transmarinis partibus esset pater positus, ut visum fuit optimatibus regni, non bene ab ipso duce procuratur, eo quod esset familiaris apostolico, patris sui circa T. S. laborem minus acceptanti, non iam ut amicum, sed ut extraneum suis interesse agendis noluit.* — Durch das Verhalten Heinrichs wurde Ludwig zur Opposition gedrängt. Offne Feindschaft gegen das Reich ist unerweislich und unwahrscheinlich; die Darstellung des Konrad von Fabaria wertvoll, aber durchaus Parteischrift. Wie man das Verhältnis Ludwigs zum Kaiser unmittelbar nach seinem Tode im Publikum auffafste, zeigt ein Spruch des Bruder Wernher, den man bei der Beurteilung dieser Dinge nicht übersehen darf (MSH. 2, 19). Dafs der Kaiser den Herzog habe ermorden lassen (16. Sept. 1231 auf der Kehlheimer Brücke) ist nicht glaublich. Wenn ein politischer Mord vorliegt, ist er viel wahrscheinlicher auf den Anhang König Heinrichs zurückzuführen, der die Anklage gegen Friedrich am lautesten verkündete. Nach dem Morde mufste der Abt von St. Gallen im Auftrage Heinrichs nach Österreich. Nicht ohne schwere Besorgnis machte er sich auf den Weg, denn durch die Nebenbuhler, die er am Hofe hatte, war ausgesprengt, dafs er Fürstenmörder in seinem Gefolge habe. Conrad de Fabaria MG. SS. 2, 181. Vgl. Winkelmann, Friedrich S. 399.

805. Böhmer reg. imp. Nr. 128. 131. 139. 140. 146. 147. 148. 149. 181. 184. 187. 188. 189. Meiller Nr. 209. 210. 212. 213. 214. 219. 228. 229. 230. 231. 232. 233. 234. 235. 236. 287.
806. Winkelmann, Friedrich S. 321.
807. Ders. 8. 320. 808. Ders. S. 320 Anm. 2.
809. Böhmer, Reg. S. 234.
810. Winkelmann, Friedrich 1, 321.
811. Ders. S. 322 f. 898 Anm. 3.
812. Ders. S. 256 Anm. 4.
813. Wir bezogen früher mit Lachmann (zu 17, 11) den Spruch auf Philipp; aber ich glaube selbst in der übermütigsten Stimmung wäre Walther nicht darauf gekommen, diesen als *selbwahsen kint* zu behandeln. — Daffis und seine Anhänger meinen, dafs Walther hier sein Erzieheramt bei König Heinrich kündige; andere hatten schon vorher nach ähnlichen Posten ausgeschaut; s. Menzel S. 291 f. Menzel glaubt S. 296 den Spruch spätestens in das Jahr 1223 setzen zu müssen.
814. HMS. 2, 19. Vgl. Winkelmann, Friedrich I, 402. Vielleicht gehörte die Abneigung gegen die Gattin zu den Gründen, die den Herzog Leopold schon seit dem Herbst 1228 vom Hofe seines Schwiegersohnes fern hielten; oder die Abneigung bildete sich aus, als aus irgend welchen andern Gründen das Verhältnis zwischen Leopold und Heinrich gestört war. Nach Leopolds Tode (28. Juli 1230) verfolgte der junge König dann sein Ziel mit gröfserer Entschiedenheit, aber nicht mit gröfserem Glück. Der Widerstand, den auch der Herzog Ludwig leistete, mochte den jungen ungebärdigen Mann um so mehr verletzen, als Ludwig selbst früher die Verbindung Heinrichs mit der böhmischen Prinzessin eifrig gewünscht hatte (Winkelmann, Friedrich 1, 249 f.). — Auf keinen Fall aber kann Walther den Spruch 1225 gedichtet haben, um die Prinzessin vor dem leichtsinnigen Burschen zu warnen; solche Politik auf eigne Hand hat Walther nie getrieben; am wenigsten gestattete es aber damals sein Verhältnis zum Kaiser. Die Vertreter dieser Ansicht verzeichnet Menzel S. 305. Rieger S. 35 lehnt die Beziehung auf Heinrichs Ehebündnis überhaupt ab.
815. So Daffis u. a.; doch ist kein Grund diesen Spruch für jünger zu halten, als die beiden vorhergehenden; s. Menzel S. 343 f. Rieger S. 55 pflichtet der Deutung Daffis' nicht bei.
816. Rieger (S. 55) und Pfeiffer (vgl. auch Menzel S. 348 f.) sehen darin einen Angriff auf die Regierung König Heinrichs. Ich möchte wegen des Metrums und des Tones lieber annehmen, dafs er mit dem Spruch 83, 14 gleichzeitig sei.
817. Vgl. Winkelmann 1, 14. 470.
818. Scherer ZfdA. 18, 304.

819. Bartsch, Herzog Ernst (Wien 1869) S. CXXVIII f.
820. Lichtenstein, Eilhart von Oberge (Strafsburg 1877) XLVIII f.
821. Chron. Stederuburg. in Leibnitz Script. rer. Brunsv. 1, 867, angeführt von Gervinus Lit. Gesch. 1, 441.
822. Winkelmann 1, 75.
823. Dietz, Leben und Werke 8. 101.
824. Gervinus Lit. Gesch. 2, 54.
825. Winkelmann 2, 88 Anm. — Aimeric von Peguilain hat ein Loblied auf ihn gedichtet; Dietz, Leben und Werke S. 437.

III.

1. Man darf wohl annehmen, dafs der Sänger ein gröfseres Publikum berücksichtigen mufste als der Vorleser. Die epischen Gedichte, die Briefe und dergleichen waren für eine auserlesenere Gesellschaft, an die höhere Anforderungen gestellt werden konnten, und daraus erklären sich dann wohl einige auffallende Unterschiede zwischen den Liedern und den andern litterarischen Werken gleicher Zeit. Wenn die lyrischen Dichter sich hinsichtlich der Fremdwörter aufserordentlich enthaltsam zeigen, so möchte man dies zunächst aus dem Unterschied der Gattungen erklären; wenigstens für unser modernes Stilgefühl sind die Fremdwörter um so erträglicher, je näher die Kunstgattung der alltäglichen Rede steht. Aber es ist mir doch zweifelhaft, ob dieses Stilgefühl von Anfang an mafsgebend war und nicht vielmehr die Rücksicht auf Zuhörer wirkte, denen das *geriſelte tiutsch* nicht geläufig war. — In den Liedern kommen merkwürdig wenig Anspielungen auf Sage und Geschichte vor, die Epen setzen einen reicheren Umfang von Kenntnissen voraus. — In Hartmanns Epen, namentlich aber in dem Büchlein begegnen Bilder, Metaphern und poetischer Schmuck, der eine poetisch gebildete Phantasie voraussetzt, vielmehr noch bei Wolfram und Gotfried; die älteren Liederdichter sind sehr sparsam in dieser Beziehung, und manche geben ihren Metaphern die Erklärung mit auf den Weg oder führen sie umständlich ein: MF. 5, 13. 14, 2. 37, 81; vgl. Walther 99, 27 f. Auch Walther wendete eine reichere poetische Sprache erst an, als er die in Thüringen blühende Poesie kennen gelernt hat.

1a. Vom Recht (hrsg. von Karajan) 12, 19: *es ist reht das der leie eine chonen aige unde er ir rehte mite vare unde ein andir verbere. es ist reht das das junge wip vil wol siere den ir lip. diu sol einen man haben dem si ir vriunde wellen geben unt sol dem rehte mite varn und sol einen andern verbern.* Auch Herger (MF. 29, 27) tritt für die Heiligkeit der Ehe ein. Mit seinem Spruche ist zu vergleichen ein älterer in MSD. XLIX, 2, und das lateinische Sprichwort *rus magis in cqno gaudet quam fonte sereno*. Bezzenberger zu Frid. 71, 21. Proverb. 23, 27. Gregor 2050 *wunde sich hirât das wer das aller beste leben das got der werlde hete gegeben*. Auch die ritterlichen Didaktiker nehmen das Thema auf: Winsbeke 9, 1 *sun ob dir got gefüege ein wîp nâch sînem lobe ze rehter ê, die solt dû haben als dînen lîp*. König Tirol MSH. 1, 7ᵇ (31) *sun dû solt din tlich wîp haben liep alsam dîn selbes lîp; dart ob allen tugenden bunt, die rehten ê tuot uns got kunt*. Und ihnen schliefst sich Fridank an 99, 23—100, 9. 104, 6. Bezzenb. Anm. W. Gast 1370. Uhland 8, 236. 241.

2. Derselbe Dichter erzählt v. 507 f. wie er versucht habe Liebe in Liebe zu vergessen; es sei ihm manchmal gelungen, selbst bei vornehmen Frauen, aber in ihren Armen hätte er doch stets der alten Geliebten gedacht (vgl. Tristan und seine beiden Isolden). Ebenso Reinmar 159, 19: *Als eteswenne mir der lîp dur sîne boese unstaete râtet das ich var und mir gefriunde ein ander wîp, sô wil iedoch das herze niender wane dar*. (Gegen Reinmar richtet sich vielleicht Walthers Satire 70, 22; denselben Ton Reinmars greift er auch 111, 23 an). Ähnliche Gedanken bei Guillem de Cabestaing Michel S. 130 f. Heinrich von Melk, Er. 554: *swd sich die ritterschaft gesamnet, dâ hebet sich ir wechselsage, wie manege der und der behuoret habe. ir laster mugen sî niht verswigen. ir vuom ist von den wîben*. Bei Albrecht von Johansdorf wirft, wie es scheint, die Frau die Frage auf: *wær es niht unstaete, der weîn wîben wolte sîn für eigen jehen, beidiu tougenlîche? sprechet hêrre, worre es ihs?* 'wan sol es den man erlouben und den vrouwen niht' 89, 17. Fridanc 102, 16 *ein man vil maneges êren hât, das guoten wîben missestât; die man vil maneges krœnet, des diu wîp sint gehœnet. tuot ein wîp ein missetât, der ein man wol tûsent hât, der tûsent wil er êre hân, und sol ir êre sîn vertân, das ist ein ungeteilet spil: got solhes rehtes niht enwil*. W. Gast 4053 *ich wolt das ieglicher sînen lîp behüeten solt, man unde wîp: das wære gelân gezogenlîche. sus wenent aver sumelîche das es sî hüfscheit unde êre, swer der wîbe gewinnet mêre . . . swas ein man mit wîben tuot das sol alles wesen guot. das reht habe wir uns gemacht mit unsers gewaltes kraft* eta. Thomasin bekämpft diese Gesinnung wie Fridanc; sie sind strengere Sittenrichter. Hingegen Ulrich von Lichtenstein (Frauenbuch S. 629 f.) gewährt auch der Frau größere Freiheit; wenn sie unglücklich an einen Taugenichts verheiratet ist, der ihr nicht genug thut, soll sie sich unbedenklich einem Freunde hingeben; *sî mac mirs gerne volgent sîn, ich râte irs ûf die triuwe mîn*. Vgl. Nr. 23, 265.

2a (zu S. 159 Z. 9). Den Gegensatz hebt die steirische Reimchronik hervor (MSH. 4, 373 f.). Als König Manfred in der letzten Schlacht sich von vielen der Seinen verlassen sieht, citiert der

Schenke Oowrsius einige frühere Reden seiner Fiedler: *hubscher muot und wâfen zu einander niht gehœrie: hubscher muot enbœrte der herren solhen gedank, dâvon ir trûren wirdet crank. So kunnen die platten und die halsberge satten den lîb solher müede, das in se des mrien blüede ist se mâsen gâch.*
3. Scherer DSt. 2, 37 (171).
4. Bei Meinloh „der mit bewufster Absicht zu zeigen sucht, dafs er ein regelmäfsiges Verhältnis in der Gestalt des Dienstes durchzuführen verstehe" (Scherer DSt. 2, 22 f.) behält der Mann noch den alten Charakter, die Frau verdient seine Liebe; *wan ob ich hân gedienet, das ich diu liebeste bin* 13, 31. Beim Burggrafen von Regensburg versichert die Frau 16, 1: *'Ich bin mit rehter stætekeit eim guoten ritter undertân'*. Rugge 106, 22 *'ni lône als ich gedienet hân, ich bin diu vin noch nie vergas'*. (Der Ton ist auch sonst altertümlich; das Motiv von Str. 105, 15 wäre natürlicher im Munde der Frau). Vgl. auch Walther 12, 11 *'ein man der mir wol iemer mac gebieten swas er wil'*.
5. Parz. 18, 8 *doch wände der gefüege, das nieman krône trüege, künee, keiser, keiserin, des messenie er wolde sin, wan eines der die hôhsten hant trüege ûf erde ûbr elliu lant.* vgl. ZfdA. 26, 22 v. 68 f. *des vûrgedâne was in der jugent, er wolte se herren nieman hân, wan den man nante den tiursten man.*
6. Strickers Frauenehre (ZfdA. 7, 498) v. 569 *hæts diu werlt niht trouwen, wâ solte man ritter schouwen? wâ bi würden si bekant? zewiu solte in danne guot gewant? was gæhe in danne hôhen muot? und war nuo wære ir name guot? was solte in immer mêre vröude, lop und êre? sine gerten hôher rosse niht, ir schilde würden ouch enwiht, in würden schilde sam diu kleit; elliu wertlich wordekeil diu würde sô ungenæme das niemen des gezæme das er den andern gezæhe, ezn wære das es geschæhe in einer taverne. diu wærde ein leitesterne, dâ müesen alle die genesen, die mit der werlde wolden wesen.*
7. Treffend hebt Reinmar in seinem berühmtesten Vortrag diesen Widerspruch hervor. Er quält sich in Gedanken, ob er wünschen soll, dafs seine Dame von ihrer weiblichen Ehre etwas nachlassen, oder ob sie sie behaupten und weder ihm noch andern gewähren soll; beides macht ihm Schmerz: *ichn würde ir lasters niemer erb: vergêt si mich das klage ich iemer mê* (165, 37—166, 5).
8. Der Gedanke, dafs man die Liebe geheim halten müsse, steht bei den Troubadours mehr im Vordergrunde als bei den deutschen Dichtern; Michel S. 163 f. 192. Stellen, wo die tougenminne erwähnt wird, hat Werner im AfdA. 7, 142 gesammelt. In dem Gedicht von der Mâze (Germ. 8, 97 f.) gilt sie fast als Lebensziel für Herren und Damen; wer die mâze hat: *der mag ouch tougen haben der vrouwen minne mit aller slahte dinge.* 125 *ir minne sint*

vil guot, die si danne getuot mit tougenlîchen dingen. 171. 175. 197. In den höfischen Minneliedern wird der Ausdruck gemieden; aber sie setzen die Sache voraus; (ebenso Eilhart im Tristant, Lichtenstein CLXVII). Meinloh 14, 6 rühmt die Verschwiegenheit als Summe aller Tugenden 14, 16; *der dô wol helen kan, der hât tugende aller meist, sô ist er guot frouwen trût, sô mac er vil wol triuten swie er wil.* (Vgl. den anonymen Spruch 8, 12 *Tougen minne diu ist guot* etc.) Dem gemäß läßt der Ritter *verholne sînen dienest bieten* 14, 5. In einer Strophe Rietenburgs (17, 1) erinnert sich die Frau mit Sehnsucht: *das ich sô güetlîchen lac verholne an sîne arme.* Kürenberg würde selbst zur Geliebten gehen, wenn er nicht fürchtete, sie zu verraten 10, 11 (vgl. Peirol, Michel S. 185); er giebt ihr eine Anweisung, die aufmerksame Gesellschaft zu täuschen 10, 1. Veldeke hofft 68, 4 *die huote zu betriegen*, er rühmt die Frau, *das si die huote sô betriegen kunde, als der hase tuot den wint* 64, 5. — Parz. 8, 20 *manegen kumberlîchen pin wir bêde dolten umbe liep. ir wâret ritter unde diep, ir kundet dienen unde heln: wan kunde ouch ich nû minne steln.* 1 Büchlein 18—28. 313—330. In diesen Stellen handelt es sich um Verheimlichung des Verkehrs, an andern um das Verbergen der Empfindung; jenes ist praktische Klugheit, dieses sittliches Ringen. Schon Meinloh hat davon gehört. Er verlangt von dem Liebenden, er müsse *underwîlen senelîche swære tragen verholne in dem herzen; er ensol es nieman sagen.* Dietmar von Eist 38, 5: ' *Ich muos von rehten schulden hô tragen das herze und al die sinne, sît mich der aller beste man verholne in sîme herzen minne*'. Rugge 103, 21 *das aller beste wip, diu nâhe an mînem herzen lit verholne nu vil manegen tac.* 106, 28 *min lip ie vor den bœsen hal das ich si mê mit rehten triuwen meine dann ieman kunde wizzen sal.* Reinmar 178, 89 ' *sô getâner arebeit als ich tougenlîche trage*'. 173, 24 *ich hân ir gelobet ze dienen vil, darzuo das ichs gerne hil, unde ir niemer umbe ein wort geliegen wil.* Morungen 124, 8 *mine senede klage, die ich tougen trage.* vgl. 132, 3. 11. 17 f. Er wagt nicht sein Herz zu öffnen, weil er fürchtet so die Geliebte, die darin wohnt, zu verraten 127, 1. Er versichert gar, und ruft Gott zum Zeugen an, nie seine Liebe ausgesprochen zu haben 135, 1. 25. So mag er mit Recht behaupten: *swer mir des verban ob ich si minne tougen, seht der sündet sich* 138, 25. Vgl. auch Nr. 60. 562.

9. Nur Heinrich von Veldeke, der erste der höfischen Sänger, der sich auch noch genossenen Liebesglückes rühmt, tadelt die Gatten wegen ihrer Eifersucht; aber in einem Liede, in dem er zugleich die Unschuld oder Nichtigkeit des ganzen Minnewerbens versichert 64, 84. Hausen 49, 4 sagt ausdrücklich: *si werent hüeten mîn, die sîn doch niht bestât.* — Die Troubadours bewegen sich freier (Michel S. 156). — In den deutschen Gedichten wird die Ver-

wandtschaft der Frau überhaupt selten erwähnt, wenigstens nicht
ausdrücklich bezeichnet. Bei Reinmar 196, 29 bedauern die Verwandten, die *friunt*, das liebesieche Mädchen; bei Hartmann 216, 8
stellen sie dem Mädchen die Wahl, zwischen ihnen und dem Geliebten.
 10. Verlangende Liebe: Kürenberg 8, 1. 25. — Sehnsucht von
der Unto befreit zu sein: Dietmar 32, 1. — Kampf der Pflicht: MF.
54, 1. Reinmar 192, 25. Walther 113, 31. — Halbes Gewähren: Reinmar
176, 1. 186, 19 (vgl. Eneit 56, 39. 277, 1). — Entschluss sich ihm
ganz hinzugeben: MF. 6, 5. Hartmann 216, 1. — Versicherung der
Treue: MF. 209, 10, und unwandelbarer Liebe: MF. 8, 1. Rietenburg
18, 1. Regensburg 16, 8. — Mahnung um Lohn: Rugge 106, 15. —
Das Glück des Besitzes: Regensb. 16, 1, und genossener Liebe: MF.
4, 35 Walther 39, 11. — Mahnung zur Treue: Kürenberc 7, 1. —
Eifersucht: MF. 4, 1. 30. 37, 4. 18. Kürenberc 8, 33. Meinloh 18, 27.
Morungen 142, 26. — Furcht vor der Trennung: Kürenberc 7, 10. —
Klage über Verleumder: Meinloh 13, 14. — Sehnsucht nach dem
Entfernten: MF. 3, 17. Kürenberc 8, 17. 33. Regensburg 16, 23.
Reinmar (?) 199, 25. — Freude über seine Ankunft: Meinloh 14, 26.
Dietmar 39, 30—40, 18 (Burdach S. 77). — Schmerz über Trenlosig-
keit: Hartmann 212, 37. — Über den Verlust des Geliebten: Kürenberc
7, 19. 9, 13. — Über seinen Tod: Hartmann 217, 14. Reinmar 167, 31.
— Sehr selten zeigt die Frau in den Strophen, die ihr selbst in den
Mund gelegt sind, den Charakter, welchen der übrige Minnesang
voraussetzt: Veldeke kennt die sehnsüchtigen Frauenstrophen nicht;
in einem Liede (67, 17) kommt spröde Tugend zum Ausdruck, in
einem andern fünfstrophigen (57, 10) versagt die Dame in harten
Worten dem Manne ihre Huld, weil er zu hohen Minnesold verlangt habe. Die Art, wie nachher Reinmar und Walther dasselbe
Sujet behandeln, zeigt, dass dieser herbe Ton im Munde der Frau
nicht gefiel. Wenn in einem Liede Reinmars (171, 32) der Ritter,
der sich im Minnekampf auf sein Recht berufen will, eine kecke Antwort erhält, so zeigt sich darin nicht sowohl ein harter Charakter
der Frau, als die Freude am Witz. Endlich ein viertes Gedicht,
das letzte unter Dietmars Namen überlieferte, soll auch witzig sein
und tritt überhaupt aus dem Kreise höfischer Sitte. — Über die
Frauenstrophen in Wechseln s. Nr. 11.
 10a. Vgl. Scherer DSt. 2, 81 [515].
 11. Dieselben Empfindungen wie in den Frauenstrophen:
Sehnendes Verlangen: Dietmar 34, 3. Rugge 107, 7. Reinmar 196, 4.
Walther 110, 17. — Liebesklage: Dietmar 35, 16. Reinmar 155, 27
(Burdach S. 81). Walther 64. 13. Albrecht von Johansdorf 94, 15.
— Bekenntnis der Liebe: Regensburg 16, 15. Dietmar 32, 13. 36, 5.
37, 30. Hausen 48, 32. Morungen 130, 31. Reinmar 151, 17. Walther

71, 35. — Wonne des Besitzes und Genusses: MF. 4, 17 (vgl. Burdach S. 80 A.). Rietenburg 16, 1. Dietmar 36, 5. 36, 32. 39, 30 (Burdach S. 77 nimmt auch die erste Strophe als Frauenstrophe). Morungen 143, 22. Rugge 106, 3. — Zurückhaltende Neigung der Frau und Freude des Mannes: Rugge (?) 110, 8. 110, 34 (die zweite Strophe wollte an erster Stelle stehen). Reinmar 151, 1 (bestritten von Burdach 76. 81). — Stürmisches Verlangen der Frau und Abweisung: Kürenberg 8, 1. 9. 29. — Verlaugen des Mannes und furchtsame Erwiderung der Frau: Rugge 100, 12. — Banges Bedenken und Beschwichtigung: Johansdorf 91, 8—35 (ich nehme an, daſs die Verse 91, 22—35. 8—14 der Frau gehören und auf diese eine Mannesstrophe folgt v. 15—21. — Versicherung und Mistrauen: Reinmar 152, 15 und E 336 (MF. 269). Walther 71, 19.

12. Heinrich von Morungen hat zwei sehr hübsche Lieder (130, 31. 143, 22) zu vier Strophen, die umsichtig verteilt sind; bei Albrecht von Johansdorf (94, 15) folgen auf zwei Strophen des Mannes zwei der Frau (andere Auffassung bei Burdach S. 80). — Ungleiche Verhältnisse bei Rugge 103, 3 (3 : 1). Johansdorf 91, 6 (3 : 1). Rugge 110, 34 (2 : 1). Reinmar 151, 33 (3 oder 2 : 1). 171, 32 (2 : 1). Dietmar 40, 19 (2 : 1). Walther 71, 35. Bei Dietmar 32, 13. 36, 32. 39, 30 folgt, ohne engeren Zusammenhang, auf den Wechsel eine dritte Strophe. Auch 32, 1—4 9—12 kann man als Wechsel ansehen, der durch die zweite Strophe desselben Tones unterbrochen ist. Bei Reinmar 171, 32 folgen noch zwei Strophen auf den Wechsel; ebenso bei Walther 119, 17.

13. „Es ist nicht ein wirkliches Unterreden, sondern verwandte Stimmen hallen zusammen, wie zwei ferne Abendglocken" Uhland 5, 147. — Ob ein Wechsel stattfindet oder nicht, ist zuweilen zweifelhaft. Von den angeführten Wechseln sind im MF. nicht als solche bezeichnet: 16, 5. 16, 1. 32, 13 (Burdach S. 80). 34, 3 (Scherer DSL 2, 43 f.). 35, 16. 37, 30. 91, 8 u. a. Bei Veldeke stehen die beiden ersten Lieder im Verhältnis eines Wechsels.

14. Meinloh von Sevelingen 12, 1. 14 verschiedene Grundsätze in der Liebe. Veldeke 58, 11. 59, 35 Frühlingslied und Winterlied; der Ton beider Lieder ist nicht gleich, aber ähnlich. Rudolf von Fenis 83, 25. 36 Winterlied und Frühlingslied; beide behandeln die Liebe im Gegensatz zur Jahreszeit; der Ton ist gleich, nur muſs man die dritte und vierte Zeile jedes Stollen als Einheit auffassen und 84, 5. 6 die Lesart von B aufnehmen (Weiſsenfels). Heinrich von Rugge 106, 24. 107, 7 Winterlied und Frühlingslied. — Einige jüngere Beispiele bei Scherer DSt. 1, 47 f.; aber MF. 28, 30. 27 gehören mit der vorhergehenden Strophe zusammen.

15. Meistens in solchen Liedern, wo der Sänger als dritte Person, als Erzähler auftritt: Kürenberg 8, 9. Dietmar 32, 5 (Ab-

schiedslied kleinsten Umfangs). MF. 4, 85 (dsgl.). Ein Bote überbringt den Antrag und nimmt den Bescheid entgegen: Reinmar 177, 10. Hartmann 214, 84. Walther 112, 35. In Reinmars Lied 195, 37 klagt die Frau einem nicht näher bezeichneten Verwandten ihr Leid. Die bedeutendste Gattung dieser Art wurde das Tagelied, dessen erstes Beispiel Dietmar 39, 29 bietet (Scherer, DSt. 2, 52 [486] f.) — Der Sänger selbst im Zwiegespräch mit der Dame begegnet zuerst bei Johansdorf 93, 12; aber auch dieses Lied hat erzählenden Eingang. Ganz von epischer Darstellung getragen ist das Lied MF. 6, 14, das trotz des Reimes *rit : wip* gewifs nicht alt ist; die Situation scheint im Gegensatz zu der des Tageliedes gedacht zu sein. — Den reinen Dialog zwischen dem Sänger und der Frau, ohne jedes epische Element, bietet erst Walther: 85, 34 behandelt dasselbe Thema wie Johansdorfs Dialog; 48, 9 erörtert die höfischen Tugenden im allgemeinen; 70, 22 die Pflichten des Liebenden. Augenscheinlich verbot es die Sitte, die Gesinnungen und Empfindungen, auf denen Wechsel und Tagelied beruhen, in der dramatischen Form des persönlichen Zwiegespräches darzustellen.

16. Ob ihnen das immer gelingt, ist eine andere Frage. Über MF. 37, 4 s. Scherer DSt. 2, 3 f. Auch die poetische Anschaulichkeit von 8, 17 scheint den Gedanken, ein Mädchen schildere sich selbst auszuschliefsen. In Walthers gepriesenem Liede 39, 11 kann nur die hohe Kunst über die Unnatur der ganzen Situation, zu der der konventionelle Inhalt der Frauenstrophen führte, hinwegtäuschen.

17. So in den Dialogen (Anm. 15) Dietmar 32, 7. MF. 5, 6. 6, 27. 8, 9. Johansdorf 93, 12. In Wechseln Dietmar 89, 7. Johansdorf 94, 35. MF. 203, 11. In selbständigen Frauenliedern MF. 37, 4. Dietmar 32, 3. MF. 6, 5. Veldeke 57, 10.

18. Über das Tagelied s. Lachmann S. 203 f. Bartsch im Album des lit. Ver. Nürnberg, Jahrg. 1865. Namentlich Scherer, DSt. 2, 53 f. Vgl. auch Burdach S. 77. 82. Michel S. 145 f. Morungen 143, 29 löst auch den Stoff des Tageliedes in rein lyrischen Wechselgesang auf. Die von J. Schmidt in der ZfdPh. 12, 333 mitgeteilte 'älteste Alba' hat man keinen Grund für ein Liebeslied zu halten; von Liebenden kommt in den erhaltenen Strophen nichts vor; vgl. Laistner, Germ. 20, 418 f. und Scherer S. 57 f.

19. Die significante Situation, dafs die Frau oben an der Zinne oder im Fenster steht (vgl. Wolfram, Tit. 117 f. MF. 37, 4), der Sänger auf dem Hofe (wie Horant in der Gudrun, braucht Kürenberg 8, 1 (9, 29), Morungen 129, 14. 136, 37. Sonst halten sich die Personen des Minneliedes in den gewöhnlichen Formen des geselligen Verkehrs.

20. Heer- und Kreuzfahrt, die in manchen der älteren Liebeslieder so wirksam benutzt werden (ersteres bei Berger von Horheim

114, 21 Heerfahrt nach Pülle; Hartwic von Rute 116, 1 auf der Heimkehr; letzteres bei Friedrich von Hausen 47, 9. 48, 3. 51, 33; Albrecht von Johansdorf 86, 25. 87, 29. 87, 5; vgl. Reinmar 180, 28. 181, 13), führt Walther nicht als Motive seines Scheidens an. Er begründet dasselbe durch den Hinweis auf die gefährdete Stellung des Berufdichters; er mufs den *schamelôsen* das Feld räumen 64, 4.
21. Kürenb. 8, 1. 9. 17. 83. 29. MF. 87, 4. Dietmar 39, 16.
22. MF. 4, 5 *vil ist unstæter wîbe: diu benement ime den sin.
... sie enkunnen niewan triegen vil menegen kindeschen man. owê mir siner jugende! diu muoz mir al ze sorgen ergân!* 4, 30 *das nident ander frouwen und habent des hazund sprechent wir ze leide daz si in wellen schouwen.* Kürenberg 7, 1. 8, 33 *Ich rôch mir einen valken* etc. Meinloh 13, 27 *mir wellen miniu ougen einen kindeschen man. das nident ander frouwen.* MF. 37, 13 *mîn trût, dû solt gelouben dich anderre wîbe: wan, hel, die solt dû mîden.* 37, 23 *mîn trût, dû solt gelouben dich anderre wîbe: wan, hel, die solt dû mîden.* Dietmar 33, 35 *jâ sol er niemer hövischer man gemachen allen wîben guot.* An andern Stellen ist nur von Untreue die Rede, ohne dafs der Nebenbuhler gedacht wird.
23. Vgl. Johansdorf 86, 4 *soll ich minnen mêr dan eine, daz enwære mir niht guot: sône minnet ich deheine. seht, wie maneger ez doch tuot.* Morungen 142, 26 'Gerne wil ein riter sichen vich ze guoten wîben: dést mîn rât. bæsiu wîp diu sol man fliehen: er ist tump swer sich an si verlât: wan sîne gebent niht hôhen muot. iedoch sô weiz ich einen man, den ouch die selben frouwen dunkent guot'* u. s. w. Auch der wälsche Gast v. 11927 f. tadelt den hoffärtigen Mann, der darauf ausgeht, *das er gewinnet wîbe vil dâ von, das er sich ir rüemen wil.* Vgl. Nr. 2. 205.
24. Kürenberc 9, 27 *wan minnest einen bœsen, des engan ich dir niet.* Morungen 131, 33 *sine sol niht allen liuten lachen alsô von herzen same si lachet mir, und ir an sehen sô minneclîch niht machen. waz habet ieman ze schouwen daz an ir, der ich lebn sol und an der ist al mîn wünne behalten?* vgl. 129, 88 f. und Michel S. 167. Reinmar 197, 36 *ich weiz manegen guoten man an dem ich nide, daz si in sô gerne siht, durch das er wol sprechen kan. doch træste ich mich des einen, si engehœret niht* etc. (vgl. Walther 121, 24—30). 201, 26 *wê das si sô maneger siht, der sînen willen reden wil sallen stên und ich niht* etc. 2. Büchl. 689 *sô si sô maneger êrt und an ir minne kêrt sînen vlîz und manegen list, der lihte maneger tugent ist tiurre danne ich selbe si, sô ich von ir bin und er ir bî, daz ist daz mir den schaden tuot: dâ von erviele engels muot.* Hausen 50, 28 preist sogar die Hute, weil sie lästige Gesellen von der Frau fern halte. Morungen gewinnt es einmal über sich die Umgebung der Frau zu rühmen 146, 29: *dîne redegesellen die sint swie wir wellen, guoter*

worte und guoter site, dâ bist dû getiuret mite. vgl. Reinmar 197, 36. — Nr. 556.

25. MF. 64, 7 *'und ist daz mîn angest gar, sin nemen wol tûsent ougen war, swenne er kome dâ ich in sê'*. Morungen 126, 32 verwünscht die, welche ihm den Blick der Geliebten abfangen. Reinmar 151, 1 *'si koment underwîlent her, die bas dâ heime möhten sîn'*. 170, 26—35 *maneger zuo den frouwen gât und swiget allen einen tac und anders nieman sînen willen reden lât;* keiner würde ihm einen Vorwurf daraus machen, wenn er einem andern den Platz räumte.

26. Schon bei Veldeke 58, 17 *frâg iemen swer si si, der kenne si dâ bî, ez ist diu wolgetâne.* Ubland 5, 257. Schmidt, Reinmar S. 51. Bei andern Dichtern des MF. kommt gerade diese Frage nicht vor (vgl. Gaillem von Cabestaing, Dietz, Leben und Werke S. 90). Ähnliche hat Reinmar: *nieman fråge mir se leide, wes mîn tumbes herze frôuwe sich. wil er das ichs ime bescheide schône und minneclîche daz tuon ich* 183, 9. *ein rede der liute tuot mir wê.. si frågent mich se vil von mîner frouwen jåren* 167, 13. S. auch Anm. zu 63, 32. — Über Verstecknamen Werner ZfdA. 25, 141 f. Michel 8, 142. 144.

27. Vgl. Kürnberg 10, 1. Gutenburg 75, 15. Hausen 50, 33. Walther 183, 8.

28. Das Wort *merkære* brauchen Kürenberg 7, 24. Meinloh 12, 20. 13, 14. 14, 17. Regensburg 16, 19. Friedrich von Hausen 43, 34. 50, 32. Bernger von Horheim 113, 17. 27. Reinmar 176, 34. Weniger bestimmte Ausdrücke: *valscher liute* mit Rugge 107, 1. *valscher liute vdre* Gutenb. 72, 8. *von einer schar sê wide gar* Gutenb. 75, 19. *lügenære* Kürenberg 9, 17. Meinloh 13, 14. Fenis 85, 15. *Der valschen sît* Reinmar 197, 37. s. auch Lichtenstein, Eilhart CLXVII.

29. Vorwürfe, die gegen die *merkære* gerichtet werden: Sie beneiden dem Liebenden seine Hoffnung: Regensb. 16, 19, und Freude: Reinmar 151, 7, und hindern ihre Erfüllung: Rugge 107, 1, sie stören traulichen Verkehr: Hausen 48, 32. 50, 32. Gutenburg 72, 5. Morungen 143, 16. Reinmar 176, 33. 196, 9. Fenis 85. 15. Morungen 131, 10—24, und verdrehen die Worte: Reinmar 175, 36—176, 4. 180, 4. 195, 16, sie verursachen üble Nachrede: Meinloh 13, 14, und entzweien die Liebenden: Kürenberg 7, 24. 9. 19. Meinloh 12, 16. 18, 6. Ausführlich spricht Gutenburg 75, 19 *von einer schar se wide gar. vor der sô muoz ich decken bar und hûeten mich doch alle tage vil îhre vor ir rungen slage und vor ir unrekanten spehe.* 1 Büchlein 1649—1660. Lehfeld 2, 393.

30. *Die mir in dem winter froide hânt benomen, si heisen wip si heizen man — diniu sumer zît, diu müeze in baz bekomen. Owê daz ich niht fluochen kan.* Den Fluch, den Walther zurückhält,

(vgl. Fenis 85, 21), sprechen andere aus: Kürenberc 9, 18 *got der gebe in leit!* Meinloh 13, 14 ' *Sô wê den merkæren!*' Veldeke 58, 11 *Swer mir schade an miner frouwen, dem wünsche ich des rises daran die diebe nement ir ende.* 1 Büchlein 1685 *schadet mir iemannes nit, wan wære er erhangen!* Hausen 48, 36 *die dirt von der mir nie geschah dehriner stahte liep. wan der die helle brach, der fürge in wê und ach.* Morungen 131, 13 *ich fluoche in unde schadet in niht, durch die ich ir muos frömede sin.* Vgl. Worner AfdA. 7, 142. Michel S. 233 f. 147. 149. 150. Burdach S. 58 f.

31. Hausen 43, 29. 44, 3. Veldeke 60, 4. Ulrich von Gutenburg 75, 24—28. Bernger von Horheim 113, 17. 27. Denn wer die Gunst der Geliebten hat, dem kann der Neid gleichgültig sein: Reinmar 195, 16. 152, 10. 184, 24. 200, 17. Walther 74, 2. Lehfeld 2, 384. Nr. 246. 512. 502.

32. *huote noch der nit* Hausen 43, 29. 50, 23. 32.

33. Hausen 43, 34 *was sold ich dan von den merkæren klagen, nu ich ir huote alsô lützel engelde?*

34. Vgl. Hausen 43, 29 *da enmac mir gewerren weder huote noch der nit, mirn wendet ir hulde nieman wan si selbe.*

35. Fridank 101, 5 *swie sêre ein wîp behüetet si, dannoch sint ir gedanke fri.* Wälsche Gast 1206 *nu sage mir, was hilfet das. ob ich ir lîp sperre wol, ist danne ir will niht, als er sol? dehein slôz verhabt den muot.* Die älteren Minnesänger nutzen den Gedanken nicht. Vgl. aber Hausen 50, 32 *lâze ich iht durch die merkære frömde ichs mit den ougen, si minnt iedoch min herze tougen.*

36. Die Hute entzieht die Geliebte dem Anblick: Morungen 136, 27. 39. 137, 6; sie raubt den Verkehr: Regensb. 10, 23. Dietmar 32, 3. Hausen 51, 10. Gutenb. 74, 17. Reinmar 179, 6; die Gegenwart des Freundes wäre gut, wenn sie ohne Angst sein könnte: Ruggo 100, 23. Albrecht von Johansdorf fand in einem unbewachten Moment Gelegenheit, ihr einen Antrag zu machen 93, 12; ebenso Hartmann 215, 24; auch Reinmar, aber dessen Schüchternheit findet keine Worte 164, 21. Rechte Liebe läfst sich weder durch Hute noch durch Merker abschrecken; s. Nr. 176. — Die Hute wird verflucht, wie die Merker Hausen 51, 11. Morungen 136, 37; der letztere wünscht, die *huetære* möchten taub und blind sein, damit er sein Leid mit Gesang künden könne 131, 27. *diu übele huote* 2 Büchl. 97 u. a., aber andererseits ist sie erwünscht, denn wenn sie notwendig ist, setzt sie Neigung der Frau voraus. Das liebende Mädchen selbst gesteht, dafs sie der Hute bedürfe, Reinmar 192, 32; der Mann klagt, dafs die Hute ihm nicht schade: Hausen 43, 29. 44, 5 f. Reinmar 179, 8. Ja Hausen findet sogar darin einen Vorteil, dafs sie die Frau vor lästigem Verkehr schütze, ob er schon selbst darunter leide 50, 23.

37. Morungen 143, 21 wünscht, dafs die Frau die Hute be-

trügt: Veldeke 68, 4 hofft dasselbe; ja er ist keck genug zu sagen, daſs sie die huote betrügen konnte *sam der hase tuot den wint* 64, 5; vgl. auch Meinloh 12, 21 f.

38. *jâ hât dich vil wol behuot der vil reine wîbes list der guotiu wîp behüeten sol* 97, 28. Bei guten Frauen ist die Hut unnütz, ja schädlich Veldeke 65, 21; sie macht Wankelmut Morungen 137, 6 (Michel S. 48. 169. 191 vergleicht ein Lied des Grafen von Poitou). Eilhart 7878 *mich wundert, wes he denkit der sines wîbes hütet, wen sîdt in ir gemüte nicht williglichen dar, sô mag he nimmer sie bebewarn.* Iwein 2890 *ein wîp die man hât erkant in alsô stætem muote, diu endarf niht mêre huote wan ir selber êren. man sol die huote kêren an irriu wîp* etc. Vgl. Fried. 101, 7 *Dehein huote ist sô guot, sô die ein wîp ir selbe tuot.* Bezz. Anm. Lohfeld l'Hb. 2, 884.

39. Der Bote überbringt den Antrag; ebenso Kürenberg 10, 12. Meinloh 11, 14. — Vgl. ferner Dietmar 32, 18—33, 6. 38, 14. MF. 7, 1. Rugge 107, 17. Reinmar 152, 21. 177, 10. 178, 1. Hartmann 214, 34. Frohe Botschaft erwähnt Meinloh 14, 26. Rugge 110, 17. Morungen 147, 17 (vgl. Michel S. 70 f.). Reinmar 152, 14. Andere sprechen das Verlangen darnach aus: Hausen 45, 15. Rugge 107, 16. Hartwic von Rute 116, 1. Reinmar 175, 19. — Lieder als Boten Hausen 48, 19. 51, 27. Bernger von Horheim 113, 35. Kaiser Heinrich 5. 16. 20; als Vermittler des Verkehrs Morungen 132, 11. Hartmann 206, 29 (Michel S. 153. 165 f.); ebenso das zweite Büchlein v. 811 f. — Über das Geleit in romanischen Liedern s. Michel S. 160. 168. 228. Liebesbriefe eb. 166 f.

40. Schmidt, Reinmar S. 90. Uhland 5, 120. 249. Wackernagel Afrz. Lied. 210. Scherer AfdA 1, 199 f. — Pars. 96, 12 *dô was des abrillen schîn ergangen, daz nâch komen was kurz kleine grüene gras. daz velt was gar vergrüenet; daz ploediu herzen küenet und in gît hôchgemüete. vil boume stuont in blüete von dem süezen luft des meien. ein* (Gahmuret) *art von der feien muose minnen oder minne gern.* Vgl. die hübsche Stelle im Iwein 6524—6541: *diu zwei jungen senten sich vil tougen in ir sinne nâch redelîcher minne, unde vröuten sich ir jugent, und redten von des sumers tugent und wie si beidiu wolten, ob si leben solten, guoter vröude walten. dô redten aber die alten, si wæren beidiu samt alt und der winter wurde lîhte kalt: sô solten sie sich behüeten mit rûhen ouhshüeten* etc.

41. Dietmar 33, 15 *Ahî nû kumet uns diu zît, der kleinen vogelîne sanc.* Reinmar 158, 1 *Wol ime, das er ie wart geborn, dem disiu zît genædeclichen hine gât.*

42. Uhland 3, 389. 469 f. Grimm DWb. 2, 500 s. v. *bühli.* Lexer s. v. *maienbat.*

43. Die Frau harrt mit Sehnsucht, ob der Sommer ihr den ge-

liebten Mann zuführen werde MF. 3, 34; ein Bote tritt auf: Meinloh 14, 1 *Ich sach boten des sumeres, daz wâren blaomen alsô rôt;* er bietet der Frau den verschwiegenen Dienst des Ritters, sie möge ihm für den Sommer Freude spenden, nicht eher werde er froh werden, als bis er in ihren Armen ruhe. Sie freut sich seiner Ankunft: Meinloh 14, 26; stellt ihm süfsen Minnelohn in Aussicht, Meinloh 14, 34. Rugge 106, 6, Reinmar 196, 23, noch ehe der Winter kommt MF. 6, 5. Der Herbst bringt die Trennung; die Frau fürchtet, dafs der Mann in fremder Umgebung sie vergesse, Dietmar 37, 16; sie klagt, dafs er sie meide, MF. 4, 1; er aber verspricht, auch im Winter treu zu bleiben: Rietenburg 16, 17. Dietmar 87, 30. Rugge 99, 29. 106, 24. Der neue Sommer fordert zur Erneuerung des Dienstes auf, Veldeke 65, 28; der Ritter, der im Winter einsam gelegen hat, freut sich der Aussichten, die Blumen und Sommerzeit verkünden, Regensburg 16, 15; er sieht der Botschaft der Dame entgegen, Rugge 107, 7; die Liebenden hoffen auf die Wiederkehr alten Genusses, Dietmar 34, 3—18. Auch Hartmanns Lied 214, 34 gehört hierher; aber er hüllt die Wünsche bescheiden ein und erhält eine zurückhaltende Antwort.

44. Ein Sommerlied der niederen Minne ist auch unter Reinmars Namen 203, 24 überliefert; aber die Autorschaft ist zweifelhaft.

45. Der Sommer ist der Gegenstand der Hoffnung: MF. 4, 18. 6, 14. Rugge 108, 14. Reinmar 191, 25, die Zeit der Freude: Rietenburg 19, 7. Rugge 109, 9. Johansdorf 90, 28; wehe denen die sie nicht geniefsen: Veldeke 60, 29. Reinmar 194, 31. Es ist Sommer, ich will froh sein, Veldeke 57, 10; ich hoffe noch: Rietenb. 19, 7. Dietmar 83, 15. Johansd. 90, 32; die Frau gewährt Trost: MF. 6, 14, Rugge 106, 6, Freude: Veld. 64, 17. Reinmar 193, 33, Liebe: Veldeke 69, 23, der Gedanke an sie hebt das Herz, Reinmar 165, 1. Es ist Sommer, ich will froh sein, wenn sie nur Gnade giebt: Albr. v. Johansd. 90, 16. Hartw. v. Rute 117, 14; könnte ich ihre Huld erwerben, Veldeke 62, 25. 66, 1. — Der Sommer ist da, aber ich mufs klagen, meine Not ist zu grofs, Veldeke 58, 28, meine Hoffnung unerfüllt, Rugge 109, 9, sie ist hart: Ulr. v. Gutenburg 77, 86. Rudolf von Fenis 83, 86, Reinmar 158, 1, ich bin von ihr getrennt: Hausen 48, 11. 1 Büchlein v. 1789 f., ich mufs ihn missen, Reinmar 190, 23, ich habe ihre Gunst verloren, Veldeke 55, 1, Leopold ist tot, Reinmar 167, 31. — Das Scheiden des Sommers ist mir gleichgültig, denn er hat keine Liebe gewährt: Fenis 83, 25. Reinmar 169, 14, er vermag nichts gegen meinen Kummer, Reinmar 188, 31, der Sang mufste auch im Sommer *des winters wâpen* tragen, Hartmann 205, 1.

Der Winter bringt allgemeines Trauern: MF. 37, 18. Dietmar 84, 15. Veldeke 59, 11. 57, 9. Rugge 106, 14, aber ich klage nicht um ihn, sondern um die Liebe, Reinmar 169, 9. Der Winter bringt Trauer, aber sie könnte meinen Kummer in Freude wandeln: Gutenburg 69, 4. Fenis 82, 26; wenn ich ihre Liebe hätte, wäre mir das Scheiden des Sommers gleichgültig, Bligger von Steinach 118, 7, der Winter willkommen: Dietmar 85, 16. Fenis 83, 25, *lieber hete ihr minne dann al der vogele singen* Dietmar 82, 17. Der Winter ist da, aber ich habe gute Aussicht. Veldeke 64, 26, ich klage den Sommer nicht, wenn ich an sie denke, Morungen 140, 32. Die Liebenden, die glücklich vereint sind, preisen den Winter: MF. 6, 9. Dietmar 39, 30. Hartmann 216, 1, und die lange Nacht: Dietmar 85, 20. 39, 35. 40, 3. Reinmar 150, 25. Hartmann 216, 4. Sommer und Winter sind gleichgültig, ohne Freude für den Unglücklichen (Fenis 83, 25. Reinmars 154, 32). s. Nr. 47.

46. Der Art Hausens folgt Otto von Botenlauben und, abgesehen von 140, 32, Heinrich von Morungen, der sich sonst durch sinnliche Fülle und durch Vergleiche aus dem Naturleben auszeichnet (vgl. Burdach S. 48). Bei andern Dichtern (Beroger von Horheim, Engelhart von Adelnburg), von denen nur wenige Strophen überliefert sind, kann es Zufall sein, dafs die Beziehungen zwischen Liebe und Natur nicht vorkommen.

47. Dietmar 82, 17 *lieber hete i'r minne dan al der vogele singen*. Fenis 88, 36 *Diu heide noch der vogele sanc kan dn ir trôst mir niht vröude bringen*. Bligger von Steinach 118, 6 *wües ich ir hulde hân, die nœne ich für loup unde für klê*. Morungen 141, 12 *mich fröit ir werdekeit baz dan der meie und al sîne dœne die die vogele singent*. E. Schmidt S. 90 f. Michel S. 197. Werner AfdA. 7, 149. Auch die Bezeichnung der Frau als *ôsterlîcher tac* u. dgl. gehört hierher; s. Nr. 400. 45.

48. Vgl. mit diesem Liede Bern. de Ventadorn. Michel S. 118. 201.

49. S. Burdach S. 39 f. 82—84. — Über die Anrede der Geliebten s. Burdach S. 76—82. 110. Diese Anrede der Frau ist das natürliche und sie findet sich dem gemäfs in einer Anzahl von Strophen, die auch sonst von konventioneller Form am freiesten sind. Aber in den meisten Liedern aus des Minnesangs Frühling wird sie gemieden. von manchen Dichtern (Hausen, Gutenburg, Horheim, Bligger von Steinach, Fenis, Hartmann) konsequent; vielleicht weil sie mehr die Zuhörer als den Gegenstand ihres Sanges im Sinne hatten, vielleicht aber auch, weil sie es für passend hielten, die Möglichkeit der Beziehung auf einen der Anwesenden zu vermeiden. Freiere Kunst durchbrach die Schranke, namentlich liebt Walthers lebhafte Art die Anrede. Der Wechsel zwischen zweiter und dritter Person läfst bei ihm und bei andern nicht sollen die Anrede als poetische Fiktion erscheinen; aber der Kunst war schon genügt, wenn man sich nur die Fiktion gefallen liefs.

50. Besonders zu bemerken ist die lebhafte Herausforderung: *wd nâ, swer tiuschen wîben ie gespræche baz* 68, 34; und *dâ keiner spilt nein, hêrre keiner, anderswô* 68, 7.

51. Solche Wendungen gemahnen an die Minnehöfe. Vgl. Schultz, höfisches Leben I, 474.

52. Rugge 103, 9 *Hân ich vriunt, die wünschen ir, daz iemer sælic müeze sîn.* In Walthers Lied war die Zustimmung des Publikums vielleicht ein wirkliches Einstimmen in den Gesang; seine Worte führen auf die Vermutung: *die (schœne und êre) hât si beide vollecliche. hât si? jâ.* Das *jâ* antworteten die Zuhörer, die Antwort verstand sich von selbst und war durch das vorhergehende Reimwort *dâ* gesichert. Nach so allgemeinem Lobe fährt der Dichter dann angemessen fort: *waz wil si mêre? hiest wol gelobt: lobe anderswâ.* — In der 61sten der cento novelle antiche wird erzählt, wie ein Troubadour, Messer Alamaño, die schwere Aufgabe seiner erzürnten Dame zu lösen und zu bewirken wufste, dafs ihr vierhundert Stimmen Gnade riefen, indem er in einem kunstreichen Liede das Wort *mercea* nicht fehlen liefs, und die ganze Hofversammlung leicht zum Mitsingen bewegte (J. Grimm, Meistergesang S. 95 f. Simrock S. 166. Vgl. auch Heinrich von Morungen 146, 3: *Helfet singen alle, mîne friunt, und seht ir zuo mit schalle, daz si mir genâde tuo. schriet daz mîn smerze mîner frouwen herze breche und in ir ôren gê. si tuot mir sô lange wê.* Vgl. auch Kanzler MSH. 2. 894ᵇ (XII, 3). Ubland 3. 376. 542. Hildebrand in der Germ. 10, 142.

53. Vgl. Reinmar 188, 22.

54. Reinmar 157, 3 *und hete ein ander mîne klage, dem riete ich sô daz er der rede wære wert, und gibe mir selbe bœsen rât.* 170, 36 *Nieman seneder suoche an mich deheinen rât: ich mac mîn selbes leit erwenden niht.* s. Walther 120, 34 Anm.

55. Hausen 43, 30 *mich n hilfet diensl noch mîner friunde rât.* Reinmar 166, 25 *wd nû getriuwer friunde rât.* 167, 22 *owê daz alle die nu lebent wol hânt erfunden, wie mir ist nâch einem wîbe und si mir niht den rât engebent daz ich getrœstet würde.* 194, 34 *der mir gœbe sînen rât!* Erfahrenere Leute werden um Rat angegangen: Reinmar 186, 22 ' *rdte ein wîp diu ê von seneder nôt genas, mîn leit und wære ez ir, waz si danne sprechen wolde'.* 160, 20 *wol bedörfte ich wîser liute an mînem rât.* Rugge 110, 20 *Ich suoche wîser liute rât, daz si mich lêren wie ich si behalte.* Morungen 123, 34 wendet sich an die Frauen: *Nu râtent liebe frouwen, waz ich singen müge sô daz ez ir tüge;* Michel S. 47. Schmidt S. 46. Vgl. Kummer, Herrand von Wildonie S. 221.

56. Morungen 146, 8 entlehnt das Bild vom Kriege; vgl. Reinmar 171, 38. Andere Hülfe verlangt Morungen 129, 25. Ubland 8, 376. 445. 542. Germ. 10, 142.

57. Heinrich von Veldeke in dem Liedercyklus 60, 20—62, 10. Die edle Minne sei schutzlos, die *lôsheit* dominiere in der Gesellschaft, schlechte Sitte werde alt (61, 7. 21), die Tugend zum Gespött

(61, 24), die Bösen schelten die Frauen (61, 25), sie seien der Minne feindselig (60, 33), ärgerten die Minner, und verleideten ihnen die schöne Jahreszeit. Aber er wolle sich aus ihrem Neide nichts machen.

58. Reinmar 191, 34 zumal in der dritten Strophe. 153, 10. 168, 30. 169, 33. 202, 25—203, 3. Durdach S. 6. 127. — Vgl. ferner Bernger 112, 21 *swes herze in ungebiten stât* (d. h. wer steten Dienst verschmäht, wie Meinloh 12, 14), *dieselben vorhte die sint min, das si mir tuon ir niden schin*. Rugge 109, 24 *frouwent sich zwêne, sô spottent ir vierre*. 109, 27 *missebieten taot mir niht von wîben noch von boesen mannen ref, ob si mich eine gerne siht* (vgl. Walther 117, 26). Morungen 128, 7 *spriche ob ich und singe ein liet, sô muos ich dulden beide ir spot und ouch ir haz. wie sol man dien nu geloben, die dem man mit schoener rede vergeben*. 131, 17 wird die Klage über schlechte Behandlung des Sängers der Frau in den Mund gelegt; vgl. Rugge 102, 27—33. — Andere verdriesst nicht der Minnesang an sich, sondern nur die eintönige Klage Mor. 133, 15. 137, 37. Reinmar 154, 7. 165, 10. 158, 11. 193, 22. 194, 11. Dieser Gedanke wird zum rhetorischen Mittel, die Grösse und Dauer der Liebe zu betonen. — Bligger 118, 1 sagt der Dame missfalle seine ewige Klage; vgl. Walther 165, 21 f. — Nr. 320.

59. Vgl. 1 Nr. 85.

60. Rugge 104, 24 *der boesen hulde nieman hât, wan der sich gerne rüemen wil. swes muot se valschen dingen stât, den kranent si und loben in vil.* 1 Büchlein 242 f. tadelt die untreuen Liebhaber, die durch *boesen muot* minnen, *ûf ein betrogen êre, das er sich's gerüemen kunde*. Thomasin hatte, wie er 1551 f. angiebt, ein wälsches Buch gedichtet, aus dem die Frauen lernen sollten, wie sie sich vor *valschen ungetriuwen* (derselbe Ausdruck bei Walther 97, 10) hüten sollten. vgl. auch v. 11927 f. — Nr. 6. 581.

61. Reinmar rügt dies Verhalten als eine Ungezogenheit: *die hôhgemuoten sihent mich, ich minne niht sô sêre als ich gebâre ein wîp. si liegent unde unêrent sich* 105, 19. *Ungefüeger schimpf bestêt mich alle tage* etc. 197, 9. Andere nennen es Sünde: MF. 5, 37 *er sündet sich, swer des niht geloubet*. Gutenburg 72, 1 *es ist ein sünde, die mir niht geloubent*. Der Grund des Misstrauens ist Mangel an Herzenserfahrung, Reinmar 150, 24. 188, 9; sie kennen nicht das ganze Leid der Liebe, Morungen 133, 21; der Glückliche hat kein Verständnis für das Unglück, Reinmar 165, 19. 191, 22. 158, 6. 11. (Walther 96, 33. Hartmann 217, 39. Iwein 4369.) Der Sänger bittet die Zuhörer ihn gewähren zu lassen 154, 7, und vor dem Urteil zu prüfen 160, 11. — Anderer Art ist Veld. 63, 32: *sol ich se Rôme tragen krône ich genzetes ûf ir houbet; maneger spraeche: 'seht, er tobet'*.

62. Morungen 132, 14 *owê daz ieman sol für fuoge hân, daz er sêre klaget duz er doch von herzen niht enmeinet, als jener trûret unde weinet und ez niemer nirmen niht gesaget*. Reinmar 167, 27 klagt, dafs es den Ungetreuen immer beſser gegangen sei als ihm: *got wolde, erkanden guotiu wîp ir zumelicher werben wie dem wære*. 162, 30 *ich nihe wol mêr nu vert sêre wüetende als er tôte, daz den diu wîp nu minnent é dann einen man der des niht kan*. — Nr. 350. 522.

63. Hartmann 1 Büchl. v. 217 *nû ist es leider ein slac daz ein wîp niht wizzen mac wer si meine* etc. Die Stelle scheint Walther gekannt zu haben. 213, 18 läfst Hartmann die Frau klagen: *ez ist ein swacher mannes prîs den er begât an wîben. süezer wort ist er sô wis daz man si mähte schrîben. dem volget ich uns ûf daz is: der schade muoz mir belîben*; vgl. 212, 29 *ist es wâr als ich genuoge hære jehen, daz lôsen hin zen wîben si der beste rât* (vgl. Nr. 83). Erec 8845 *ez was senfte min wân, ir helent die rede durch schimpf geldn. wand' es ist immer manne site daz ir uns armiu wîp dâ mite vil gerne triegent* etc Nr. 162 f. 318.

64. Parz. 614, 12 f. nachdem Orgeluse den Gawein erprobt hat: *dem golde ich iuch gelîche, daz man liutert in der gluot: als ist geliutert iuwer muot*. Der Gedanke stammt aus Hiob 23, 10 *et probavit me quasi aurum quod per ignem transit*, ist aber durch ein Lied Peirols vermittelt (Scherer, DSt. 2, 84. Lehfeld PBb. 2, 370.) Nr. 414.

65. Veld. 61, 18 *Dô man der rehten minne pflac, dô pflac man ouch der êren*. 67, 8 *joch ist diu minne als si was wîlen êre*. Meinloh 12, 9—18. Ulr. v. Gut. 76, 24 sagt von seiner Dame wie von der Frau de la Roschi bise: *dien sach nie man, er schiede dan frô rîche unde wîse*. Rugge 108, 24 *si tiuret vil der sinne min*.

66. Reinmar 157, 31 *Und wiste ich niht, daz si mich mac vor al der welte wert gemachen*. Vgl. 158, 39. 179, 12, 21—24. 183, 19. Hartmann 215, 19 *wand ich se gote und irr werlte den muot dente baz dur ir willen bekêre*. Engelhart von Adelnburg 148, 9 *gunnet mir der arebeit, daz ich frouwe iu dienen müeze, daz wirt mir ein sælikeit*. Ausführlicher, mit Aufzählung einzelner Tugenden, 1 Büchlein v. 607—631. 1474 f. und eine unter Walthers Namen überlieferte Strophe 217, 10. Ähnliches bei Troubadours, Michel S. 114. 116. 177.

67. In dem Liebesbrief Gramoflanz' (Parz. 715, 11): *din minne git mir helfe und rât daz deheiner slahte untât an mir nimmer wirt geschen*.

68. Parz. 94, 23 *ich brâhte in Anschouwe ir rât und miner zühte sitz. mir wonet noch hiute ir helfe mite, dâvon daz mich min frouwe sôch*.

69. Reinmar von Zweter (MSH. 2, 183ᵃ str. 31 ff.): *Alle schulde*

sint gar ein wint, wan diu schuole al eine, dâ der minne junger sint, diu ist sô kunste riche, daz man ir muoz der meisterschefte jehen. Ir berme zamt sô wilden man, daz er nie gehôrte, noch gesach, daz er daz kan: wd hât ieman sô hôher schuole mêr gehœret uni gesehen? Diu Minne lêrt die vrouwen schône grüezen, diu minne lêret grôze milte, diu minne lêret grôze tugent, diu minne lêret, daz die jugent kan ritterlich gebâren under schilte. Die folgenden Strophen spinnen das Thema weiter. Vgl. Durdach S. 103 Anm. 104. 16 f.

70. Frid. 100, 10 *Ein wîp wirt in ir herzen wert, swenn ir der besten einer gert. Ein man wird werder dann er si, geliî er hôher minne bî.* Bezz. Anm. Pamphilus (Ovidii erot. et amat. opusc. Francof. 1610) S. 90: *Narrabit nullus, Veneris quantum valet usus; huic nisi parueris, rustica semper eris.*

71. Aus demselben Gedankenkreise wie diese beiden Gedichte Walthers kann eine Strophe Dietmars (35, 32) entstanden sein, in der die Frau erklärt, dem Manne für Unterweisung dankbar sein zu wollen, ohne ihm Liebe zu gewähren. Scherer glaubt (Deutsche Studien 2, 66 f.) eine Frau habe diese Strophe gedichtet, „eine Heloise, die sich gegen die Werbungen ihres Abälard zu schützen sucht". Wie die letzte Zeile zeigt, besorgt die Frau nicht ihre Unschuld zu verlieren, sondern ihre Liebe verschmäht zu sehen. — An das zweite Lied Walthers (85, 34) erinnert durch seine Anlage ein Lied Ulrichs von Lichtenstein (434, 19 Lachm.), in dessen dritter und vierter Strophe die Segnungen der Minne mehr vollständig als anziehend aufgezählt werden.

72. Fenis 84, 37 *Ich was ledec vor allen wîben; alsus wânde ich frô belîben, daz mich keiniu mê betwunge und mich von mînen freuden drunge . . was das niht ein tumber muot?* Vgl. Veldeke 67, 28. 2 Büchlein 429 *es lebt in tören wîs ein man der nie deheine swære gewan: der wart ouch nie rehte frô.* Eneit 264, 5—16; in den dort folgenden Versen wird das verschiedene Verhalten der Menschen gegenüber der Minne von den verschiedenen Geschossen Cupidos hergeleitet. Nr. 74. Winsbeke Str. 11.

73. Gutenburg 77, 24 *Ichn was niht sældenlôs dô ich si mir erkôs.* Vgl. Engelhart von Adelaburc 148, 11.

74. Veldeke 67, 28 *die ie gewinnent oder noch minnen, die sint vrô in manegen sinnen: des die tumben niene beginnen.* Rietenburg 18, 25 *wie minne ein sælikeit wære unde harnschar nie erkôs.* Morungen 145, 9 *minne, diu der werlde ir freude mêret.* Fridank 98, 13 einschränkend: *rehtiu minne frôude hât, sô valschiu minne trûric stât.* — Rugge 106, 6 *ich hân niht vil der froide mêr von ir (der Welt) wan eine; diust sô grôz, diu machet mich sô rehte hêr, an frôuden al der werlte genôz . . jô meine ich nieman wan ein wîp.* Reinmar 195, 8 *swem von wîben liep geschiht der hât aller sælden wol den*

III, 75. 76.

besten teil. Morungen 136, 39 wan durch schoinen so genehuof si got dem man. daz si wær ein spiegel al der werlt ein wünne gar. 132, 28. Winsbeke Str. 11, 15. Fridank 106, 4 durch fröude frouwen sint genant. ir fröude erfröwet allin lant; wie wol er fröude erkande, der s' êrste frouwen nande. Parz. 820, 1 iedoch ist iemer al mîn hax gein elben vollexliche lax : hôch manlich vreude kumt von in, swie klein dâ wære min gewin. 127, 26 sun, lâ dir bevolhen sin, swâ dû guotes wîbes vingerlin mügest erwerben und ir gruoz, daz nim: ez tuot dir kumbers buoz. dû solt sir kusse gâhen und ir lîp rasl umbevâhen: das gît gelücke und hôhen muot, op si kiusche ist unde guot. 110, h. 172, 9 f. In Bezug auf die Ebe Frid. 100, 3: swer ein getriuwes wip hât, diu tuot im maneger sorgen rât. 104, 6. Iwein 2426—2432. 8189—8148. — Nr. 563.

75. Berngér von Horheim 115, 9 zer werlde ist wip ein fröide grôz, bî den sô muos man hie genesen. Hartmann 214, 9 swas wir rehtes werben, und daz wir man noch nie verderben, des suln wir in genâdde sagen. Reinmar 165, 28 sô wol dir wip, wie reine ein nam! 183, 30 nieman ërte si se rehte ie wol. 165, 32 din lop mit rede nieman wol volenden kan (Bern. de Ventadorn, Michel S. 114). 195, 0 an in lit der werlte wunne und ouch ir heil. 183, 31 ellîu froide uns von in kumt und al der werlte hort uns dn ir trôst se nihte frumt. 159, 1. 195, 3—9 wessen sie sich annehmen, der ist selig. 165, 33. — Vgl. ferner Frid. 106, 4 Bezz. Anm. Krone v. 281. Winsbeke Str. 11—16. Salmon and Morolf, Hagen S. X: De muliere nascitur omnis homo, et qui ergo dehonestat muliebrem sexam, est nimium vituperandus. Unde quid divitiae, quid regna, quid possessiones, quid aurum, quid argentum .. sine foemina? Vere potest vocari mundo mortuus, qui est ab hoc sexu segregatus etc. — Nr. 575.

76. 1 Büchlein 1464 und hæte got verlorn einen engel von sînen rîchen, jâ möhte si im iht gelîchen und mit ir nâch græsen ëren sîn here wider mêren, si gezem wol an eines engels stat. Winsbeke 12, 8 genâdde got an uns begie, dô er im engel dort geschuof, das er si (die Frauen) gap für engel hie. Strickers Frauenehre v. 592 (ZfdA. 7, 494) er hât in (den Rittern) vrouwen gegeben, die er schuof den engeln glîch. Laisbergs Liedersaal 2, 627 v. 115: ir wîl nu jützd mêre halten daz werde leben, das in got hât gegeben, dô er den tiuvel abe schuob, und die engel im behuop, umbe das werder manne lîp für engel hæte reiniu wîp se fröiden ûf der erde nâch ir vil hôhem werde. Erec 1841 frou Enîte, diu dort als ein engel sax. Iwein 1690 ez ist ein engel und niht ein wîp. Andere Stellen sind gesammelt von Zingerle Germ. 13, 209 f. und von Kummer, Herrand von Wildonie S. 216. Auch dieser Gedanke stammt vielleicht aus der religiösen Litteratur. Hieronymus adversus Jovinianum lib. I ed. Martianay, Paris 1707. Vol. 4, 2, p. 178: sed similes erant an-

gelis. Quod alii postea in coelis futuri sunt, hoc virgines (im geistlichen Sinne, wie Walther 5, 6) *in terra esse coeperunt.*

77. Vgl. Nr. 75 und Burdach S. 49 A.

78. Engelhart von Adelnburg 148, 25 *swer mit triuwen umbe ein wip wirbet, als noch maneger tuot, waz schadet der sêle ein werder lip? ich swüere wol. ez wære guot. ist aber ez ze hinde zorn, sô koment die bœsen alle dar und sint die biderben gar verlorn.* Titurel 51, 2 *minne hât ûf erde hûs: ze himel ist reine für gut ir geleite. minne ist allenthalben, wan ze helle.* Wer die Minne als Sünde verwarf mochte sich auf Jacob. 4, 4 berufen, ihre Verteidiger auf 1 Job. 4, 16. 1. Corinth. 13, 3 f. u. a. vgl. Carm. Bur. S. 171. 84ᵃ.

79. Am reinsten führt Hartmann in dem Liede 218, 5 diesen Gedanken aus; (vgl. Peirol; Dietz, Leben S. 313). Andere Sänger benutzen ihn als Liebesversicherung: sie haben sich Gott geweiht, aber die Liebe ist stärker als der Vorsatz und läßt sich nicht aus dem Herzen vertreiben. Hausen 47, 7. Johansd. 87, 29. 94, 25. Reinmar 181, 13. Dies wird auch der Gedankengang in Hausens Lied 46, 19 sein; die beiden ersten Strophen sollten die letzten sein. (Vgl. Paul PBb. 2, 447). Der folgende Ton setzt die Gedankenreihe fort.

80. Die verderbliche Macht der Minne: Erec 8098 *vil manegen man dîn werlt hât der nimmer in kein misseltât sînen fuoz verstieze ob in's diu minne erlieze: und gæbe si niht sô richen muot, sone wære der werlt niht sô guot noch sô rehte wæge. sô ob man ir verphlæge.* Parz. 291, 19 *frou Minne, ir pflegt untriuwen mit alten siten niuwen. ir zucket manegem wibe ir pris, unt rât in sippe âmîs etc. frou minne, iu solte werren daz ir den lîp der gir verweent, darumbe sich diu sêle sent.*

81. Reinmar 179, 21 *wê wær umbe verspræche ich arebeit, diu mir liebet und doch lobelîche stât.* 179, 12 *trôst noch vroide ich nie von ir genam, wan sô vil, daz mir der muot dez hôhe stât.* 158, 39 *ist mir dâ misselungen an, doch gab ichz wol als ez dâ lac.* vgl. 180, 7. 157, 31 *und wiste ich niht, daz si mich mac vor al der werlte wert gemachen ob si wil: iehn diende ir niemer mêre iac.* 188, 20 *nû lôns ir got* (trotz der Härte): *ich bin von ir genâden wol gezogen.* Gutenburg 76, 85 *der gedinge tuot mir wol, daz ich wol weiz daz si mir gan ze dienen umbe ir hulde. gewinne ich niht mêre dran etc.* 1 Büchlein 1069 *ist daz ez mir ab sô ergât, daz mich daz unheil bestât, daz mir dâ nicht gelingen sol, dannoch tuot mir daz vil wol, daz ich dienesthaft belîbe an einem alsô scharnen wîbe: ich lebe ir gerne mîniu jâr,* etc.

82. 2 Büchl. 301 *ouch hât der wîse ein arebeit die wie dehein tôre erleit ob er ie liebes wart gewent, sô sich darnâch sîn herze sent.* Vgl. Gregor 617 f. — Nr. 72. 569.

83. Nr. 58. 60. 62. 63. Veldeke 58, 3 *td lôse minne*. 57, 30 *wie mohte ich dat für guot entstân, dat hê mi dorpellehe hâte dat he mi muoste umbevân?* Eilhart 6672 *dô begunde der hêre Kehenis zu Gymêlen minne süchen, do entwolde sie es nicht rüchen ..* ' *wd tût ir hen ûwirn sin? jû sêt ir wol das ich nicht bin eine gebürinne das ir mich bittet umme minne in sô gar korzir zît: ich wêne ir ein gebür sît.*' — Nr. 546. 582.

84. Ebenso Peire Vidal und Pons de Capdoill; Michel S. 192 f.

85. In einer unter Walthers Namen überlieferten Strophe wird treulose Liebe als *unminne* bezeichnet S. 218, 16 *die valschen minne meine ich niht: diu möht unminne heizen baz. der wil ich immer sîn gehaz.* W. Gast 850 *doch ist reht, daz ein trouwe sol haben die lêre und die sinne das si sich hüete vor unminne. man heizet minne ofte das daz man unminne hirze baz.* 1213 *gezoubert und betwungen minne und gekouft sint unminne.* Vgl. Bern. de Ventadorn, Michel S 177.

86. 1 Büchl. 1215 f. belehrt das Herz den Leib ausführlich, wie er sich im Dienst der Liebe quälen soll.

87. Hartmann 212, 29—36 Viele erklären, dafs *lôsen hin ze selben* sei das beste, aber nur der Treue erwirbt *statez heil*, *sô des vil gahelôsen gahes heil zergât*, *deiu an der gahelôsen gâhen funden hât*. Vgl. Johansdorf 88, 37—89, 8. Morungen 142, 26—32 1 Büchl. 1076 *jâ trœstet mich baz, das ist wâr, ein vil ungewisser wân den ich zuo ir minne hân, danne ein alsô swaches heil des ich ze mâze wurde geil*. Ähnliches oft bei den Troubadours, Michel S. 133 f. — Ein schlechtes Weib findet viele Liebhaber, aber nur schlechte, W. Gast v. 1455—1512 (vgl. Walther 96, 27).

88. s. Anm. zu 48, 38. Uhland 5, 168. *wiplich* als ehrendes Attribut schon früher z. B. Hartman 215, 16 *in süezer sühte mit wiplichen sinnen*. Morungen 124, 8 *vil wiplich wip*.

89. Vgl. Burdach S. 129.

90. Auch Wolfram interessierte dies Thema; er stellt 5, 34—6, 11 die verborgene Minne, die der Wächter des Morgens stört, und das ungetrübte eheliche Glück einander gegenüber. Vgl. den Wechsel Albrechts von Heigerloe MSH. 1, 63. In einer Frauenstrophe Neidhardts 33, 5 wird die *tougenminne* verworfen: *die man sint niht in êren, das si tougen unser minne gern*.

91. Meinloh 11, 3 *durch dîne tugende manige fuor ich ie welnde unz ich dich vant*. Fenis 84. 17 *ir tugenden sint sô vollekomen, daz durch reht mir ir gewalt sol fromen*. Morungen 142, 26 ' *Gerne sol ein riter siehen sich ze guoten wîben: dêst mîn rât, bœsiu wip diu sol man fliehen: er ist tump swer sich an si verlât; wan sine gebent niht hôhen muot*'. W. Gast 1455 f. — Daher die Ausdrücke *wêlen* (MF. 13, 27. 16, 9. 37, 14. 38, 16. 47, 12 etc.) *kiesen* (35, 9. 37, 13 etc.).

92. Hausen 50, 19 *ich lobe got der siner güete, das er mir ie*

verlêh die sinne, das ich si nam in min gemüete: wan sist wol wert, daz man si minne. 51, 16 *sô hât got wol ze mir getân, alt er mich niht wolt erlân, ich næme si in min gemüete.* Vgl. Walther 119, 26.

93. Gutenburg 73, 23 *diu mir mit schœnen siten und zühten an getan von êrst daz herze min.* Reinmar 169, 27 *wol den ougen diu sô welen kunden, und dem herzen daz mir riet an ein wîp.* 159, 23 *wol ime deiz sô reine welen kan.* Rugge 103, 11 *mir gap ein sinnic herze rât, dô ichs ûz al der welte erkôs, ein wîp, diu manege tugent begât und lop mit valsche nie verlôs.* 101, 14 *ir güete gât mir an daz herze min.* vgl. Walther 42, 23. Hausen 42, 26 *der [rehten stæte] weil ich immer gegen ir pflegen. das ist mir von ir güete komen.*

94. Reinmar 183, 25 *wd fünde ich diu mir sô wol geviele an allen dingen? nimmer ich si vinden sol.* Gutenburg 78, 17 *hete ich cunden deheine sô guote, ûf ndch kêrte ich gerne minen gedanc.* Reimon de Toloza, Michel S. 139. Rietenburg 19, 29 *ir schœne und ir güete beide die lâze si, sô kêre ich mich.* Gutenburg 79, 9 *sit mich ir güete alsô sêre hât betwungen, daz si mîne sêle niht lât von ir scheiden;* vgl. Hausen 46, 9—16. 1 Büchlein 1529—1536 *dwrch das si tugende ist vollekomen, als ich sihe und hân vernomen, so'n mac mir dehein nôt dne den gemeinen tôt den willen erleiden etc.* 2 Büchlein v. 287 f. Lehfeld 2, 390.

95. Vgl. Reinmar 188, 29 *swer wîbes êre hüeten sol, der darf vil schœner zühte wol;* vgl. Rugge 110, 8. Daher heifst es bei Hartman 214, 34 von dem Ritter, der seinen Dienst anbietet: *ein riter, der vil gerne tuot daz beste daz sin herze kan (das beste gerne tuon* vgl. Nr. 106 und Moriz von Craon. 124). Im 1 Büchlein v. 1300 f. werden die Tugenden aufgezählt die der Liebende haben soll. S. ob. Nr. 68 f.

96. Meinloh 14, 32 '*mich heizent sîne tugende, daz ich vil stæter minne pflege*'. Regensburg 16, 5 '*der sich mit manegen tugenden guot gemachet al der werlte liep, der mac wol hôhe tragen den muot*'. Ausführlich Rugge 110, 8—16. 111, 6. Reinmar 199, 29. 39 ff. Hartmann 216, 22. 217, 26.

97. Hausen 48, 13. Johansdorf 98, 28. Reinmar 181, 8.

98. s. Nr. 365.

99. 1 Büchlein 604 *jane ist ez niht ein kindes spil, swer daz mit rehte erwerben sol daz im von wibe geschihet wol;* (vgl. auch Morungen 138, 5). Titurel Str. 49 *owê, Minne, was touc dîn kraft under kinder.* Dagegen Meinloh 13, 27 '*mir wellent miniu ougen einen kindeschen man*'. 14, 84 '*ich lege in mir wol nâhe, demselben kindeschen man*'. MF. 4, 9 '*si erkunnen niuwan triegen vil manegen kindeschen man*'; vgl. Frid. 61, 17. 98, 21. — Nr. 173.

100. Valdeke 62, 11 *Man seit al für wâr nû manic jâr, diu*

wîp hazzen grâwes hâr. daz ist mir mêr, und ist ir misseprîs. diu
lieber habet ir dwîs lump danne wîs.
101. Michel S. 43. Nr. 453.
102. Meinloh 11, 1 *Dô ich dich loben hôrte, dô hete ich dich
gerne erkant*. (Er hat also nach Hörensagen gewählt; s. darüber
Werner, AfdZ. 7, 126.) Dietmar 89, 4 ' *Jâ hære ich vil der tugende
sagen von eime ritter guot*'. Rugge 105, 1 *der ich dâ guotes hære
jehen*. MF. 54, 37 '*Solte er des geniezen niht, daz er in hôher wirde
wol bræhten mac daz man ime des besten giht und alle sine zit im
guoter dinge jach*'. Reinmar 170, 8 *mich bedranc ein mære das ich
von ir hôrte sagen, wie sie ein trouwe wære diu sich schône kunde
tragen*. 177, 12 '*ist ez wâr und lebt er schône als sie sagent und
ich dich hære jehen*'. Morungen 124, 32 *Het ich tugende niht sô vil
von ir vernomen und ir schæne niht sô vil gesehen, wie tære si mir
danne alsô ze herzen komen.* 146, 19 *Si sint unverborgen, frouwe.
waz dû tugende hâst, âbent und den morgen sagent si al daz dû
begâst.* In dem ersten Liede Morungens schliefsen drei Strophen
mit solchem Lobe: *des man ir jêt sint aller wîbe ein krône* 122, 9.
dô man si lopte alsô reine unde wîse, senfte unde lôs 122, 25. *sie ist
besser als die besten, die man benennet in tiuschême lande. verre unde
nâr sô ist si ez diu bas erkande* 123, 5. Rugge 109, 19 *min lip vor
liebe muos erloben, swenn ich daz allerbeste wîp sô gar se guote hære
loben.* Rudolf von Fenis dünkt es bezzer als Liebesgrufs, *daz si zer
besten ist vor ûz gezalt* 83, 1. — Die Weisen und Besten zollen das
Lob: Hausen kann sie nicht aus seinen Gedanken lassen, *wegen der
rüezen wort, diu ir die besten algemeine sprechent* 44, 13. Dietmar
84, 34 *Ir tugenden die sint valsches frî, des hær ich ir die besten
jehen.* Vgl. *principibusnl penisse viris non ultima laus est*. Michel
S. 189. Reinmar 191, 7 *Ich welte ûf guoter liute sage und ouch durch
mines herzen rât ein wîp.* Rugge 110, 34 *Ich hôrte wise liute jehen
von einem wîbe wunneclîcher mære. min ougen sâ begunnen spehen,
ob an ir lîbe diu gerwoge wære. nû kân ichs wol an ir gesehen.* —
Das Lob gilt vor aller Welt: Regensb. 16, 5 '*der sich mit manegen
tugenden guot gemachet al der werlte liep*'. Reinmar 179, 33 *ir lip,
daz si umb al die werlt verdienet hât* 1. Büchl. 154 ff. namentlich
107 *sô hære ich niht wan einen munt, in si niht bezzers wîbes kunt.*
Eilhart 7441. — Vgl. Lehfeld 2, 389.
103. Dietmar 38, 16 *ûf manige dîne güete.* Gutenborg 71, 3
sir tugenden der si vil begât. Fenis 84, 17 *ir tugenden sint sô vollekomen.* Meinloh 13, 9 *sist sælic zallen êren, der besten tugende pfliget
ir lîp.* Albr. von Johansdorf 93, 4 *sist aller güete ein gimme* (aus
der Mariendichtung; Burdach S. 42). Morungen 123, 1 *ir tugent
reine ist der sunnen gelîch diu trüebiu wolken tuot lichte grevar.* 122, 4
alse der mâne wol verre über lant liuhtet des nahtes . . als ist mit güete

umbevangen diu schœne. Reinmar 188, 21 *an guete ein userwelter lip.* 176, 5 *aller sælde ein sælic wip.*

104. Dietmar 40, 19 *wart âne wandel ie kein wip, daz ist si gar.* Albrecht von Johansdorf 92, 10 *wær si vil reine niet und alles wandels vrî.* Heinrich von Rugge 101, 11 *in kunde an ir erkennen nie enkein daz dine daz si begie daz wandelbære möhte sin.* 104, 9 *sist aller wandelunge fri.* 110, 28 *diu wandelbæren niht begât und ie nâch êren vrouwen pris bezalde.*

105. Dietmar 34, 34 *ir tugenden die sint valsches fri.* Hausen 50, 13 *ich wart an ir nie valsches inne.* Rugge 103, 7 *und kan niu guete sich ernern, daz man ir valsches niht engiht.* 103, 11 *ein wip diu manege tugent begât und lop mit valsche nie verlôs.* 104, 15 *ez ist ein spæher wibes list diu sich vor valsche hât behuot.* 104, 13 *swer ir dehein es valsches giht an dem hât haz bi nide ein kint.* Der Ausdruck *valsches âne:* Veldeke 59, 7. Parz. 16, 8. 823, 16. Walther 119, 7.

106. Hausen 43, 9 *wan si daz beste gerne tuot.* Gutenburg 77, 31 *wan si niht wan guot getete.* Reinmar 169, 29 *ein wip diu hât sich underwunden guoter dinge und anders niet.* Meinloh 15, 8 *der sinnet wol alles daz si tuot.* Albrecht von Johansdorf 90, 22 *so ist si doch diu tugende nie verlie.*

107. Dietmar (?) 36, 30 *tugende hât si michels mê dann ich gesagen künne.* Reinmar 165, 7 *wil aber ich von ir tugenden sagen, der wirt sô vil, swenn ichz erhebe, daz ichs iemer muoz gedagen.* 159. 3 *ein wip der niht enkan nâch ir vil grôzen werdekeit gesprechen wol.*

108. Hartwig von Rute 117, 26 *daz beste wip.* Fenis 83, 1. Hausen 46, 11 *daz aller beste wip.* Rugge 103, 19. Reinmar 167, 20. Rugge 103, 17 *der schœnen der sol man den strit vil gar an guoten dingen lân.* Fenis 83, 9 *wan diu vil guote ist noch bezzer dan guot.* Veld. 50, 16 *die ich zer besten hât erkorn odr in der werlte mohte schouwen.* Alex. 6924 f. *an frumicheit und an ir libe vor allen frouwen ûz irkorn. si ginc in allen bevorn, die in den gezîten in der werlt wâren wîten.* Mor. 142, 25 *wan ich gesach nie wip sô rehte guot.* Hausen 53, 10 *deich in der werlt bezzer wip iender funde, seht, dêst mîn wân* (vgl. B. de Ventadorn bei Michel S. 44). Dietmar (?) 36, 26 *wan al diu werlt noch nie gewan ein schœne wip sô rehte guot.* Morungen 122, 9 *nist aller wibe ein kröne.* Reinmar 165, 5 *diust hôhgemuot und ist sô schœne, daz ich si dârm vor andern wiben krœne.* Morungen 145, 14 *schœne und für elliu wip gehêret.* Bescheidener Rugge 105, 22 *ichn weis ob ieman schœner si, ern lebt niht wibes alse guot.* Dagegen Veldeke 56, 10 *die schœnest und diu beste frouwe zwischen Roten und der Souwe* (vgl. G. de Cabestaing, Michel S. 46). Morungen 123, 5 *daz überliuhtet ir lop alsô gar wip unde frouwen die besten für wâr, die man benennet in tiuschem lande,* verre

unde ndr ső irt si es diu bas erkande. 144, 25 höher wip von tugenden und von sinne die enkan der himel niender umberán. (Vgl. auch den Ausdruck der besten eine Meinlob 11, 9. Hausen 49, 22. 51, 2. Reinmar 155, 32.) Michel S. 40, 42 f. — Allzu hoch gespanntes Lob weckt Einsprache; daher Walthers gegen Reinmar 159, 1 gerichteter Angriff. Kaiserchr. 136, 18 'ich hán daz aller frumigiste wip, die der ie dehein man úf rómischer erde gewan'. Dô sprach der künic hére: 'dú verwizest dich alzoges ze verre'. Parz. 115, 5 sin lop hinket ame spat, swer allen frouwen sprichet mat durch sin eines frouwe. Morungen 122, 10 f. diz lop beginnet vil frouwen versmán, daz ich die mine fur alle andriu wip hán seiner króne gesetzet só hó. Vgl. auch 1. Büchlein 1495—1517, namentlich 1513 f. sprich ab ieman 'wie dir lobet, daz er si über mdze lobet' derselbe ist âne rehten sin.

109. Hausen 40, 31 von der sprich ich niht wan allez guot, wan daz ir muot sunmille ist wider mich gewesen. Johansdorf 90, 18 und ist daz ich geudde vinde, só gesah ich nie só guoten lip. Heinrich von Morungen 133, 5 sist mit tugenden und mit werdekeit só behuot vor aller slahte unfrouwelicher tát, wan des einen, daz si mir verseit. 1. Büchlein 176 got weiz wol deich nú niht enkan an ir erkennen wan guot; lieze si ez den einen muot den si nú wider mich lange hát. 1760 dá von só ist mir ande, ob mich unerlaset lát din trúst von solhem bande. deist ouch din grœzest misselát die ich noch an dir erkande. Lebfeld 2, 389.

110. Dietmar 40, 10 er ist als min herze wil. 1. Büchlein 1510 ich wil dir des den pris geben: michn dunket niemen alsó guot: iehn weiz wie rander liute tuot.. si wil mir wol gevallen: ichn weiz wie in allen.

111. S. unten Nr. 194.

112. Erec 8288 diu swacheat under den wiben diu zierte wol ein riche mit ir wætliche 8300. Morungen 133, 33 al diu welt sol si durch ir schœne gerne sehn. 130, 15 si wil ienoch ellin lant beheren.

113. Hausen 49, 17 der keiser ist in allen landen, kust er si seiner stunt an ir vil róten munt, er jæhe ez wær im wol ergangen. Gutenb. 70, 8 mir wirt von ir vil lihte geben, darnâch ein keiser mühte streben. Reinmar 151, 30. Erec 8768 nú cæmet ir wærliche ze frouwen wol dem riche. (Vgl. Kaizorchr. 206, 14. 257, 31. Iwein 4876.)

114. Erec 1730 von ir schœne erschrâken die suo der tavelrunde sâzen, só daz si ir selber vergázen und kaphten die maget an. Der Anblick der Geliebten raubt den Sinn. Nr. 195.

115. Schönheit: Hausen 43, 15 ir schœner lip der wart ze sorgen mir geborn; den ougen min muoz dicke schaden (d. h. er muls weinen), daz si só rehte habent erkorn. 47, 15 mir habent diu ougen vil getán ze leide. Morungen 130, 17 der si an siht, der muoz ir gevangen sin und in sorgen lebrn. Johansdorf 93, 29 'wer hát iuch vil

lieber man, betwungen ûf die nôt?' Das hât iuwer scherne die ir hât, vil minneclîches wîp. Morungen 130, 25 ir ougen klâr die hânt mich beroubet .. und ir rôsevarwer rôter munt. Horheim 112, 5 das habent diu ougen mîn getân. Morungen 186, 8 daz was der ougen wünne des herzen tôt (vgl. Parz. 600, 10 sîner ougen senfte, s herzen dorn. MSH. 2, 387ª). 137, 18 vrouwe das hânt mir getân mîn ougen und dîn rôter munt; vgl. Michel S. 66. 109. Lehfeld 2, 891. Nr. 145. — Tugend: Hausen 53, 2 ir güete, von der ich bin alsô dicke âne sin. Gutenburg 78, 9 sît mich ir güete alsô sêre hât betwungen etc. Fenis 82, 15 ir grôziu gilete mir dazselbe tuot. Rugge 101, 15 got hât mir armen ze leide getân, daz er ein wîp ie geschuof alsô guote, soll ichn erbarmen, sô het ers gelân. — Schönheit und Güte: Hausen 51, 19 jo engilte ich alze sêre ir güete und ouch der scherne, die si hât. Fenis 82, 19—22 ir schœnen lîp .. ir grôziu güete. Morungen 130, 15 si wil ie noch elliu lant beheren als ein rouberin, das machent al ir tugende und ir schœne, die vil manegem man tuont wê; vgl. Michel S. 60. 1. Düchlein v. 169. — Liebenswürdigkeit: Morungen 130, 23 dô kam si mich mit minnen an und viene mich alsô, dô si mich wol grwazte und wider mich sô sprach. 128, 25 lachen unde schœnes sehen und guot gelaze hânt erteret lange mich. Michel S. 109. Lehfeld 2, 389.

116. Michel S. 237; vgl. Werner, AfdA. 7, 146.

117. Hausen 44, 31 swaz got an frouwen hât erhaben, daz kan an ir nieman gemêren. 44, 22 swes got an güete und an getât noch ie dekeiner frouwen gunde, des gihe ich îme daz er daz hât an ir geworht, als er wol kunde. 49, 37 ich sihe wol daz got wunder kan von schœne würken ûzer wîbe; das ist an ir wol schîn getân: wan er vergaz niht an ir lîbe. Dietmar (?) 86, 28 der uns alle werden hiez wie lützel der an ir vergaz. Morungen 133, 37 das wunder, daz got mit schœne an ir lîp hât getân. 141, 9 an die hât got sînen wunsch wol geleit. Erec 336 ich wæne got sînen vlîz an si hâte geleit von schœne und von sælekeit. 8270. Iwein 1686. 1808. 2. Büchlein 261 f. alt si got der guote an lîbe und an muote sô schône hât geêret. Oft nach bei Wolfram. Gottschau S. 381. 384. Lehfeld 2, 388. Michel S. 37. 46. 237. San Marte, Parc. Stud. 2, 13. 159. Vgl. auch Gregor 1097 der wunsch het in gemeistert sô, daz er sîn was ze kinde frô wande er nihtz an îme vergaz. Erec 2740. 8934. — Hausen 46, 18 rechtfertigt sich wegen allzugrofser Liebe vor Gott mit dem Einwurf: zwiu schuof er si sô rehte wol getân. Dietmar 32, 12 wes lie si got mir armen man ze kûle werden. Rugge 101, 15 Got hât mir armen ze leide getân daz er ein wîp ie geschuof alsô guote.

118. Morungen 138, 88 ich wæne, si ist ein Vênus hêre. 141, 3 si ist âne lougen gestalt sam diu Minne. Gutenburg 78, 24 ir vert mite der frouwen site de la Roschi blue. — Der Vergleich mit Helena

öfters bei den Troubadours; Michel S. 211. 241. Mit Diana vergleicht Veldeke in der Eneit 62, 6 die Dido.

119. Rietenburg 19, 29 *ir schœne und ir güete*. Hausen 51, 19 *ir güete und ouch der schœne, die si hât*. Veldeke 56, 10 *diu schœnest und diu beste frouwe*; 63, 28 *si ist sô guot und ouch sô schône*. 66, 29 *der schœnen vrouwen und der guoten*. Dietmar (?) 36, 26 *ein schœne wîp ud rehte guot*.

120. Morungen 136, 6 *diu liebe wol geidne*; 189, 5 *ir güete und ir lichter schîn*. 145, 13 *ir liehten tugende ir werder schîn*. 141, 8—14 *schœne und werdekeit*; 124, 32 *tugende und schœne*; 130, 13. 145, 14 *schœne und für elliu wîp gehêret*. Wenig bietet Reinmar: 167, 1 *ich wil ir güete und ir gebærde minnen*; die einfache Form der Paarung meidet er gewöhnlich: *wil diu schœne triuwen pflegen und diu guote* 152, 1. 'wâvon solte ich schœne sîn und hôhes muotes' 190, 5. *diust hôhgemuot und ist sô schœne* 165, 5. — Vgl. Hausen 44, 22 *an güete und an geldt*.

121. B. de Ventadorn: *belha domna e pros*. Michel S. 35.

122. Veldeke 59, 7 *wolgetâne, valsches âne*.

123. Engelhart von Adelnburo 148, 9 *sælden fruht, der ougen rüeze*. Nr. 115. — Kristan von Hamle, MSH. I, 113b. Schenk von Limburg, MSH. 1, 133b. Litschouwer, MSH. 2, 367ª. Duwenburc, MSH. 2, 261b. Schriber, MSH. 2, 149 (I, 8). Winsbekin Str. 30. Uhland 5, 166.

124. Morungen 138, 16 *in weiz niht, waz schœner lip in herzen treit*. Vgl. die Klage Peire Vidals, Michel S. 66. 180, und Nr. 63.

125. Michel S. 39 f. — S. die Zusammenstellung Gottschaus, PBb. 7, 385 f.

126. *hêre* braucht Walther als Attribut Gottes 3, 6; der heiligen Jungfrau 15, 11; des gelobten Landes 15, 1. 78, 12; des Königs 16, 36. 84, 30. 105, 13; als Attribut der Fürsten 9, 13 und fürstlichen Räte 28, 24; vornehmer Frauen 39, 24. 56, 20, nicht als Beiwort der Geliebten. *ze hêr* (vgl. *überhêr*) tadelnd 9, 13. 54, 5. 81, 25. — *wolgeborn* (Albr. v. Johansd. 87, 11), *biderbe* (Meinloh 15, 1. Dietmar von Eist 83, 24) braucht Walther nicht in dieser Weise.

127. *lôs* in lobendem Sinne Morungen 122, 26; vgl. prov. *franc* Michel S. 40. — *missewende fri* 34, 36. 58, 30; den Ausdruck liebt Wolfram, Parz. 504, 2. 87, 18. *die wîbes missewende ist elûh* 94, 26. 113, 12.

128. Meinloh 13, 9 *sist sælic zallen frēn*. Hausen 45, 24. 55, 2 *ein sælic wip*; 54, 4 *ein sælic man*. MF. 6, 17. Rugge 100, 1. 103, 4. 109, 33 etc. oft bei Reinmar und Walther. Vgl. Schmidt, Reinmar S. 84. Gottschau, PBb 7, 389. Burdach, 103.

129. Die gröfste Fülle zeigt Morungens erstes Lied 122, 1 (s. Gottschau, PBb. 7, 365. Michel S. 34. 201): *êre, schœne gebærde, mit*

zâhten gemeit, güete, reine und wise, senfte unde lûs. Vgl. auch 126, 28 ir hôher muot, ir schœne, ir edelkeit und das wunder, das man von ir tugende seit. Sehr sparsam ist Reinmar; 165, 3 ein reine, wise, sælic wip. 165, 5 hôhgemuot.. schœne.. tugent. Einen überraschenden Reichtum, der mit der unentwickelten Kunstform seltsam kontrastiert, zeigt Meinloh 13, 7—10. 15, 1—4. 11—14. Vgl. auch Dietmar (?) 36, 25—33.

130. Im allgemeinen s. Burdach S. 48. Michel S. 22. Gottschau, PBb. 7, 350 f. Andeutungen über die Entwickelung der Kunst auf diesem Gebiet: Werner, AfdA. 7, 134 f.

131. Gesteigert: Meinloh 13, 7 ie schœner und ie schœner. Morungen 133, 31 schœne unde schœne unde schœne aller schœnest ist si min frowe. Walther 92, 19 sist schœner dan ein schœne wip.

132. provenz. ben faitz, gent formatz. Schon im Alex. 5701. 5921, von Blumen 5099. Hausen 46, 18. Veldeke 59, 7 und sehr häufig in der Eneit. Über Eilhart s. Lichtenstein CLVII; als Versteckname 58, 19 (vgl. Walther 119, 14). Dann andere wie Gutenb. 75, 10. Johansdorf 87, 13. Heinrich von Morungen 129, 17. 136, 6. Dietmar (?) 36, 21; derselbe 39, 20 vom Vöglein, 33, 19 von Blumen. Scherer, DSt. 2, 69. Michel S. 25. — wol gestaht braucht Morungen 143, 25. Dietmar 40, 5 als Beiwort des Ritters (Paul, PBb. 2, 463 Anm.), wie Wolfram sagt: Parzivâl der wol gestaht. Bekanntschaft mit dem Parzizal (S. 201 f.) verrät auch das folgende unter Dietmars Namen überlieferte Lied (40, 34); vgl. Uhland 5, 182 Anm.

133. provenz. gentils cors amoros.

134. Hausen 49, 17. Albr. von Johansd. 93, 5. Morungen 132, 22. 137, 16. 139, 8. 145, 18. 147, 24; besonders häufig bei Wolfram; z. B. Parz. 63, 16. 233, 3. 75, 30. 130, 4. 168, 20. 170, 10. 167, 3. 244, 8. 252, 27. 257, 18. 306, 23. 311, 16. 405, 19. 435, 26. 449, 28. 426, 28. 622, 28.

135. Michel S. 30: „von der frischen Röte der Lippen scheint bei den Provenzalen nie die Rede zu sein".

136. Morungen 142, 10 ir vil rôsevarwen munde. 130, 30 ir rôsenvarwer rôter munt.

137. Morungen 141, 15 zarte lachen; 139, 8 tougen lachen. — bella bocca risens Michel S. 31.

138. belha e gen parlans Michel S. 32. abe ir redendem munde Reinmar 159, 38.

139. Morungen 142, 4 ir vil güetlichen munt. 145, 16 ir froidenrîches mündelîn.

140. Morungen 122, 22 ir rene wis eben vil verre bekant. Michel S. 31.

141. ir mundes vreche, das stellet sich, als ez vümvio spreche MSH. 2, 24b.

142. Gewöhnlich bei Morungen (124, 39. 125, 1. 120. 24. 32. 141, 18), daneben einmal *klár* 130, 28. Michel S. 27. *ougen gelpf unde clár* Gregor 3266. 3221.

143. Morungen 139, 6. provenz. *olhs vairs e rizens;* „lachende graue Augen" übersetzt Michel S. 28. Erec 8097 *din lichtiu ougen sô spillichen stánt.* II. von Melk 605 *als er offenlichen unt tougen gegen dir spilte mit den ougen.* — Die Farbe der Augen wird nicht bezeichnet. Das allgemeine Prädikat *wol stênde* (tan ben l'estan Bern. de Ventadorn, Michel S. 28) braucht in einer unter Dietmars Namen überlieferten Strophe (87, 22) die Frau von ihren eigenen Augen; vgl. Veldeke 58, 21 *do ich ir ougen und ir munt sah sô wol stên.* Alex. 5121 *ich ne sach nie von wîbe scôner antlurze nô noch ongen alsô wol sté* etc. Eneit 140, 15 *schöne ougen unde wol stênde.*

144. Meinloh 11, 11: *sô wol den dinen ougen, die kunnen swen si wellen an eil gütlichen sehen.* Unter den älteren Dichtern preist Ulrich von Gutenburg die Augen am öftesten; Gottschau S. 382. *schœnin ougen* 78, 8. 22. *ir süezen ougen* 71, 32.

145. Gutenburg 71, 32 *ir süezen ougen schâch.* 72, 2 *ir ougenblicke mich dicke miner sinne roubent.* 78, 22 *ir schœnin ougen, daz wdren diu ruote, dá mite si mich von êrste betwanc.* 78, 8 *ich bin leider sère wunt áne wáfen, das habent mir ir schœnin ougen getán.* Nr. 226. Morungen 130, 28 *ir ougen klár, diu habent mich beroubet und ir rôserowcr rôter munt.* 141. 18 *ir liehten ougen, diu hánt ... mich senden verwunt.* provenz. Bern. de Ventadorn: *e'l rostre belh huelh m'an conquis e'l dous esguar, e lo clar ris.* 126, 24 *mich enzündet ir vil liehter ougen sehin, sam daz fiur den dürren zunder tuot.* Michel S. 100. Fridanc 99, 13 *Manc wip vil schöne blicket, diu schiere den man bestricket.* No. 327.

146. Morungen 140, 37 *ir wiplichen wangen.* Michel S. 34.

147. Morungen 136, 5 *ir varwe liljenwiz und rôsenrôt.* 139, 6 *ir liehter schin.* 143, 27 (im Tageliede) vergleicht er den weifsen Leib mit dem Schnee Michel S. 25. Alex 5125. 5150 f. Besonders liebt es Wolfram, die blendende Farbe des Leibes zu rühmen; z. B. *wol gevar* Parz. 28, 25. 146, 8. 311, 19. 177, 28. 235, 10. 245, 6. *lieht gevar* 230, 23. 244, 4. *clár* 806, 16. 63, 19. *blanc* 146, 3. 170, 18. 257, 16. vgl. ferner 776, 6. 29, 3. 29, 23. 84, 14. 102, 26. 186, 5. 167, 17 f. 228, 5. 243, 9. 173, 24. 167, 16. 191, 20. 247, 13. 306, 23. 352, 10. 361, 22. 360, 28. 400, 10. 447, 12. 601, 1. 638, 15 etc. Erec 1562.

148. Öfters werden Mund und Augen neben einander genannt; mehr Züge verbindet Veldeke 50, 21: *do ich ir ougen und ir munt sah sô wol stên und ir kinne.* Morungen 141, 1 *sehl an ir ougen und merket ir kinne, seht an ir kel wiz und prüevet ir munt.*

149. Hals, Hände, Fufs erwähnt Walther nur hier; Stirn, Kinn,

Brust, Hüfte u. s. nirgends. Morungen 122, 14 hebt auch die schlanke Gestalt hervor: *smal wol ze mâze vil fier unde vrô*. Michel S. 23. 33; öfters Wolfram im Parzival. Ausführliche Schilderung von Frauenschönheit: Eneit 146, 2; s. die Anm. zu Walther 53, 25.

150. Das gut sitzende Kleid erwähnt auch Bertran de Born; Michel S. 24.

151. Parz. 257, 31 *doch nenne ich solhen blôzen lîp für etslich wol gekleidet wîp*. Gudrun 1654. — Parz. 551, 27 *gestrichen varwe ûfez vel ist selten worden lobes hel*.

152. *weiz got* Fenis 85, 12. *got weiz wol* Hausen 44, 19. Reinmar 160, 9. 173, 30. 174, 35. *got wizze wol die wârheit* MF. 4, 7. *daz weiz er wol dem nieman niht geliegen mac* Reinmar 170, 21. *solt ich ez bî dem eide sagen* Rugge 100, 21. *des biute ich mîne sicherheit* Dietmar 30, 19. *des hân ich gesworn* Albr. von Johansdorf 87, 6. *und swer ir des bî gote* 88, 10. Manche schwören bei ihrer Liebe: Reinmar 173, 13 *rûhe si mich iemer an deheiner lüge sô sô schüpfe mich zehant*. Rugge 110, 24 *friesch aber ez diu schœne dies mil valsche si, sô lâze si mich iemer mêre frî*. Andre bei Leben und Seligkeit: Albrecht von Johansdorf 87, 9 *swenne ich von schulden warne ir zorn; sô bin ich vervluochet vor got als ein heiden*. 35 *got vor der helle niemer mich bewar, ob daz mîn wille sî* (Eilhart v. 1416). Reinmar 173, 27 *wart ie manne ein wîp sô liep als si mir ist, sô müez ich verteilet sîn*. 197, 8 (antwortet auf Walther): *Waz unmâze ist daz, ob ich des hân gesworn daz si mir lieber sî dan elliu wîp? an dem eide wirdet niemer hâr verlorn: des setze ich ir ze pfande mînen lîp*. Einen sehr feierlichen und ausführlichen Liebesschwur formuliert Hartmann im 1. Büchl. 1421—1442; vgl. 1728. 1831. Auch Arnaut de Maroill, Michel S. 133. Lehfeld 2, 386.

153. MF. 4, 28 'ich hân den lîp gewendet an einen riter guot'. Rugge 103, 30 'an den ich allen mînen muot ze guote gar gewendet hân'. Reinmar 155, 30 *daz ich mit triuwen allen mînen sin bewendet hân*. Hartman 215, 19 *den muot bewenden* etc.

154. *dienest* für die Person braucht Walther nicht: Morungen 130, 20 *in den dingen ich ir man und ir dienest was*. Reinmar 176, 11 *ich was ie der dienest dîn*. Auch nicht Gebieten für die Herrschaft der Frau, wie Albrecht von Johansdorf 88, 11 *alle mîne sinne und ouch der lîp daz stêt in ir gebote*. Rugge 107, 10 *ich leiste ie, swaz si mir gebôt*. Veldeke 67, 1. Reinmar 197, 7 *swie si gebiutet alsô wil ich leben*. 195, 14 *ouch diene ich ir, swie sô si gebiutet mir*. Meinloh 15, 15 *durch daz wil ich mich flîzen, swaz si gebiutet, daz daz alles sî getân*. Bei Walther sagt die Frau: *ein man der mir wol mac gebieten swaz er wil* 72, 11. Die Höflichkeitsformel im Tageliede 89, 32 ist nicht zu vergleichen. *gebieterinne* sagt Walther 4, 35 von der hl. Jungfrau, für ihre Dame brauchen es die älteren Dich-

tor nicht. Reinmar von Zweter MSH. 2, 182ᵃ *ich bin din kneht, du min gebieterinne*. Walther von Klingen MSH. 71 (I, 3). 71ᵇ (II, 4), 79ᵇ (VI, 2). Vgl. Nr. 193. — Sich auf Gnade ergeben: Fenis 82, 34 *lip unde sinne die gap ich für eigen ir ûf genâde der hât si gewalt*. Bernger 114, 16 *sit ich ir gap beidiu herze und lip ûf ir genâde*. Albrecht von Johansdorf 91, 18 *ich wil es alles an ir güete lân, ir genâden der bedarf ich wol*. — Hausen 46, 29 *einer frouwen was ich sam*. — Lehfeld 2, 394.

155. Morungen 131, 37 *der ich leben sol* Reinmar 197, 7. vgl. Nr. 277 f. Die ganze Person gehört der Herrin: Reinmar 176, 22 *ich bin dîn*. Morungen 133, 2 *nu bin ich doch dîn*. Reinmar 182, 18 *ich hân niht se gewunne wan mîn selbes lip, derst ir eigen*. 1. Büchl. 1003 *jâ muos mîn lip dîn eigen sîn nâch getriuwes herzen lêre*. Vgl. Nr. 262.

156. Spätere Dichter führen nach dem Vorgang der Provenzalen (Michel S. 120) das Bild des Dienstes mehr im Detail aus: Wie der Mann, der Belehnung bittet, mit gefalteten Händen vor dem Herren kniet, so Ulrich von Lichtenstein 394, 26 *mit hende ich valde mit triuwen al gernde ûf ir füeze*. Hezbolt, HMS. 2, 23ᵃ. Burkhart von Hohenfels, HMS. 1, 209ᵇ. Uhland 6, 146 f.

157. Mit besonderem Nachdruck Dietmar 36, 34 *frouwe, mîner lîbes frouwe*. — *trût* (Dietmar 37, 23) braucht Walther nicht.

158. Gutenburg 73, 14. Albrecht von Johansdorf 93, 24. Morungen 141, 7. Reinmar 150, 27. Werner, AfdA. 7, 126. — Die Auffassung der Frau als Fürstin setzt auch Gutenburg 74, 5 voraus, indem er sie um schützendes Geleit gegen Traurigkeit bittet. — Im ersten Büchlein v. 1644 heißt sie *gotinne*.

159. 47, 6. 97, 9. Dietmar 38, 32 *dar nâch mîn herze ie ranc*. Gutenburg 78, 16 *das er [der muot] ie sô nâch ir minnen gerane*. Morungen 135, 9 *wê wie lange sol ich ringen umb ein wîp*. 139, 23 *nâch der mîn gedanc sêre ranc*. Reinmar 158, 16 *dar nâch ich ie mit triuwen ranc*. 201, 7 *also schône man nâch wîbes lône noch gerane nie mêre*. Hartman 209, 7 *nâch der ie mîn herze ranc*. 1. Büchl. 1902. Vgl. ferner *vlêhen* Alb. v. Johansd. 86, 21. Morungen 128, 1. Walther 183, 4. *nâch der mîn herze wartet* Johansdorf 92, 16. *nâch dir hân ich mich verwuot* 1. Büchl. 1795 (vgl. Hausen 51, 13). *wie ich tobte unde quele umb ir vil güetlîchen munt* Morungen 142, 4. 135, 15. *sturbe ich nâch ir minne* Meinloh 13, 11. Dagegen einfach und natürlich Kürenberg 8. 27 '*das mich des geluste*'. Vgl. Nr. 260.

160. *gelt* und *miete* braucht Walther nur mit Bezug auf das freundliche Entgegenkommen der Damengesellschaft überhaupt (56, 18. 25. 49, 14). *solt* (Meinloh 12, 10. Veldeke 56, 1) braucht er in diesem Sinne nicht. — *lêhen* Albrecht von Johansdorf 86, 23.

161. Engelhart von Adelnburc 148, 7 *owé sol ich niht geniezen guotes willen, dêst der tôt.*

162. Daher die Klagen über Mifstrauen: Hausen 45, 21 *als ungeloubic ist ir lip daz si der zwivel dar uf bringet* etc. 35 *alleine wil sir glouben niet, daz si min ouge gerne siet.* MF. 54, 12 'ob er des niht gelouben wil, daz ist mir leit'. Gutenburg 75, 26 *wolt si noch glouben haz, daz ich von ir niene wil, daz wære mir ein senftez spil.* Morungen 136, 20 *sit si mir niht geloubet daz ich sage.* Reinmar 155, 32 *und mir der besten einiu des niht gelouben wil.* 174, 17 *daz ich ir gediente ie tac, des enwil si mir gelouben niht owê.* Rugge 110, 8—16. Lehfeld 2, 397. Vgl. Nr. 63, 316.

163. Oft und mit besonderem Nachdruck bei Reinmar: *mit triuwen* 167, 18. 159, 13. 138, 18. 157, 25. 155, 30. *mit guoten triuwen* 173, 1. *mit den triuwen und ich meine daz* 173, 9. Rugge 106, 29 *daz ich si mê mit rehten triuwen meine, dan ieman kunde wizzen zal.* — Reinmar versichert, nicht gelogen zu haben 160, 38. 173, 13; solche Rede lasse sich nicht lügen 175, 34. 166, 11; er hebt seine Treue durch den Gegensatz hervor: *jon wirbe ich niht mit kundekeite noch durch versuochen als vil maneger tuot* 162, 18. 198, 2. — Seine Rede kommt von Herzen: Albrecht von Johansdorf 88, 10 *dâ bî geloube mir nees ich ir jehe, ez gêt von herzen gar.* Reinmar 166, 14 *unde merke wa ich ie spreche ein wort, ezn lige ê i'z gespreche herzen bî.* — Negativ: Hartwic von Rute 116, 5 *si solte mich durch got geniezen lân das ich ie bin gewesen in grôzer huote dazs immer kunne valsch an mir verstân.* 1. Büchlein 1757 *wider dich bin ich valsches wan, mit triwen ich dich meine: dd lâz mich niht verliesen an.*

164. 1. Sam. 16, 7 *homo enim videt ea quae parent, dominus autem intuetur cor.* — Nr. 488 f.

165. Hausen 45, 87 *si darf mich des zihen niet in hete si von herzen liep.* Reinmar 170, 19 *sist min ôsterlicher tac und hâns in minem herzen liep.*

166. Diese Ausdrücke braucht Walther oft: 49, 25. 41, 31. 95, 30. 97, 12. — 47, 12. 61, 7. 70, 6. 92, 2. 92. *herzeliep* Reinmar 166, 17. Albrecht von Johansdorf 91, 25. 29. *herzeliebe* Morungen 138, 12 etc.

167. Dietmar 35, 29 '*der an min herze ist nâhe komen*'. Reinmar 157, 15 *mirst komen an daz herze min ein wip.* Morungen 138, 6 *dem ein wip sô nâhen an ir herzen gê.* Rugge 103, 22 *diu nâ an minem herzen lît verholne.* Vgl. Nr. 169. Vgl. *nâhe* ohne Herz: Hausen 46, 21 *ich hete liep daz mir vil nâhe gie.* Fenis 84, 6 *wan mir nie wip sô nâhe gelac.* Reinmar 160, 1 *ein liep ich mir vil nâhe trage.* MF. 54, 13 *sô nâhe als ich die liebe trage. nâhe gên* auch häufig mit abstrakten Subjekten: *nôt, kumber, leit, güete* u. a. Lehfeld 2, 404. Burdach S. 115. Nr. 225.

168. Beruger von Horheim 114, 37 *si sol mir sin vor allen andern wâen ime herzen beidiu naht und tac* (vgl. MF. 5, 9). Fenis 61, 37 *sit das diu minne mich wolt alsus tren, daz sie mich hiez in dem herzen tragen diu mir wol wac min leid ze vroiden hêren*. Reinmar 171, 27 *sit ichs âne ir danc in minem herzen trage*. Andere Wendungen sind sinnlicher: Hausen 42, 10 *min herze muoz ir klûse sin al die wile ich habe den lip*. MF. 3, 9 *dû bist beslozzen in minem herzen, verloren ist daz slüzzelîn*. Reinmar 194, 22 *si gie mir alse sanfte dur min ougen, daz sie sich in der enge niene stiez. in minem herzen si sich nider liez; dâ trage ich noch die werden inne tougen lâ stân, lâ stân! waz tuost du saelic wîp, daz du mich heimesuochest an der stat, dar sô gewalticliche wibes lip mit starker heimesuoche* (Burdach S. 46) *nie geirrat!* Parz. 311, 28 *ir sehen in mit triwe enphienc: durch die ougen in ir herze er gienc.* vgl. 433, 2 f. 584, 12. 593, 14. *durch ein herze enge kam alsus diu herzogin, durch einiu ougen oben in*. Morangen 144, 24 *si kan durch die herzen brechen same diu sunne durch das glas*. 141, 21 *si brach alsô tougen al in mîns herzen grunt. dâ wont diu guote vil sanfte gemuote.* 126, 16 *si gebiutet und ist in dem herzen mîn frouwe und hêrer danne ich selbe si.* 127, 4 *der entwei gebrœche mir das herze min, der möhte si schöne drinne schouwen.* 133, 9 *wol mich des, daz si min herze sô besezzen hât, das diu stat dâ nieman wirt bereit als ein hâr sô breit*. — Weil die Liebe im Herzen sitzt, kann man ihr nicht entgehen: Hartman 209, 23. Die Liebe und die Geliebte wandern mit; Albrecht von Johansdorf 94, 31 *will aber dû ûz minem herzen scheiden niht . . eher ich dich dan mit mir in gotes lant* etc. 95, 6 'Wol si sælic wîp, diu mit ir wibes güete daz gemachen kan, daz man si ëwret über sê'. Das Herz als Wohnung ist eine aus der Religion geläufige Vorstellung. (Gott in uns und wir in ihm: 1. Joh. 3, 24. 4, 16 u. a.) s. Schmidt, Reinmar S. 116. Uhland 5, 247. Michel S. 102. 216. Werner, AfdA. 7, 141. 146 und namentlich Burdach S. 114 f. — Reinmar 154, 9 sucht zu überbieten: *wan si wont in minem sinne und ich die lieben âne mâze minne nâher dan in dem herzen min.* Vgl. MF. 5, 31 *sit daz ich si âne wanc sollen zîten trage beide in herzen und ouch in sinne*. 5, 9 'dû wonest mir in dem muote, die naht und ouch den tac'. Rugge 101, 18 *sist mir vor liebe ze verre in dem muote*. — Das Herz als Ratgeber s. Nr. 353. 83.

169. MF. 5, 31 *und si âne wanc zallen zîten trage in herzen*. Veldeke 62, 4 *ich minne schône sunder wanc*. Gutenburg 70, 26 *âne widerwanc*. Hausen 52, 13 *min staete wir nu hât das herze alsô gebunden, das sis niht scheiden lât von ir*. Gutenburg 75, 12 *sist miner triuwen wol gewon und weiz si gar*. Beruger von Horheim 112, 15 *doch flîze ich mich des alle tage deich ir ein staetes herze trage*.

170. Veldeke 65, 33 *der min herze staeteclîche von minnen ie*

was *undertân*. Der Beginn der Bekanntschaft wird hervorgehoben: Hausen 43, 7 *sît ichs began so enkunde ich nie den stæten muot* etc. (vgl. Rugge 100, 15.) 49, 16 *Mir ist das herze wunt .. sît eine frouwen êrst bekande*. Rugge 106, 19 '*sit ich sin kunde alrêrst gewan*'. Dietmar 38, 19 *das er ein sendez herze treit, sît er dich sach*. Reinmar 160, 9 *sît ichs êrste sach*. 196, 28 *sît ich dienen ir began*. 1. Büchl. 1795 *sît ich din künde ie gewan*. Bernger von Horheim 114, 15 *sît ich ir gap beidiu herze und lîp ûf ir genâde*. s. Nr. 267.

171. Hausen 42, 26 *rehtiu stæte*. *der wil ich iemer gegen ir pflegen*. Gutenburg 78, 2 *der ich z'allen zîten bin undertân*. Rietenburg 18, 22 *ich .. bius ir stæten dienest min als wil ich iemer mêre sîn*. Rugge 100, 15 *daz sich verlie mîn herze, als es belîben sol, an ir mit triuwen iemermê*. 106, 84 *si vindet mich in manger sît an einem sinne, der ist iemer stæte*. Veklelo 68, 22 *wan ich vil gerne behuote, daz ich iemer von ir gescheide*. *mich bindent sô vaste diu eide, minne unde triuwe beide*. Hausen 46, 12 *der ie mîn lîp muoz dienen, swar ich var*.

172. Ähnliche nachdrückliche Wendungen: Rugge 100, 10 *ûns und muos ouch iemer sîn an der ich stæte wil bestân*. 108, 25 *ich bin noch stæte als ich ie pflac und wil das iemer gerne sîn*. Albrecht von Johansdorf 91, 15 *dir ich diene und iemer dienen wil*. Bernger von Horheim 114, 30 *si sol wizzen swar ich landes kêre, daz ich ir bin und muoz iemer sîn als ich ê was*. vgl. Nr. 175. — Albrecht von Johansdorf 86, 1 *min êrste liebe der ich ie began, diu selbe muoz an mir diu leste sîn* (vgl. Erec 6298). Morungen 123, 10 *min êrste und ouch min leste froide was ein wîp* (Michel S. 50. Werner, AfdA. 7, 187).

173. Reinmar 152, 5 *ich hân vil ledecliche brâht in ir genâde minen lîp*. — Beliebt ist die Wendung: von Kind auf, auch bei den Troubadours (Michel S. 57. 128 f.). Albrecht von Johansdorf 90, 16 *die ich von kinde her gemeinet hân*. Morungen 134, 31 *sît mir liep gewest dâ her von kinde*. 136, 9 *vil stæte her von einem kleinen kinde*. Hartmann 215, 29 *si was von kinde und muoz mê sin min kröne*. 206, 17 *der ich gedienet hân mit stætekeit sît der stunde deich ûfem stabe reit*. Bruno von Hornberg HMS. 2, 66ª. Troohsess von St. Gallen, HMS. 1, 288ᵇ. Marner, HMS. 2, 238ª (Strauch S. 87, 56 Anm. Lohfeld 2, 898). Reinmar und Walther brauchen die Wendung nicht; der letztere sagt: *Minne unde kintheit sint einander gram* 102, 9 (s. Nr. 09).

174. Kürenberg 9, 25 *die wîle uns ich daz leben hân sô bist du mir vil liep*. Gutenburg 72, 79 *si endarf niht merken daz ich strebe nâch mines leides ende, ich muoz es tuon die wîle ich lebe*. Besonders bei Reinmar 161, 14 *niemer al die wîle ich lebe*. 157, 85 *niht langer wan die wîle ich lebe*. 202, 13 *niuwan al die wîle ich lebe*. 158, 21 *die wîle ich iemer gernden muot zer werlte hân*. Bis

zum Tode: Hausen 61, 25 *den willen bringe ich an min ende.* MF. 5, 29 *und bringe den wehsel durch ir liebe ze grabe.* Albrecht von Johansdorf 87, 5 *mich wae der tôt von ir minnen wol scheiden; anders nieman.* 91, 29 *swâ swei herzeliep gefriundent sich .. die sol niemen scheiden, dunket mich, al die wîle unz si der tôt verbirt.* Reinmar 199, 23 *miniu jâr diu müezen mit ir ende nemen sô mit froiden sô mit klagen* Individueller Morungen 129, 10 *ir lop, ir êre unz an min ende ich sage.* — Treue bis über den Tod: Meinloh 13, 11 *stürbe ich nâch ir minne, und wurde ich danne lebende, sô wurb ich aber umb daz wîp.* Morungen 147, 10 *iemer minne hât mich des ernœtet, daz iemer sêle ist mîner sêle frouwe* (Werner, AfdA. 7, 147).

175. Dietmar 32, 4 *sellen sin vergezzen wirt in minem muote.* 39, 6 *daz ich sîn ze keiner zît mac vergezzen.* Fenis 84, 1 *diu mir daz herze und den lîp hât betwungen, daz ich ir niht vergezzen enmac.* Rugge 106, 29 '*ich bin dîn sîn noch nie vergaz*', Reinmar 174, 26 *der mae ich vergezzen niemer wê.* 174, 35 *got weiz wol, daz ich ir nie vergaz.* 200, 33 '*er schiet hinnen mit den minnen, daz ich niht vergizze sîn*'. — Hartman 209, 4 *von ir ich niemer kumen wil.* Reinmar 161, 7 *daz ich niemer von ir komen kunde.* Rietenburg 18, 22 *ich wil ir niemer abegegân* Dietmar 38, 4 *ich wil irs niemer abe gegân.* Gutenburg 70, 40 *ichn wil ir niemer abe gestân.* Morungen 131, 25 *ich bin iemer ander und niht eine der grôzen liebe der ich nie wart frî.* — Dietmar 36, 14 *si kan mir niemer werden leit*'. Fenis 81, 6 *ich enmac ez niht lâzen, daz ich daz herze iemer von ir bekêre.* Hausen 43, 21 *wan ez mir alsô niht enstât, daz ich mich ir getrœsten müge.* (vgl. 49, 10.) Hartman 214, 32. Die treue Liebe hält ihn selbst wider Willen; Hausen 43, 7 *so enkunde ich nie den stæten muot gewenden rehte gar von ir.* Fenis 81, 11 *min grôziu stæte mich des niht erlât.* Digger 118, 6 *nein ich enmac noch enlât mich mîn triuwe.* Fenis 81, 20 *nu lieze ich ez gerne möhte ich ez lâzen.* (vgl. B. de Ventadorn, Michel S. 129). Hartman 207, 7 *swer selhen strît, der kumber âne froide gît, verlâzen kunde, des ich niene kan, der wære ein sælic man.* Rugge 101, 23 *kunde ich die mâze, sô lieze ich den strît, der mich dd muejet und lützel vervâhet, der mich verleitet ze caste in den nît.* Reinmar 163, 34 *lît ich die liebe mit dem willen mîn, sen hân ich niht ze guoten sîn. ist aber daz i's niht mac erwenden etc.* 2 Büchlein 477 —506. Rhetorisch, wie Walther 64, 22, Digger 116. 6. Gutenburg 72, 34 *mîn herze nie von ir geschiet, noch niemer wil.* Reinmar 166, 37 *von ir enmac ich noch ensol.* MF. 5, 17 *diu süeze, die ich vermîden niht wil noch enmac* (vgl. Nr. 172).

176. Hausen 52, 23 *mich kunde nieman des entwenden, in wolle ir wesen underlân.* Albrecht von Johansdorf 87, 7 *ern ist mîn eriunt niht, der si mir wil leiden.* Hausen 49, 8 '*si möhten ê den Rîn ge-

kêren in den Pfât' etc. (Uhland 5, 149). Gutenburg 75, 4 swer mir nu leidet disiu luot, der sündet sich und ert den sant. er kêrte den Rîn ê in den Pfât. 71, 38 er schiede ê Musel und den Rîn ê er von ir daz herze min etc. 1 Büchl. 1775 ich woen noch lihter den Pfât allen verbrande . . ê daz ich din getæte rât. Selbst die Rücksicht auf Gott und die heilige Pflicht der Kreuzfahrt hebt die Liebe nicht auf: Albrecht von Johansdorf 90, 13 *alle sünde lieze ich wol wan die: ich minne ein wîp vor al der werlte in mînem muote, got hêrre, daz verdêh se guote*. Hartwic von Rute 116, 15—21 hat selbst Angesichts des Todes mehr an seine Liebe gedacht als an seine Sünde, vgl. auch Hausen 49, 18. s. Nr. 79. — Besonders in Frauenstrophen mit altertümlichem Charakter wird die Einmischung anderer als vergeblich zurückgewiesen: Meinloh 13, 18 '*si wænent mir in leiden, sô si sô rûnent under in. nu wizzen al gelîche, daz ich ein friundinne bin . . ÷tzchene is ir ougen, mir râtent mîne sinne an deheinen andern man*'. Regensburg 16, 1—8 '*sîn mugen alle mir benemen den ich mir lange hân erwelt ze rehter stæte in mînem muot . . und lægen si vor leide tôt, ich wil im iemer wesen holt*'. Rietenburg 18, 6 '*ich lâze in durch ir viden niet. si fliezent al ir arebeit*'. MF. 6, 12 '*und wer ez al der werlte leit, sô muoz sîn wille an mir ergân?*' Dietmar 38, 7—14 (ist eine Frauenstrophe). 36, 5—12. Hausen 49, 6. Regensburg 16, 23 '*nu heizent si mich mîden einen rîter. ine mac*'. MF. 54, 28 '*ich wil tuon den willen sîn, und wære ez al den friunden leit, die ich ie gewan*'. Hartman 216, 6. Vgl. auch Eilhart 1394. 52*0.

177. Er ist treu, obwohl sie seine Liebe nicht erwidert: Reinmar 155, 20 *sîst von mir vil unverlân, swie lützel ich der triuwen mich anderthalp entstân*. Fenis 81, 9 *ich minne si diu mich dâ hazzet sêre*. Iwein 1811. Morungen 130, 1 will das man auf seinen Grabstein schreibe: *wie liep si mir wære und ich ir unmære* (Michel S. 55. 84 f.) 124, 30 *ich sihe wol daz min frouwe mir ist vil gehaz: doch versuoche ichs baz: ich verdiene ir werden gruoz*. Reinmar 158, 1 *und zurnde ob si, daz ich ez dannoch tæte*. Morungen 124, 27 *ir ist leider zorn daz ichs der werlte künden muoz, daz ich niemer fuoz von ir dienste mich gescheide*. (Michel S. 130). 172, 17 *wænet si daz ich den muot von ir gescheide umb alze lihten zorn?* — Obwohl ihm kein Lohn zu teil wird: Gutenburg 77, 4 *alt ich der sælde niene habe daz si mir sanfte lône, ichn wil ir doch niht wesen abe*. Fenis 81, 14 *iemer mêre wil ich ir dienen mit stæte, und weiz doch wol daz ich sîn niemer lôn gewinne*. 2 *si [diu Minne] wil daz ich iemer dien an solhe stat dâ noch min dienest ie vil kleine wac*. 12 *min grôziu stæte mich des niht erlât, und ez mich leider kleine vervât*. 19 *ich diene ie dar da ez mich kan kleine vervân*. 1 Büchl. 1769 *ob mich min dienest niht vervât, die sêle ich gibe ze pfande daz min triuwe niht zergât, wan der schade brâhte schande*. Beruger 114, 1 *sô waz*

»iz ic nåch der min herze rame und iemer muoz, doch mir nie gelanc. Morungen 129, 2 owé daz ich triuwen nie genôz! doch gediene ich, swier ergé (Michel S. 58 f.). Hartman 207, 5. Fenis 80, 4 sit ich si mac weder lâzen noch hân. — Obwohl Leid sein Lohn ist: Beruger 118, 38 mir ist von liebe vil leide geschehen. lieze iehs darumbe, sô wære ich ze kranc. 114, 16 swie wé es mir tuot, doch wil ich langer noch haben den strit. Morungen 129, 8 des stên ich an fröiden blôz, doch gediene ich. Hartman 207, 7. Der Verf. des 2. Büchleins argumentiert, dafs es besser sei zeitliches Ungemach zu erleiden, als die triuwe zu verletzen und dadurch dem ewigen Verderben zu verfallen; (nach dem Muster der Religion; triuwe = fides). — Obwohl die Geliebte ihm Leid zufügt: Hausen 53, 12 und wil dienen mit triuwen der guoten diu mich dâ bliuwet vil sére âne ruoten. Reinmar 172, 10 ob si mir ein leit getuot, sô bin ich doch üf anders niht geborn wan daz etc. und keine Freude gönnt Morungen 123, 14 diu hæhste und ouch diu beste in dem herzen min, seht, daz muoz si sîn, der ich sellen frô bestê. 140, 25 swas ich singe ald swaz ich sage, tône wil si doch niht træsten mich zil senden man . . ich bins der ir dienen sol. Reinmar 155, 23 si was ie mit froiden und hie mich in den sorgen sin. — Obwohl sie stolz ist, Gewalt an ihm begeht, ihn zurückstöfst, ihn schuldlos leiden läfst: Fenis 85, 12 jâ ist si mir ein teil ze hêre. sol si denne ein frouwe sin? jâ si, weizgot, iemer min! Reinmar 171, 35 si muoz gewalles mé an mir begân danne an manne ie wip begie. ê deich mich sîn gelouhe. Fenis 81, 22 mins sinne welnt durch daz niht von ir scheiden, swie si mich bî ir niht wil lân belîben . . si sol ir zorn darumbe lâzen sin wan sin kan mich niemer von ir vertrîben. Gutenburg 78, 25 si muoz rûmde âne schult an mir begân, sî kan mich niemer von ir vertriben. Engelbart von Adelnburo 148, 17 kunde ich hôhen lop gesprechen, des wær ich ir underlân, swie si wolle in zorne rechen des ich nien begangen hân. Er dient gegen ihren Willen: Fenis 81, 24 si enkan mir doch daz niemer geleiden, ich endiene ir gerne. Dligger 118, 3 ich weis wol durch was si mir tuot sô wé: daz mich sin verdriexe und diu nôt mich geriuwe . . nein, ich enmac noch enlât mich min triuwe. Reinmar 161, 12 und wil nu, dést ein niuwer zorn, daz ich si der rede gar begebe. weis got, niemer al die wîle ich lebe; — bleibt treu, was geschehen oder was sie thun mag: Fenis 81, 0 ich minne si . . und iemer tuon swies doch mir darumbe ergât. Morungen 129, 4 doch gediene ich swies ergé. Hausen 51, 25 den willen bringe ich an min ende, swie si habe ze mir getân. Gutenburg 71, 14 nu entwoche ich was si mir getuot. 76, 8 swas si mir tuot daz ist alles guot: ichn mag ir niht entwenken. Hartman 206, 27 swas si mir tuot, ich hân mich ir ergeben und wil ir iemer leben. Morungen 124, 29 daz ich niemer fwos von ir dienste mich gescheide, ez kom mir ze liebe alder ze leide (Michel S. 52). Lehfeld 2, 401. Burdach 8. 70. — Nr. 356.

178. Hausen 52, 35 *wan ich für alle man ir ie was undertân.
49, 25 der ir bus heiles gan dan in der werlte lebe debeine*. MF. 4, 7
'*got wizze wol die wârheit das ich ime diu holdeste bin.*' MF. 64, 30
'*sît das ich im holder bin dann in al der werlte ie frouwe einem
man*'. Reinmar 190, 34 *jâ erkennest dû vil wol, das dir nieman
holder ist*. Veldeke 62, 6 *ob miner minne minne ist kranc, sô wirt
ouch niemer minne wâr*. 63, 32 *maneger spræche, 'seht, er tobet*'.
Reinmar 173, 29 *maneger sprichet: 'sist mir lieber'; dast ein list.
— Veldeke 58, 35 liebt mehr als der bezauberte Tristan; ebenso
Bernger von Horheim 112, 1 *nu enbeiz ich doch des trankes nie dâ
von Tristan in kumber kam: noch herzeclîcher minne ich sie, dann
er Isalden deist min wân*. Bligger 119, 11 *diu mir ist also Domas
Saladine und lieber möhte sin wol tûsentstunt*.

179. Keine ist ebenso lieb: Kürenberg 10, 16 *mir wart nie
wip also liep*. Rietenburg 18, 4 '*was frumte, ob ich von zorne jehe,
das mir al ieman also liep*'. Hausen 44, 19 *got weis wol, das ich nie
gewan in al der werlt sô liebe enkeine*. Reinmar 174, 35 *got weis wol ..
das mir wip geviel nie bas*. 154, 21 *mir geviel in minen zîten nie ein
wip sô rehte wol*. Rugge 106, 19 '*sit ich sin kunde alrêrst gewan,
so ensach ich nie deheinen man, der mir ze rehte geviele ie bas.*'
Morungen 137, 32 *das ich lieber liep zer werlte nie gewan*. — Sie
ist lieber als alle: Albrecht von Johansdorf 88, 9 *ich minne ni vür
alliu wip*. 90, 17 *die ich .. her geminnet hân für alliu wip*. Hausen
42, 8 *si hât iedoch des herzen mich beroubet gar für elliu wip*. Morungen 147, 6 *und I*'uch *sô herzeclîchen minne zewâre gar für elliu
wip*. Kürenberg 10, 9 *aller wîbe wünne*. Morungen 133, 29 *diu
mines herzen ein wünne und ein krôn ist vor allen frouwen dîch
noch hân gesên*. Reinmar 160, 5 *si sol mir iemer sin vor allen wîben*.
MF. 54, 33 '*er hât gesprochen dicke wol, ich solte im sin immer liep
für elliu wip*'. Fenis 85, 15 *wer hât ir gesaget mære das mir ieman
lieber wære*. Reinmar 197, 4 *das ich des hân gesworn das si mir
lieber si dan elliu wip*. Morungen 122, 19 *min liebeste vor allen
wîben*. Dietmar 36, 9 *den besten friunt den ieman hât*. — Sie ist die
Auserkorene: Hausen 43, 14 *die ich erkôs für elliu wip*. 50, 31 *ich
hâns erkorn ûz allen wîben*. Morungen 130, 31 *ich hân si für alliu
wip mir ze frouwen und ze liebe erkorn*. Reinmar 160, 10 *sô hete ich
ie den muot, das ich für sie nie kein wip erkôs*. 159, 25 *doch hân
ich mir ein liep erkorn* etc. Lebfeld 2, 335.

180. Eneit 294, 28 f. Hausen 42, 15 *durch elliu wip wânde ich
niemer sîn bekomen in solhe kumberlîche nôt als ich von ir einer hân
genomen*. 50, 35 *min lip was ie unbetwungen und hôhgemuot von
allen wîben, alrêst hân ich rehte befunden, was man nâch liebem wîbe
lîde*. MF. 54, 3 klagt die Frau, dafs sie sich vor Liebe gewahrt
habe, bis sie ihn kennen lernte. Dietmar 35, 3 *si hât das herze*

mir benomen das mir geschah von wîbe ê nie. Rugge 102, 1 ich was
vil ungenôzen, des ich nû wonen muoz das mich der minne bant von
sorgen liez iht frî etc. Reinmar 164, 17 ich schiet von ir, daz ich
von wîbe niemer mit der nôt gescheide noch daz mir nie sô wol geschah. 167, 11 ich wânde ie ez wære ir spot, die ich von minnen grôzer
swære hôrte jehen; denn gilt ich sère, semir got, sît ich die wârheit
an mir selben hân gesehen etc. Burdach S. 119 vergleicht ausserdem
Veld. En. 268, 15. 294, 36. Eilh. 2458. Iwein 344. — Nr. 229.

181. Rugge 105, 2 waz kunde guotes mir geschehen von allen
wîben, war ir niht. Gutenburg 76, 29 mac ich der guoten minne mit
mîne dienste niht bejagen, deich niemer mêr die sinne noch mînen lip bekêre an dekein ander wîp. Kaiserchr. 48, 16 kumest dû mir niht sciere
ich ne wirde niemer mêre wîbe ze liebe. 1 Büchloin 1109 wan sô stêt
mîn gemüete, daz aller wîbe güete ze fröuden mich niht vervienge, ob
mir an ir missegienge. ich habe mich herze des begeben, ich enwil deheiner fröude leben durch wân ûf ander minne. 2 Büchlein 714 dar
suo sihe ich durch daz jâr, swar ich der lande kêre, schœner wîbe
mêre (vgl. Walther 53, 17. Raimon de Toloza, Michel S. 182) . . swie
vil ich guoter wîbe sehe od swie verre ich ofte sî von ir, der alte
spruch der'n touc an mir 'das ûz ougen daz ûz muote'. v. 607 f.
erzählt der Dichter, dafs er vergebens in Liebe Liebe zu vergessen
gesucht habe. Eine ebenso gute würde er nirgends finden: Nr. 94.

182. Rietenburg 19, 3 got weiz wol daz ich ê verbære iemer
mêre alliu wîp ê ir vil minneclîchen lîp. Rugge 103, 5 durch die ich
elliu wîp verbir. Bligger 119, 4 swer alliu wîp durch eine gar verbære.
Rugge 106, 31 hete ich von heile wunschen wol ubr elliu wîp, mich
verleite unstæte ab ir dekeine. Reinmar 152, 7 und ist mir noch vil
ungedâht das iemer werde ein ander wîp din von ir gescheide mînen
muot. Bernger von Horheim 114, 12 si darf des niht denken, das
ich mînen muot iemer bekêre an dekein ander wîp. — Verwandt ist
der Gedanke, dafs diese Liebe die frühere Unbeständigkeit überwunden hat: Dietmar 35, 5 ich hân der frouwen vil verlân dâ ich
niht herzeliebe vinden kunde etc. Gutenburg 78, 21 ich was wîlde.
swie vil ich ê sanc: ir schœniu ougen daz wâren din ruote etc. Meinloh
11, 16 er heiz dir sagen ze wâre dû habest im elliu andriu wîp benomen ûz sînem muote. Morungen 122, 24 durch die ich gar alle
unstæte verkôs. Reinmar 174, 26 sît das si mîn ouge sach, din mich
vil unstæten man betwungen hât. 197, 26 war suo sol ein unstæter
man, der was ich ê, nu bin ichs niht, ouch enwart ichs niemer mêre
sît ich dienen ir began. Hartman 211, 35—212, 12. 2 Büchlein
464 joch kunde ich uns an disen tac, das si gnâde an mir begie und
mînen willen muoz gewir, nie solhes niht grewinnen . . wart ez mir
darnâch benomen, ichn wære es schiere abe komen âne nâch gênde klage.

183. MF. 87, 17 'jo engerte ich ir deheines trûtes mê'. Küren-

bero 7, 14 'verliuse ich dine minne sô lâz ich die liute harte wol vermîden, daz mîn froide der minninâl ist umb alle ander man'. Reinmar 198, 26 'durch den ich alle ritter hân geldn'. Parz. 103, 12 ob ie kein frouwe mêr gewan sô werden friunt, waz wær ir daz? si möhtez lâzen âne haz. 184. MF. 4, 36 'der aller liebeste man'. Kürnberc 7, 11 vil liebez liep. Meinloh 14, 6 im wart liebers nie niet. MF. 3, 17 mich dunket niht sô guotes noch sô lobesam sô diu liehte rôse und diu minne mînes man. — Hausen 47, 12 sô hât iedoch daz herze erwelt ein wîp vor al der welt. Dietmar 38, 16 ein ritter, der dich hât erwelt ûz al der werlt in sin gemüete. — Hausen 46, 27 der si vor al der werlte hât. Reinmar 160, 9 und si vor aller werlde hân. Albrecht von Johansdorf 90, 14 ich minne ein wîp vor al der werlte in mînem muote. — Morungen 130, 34 daz mir in der werlte niht dne si sol lieber sîn. 137, 32 daz ich lieber liep zer werlte nie gewan. MF. 4, 34 'mir griwet in al der werlte nieman baz', 5, 4 'den möhte in al der werlte got niemer mir vergelten'. Eneit 293, 32. — Dietmar 39, 8 'nu muoz ich al der werlte haben durh sînen willen rât'. MF. 3, 7 wær diu werlt alliu mîn von dem mere unz an den Rîn etc. Gutenburg 70, 2 é mich verbære, schent, daz [ir græoz], ich trüege é al der werlte haz. Reinmar 191, 4 é daz ich din abe gesté, ja enist in der werlte sô guotes niht, ichn verspreche ez é. vgl. Bernart de Ventadorn, Michel S. 214. — Individueller sagt Kaiser Heinrich 5, 36 é ich mich ir verzige, ich verzige mich é der krône. Morungen 138, 22, er würde nicht ein Königreich um ihre Minne nehmen (Michel 128. 136. 213 f.); s. auch Nr. 187. Reinmar 203, 14 'ich wil im immer holder sîn, danne deheinem mâge mîn'. Raimond de Toloza stellt die Liebesfreude gar über die Paradiesesfreuden; Michel S. 215. 237. Das wagen die deutschen Dichter nicht; Hartmann, 1 Büchlein 1448 ich het ie einen gedanc .. ob ez mir sô wol ergienge daz si mîn genâde virnge, daz ich sô gar in ir gebote wolte leben daz ich ndch gote liebers niht enhæte. Johansdorf 92, 35 so enmac mir niemer werden baz wan in dem himelrîche. Aber im Parz. 219, 26 wil Clamide die Strafe des Pontius und Judas auf sich nehmen daz Brôbarzære frouwen lîp mit ir hulden wær mîn wîp, sô daz ich se umbevienge, swiez mir dar nâch ergienge. Scherzend sagt Veldeke 04, 10, daſs die Vereinigung mit ihr ihm lieber sei als Armut und Siechtum.

185. Meinloh 11, 15. 12, 32. Hausen 43, 31. 54, 18. Rugge 99, 39. Reinmar 165, 22. Rugge 102, 10 mirn wært diu aht noch der lîp, dênedr, nie liebers danne mir ie was ein wîp. Kaiserohr. 38. 32. 193, 12. 136, 12. 350, 19. 390, 10. 394, 8. Alex. 2708. 3470. 5471. Eilhart 7564. 8625. 9036. Parz. 29, 14. liebrr dan sîn selbes lîp. Eneit 73, 36. Parz. 54, 22. 94, 0. Lohfold 2, 685 A.

186. 1 Corinth 13, 7 Charitas omnia suffert, omnia credit, omnia sperat, omnia sustinet. Die willenlose Hingabe wird namentlich in Frauenstrophen ausgesprochen; s. Nr. 277. 278. Ferner MF. 6, 30 *swie dû wilt, sô wil ich sin*. (Kaiserchr. 254, 4 *swie du mir denne gebiutest, sô wil ich sin*). Hartman 215, 35 *swaz si min wil, daz ir immer bereit*. Parz. 768, 14. Iwein 2290. Meinloh 15, 15 *durch daz wil ich mich dienen, swaz si gebiutet, daz dar alles si getân*. Rugge 107, 11 *ich leiste ie swaz si mir gebôt und iemer wil.* Kaiserchr. 41, 24. Horheim 112, 17 *nû wise mich got an den sin, dieich noch getuo daz ir behage*. Bligger 118, 26 *befünde ich noch was . . bezzer danne ein stæter dirnest wære, des wurde ein michel teil von mir getân*. Reinmar 157, 33 bittet sogar und lâze mich ir lône sin. Charakteristische Ausnahmen: Reinmar 202, 7 *west ich waz ir wille wære, daz tæte ich (nu enweiz ichz niht) âne daz ich si erbære* 1 Büchl. 1117 *ich wil ir iemer sin bereit . . swaz ieman ie durch wip erbeit, des enkan ich dehein werworl: âne zouher und âne mort und daz an die triuwe gât sô verwirfe ich deheinen rât, ichn leiste iz durch ir êre*.

187. Veldeke 63, 30 *soll ich ze Rôme tragen krône ich gesatzte ûf ir houbet*; (Burd. 34 A). 58, 21 *der sunnen gan ich ir, sô schîne mir der mâne*. Johansdorf 94, 31 tritt der Geliebten den halben Lohn der Kreuzfahrt ab. 2 Büchl. 249 *ich wære è immer âne heil, eʒ müeze ir sin daz beste teil*. Gutenburg 74, 39 *wer si eerendet z Endiân, dar wer min varen vil bereit; daz mer, daz lant und bürge treit, daz en wer mir darumb niht ze breit*. Natürlicher und schöner Kürenberc 9, 23 *liep unde leide teile ich samment dir*.

188. Veldeke 67, 1 *als siu gebiut, ich bin ir tôte*. MF. 65, 3 'des ist er, von mir gewert alles wes sîn herze gert, und solt ez kosten mir den lîp'. Kaiserchr. 42, 20 *gerner verwandelt ich daz leben è dir iemer iht ze leide geschehe*. 47, 78 *geschehe dir dehein nôt, sô wære mir gereit der tôt, sunder newolte ich dich nicht haben, man müese mich in die erde begraben* 1 Büchl. 169 *gesüge ez nâch uns an den tôt, daz diuhte mich ein senftiu nôt*. Reinmar 192, 38 'daz ich durch in die êre wâge und ouch den lîp'. Hartmann 210, 19 '*wand ich wâgen wil durch in den lîp, die êre und al den sin*'. Iwein 1615. 2752. Scherzend. Iwein 2293. Gutenburg 77, 12 beneidet den Tarnus, daß er für die Geliebte sterben durfte, hingegen Veldeke 67, 21 '*ich wil behalten minen lîp*'; vgl. Walther 86, 36—39.

189. MF. 6, 17 *sælic si daz beste wîp*. Morungen 130, 25 *diu vil guote, daz si sælic müese sin*. 140, 31 *und wünsche ir des, daz iemer sælic müese sin*. Rugge 103, 3 *hân ich ihi friunt, die wünschen ir daz si immer sælic müese sin*. Morungen 140, 22 *wol ir hiute und iemer mê.* 142, 22 *wol ir lîbe, diu mir sanfte tuot*. 137, 27 *ob ich dir vor allen wîben guotes gan*. Reinmar 150, 2 *ein liep des ich ze*

guote nie vergaz. Rugge 100, 8 *ze guote ich ir noch nie vergaz.* (Walther von Klingen II. 5 MSH. 1, 72ᵇ. VII, 2 MSH. 1, 73ᵇ). Hausen 49, 20 *sô bin ichz doch der man, der ir daz heilet gar, dan in der werlde lebe deheine.* Eilhart 8841 *ich gan doch nieman gütiz baz.* — Rietenburg 19, 31 *swar ich danne landes var, ir lîp der hœhste got bewar.* Morungen 122, 19 *got lâze si mir vil lange gesunt.* Hausen 48, 10 *got hêrre, ûf die genâde din sô wil ich dir bevelhen die, die ich durch dinen willen lie.* — Hartman 215, 37 *got si der ir lîp und ir êre behüete.* Bernger von Horheim 114, 28 *ich wil bevelhen ir lîp und ir êre got und dânâch allen engelen sîn.* Hartman 207, 25 *sô ruoche mich got eines werrn, daz ez der schœnen müeze ergân nâch êren unde wol.* Veldeke 64, 22 *got êre si diu mir daz liot al über den Rin.* Morungen 140, 17 *hâst dû tugent und êre vil, daz wolt ich und iemer wil.* Albrecht von Johansdorf 88, 14 *in ervache niemer ern si min êrste segen, daz got ir êren müeze pflegen und lâze ir lîp mit lobe hie gesten dar nâch êweclîchen gip ir herre vroide in dime rîche.* — Gemeinsames Glück wünscht Albrecht 87, 12 *heiliger got wis genædic uns beiden.* 94, 31 wünscht er der Geliebten den halben Lohn der Kreuzfahrt. Die Gemeinsamkeit betont auch Reinmar 182, 31 *wes ich ir gewünschen kan, des gan si mir.* 200, 11 'swer in trel und im mêret froide daz ist mir getân.' Aber opfermütig sagt derselbe 198, 26 *wil mêre froiden ich ir gan, danne ich mir selben gunde*; und der Dichter des 2. Büchleins v. 530 wünscht, daß die Geliebte nicht so großen Liebesschmerz ertragen möge wie er. Michel S. 233 f.

190. Hartman 205, 8 *ich wil ir anders ungeflouchet lân wan sô, si hât niht wol ze mir getân.* Morungen 140, 29. Hartman 207, 23 segnen gar die Frau, obschon sie keinen Lohn erhalten. Vgl. Folquet de Marseille, Michel S. 98 f. B. de Ventadorn ebd 233 f.

191. Veldeke 67, 3 *ich lebt ê mit ungemache siben jâr, ê ich iht spræche wider ir willen einic wort.* Reinmar 184, 5 *ez sol mich alles dünken guot, swaz si mir tuot.* Nr. 177.

192. Hausen 43, 19 *wer si mir in der mâze liep, sô wurd es umb daz scheiden rât.* Dietmar 39, 7 *'der ist mir âne mâze komen in minen stæten muot.'* Veldeke 57, 4 *der ich waz gernde ûz der mâten.* Rugge 101, 22 *sit ich niht mâze begunde noch kunde.* Kunde ich die mâze etc. Fenis 81, 8 *ez ist ein nôt, daz ich mich niht kan mâzen.* Bernger von Horheim 122, 8 *diu minne, der ich deheine mâze hân.* Reinmar 155, 16 *Diu liebe hât ir carmle guot geteilet sô daz ich den schaden hân, der nam ich mêre in minen muot dann ich von rehte solte haben getân.* 191, 16 *ez rehter mâze sol ein man beidiu daz herze und al den sin ze stete wenden ob er kan: des wirt im lîhte ein guot gewin.* Nr. 223.

193. Fenis 82, 34 *lîp unde sinne die gap ich für eigen ir ûf genâde, der hât si gewalt.* Bligger 118, 23 *sô vorhte ich den gewalt,*

III, 194. 195.

des gât mir nôt. Reinmar 162, 5 *wê gewalles dens an mir begât.* Gutenburg 71, 4 *daz si mich lîhte niht enlât ûz ir gewalt.* — Hansen 45, 20 *wie sêre si min herze twinget.* (vgl. 52, 37. 53, 26. 66, 10). Dietmar 84, 28 *ein rehtiu liebe mich betwanc.* Gutenburg 79, 9 *sî mich ir güete alsô sêre hât betwungen.* Fenis 84, 1 *diu mir daz herze und den lîp hât betwungen.* Beruger von Horheim 115, 29 *ich hange an getwange .. wan si michs ie niht erlie si getwanc mich nâch ir diu mir sô betwinget den muot.* Gutenburg 70, 27 *sît mich errane ir minnen swanc in ir getwane.* Dietmar 38, 82 *daz mich ein edeliu frouwe hât genomen in ir getwane.* — Rugge 107, 10 *deich sus gevangen wære.* Beruger von Horheim 112, 7 *dâ mich diu minne alrêste vie.* Morungen 130, 17 *der si ansiht, der muoz ir gevangen sin.* u. Michel S. 108. Iwein 2241. — Rugge 101, 27 *swer sich se liebe se verre ergâhet, der wirt gebunden von stunden ze stunden.* 102, 8 *der minne bant.* Hartwic von Rute 117, 1 *ich bin gebunden sollen stunden als ein man der niht kan gebâren nâch dem willen sin.* Gutenburg 72, 37 *nieman darf es wunder nemen, daz si mich hât gebunden. ich mac ir kreften niht gestemen: sist obe, sô bin ich unden* etc. Reinmar 188, 37 *alt ich in selhen banden lige.* — *minne stricke* Eneit 58, 15. Parz. 811, 4. — Alle diese Ausdrücke führen auf den Vergleich von Minne und Kampf (vgl. auch Gutenburg 71, 32 *ir süezen ougen schâch.* Morungen 130, 28 *ir ougen klâr diu habent mich beroubet* u. Nr. 115.

195. Die Geliebte heisst *roubærin* Morungen 130, 14; vgl. Michel S. 50. 219. Titurel 107, 4 *Sigûne diu mich roubet nû lange sîf frôide.* Werner AfdA. 7, 140). — Andere bildliche Wendungen: Veldeke 68, 27 (vgl. Hansen 58, 12) fürchtet sie wie das Kind die Rute; Gutenburg 78, 82 nennt ihre schönen Augen die Rute, womit sie ihn bezwungen habe. Dietmar 88, 32 ist ir unterthan wie das Schiff dem Steuermann. Gutenburg 72, 3 fürchtet ihre Blicke wie Donnerschläge; er galoppiert auf ihrer Fährte, wohin sie ihn leitet 71, 50; (auf diesem Bilde baut sich Hadamars von Laber Jagd auf.)

194. Veldeke 56, 85 und Beruger 112, 1 vergleichen sich mit dem durch Zaubertrank bewältigten Tristan, Morungen 126, 8 mit einem, der von der Elbe behext ist (Michel S. 209); die Geliebte erscheint ihm als eine Venus, *wan si kan sô vil* 188, 33; vgl. Michel S. 211. Werner AfdA. 7, 189. — Im 1 Büchlein v. 1269 wird dem Minnenden ein Zauber aus Kärlingen empfohlen, mit dem die Frau zu gewinnen sei; drei Kräuter gehören zunächst dazu: milte, zuht, diemuot; ausserdem noch einige andere Pflänzchen. Vgl. auch Reinmars Recept für Ungemüte 185, 18. — Minnezauber: Eneit 78, 86. Iwein 8404 *im ist benamen vergeben ode ez ist von minne komen, daz im der sin ist benomen.*

195. Hausen 53, 2 *ir gürte von der ich bin, alsô dicke dne sin.* Gutenburg 71, 28 *diu guote, diu mir hât benomen minen sin.*

Morungen 141, 6 *ich verliuse die sinne.* 138, 33 *si benimt mir beide
freude und al die sinne.* Dietmar 40, 22 *si roubet mich der sinne
min.* Reinmar 171, 38 *ûzer hûse und wider dar în bin ich beroubet
alles des ich hân, fröide und al der sinne min. daz hât mir nieman
wanne si getân* Werner, AfdA. 7, 140. Dietmar 40, 28 *daz ich sô gar
durch si den lîp verlôs und al die sinne.* Veldeke 56, 19 *al se hôhe
minne brâhten mich ûz dem sinne.* Gutenburg 76, 14 *ichn mac mich
schiere niht entstân, wan ich sinnes niene hân bî mir gar.* Eneit
292, 33 klagt Eneas dafs die Minne ihm Herze Weisheit und Mannheit genommen hat. Parz. 287, 11 *und ouch die strenge minne, diu
mir dicke nimt sinne.* 292, 28 *ir sit âlôs ob dem sinne.* 293, 6 *dô
Parzivâl der degen balt durch iuch von sinen witzen schiet.* — Ähnliche Wendungen: Hausen 46, 21 *ich hete liep . . dazn liez mich nie
an wîsheit kêren minen muot.* Meinloh 11, 22 *dâ hâst mir nâch verkêret bridiu sin unde leben.* Iwein 3256. Hausen 53, 9 *sus kan si
mir wol daz herze verkêren.* Eneit 39, 13 f. Iwein 1395 *daz im ir
minne verkêrte die sinne, daz er sin selben gar vergaz;* vgl. Erec 1736
Kaiserchr. 40, 28 *er begie sô grôz unmâze nâch der frouwen minne,
daz er gezwicelte ein teil an sinem sinne.* Lehfeld 2, 396. — Besonders
zündet der Anblick der Geliebten (vgl. Nr. 115). Bernger 114, 32
dô mich ir ougen schîn brâhte als verre ûz dem sinne mîn. Gutenburg 72, 3 *der ougenblicke mich vil dicke miner sinne roubent.* Veldeke 56, 21 *do ich ir ougen unde munt sach sô wol stên und ir kinne,
dô wart mir daz herze enbinne von sô süezer tumpheit wunt, daz
mir wîsheit wart unkunt.* Ähnlich Morungen 141, 1—6. 141, 33 *daz
ich gesitze vil gar âne witze nochn weiz war ich sol.* 135, 19 *ich
weiz wol daz si lachet, swenne ich vor ir stân und enweis wer ich
bin. sô schamt bin ich gewachet, swenne ir scharne mir nimt sô gar
minen sin.* 140, 1—10 er fand sie einsam an der Zinne: *dô wând
ich diu lant hân verbrant sâ zehant, wan daz mich ir siezen minne
bant an dien sinnen hât enblant.* Pamphilus (Ovidii erot. et amat.
op. Francf. 1610) S. 80: *Quam formosa Deus! nudis venit illa capillis Quantus adesset ei nunc locus mihi loqui. Sed dubito: tanti
mihi nunc venere timores. Nec mea mens mecum, nec mea verba manent. Nec mihi sunt vires, trepidantique manusque pedesque, attonitn
nullus congruus est habitus. Mentis in affectu sibi dicere plura parari, sed timor excussit dicere, quod volui. Non sum qui fueram:
vix me cognoscere possum. Nec bene vox sequitur, sed tamen mihi
loquor.* Am sinnlichsten schildert Hartwic von Rute 117, 26—86
den minnenden unsin, der ihn beim Anblick der Geliebten ergreift.
— Vgl. Michel S. 103 f.

196. Besonders beliebt bei Morungen (natürlich auch bei den
Troubadours Michel S. 104 ff.) 126, 6 *und enweiz von liebe joch was
ich vor ir sprechen mac.* 136, 14 *swie dicke ich mich der tôrheit*

underwinde, swa ich vor ir stê, und sprüche ein wunder vinde, und muoz doch von ir ungesprochen gân (Peirol, Michel S. 111). 141, 82 swenn ich si horre sprechen, sô ist mir alse wol daz ich gesitze vil gar âne witze nochen weiz war ich sol. 135, 32 vergleicht er sich einem Stummen, der von siner nôt niht gesprechen enkan, wan daz er mit der hant sîniu wort liuten muoz. als erzeige ich ir mîn wundez herze etc. (vgl. Michel S. 105). Iwein 2257 f. Reinmar 153, 25—29 hat sie alle Tage gesehen, aber nicht den Mut gehabt zu reden. 164, 21—29 owê daz ich einer rede vergaz, das tuot mir hiute und iemer wê, dô si mir âne huote vor gezazt etc. Werner AfdA. 7, 141.

197. Eneit 278, 11. Hausen 40, 2—8 ich kom sin dicke in solhe nôt, daz ich den liuten guoten morgen bôt engegen der naht. ich was sô verre an si verdâht, daz ich mich underwilent niht versan, und swer mich gruoste daz ichs niht vernan. Gutenburg 76, 17 daz muoz wol schinen, swenne ich minen morgen an der strâzen den liuten biute gegen der naht; ich ser die zît gar ungewacht. Reinmar 163, 18 .. daz mir von gedanken ist alsô unmâzen wê, des überherre ich vil und tuon als ich des niht verstê. Anders 197, 2. Vgl. 1 Büchl. 293—606. 377—384. 2 Büchl. 360—380. Folquet von Marseille, Michel S. 100 f. 'Wenn man mit mir redet, so geschieht es manchmal, dafs ich nicht weifs was; und wenn man mich grüfst, so höre ich nichts; und doch möge mir nie einer einen Vorwurf daraus machen, wenn er mich anredet und ich ihm kein Wort zu entgegnen weifs.'. Noch stärker Bern. d. Ventadorn, Michel S. 106. Nr. 298.

198. Hausen 40, 14 swenn ich vor gote getar, sô gedenke ich ir. 44, 15 daz ich nicne kan gedenken wan an si alleine. 52, 29. Dietmar 86, 34 frouwe, mines libes frouwe, an dir stât aller min gedane. Rugge 99, 36 ie noch stêt aller min gedane mit triuwen an ein schone wîp. Johansdorf 88, 4 si kumet mir niemer tac ûz den gedanken min. Nr. 340.

199. Ihr ist das Herz gewidmet: Dietmar 84, 28 ein rehtiu liebe mich betwane daz ich ir gap daz herze mîn. Hartmann 207, 13 min herze hete ich ir gegeben. — sie hat es genommen: Dietmar 35, 3 si hât daz herze mir benomen, daz mir geschah von wîbe ê nie. — es ist in ihrer Gewalt: Dietmar 38, 1 iemoch stêt daz herze min in ir gewalt. Hausen 50, 15 min herze ist ir ingesinde. Rugge 110, 23 min herze ist ir mit triuwen bî. — es kann nicht von ihr: MF. 54, 32 'und ich daz herze min von ime gescheiden niht enkan'. Fenis 81, 0 ich enmac ez niht lâzen, daz ich daz herze iemer von ir bekêre. Gutenburg 72, 34 min herze nie von ir geschiet, noch niemer wil, ez gelte lützel oder vil. 81, 22 mine sinne weint durch daz niht von ir scheiden. 83, 10 von der min herze niht scheiden ensol. Hausen 52, 13 min starke mir nu hât das herze alsô gebunden, daz siz niht scheiden lât von ir. Gutenburg 79, 9 sit mich ir güete alsô sêre hât betwungen, daz si mîne sêle niht lât von ir scheiden. — Herz und

Leib sind getrennt: Hausen 42, 7 *alleine frömdet mich ir lîp, si hât iedoch des herzen mich beroubet gar für elliu wîp.* Morungen 145, 27 *die guoten, die ich vor ungewinne fremden muoz und iemer doch an ir bestân.* Gutenburg 76, 16 *swar ich var, sô muoz ich in* [den Sinn] *ir lâzen.* Eneit 276, 36 *leider dâ ne weiz hers niht, daz mîn herze wil in vert.* Ausführlich Erec 2362 f. Iwein 2984 f. MF. 4, 23 *ich kome ir nie sô verre . . irn wære mîn stætez herze ie nâhe bî.* Hausen 51, 29 *vert der lîp in enelende mîn herze belibet doch aldâ* etc. Hartman 215, 30 *ich mac mîn lîp von der guoten wol scheiden: mîn herze, mîn wille muoz bî ir belîben.* Im 1 Büchl. 702 sagt das Herz zum Leibe: *doch ich hie heime bî dir sî, ich kume niemer von ir.* Parz. 302, 5 *dû behielt ie doch ein herze dort.* Iwein 5457. Hausen 47, 0 *mîn herze und mîn lîp die wellent scheiden* etc. gelegentlich der Kreuzfahrt. Bernger 114, 35 *nu muoz ich varn und doch bî ir belîben, von der ich niemer gescheiden enkan.* Albrecht von Johansdorf 87, 15 wird gefragt: '*wie willu nu geleisten diu beide, varn über mer und iedoch wesen hie?*' — Reinmar 159, 17 sagt: wenn böse Lust den Leib verführe, *sô wil iedoch daz herze niemer wane dar.* — Ähnlich wie bei Walther das Herz die Augen als Boten aussendet (99, 17) sendet Arnaut de Maroil (Michel S. 101) das Herz: '*Von euch habe ich einen höflichen Boten; mein Herz, das euer Hausgenosse ist, kommt als Gesandter von euch schildert mir euren holden zierlichen Leib*'. Vgl. Nr. 167. 168.

200. Das Bild stammt aus der religiösen Litteratur s. Bock, Wolframs Bilder etc. S. 35. vgl. auch Burdach 145 f. — Hausen 50, 32 *frömde ichs mit den ougen, si minnet iedoch daz herze tougen* (Bern. de Ventadorn, Lehfeld 2, 366). Morungen 138, 27 *swenne ich eine bin, si schînt mir vor den ougen, sô bedunket mich, wie si gê dort her ze mir al dur die mûren.* 132, 31 *sist noch hiute vor den ougen mîn als si was dô* etc. Wolfram 5, 18 *ich ger . . . . mîn ougen swingen dar, wie bin ich sus irlenzlaht? si siht mîn herze in einster naht;* vgl. Morungen 125, 21 *ich var, als ich fliegen kinne mit gedanken irmer umbe sî.* Frid. 60, 17 *des herzen ouge hât niht bant, ez siht durch mer und elliu lant* etc. 116, 12 f. *ez sint gelanke und ougen des herzen jeger tougen* etc.

201. Albr. von Johansdorf 92, 12 *mich wundert, ist si mir doch niht ein wênic bî, waz si an mir reche.* Erec und Enîte vertauschen die Herzen, Erec 2362 *der vil getriuwe man, ir herze fuorter mit im dan, daz sîn belîp dem selbe versigelt in ir libe.* 5838 *und ruoch got unser sêlen pflegen, die enscheident sich benamen niht, swaz dem lîbe geschiht.* Nr. 261.

202. Hausen 52, 27 *swie kleine ez mich verdrôz, sô vröwe ich mich doch sêre daz mir nieman kan erweren, iche denke in nâhe swar ich landes kêre.* Peirol (Dietz, Leben 311): '*Oft würd ich zu gehn*

mich freun in der Schönsten weit und breit, müfst ich nicht zu gleicher Zeit den Verdacht der Leute schenn. Doch mein Herr beut ihr sich dar, wo es sich befindet: denn Treuliebo eint und bindet auch von fern ein liebend Paar'. Pamphilus (Ovidii erot. et am. op. Francf. 1610) S. 100: *Tantum mente vides cultus absentis amici, nocte dieque tuos nec minus ipse vides.* Lehfeld 2, 395.
203. Burdach S. 103. Gottschan 7, 389. s. Nr. 128.
204. *geil* Reinmar 184, 21. Veldekes Lieblingswort *blide, blitschaft* braucht Walther nicht, es ist in Oberdeutschland nicht üblich. Dietmar 39, 11 braucht *fruot* für *frô;* s. Nr. 561. — Meinloh 12, 27 *stolzliche leben.* — Fenis 83, 2 *diu mich sol machen vrî vrœlich gemuot.* — Gutenburg 69, 1 *von der ich hân ein leben mit ringem muote.* — Veldeke 59, 37 dünkt sich *rich und grôs hêre.*
205. Mancho Ausdrücke, die bei älteren Dichtern vereinzelt vorkommen, braucht Walther nicht: *pin* Veldcke 60, 12. 61, 35. Gutenburg 70, 23. 71, 34. 73, 35. 77, 13. — *qudle* Dietmar 35, 12 oft in Veldekes Eneit, nicht in seinen Liedern. — *jâmer* Morungen 132, 30 (*jâmerlich* Walther 71, 4 und öfters, aber nicht auf das Liebesleid bezogen). — *smerze* meidet Walther wie die meisten der ältern Minnesänger. E. Schmidt, Reinmar S. 106. — *froidelôs* Dietmar 35, 11. — *se froiden urlop nemen* Hausen 43, 26 (vgl. Meinloh 14, 30 *mines herzen leide sî ein urlop gegeben*). Über die Ausdrücke Morungens s. Michel S. 89.
206. Hausen und Veldeke brauchen *senen senelich* etc. nicht, (das Lied 54, 1 ist nicht von Hausen); auch Gutenburg nicht. Wohl aber Meinloh 12, 6. Dietmar 32, 13. 35, 25. 35, 19. 34, 21. 35, 2. 38, 9. Regensburg 17, 4. Fenis 85, 18. 84, 23. Rugge 100, 32. 105, 12. 19. 111, 2. Johansdorf 93, 16 etc. Morungen (Michel S. 89).
207. Rietenburg 18, 15 *wan diu guote ist froiden rich, des wil ich iemer frôuwen mich.* Reinmar 197, 1 *sô mueste ich wol trûren iemer lân.* Johansdorf 95, 1 'dur den du wære ie hôhgemuot'. Albrecht von Johansdorf 93, 5 *geprüevet hât ir rôter munt, das ich muos iemer mêre mit vroiden leben zaller stunt, swar ich des landes kêre.* Reinmar 184, 5 *von eime wîbe mir geschah das ich muoz iemer mêre sin vil wunneclichen wol gemuot.* Albrecht von Johansdorf 93, 2 *swenne ich die vil schœnen hân, son mac mir niemer missegân.* Hausen 45, 5 *wenn er bei ihr wäre: so gesehe minen lip niemer weder man nach wip getrûren noch gewinnen rouwen.* Reinmar 208, 4 *und ergienge es iemer . . mich gesæhe niemer man getrûren einen tac.* Morungen 132, 1 *jâne wil ich nimer des eralten, swenne ich si sihe. mirn sî von herzen wol.* Reinmar 151, 9 *mir ist geschehen das ich niht bin langer trô wan uns ich lebe.*
208. Meinloh 11, 25 *ganze fraide.* Morungen 140, 21. — Rugge 110, 17 *mich froit dn alle swære wol.* Reinmar 184, 10 *si schiet von*

sorgen minen lip, daz ich dekeine swære hân. Rietenburg 18, 25 ich hôrte wîlent sagen ein mære, daz ist mîn aller beste trôst, wie minne ein selekeit wære unde harnschar nie erkôs. Veldeke 68, 9 diu minne ist diu mîn herze al unberât. dâ ist nichein dorpeit under, wan blîschaft diu die riuwe stât. des bin ich diu gesunder: riuwe ist mir ie lanc unkunder. Nr. 247.

209. Albrecht von Johansdorf 87, 9 wand ich seiner vroide si hân erkorn. Morungen 123, 10 mîn êrste und ouch mîn leste froide was ein wîp. 124, 15 froide dû allen widerstrît. Reinmar 176, 11 ich was ie der dienest dîn: sô bistus diu froide mîn. 150, 1 ich wirbe umb allez daz ein man ze werclîchen froiden iemer haben sol: daz ist ein wîp. — Kaiserchr. 43, 17 elliu mîn wunne. Dietmar 36, 32 sist leides ende und liebes trôst und aller vröude ein wünne. 38, 9 diu ist mîn fröude und al mîn liep. MF. 54, 35 'der ist er mîn leitvertrîp und diu hœhste wunne mîn'. Gutenburg 69, 12 si ist mîn sumerwünne, si sœjet bluomen unde klê in mînes herzen anger. 74, 16 ir süezer ougenweide. Engelhart von Adelnburg 148, 9 Sælden fruht, der ougen süeze. Morungen 145, 12 mîn lip sach an die besten wunne sîn. 140, 15 sist des lichten meien schîn und mîn ôsterlîcher tac. Reinmar 170, 19 sist mîn ôsterlîcher tac. Nr. 400. Hartman 215, 29 si was von kinde und muos mê sîn mîn krône.

210. Dietmar 32, 11 an der al mîn froide stât. Rugge 100, 8 in der gewalt mîn froide stât. 110, 30 mîn heil in ir genâden stât. Hausen 43, 28 an der genâden al mîn froide stât. Reinmar 170, 15 swaz in allen landen mir ze liebe mac geschehen, daz stât in ir handen.

211. Hausen 45, 2 daz lant . . dar inne al mîn froide lit nâ lange an einer schœnen frouwen. Johansdorf 92, 10 mîn froide an der vil schœnen lît. Morungen 124, 16 sît daz an dir lît mînes herzen hôhgemüete. Reinmar 168, 9 'und wie mîn heil an sîme lîbe lac'. 158, 28 daz beste gelt der froiden mîn daz lît an ir. Parz. 766, 12. — Ähnliche Wendungen: Reinmar 163, 30 wan al mîn trôst und al mîn leben daz muoz an eime wîbe sîn. 202, 18 ez ist alles an ir einen swaz ich froiden haben sol. 194, 16 mîn froide ist dâ: dâ sol ich sî vinden; vgl. auch 195, 7. Morungen 131, 37 an der ist al mîn wünne behalten. Dietmar 89, 20 'ouwê du füerest mîne froide sament dir.' 1 Büchl. 1785 Freuden gedulde ich armuot in grôzer armüete. Johansdorf 86, 15 an froiden wird ich niemer rîche, ezn wer ir beste sîn. Überall wird hier, bald mehr bald weniger bestimmt die Freude als ein Schatz aufgefaßt, den die Geliebte besitzt; z. Bock, Wolframs Bilder S. 30. Burdach S. 107. Berührung mit religiösen Vorstellungen ist unverkennbar: 'Wo euer Schatz ist, da wird auch euer Herz sein' (Luc. 12, 34); also auch umgekehrt, wo das Herz ist, ist der Schatz; vgl. Bern. de Ventadorn, Michel S. 183: 'Dort-

bin wo man seinen Schatz aufbewahrt hat, pflegt man seinen Sinn zu richten'. — Schatz als Bezeichnung der Geliebten ist zuerst aus dem Liederbuch der Hätzlerin belegt 2. 33, 21.

212. Andere Wendungen: Gutenburg 74, 6 verlangt von seiner Frau Geleit: *si gebe mir ein geleite für kumber und für herzeleit*. Vgl. MF. 6, 2. Rugge 111, 5 '*min lip in ein gemëete swert, sit er sô ringet, daz ich in behüete, daz er ist froiden unbehert*'. — Die Liebe gebietet Freude: MF. 6, 18 *diu mich trœstet sunder spot; ich bin vrô: dést ir gebot*. Gutenburg 76, 19 *si schuof, daz ich mich vröuden underwant*.

213. Einschränkende Konjunktivsätze sind für diesen Gedanken sehr beliebt: Meinloh 12, 30 *nieman kan erwenden daz, ezn tuo ein edeliu frouwe*. Reinmar 156, 3 '*diu swære enwendet nieman er entuos*'. Hartwic von Rute 116, 10 *ein kumber, den mir nieman kan erwenden, es tæte dan ir minneclicher lip*. Reinmar 166, 34 *michn scheide ein wip von dirre klage .. wirst anders iemer wé*. Rugge 105, 18 *du enwellest des ein ende lân, der sorgen wirdet niemer rât*. Reinmar 190, 87 *die [sorge] müezen sin an mir vil unverwandelôt, in gelebe daz si genâde an mir begê*. Regensburg 16, 20 *des ist min herze wunt, ezn heile mir ein frouwe mit ir minne, es enwirdet niemer mê gesunt*. Gutenburg 76, 10 *daz ich niemer mê geheilen enkan, ezn welle der ich bin undertân*. 1 Büchl. 1693 *jâ frument mir deheiniu bant âne din gebende: mich enheilet niemannes hant wan dîne hende: mir enwerde trôst von dir gesant, ichn weis wer mir in sende*. 1807—1820. Kaiserchr. 40, 7 *im wære gereit der tôt, si nehulf im ûz der nôt*. Hausen 53, 1 *wân, der mich wol mac verwâzen, ezn sî das ich genieze ir güete*. Albr. von Johansdorf 86, 15 *an froiden wird ich niemer riche ezn wer ir beste sin*. Dietmar 36, 26 *ich gewinne von ir keiner niemer hôhen muot, sin welle genâde ensit begân*. — wan: Engelhart von Adelnburg 148, 15 *nieman kan min leit verkêren âne got wan iuwer lip*. Hausen 49, 29 *wer möhte mir den lip getrœsten wan ein schœne frouwe*. 162, 20 *ich enwart nie rehte vrô, wan sô ich si gesah*. — Gutenburg 79, 2 *daz min leider niemer kan werden rât âne diu sô betwungen mich hât*. Meinloh 14, 11 *frô enwirt er niemer, ê er an dinem arme gelit*. Hausen 44, 26 *noch möhte es wol werden rât, wolden si die grôzen wunden erbarmen, diez an mir begât*. Fenis 84, 7 *swenne si wil sô bin ich leides âne*. Reinmar 196, 83 '*swenne er mich getrœstet eine, sô geschiht man wol, das ich vil selten iemer ibt geweine*'. 176, 18 *sol ich iemer lieben tac oder naht gesehen, daz muoz frouwe an dir geschehen*. 171, 82 *lâze ich minen dienest sô, sône wirde ich niemer frô*. MF. 6, 2 *verlûre ich si, was hete ich danne? dâ töhte ich ze vroiden noch wîbe noch manne und wær min bester trôst beidiu ze âhte und banne*.

214. Rugge 106, 6 *in hân niht vil der fröide mêr von ir [der

Werlte] *wan eine, diust sô grôz, diu machet mich sô rehte hêr* . . *des froit sich herze und al der lip* . . *jâ meine ich nieman wan ein wîp*. Reinmar 195, 8 *swem von wîben liep geschiht, der hât aller sælde wol den besten teil* etc. Nr. 72 f.

215. Reinmar 196, 16 *mir ist von liebe nu geschehen, daz mir sô liebe nie geschah.* 10 'ich bin ein wîp, daz ime von wîbe nie liebes mê geschah'. — Reinmar 158, 23 *daz beste gelt der froiden mîn daz lît an ir und aller miner sælden wân. swenne ich daz verliuse, sô enhân ich niht.* Morungen 129, 5 *ob ich si dühte hulden wert, son möhte mir zer werlte lieber niht geschehen.* 1 Büchl. 593 *ob si din dienest twinget daz dir an ir gelinget, dû wirst der sæligeste man der in der werlt ie liep gewan.* Johansdorf 92, 35 *sô mac mir niemer werden baz wan in dem himelrîche* s Nr. 184. — Das Glück geht über die Freuden der Natur, Dietmar 32, 17 s. Nr. 47; über die Kaiserkrone Rugge 108, 3. vgl. Morungen 142, 19. Nr. 181.

216. Niemand kann glücklicher sein: Rugge 106, 6 *diu machet mich sô rehte hêr an froiden al der werlte genôz.* Dietmar 85, 26 *ez wære wol und wurde ich frô: sîchn kunde nieman baz gehaben.* Fenis 83, 5 *ir lip ist sô reine daz nieman enwære an vröuden rîcher noch hôher gemuot.* Morungen 140, 21 *ich wæn nieman lebe, der in sô ganzen froiden sî.* Der Glückliche braucht keinen zu beneiden; Reinmar 158, 17 *wan lânt si mich erwerben daz darnâch ich ie mit triuwen ranc, zem ieman danne ein lachen baz, daz gelte ein ouge und habe er doch danc.* 159, 16 *si denne læze ich âne haz, swer gibt, daz ime an froiden sî gelungen baz*; vgl. Walther 53, 30 f. vgl. Nr. 179.

217. Reinmar 168, 33 *sît ich sô grôzer leide pflige, daz minne riuwe heizen mac.* s. Nr. 249 f.

218. Die Liebe endet in Leid: Veldeke 56, 10 *diu schænest und diu beste frouwe gap mir bîlschaft hie bevorn: daz ist mir komen al ze rouwen.* Frid. 51, 15 *Aller bringet arebeit, minne sende herzeleit.* Sie verführt durch ihren angenehmen Anfang: Bernger 114, 7 *minne vil süeze beginnunge hât und dünket an dem anevange guot, dâ doch daz ende vil riuwic gestât* (Burdach S. 70 A.). Hartman, Gregor 284. Fenis 80, 9 vergleicht sich mit einem unglücklichen Spieler, mit einem Kletterer, der sich verstiegen hat und weder vor- noch rückwärts kann. Albrecht von Johansdorf 91, 22 'wie sich minne hebt daz weiz ich wol, wie si ende nimt des weiz ich niht'. Fenis 83, 18 *owî daz ich niht erkande die minne ê ich mich hete an si verlân.* vgl. Nr. 250. — Wohl dem der ihrer ledig wird: Dietmar 32, 7 *owî, minne, der dîn âne möhte sîn, daz wæren sinne.* Rugge 102, 9 *vil gerne wære ichs frî.* Reinmar 163, 20 *gît minne niht wan ungemach, sô müeze minne unsælic sîn, wan ichs noch ie in bleicher varwe sach* (vgl. Eneit 262, 40). Hausen 58, 23 *Minne, got müeze*

mich an dir rechen. Glücklich ist nur, wer nicht liebt: MF. 54, 1 'wol ir, niet ein sælic wîp, diu von neweder arebeit nie leit gewan'. Hartman 214, 12 *nieman ist ein sælic man ze dirre werlte wan der eine der nie liebes teil gewan* = 2 Büchl. 121 f. 217, 84 'got hât vil wol swe zir getân, sit liep sô leides ende gît, diu sich ir beider hât erlân'.

219. Veldeke 60, 11 *diu mich durch rehte minne lange pîne dolen liet.* Bernger 112, 10 *ist wunder das ich niht verzage, sô lange ich ungetrœstet bin.* Reinmar 105, 12 *das ich sô lange kumber trage.* 13 *sit ir mîn langes leit niht nâhe gât.* 174, 29 *das twôt mir vil lange wê.* 208, 9 *wanne ich hân mich trôude versûmet langer danne ein ganzes jâr.* Rugge 101, 29 *diu mich nû lange alsô trûrigen sîet, sit ich ir dienen begunde.* — Hausen 46, 19 *mit grôzen sorgen hât mîn lip gerungen alle sîne zît.* — Bernger 114, 6 *der kumber hât mich vil dicke gemuot.* — Der Kummer ist alt und immer neu: Gutenburg 70, 35 *und niuwet mir die alten klage.* Bligger 118, 1 *mîn alte swære die klage ich für niuwe.* vgl. Morungen 189, 15 *mîn alte nôt die klagte ich für niuwe* (Werner AfdA. 7, 131). Reinmar 189, 11 *mînen alten kumber, der mir iedoch sô niuwer ist.* 187, 36 *diu mir gebôt vil langen niuwen kumber tragen.*

220. Sehr häufig bei Reinmar: *nie* 172, 87. 165, 28. *niemer* 158, 8. 196, 29. *niemer uns an mîn ende* 166, 30. *zallen zîten* 101, 11. *ich mac mîn selbes leit erwenden niht* 170, 36. *deist unwendic* 158. 9. *die sorgen müesen sîn an mir vil unverwandelôt* 196, 37. (Veldeke 68, 34 *ich bin unledic sorgen*). *mich wundert sêre, wie dem sî, der frouwen dienet und das endet an der zît* 197, 22. *in wânde niht. dô ichs began, in sœhe an ir noch lieben tac* 159, 37.

221. Bernger 112, 10 *ist wunder das ich niht verzage, sô lange ich ungetrœstet bin.*

222. Pamphilus (Ovidii erot. et amat. op. Francf. 1610): *causa meae mortis haec est et causa salutis; qua si non potiar, iam placet ut moriar.* — Michel S. 05 f. Gutenburg 75, 33 *ich muos verderben, das ist wâr.* 78, 12 *wê was sol sô verdorben ein man.* 163, 38 *und lieze mich verderben niht.* 190, 4 *si lât mich verderben alsus gar.* Fenis 83, 35 *owê wie nû lât mich verderben diu hêre.* Dietmar 34, 27 *des wæn mîn leben niht lange stê. ich verdirbe in kurzen tagen.* — Hausen 53, 1 *an solhen wân der mich wol mac verwâzen.* — MF. 5, 2 *kumest dû mir niht schiere sô verliuse ich den lîp.* Morungen 137, 17 *frouwe mîne swære sich ê ich verliuse mînen lîp.* 133, 13 *leitlîche blicke und græzliche riuwe hânt mir das herze und den lîp nâch verlorn.* 137, 12 *ichn mac mich langer niht erwern. den lîp muos ich verloren hân.* Rugge 103, 9 *ichn trûwe vor leide den lîp erwern.* — Dietmar 32, 11 *jô wæne ich sterben.* Fenis 85, 7 *man saget mir das liute sterben; der ist wunder die verderben, sô si minnen alse sêre. wie behalte ich lîp und êre?*

82, 16 *so ich bî ir bin daz tœtet mir den muot, und stirb ab rehte, swenne ich von ir kêre.* — Hartman 214, 16 *nôt diu manegen bringet ûf den tôt* (vgl. 2 Büchlein v. 99). Michel S. 61. Johansdorf 93, 28 *frouwe înr haz twot mir den tôt.* Engelhart von Adelnburc 148, 7 *owê, sol ich niht geniezen guotes willen, dêst der tôt.* Gutenburg 71, 19 *swie si behabe an mir den sige, sô wizzent daz ich tôt gelige.* (Reinmar 158, 25 *stirbet si sô bin ich tôt*). Morungen 147, 4 *vil süeziu senftiu tœtœrinne, warumbe welt ir tœten mir den lîp.* 129, 32 *daz si mir ze trôste kome ê daz ich verscheide. diu liebe und diu leide die wellen mich beide fürdern hin ze grabe.* Kaiserchr. 40, 7. 24. Eilhart 2964 f. vgl. Nr. 227. Morungen 139, 15 *ich wœn sam der swan der singet, swenne er stirbet* (s. Michel S. 97). — Veldeke 63, 17 *bittet um lîafse âne tôt*; will nicht wie der Schwan singen 66, 14. 67, 1 *als siu gebiut, ich bin ir tôte: wan iedoch sô stirbe ich nôte.* — Morungen spricht von einem Sterben vor Lust 126, 11. Michel S. 62. Parzival 286.

223. (Vgl. Nr. 180). Nie hat er gröſseren Schmerz erlitten: Fenis 83, 34 *minêr swœre enwart nie mêre.* Bernger 113, 16 *mir wart nie wirs wil ich der wârheit jehen.* Reinmar 198, 25 *sône kam ich nie vor leide in grœzer angest mînes lîbes*'. 198, 6 *ich hân erliten, daz ich nie grœzer nôt erleit*'. — Dieser Schmerz ist der gröſste: Reinmar 173, 83 *daz ist mîn aller meistiu nôt.* 179, 21 *leit vor allem leide.* Bligger 118, 2 *wan si [diu swœre] getwanc mich sô harte nie wê.* Bernger 112, 9 *sô kumberlîche gelebte ich nie.* Hausen 43, 26 *ze froiden muos ich urloup nemen, daz mir dâvor ê nie geschah.* Rugge 102, 1 *ich was vil ungewon des ich nû wonen muos, daz mich der minne bant von sorgen lieze iht frî* etc. Albrecht von Johansd. 87, 20 *ê was mir wê, dô geschah mir nie sô leide.* Bernger 114, 64 *dô was mir wê unde nû michels mêre.* Hausen 52, 20 *nu müeze solhen kumber niemer man bevinden, der alsô nâhen gê; erkennen wânde i'n ê, nû hân i'n baz bevunden* (vgl. 2 Büchl. v. 330). 1 Büchlein 1645 *Swaz kumbers ich uns her erleit sît ich sorgen begunde, daz was ein senftiu arebeit uns an dise stunde.*

Kein anderer hat solches erlitten: Reinmar 155, 84 *es enwart nie man sô rehte wê.* 189, 34 *sô geschah an mir daz nie geschah.* 176, 16 *frouwe ich hân durch dich erliten, daz nie man durch sîn lîp sô vil erleit.* Michel 129. 138. Hausen 52, 20 *nû müeze solhen kumber niemer man bevinden, der alsô nâhe gê.* Gutenburg 79, 13 *den kumber, den ie dehein man gewan oder hât.* Bernger 115, 14 *daz nieman grœzern kumber hât noch niene wart sô trûric man.* — So groſse Not ist überhaupt noch nicht da gewesen: Reinmar 174, 29 *nie wart grœzer ungemach.* 168, 5 *nôt daz si nien kunde grœzer sîn.* Lohfeld 2, 398.

Das Leid ist übermäſsig: Reinmar 199, 16 *jô getrûre ich gar*

ze vil. 156, 1 'trûren unde klagen .. dû bist ze grôz'. Gutenburg 76, 29
mines kumbers dést ze vil. Dietmar 32, 16 âne mâze wê. 35, 21 ein
trûren .. des ich mich niht gewüzen kan. Morungen 138, 8 disiu
sorge gêt mir für der mâze zil hiute baz und aber dan über morgen
mê. Reinmar 163, 18 daz mir von gedanken ist alsô unmâzen wê.
Nr. 192. — Es ist mehr als Gott zulassen sollte: Reinmar 166, 19
der (sorgen) ist nu mêre danne ez got verhengen solde.

Das Leid läfst sich nicht verbergen: Hausen 44, 38 sêren, daz
ich niemer mac verdagen. Hartwic von Rute 117, 9 wan ich einmac
niht geruowen iehn kume ir nâhe bî, sô daz ich ir gesagen müeze
waz mîn wille sî. Gutenburg 76, 29 mines kumbers dést ze vil; waz
hilfet daz ob ich ez hil? Rugge 107, 9 noch sanfter tæte mir der tôt
dan ich ez hil, deich sus gevangen wære. — Und doch ist es unmöglich:
Berngor von Horheim 115, 11 kunde ich klagen min herzeleit
geliche als es mir nâhe gât. Bligger 119, 7 von der mir ist das herze
sêre wunt michels harter danne ez an mir schine. Reinmar 201, 15
dâ ich herzesware trage mêre danne ich ieman sage. — Die Klage
vordriefst andere Nr. 56.

Alle andere Not ist solchem Leid gegenüber gering: Hausen
44. 17 min ander angest der ist kleine, wan der den ich von ir hân.
Hartman 209, 19 mir tœte baz des richcs hax. Rietenburg 19, 34 senfter
wære mir der tôt. Dietmar 36, 3 sô tœte senfter mir der tôt. Rugge
107, 9 noch sanfter tœte mir der tôt. (Folquet de Marseilla, Michel
S. 94). 1 Büchl. 202 ná kum, tôt, êst niht ze fruo. 396 daz mir
bezzer wære mit éren genomen der tâl dann als unendehaftiu nôt. 1731
miner nôt wær ein bere ze cranc: ob si mich dûhte swære, sô wurde
mir das leben ze lanc, daz ich sin gerne enbære. 2 Büchl. 381—400.
Morungen 142, 16 alsô daz ich vil schiere gesunde in der helle grunde
verbrünne ê ich ir iemer diende, ine wisse umbe waz.

Gott würde für so viel Not das Himmelreich gewähren:
Hausen 51, 21 lite ich durch got daz si begât an mir der sêle wurde
rât. Morungen 129, 7 het ich an got sit gnâden gert, sin kunden
nâch dem tôde niemer mich vergên. 136, 23 hete ich nâch got ie halp
sô vil gerungen, er nœme mich hin zim ê miner tage. Lehfeld 2, 400 f.
Guillem de Cabestaing, Michel S. 85. 208. Werner AfdA. 7, 145.

224. Veldeke 56, 8 das ich muoz unsanfte und swære tragen
leit. Rugge 107, 7 mir wære starkes herzen nôt, ich trage sô vil
der kumberlichen swære. Reinmar 201, 15 herzeswære tragen. Bernger
115, 6 swære als ein blî (Walther 76, 3). — burde Kaiserchr. 40, 26.
Eneit 273, 31. 294, 20. Gutenburg 74, 4. — 1 Büchl. 1731 miner nôt
wære ein berc ze cranc. — der minnen last Parz. 34, 16. 290, 26.
586, 8. 292, 17 ir ladet ûf herze swæren soum. Iwein 1521.

225. Die sonst beliebten Ausdrücke, dafs nôt und kumber an
das herze gât, im herzen lit u. ä. braucht Walther nicht (Nr. 167).

Hausen 52, 12 *nôt diu mir nâhe gât.* 20 *kumber der alsô nâhe gê.*
Gutenburg 78, 35 *nôt diu von minnen mir alsô nâhe gât.* Fenis 84, 23
leit das nâhen gât. Bernger 115, 12 *mîn herzeleit geliche als ez mir
nâhe gât.* Reinmar 191, 10 *nôt diu nâhe gât.* 195, 31 *sît ir mîn
langez leit niht nâhe gât.* Hartman 213, 36 *mînem lîbe gêt ze nd eta.*
— Reinmar 115, 11 *diu nôt reht an mîn herze gie.* 168, 19 *klage diu
mir an daz herze gât.* 168, 9 *den ez niht nâ ze herzen gât.* vgl. 175, 5.
196, 32 *wie nâhen in mîn leit ze herzen gât.* 179, 21 *leit daz vor
allem leide im an sîn herze gât.* 154, 34 *dô mir diu sorge sô niht
ze herzen wae.* — 160, 28 *swære diu mir dicke sêre nâhen an dem
herzen sint.* 167, 31 *mîn altiu nôt, wan si mir alsô nâhen lît.* Hausen
53, 6 *nôt diu mir wonet in dem muote.* Reinmar 165, 37 *trûren daz
nu manegen tac in mînem herzen lît begraben.* Fenis 85, 23 *mir gât
eines ime herzen: dâvon lide ich manegen smerzen, daz erswechet mir
die sinne bêde ûzerhalp und inne.* — Hausen 49, 82 *leit diu nieman
kan beschouwen.* — Rugge 107, 3 *dâvon mîn herze in swære lît.*
226. Hausen 43, 2 *des muoz ich sunt beliben.* 44, 29 *wolden
si die grôzen wunden erbarmen.* Morungen 141, 5 *jâ hât si mich
verwunt sêre in den tôt.* 141, 18 *ir liehten ougen diu hânt . . mich
senden verwunt.* Gutenburg 78, 8 *ich bin leider sêre wunt âne wâfen,
daz habent mir ir schæniu ougen getân;* vgl. Eneit 296, 32. Iwein
1514. *ze verhe wunt* Iwein 7785. — Regensburg 16, 20 *des ist mîn
herze wunt.* Bliggar 119, 7 *von der mir ist daz herze sêre wunt.* Morungen 141, 37 *si hât mich verwunt reht aldurch mîne sêle in den
vil tœtlichen grunt* (Michel S. 101). — Hausen 49, 19 *mir ist daz
herze wunt und siech gewesen nu vil lange.* Morungen 130, 26 *des bin
ich an wröuden siech und an herzen sêre wunt.* 137, 14 *ich bin siech
mîn herze ist wunt.* Fenis 82, 2 *daz herze versêren.* — *âne ruowe
bliuwen* Hausen 53, 14. Burdach S. 38. — Die nahe liegende Vergleichung der Minne mit dem Feuer (Eneit 269, 22. 279, 2. 295, 24.
1 Düchl. 1658. 1691. 1801. Rietenburg 19, 19) wird im ältern Minnesang gemieden.

227. Morungen 137, 14. 141, 25 *des bin ich ungesunt* (Michel
S. 162). Gutenburg 70, 32 *daz tuot mich kranc.* Gregor 661 *nû begunde er siechen dâ zehant, des twanc in der Minnen bant.* 2 Düchl.
48 *frœiden siech.* Mit Oxymoron: 1 Büchlein 1106 *mir ist wol und
bin gesunt.* Eneit 280, 6 *dâ quelst und bist idoch gesunt.* — Sterben
vor Liebe (s. Nr. 222), Meinloh 13, 11 *sturbe ich nâch ir minne.*
2 Düchlein 51 *der tôt der begrebet lebenden man.* Morungen 147, 4
nennt seine Dame *vil süeziu senftiu tœterinne.* Werner AfdA. 7, 140.
Liebe macht alt. Reinmar 172, 15. Hartman 205, 23. Parz. 292, 1.

228. Schon in der Kaiserchronik 141, 23 (Diomer) *swer rehte
wirt innen frumer wîbe minnen, ist er siech, er wirt gesunt, ist er
alt er wirt junc* vgl. 92, 28. Regensburg 16, 20. Gutenburg 78, 10.

1 Büchlein 1693 f. 1807 f. (s. Nr. 268). Morungen 141, 7 *gendde ein küniginne, dû tuo mich gesunt*. 142, 8 *sô wær ich iemer gesunt*. 144, 26 *ich bin aber gesunt ein jâr*. Durlach 8. 145.'
229. Fenis 82, 86 *sus mac ich jungen alsus wird ich alt*. Rugge 104, 6 *sol ich leben tûsent jâr, sô das ich in ir gnâden sî, in gewinne niemer grâwes hâr*. Vor Freude jung werden: Roland 1900. Durlach 8. 144 f.
230. Morungen 125, 21 *ich var als ich fliegen künne*. Bernger 118, 1 *mir ist alle zît als ich vliegende var ob al der werlte und diu min alliu sî*. Albrecht von Johansdorf 92, 30 *sô muoz min herze in froiden swebén*. Morungen 125, 19 *in sô hôher swebender wünne sô gestuont min herse an froiden nie*. Reinmar 150, 11 *min herze hebet sich ze spil, ze froiden swinget sich min muot, als der valke influge tuot und der are enswevime*. 182, 14 *Hôhe alsam diu sunne stêt das herze min*. Morungen 139, 10 *daz min muot stuont hôhe same diu sunne*. 143, 11 *dô min herze wânde neben der sunne stân*. Rute 117, 19 *sô stîgt min froide .. und wirt mir sô wol ze muote, das es wunder wære obe min herze das enbære das es von froiden zuo den himeln niht ensprunge*. Dernger 113, 13. — Andere Wendungen: Bernger 113, 9 *ich mac von vröuden getoben âne strît*. Rugge 108, 19 *min lîp vor liebe muos erloben*. Morungen 135, 16. 142, 4. — MF. 4, 17 *wol hôher danner rîche bin ich*. 5, 23 *mir sint diu rîche und diu lant undertân, wenne ich bî der minneclîchen bin*. Morungen 142, 19 *ich bin keiser âne krône, sunder lant. das meine ich an dem muot*. Michel S. 69.
231. Veldeke 63, 68 *got gebe, das si mir lône, wan ich tæte ich weiz wol wie*. Horheim 118, 3 *swar ich gedenke, vil wol spruuge ich dar. swie verre es ist, weil ich, sost mirs nâhe bî. stare unde snel beidiu rîche unde frî ist mir der muot, durch daz louf ich sô balde, mirn mac entrinnen kein tier in dem walde*.
232. Kürenberc 8, 21 '*so erblüejet sich min varwe als rôse an dorne tuot*'. Reinmar 176, 30 *ich enkunde es nie verlân, hôrte ich dich nennen, ine wurde rôt*. Morungen 134, 10 *teil ir sô mite daz si gedanke ouch machen rôt*. 1 Büchl. 290 *und wandelt sich min farwe*. Eilhart 2863. vgl. Kaiserchr. 86, 22.
233. Reinmar 186, 1 *êst nu lange daz mir diu ougen min ze froiden nie gestuonden wol*.
234. Morungen 120, 5 *das min lîp von vroide erschrac*. Dietmar 33, 4 *vil dicke erkumet daz herze min*; vgl. Walther 29, 6 *des min froide erschrocken ist*. Eine poetische Schilderung des erregbaren Herzens im 1 Büchl. 850 f.
235. Aber 65, 18 *der muos ich vor zorne lachen*. — Reinmar 174, 5 *iemer als ich lachen wil, sô seit mir das herze min, daz ichs enber*. 158, 19 *seme ieman dunne ein luchen bas, daz gelte ein ouge*.

151, 34. Albrecht von Johansdorf 91, 6 *ich sol ze nidre lachen uns ich ir genâde erkenne.* Fenis 84, 8 *mîn lachen stât nú bî sunnen der wânc.*

236. Bernger 113, 13 *dâ möhte man mich doch springende sehen.* Morungen 139, 27 *âne leide ich dâ sprane.*

237. Morungen 148, 13 *dur diu wolken senk ich hô: nu muoz ich mîn ouge nider zer erde lân.* vgl. Nr. 230.

238. Albrecht von Johansdorf 95, 2 ' *wie sol ich der werlte und mîner klage geleben*' etc. Bligger 118, 10 *ich getar niht vor den liuten gebâren als ez mir stât.* Gutenburg 79, 8 *des muoz ich sîn von der werlte besundert, sît mich ir gürte alsô sêre hât betwungen, daz si mîne sêle niht lât von ir scheiden.* Bernger 112, 19 *swer nu deheine vröude hât, des vingerzeige muoz ich sîn.* (vgl. Walther 130, 2). Veldeke 58, 23—34 *swer wil der frouwe sich, niemen noete es mich; ich bin unledic sorgen.* Morungen 141, 39 *mit den frôn in hôhem muote nahe man mich denne leben.* Liebesbriefe (hrsg. von Ettmüller 1843) 2, 32 *wan her Vrîdanc der quit: ein man der rehte minne hât, wie dicke er von den liuten gât.* Nr. 197.

239. Weinen nur im Tageliede 90, 6. MF. 6, 20 ' *Ich wil weinen von dir hân*'. Kürenberc 9, 14 ' *ez gât mir vonme herzen, daz ich geweine*'. Gutenburg 79, 6 *úz zuo den ougen (daz ist ein wunder) von dem herzen daz wazzer mir gât.* Reinmar 168, 24 (in dem Klagelied auf Leopold) ' *diu in iemer weinet, das bin ich*'. 196. 33 ' *sô geviht man wol, daz ich vil selten iemer iht geweine*'. Morungen 131, 7. 9 ' *von sînen trehenen wart ein bat, und erkuolte iedoch daz herze mîn*'. Bernger 114, 24 *des werdent dâ nâch miniu ougen vil rôt.* Reinmar 156, 9 ' *unde machet mir diu ougen dicke rôt*'. Dietmar 35, 12 *und wirt an nîmen ougen schîn.* Hausen 43, 17 *den ougen mîn muoz dicke schaden, daz si sô rehte lâht erkorn;* (vgl. Folquet de Marseille, Michel S. 96). Die meisten Stellen in Frauenstrophen; vgl. Hartman, Gregor 206 *gebabe dich als einen man, lâ dîn wîplich weinen stân.* 1 Büchl. 875 *wan deiz unmanlich waere, weinen ich niht verbaere.* Gregor 2227. Erec 5760 f. Iwein 1800. Bei den Troubadours flieſsen mehr Thränen. Michel S. 98. S. auch Lichtenstein, Eilhart CLXV f. Dietmar 84, 30 *siuften.* 1 Büchl. 871 *und siufte úf von grunde* . . *und truobent mir diu ougen.* Hausen 44, 87 *wúrfen unde klagen.* 51, 19 *sich mühle wîser man verwüefen von sorgen.* — Nr. 690. — Liebe raubt den Schlaf: Dietmar 32, 9 *sô al diu werlt ruowe hât, sô mag ich eine entsláfen niet.* Reinmar 161, 15. Ausführlich geschildert von Arnaut de Maroill, Michel S. 107. Eneit 50, 38 f. 262, 30. 278, 14. 292, 9. Das Herz wacht, wenn der Leib schläft 1 Büchl. 690 (Cant. 5, 2 *ego dormio et cor meum vigilat*). Die Liebe giebt kranke Farbe: Veldeke 67, 28. Eneit 262, 24. 279, 11 f. Gutenburg 71, 33 *doch huere ich vil von vriunden und von mâgen,*

warumbe ich schîne in dirre pîne. Die Unruhe der Liebe: Kaiserchr. 403, 8 f. Eneit 76, 28 f. 292, 20 f. 267, 89. 278, 3. 291, 20. Eilhart 2374 f. 2560 f. Parz. 179, 16 u. a.

240. Veldeke 60, 21 diu scharne diu mich singen tuot. 62, 9 bî ir minne stât mîn sanc. 64, 1 si tete mir . . vil ze liebe und ouch ze guote, daz ich noch zîteslicher stunde singe sô mir wirt ze muote. Morungen 146, 35 nieman sol daz rechen ob ich hôhe sprüche hân . . ich hân hôchgemüete. Reinmar 193, 29 wêlent dô man frôun mich sach, dô was mir wol ze muote; nun hôrte wol daz ich dô sprach vil manege rede guote. Bernart de Ventadorn, Michel S. 162. 113.

241. Michel S. 115. Bernger 115, 32 ich singe unde sunge, betwunge ich die guoten, daz mir ir güete baz tæte. Hartwic von Rute 117, 24 wenn sie sein Werben gut aufnimmt, könnte es nicht ausbleiben, dass er von sô süezer handelunge ein hôhes niuwez liet in süezer wîse sunge. Reinmar 195, 28 spræche ein wîp 'ld sende nôt', sô sunge ich als ein man der froide hât, sus muoz ich trûren, ûz den tôt etc. 180, 18 mac si sprechen jâ, als si ê sprach nein, sô wirt mîn wille sô, daz ich singe frô mit hôhem muote. 175, 13 gesæhe ich wider âbent einen kleinen boten, sô gesanc nie man von trûuden baz. Morungen 132, 27 müest ich dem gelîche ir heimlich sîn . . für die nahtegale wolt ich hôhe singen dan. — Von dem Willen der Frau hängt es ab, dass er singt: Reinmar 164, 10 si wôlic wîp enspreche 'sinc', niemer mê gesinge ich liet. 177, 22. 195, 32.

242. Fenis 84, 5 ddvon muoz ich durch nôt ein ungesungen (vgl. B. de Ventadorn Michel S. 62). Albrecht von Johansdorf 91, 1 ez ist mîne wîle daz ich niht von trûuden sanc, und enweiz och rehte niht, wes ich mich trôuwen mac. Bernger von Horheim 115, 9 si frâgent mich war mir si komen mîn sanc des ich ie wîlent pflac . . noch wære mir ein kunst bereit, wan daz mich ein sendes herseleit tringet, daz ich swîgen muoz (er ist zur Heerfahrt entboten). Reinmar 151, 33 mir kumet eteswenne ein tac, daz ich vor vil gedanken niht gesingen noch gelachen mac. 156, 30 daz ich nû niht mêre kan, dess wunder nieman, mir hât zwîrel . . al daz ich kunde gar benomen. 1 Büchlein 1718 des hân ich allen gelfen sanc. — Andere singen auf Hoffnung und um die Sorge zu ertöten: Rietenburg 19, 2 noch ist mîn guot rât, daz ich nimmer mînen sanc. Veldeke 66, 21—80 schorniu wart mit süezem sange diu trûrent dicke swæren muot . . ûf ir trôst ich wîlent sanc. Walther 100, 3 ich gesprach nie wol von guoten wîben, was mir leit. ich wurde frô. Rugge 109, 36 ich hân nâch wâne dicke wol gesungen des mich anders niht bestuont. Reinmar 156, 27 sô vil als ich gesanc nie man, der anders niht enhæte wan den blôzen wân. Fenis 81, 30 mit sange wænde ich mîne sorge krenken, darumbe singe ich etc. 2 Büchl. 863 sus getrôste ich mich selben dô und huop ein liet und ward frô etc. Der Gesang

ertönt trotz der Liebesnot: Veldeke 66, 29 *ich singe mit trûebem muote der schœnen vrouwen und der guoten.* Hartwig von Rute 117, 0 *diu mich twinget, daz min munt singet manegen swæren tac.* Albrecht von Johansdorf 90, 26 *dicke hân ich wē gesungen, dem wil ich vil schiere ein ende geben; 'wol mich' singe ich gerne.* Reinmar 169, 11 *ich klage immer minen alten kumber* etc. (s. Nr. 219). — Jedoch fühlt solchem Gesang die Seele: Morungen 123, 27 *sanc ist âne liebe kranc;* (Bern. de Ventadorn, Michel S. 162. 51. 112 f.); er bittet, man möge ihn wegen seines Gesanges nicht der Treulosigkeit zeihen. Gesang sei sein natürlicher Beruf, und da er in Leid geschwiegen habe, sei er gleichgültig geworden: *dis ist ein nôt diu mich sanges betwinget, sorge ist unwert dâ die liute sint frô* 133, 17 ff. Hartman 207, 1 *ez ist ein klage und niht ein sanc, dâ ich der guoten mit eriuwe niniu leit.* — Der treue Diener singt auf jeden Fall: Gutenburg 78, 33 *ich wil niemer durch minen kumber vermiden, ichn singes alleine swiez mir ergât.* Bernger 112, 24 *doch singe ich swiez darumbe ergât.* Fenis 80, 25 *minne gebiutet mir daz ich singe und wil niht daz mich iemer verdrieze.* Morungen 127, 34 die Nachtigall schweigt, wenn die Zeit der Liebe vorbei ist; *dur daz volge ab ich der swal, diu liez durch liebe noch durch leide ir singen nie.*

243. Morungen 133, 17 f.   244. s. Nr. 319.

245. Hartman 215, 14 *ich muoz von rehte den tac iemer minnen, dô ich die werden von êrste erkande.* Morungen 126, 1 *sælic, si diu sûeze stunde, sælic si diu zît, der werde tac, dô daz wort gie ûz ir munde* (Werner AfdA. 7, 138). Umgekehrt MF. 54, 29 '*abêrste müet mich, daz ich in alt er mich ie gesach*'. Morungen 125, 26 fordert die ganze Natur auf sich mit ihm zu freuen: *was ich wünneclîches schouwe, daz spil gegen der wünne die ich hân. luft und erde, wolt und ouwe süln die zît der fraide min empfân.* Umgekehrt 138, 3 *frouwe, ob du mir niht die werlt erleiden wil, sô rât und hilf.* — Rugge 103, 15 *das was ein sælecliche zît.* Reinmar 185, 27 *gewinne ab ich nu niemer guoten tac.* 168, 6 *wie deme nâhet manic wunneclicher tac.* 203, 17 '*diu vile schône mir zergât, swenne er an minem arme lît . . . daz ist ein wünnecliche zît*'. Lavine freut sich des Weges auf dem Aeneas reitet Eneit 277, 34; die Hand gepriesen, die den Liebesbrief schrieb 299, 22.

246. Hausen 45, 8 *mich dûhte vil maneges guot, dâ von ê swære was min muot* Nr. 171. 191. Selbst das Leid wird zur Lust Nr. 251.

247. Rietenburg 18, 18 *ich fürhte niht ir aller drô, sît si wil daz ich si frô.* Andere Freude als die Gunst der Geliebten braucht man nicht: Rugge 109, 27 *missebieten tuot mir niht von wîben noch von bœsen mannen wê, ob si mich eine gerne siht. was darf ich guoter handelunge mê* etc. Reinmar 190, 19 *was bedarf ich danne fröiden mê obe mir ir genâde wonet bî?* 197, 29 *froide und aller sælikeit hât*

ich genuoc etc. Nr. 208. 81. 183. Ansprechend ist der Gedanke Albrechts von Johansdorf 91, 36 dafs selbst der Feind, der von ihr kommt, willkommen sei. vgl. Fenis 83, 31 *mac mir der winter den strit noch gescheiden hin sir, der ie gerte min lip, sô ist daz min reht, daz ich in iemer êre.*

248. Johansdorf 90, 24 *ich hân alsô her gerungen, daz vil iûriclichen stuont min leben.* Rugge 108, 15 *ein rehte unsanfte lebende wîp nâch grôzer liebe, daz bin ich.* Reinmar 174, 22 *sus gât mir min leben hin.* 168, 9 *des gât mit sorgen hin, swaz ich ie mê geleben mac.* 152, 15 *ich wirde jæmerlîchen alt.* (Wahsmuot von Kunzich V, 2 MSH. I, 303). Bligger 118, 19 *er fünde guoten kouf an minen jâren der âne froiden wolte werden alt, wan si mir leider ie unnützæ wâren. umb eines daz wær als ein trôst gestalt, gæbe ich ir driu.* Fenis 80, 2 *und alsô die zît mit sorgen hin tribet.* Engelh. von Adelnb. 148, 3 *ine weiz wiech die zît vertribe.* Reinmar 155, 28 *alsô vergie mich diu zit, es taget mir leider selten nâch dem willen min.* 175, 19 *mir ist ungelîche deme der sich elleswenne wider den morgen fröit.* 161, 15 *wie dicke ich in den sorgen des morgens bin betaget, sô ez alles sliefdaz bî mir lac! —* Gutenburg 70, 34 *daz lenget mir die kurzen tage.* Dietmar 34, 26 *des verdent mir diu jâr sô lanc.* 84, 11 '*ez dunket mich wol tûsent jâr*'. Hartman 207, 4 *die swæren tage sint al ze lanc.* 209, 9 *ich mühte klagen und wunder sagen von maneger swæren zit. sit ich erkande ir strit, zit ist mir gewesen für wâr ein stunde ein tac, ein tac ein woche, ein woche ein ganzez jâr.* Albrecht von Johansdorf 91, 4 *doch fürhte ich, sine gewan noch nie nâch mir langen tac.* Eneit 52, 4 f.

249. Albrecht von Johansdorf 91, 20 *und wil si, ich bin vrô; und wil si sô ist min herze leides vol.* (Iwein 8057 f.) Reinmar 199, 20 *diu mir froide hât gegeben unde sorge manicvalt.* 197, 31 *mir enmac ein herzeleit noch grôziu liebe niemer âne si geschehen.* 162, 16 *warumbe fürget diu mir leit, von der ich hôhe solte tragen den muot.* MF. 5, 26 *sus kan ich an froiden ûf stîgen joch abe.* Iwein 1693 *Her Iwein sas verborgen in vröuden und in sorgen. —* Über diese Verbindung entgegengesetzter Begriffe s. Lichtenstein, Eilhart CLXXIII f.

250. Reinmar 162, 34 *ez tuot ein leit nâch liebe wê: sô tuot ouch lihte ein liep nâch leide wol. swer welle daz er frô berlî, daz ein er durch daz ander liden sol.* Fenis 82, 2 *wan diu [Minne] mir kunde des herze alsô verséren, diu mac mich wol ze fröuden hûs geladen.* 82, 36 *ist daz diu Minne ir güete wil zeigen, so ist al min kumber ze vroiden gestalt, sus mac ich jungen, alsus wirt ich alt.* Hartman 215, 32 *si mac mir leben und froide wol leiden, dâ bî alle mine swære vertriben: an ir lît beide min liep und min leit.* Parz. 515, 17 *ist iu nû zornes gâch, dâ hært iedoch genâde nâch. sît ir strâfst mich*

só stre, ir habt ergetzens ére. Uhland 5, 162. Michel S. 118. Auf Leid kommt Freude: Bernger von Horheim 113, 20 *l was mir wol: must mir sanfte unde bar . . min vröude hât mich von sorgen enbunden.* Rute 117, 12 *daz eine kan mir sorgen wenden, si kan mit leide ane ode und mit froiden enden.* Fenis 84, 23 *das swæde leit, das nâhen gât, das wirt lachen unde spil, sîn trûren gât ze freuden vil.* Morungen 144, 31 *ob si miner nôt, diu guote, wolde ein liebes ende geben, mit den frön* etc. Eneit 263, 20. Auf Freude folgt Leid: Ruggu 100, 30 *das wîse liute müezen jehen das grôziu liebe wunder tuot, dâ vallet froide in sendiu leit* s. Nr. 218. Reinmar 163, 14 *ich weiz den wîc nû lange wol der von der liebe gêt uns an das leit. der ander der mich wîsen sol üz leide in liep, derst mir noch unbereit.* 2 Büchlein 89—82. 581—607. Eneit 278, 84—279, 8. Iwein 1828 *ich wæne si in kurzer vrist ein unbilliche sache wol billich gemache.* Parz. 291, 1 *Frou Minne, wie tuot ir so, das ir den trûrigen machet und mit kurze wernder fröude? ir tuot in schiere töude.*

251. Prov. 14, 13 risus dolore miscebitur et extrema gaudii luctus occupat. Dietmar 39, 24 *liep âne leit mac niht gesîn.* Frid. 85, 18 *liep wirt selten âne leit.* Benz. A. 2 Büchlein 432 *nieman frumer lebt also, im enst der wehsel bereit, beide liep unde leit.* ja erkennet man liep bî leide etc. W. Gast 2821 *nû hæret grôz unstætekeit, von grôzer lieb kumt grôzze leit.* 8989. Bernger 113, 89 *mir ist von liebe vil leide geschehen.* 2 Büchl. 9 *diu vil mære gewonheit, das sô grôs herzenleit von herzeliebe geschiht.* Johansdorf 94, 35 *wie vil mir doch von liebe leides ist beschert! was mir diu liebe leides tuot.* Morungen 145, 7 *von der mir bî liebe leides vil geschah.* 120, 89 *diu liebe und diu leide, die wellen mich beide fürdern hin ze grabe.* Reinmar 187, 11 'mir *ist beide liep und herzecliche leit, daz er mich ie gesach oder ich in sô wol erkenne'.* — Fenis 85, 31 *tuot ez wol ez tuot ouch baz.* Morungen 126, 31 *deist mir übel und ouch lihte guot.* Hausen 44, 1 *wer möhte hân grôze froide âne kumber.* 2 Büchlein 103 *ich hân von liebe michel leit: mich ermet min richeit: daz mir ze sælden ist geschehen, des muos ich z'unsælden jehen: ich hân mit liebe liep verkorn, mit gewinne gewin verlorn* etc. Eneit 64, 7 f. 262, 40 f. ausführliche Erörterung über die Minne Parz. 334, 27. 272, 14. — Mit Beziehung auf die Mühe im Dienst: Reinmar 199, 8 *wer hât liep âne arebeit.* Fenis 85, 6 *wer gewan ie sanfte guot.* Michel 84 f. 116. 185. Der selbstlose Minnende nennt selbst sein Leid Lust: Hausen 50, 3 *den kumber den ich von ir lide, den wil ich gerne hân.* 44, 20 *waz danne und arne ich's under stunden? min herze es dicke hôhe stât.* Fenis 81, 26 *lide ich darunder nôt, das ist an mir niht sehîn: diu nôt ist diu meiste wunne mîn.* Gutenburg 75, 7 *diu mich hât betwungen und doch schöne stât von ir min herze.* 78, 35 *und wil gerne sôlhe nôt*

III, 252—256.

iemer liden, diu von minnen mir als nähe gāt. Reinmar 151, 17 an einem alsō guoten lip die nōt ich gerne liden mac. 169, 81 swaz ich durch si liden sol, dast ein kumber den ich harte gerne dol. 166, 16 wie möht ein wunder grœzer sin, das min verloren dienest mich sō selten riuwet. 166, 26 was tuon ich das mir liebet, das wir leiden solte. 166, 89 sō sich gemuoge ir liebes frönnt so ist mir mit leide wol. (vgl. Walther 41, 29. — Guiraut de Borneill: a suffrir me cove: Michel S. 93). Er trōstet sich des Gewinnes an Herzenserfahrung 158, 29 hāt si mir anders niht gegeben, so erkenne ich doch wol senede nōt.

252. süeziu arebeit Rolandsl. 1791. Reinmar 159, 24. In dem Bruchstück eines mhd. Gedichtes (Pfeiffer, freie Forschung S. 82) dd von sprach hiewor alsus ein hübischer man Ovidius: amor amor amor dulcis dulcis labor. Wolfram Titurel 72, 2 in den süezen süren arebeiten. Burdach S. 117 Anm. Werner AfdA. 7, 124. — Reinmar 166, 16 der lange süeze kumber min. 164, 14 sō minneclīcher arebeit. Eneit 260, 4 das süze ungemach. 268, 13 ir ungemach ist süze. — Reinmar 179, 23 arbeit diu mir liebt. — Eneit 74, 29 der leide liebe man. 880, 26 der wōne ubel Énéas. — Morungen 125, 85 der sanfte tuonder swære. 147, 4 vil süeziu senftiu tœterinne vgl. Walther 66, 84 stirbe ab ich sō bin ich sanfte tōt. Burdach S. 149 Anm. Werner AfdA. 7, 140.

253. Eneit 261, 27 f. ausführlich erörtert 295, 12. Eilhart v. 2453 f. Uhland 5, 163.

254. Titurel 64: Minne, ist das ein er? mahl dū minn mir diuten? ist das ein sie? kumet mir minn, wie sol ich minne getriuten? Ulrich von Lichtenstein MSII. 2, 47ᵇ: Herre, saget mir, was ist minne: ist er wib, oder ist es man? Die Frage bezieht sich auf die Gestalten von Venus und Amor (Bechstein, Auswahl) S. 90) oder auf das schwankende Geschlecht des französischen amour (Herrig's Archiv Bd. 62 S. 857 f.).

255. Morungen 132, 19—26 sīt si herzeliebe heizent minne, von weiz ich wie diu leide heizen sol etc. (Michel S. 69). Vgl. Reinmar 188, 38 sīt ich sō grōzer leide pflige, das minne riuwe heizen mac. Veldeke 59, 30 rehte minne, sunder rāwe und āne wāne. Eneit 278, 10 dū heizest unreht Minne, als ich dich noch bekenne, dū bist ein quelerinne.

256. Sie bezwingt den Mann und lenkt ihn nach ihrem Willen: Kchronik 141, 21 umbe die minne ist es aber sō getān, dā ne mac niht lebentiges vor gestān. Hausen 52, 37. 58, 80 (48, 8, 49, 85). Veldeke 66, 9. Fenis 80, 25. 81, 34. 37. Berngcr 112, 6; selbst Salomon (Veldeke 66, 16 Parz. 289, 17) und Alexander (Gutenburg 72, 5) haben sich ihrem Joch gebeugt. Sie heißt den Dichter singen: Fenis 80, 25. Michel S. 225. Sie raubt den Sinn: Hausen 46, 23. 53, 17. Rugge 101, 29. Johansdorf 94, 25; sie verwundet: Fenis 82, 8.

Gutenburg 70, 14 (*der Minnen slac*); ist reich an Listen: Fenis 80, 18. Michel S. 225; läfst sich im Herzen nieder: Johansdorf 94, 31. Der Liebende klagt ihr seine Not: Veldeke 66, 9. Fenis 82, 2; er bittet sie um Freiheit: Johansdorf 94, 25. Minne gebietet über die Menschen: Reinmar 186, 10, Iwein 1567. 2055; erfährt aber auch den Zwang der Welt; Veldeke 61, 4.

257. Aber Reinmar läfst an zwei Stellen auch die Liebe auftreten 155, 16. 161, 31. — Morungen 134, 6. 145, 9; seine kühnere Sprache überträgt die anschaulichen Wendungen auf die Geliebte selbst. Über den Gebrauch der älteren Troubadours s. Michel S. 224.

258. Vgl. Pamphilus (Ovidii erot. et amat. op. Francf. 1610) S. 07 *Est Galathea mihi dolor et medicina doloris, haec dare sola potest vulnus opemque mihi.* Raimon von Toulouse (Dietz, Leben S. 116): Wohl habe ich nun von der Liebe gelernt, wie sie mit ihrem Geschofs zu verwunden weifs, doch wie lieblich sie nachher zu heilen versteht, davon erfuhr ich bis jetzt noch nichts. — Venus als Kriegerin, Eneit 36, 38. 267, 25. 264, 19—265, 15 vgl. 290, 23. Parz. 292, 29 u. a.

259. Titurel 62, 4 *minne stillt mir fröude üz dem herzen, es entühte eime diebe.* Pamphilus (Ovidii erot. et amat. opusc. Francf. 1610) S. 08 *Ingeniosus amor portas et claustra relaxat, vincit quidquid obest ingeniosus amor.*

260. Iwein 1649 *sô hât si [diu Minne] michel reht dâ zuo daz si der zweier eines tuo, daz si ir râte her ze mir ode mir den muot beneme von ir.* Morungen 134, 9 *owê Minne gib ein teil der lieben miner nôt; teil ir sô mite daz si gedanke ouch machen rôt.* Kärenberc 0, 23 *liep unde leide teile ich samnt dir.* vgl. Pons de Capdoill, Michel S. 94. Folquet de Marseilla hält es schon für gleiche Teilung, wenn die Frau nur den tausendsten Teil des heftigen Schmerzes hätte; ebd. Durdach 146 f.

261. Hartwic von Rute 116, 1 *mir tuot ein sorge wê in minem muote, die ich hin kein se lieben friunden hân, obs iender dâ gedenken min ze guote als ich ir hie mit triuwen hân getân* Nr. 201.

262. Canticum canticorum 2, 16: *Dilectus meus mihi et ego illi.* 6, 3 *Ego dilecto meo et dilectus meus mihi.* Daher MF. 9, 1 *ich bin dîn dû bist mîn.* Ereo 6646. Über die Verbreitung dieser Wendung s. Henrici S. 24. Vgl. Nr. 186. Walther spielt mit der Wendung *den lip für eigen geben* ähnlich wie Veldeke, Eneit 261, 19 *sal ich im mîn herze geben?* jâ dû. *wie sulde ich danne geleben?*

263. Albrecht von Johansdorf 91, 29 *swâ zwei herzeliep gefriundent sich und in beider minne ein triuwe wirt, diu sol niemann scheiden* etc. W. Gast 1258 *man sol mit triuwe triuwe gern, mit liebe sol man liebe wern.* Ereo 9507 *meas si wil, das wil ouch ich, und swas ich wil, des wert si mich* Vgl. Ecclic. 25, 1. 2. *in tribus pla-*

citum est spiritui meo quae sunt probata coram deo et hominibus . .
vir et mulier bene sibi consentientes. v. 11 beatus qui habitat cum
muliere sensata. Nr. 305.

264. Arnaut de Maroill: ' Nach meiner Meinung ist derjenige,
der sich nach zwei Seiten wendet, auf jeder von beiden ein Be-
trüger und Verräter'. — 'Liebe läfst sich nicht teilen'. Michel S. 188.
Eneit 271, 17 *minnete ich mê dan einen, sone minnete ich deheinen*
(Johansdorf 86, 4) . . . *diu minne nis niht sô getân, daz man si
geteilen moge sô daz si iemanne toge.* 272, 14 *der gelieben müzen
zwei wesen, diu sich underwinnen.* 276, 4 *wie moht ich gekêren dan
min herze an zwêne man? ich ne mach noch enkan, ich ne wil noch
enmach.* Gotfried Trist. 18046 als ein wœrliches sprichwort gilt, *diu
manegem minne sinnet, diust manegem ungeminnet.* Publius Syrus:
mulier quae multis nubit, multis non placet s. Haupt zu Engelh.
1005. Vetula (Ovidii, Francof. MDCX S. 107): *nam sicut vulgare
solet paradigma tenere, sicut habens centum nullam reputatur habere
sic et habens unam pro centum computat illam. nam nullius eris,
dum se non vendicet una.* Marcabrun, Michel S. 65: ' Diejenige
welche zwei oder drei wählt und sich nicht einem anvertrauen will,
deren Wert mufs wohl sinken'. Anspruchsloser ist Bern. de Ventadorn, Michel S. 64 f. — Vgl. Nr. 2. 23.

265. Der Diener hat Recht auf Gnade: Johansdorf 86, 9 *ich
wil ir râten bî der sêle mîn, durch keine liebe, niht wan durch das
reht. waz möhte ir an ir tugenden bezzer sîn, dan obes ir umbereite*
etc. Bernger von Horheim 114, 18 *ich hoffe des, daz min reht iht sî
sô guot, daz si mir schiere ein vil liebes ende gît*; vgl. Bligger 118, 24.
Arnaut de Maroill, Michel S. 128: 'Ich hörte sagen — und das
hat mir Trost gewährt — dafs wer gut dient, auch guten Lohn zu
erwarten hat' (vgl. Reinmar 189, 34 f.). Wer Gnade sucht, soll —
nach biblischer Verheifsung — Gnade finden: Gutenburg 78, 3 *ich
wânde ieman sô hete missetân, suohte er genâde, er solte si vinden.*
Parz. 846, 22 *genâde doch bîm dienste stêt.* — Gnade gehört zur
Macht: Fenis 84, 10 *nun ist niht mêre mîn gedinge wan daz si ist
gewaltic mîn; bî gewalt sol genâde sîn. ûf den trôst ich ie noch singe,
gnâde die sol überkomen* etc. (Michel S. 181). Horheim 118, 21 *sît
daz min vrouwe ist sô rîche unde guot.* Fridanc 40, 18 *swô richer
man gewaltic sî, dâ sol doch gnâde wesen bî.* Bezz. Anm. Lehfeld
2, 394. — Zu den Tugenden gehört Gnade: Rugge 105, 6 *diu alsô
garwe wœre guot, diu sol des mich geniezen lân daz si sô vil der
tugende tuot.* Gutenburg 70, 2 *ein guot gedinge, den ich hân sir tugenden der si vil begât, daz si mich lihte niht enlât ûz ir gewalt.*
72, 21 *frouwe, habe genâde mîn, daz zimet wol dîner güete.* 76, 9
*doch swiez ergât, sô solde si gedenken daz es ir güete nieme zimet daz
si mir geswerb und fuoge nimt.* 77, 20 *ich weiz wol, solt es sîn an*

dem gelücke min, ir güete dinst so manicvalt, si tæte mich noch vroiden balt. 1 Büchl. 1897 nû ger ich daz diu güete din ir namen an mir êre, daz mir genâden werde schîn. 1939 frouwe durch daz sô behalt, als ich an dich gesinne, an mir din tugent manicvalt. Beruger von Horheim 115, 32 ich singe unde sunge betwunge ich die guoten, daz mir ir güete baz tæte; sist guot. Morungen 137, 29 si ê daz diner güete sælicliches an, sô lâz iemer in den ungenâden mich. Rugge 110, 32 ir güete mich gehœhet hât: daz sol si wêrem nâch ir êre manicvalde. Reinmar 176, 19 ich getar dich niht enbiten noch enkan. twaz durh dîne sælekeit etc. 189, 34 an der ich triuwe und êre erkenne, wære ich des, daz mir diu ungelônet lâze, sô geschehe an mir daz nie geschah. guot gedinge üz lônes rehte nie gebrach. 190, 18 si hât tugent und êre, dâvon mac ez werden rât. Lohfeld 2, 390. — Daher nimmt eine ordentliche Frau nicht Dienst ohne Lohn: Rugge 104, 19 doch ist ein site der niemen sinet, swer dienet: ungelônet ninet. Hausen 45, 23 alsolhen rât, den sø rehte ein sælic wîp niemer rehte vollebringet, daz si dem ungelônet lât, der si vor al der werlte hât. Veldeke 66, 32 ir stüende baz, daz si mich trôste dan ich durch si gelige tôt. Gutenburg 71, 21 dêswâr si sol gedenken wol, daz ez ir niht enzæme, ob si min leben, deich hân ergeben an ir genâde, næme. Die Frau selbst sagt MF. 54, 21: 'lâz ab ich in ungewert, daz ist ein lôn der guoten manne nie geschah'. Es ist Sünde und Schande nicht zu lohnen: Rugge 100, 16 diu wünneclîche sündet sich. Gutenburg 78, 4 sol nu min froide von ir schult bülben, daz ist ir sünde und grôz missetât. Beruger von Horheim 115, 29 ich hange an getwange: daz git diu sich sündet. Gutenburg 76, 5 dêswâr des hât si kleinen pris, daz si mir git ze lône spot, des muoz si iemer fürhten got. Morungen 130, 6 wünscht seine Not auf seinem Grabsteine verzeichnet, damit man erfahre von der vil grôzen sünde die si an ir fründe her begangen hât. — Auch sollen die Frauen nicht zu lange auf Gewährung warten lassen, 1 Büchl. 1578 f. 1846. — s. Nr. 361.

266. s. S. 189 f.

267. Dietmar 88, 16—22 beruft sich auf grofse Liebe und langes Sehnen. Hausen 44, 21 beschwört, dafs sie ihm die Liebste ist, des sol si mich geniezen lân. 49, 21 sît ich daz herze hân verlâzen an der besten eine, des sol ich lôn empfân. 50, 2 den kumber, den ich von ir lîde, den wil ich vil gerne hân, sediu daz ich mit ir belîbe und al min wille süle ergân. min frouwe sehe waz si des tuo, dâ stât dehein scheiden zuo. Gutenburg 79, 26. Fenis 84, 21. Bligger 119, 3 hulf ez mich iht, sô wære daz min wân, swer alliu wîp durch eine gar verbære, daz man in des geniezen solte lân. Albrecht von Johansdorf 90, 37. 92, 14. 93, 36. Andere Stellen weisen auf das treue Ausharren im Dienst: Dietmar 40, 26 : si sol gedenken daz ich

ir was ie vil undertán. Rugge 105, 9 ff. Hausen 48, 4 *ouch solte mich wol helfen daz daz ich ir ie was undertán.* Veldeke 67, 33 *swer wol gedienet und erbeiten kan, dem ergét ez wol ze guote.* Hartwic von Rute 117, 14 vgl. Eilhart 7417 f. Reinmar 151, 17 *genâde suochet an ein wip min dienest ne vil manegen tac.* 178, 24 *ich hân ir gelobet ze dienen vil.* 176, 11 *ich was ie der dienest din.* 191, 18 *ich let ir schin den dienest min.* 180, 88 *jô verdiene ichs wol.* 152, 5 *ich hân vil ledecliche brâht in ir genâden minen lîp.* 197, 7 *swie si gebiutet alsô wil ich leben.* 195, 14 *ouch diene ich ir swie sô si gebiutet mir.* 176, 10 *frouwe, ich hân durh dich erliten, daz nie man durh sin liep sô vil erleit.* 162, 3 *wan ich hân mit schœnen siten sô küneclîche her gebiten.* Die Stæte ist die Tugend, der Lohn gebührt (*corona vitae praemium fidelitatis et constantiae = der triuwen und der stæte* Germ. 25, 360 Anm. vgl. Nr. 226): Rugge 100, 34 *Minne minnet stæten man, ob er ûf minne minnen wil, sô sol im minnen kan geschehen.* Hausen 42, 25 *nu werde schin, ob rehtiu stæte iht müge gefromen.* Feuis 84, 19—27. 28—36 *swer sô stæten dienest kunde, des ich mich doch træsten wil, dem gelunge lihte wol. ze jungest er mit überwunde* etc. Rugge 100, 9 *wil si mich des geniezen lân, sist und muos ouch immer sin, an der min stæte wil bestân.* 110, 21 *sit man der stæte mac geniezen, so ensol ir niemer mich verdriezen* etc. Reinmar 190, 2 *ouch ist es wol genâden wert, swâ man nâch liebe in alsô lûterlicher stæte ringe.* 163, 1 *zer welte ist niht sô guot das ich ie sach sô guot gebîte. swer die gelustlichlichen hât* etc. Eilhart, Tristan 7417 (Lichtenstein CLXI). Auch für die Frauen: Dietmar 32, 5 *genuoge jehent daz grôziu stæte si der beste frouwen trôst.* Besonders behandelt Gutenburg in seinem Leich dieses Thema 69, 9. 70, 19—29. 37—39. 71, 25—27. 78, 18—37. 77, 32—35. 78, 26. 1 Büchlein 1345 *Frouwe, nû bedenke daz, è sich din trôst verspæte, das ich din noch nie vergaz ze frumeclicher stæte.* Michel 8. 187. 192. Die Frau erkennt diese Ansprüche an: Rugge 106, 11 *ein wip mich des getræstet hât, das ich der zit geniezen sol.* 111, 8 'des er betwinget mich mit sîner güete'. Hartman 210, 17 'sit er wol gedienet hât'. Dietmar 39, 8 'ich liebe ihn vor allen, wie schône er das gedienet hât'. Hausen 49, 12 'ich wil ihm immer treu sein, der mir gedienet hât'. Veldeke 57, 18 'Mir hete wîlent seiner stunde vil gedienet och ein man, sô dazt ich ime wol guotes gunde'. Reinmar 201, 7 'alsô schône man nach wîbes lône noch geranc nie mêre'. MF. 54, 4 'wan daz mich ein sælic man mit rehter stæte hât ermant daz ich ime guotes gan'. 54, 37—55, 3. Veldeke 60, 10 *dâ nâch daz si mich gerne siet diu mich durh rehte minne lange pine dolen liet.* Anweisungen, wie der Mann dienen soll: W. Gast 1398 f. 1 Büchlein 1269 f. Er soll treu ausharren im Dienst, *unrehtes gâhen sümel dich,* 1 Büchlein 1542—1564. 1615—1644. Michel 8. 184.

268. Veldeke 63, 9 *möht ich erwerben mit froiden ir hulde!* Rugge 109, 25 *ich wil ir iemer dienen (lobes als ez gesehiht), das si mich niemer mêr unfrô gesiht.* vgl. Morungen 133, 27 *do ich in leide stuont, dô huop ich si gar unhô; die ist ein nôt diu mich sanges betwinget.* vgl. Mor. 123, 22 f. Pamphilus (Ovidii erot. et amat. op. Fref. 1610. S. 78) ermahnt die Liebe: *nec non semper ei laetis te vultibus offer, est cum lactitia pulcrior omnis homo.* Nr. 561.

269. Gutenburg 74, 1—12 verspricht das Lob seiner Frau in alle Lande zu verbreiten. 72, 26 *und daz ich niemer fuoz getrete ûz dîme lobe.* Engelhart von Adelnburg 148, 17 *kunde ich hôhen lop gesprechen, des wær ich ir undertân.* Morungen 135, 27 *wan daz ich ir diende mit gesange sô ich beste kunde und als ir wol gezam* (Michel S. 124.) 140, 8 *die ich mit gesange hie prise unde kræne.* 146, 11 *ich wil iemer singen dîne hôhen werdikeit.* 129, 10 *ir lop ir êre uns an mîn ende ich sage.* 140, 25 *swaz ich singe ald swaz ich sage, sône wil si doch niht trœsten mich vil armen man.* Reinmar 150, 3 *des êre singe ich unde sage, mit rehten triuwen tuon ich daz.* 159, 5 Veldeke 63, 22 *wan ich vil gerne behuote, daz ich ir iht spreche ze leide.* Hausen 40, 31. 47, 2. Hartman 208, 4. 8. *ich spriche ir niuwan guot.* 213, 31 *der ich alle mine tage guotes jach und iemer gihe.* Nr. 574.

270. Fenis 81, 1 *und daz ich mines sanges iht geniese.* Gutenburg 77, 24 *ichn was niht sældenlôs dô ich si mir erkôs in disen ûz erkornen dûn ûf guoten richen scharnen lôn.* Reinmar 190, 7 *nu wând ich geniezen aller miner tage; darumb ich ir lop und êre sage.*

271. Reinmar 167, 5 '*sô wol als er mir sprach*'. 193, 5 '*ein alsô schône redender man, wie möhte ein wîp dem iht versagen, der ouch sô tugentliche lebt als er wol kan*'. Nr. 574.

272. Veldeke 63, 20 *got sende ir ze muote daz si ez meine ze guote.* 92, 14 *der al der werlte froide git, der træste ouch min gemüete.* Hartwic von Rute 116, 5 *si solte mich durch got geniezen lân.* Bernger von Horheim 112, 18 *nu wîse mich got an den sin, deich noch getuo daz ir behage.* An andern Stellen wird Gottes Hülfe vorausgesetzt (z. B. Walther 109, 9, vgl. Reinmar 159, 39. Morungen 127, 30); noch öfter wird er als Zeuge angerufen; s. Burdach S. 118 f. Michel S. 236.

273. Gutenburg 70, 17 *das sil, dâ si dâ sol und lônen wil.*

274. Dietmar 38, 21 *nu reden es an ein ende eneit.* 38, 32 *nu ist ez an ein ende komen.* 40, 8 *sô hât erz an ein ende brâht.* Morungen 145, 29 *jô wând ichs ein ende hân.* Gutenburg 77, 36 *ein wünneclîches ende.* Reinmar 157, 36 *daz si mir liebes ende gebe.* 187, 39 *sol mir an ir guot ende ergân.* 190, 16 *ez ist vil zuo guotem ende brâht.* Dietmar 83, 29 *machest dû das ende guot, sô hâst dû alles wol getân.*

275. Dietmar 40, 7 *als wirs uns beide hân gedâht.*

276. Reinmar 202, 18 *si sehe, des ich hin zir dâ muote, daz si mir daz gebe.*

277. MF. 6, 18 'só muoz sin wille an mir ergân'. Meinloh 12, 23 *ê ir wille si ergân*. Dietmar 40, 6 'sin wille derst ergangen'. Hausen 50, 5 *xediu daz . . al min wille sül ergân.* Reinmar 184, 10 *ergienge ez als ich willen hân.* vgl. 203, 4. Eneit 123, 2. Eilhart 9107. MF. 54, 28 'ich wil tuon den willen sin'. Meinloh 13, 35 'swelhiu sinen willen hie bevor hât getân'. Dietmar 36, 21 *geläge ich als ich willen hân.* 68, 12 'er kan wol grôzer arebeit gelônen nâch dem willen min'. Reinmar 158, 1—4 *wol im, deme . . und doch ein teil darunder sines willen hât.*

278. Reinmar 199, 36 'min geselle, waz er welle, daz muoz an mir geschehen'. 192, 25 'dêst ein nôt, daz mich ein man vor al der werlte twinget swes er wil.' 200, 15 'swas er wolte daz ich læsten solde, daz könde ich vermiden'.

279. Reinmar 190, 27 *frouwe tuo, des ich dich bite.* Rugge 107, 6 *leiste noch diu schœne, des ich bæte.* Eilhart 9159 *daz si gerne tæte swes si der helt bæte.*

280. MF. 55, 9 'des ist er von mir gewert alles swes sin herze gert'. Eilhart 609 *swes her zem rehten begert, des wirt er alles wol gewert.* Reinmar 195, 19 *des ich nu lange hân gegert, wirt daz vollendet.* — Vgl. Gutenburg 77, 34 *durnâch ich strebe.* Dietmar 38, 32 *dar nâch min herze ie ranc.* Vgl. Nr. 149.

281. Reinmar 169, 5 *Spræch ich nu, daz mir wol gelungen wære.* Fenis 83, 8 *so ist mir gelungen noch baz danne wol.*

282. Reinmar 197, 26 *mich wundert sêre, wie dem si, der vrouwen dienet und daz endet an der zit.* 171, 24 *vollende ich mine sende nôt.*

283. Reinmar 160, 12. 154, 1. 197, 26.

284. Hausen 51, 9 *min möhte werden rât.* Rugge 107, 15 *min wurde rât.* Vgl. Fenis 84, 26.

285. Veldeke 66, 34 *wan si mich erlôste ûz maneger angestlicher nôt.* Reinmar 195, 28 *spræche ein wip: 'ich senedo nôt'.*

286. Rietenburg 19, 19 *ist si wil das ich si frô.* Hausen 46, 29 *si möhte mich vor einem jâre von sorgen wol erlœset hân, ob ez der schœnen wille wære.* Gutenburg 78, 1 *swie min frouwe wil, sô sols mir ergân.* Fenis 83, 3 *wolte si eine, wie schiere al min swære wurde geringet.* 84, 7 *swenne si wil, sô bin ich leides âne.* Alb. von Johansdorf 91, 20 *und wil si, ich bin frô; und wil si, so ist min herze leides vol.* Walther von Klingen MSH. 1, 72ᵃ (II, 4). 1, 72ᵇ (IV, 6) 1, 78ᵃ (VI, 1).

287. 62, 17. *g. suochen* 72, 23 *vinden* 66, 6. *genâde!* 118, 29 (Werner, AfdA. 7, 126 f.).

288. 14, 35. 95, 86. 110, 28. *holt* 119, 21.

289. 113, 17. 115, 21. *wiplich g.* 109, 27; vgl. Michel S. 39.
290. Manche bitten um Erbarmen: Rietenburg 19, 2 *ob si erbarmen wil min swære*. Rugge 101, 26 *ach ich vil arme, uu erbarme ich si niht*. Morungen 141, 5.
291. Morungen 1, 0, 32 *se frouwen und se liebe*. Vgl. hom et amica servire Michel S. 121.
292. Veld. 64, 1 *ni tete mir, dô si mirs gunde, vil ze liebe und ouch ze guote*. MF. 54, 5 'das ich im guotes gan'. Gutenburg 69, 4 *und gan es mir diu guote*. Reinmar 151, 8 *ob ieman guot geschehe*. 154, 27 *sol mir ir stæte komen ze guote*. 183, 15 *si gehies mir vil des guotes*.
293. Reinmar 173, 1 *mit guoten triuwen ich ir pflac*. MF. 5, 34 *war gît mir darumbe diu liebe ze lône? dd biutet si mir es sô rehte schône*. Walther 184, 33 *got dir lône, das dû mich hielde schône*.
293a. Reinmar 155, 3 *wirn kume ir helfe an der zît*. 163, 37 *sô möhte mir ein wîp ir rât entbieten und ir helfe senden*. 189, 17 (Meinloh 11, 20 *enbiut im etelichen rât*).
294. Dietmar 36, 4 'lies *er mich des geniezen niet*'. MF. 54, 37 'sol *er des geniezen niht, das*'. Reinmar 190, 7 *wi wând ich geniezen aller miner tage*. 150, 21 *ich weis wol, das si mich lât geniezen miner stæte* 167, 20. — Hausen 53, 2 *es ensi das ich geniese ir gürte*.
295. Vgl. Morungen 132, 8 *ein sitich und ein star dn alle sinne wol gelernten das si sprechen minne: wol sprich das und habe des iemer danc*. 137, 21 *du sprichest iemer neind nein* etc. (Lehfeld 931 A.). Reinmar 189, 18 *mae si sprechen eht mit triuwen jâ, als si é sprach nein*. vgl. 194, 38. 158, 34 *mich scheide ein wîp von dirre klage, und spreche ein wort als ich ir sage*.
296. Albr. von Johansdorf 90, 20 *ob ab ich ir wære vil gar unmære* (Michel S. 50). Sehr häufig klagt Reinmar über solche Gleichgiltigkeit: *unmære* 163, 27. 32. 155, 11. 157, 17. *unmæren* (vb.). 160, 23. vgl. *das si mich als unwerden habe* 166, 23. Veldeke 67, 30 *mir ist ein schade vil unmære*. Morungen 130, 1 *wie liep si mir wære und ich ir unmære*. 142, 35 'ich *bin worden dem unmære*'. Michel S. 50 f. — Reinmar 155, 8 *ichn sach ein wîp nâch mir getrûren nie*. Adelnburg 148, 4 *sît diu hôhgemuote gîht, das si welle niene verdriezen miner nôt*. Rugge 100, 12 *Sô sælic man enwart ich nie, das ir min komen tæte wol und ouch durnâch das scheiden wê*. Rietenburg 19, 35 *deich ir diene vil und si des niht wizzen wil*. vgl. Nr. 177.
297. Reinmar 168, 7 *was mae ich des, vergisset si darunder min*. Dietmar 39, 15 *nu wil si gedenken niht der manegen sorgen min*. Reinmar 195, 10 *mir ist vil wê, das sich diu guote niht bedenket noch, das ich sô lange kumber trage* (vgl. Walther 97, 21). Andere Ausdrücke: *verget si mich* 166, 6. *mit den listen . . wil si mich vergân* 161, 21. *sallen ellen fürhte ich das si mich vergé* 173, 36.

190, 83. *nie kunde ich ir nåher komen* 170, 26. *sit ir min langes leit niht nåhe gåt* 195, 31. '*das ich dekeinen den gewalt an minem lieben friunde hån*' 152, 17. Dietmar 35, 10 *sol ich der sô verteilet sin.* Durnger von Horheim 112, 25 *si låt mich trûren.* Dietmar 35, 24 '*wie tuot der besten einer sô daz er min zenen mac vertragen*'. Hausen 44, 85 *ein harte herse kan zis lêren, daze alsô lihte mac vertragen sô grôzes würfen unde klagen.* Vgl. Veldeke 67, 7. Morungen 127, 23 *Wær ein sitich oder ein star, die mehten sit gelernet hån das si spræchen Minnen;* 182, 8 (Michel 8. 54). 127, 32 *jå möhte ich sit bas einen boum mit miner bete sunder wåfen wider geneigen* (Lehfold PBb. 2, 401). Hartman 209, 15 *owê was tætes einem man der doch ir vient wære, sit si sô wol verderben kan ir friunt mit maneger swære.*
298. Hausen 46. 87 *der [genåde] ich då leider nie enfunden hån.* Morungen 183, 7 *das si mir versit ir genåde.* Gutenburg 78, 13 *ich wæne an ir ist genåde entslåfen, deich ir leider niht erwecken enkan.* Reinmar 165, 26 *der ungenåden muos ich erbeiten als ich mac.* 190, 30 *wê wie tuost du sô, dasd als ungenædic bist.* 190, 83 *ist aber das mich ir gnåde alsô vergåt.* S. Nr. 109. 265.
299. Fenis 85, 12 *jå ist si mir ein teil ze hêre.* Hartman 217, 5.
300. Albrecht von Johansdorf 87, 81 *ich hån von ir zorne vil erliten.*
301. Reinmar 161, 8 *dô was si mir iemer mêre in ir herzen gram.* — *gehaz* Morungen 124, 21. *sit si mich hazzet* Reinmar 166, 31. Hausen 52, 19 *diu was mir ie gevê.* Reinmar 160, 2 *und vêhet mich.* MF. 4, 3.
302. Reinmar 151, 23 *ed næme si sô bezten råt, das si an mir missetæte.* 202, 19 *ich ensach nie wip sô stæte diu sô harte missetæte, sô siu tuot, an einem man.*
303. Morungen 128, 32 *wie rehte unsanfte ich dulde beide ir spot und ouch ir has.* Reinmar 166, 28 *min dienest spot erworben håt.* — *rechen* Walther 40, 21. Morungen 187, 81. Johansdorf 92, 12 (vgl. Eneit 298, 15).
304. Fenis 81, 4 *und al min stæte gehelfen niht mac* (vgl. Walther 97, 29). Bligger 118, 24 *wie sol ein man gebâren der åne reht ie einer triuwe engalt.* Nr. 177.
305. Morungen 132, 27 *ir ist liep min leit und ungemach* (Bartsch) *wie solte ich dan iemer mêre rehte werden frô? sine getrûrte nie, swas mir geschah: klaget ich ir min jåmer, sô stuont ir das herze hô.* Reinmar 199, 14 *liebes des enhån ich niht, wan ein liep, das min niht wil.* — Vgl. ferner 165, 16 *was mir doch leides unverdienet ... und âne schulde geschiht.* Hartman 208, 14 *ich hån gegert ir minne unde vinde ir has.*
306. Fenis 81, 3 *dâ doch min dienest ie vil kleine wac.* 19 *ich*

diene ie dar, da ez mich kleine kan veredn. Gutenburg 79, 12 *als ich gedenke, daz mich niht verrât al mîn dienest.* Bernger von Horheim 114, 6 *dâ doch mîn dienest vil kleine vervât.* Hartman 206, 24 *daz kan mich niht veredn* — Reinmar 189, 29 *sol mîn dienest alsô sîn verswunden.* 171, 21 *und gât mîn dienest wunderlîchen hin.* Morungen 133, 7 *daz si .. mînen dienest sô verderben lât.* Albrecht von Johansdorf 89, 12 *dar ich hân gedienet, da ist mîn lôn vil kranc.* Gutenburg 76, 1 *mîn lôn der ist noch unbereit.* Reinmar 175, 15 *ich bin aller dinge ein sælic man wan des einen dâ man lônen sol.* 171, 19 *als rehte unsælic ich ze lône bin.* 189, 34 *wæne ich des, das mir diu ungelônet læze* etc. 173, 33 *wie mîn lôn und ouch mîn ende an ir grælî* etc. 180, 21—27 *ndeh sô kleinem lône hân ich nie gengen.* 191, 13 *ich tete ir sehin den dienest mîn wie möht ein wunder grazer sîn daz si mich des engelten lât.* Gutenburg 75, 34 *mîn arebeit mich niht für treit mir ist verseit, darnâch ich streit.* Rugge 101, 28 *der strit, der mich dâ müejet und lützel vervâhet.* Hartman 214, 17. *der schœne heil gedienet hât und sich des âne muos begân.* Vgl. ferner Dietmar 89, 12. Ulrich von Gutenburg 78, 6. Rietenburg 19, 35.

307. Gutenburg 76, 12 *si giht alrêrst, wan sit darnâch versaget si mir in spotes wîs.* 75, 31 *jâ hât si mînes lônes vil gesetzet an wol tûsent jâr.* Nr. 265.

308. *engelten* Dietmar 88, 9. Hansen 43, 85. MF. 4, 4.

309. Morungen 128, 1 *ouê daz ich ie sô vil gebat und gevlêhte an eine stat, dâ ich genâden nieme sê.* Reinmar 158, 35 *daz si dâ sprechent von verlorner arebeit.* 172, 30 *swer dienet, dâ mans niht versiht, der verliuset al sîn arebeit.* 187, 14 '*sît daz er verliesen muos sîn arebeit*'. 171, 6. Über vergeblichen Sang s. Nr. 321.

310. Morungen 124, 15 *owê mîner besten zît und owê mîner liehten wünneclîchen tage! owê mîniu gar verlornen jâr!* vgl. Lehfeld 2, 381 Anm. Reinmar 171, 6 *ich hân lange wîle unsanfte mich gesent und bin doch in derselben arebeit.* 172, 11 *ich hân ir vil manic jâr gelebt und si mir selten einen* tac. 201, 10 *wes versûme ich tumber man mit grôzer liebe zehœne zît!* 190, 35 *sô mac ich clagen vil, ich tumber man, daz ich mîner tage wider niht gewinnen kan.* Hartman 205, 8 *wan ich vil gar an ir versûmet hân, die zît, den dienst, dar zuo den langen wân.*

311. Diese Wendungen liebt Reinmar: 165, 35 *dâ gîst al der werlte hôhen muot, maht ouch mir ein wênic froide geben* (vgl. Walther 52, 20). 162, 19 *dicke mir diu schœne gît froide und einen hôhen muot.* 151, 11 *si wundert wer mir sehœnen sin und das hôhgemüete gebe.* 162, 16 *von der ich hôhe solte tragen den muot* (vgl. Walther 44, 7). 179, 15 *das mir der muot des hôhe stât.* 151, 28 '*sô wil ich hœhen sînen muot*'. 176, 6 *tuo mir sô, daz mîn herze hôhe stê.*

312. Veldeke 60, 4 *die mich darumbe wellen nîden, das mir*

liebes ist geschirt . . das mach ich vil sanfte liden. Hausen 44, 3 *done moht ich leider niht komen in den nôt . . nit umbe ir minne, daz tæte mir baz. danne ich si beide rus muoz lân belîben.* Horheim 113, 17 *ich mache den merkæren truobenden muot. ich hân verdienet ir nit und ir haz.* vgl. 113, 25. Reinmar 175, 22 *treit mir ieman trugenlichen haz, waz der siner wânde an mir nû siht.* 179, 12 *mich genidet niemer sælic man durch die liebe dies an mir erzeiget hât.* Lebfeld 2, 384. Nr. 31.

313. 1 Büchl. 181 *herze, dû hieze mich ir dienen ie, daz tæte ich gerne wiste ich wie. wære si mir alsô guot, des si leider niht entwot, daz si spræche zuo mir 'dînen dienest wil ich von dir' swie der danne wære, senfte oder wære . . daz diuhte mich ein senftiu nôt.*

314. a. Nr. 89.

315. Engelhart von Adelnburc 148, 10 *gunnet mir der arebeit, daz ich frouwe iu dienen müeze.*

316. Albrecht von Johansdorf 92, 11 *si sol mir erlouben daz ich von ir tugenden spreche.*

317. Reinmar 157, 40 *und nieme mîne rede für guot.* 159, 34 *geloube eht mir, wenn ich ir sage die nôt.*

318. Hausen 47, 35 *swie vil ich si geflêhet oder gebæte sô tuot si rehte als ob sis niht verstê.* 53, 4 *mich dûhte ein gewin und wolte diu guote wizzen die nôt.* Albr. von Johansd. 91, 10 *diu sol mîn rede vil wol verstân.* Reinmar 162, 5 *obe des diu guote niht verstât, wê gewaltes den si an mir begât.* 174, 19 *und swaz ich gesingen mac, des engiht si niht daz si des iht verstê.* vgl. 172, 30. 170, 22 *si hât leider selten mîne klagende rede vernomen.* Berngēr 112, 12 *als ich ir mînen kumber klage, des gât ir leider lützel în.* Morungen 128, 18 *nû jâmert mich vil manger senelîcher klage, die si hât von mir vernomen und ir nie ze herzen kunde komen* (Peirol, Michel 8. 08). Reinmar 100, 22 *mîn rede ist alsô nâhen komen, dass êrste erdget des was genôden si der ich dâ ger;* vgl. 1 Büchl. 1897 f. Nr. 03. 102.

319. Morungen 123, 24 (Michel 8. 51. 70). Reinmar 101, 12 f.; vgl. 157, 8. 160, 21—27. 187, 4. 160, 6. 178, 25. 177, 17.

320. Hausen 44, 83—89 *sie hôrt nicht sein grôzes wüefen unde klagen.* Morungen 127, 12 *sie merkt seine Klage nicht, obgleich sie ihr mancher mit Gesang kündet, sie ist tauber als der Wald* 130, 17—24. 140, 25. Albr. von Johansd. 94, 1 *'dunket iuch mîn rede niht guot?'. 'jâ hât si bewæret dicke mînen stæten muot'.* 123, 19 *ir tuot leider wê al mîn sprechen und mîn singen.* 124, 26 *sie ärgert sich über seine Liebesklagen.* Vgl. Reinmar 173, 8. 180, 19. 159, 5. 157, 21. 194, 30. Nr. 58.

321. Albr. von Johansd. 80, 9 *swaz ich nu gesinge, deist alles umbe niht.* Berngēr 115, 28 *al zergie daz ich sanc.* Reinmar 175, 31

was ich guoter rede hân verlorn! jâ die besten die ie man gesprach. 171, 17. Hartman 206, 24 Lob und Dienst verfängt nicht bei ihr.

822. Donat zu Terenz Eunuch 4, 2, 12 *quinque lineae perfectae sunt ad amorem: prima visus, secunda loqui, tertia tactus, quarta osculari, quinta coitus.* cf. 2, 3, 75. — Rietenburg 18, 1 'nu endarf mir nieman wîsen .. ob ich in iemer gerne sæhe'. Dietmar 36, 36 darzuo ich dich vil gerne schouwe. Meinloh 12, 37 den tac den wil ich êren .. sô sî mîn ouge ane siht. Dietmar 35, 30 'waz hilfet zorn? swenn er mich siht, den hât er schiere mir benomen'. 36, 20 alsô triuric wart ich nie, swenn ich die wolgetânen sach, mîn sendez ungemach zergie. Hausen 45, 33 swanne si mîn ougen sân, daz was ein fröude für die swære. Rugge 105, 4 mîn lîp in grôzer senfte lebt, des tages sô si mîn ouge siht. Morungen 130, 27 swenne aber si mîn ouge an siht, seht, sô taget ez in dem herzen mîn. 140, 7 swenne ich si an sihe, sô lachet ir daz herze mîn. 144, 10 wol fröuwe ich mich alle morgen, daz ich die vil lieben hân gesehen in ganzen froiden gar etc. (Michel S. 81). 145, 1 erzählt er, wie sie ihm im Traume erschienen ist. Reinmar 177, 1 kann das Auge nicht von der Geliebten wenden. 197, 29 froide und aller sælekeit het ich genuoc der mich sî niht wan lieze sehen (vgl. Meinloh 15, 5—10). 162, 20 ich enwart nie rehte vrô, wan sô ich si gesach. 194, 18 mîn ougen wurden liebes alsô vol, dô ich die minneclîchen êrst gesach. Rolandsl. 8222 (der Kaiser zu Roland): jane mah ih niht thar zuo gebenmâsen thaz ich thâ fure nâme, helet, thaz ih thîh tagelîchen sâhe. Lehfeld 2, 391.

823. Fenis 82, 5 Wenn er fern ist, hofft er beglückt zu werden durch ihren Anblick; wenn er bei ihr ist, geht es ihm noch schlimmer.

824. MF. 5, 28 mir sint diu rîche und diu lant undertân, swenne ich bî der minneclîchen bin. Dietmar 34, 31 ein wîp, bî der ich gerne wære. 37, 1 dar zuo wære ich dir vil gerne bî. Hausen 50, 5 sædiu daz ich mit ir belibe. Gutenburg 74, 19 ich solde ir ofte wesen bî, wær ez an mîne heile. Reinmar 151, 4 'bedæhte er baz den willen mîn, sô wære er zallen zîten hie, als ich in gerne sæhe'. 178, 12 'ich bin im von herzen holt, und sæhe in gerner denne den liehten tac'. 159, 14 waz ob ein wunder lîhte an mir geschiht, daz si mich etewenne gerne siht. Veldeke 60, 10 dâ nâch daz si mich gerne siet. 67, 19 desselben mag in dunken vil, daz nieman in sô gerne siht. Die Freude des Wiedersehens erwähnt Meinloh 14, 36 'sô wol mich sînes komens'. 28 'mîn muot sol aber hôhe stân, wan er ist komen ze lande' etc. Dietmar 40, 11—18. Rugge 107, 22 'wan mîn gewin sich hüebe, als er mir kæme'. MF. 5, 2 'kumest du mir niht schiere, sô verliuse ich den lîp'. Reinmar 156, 19 herre got gestate mir daz ich si sehen müeze. 156, 16 wol mich unde finde ich die wol gemuot,

als ich si lie. 196, 13. 198, 13. Hausen 46, 1 *gelebte ich noch die lieben zît, daz ich daz lant solt aber schouwen* etc. Albr. von Johansdorf 86, 17 *ich wânde, daz mîn küme wær erbiten: darûf hete ich gedingen manege zît.* Rugge 100, 12 *sô sælic man enwart ich nie, daz ir mîn komen tæte wol und ouch dornach daz scheiden wê.* vgl. Reinmar 159, 14. Morungen 132, 35 möchte ihr *sô heinlîch sîn* wie ihr Papagei.

326. Scheiden und Meiden: Kürenberc 7, 12 '*unser zweier scheiden müeze ich geleben niet*'. 9, 15 *ich und mîn geselle müesen uns scheiden.* MF. 5, 25 *unde swenne ich gescheide von dan, sost mir al mîn gewalt und mîn richtuom dâhin.* Meinloh 14, 8 *im trûret sîn herze sît er nu jungest von dir schiet.* Regensburg 17, 5 '*von im ist ein als unsenftes scheiden, des mac sich mîn herze wol entsten*'. Hausen 48, 19 *wær si mir in der mâze liep, sô wurde ez umb daz scheiden rât*. 49, 12 *ich wæn an mir wol werde schîn daz ich von der gescheiden bin ola.* 48, 7 *wan mir daz scheiden nâhe gât deich trte von lieben friunden mîn.* Dietmar 82, 19 *nu muoz ich von ir gescheiden sîn: trûric ist mir al daz herze mîn.* 84, 26 *sol ich von der gescheiden sîn . . . mir tuot ein scheiden alsô wê.* Rugge 100, 28 *swenne ez an ein scheiden gât, sô müezen solhiu dinc geschehen* ola. 107, 35 *ich tuon ein scheiden, daz mir nie von keinem dingen wart sô wê* etc. Albr. von Johansd. 91, 26 '*so bewar mich vor dem scheiden got, daz wæn bitter ist*'. Morungen 131, 1 '*owê des scheidens des er tete von mir, dô er mich vil senende lie*'. Reinmar 196, 20. 201, 1. — Dietmar 82, 15 *mir tuot âne mâze wê, daz ich si sô lange mide.* Rugge 105, 20 *daz ich durch ieman si vermeit, des wirde ich selten wol gemuot.* Ulrich von Gutenburg 74, 21 *mîn leben wirt müelich unde sûr, sol ich si lange miden.* Reinmar 150, 9. 198, 4. 199, 31. 200, 22. — Dietmar 84, 13 '*wunder âne mine schulde fremedet er mich*'. 86, 11 '*sol ich dem lange vrömede sîn ich weiz wol, daz tuot ime wê*'. 89, 10 *sô hôh ûwî, sol ich der lange vrömede sîn.* Rugge 107, 23 '*ein langes fremden muoz ich klagen*'. Reinmar 154, 12 *sin möhte von ir güete mir niht langer vremde sîn.* 155, 9 '*sin fremeden tuot mir den lîb und machet mir diu ougen dicke rôt*'. Morungen 126, 24 *mich enzündet ir vil liehter ougen schin same daz viur den dürren zunder tuot, und ir fremden krenket mir das herze mîn same daz wazzer die vil heize gluot.* — Bernger von Horheim 114, 21 *des muoz ich von ir daz ellende bûwen, des werdent dâ nâch mîniu ougen vil rôt.* Hausen 43, 1 *mich müet deich von der lieben dan sô verre kom.* — Dietmar 84, 32 *sô si mîn ouge niht ensiht, daz sint dem herzen mîn vil leidiu mære.* Rugge 108, 9 *iehn trûwe vor leide den lîp ernern, sô si mîn ouge niht ensiht.* Albr. von Johansd. 91, 8 *daz ich der guoten niht ensach, den dunket mich vil lanc. doch fürhte ich sine gewunne noch nie nâch mîr langen tac* (vgl. Rugge

100, 12). Bernger von Horheim 113, 37 *sit ich ir leider niht wol mac geschen* etc. Gutenburg 74, 15 *des [leides] hân ich vil swenne ich enbir ir kurzer ougenweide*. Reinmar 179, 5 *mir ist vil unsanfter nu dan ê, miner ougen wünne lât mich nieman sehen*. 154, 5 *mîn herze ist swære soller zît, swenne ich der schœnen niht ensihe*. — Albr. von Johansdorf 92, 23 *unsanfte mir daz tuot und sol ich von dir wichen*. W. Gast 4125 *Swer einem wîb ze holt ist, dem ist wê aller vrist, swenn erz niht geschen mac, só tobet er naht unde tac* etc. Je größer die Entfernung um so größer der Schmerz. Hausen 45, 10. 52, 25. vgl. Horheim 114, 32. Hausen erinnert an die Abschiedsstunde 43, 24; ebenso Reinmar 164, 17. — Veldeke scherzt über den Trennungsschmerz 63, 35.

326. Hausen 51, 33 *Ich denke under wîlen, ob ich ir nâher wære, waz ich ir wolte sagen, daz kürzet mir die mîlen, swenne ich ir mîne wære sô mit gedanken klage*. 52, 27 *swie kleine ez mich vervâhe, sô vrôwe ich mich doch sère daz mir niemen kan erwern, ichn denke in nâhe swar ich landes kêre. den trôst sol si mir lân*. Veldeke 61, 22 *got êre si diu mir daz tuot al über den Rin, daz mir der sorgen ist gebuozt, akld mîn lip verr in ellende muot*. 64, 1 *si tete mir, dô si mirs gunde, vil ze liebe und ouch ze guote daz ich noch zeteslîcher stunde singe, sô mirs wirt ze muote*. — Der Stelle Walthers näher kommt Morungen 140, 30 *jâ klage ich niht den klê, swenne ich gedenke an ir wiplichen wangen, diu man ze froiden sô gerne ane siht*. — Aber die Erinnerung weckt auch Schmerz. Albr. von Johansd. 95, 11 *'wand ir hie heime tuot sô wê, swenne si gedenket stille an sîne nôt'*. Bernger von Horheim 114, 39 *als ich gedenke wiech ir vllent pflac, owê daz fülle sô vern ie gelac! das wil mich leider von froiden vertriben*.

327. Morungen 139, 6 *und ir liehter schîn sach mich gütlich ane mit ir spilnden ougen*. 137, 11 *frouwe wilt du mich genern, sô sich mich ein vil lützel an*. MF. 6, 20 *ein winken und ein umbesehen wart mir, dô ich sî nâhen sach*. Gutenburg 69, 19 *der schîn der von ir ougen gât der tuot mich schône blüejen, alsam der heize sunne tuot die boume in dem touwe*. 76, 20 *ez ist niht wunder daz ich sunder minem danc si milde, der ougen schîn den kumber mîn, den ich nu lange lîde, mit einem blicke tuot verselt*. Morungen 126, 32 Ihr Blick erfreuet, wie der Tag die Vöglein. Nr. 145.

328. Reinmar 159, 14 *waz ob ein wunder lîhte an mir geschiht, daz si mich etewenne gerne siht*. 157, 17 *und sol daz alsô lange stân daz si min niht nimet war*. Nr. 324.

329. Morungen 123, 36 beschwert sich, daſs ihm nichts zu teil geworden sei, als der Anblick und der Gruſs der allen zukommt; vgl. Par. 96, 25.

330. Hansen 53, 7 *Wâfen waz hab ich getân sô sêwêren, daz*

mir diu guo e ir gruozes enbunde. Gutenburg 69, 25 ir schœner
gruoz, ir müller segen mit eime senften nigen, daz tuot mir einen
meien regen reht an daz herze sîgen. Albr. von Johansdorf 66, 19
nû hât mich gar ir vriundes gruoz vermiten. Morungen 124, 23
ich verdiene ir werden gruoz. 130, 23 dô kam si mich mit minnen
an und vienc mich also, dô si mich wol gruozte und wider mich sô
sprach. Reinmar 187, 35 ir gruoz mich vie. 154, 17 ir gruoz mich
minneclîche enpfie. Rugge 106, 9 von der mir sanfter tœte ein gruoz,
.. dann ich ze Rôme keiser solte sîn. 1 Büchlein 1388 wan ich von
mînen sinnen dne zwîvel scheiden muoz. es'n wende ir gnædeclîcher
gruoz, des mir noch gar von ir gebrast.

891. Gutenburg 70, 80 nu ist ze lanc ir habedane. Gr. Kirchberg MSH. 41, 25 (IV, 1).

892. MF. 6, 31 lache, liebez frouwelîn. Morungen 139, 8 lachen
si began ûz rôtem munde tougen. 132, 6 und ob si lache, daz si mir
ein gruoz. 131, 83 siene sol niht allen liuten lachen also von herzen
same siu lachet mir. 147, 24 ob ir rôter munt mir twol froide kunt
(?). Michel S. 81. Reinmar 196, 17. 'Ich gelache in immer an, kumt
mir der tac daz in mîn ouge ersiht'. vgl. 200, 29.

893. Meinloh 15, 6 hat noch keine Gelegenheit gefunden, sie
zu sprechen: ich rede ez umbe daz niht, daz mirz diu Sælde habe
gegeben, deich ie mit ir geredete; ebenso Morungen 135, 11 ff.; er
bittet um Unterredung 140, 27; sehnt sich nach Gelegenheit sie
ohne Hute zu sprechen 131, 27. 130, 23 dô si mich wol gruozte und
wider mich sô sprach. Reinmar 190, 86 friwe mit rede daz herze
mîn, trœste mir den lîp. Pamphilus sagt zu Galathea (Ovidii erot.
et amat. op. Francof. 1610 S. 82): Ire, venire, loqui, nec non dare
verba vicissim, Esse simul, tantum deprecor ut liceat. Non nisi col-
loquio cognoscimus intima cordis Ipsa referre potes, quid placet inde
tibi. Galathea erwidert: Ire, venire, loqui tibi nec cuiquam prohibebo
Quisquis ubique vias ire viator habet. Convenit et honor est ut det
responsa petenti (vgl. Walther 86, 7), Et qualesque ridet, quaeque
puella vocet. Hoc concedo satis, vel tu vel quilibet alter Ut venias
semper salvo iure meo. Auscultare licet et reddere verba puellis, Convenit ista tamen ut moderanter agat etc. — Gesellschaftliche Konversation Reinmar 153, 32. — Rede verstummt Nr. 196.

894. Morungen 142, 6 bittet ihren güetlichen munt, daz er mich
ze dienste ir brechte und daz er mir stêle, von ir ein senftez küssen.
Michel S. 80 f. Reinmar 159, 37 und ist daz mirz mîn sælde gan,
deich ab ir redendem munde ein küssen mac verstein.

895. Den unverhüllten Ausdruck meidet Walther nicht durchaus, aber er zieht andere Wendungen vor. Vgl. Meinloh 14, 34 'ich
lege in mir wol nâhe'. 14, 12 ê er an dînem arme sô rehte güetliche
lit. MF. 4, 19 sô sô güetlîche diu guote bi mir lit. 5, 7 'wol dir,

geselle guote, das ich ie bi dir gelac'. Regensburg 17, 2 'das ich sô
güetlichen lac verholne an sinem arme'. Dietmar 40, 2 wā was bī
liebe lange lit. 40, 34 si sol gedenken ob si tœrschen is bî mir gelac;
vgl. 41, 6. Meinloh 18, 20. 15, 5. Mor. 128, 28. Reinmar 165, 17;
196, 25; 184, 19 ergienge es als ich wilien hân, sô læges an dem
arme mîn. 165, 5 'gehôrte ich sinen gruoz, das er mir nâhe læge,
sô zergienge gar mîn nôt'. 203, 17 'wenne er an mînem arme lit
und er mich sîne gevangen hât'. 200, 26 'swenne er bî mir læge'
etc. 151, 80 'ich sage im liebiu mære, das ich in gelege sô, mich
diuhte es vil ob es der keiser wære'. vgl. 152, 4. Gutenburg 70, 8 mir
wirt von ir vil lihte geben dar nâch ein keiser möhte streben. — MF.
6, 11 wenne ich in umbevangen hân == Regensburg 16, 4. Dietmar
86, 24 sô wol mich liebes des ich hân umbevangen. 88, 25 drich si
mit armen umbevâ. Veldeke 57, 81 'dat he mi dorpellche bâte dat
he mi muoste al umbevân'. 60, 1 sit ich si muoste al umbevân. Albr.
von Johansd. 92, 28 und solt ich iemer des geleben, das ich si umbevienge. — Meinloh 14, 20 sô mac er vil wol triuten swie er wil.
(vgl. Walther 92, 1). Eneit 63, 25 her tete ir das her wolde, sô das
her ir holde manliche behielt. (Reinmar 200, 19. 167, 10). ir wizzet wol,
was des gezielt. 163, 12 ichn darf iu sagen was er tete: sich geniete
gûter minne der got mit der gotinne. Parz. 643, 1 kunn si zwei nu
minne steln, das mag ich unsanfte heln. ich sage vil lîhte was dâ
geschach. wan das man dem unfuoge ie jach, der verholniu mære
machte breit. es ist ouch noch den hôfschen leit: och unseliget er sich
dermite. suht si des alôs ob minne site. 675, 17 der ungetriuwe wâ-
fenû rüefet, wenne ein liep geschiht sînem friunde und er das siht.

386. Dietmar 32, 6 'an ein ende ich des wol kæme wan din
huote'. Rugge 109, 18 het ich ze dirre sumerzît doch swêne tage und
eine guote naht mit ir ze redenne âne strît etc. Morungen 126, 18 hei
wan solt ich ir noch sô gevangen sîn, das si mir mit triuwen wære
bî ganzer tage drî und etellche naht. Erec 1872 jâns wirds ich nimmer frô, ichn gelige dir noch bî swô naht oder drî.

387. Den Ausdruck blumenbrechen braucht Reinmar 196, 22
(wenn das Lied von ihm ist, Schmidt, Reinmar S. 72), später Neidhart, Graf Kraft von Toggenburg, Rud. von Rotenburg, Hadloup
u. a. Uhland 4, 420. 511. 5, 124. Zu dem Bilde wird das lat. de-
florare den Anlafs gegeben haben. Vgl. auch Dietmar 84, 6 ich
sach dâ rôseblumen stân: die manent mich der gedanke vil die ich
hân seiner frowen hân.

388. Vgl. Nr. 547. Walther malt sich in Gedanken aus, wie
er neben der Geliebten liegt 185, 11 (s. die Anm.); Reinmar liegt
gleichfalls in Gedanken schön 180, 1 (vgl. MSII. 4, 408b); 189, 30
sît das mich einiu mit gedanken froit; er wünscht sie solle ihn zum
Spafs an ihre Seite legen 167, 4—12. 1 Bôchlein 132 nu ist der ge-

dank alsô frî, daz si mir den niht weren mac. ich'n si ir heimlîch
allen tac als mit gedenken ein man einem wîbe beste kan. wan swaz
mit werken mac ergân, daz hân ich mit gedanke getân, daz doch ir
êren wol gezimet: min muot im sîn niht fürbaz nimet. Weniger zu-
rückhaltend wird den jungen Damen in der Winsbekin 13, 6 in
Aussicht gestellt: dir wirt von manegem werden man mit wunsche
nâhe bî gelegen. Im Parz. 634, 19 sagt Itonjê: wan sinen lip hân
ich gewert mit gedanken swes er an mich gert. er hete schiere daz
vernomen, möht ich iemer fürbaz komen. — Traumglück Hausen
48, 28. Morungen 145, 9. Walther 75, 17 (ohne Beziehung auf Minne
94, 29 f.). Arnaut de Maroill, Michel S. 150: 'In Gedanken küsse
und liebkose und umarme ich euch; auch so ist mir das Lieben
süß und lieb und gut, und kein eifersüchtiger kann es mir ver-
bieten'. Derselbe erzählt (Michel S. 215), wie ihm im Traume Er-
hörung zu Teil geworden sei: 'so lange mein Traum dauerte, hätte
ich mit keinem Könige oder Grafen tauschen mögen'. Über Träumen
und Wünschen: Fridanc 128, 10. Bezz. Anm.

839. Winsbekin 15, 1 *gedanke sint den liuten vrî und wünsche
sam*. s. Bezzenberger zu Frid. 22, 22. 115, 14. 122, 17. Dietmar
34. 19. 1 Büchlein 132. Derselbe Dichter v. 1259: *wünschen waz
unwandlich ie*. — Über Gedankenverkehr s. Nr. 200.

840. Hausen 42, 10 *mit gedanken ich die zît vertrîbe als ich
beste kan, und lerne des ich nie began, trûren unde sorgen pflegen*.
Reinmar 151, 33 *mir kumet eteswenne ein tac daz ich vor vil gedanken niht gesingen noch gelachen mac*. 174, 24 *nie wart grœzer
ungemach danne es ist der mit gedanken umbegât*. 163, 16 *daz mir
von gedanken ist alsô unmâzen wê*. Bernger von Horheim 115, 16
*daz [herzeleit] verswîge ich als ich wole kan und klage es den ge-
danken mîn; die Idze ich mit unmüezic sîn*. Frid. 22, 27. 122, 17
darumbe sint gedanke frî, daz diu werlt unmüezic sî. Gutenburg 70, 33
des hân ich mengen ungedanc. Nr. 198.

841. Rietenburg 18, 20 *doch tuot mir sanfte guot gedinge den
ich von einer frouwen hân*. Hausen 45, 82 *ouch half mich sêre ein
lieber wân*. Fenis 84, 9 *doch waz genuoc grôz her mîn vröude von
wâne*. Rugge 104, 33 *gedinge hât daz herze mîn gemachet wünneclîchen frô*. 108, 12 *des froit sich herze und al der lîp ûf alsô minneclîchen trôst*. Hartman 208, 33 *doch trœstet mich ein lieber wân*.
Morungen 125, 30 *mir ist komen ein hügender wân und ein wünneclîcher trôst, des mîn muot sol hôhe stân*. Gutenburg 76, 34 *swiech
mich erhol, der gedinge tuot mir wol* etc. Hartman 211, 30 *swaz
mir geschiht ze leide, sô gedenke ich iemer sô: 'nû id varn, ez solte
dir geschehen: schiere kumet daz dir gefrumet'*. 1 Büchl. 1717 *des
half mir, daz ich niht ertranc, gedinge ûf liebiu mære*. 2 Büchl. 98
ist mir alsô rehte sanfte iele der gedinge und der stiez wân. Fridanc

134, 25 *diu græste fröude, die ich hân, deist guot gedinge und lieber wân. gedinge ist aller werlde trôst, daz si von sorgen werde erlôst.* Eneit 275, 30 *mir ist genenftet ein teil, wande das hât mir getân hoffenunge unde wân: diu gebent mir beidiu gûten trôst.* Parz. 177, 5 *in dûhte, wert gedinge, daz wær ein hôhiu linge ze disem lîbe hie und dort. daz sint noch ungelogeniu wort.*

342. Veldeke 64, 29 *der minne hân ich guoten wân und weiz sîn nu ein liebes ende.* 67, 33 *swer wol gedienet und erbeiten kan, dem ergêt ez wol ze guote. daran gedâht ich menegen tac.* Gutenburg 71, 1 *noch træstet mich ein tumber wân, ein guot gedinge den ich hân zir tugenden der si vil begât, daz si mich lîhte niht enlât âz ir gewalt.* 73, 17. 78, 20 *sîn kan mich niemer von ir vertriben, ichn welle haben gedinge unde wân, das diu triuwe niht hôher solte gân dan unstæte.* Fenis 84, 31 *trûren sich mit freuden gildet deme der wol bîten kan . . daz ist der trôst den ich noch hân.* Albrecht von Johansdorf 90, 37 *noch gedinge ich, der ich vil gedienet hân, daz si mirs lône.* Bernger von Horheim 114, 18 *ich hoffe des das min reht iht si sô guot das si mir schiere ein vil liebes ende gît.* Bligger 119, 3 *hulf es mich iht, sô wære daz min wân, swer alliu wîp durch eine gar verbære, daz man in des geniesen solte lân.* — Reinmar 157, 28 *nu gedinge ich ir genâden noch.* 165, 4 *alsô ding ich daz min noch werde rât.* 183, 9 *mir ist liebes niht geschehen. ich dinge ab, ob ich ez verdiene, es müge mir wol ergên.* 190, 37 *guot gedinge ûz lônen rehte nie gebrach: des hab ich hin zir hulden ie gedinge.* 164, 1 *ich hân noch trôst, swie kleine er si, swaz geschehen sol das geschiht.* 203, 4 *noch hoffe ich ez werde wdr.* — Hoffnung weckt den Sang 84, 13. 66, 30. 109. 87. 150, 27. s. Nr. 266.

343. Gutenburg 70, 37 *nu wil ich noch ir genâden trôst beiten, als ich hân getân.* 81, 94 *wan minne hât mich brâht in solhen wân, dem ich sô lîhte niht enmac entwenken, wan ich im lange her gevolget hân.* 83, 22 *sus strebe ich ûf vil tumben wân, des fürhte ich vil grôze nôt gewinne.* (Rugge 105, 33).

344. Gutenburg 77, 38 *ich wæne ez al der werlte froide sol bringen, wan mir einen mich entriege min wân.* Reinmar 159, 7 *min leben dunket mich sô guot, und ist ez niht, sô wæne ichs doch.* Fridanc 195, 2 *gedinge frait manegen man der doch nie herzeliep gewan.*

345. Hausen 46, 34 *vor aller nôt sô wânde ich sin genesen dô sich verlie min herze ûf genâde an sie, der ich dâ leider funden niene hân.* Fenis 80, 1 *gewan ich ze minnen ie guoten wân, nû hân ich von ir weder trôst noch gedinge.* 60, 27. Reinmar 190, 11 *lieber wân ist leider âne træsten dâ.* Albrecht von Johansdorf 86, 17 *Ich wânde . . nû* (vgl. Walther 59. 19). Morungen 145, 32 *des ist hin min wünne und ouch min gernder wân.* Rugge 101, 35 *das ist besunder an mir gar ein wunder, deich mich verlân hân ze verre ûf den wân,*

der mich ie trone und ie freislichen louc, sit ich ir dienen begunde. Hartman 209, 5 *min dienest der ist al ze lanc bi ungewissem wâne.* Reinmar 158, 36 *dû wände ich ie, si wolte es wenden; bæte ich si noch, ich kunde es niht verenden.*

846. Hausen 53, 1 *an solhen wân der mich wol mac verwdien, est si daz ich geniese ir güete.* Fenis 83, 22 *sus strebe ich ûf vil tumben wân. des fürhte ich vil grôze nôt gewinne.* Rugge 109, 14 *ich wäre gern froh: wan deich verleitet bin ûf einen lieben wdn, den ich noch leider unverendet hân.* Bligger 118, 8 die Frau legt es darauf an: *daz mich ein verdrieze und diu nôt mich geriuwe die ich häte ûf tröstlichen wdn.* Hartman 218, 21 *ir minnesinger íu muoz ofte misselingen, daz iu den schaden tuot, daz ist der wân.*

847. Daher Veldeke 60, 2 *diu mir gap rehte minne sunder wich und âne wdn.* vgl. Nr. 562.

848. *zwîvel* Reinmar 156, 50. 188, 52. 1 Büchlein 1795. 1829 (opp.: *gedinge*). — Das Wort *zwîveluân* ist nur noch aus Leutolt von Seven und Suchenwirt belegt (Lexer), die es aus Walthers Lied haben mögen. In Betreff der Sache vgl. Fenis 80, 1: *gewan ich ze Minnen ie guoten wdn, nû hân ich von ir weder trôst noch gedingen, wan ich enweiz wie mir sûl: gelingen.* Albrecht von Johansdorf 91, 1 *es ist vil manic wîle, daz ich niht von vroiden sanc, und enweiz och rehte niht, wes ich mich vröuwen mac* etc. Rugge 99, 88 *ichn weiz ob ichs geniezen müge.* Moruagen 138, 16 *in weiz niht waz scharner lîp in hersen treit.* Michel 8. 62. Reinmar 195, 23 *nieman weiz, ob si mich wert oder wies ergât: nein oder jâ. ich enweiz enwoeders dâ.*

849. Hartman 208, 10 *ich mac wol mînen kumber klagen und si drumb ungevelschel lân.* vgl. 205, 8. Moruagen 140, 27. Hausen 46, 31 *von der sprich ich niht wan alles guot, wan daz ir muot e' unmilte ist wider mich gewesen.* 47, 1. Moruagen 124, 9 *mine sende klage, diu ich tougen trage.* 1 Büchlein 121 *wan deich niht schelten sol der al diu werlt sprichet wol, sô sagete ich ze mære, daz si diu wirsest wære, der ich ie künde gewan;* vgl. S. 287.

850. Rietenburg 19, 17 *sit si wil versuochen mich, daz nim ich für alles guot.* Rugge 100, 19 *doch denke ich si versuoche mich ob ich iht staete künne sin.* Reinmar 161, 19 *si engetet es niht wan umbe daz daz si mich noch wil versuochen bas.* vgl. auch 187, 87 *erkande si der valschen nît, baz fuogte si mir heiles tac.* Nr. 62.

851. Gutenburg 70, 21 *ich wen ich iht engelte dîn [herze]. wænne ir ze rehte wirdet sehin, daz ich lide disen pin von dîner kür und dîner bete.* Bligger 119, 10 *wurde ir min swære kunt.* 1 Büchlein v. 207 *noch ist si weizgot alsô guot, erkante se rehte mînen muot, und ob ich wære ein heiden, von der kristenheit gescheiden, daz si durch niemens rate sô sêre missetæte, swenne si bekante daz, daz*

ich ir noch nie cergas eines halben tages lanc, si'n sagte mir's etlichen dane. Nr. 318.

352. Fenis 83, 11 Ich hân mir selben gemachet die swære, das ich der ger diu sich mir wil entsagen. 83, 24 den kumber hân ich mir selber getân. 85, 21 tôre, kum dins fluoches abe, selbe tæte, selbe habe. Rugge 104, 9 tören sinne hân ich vil, das ich des wîbes minne ger, diu mîn ze vriunde niht enwil. Hartman 205, 10 ' wolt ich den hassen der mir leide tuot, sô möht ich wol mîn selbes vient sîn'. 208, 16 das mir dâ nie gelanc, des habe ich selbe undane. Morungen 186, 1 owê war umbe volge ich tumbem wâne der mich sô sêre leitet in die nôt. 140, 27 des muos ich ringen mit der klage unde mit der nôt diech selbe mir geschaffet hân. 125, 3 solde ab ieman an ime selben schuldic sîn, sô hete ich mich selben selbe erslagen (vgl. 206, 8). 134, 11 wünsch ich ir tenens nu? das wære bezzer gar verborn. lihte ist es ir zorn, sit ir wort mir keinen kumber nie gebôt. Michel S. 57. Reinmar 174, 10 lîde ich nôt und arebeit die hân ich mir selbe ân alle ir schult genomen. 171, 25 ich bin tump das ich sô grôzen kumber klage und ir des wil deheine schulde geben etc. 191, 28 von schulden ich den kumber dol, ich brâhte selbe mich darin. 180, 16 ich tumber lîde senden kumber, des ich gar schuldic bin.

353. Rietenburg 19, 33 mîn herze erkôs mir dise nôt. Hausen 49, 15 mir ist das herze wunt und siech gewesen nû vil lange, deis reht: wan es ist tump. Veldeke 56, 7 mîn tumbes herze mich verriet etc. Gutenburg 70, 23 das ich lîde disen pîn von dîner kür und dîner bete [das Herz ist angeredet]. Fenis 82, 23 mîn tumbes herze enlie mich also nicht, ich habe mich sô verre an si verwendet. Rugge 101, 31 mir hât verrâten das herze den lîp. Berngor von Horheim 112, 26 herze, die schulde wæren dîn, du gæbe mir an si den rât. 114, 3 mich hât das herze und ein unwîser rât ze verre verleitet an tumplîchen muot. Morungen 134, 6 mîn herze ir schœne und diu Minne habent geworn sus einander, des ich wæne, ûf mîner froiden tôt. Vgl. 86, 1. 115, 38. Besonders ist hier Hartmans 1 Büchlein zu erwähnen, wo der Leib Vorwürfe gegen das Herz erhebt, daſs es ihn verraten habe. Das Herz als Ratgeber v. 913 f. Eneit 72, 12. 77, 21. Erec 1298. 6208. 8479. 8961. 9095. 9471. Iwein 202. 844. vgl. Scherer QF. 12, 102. ZfdA. 20, 346. Burdach S. 26. — Nr. 116. — Die Augen angeschuldigt 1 Büchlein 553. Iwein 2852.

354. Hausen 49, 34 wan sichs [das herze] ze hôhe huop. 52, 7 het ich sô hôher minne mich nie underwunden, mîn möhte werden rât. Veldeke 56, 19 alse hôhe minne brâhten mich al ûs dem sinne. Rugge 104, 1 ich mac wol sîn von gouches art und jage ein üpperlîche vart [das Bild von der Beize wie Hausen 49, 34]. Morungen 134, 14 es tuot vil wê, swer herzeclîche minnet an sô hôhe stat dâ sîn dienest gar versmât. (Michel S. 186. 138.) 134, 26 ich darf vil wol

das ich genâde finde; wan ich hân ein wîp ob der sunnen mir erkorn. Reinmar 180, 10 *Ich bin als ein wilder valke erzogen, der durch einen wilden muot als hôhe gert* etc.

855. Reinmar 195, 21 *diuhte ich sis wert, si hete lônes wider mich gedâht.* 201, 88 *Ich enbin von minen jâren niht sô wîse . . . ich bin tump: das ist mir leit. wære ich wîse, sô genüzze ich mîner arebeit.* Hartman 205, 15 *alt sinne machent sældehaften man und unsin stæte sælde niht gewan, ob ich mit sinnen niht gedienen kan, dâ bin ich altersîne schuldic an.* 200, 8 *si lônde mir als ich si dûhte wert; michn ziht niht anders wan mîn selbes swert.* 208, 18 *dûht ich sis wert, si hete mir gelônet bas.* Veldeke 66, 14. 58, 6 *hât durch tumpheit ihre Gunst verscherzt.* — Der Gesang und die Liebesklagen werden ihr widerwärtig; s. Nr. 820.

856. Hausen 52, 11 *des lîde ich zallen stunden nôt diu mir nâhe gât. min stæte mir nu hât das herze alsô gebunden* etc. Albr. von Johansdorf 86, 1 *Mîn êrste liebe der ich ie began, diu selbe muos an mir diu leste sîn. an vrôiden ich des dicke schaden hân. iedoch sô* etc. Reinmar 171, 80 *nu muos ichs doch sô lâzen sîn. mir machet niemen schaden wan mîn stætekeit.* 162, 27 *si [Stæte] hât mir freude in miner jugent mit ir vil schœner suht gebrochen abe, das ich uns an minen lit nie mere si gelobe.* 162, 22 *sol nu die triuwe sin verlorn sô endarf eht nieman wunder nemen, hân ich underwîllen einen zorn.* 172, 87. Hartman 205, 5 *wie lützel mir mîn stæte liebes tuot.* 214, 87 *diu nôt von minen triuwen kumt. iehn weis ob si der sêle iht frumt: sin gît dem lîbe lônes wê wan trûren den vil langen tac. mir tuot min stæte dicke wê.* 207, 35 f. Morungen 128, 85—40 führt aus, dafs der Treue verloren ist: *er ist verlorn swer nu niht wan mit triuwen kan.* Michel S. 48. 159. 160. Nr. 522. Mafsloee Liebe als Leid Rugge 101, 15—88. — Morungen 137, 27 erörtert die Frage, ob denn Liebe ein Verbrechen sei (vgl. Peire Vidal, Michel S. 65). Engelhart von Adelnburg 148, 21 *ich hân doch gein ir deheine schulde wê, wan deich si mit triuwen meine. seht wie das ir güete stê.* — Nr. 177.

857. Morungen 133, 85 *noch wære sît das du, frouwe, mir lônist: ich hân mit lobe anders tôrheit verjehen.* Reinmar 161, 2 *ich weis wol was mich hât betrogen: dâ seit ich ir se gar swas mir leides ie von ir geschach unde ergap mich ir se sêre.* 1 Büchlein 98 *sît si rehte wort gewar, das min fröude alsô gar an ir einer gnâde stêt, sider enwacht si wie's mir gêt: das ist ein starker wibes muot.* Eneit 299, 6 f. Ähnliche Vorwürfe bei den Troubadours. Michel S. 66 f. 123. 138. 189.

858. Reinmar 189, 32 *es bringet mich in swôel etewenne, das ich lônes bite in alsô langer mâze* etc. (vgl. 168, 1). 189, 21 *dâ bî,*

sô ist diu sorge min, des man ze lange beitet, daz enkumet niht wol
se guote; vgl. Nr. 848. Michel S. 185. — Nr. 848.

859. Reinmar 194, 11 *Wê, ich bin sô gar verzaget! dês wær
ich solte erwinden ... nu mag ich dienen anderswâ. nein, ich enwil,
min froide ist dâ. 173, 3 ich wæn mich sin gelouben wil. nein, sô
verlür ich alze vil. ist daz alsô, seht welch ein kindes spil.* 160, 25
—36 er wundert sich selbst, daſs er sein Leid nicht aufgiebt: *tæte
ez danne ein kint, deis sus iemer lebte nâch wîbe, dem solt ich wol
wîzen das. möht ich mich doch bedenken baz und næme um ir gar den
muot! neind* etc. 197, 15 *kœme ich nû von dirre nôt, ich enbegun-
des .. niemer mê. volge ichs lange, es ist min tôt. jâ wæn ich michs
gelouben wil: es tuot se wê. ouwê leider ich enmac.* Vgl. Fenis 85,
28—30. Ähnliches häufig bei den Troubadours Michel 134. 136.
Über die Figur der Revocatio Burdach S. 71.

860. Hausen 48, 35 *wirt mir diu Minne unguot, sô sol ir
niemer man getrouwen*. Vgl. Reinmar 201, 30 *sol ein ander von ir
lôn enphân und ich dâ niht erworben hân, sô diene ich nimmer wîbe
mêr ûf lieben wân.*

861. Der Lohn soll nicht länger verschoben werden 1 Büchl.
1573 f. 1846: Rugge 106, 26 *nu machet walscher liute nît daz guot
gedinge wirt ein teil ze spæte. nâch rehte lieze ich minen strît, daz
mir ir minne lônes gnâde tæte*. Reinmar 189, 21 *dâ bî sô ist diu
sorge min, des man ze lange beitet, daz enkumet niht wol ze guote.*
(D. de Ventadorn, Michel S. 62). 168, 3 *swaz sie gelenget, das ist
schade, wil si mich iemer frô gesehen*. 186, 1—18 Lange hat er um
sie gelitten; was nützt es, wenn sie sich erbarmt, wenn er alt ist.
Enite in der Anrede an den Tod (Erec 5902): *nû waz touc ich dir
hernâch, sô beide alter unde leit mir schœne unde jugent verzeit? nû
waz sol ich dir danne? noch zæme ich guotem manne.*

862. Raimon de Toloza, Michel S. 128: 'Selbst wenn sie meine
Todesqualen verlängern würde, so wäre doch mein Leben ihrem
Dienste geweiht, während sie meinen Tod als ihren Nachteil er-
kennen wird'.

862a. Lehfeld 2, 400.

863. Morungen will seine Not auf seinen Sohn vererben
125, 10; Michel S. 55. — Rugge warnt die Frau, den Dienst nicht
ungelohnt zu lassen 104, 22. Nr. 265.

864. Fenis 80, 17 *min frouwe sol den gedingen nû lân, daz
ich ir diene, wan ich mac es widen* [die Strophe ist nicht ganz ver-
ständlich]. Hartman 210, 29—217, 15 führt in einem hübschen
Liede aus, daſs er solche Frauen suchen wolle, die ihm Gehör
geben; vgl. Peirol, Michel S. 190. Hausen giebt den undankbaren
Dienst auf, um Gott zu dienen 46, 39. 47, 33. Hartman 207, 11.
218, 5.

365. Die lateinischen Dichter des Mittelalters waren in der Schilderung des Naturlebens vorangegangen. Namentlich kehrt im Eingang ihrer Gedichte die Vorstellung wieder, der Dichter habe sich in der Einsamkeit der Natur befunden, als ihm seine Gedanken gekommen seien. Francke, Lat. Schulpoesie S. 56 f. Vgl. unseren Walthers Spruch 8, 4. Das Lied 94, 11 erinnert durch die Einleitung an die berühmte Apokalypse des Waltherus Mapes (M. Flacius, Varia doctorum piorumque virorum de corrupto ecclesiae statu poemata. Basileae p. 133):

a tauro torrida   lampade Cynthii
fundente iacula   ferventis radii
frondosas latebras   nemoris adii
explorans gratiam   lenis favonii
aestivi medio   diei tempore,
frondosa recubans   Iovis sub arbore,
astantis video   formam Pythagorae
deus scit, nescio,   utram in corpore.

Die Seele wird dann, wie in Walther's Lied entrückt.

365a. Vgl. Fridank 5, 11—14. Benz. Anm.

366. Morungen 125, 28 fordert die Natur auf sich mit ihm zu freuen: *luft und erde, wald und ouwe suln die zit der freude min empfán*. Vgl. Burdach S. 50. Michel S. 70. 227. (Natur zur Freude aufgefordert in den Psalmen 95, 11. 97, 7. 148. Ähnliches bei lateinischen Dichtern. Francke, Lat. Schulp. S. 60).

367. Blumen als Boten des Sommers: Meinloh 14, 1 *ich sach boten des sumers; daz wâren bluomen alsô rôt*. — Sie leiden Not: Rietenburg 19, 15.

368. *betwungen*: Fenis 82, 33 *dâ von diu heide betwungeniu lit*. 88, 26 *walt unde bluomen die sint gar betwungen*. Rugge 99, 32 *und müezen gar betwungen stân die bluomen von dem winter kalt.* — Reinmar 191, 80 *swenn alsô jæmerliche lit diu heide breit.*

369. Die Vögel freuen sich über den Sommer: Veld. 64, 17 *Es tuont die vogele schîn, daz si die boume schent gebluot.* 62, 86 *dô si an dem rîse die bluomen gesâgen bi den blaten springen, dô wâren si rîche ir mancvalten wîse* u. s. w. 64, 17. 67, 13 *des treweten sich diu vogelkîn wurde iemer sumer als ê.* Sie trauern im Winter: Rugge 106, 26 *die vogele trûrent über al.* — Sie empfangen den Sommer: Veld. 65, 28 *als die vogele freweliche singende den sumer empfân*. 66, 2 *des ist vil manic vogel blîde, wan si fröuwent sich ze stride die scharnen sît vil wol empfân.* — Sie verkünden den Sommer: Reinmar 191, 82 *diu nahtegal uns schiere seit daz sich gescheiden hât der strît.* — Sie harren des Tages: Morungen 129, 37; vgl. Walther 58, 29. Anrede bei Eilh. 6612 f. Nr. 876.

370. Vgl. Morungen 133, 1 *für die nahtegale wolte ich hühe singen dan.*

371. MF. 6, 7 *ê sich verwandelôt diu zît.* Rietenburg 19, 7 *sit sich verwandelt hât diu zît.* Dietmar 87, 30 *sich hât verwandelôt diu zît.* Rugge 107, 13 *diu zît hât sich verwandelôt: rôt.* Das Participium auf -*ôt* weist wohl auf eine alt überlieferte Wendung.

371a. Über den Streit von Sommer und Winter s. Uhlands ebenso gelehrten als phantasiereichen Aufsatz in den Abhandlungen über das Volkslied; 3, 16 f. und Grimm Myth. 719 f. Die poetische Behandlung dieses Themas begegnet früh in der gelehrten lateinischen Litteratur (s. Ebert, Geschichte der christlich-lat. Litt. 2, 67). Volle persönliche Auffassung des Winters zeigt der gelehrte Hartman 1 IIüchl. 621 f. *sich, lip, mir ist als wê sam dem bluomen underm snê der in dem mersen ûf gât, wan er niht ganzer helfe hât dannoch von der sumerzît: er duldet manegen herten strît von des winters gewalt: er tuot im dicke ze kalt, unde sô er waere schoene, ob in verbaere des waeren winters meisterschaft, sô benimt erm sine kraft, und trîbet in von sinem rehte der winter unde sîne knehte, daz ist der rife und der wint* etc. Die älteren Minnesänger zeigen keine Kenntnis und Vertrautheit mit der persönlichen Auffassung der Jahreszeit, was auffallen müfste, wenn dieselbe in Volksliedern und -gebräuchen allgemein verbreitet gewesen wäre. Meinloh 14, 1 bezeichnet die Blumen als Boten des Sommers; dafs dies Bild aber keine volkstümliche Vorstellung war, scheint der erklärende Zusatz anzudeuten. Von einem Streit des Winters und Sommers spricht zuerst Walther 89, 10, aber noch in allgemeinen Ausdrücken, und in einem Liedchen, das vielleicht einem lateinischen Gedichte nachgebildet ist. Den Anlafs die Vorzüge der beiden Jahreszeiten zu erörtern gab den älteren Dichtern die Liebe (s. Nr. 387). Die Anknüpfung an dieses Thema halten auch die ältern ausführlichen Streitgedichte fest. Uhland 3, 21 f.

372. Veld. 62, 25 hat den April als Wonnemonat.

373. Reinmar 167, 87. 191, 26. MF. 6, 15. *wünneclîche tage* Rugge 106, 6. Hartman 217, 14.

374. *liehte tage* Fenis 83, 29. Reinmar 196, 24. Hartman 217, 38. *Diu zît ist verklâret wal* Veld. 65, 13. *zît uns diu tage liehtent unde werdent lanc* 57, 10. *daz die tage sien lanc und daz weter wider kldre* 59, 24.

375. *bluomen springent an der heide* Veld. 58, 27. *in dem aberellen sô die bluomen springen* 62, 25. Walther 75, 14. 33. — *bluomen unde gras* Veld. 67, 10 Reinmar 186, 2 Walther 39, 18. — Die Blumen dringen aus dem Grase Walther 45, 37. — *bluomen wolgetân* Dietmar 33, 19. *schône stân* Veld. 65, 81.

376. Farbe und Glanz: *des sumers brehen* Dietmar 39, 30.

der bluomen schîn Reinmar 188, 89. Veldeke 59, 18 *bluomen, die man sikt liekter varwe erbleichel garwe. ich sach vil liehte farwe hân die heide* Rugge 99, 30. *bluomen rôt* Meinloh 14, 2. Rietenb. 19, 15. Rugge 107, 14. Walther 89, 19. Reinmar 183, 34 *ich sach vil wunneelichen stân die heide mit den bluomen rôt.* Walther 42, 22. 122, 33. Auffallend reich ist Johansdorf 90, 32 *wîze rôte rôsen, blâwe bluomen, grüene gras, brûniu gel und aber rôt, daz zwo des klêwes blat von dirre varwe wunder under einer linde was.* Walther 75, 25 *diu welt was gelf, rôt unde blâ, grüen in dem walde.* 124, 37 *diu werlt ist ûzen schœne, wîs, grüen unde rôt.*

377. Veld. 65, 30 *und der walt ist louhes riehe.* Rugge 99, 30 *die heide und al den grüenen walt.* 106, 10 *der grüene walt mit loube stât.* MF. 6, 14 *Der walt in grüener varwe stât.* Walther 122, 83 *diu heide rôt, der grüene walt.* Reinmar 184, 3 *dô ich daz grüene loup ersach.* Walther 75, 26. Über die Linde Nr. 384. Baumblüte: Veldeke 62, 36 *Dô si an dem rîse die bluomen gesâgen bî den blaten springen.* 64, 17 *daz si die boume schœne gebluot.* Rugge 111, 12. Walther 75, 19.

378. Fenis 83, 36 *vogel sanc.* Dietmar 33, 16 *der kleinen vogelline sanc.* Reinmar 169, 3 *und och der vogelline sanc.* Veldeke 62, 30 *die vogele singen.* 56, 1 *daz die vogel offenbâre singent.* Rugge 106, 9 *der vogele hân ich vil vernomen.* 106, 14 *ich hôrte gerne ein vogellîn, daz hœbe wünneclichen sanc.* Reinmar 185, 1 *da entraetent kleiniu vogellîn.* 189, 2. Veld. 63, 4 *si huoben ir singen lûte und vrœliche nider und hô.* Morungen 141, 13 *der meie und al sin dane die die vogele singent.* Veld. 58, 25 *die vogele singent in dem walde.* (Vgl. Dietmar 34, 5. Walther 94, 19). MF. 8, 21 *diu kleinen vogellîn diu singent in dem walde.* Dietmar 34, 3 *ûf der linden obene dâ sanc ein kleinez vogellîn.* 99, 20 *ein vogellîn sô wol geidn ist der linden an daz zwî gegân.* Johansdorf 90, 36 *dar ûfe* (auf der Linde) *sungen vogele.* Vgl. Nr. 369. Das Begatten der Vögel erwähnt Veld. 62, 30.

379. Den Morgentau erwähnt Veld. 58, 31. Morungen 125, 38. Gutenburg 69, 22.

380. Morungen 139, 19 *Ich hôrte ûf der heide lûte stimme und süezen sanc . . nâch der mîn gedanc stêt ranc unde woane, die vant ich ze tanze, dâ si sanc.*

381. Reinmar (?) 204, 6 Mädchen beim Ballspiel.

382. Morungen 140, 33 *dâ man brach bluomen, dâ lit nu der snê* (vgl. Walther 75, 36). Reinmar 190, 22 '*sô mac ich wol sprechen " gên wir brechen bluomen ûf der heide*". Dietmar 89, 32 *swaz mir leides ist geschehen, sît ich den êrsten bluomen under einer grüenen linden flaht.* Vgl. 34, 8. Nr. 387.

383. Morungen 133, 1 *für die nahtegale wolte ich singen dan.*

Rietenburg 18, 17 *diu nahtegal irt gesweiget und ir höher sanc geneiget*. Dietmar 37, 32 *geneiget sint die nahtegal, si hânt geldn ir süezes singen*. Rugge 99, 34 *ouch hât diu liebe nahtegal vergezzen daz si schöne sanc*. Reinmar 191, 32 *diu nahtegal uns schierr seit, daz sich gescheiden hât der strit*. 163, 36 *des hât diu nahtegal ir niht wol überwunden diu si twanc*. — Morungen 127, 34 *ez ist site der nahtegal, swan si ir liep volendet, sô geswiget sie*. Ubland 3, 89 f. — Veldeke hat statt der Nachtigall die Amsel: *sô verniuwent offenbâre diu merlikine iren sanc* 59, 37. Darnach Gutenburg 77, 86.

884. Ubland 5, 124. Dietmar 38, 17 *ez gruonet wol diu linde breit*. Veldeke 62, 27 *sô louben die linden*. 66, 7 *ich bin worden gewar niuwes loubes an der linden*. Bunte Blumen unter der Linde, darauf Vögel Johansdorf 90, 34 (Walther 43, 38); Dietmar 34, 8. Veldeke 62, 25. — *Ein vogellîn . . ist der linden an das zwî gegân* Dietmar 89, 20. — Kranzflechten unter der Linde 89, 38. — Im Winter: MF. 4, 1 *Diu linde ist an dem ende nû järinne stehl unde blôz*. 37, 19 *daz vogelsanc ist geswunden, als ist der linden ir loup*. Veld. 64, 27 *ez habent die kalten nehte getân daz diu löuber an der linden winterliche valwiu stân*. — Buchen erwähnt Veld. 62, 26 (65, 12).

885. *diu liehte rôse* als Lieblingsblume MF. 8, 19. Dietmar 84, 9 *ich sach die rôsebluomen stân: die manent mich der gedanke vil die ich hin seiner frouwen hân*. Veld. 60, 29 *In den siten daz die rôsen erzeigent monic schœne blat, sô fluochet man den vröudelôsen*. Nr. 337. 408 f. Das Veilchen erwähnt Reinmar 188, 35 *Der vîol der ist wol getân*.

886. Veldeke 59, 11 *sit diu sunne ir liehten schîn gegen der kelte hât geneiget*.

887. Kalte Nächte Veld. 64, 26. Lange Nächte, den Liebenden willkommen: Dietmar 35, 20. 39, 85. 40, 8. Reinmar 156, 25. Hartman 210, 4. Walther 118, 5.

888. Rugge 99, 81 *diu [Heide und Wald] sint nû beide worden val*. 106, 24 *nû lange stât diu heide val; si hât der snê gemachet bluomen eine*. Reinmar 169, 11 *waz darumbe valwent grüene heide*. Dietmar 37, 34 *und valwet obenân der walt*. Fenis 82, 26 *Ich kiuse an dem walde, ein loup ist geneiget, daz doch vil schöne stuont frœlichen ê. nu riset ez balde*. S. auch Nr. 384.

889. Veld. 59, 18 *bluomen, die man siht liehter varwe erbleichet garwe*. —

890. *rîfe*: Reinmar 203, 30 *sit der kalte rîfe lac*. — Über den Gedanken: 'wo früher Blumen standen liegt nun Schnee' s. Werner AfdA. 7, 126. Parz. 155, 25 *er erkande ein stat, swie læge der snê dâ liehte bluomen stuonden ê*.

391. Fenis 82, 80.

892. Dietmar 34, 15 *sit ich bluomen niht ensach noch enhôrte*

der vogele sanc. MF. 87, 19 *sô wê dir, summerwunne! daz vogelsanc ist geswunden.* Veldeke 59, 18 *und diu kleinen vogellîn ires sanges sint gesweiget.* 62, 85 *wan si swîgent al den winter stille.* Fenis 82, 28 *des sint gar gesweiget die vogel ir sanges: das machet der snê.* S. auch 383.

893. Wir übergehen hier die Bilder der Religion. s. S. 218 f.

894. Cant. cant. 6, 9 *quae est ista, quae proreditur quasi aurora consurgens, pulchra ut luna, electa ut sol.* Eilhart 6462. 6514. Dietmar 40, 23 *sist schœne alsam der sunnen schîn.* Morungen 123, 1 die Tugenden der Frau sind wie die Maiensonne, die trübe Wolken verscheucht vgl. Erec 1715 f. 188, 88 sie sieht ihn an *reht als der sunnen schîne.* 144, 27 *ein wolkenlôser sunnenschîn.* 130, 87 *swenn aber si mîn ouge an siht, seht, sô tagt es in dem herzen mîn.* 129, 20 sie leuchtet wie die Morgensonne. 134, 86 sie steigt hoch wie die Mittagssonne: *ich lebte noch den lieben âbent gerne, daz si sich her nider mir ze trôste wolte lân.* 186, 30 Die Hute verhüllt sie wie der Abend die Sonne; oder wie eine trübe Wolke 134, 4. — Ihr Blick ist Sonnenblick: *der schîn der von ir ougen gât, der tuot mich schône blücjen, alsam der heize sunne tuot die boume in dem touwe.* Gutenburg 69, 19. Michel S. 201. Güte umfängt die Dame wie der Mondenschein die Erde, Morungen 122, 4. Sie glänzt wie der volle Mond 186, 7. Ihr Leib leuchtet durch die Nacht wie Schnee und Mondschein 148, 22. Er empfängt von ihren Augen sein Licht, wie der Mond von der Sonne 124, 85. Sie leuchtet wie der Mond vor den Sternen Kaiserchr. 860, 9. Erec 1765. Sie ist der Morgenstern, Morungen 134, 36. Germ. 18, 294 f. Uhland 5, 151. Burdach S. 48. — *(der sunnen gan ich dir, sô schîne mir der mâne,* Vold. 58, 21. *dâ mîne minne schînen mîn danne der mâne schîne bî der sunnen* 65, 4. Erec 7064. *mîn lachen stêt sô bî sunnen der mâne.* Fenis 84, 8.). Michel S. 205. Werner AfdA. 7, 144.

895. Morungen 139, 10 *das mîn muot stuont hôhe sam diu sunne.* 148, 11 *dô mîn herze wânde neben der sunnen stân.* Reinmar (?) 182, 14 *hôhe alsam diu sunne stât daz herze mîn.* — Vgl. Morungen 134, 20 *ich habe ein wîp ob der sunnen mir erkorn.* Nr. 330.

896. Nr. 512. — Gutenburg 72, 2 *ir ougenblicke .. die fürhte ich als den donerslac.* Morungen 126, 24 Ihre Augen entzünden ihn wie Feuer den Zunder. 126, 28 ihre Abneigung wirkt wie Wasser auf Feuer (Michel S. 206. Werner AfdA. 7, 189 f.). Das Meer als Gegenstand des Schreckens Johansdorf 87, 37. Reinmar 182, 24. Hartman 213, 7. Walther 29, 5.

897. Eis ist trügerisch; *dem volget ich uns ûf das îs: der schade muos mir belîben* Hartman 213, 17. — Schneeweiße Farbe, Morungen 148, 24. Michel S. 200.

898. Gutenburg 69, 25 *ir schœner gruos, ir milter regen, mit*

eime senften nîgen, daz tuot mir einen meien regen reht an daz
herze nîgen.
399. Rugge 97, 89. Kolmas 120, 2. 27. Morungen 136, 9.
400. Andern ist die schöne Jahreszeit ein Bild der Frau:
Reinmar 170, 19 *si ist min ôsterlicher tac* (vgl. Walther 111, 26).
Morungen 140, 15 *si ist des liehten meien schîn und min ôsterlicher
tac*. 144, 27 *ein wunnebernder süezer meije, ein wolkenlôser sunnenschîn*; (vgl. A. de Maroill, Michel S. 201: 'sie ist schöner als ein
schöner Maientag, als die Sonne im März, als Schatten im Sommer,
als Maienrose und Aprilregen'). Reinmar 168, 13 (in der Totenklage um Herzog Leopold) '*den ich mir hete ze sumerlîcher ougenweide erkorn*'. Gutenburg 69, 12 *si ist min sumerwünne*. Parz. 400, 10
*in dûhte er sæhe den Meien in rehter zît von bluomen gar, swer nam
des küneges varwe war*. Tit. 82, 2 *er kôs si für des meien blic, swer
si sach, bî tounazzen bluomen*. S. die Stellensammlung Werner's in
dem AfdA. 7, 138. — Iwein 8118 *diu ist diu stunde die ich wol
iemer heizen mac mîner vröuden ôstertac*.

401. Das Herz als Anger: Gutenburg 69, 18 *si sæjet bluomen
unde klê in mînes herzen anger*.

402. Morungen 127, 32 vergleicht die Frau wegen ihrer Hart-
herzigkeit mit einem Baum: *jâ möhte ich eht daz einen boum mit
mîner bete sunder wâfen nider geneigen* (Werner AfdA. 7, 144);
127, 12 mit dem Walde, der ein Echo giebt.

403. Morungen 136, 5 *doch wart ir varwe liljen wîz und rôsen
rôt*. Kürenberg 8, 21 '*so erblüejet sich mîn varwe als rôse an dorne
tuot*'. Michel S. 200. Der bildliche Gebrauch von Lilie und Rose
stammt aus den Marienliedern. Grimm, goldne Schmiede S. XLII.
rôsenvarwe Gregor 2878. Rosen und Lilienfarbe gemischt Erec 1700.
Erec 336 *ir lîp schein durch ir salwe wât alsam diu lilje, dâ si stât
under swarzen dornen wîz*.

404. Morungen 180, 30 *ir rôsenvarwer rôter munt*. 142, 10 *ir
vil rôsenvarwen munde*. — Thränen dem Tau verglichen Morungen
125, 38 (Werner AfdA. 7, 143).

405. Nr. II, 197.

406. Rugge 102, 27 vergleicht den falschen Freund einem
*hunde der dur valschen muot sich des flîzet daz er bîzet der im niht
entwot*. Nr. 510. II, 18.

407. *des arn tugent, des lewen kraft* vgl. Eneit 332, 11 *ein
adelar sines guotes, ein lewe sines muotes*. Der Adler als Windgott
Veld. 66, 5.

408. Rugge 104, 1. Bernger 113, 15. Reinmar 160, 35.

409. Andere vergleichen sich dem Schwan: Veld. 66, 18 *geschihet mir als deme swan, der singet als er sterben sol, so etswaz
ich se vil daran*. Morungen 139, 15 *ich tuon sam der swan, der*

singet swenne er stirbet. Über die Sage vom Singen des sterbenden Schwanes s. Michel S. 97. Andere Litteratur verzeichnet Werner AfdA. 7, 143. — Nachtigall und Schwalbe: *es ist site der nahtegal, swan si ir liep volendet, sô geswiget sie. dur daz volge ab ich der swal, diu liez durch liebe noch der leide ir singen nie.* Durch diese Stelle und die vom Schwan scheint veranlafst ein Vers des tugendhaften Schreibers MSH. 2, 151ª *mir ist sam der nahtegal, diu sô vil vergebne singet, und ir doch ze leste bringet niht wan schaden ir süezer schal.* — Sittich und Star lernten eher das Wort Liebe sprechen als die Frau, Morungen 127, 39. 132, 8. 85. — Falke als Bild des Ritters Kürenberc 8, 88. MF. 37, 8. Als Bild zu hohen Werbens: Reinmar 190, 10 *ich bin als ein wilder falke erzogen, der durch sinen wilden muot als hôhe gert. der ist alsô über mich geflogen unde muotet des er küme wirt gewert.* — *wip unde vederspil diu werdent lîhte zam* Kürenberg 10, 17. Wolfram 9, 17 vergleicht die Frau wegen ihres festen Herzens mit dem *müzervalken* und *tersen.*

410. Morungen 126, 86 wie das Vöglein nach dem Tage, so schaut er nach dem Auge der Frau. — Vogelflug als Mafs der Lust: Horheim 118, 1 *mir ist alle zît als ich fliegende var.* Reinmar 156, 11 *min herze hebet sich ze spil, ze froiden swinget sich min muot, als der falke enfluge tuot und der are enweeime.* Anders Morungen 125, 21 *ich var als ich fliegen künne mit gedanken iemer umbe sie.*

411. Eberh. Fuld. 176, S. 154 (Waitz VG. 6, 72. 3.) *anguis more de manibus elapsi.* Heinrich von Melk, Prstl. 166 *üz den handen si in slifent als der dî bî dem zagele.*

412. Prov. 6, 6. — Mit der Motte, die sich am Feuer verbrennt, vergleicht sich Fenis 82, 20. In Werners Aufzählung der Tiere, die bei den Minnesängern vorkommen (AfdA. 7, 143 A.) fehlt die Motte (*fürstelîn*) und anderes.

413. Morungen 144, 27 *ganzer tugende ein adamas.* Michel S. 204. Werner AfdA. 7, 144. — Johansdorf 95, 4 *sist aller güete ein gimme.*

414. Ecclic. 32, 7 *gemmula carbunculi in ornamento auri.* MF. 5, 14 *dü zierest mine sinne, unde bist mir dar suo holt als edele gesteine, rẽd man das leit in daz golt.* Burdach S. 144. — Der Mann wird in der Minne geläutert wie das Gold in der Esse, Rietenburg 19, 19. (Nr. 64 Vgl. Werner AfdA. 7, 145. Michel S. 207 f.). Die gehütete Frau ist wie begrabenes Gold, Morungen 137, 8 (Werner a. o. 147).

415. Horheim 113, 8.

416. Bligger von Steinach 119, 13 vergleicht die unbeständige Freigebigkeit mit dem spröden Glase. — Morungen 144, 34 *si kan durch die herzen brechen sam diu sunne durch daz glas;* gemäfs dem Bilde von der Empfängnis oder Geburt der Maria. Walther 4, 10.

417. Quellen und Verbreitung der religiösen Anschauungen sind durch Parallelstellen nicht belegt; das Nötige wird die Ausgabe bringen. — Fasching, Beiträge zur Erklärung der religiösen Dichtungen Walthers von der Vogelw. Germ. 22, 429—437. 28, 34—46. 418. 23, 16. 78, 5. 65, 29. 101, 21. 57, 5. 82, 19. 78, 21. 94, 36. 104, 29. 125, 4. 24, 35. durch got 11, 16. 12, 35. 10, 23. 73, 34. 112, 35. got weiz 21, 14. 80, 9. 32, 20. 59, 9. 58, 1. 61, 28. *nu entwelle got* 40, 12. *des got niht gebe* 29, 23.

419. Erec 8122 *keins swachen glouben er phlac. ern wolt der wibe liezen engelten noch geniezen. swas im getroumen mahte, dar uf hât er kein ahte; ern was kein wetersorgære: er sach im als wære des morgens über den wec varn die iuweln sam den mûsarn ein*, Wigalois 159, 36 f. Iwein 8547 *swer sich an troume kêret, der ist wol gunêret*. Ecclic. cap. 34.

420. Fridanc 120, 19 *dn wandel niht wac grein, deist an der werlde schîn*. Bezzenb. A.

421. Kolmas 120, 10 *uns ist diu bitter galle in dem honege verborgen*. Fridanc 80, 25 *diu werlt git uns allen nâch honege bitter gallen*; vgl. 55, 17.

422. 'An den Münsterportalen zu Worms und zu Basel steht unter anderen Bildern auch das der Welt, ein schönes, süfs lächelndes, üppig gekleidetes, königlich gekröntes Weib; aber der Rücken wimmelt ihr von Schlangen und Kröten und anderem Ungeziefer, und es züngeln Flammen daran empor'. Wackernagel, ZfdA. 6, 153. Das Portal des Wormser Domes soll aus dem XI. Jahrh. stammen; Gödeke, Grundrifs S. 1154. Die Verbreitung dieser allegorischen Vorstellung verfolgt Wackernagel a. O.; am bekanntesten ist Konrads von Würzburg Gedicht, *der werlte lôn* (vgl. darüber Sachse, Der Welt Lohn von Konrad von Würzburg. Berlin 1857). Im 16. Jahrh. wird von protestantischer Seite das Bild auf die katholische Kirche angewandt (Sphinx Ilcidfeldi); vgl. auch Hartman 210, 11 und Darstellung der Sælde in der Krone p. 194 f. Den Ursprung der Vorstellung vermutet Wackernagel in dem Vergleich der Welt mit der häfslichen und nur schön geschminkten Königin Jesabel (4 reg. 9, 30): *ze glîcher wîs als diu küngin Jesabel die liut an sich zoh mit gemahter schœni. Also tuot ôch diu welt. diu hat niut natiurlicher schœni. si strîchet aber vâlsch schœni an. das ist zerganclich schœni und vrœde und hôhfart. des lîbes gemach. guot. und êre. und alle diu uppekeit diu in der welt ist. das ist nit anders won ein vârwlin. das hiut ist und morn nit. Mit den dingen ziehet si die liut an sich.* Albrechts des Kolben Predigtsamml. 88ᵃ; vgl. Prov. 5, 8. 4 *Favus enim distillans labia meretricis . . . novissima autem illius amara quasi absynthium*. Ferner die Beschreibung des antichristlichen Reiches unter dem Bildnis einer grofsen Hure,

Apok. c. 17, und hinsichtlich des Saugens (*frô Welt ich hân ze vil gesogen*) den Ausdruck: Kinder der Welt.

423. Die Hölle als Gasthaus, in dem der Teufel als Wirt haust Gr. Myth. 668. Germ. 26, 78 f. Lexer 1, 1239 s. v. *hellewirt*. Kolmar 121, 7 *wir ruln durch niht enldeen, wir bereiten den wirt der uns hât geborget dô her mangen tac. gelt im*. Kirchhoffs Wendunmut II, 125 *Was die welt sey, eine kurze definition*. (In dem Gedichte werden Sprüche Fridanks citiert 31, 16. 30, 25. 32, 25).

424. Fridânc 31, 16 *hiute liep, morne leit. deist der werlde unstætekeit*. Bezzenb. A. Johansdorf 88, 30 *diu werlt ist unstæte*. 58, 11 *dne sorge nieman mac geleben einen ganzen tac*. Kolmar 120, 1 *mir ist von den kinden dâ her mîne tage entflogen mit den winden, daz ich von herzen klage*.

425. Fridanc 30, 25 *was tuot diu werlt gemeine gar? si altet, bœset; nemt ez war*. Dezzenb. A. 82, 19 *ir lœser unde ie lœser, ie bœser unde ie bœser: sus stât ie der werlde sin; sus kam si her, sus gât si hin*. Bezzenb. A. 51, 11. 114, 1 *lât iu dise zît gevallen wol, sit noch ein bœser komen sol*. Voldeke 65, 17 die ir [der Welt] volgent die verjehent, daz si bôse ie lanc sô mê; vgl. 61, 5. W. Gast 6281 f. H. von Melk, Erec 381 f.

426. Germania 22, 429.

427. Rugge 97, 39 *diz kurze leben daz ist ein wint* (vgl. Johansdorf 88, 19). Job 7, 7 *memento quia ventus est vita mea*. Kolmar 120, 5 *ditz leben ist unstate, als ir hânt wol gesehen, wan ez erleuchet der tôt als ein liht*. 121, 9 *ditze leben smilzet als ein sin*. Heinr. von Melk, Er. 465 f.

428. Hiob 1, 21. Schulze, bibl. Sprichw. S. 24. 180. Winsbeke 3. 10 A. Fridanc 176, 26—177, 4.

429. Fridanc 79, 7 *das nieman wîsheit erben mac noch kunst, daz ist ein grôzer slac*. Dezzenb. A. 176, 16 *Edele, zuht, schœne unde jugent, witze, rîcheit, êre und tugent, die wil der tôt niht stæte lân; uns kumt daz wir verdienet hân*. — Nr. 481.

430. Frid. 81, 18 *swer got und die werlt kan behalten, derst ein sælic man*. Matth. 6, 24 *Nemo potest duobus dominis servire. non potestis deo servire et mammonae*. 1 Joh. 2, 15 *Nolite diligere mundum neque ea, quae in mundo sunt; si quis diligit mundum, non est caritas patris in eo*. Jacob 4, 4. 2 Büchlein 193 *er bedarf unmuoze wol swer zwein herren dienen sol, die sô gar under in beiden des muotes sint gescheiden als dau werlt unde got. swer der brûder gebot ze rehte wolde begân, dern darf den sin niht ruowen lân*. Erec 7781 *swâ mîte ein wîp dienen sol, daz si gote und der werlte wol von schulden muoz gevallen*. Nr. 448.

431. Frid. 81, 10 *dirre werlde süeze diu ist gar der sêle vergift; des nemet war*. Bezzenb. Anm. (vgl. 17, 18). Gregor 2487 *wan swaz dem lîbe sanfte tuot, daz'n ist der sêle dehein guot*.

432. Rugge 99, 13 *vil maneger nâch der welte strebet, dem si mit bæsem ende gebet.* Frid. 30, 25. Veldeke 61, 1 *Diu werelt ist der lihtekeit alze rüemeclichen bald. harte krane ist ir geleite* (Walther 82, 10). Winsbeke 2, 4 *nu sich der werlte gougel an, wie si ir volger triegen kan und was ir lôn ze jungest ist . . si wigt ze lône swindiu lôt: der ir ze willen dienen wil, derst libes und der sêle tôt.* Hartman 210, 11 *Diu werlt mich lachet triegent an und winket mir, nû hân ich als ein tumber man gevolget ir* etc. Parz. 475, 15 *dâ gist den liuten herzesêr und riuwebæres kumber mêr dann der freud. wie stât din lôn! sus endet sich dins wêrca dôn.* Titurel 17, 4 *sus nimet diu werlt ein ende; unser aller süeze an orte ie muos sûren.*

433. Johansdorf 88, 31 *ich meine die dâ minnent valsche ræte: den wirt ze jungest schin wies an dem ende tuot.*

434. II. von Melk, Er. 657 *sô lâzent dich die sünde wol niht dû sîn.* Anm. — Kolmas 121, 10 *ez gât an den âbent des libes; der morgen ist hin. wir suln uns beslte des besten berâten. begrift uns diu naht mit der schulde, sô wirt ez ze spâte.* — MSH. 2, 243ᵃᵇ.

435. Die Schilderung der Paradiesesfreuden als Pendant zu Gericht und Hölle ist ein altes Thema; Walther berührt es, aber er führt es nicht aus, wie der von Kolmas 120, 11 f.

436. Rolandsl. 91, 191. 8251 f. 8449. Gregor 1624. 8346. Iwein 6649. 7227.

437. Fridanc 63, 20 *ich schilte niht, swas ieman tuot, wachet er das ende guot.* Bezzenb. A. Winsbeke 60, 9 *ez ist ein top ob allem lobe, der an dem ende rehte tuot.* Kanzler MSH. 2, 397 (XVI, 5). MSH. 3, 88ᵇ (14).

438. 1 Joh. 2, 4. 5. Jac. 2, 14 f. u. a. Fridanc 123, 12 *swer wol reit und übele tuot, der hât niht gar getriuwen muot.* 16 *schæniu wort en helfent niht, dâ der werke niht geschiht;* vgl. 70, 16, 78, 11 Bezzenb. Anm. W. Gast 10249. MSH. 3, 468t Schulze. bibl.Sprichw. S. 184.

439. Fridanc 188, 17 *für sünde nie niht bezzers wart dan übr mer ein reiniu vart* etc. Hartman, Gregor 427 *belibet ir danne under wegen sô gevellet iu der gotes segen.*

440. Die Kreuzfahrt ist Pflicht, Rugge 102, 18—26; namentlich der Ritter 209, 87 (Walther 125, 1), W. Gast 11847. Wer sich versäumt ist *selden arm,* Johansdorf 89, 31 f. verachtet vor der Welt, insbesondere vor den Frauen: Rugge 98, 28. Hausen 48, 18 Reinmar 181, 5.

441. Gottes Schutz: Rugge 98, 24. Ehre und Gottes Huld: Reinmar 181, 1. Hartman 210, 10. Die Freuden des ewigen Lebens: Johansdorf 94, 15. Rugge 97, 13—26; besonders schön: Hartman 210, 37. *lange wernden hort:* Rugge 96, 19. *das frône himelriche* 96, 24. Rolandsl. 3905—3935. Sitz im Himmelreich 97, 19. 98, 9.

die lichte himelkrône 68, 7. *ein kuniclîche krône in îhere marterâre kôre* Rolandsl. 103. *himelische krône* Eilh. 1244. Gregor 1224. Die Seelen ziehen mit Freudenschall in den Himmel: Johansdorf 87, 25 f. W. Gast 11394. 11564. Die Anschauungen kehren in denselben Wendungen immer wieder; vgl. die encyclische Bulle Innocenz III, Anfang 1213 Quis maior (Innoc. III. Ep. ed. Bosquet XVI, 26; Balaz. II, 752). Rückert zum W. Gast S. 591 f.

442. Über Reue vgl. Fridanc 35, 4—21. 26 f. 37, 15. 20. 38, 11. 39, 24. Gregor 725 *diu wâre riuwe was dâ bî diu aller sünden machet vrî.* 2527 *jâ hân ich einen trôst gelesen, daz er die wâren riuwe hât ze buoze über alle missetât. iemer sêle ist nie sô ungesunt, wirt in daz ouge ze deheiner stunt von herzeltcher riuwe naz, ir sîî genesen, gedoubet daz.* 3499. Iwein 8107.

443. Denselben Zuhörerkreis setzt Tannhäusers Tischzucht voraus.

444. Fridanc 33, 12 *Durch sünde, schande und schaden lât mane vîp und man grôz missetât; wæren die dri vorhte niht, sô geschæhe manic ungeschiht.* vgl. 94, 8. 129, 18. Winsbeke 29 *guot — got — weltlich êre.*

445. Opp. *schade und schande (laster).*

446. Frid. 87, 18 *Erge hât dicke erworben, daz künege sint verdorben.* Bezzenb. Anm.

447. Wernher von Elmendorf v. 88: *drî sachen hœren an den rât, dâ bî alle tugent nû stât: daz eine daz ist êre, daz ander fruome, daz dritte wie man darzuo kume, daz man durch liebe noch leide êre und frume iemmer niht gescheide.* Ich kenne Wernhers Quelle nicht, Zusammenhang zwischen seinen Versen und Walther 8, 14. 88, 50 ff. ist kaum zu bezweifeln.

448. Vgl. *sêle und êre* 23, 8. *durch got und iewer selber êre* 12, 36. — 1 Büchlein 1845 *ez ist bêdenthalp ein gewin, got und diu werlt minnet in: swer denselben list kan, der ist ter werlte ein sælic man.* Prov. 3, 4 *et invenies gratiam coram deo et hominibus.* Luc. 2, 52 *gratia apud deum et homines.* Eilhart 3113 *swer got von herzen minnet und nâch den êrin ringet, dem volgit selden unhril.* Erec 9937 *daz got siner êren wielte und im die sêle behielte.* 10123 f. Parz. 827, 19 *swes leben sich sô verendet, daz got niht wirt gepfendet der sêle durch des lîbes schulde, und der doch der werlde hulde behalten kan mit werdekeit, daz ist ein nützlu arbeit.* Winsbeke 31, 8 *polsz lôn der werlte habedanc, der disiu zwei behalten kan, den richet wol sin ackerganc.* Frid. 81, 18 *swer got und die werlt kan behalten, derst ein sælic man.* 82, 3 *der werlde ist nû vil maneger werl, des got se trûte niht engert.* H. von Melk, Er. 531—536. Heinzel zu v. 524. Wirnt von Grafenberg (Wigal. v. 26) rät denen nachzueifern, *den diu werlt des besten giht und die man doch darunter siht*

nâch goten lône dienen hie. Der Gegensatz, der hier angedeutet ist, wird von Walther, dem ritterlichen Sänger, nirgends hervorgehoben. Vgl. Herger 29, 34 *ein man sol haben êre und sol iedoch der sêle under willen wesen guot, daz in dehein sîn übermuot verleite niht ze verre; swenne er urloubes ger, daz ez im an dem wege niht enwerre.* Frid. 98, 23 *ein man sol guot und êre bejagen und doch got in einem herzen tragen.* Nr. 430.

449. Heinrich von Melk, Erinner. 525 *er muoz spât und fruo umb dise arme êre sorgen.* Frid. 92, 3 *Der werlt ist niht mêre, wan strît umbe êre.* 91, 13 *gerne wære menneglich in einem leben êren rîch.*

450. Darauf beziehen sich die Sprüche Frid. 98, 18—21. *guot durch êre geben* oder empfangen s. zu Walther 25, 26. — Über hûsêre s. Nr. 641.

451. Fridano 53, 9 *swd ein man sîn êre hât, schamt er sich des, deist missetât; man siht sich vil der liute schamen ir êren und ir besten namen* (d. h. Jeder soll sich seiner Würde freuen. Aber unmittelbar darauf der Erfahrungssatz: *ist lützel namen dne schamen wan hêrren unde frouwen namen;* vgl. Walther 49, 1). W. Gast 8660 *nieman ist edel niwan der man der sîn herze und sîn gemücte hât gekêrt an rehte güete.* 8901 *hie bî möht ir merken wol das niemen edel heizen sol niwan der der rehte tuot* (nach Boethius III, 6 und der Discipl. cleric. IV, 16. Rückert, Anm. S. 562). Erec 4455 *nu ist ez mir unmære wer dîn vater wære: sô edelet dich dîn tugent sô daz ich dîn bin ze hêrren frô* (vgl. aber v. 4521. 9348). Vgl. Waitz VG. 5, 405 Anm. 9.

452. Titus 2, 7. 8. *in omnibus te ipsum praebe exemplum bonorum operum .. ut is, qui ex adverso est, vereatur, nihil habens malum dicere de nobis.* Vgl. oben Nr. 435 f.

453. *prîs, lop,* mit *lobe kroenen; schande, laster, harnen.* — Das Lob der Leute ist der Preis: *hei, wie wol man drs gedæhte, swd man von im seite wære* 65, 3. Üble Nachrede wird gefürchtet: *das im nieman niht gesprechen mac* 102, 37. Der Ruhm spielt eine große Rolle (s. Nr. 102). Allgemeines Lob, Erec 2476; höchstes Lob, Erec 2580. 7777; volles Lob, Erec 2811. Weit verbreitetes Lob Eilhart 1036. 1338. Erec 2570, namentlich 10050. Unsterblicher Name Iwein 15. Mit *schalle* und mit *êren* leben werden synonym gebraucht: Eilhart 9091 *das he mit schalle lebete und nâch den êrin strebte.* vgl. 840 und Erec 2879. — s. II, Nr. 4.

454. Eccles. 9, 19 *Verba sapientium submissorum audienda esse potius quam clamorem dominantis cum stolidis suis.* Sirach 10, 26. 33. Innocens III *de contempta mundi* I, 16 (Migne, Opera Ianocent. 4, 706 f.).

455. Frid. 56, 25 *man ert daz guot an manegem man der tugent noch êre nie gewan.*

456. W. Gast 6299 kumt ze hove ein biderbe man, den wil der
herr niht sehen an: kumt aver dar ein bœsewiht, der kumt ân êre
wider niht. ob ein vrum man ze hove wære, kœm danne dar ein
wuocherære etc. 6420 die wîsn und biderben die sint hiute âne lop
und âne prîs (folgen hübsche Gleichnisse). 6583 swenn si (die vrumen) von schuole komen sint sô hât man dâ ze hove ein rint bas
danne si. swer richer ist der sol sin tiwerre zaller vrist.
457. W. Gast 6847 wizzet das der vrum man ist der bœsen
iule zaller vrist. ob si in sæhen etewenn, si schriren alle über den
otc. Eilhart 3090 f. — a. Nr. 501.
458. Fridanc 32, 5 der werlde lop nû nieman hât, wan der
übeliu werc begât. diu werlt wil nû nieman loben, ern welle wüeten
unde toben. swer roubes, brandes, mordes gert, untriuwe, huores derst
nû wert. diu werlt ist leider sô gemuot, si nimt für edle kleines guot.
459. Spervogel 22, 5 swem das guot ze herzen gât, der gewinnet niemer êre. Seneca epist. 115, 10 ex quo pecunia in honore
esse coepit, verus rerum honor occidit.
460. Frid. 147, 23 swer den pfenninc liep hât ze rehte, deist
niht misselât. Winsbeke 29 Sun, dû solt haben und minnen guot;
sô das ez dir iht lige obe.
461. Fridanc 91, 18 swer liute und êre welle hân, der sol sin
guot niht lân zergân.
462. Fridanc 57, 10 swd hêrren name ist âne guot, das machet
dicke swæren muot. 93, 12 mit unstaten êre das müet die wîsen sêre.
463. suchet sinne. MF. 81, 2 armuot hænet den degen. Iwein
6809. Prov. 14, 24 corona sapientium divitiae eorum. Frid. 80, 4.
Sprüche 34, 5 armuot verderbet witze vil. Frid. 42, 15. 57, 12.
79, 9. Marner MSH. 2, 244 ed. Strauch XIV, 97 Anm. Disc. cler.
4, 9 Quidam loquens cum filio suo, inquit: Quid malles tibi dari, an
censum, an sapientiam? — Cui filius: Horum quidlibet indiget alio.
Hartman Gregor 436 f. 1493 f. Erec 2104 f. 2261 f. Iwein 2905.
464. Ovid. a. a. 2, 437 luxuriant animi rebus plerumque se-
cundis. Frid. 147, 5. 6. Boxxenb. Anm. P. Syrus: Fortuna nimium
quem fovet stultum facit. Fridanc 56, 11 swer richet an dem guote,
der armet an dem muote. W. Gast 2849 werltlich richtuom ist armuot,
er machet erner armen muot; vgl. 8127 f. Frid. 76, 23 als ich die
werlt erkennen kan, son weiz ich keinen richen man, das ich sin guot
und sinen muot wolte haben, swie er tuot; vgl. 87, 2. 89, 14 f. Winsbeke 29, 1. Gregor 1509 jâ tuot es manegem schaden der der habe
ist überladen: der verlit sich durch gemach; das dem armen nie geschah, der dâ rehte ist gemuot; wande er urbort umbe guot den lip
manegen enden. Iwein 2879.
465. W. Gast 2875 nû merkt, das wise machet wise und swerze
swarz mit allem vlize, aver das das wir dâ heizen guot git niemen

tugenthaften muot. 2971 sô mag ez gar niht guot sîn. 8108 wan diu gewin kumt dar da er verlust wol heizen mac.

466. Frid. 56, 13 daz guot mac wol heizen guot, dâ man mite rehte tuot. Bezz. Anm. 57, 24 Swer guot behaltet, sô erz hât ze rehte, deist niht missetât. Ecclio. 13, 30 Bona est substantia, cui non est peccatum in conscientia.

467. Thomasin im W. Gast 5033 lâfst die Leute sprechen: hirte dirre daz ez wære an ime gestatet daz, got hât wunderliche getân daz er den crumen vil verlân an armuot unde der bœsewiht ist rîch: das solde got tuon niht. Fridano 78, 19 mich dunket, solt ein ieglich man guot nâch sînen tugenden hân, sô würde manic hêrre kneht, mane kneht gewunne hêrren reht. Vgl. auch Eccl. 6, 2 vir, cui dedit deus divitias et substantiam et honorem et nihil deest animae suae ex omnibus quae desiderat: nec tribuit ei deus potestatem ut comedat ex eo .. hoc vanitas et miseria magna est.

468. W. Gast 1571 swer niht mit êren mac hân guot, der kêre dâvon sînen muot, wan guot ân êre ist entwiht: ich woldez also haben niht. vgl. 6632 f. 2835 dâ von sô wolt ich daz der rîche gæb sîn guot umb ungelîche bezzer guot, waz wære daz? gotes huld. diu kæme im baz.

469. Ecclio. 10, 26. Frid. 91, 2 swer glîcheit und erge hât, deist gruntvest aller missetât. W. Gast 2865 diu helle und der arge man werdent nimer sat; von dan wan ich daz ez rehte si daz einer si dem andern bî. swelh man ist der helle gelîche, der mac niht haben gotes rîche. 7110 mit Bezug auf die Wucherer: si sint hie und dort tôt; obenso 8097 f. Winsbeke 29, 5 guot daz ist glîcheit ein klobe. swem ez ist lieber denne got und wærlîlich êre, ich wæne er tobe. swen ez also gevazzet vir, der ânet sich der beider ê, dann er daz eine gar verlür. Spervogel 22, 5 swen daz guot ze herzen gât, der gwinnet niemer êre. Fridano 56, 15 niemer der ze hêrren zimt, der sîn guot ze hêrren nimt; swelh man ist des guotes kneht, der hât iemer schalkes reht. W. Gast 2819 swer sînem guot niht hêrschen kan, der ist der phenning dienestman.

470. W. Gast 14231 swie ichs den hêrren wîse stre, sô wil ichs doch den wîsen mêre diez lobent: ez ist komen dar, daz man lobt ir gewerbe gar ota. Vgl. Bruder Berthold, Grimm kl. Schr. 5, 364. s. II, Nr. 4.

471. Eccles. 10, 19 pecuniae obediunt omnia. P. Syrus: Pecunia una regimen est omnium rerum. Frid. 81, 6 ser werlde mac niht bezzer sîn, dan ein wort, daz heizet mîn. 147, 1 man minnet schatz nâ mêre, dan got lip sêle und êre. Bezz. Anm. 147, 17 Pfennincsalbe wunder tuot. Vgl. die versus de nummo in den Carm. Bur. LXXIII s. ZfdA. 6, 303.

472. Frid. 57, 2 man frâget kleine an dirre zit wie erz guot gewinne, eht man's gît. Hugo von Trimberg registr. thesaurizant

aliqui timentes egere, illudque satiricum attendentes vere: unde habeas nemo quaerit, sed oportet habere. (Juvenal 14, 207).

473. Gotfrieds Tristan 12304 *Minne aller herzen künigin, diu frîe, diu eine diu ist umb kouf gemeine.* Frid. 98, 11. 17. W. Gast 1221 *ich lêrte, swer guot minne hân wolde, daz erz mit gâb niht werven solde; swer umbe minne wirbt mit guot, der erkennet niht des wîbes muot* etc. 1398 f. zählt Thomasin die Gaben auf, die eine Frau nehmen darf: *hantschuoh, spiegel, vingerlîn, vürspangel, schapel, blüemlîn* etc.

474. Fridano 75, 10 *swer wîbes gert, der wil zehant liute, schatz, bürge und lant. und naeme ein hêrre ein wîp durch pot, daz wer nû ander hêrren spot;* vgl. 104, 18 *der wehsel nieman mizzezimt, swer guot für die schaene nimt.* Bezzenb. Anm. Cato Dist. 4, 4 *diliga denarium, sed parce dilige formam.*

475. H. von Melk, Er. 403 *der rîche man ist edele unt ist der fursten gesedele, er ist wîse unde starch, er ist schaene und charch unt in den landen lobesam: allenthalben ist verworfen der arm man.* Frid. 72, 7 *in küneges râte nieman zimt, der guot fürz rîches êre nimt;* vgl. 166, 24. W. Gast 7015 f. s. oben Nr. 456.

476. Klagen über die Bestechlichkeit der Richter sind sehr häufig; vgl. Werzher von Elmendorf 275. W. Gast 12587. Frid. 72, 7. 8. Bezzenb. Anm. Rücksichtslose Rechtsprechung wird gerühmt: Kaiserchr. 179, 16. 180, 5. 181, 20.

477. Vgl. oben S. 44. Discipl. cler. 4, 9: *Fuit quidam sapiens, versificator egregius sed egenus et mendicus, semper de paupertate sua amicis conquerens, de qua etiam versus composuit, talem sensum exprimentes:*

Tu, qui] partiris partes, monstra, Mea cur mihi deest? Culpandus non es, sed dic mihi quem culpabo.

Nam si constellatio mihi dura, a te quoque id factum indubitabile est. Sed inter me et ipsam tu orator et iudex es. Tu dedisti mihi sapientiam sine substantia: accipe partem sapientiae et da mihi partem pecuniae. Ne patiaris me illo indigere, cuius donum erit mihi pudori. Vgl. Kaiserchr. 104, 28 f. Walther 20, 16. 123, 4. 43, 1.

478. Prov. 22, 2 *dives et pauper obviaverunt sibi: utriusque operator est dominus.* Discipl. cler. 4, 9 *Huius mundi dona diversa sunt; quibusdam enim datur rerum possessio, quibusdam sapientia.* — Frid. 40, 9. *Ich sihe, daz mir sanfte tuot, vil rîchen tump und armen fruot.* Bezz. Anm.

479. Ecclio. 10, 83. *Pauper gloriatur per disciplinam et timorem suum, et est homo, qui honorificatur propter substantiam suam.* Ecclio. 10, 26 *Noli despicere hominem justum pauperem, et noli magnificare virum peccatorem divitem;* vgl. W. Gast 7015. Wirnt wirft im Wigalois 149, 12 die Frage auf: *mac ieman âne guot gar al der*

werlde genæme sin? er beantwortet sie dahin, daz werder ist ein
sinnic man dem, der in erkennen kan, danne ein man, der allen rât
âne ganze sinne hât.
480. Frid. 80, 10. 85, 9. Über die Ehre der Einsicht s. W.
Gast 6489. 6608; über ihren Wert 9742. Bezzenb. zu Frid. 40, 9.
481. Frid. 79, 7 daz nieman wisheit erben mac noch kunst, daz
ist ein grôzer slac. s. oben Nr. 429.
482. Allgemeine Ausdrücke: güete tugent werdekeit êre frümme-
keit wert tiure guot biderbe. Opp. valsch wandel missewende wandelbære bœse lôse. Ein Lob allgemeinster Art ist sælde sælic. Speziell
von den Frauen wird gerühmt reine reinekeit. — fruot braucht Walther nicht.
483. Rugge 102, 87 der die ungetriuwen bæte, daz si niht in
schœner wæte trüegen valschen muot, daz stüende im wol. — Ovid.
fast. 1, 419 fastus inest pulchris. Phaedr. fab. 3, 4, 6 formosos sæpe
inveni pessimos. Wernher von Elmendorf 901: Sie ouch daz dich dîne
schöne zu der werlde niht gehöne. Dar abe hörlich Iuvenâlem (10,
296 f.) daz si selden in ein wol getragen schöne unde reinikeit. Trist.
17307 es ist doch wâr ein wörtelîn 'schœne daz ist hœne'. Iwein
2785. Lexer Wb. 1, 134 s. v. hœne. Freidank 104, 20. 116, 17 und
Bezz.'s Anm. Rolandsl. 1956 f. er (Ganelun) ervolte thaz altsprochene
wort; jâ ist gescrîben thort: 'under schœne scalks lîset; izne ist
niht alles golt thaz thâ glîset' (folgt ein Gleichnis vom Baum). Frid.
116, 17 vil manic schœne mensche gât daz doch ein bitter herze hât.
125, 15 f. mehrere Sprüche, mit kurzen Vergleichen 44, 13.
484. Ecclia. 25, 28 Ne respicias in mulieris speciem et non
concupiscas mulierem in specie. Rugge 107, 27 nâch frouwen schœne
nieman sol ze vil gefrâgen. sint si guot, er lâzez ime gevallen wol und
wizze daz er rehte tuot. was ob ein varwe wandel hât, der doch der
muot vil höhe stât? W. Gast 1003 Der tôren neiss ist wîbes schœne,
swer kumt drin, der hât sîn hœne. der kumt drin der sînen rât an
ein wîp vil gar verlât durch ir schœne niht durch ir güete. 1304 ein
tærscher man der siht ein wîp waz si gezierd hab an ir lîp. er siht
niht was si hab dar inne an guoter tugende und an sinne. sô merket
ein biderb man guot ir gebærde und ouch ir muot etc. Noch andere
Stellen bei Bezz. zu Frid. 104, 18—20. 116, 17. 18. Michel S. 177.
485. Über die spätere Behandlung dieses Themas s. Anm.
zu 50, 6.
486. Pons de Capdoill stellt beutatz, valors (tugent), cuvindia
(liebe = Anmut) neben einander; Michel S. 38. Die Quelle ist
vielleicht Proverb. 31, 30 fallax gratia et vana est pulchritudo, mulier timens dominum, ipsa laudabitur (daz ist diu, der man wünschen sol).
487. W. Gast 826 schœne ist ân sin ein swaches phant. 859

schœne ist enwiht dâne si sîn und ouch suht bî (wird dann des weiteren ausgeführt). s. Bezzenb. zu Frid. 100, 4. 104, 18. Kummer, zu Herrand von Wildonie S. 218. Parz. 551, 27 gestrichen varwe ûfes vel ist selten worden lobes hel. swelch wiplich hérze ist stæte gans, ich wæn diu treit den besten glans.

488. Fridanc 116, 8 die liute kan ich ûsen spehen, ichn kan niht in ir herze sehen. W. Gast 4699. Nr. 164.

489. Walther 100, 22 mîn wille ist guot und klage diu werc etc. Frid. 3, 9—14. Got rihtet nâch dem muote ze übele und ze guote.. der wille ie vor den werken gât ze guote und ouch ze missetât. Bezzenb. Anm. 110, 25 ein man sol guoten willen hân, mac er der werke niht begân, guot wille vor in allen gât etc. 178, 22 (Gott spricht:) moht ir der werke niht begân, ir solt doch guoten willen hân; vgl. auch 130, 20. Ereo 894 wand er [der reine wille] ist aller güete ein phant. Iwein 759. 2696. 4320 und wisset daz ich imer wil den willen für diu werc hân. W. Gast 4699 got siht dem muot baz dan daz der man getuot. si daz ein man tuo rehte wol, sîn getât doch heisen sol einweder übel oder guot dar nâch und im stât sîn muot. Nr. 161.

490. W. Gast 653 swer ze hove wil wol gebâren, der sol sich dâheime bewarn daz er nien tuo unhüfschlichen, wan ir sult wizzen sicherlichen, daz beidiu suht und hüfscheit koment von der gewonheit. Frid. 61, 13 swer lop in sînem lande treit, deist diu græste sælekeit; vgl. 62, 16. — Nr. 541.

491. W. Gast 4356 jâ hilfet kleine ein guot getât, ist er aver stæte deran, er ist ein tugenthafter man. (stæte gehört zu allen Tugenden, unstæte charakterisiert die Untugend 1816 f. 2530. 4835. sie ist die Schwester der unmâze 9885. 12839.) — Nr. 514.

492. s. Nr. 437.

493. Winsbeke 41, 5 ein ieglich man hât êren vil der rehte in sîner mâze lebet und übermisset niht sîn zil (vgl. Walther 60, 37). Frid. 114, 9 swer schône in sîner mâze kan geleben, derst ein wîse man; dâ bî mit spote maneger lebet, der ûz der mâze sêre strebet. Bezzenb. Anm Alexanderl. 3278 f. — Nr. 614ª.

494. Lateinische Sprichwörter des 11. Jahrh. (Germ. 18, 310) v. 198 palmam militiae praefert animi moderator. 559 fortior est animum quam sit qui vicerit urbem. Frid. 52, 14 sô junc ist nieman noch sô alt, das er sîn selbes habe gewalt. 54, 4 swer bœsem muote widerstât, diu tugent vor allen tugenden gât. 113, 10—17 Bezzenb. Anm.

495. Frid. 94, 1 f. 177, 17. Prov. 20, 1. 31, 4.

496. Ecclio. 28, 28 ori tuo facito ostia et seras. 22, 33. Prov. 13, 3. Winsbeke 24, 1 sun, dû solt dîner zungen pflegen daz si iht ûz dem angen var. schiuz rigel für und min ir var. Frid. 52, 16 swer sînes mundes hât gewalt, der mac mit êren werden alt. Eine

Reihe von Sprüchen über die Zunge Frid. 164, 3. Bezzenb. Anm. Insbesondere ziemte es sich nicht für den gebildeten Mann zu schelten; Erec 4200 u. a.

497. 1 Joh. 4, 20; vgl. Prov. 14, 21. 31.

498. Frid. 97, 16 *ich wil mir selben holder sin dan miner besten friunde drin.* [*ich merke daz ein ieglich man im selben wol des besten gan*]. Bezzenb. Anm. Erec 5576 *wes sol ir mir nû lieber sin danne ir iu selben sit.*

499. Vgl. Rugge 105, 26 *rehte vroide lobt ich ie und nide nieman der si hât. der sô geerndet sinen muot, daz er daz beste gerne tuot . . ûf miner hant wolt ich in tragen.* Reinmar 169, 29 *guoten liuten leite ich mine hende, woldens ûf mir selben gân.* 202, 87 *sol ich des engelten daz ie hôhe stuont min muot, unde hazze in selten, der daz beste gerne tuot?* 192, 16 *wande ich niemer rehten man gehazzen wil, sô er rehte tuot.* 175, 22 ff. W. Gast 11 f. Iwein 2491. 2515.

500. Albrecht von Johansd. 95, 9.

501. Dem Bösen ist fremde Ehre leid Eilhart 8090. Iwein 109. 813. 2485. Frid. 60, 1 *diu nidigen herzen gewinnent manegen smerzen.* 84, 19 *treit ieman sündecliches haz, der vert doch selten deste baz.* Bezz. Anm. zu 60, 1. Carm. Bur. LXXIV a. S. 45: *Iustius invidia nihil est, quae protinus ipsos Corripit auctores excruciatque suos.* Iwein v. 137. s. Nr. 457.

502. Veldeke 61, 9 *des bin ich getrôst ie mêre, daz mich die nidigen niden;* darauf eine Verwünschung wie bei Walther 59, 1. Digger von Steinach 118, 16 *er ist unwert swer von nide ist behuot.* Reinmar 163, 10 *ichn fürhte unrehten spot niht al ze sêre und kan wol lîden bœsen haz.* W. Gast 76 *bœser liute spot ist mir unmære. hân ich Gâweins hulde wol, von reht min Key spotten sol.* Frid. 90, 3 *die bœsen nieman niden sol, den frumen gan ich niles wol.* 60, 13 *nieman mac ze langer zit grôz êre haben âne nît.* 90, 19 *noch bezzer ist der bœsen haz dan ir friuntschaft; merket daz.* Eilhart 8119 f. Erec 1269. Iwein 146 f. Francke, Lateinische Schulpoesie S. 17. Nr. 31. 457.

503. Matth. 6, 44 f. Wie Walther: Reinmar 169, 7 *ich hân iemer einen sin, erne wirt mir niemer liep, dem ich unmære bin.* Frid. 107, 1 *swer übel wider übel tuot, daz ist menneschlicher muot.* 07, 16. 62, 24. 128, 4. (vgl. 174, 25). Bezzenb. Anm. — Nr. 572.

504. Prov. 24, 29 *ne dicas quomodo fecit mihi, sic faciam ei* Schulze, Bibl. Sprichw. S. 63. Wie Walther: Hartman 216, 37 *se frouwen habe ich einen sin, als si mir sint, als bin ich in.* Nr. 521.

505. s. Nr. 524. Über die Änderung im Verhalten Gottes s. W. Gast 4545 f.

506. Ausdrücke: *triuwe, stæte.* Gegenüber: *lône* 85, 12 Anm.,

wânc, valsch, ungetriuwe, kechelære. Über die bildlichen Ausdrücke vgl. die Ausgabe.

507. Nach Matth. 16, 2. Umgekehrt heißt in der Krone, in einer Stelle die Beziehung zu Walther 29, 4. 80, 9 zeigt, der Untreue: *ein morgenrôt heiter.*

508. W. Gast 1377—1387 *valscher liute rede, gebærde, will, diu driu hânt ungelîches zil. schilt valscher liute wesen minos schœne gebærde und rede suoz. ir übel wille der ist ir swert das niht wan ungemaches gert. — valsch kêrt minn sunminne, unde guot se übelen dingen, vnd das wise se swartem mit al sinem vlize.* se bitter gall *kêrt valsch die süese und se ungnâde ir schœne grüese, lüge ir geheis, ir senfte ist zorn, ir lachen weinn, ir linde dorn.* 970 f. wird wârheit namentlich den Frauen empfohlen.

509. Fridanc 52, 1ab *swer sich niht liegens schamen wil, der volget eime bœsen spil.* 166, 25 f. eine Reihe von Sprüchen, die sämtlich mit den Worten *liegen triegen* beginnen. W. Gast 2121 *der herr sol lazen sîn wort, wan liegen ist der helle port. was ein herre spricht jâ ode niht, das sol gar sîn schephen schrift.* Die Wahrhaftigkeit wird besonders an dem jungen König Alexander gerühmt. Alexanderl. 256—265. Eilhart, Trist. 154 f. Kaiserchr. 65, 4. 405, 11 f. Prov. 17, 7 *non decet principem labium mentiens.* Winsbeke 52, 5 *wie zieret got den edeln stein? alsô tuont wâriu wort den lip. er ist niht fleisch uns an daz bein, dem alsô slipfic ist der sin, swâ er sîn Jd gehciten hât, das er sîn Nein dâ schrenket in* (zu Walther 30, 18). s. Nr. 533.

510. P. Syrus: *Malevolus animus abditos dentes habet.* Beszenh. zu Fridanc 137, 23. Rugge 102, 30 vergleicht den Treulosen einem Hunde, *der durch valschen muot sich des vlizet daz er blzet, der im niht entuot.* Fridanc 136, 9 *manec hunt wol gebâret, der doch der liute râret.*

511. s. zu Walther 29, 12. Wernher von Elmendorf 169 *er ist wis der die zungen midet, die vor salbit und nâch snidet.* Fridanc 171, 27 *ich hôrte ie süezer rede genuoc, diu eiter in dem zagel truoc.* vgl. 55, 15—18. W. Gast 865 *man git vergift mit honic wol, swenn uns diu süeze triegen sol. zunge valscher wîbe honic ist, ir wille ist eiter, wisse Krist.* vgl. Nr. 431 f.

512. Krone 1781 *ein vor ungewarnter hagel.* Gotfrieds Tristan 879, 19 *wan swd die hâgenôze sint ganzlücet als der tûbe hini, und als des alangen kint gesagel, dâ sol man kriuzen vür den hagel und regenen für den gæhen tôl.*

513. Wolfram gieht im Eingang des Parzivals der Stæte die weise Farbe, der Unstæte die schwarze, dem Zwivel die bunte *agelstern varwe.*

514. Reinmar 162, 25 *si jehent, das Stæte sî ein tugent, der*

andern frouwe; vgl. Nr. 491. 2 Büchlein 137 ich hôrte sagen wære
daz triuwe und stæte wære aller sælden beste, ein müre und ein vesti
für aller hande leit und gar ein gewarheit manne unde wibe ze sêle
und ze libe. ich wirde's anders gewar, wan min kumber vil gar niwan
von minen sælden kumet. ichn weiz ob er der sêle frumt, er tuot dem
libe starke wê (vgl. Walther 96, 29 f.). Aber dennoch (v. 413) mir
ist bezzer daz ich trage durch mine triuwe swære tage dan mich ein
ungetriuwer muot friste.
515. In Frauenstrophen: Dietmar 32, 5 'genuoge jehent, daz
grôziu stæte si der beste frouwen trôst'. Regensburg 16, 1 'ich bin
mit rehter stætekeit ein guoten riter undertân'. 16, 10 'den ich mir
lange hân erwelt ze rehter stæte in minem muot'. Dietmar 38, 11
'ich wil im iemer stæte sîn'. Rugge 106, 17 'ich weiz getriuwen
minen lip nach nieman stæter danne mich'. Reinmar 177, 37 'stæten
wiben tuot unstæte wê'. 200, 30. Als Preis der Geliebten: Dietmar
30, 37 dû gewünne nie unstæten wanc. Reinmar 164, 27 sol mir ir
stæte komen ze guote, des gille ich ir mit semelîchem muote. 162, 22
wol mich des, daz ich si ie sô stæte vant. — triuwe: Reinmar
208, 16 'ich tuon im wîbes triuwe schîn'. 195, 27 ein wîp an der
triuwe und êre lît. — W. Gast 1455 diu dâ ist der tugende rîch,
swie vrô si si und swie schône, treit si der stætekeit krône, sine
getar ein bœsewiht noch ein valscher biten niht. s. Nr. 169 f.
516. Hartman 213, 19 daz stete herze an friunde wenken niene
kan. Prov. 17, 17 omni tempore diligit qui amicus est et frater in
angustiis comprobatur. Morungen 146, 11. Bezzenberger zu Frid.
97, 8. Kaiserchr. 121, 24 guoten friunt alten sol man wol gehalten.
Gregor 1073 f. alle tage er friunt gewan, und verlôs darunder nieman.
— Erec 4558 wâ wart ie triuwe mêrre dan friunt bî friunde vinden
sol die beide einander trûwent wol?
517. Frid. 90, 9 nieman weiz, wâ er friunde hât, wan sôz an
lîp und êre gât. 96, 18 gewisse friunt, verswochtiu swert diu sint ze
nœten goldes wert. Bezzenb. Anm. Alexanderl. 3458 ze grôzer ar-
beite sal man got flên unde stâte fruntscaf beiên. Ecce 4070.
518. Ecclia. 9, 14 ne derelinquas amicum antiquum: novus
enim non erit similis illi. Schulæ, Bibl. Sprichw. S. 109.
519. Discipl. clerio. XXII, 4 Dixit philosophus: honora minorem
te et da sibi de tuo, sicut vis quod maior te honoret et de suo tri-
buat tibi. Eine schöne Betrachtung über ungleiche Freundschaft im
Ecclia. 13, 4—20. Darnach Frid. 40, 21 swer sich zeinem rîchen
man gesellet, der verliuset dran. arme unde rîche suochent ir gelîche.
Bezzenb. Anm.
520. Prov. 18, 24 vir amabilis ad societatem magis amicus
erit quam frater. Iwein 2702 als ouch die wîsen wellen, ezn habe
deheiniu grœzer kraft danne nuisippiu selleschaft, gerâte si ze guote;

und sint si in ir muote getriuwe undr in beiden, sô sich gebruoder scheiden. Frid. 95, 16 gemachet friunt æ nût bestât, dd lihte ein nde den andern ldt. Bezz. Anm. Kanzler MSH. 2, 398ª. Zingerle Sprichwörter S. 40.

521. Alex. 3814 man ne sal dem untrûwen man neheine trûwe leisten. Fridanc 46, 21 swer valsch sieht und hât geslagen, der muos ein andern valsch vertragen. 44, 8 für untriuwe ist niht sô guot, sô der ungetriuweliche tuot. Nr. 504.

522. W. Gast 2456 untriu hât sich gebreit sô harte daz nu nieman vinden mac triuwe und stæte einn halben tac. wâ ist nû stæt bi unser zit? diu werlt hât erwelt strît, erge, lüge, spot, haz, nit, zorn: die tugende sint nû gar verlorn. diu werlt ist vol unstætekeit: wâ ist nû triuwe und zedrheit? si ist nû allenthalben unwert, swâ man sich ieder umbekêrt (folgt die Anwendung anf einzelne Länder). Fridanc 10625 liegen triegen swer die kan, den lobt man zeinem wisen man; s. Nr. 509. Morungen 128, 35 es ist niht daz tiure si, man habe es ie diu werder wan getriuwen man. der ist leider swære bî; er ist verlorn swer nû niht wan mit triuwen kan. Ebenso D. do Ventadorn, Michel S. 48. 169. Vgl. Nr. 62.

523. vgl. Marcus 13, 12.

524. Vgl. Frid. 28, 24 Eins dingen hân ich grôzen nît, daz got geliche weter gît kristen, juden, heidrn: der keins ist ds gescheiden. Eccles. 8, 11. — Bernart de Ventadorn spricht den Wunsch aus, daß die Verleumder und Verräter ein Horn an der Stirn trügen, um so die falschen Buhler von den wahren Liebenden zu unterscheiden. Diez Leben S. 40.

525. Kaiserchr. 164, 28 milte unde küene. 179, 82 ein heli kuone, milte genuoge. Eneit 332, 11. manheit und milte nebeneinander Eilhart 3142 f. Iwein 1457. Parz. 9, 10. 1 Büchl. 627, wo os aber mit Bezug auf die Tapferkeit charakteristisch heißt: rehterlichen balt. Parz. 344, 5 war hilfet sin manlicher site? ein seinmuoter, lief ir mite ir vœterlîn, diu wert ouch sie. ine hörte man geprîsen nie, wos sîn ellen âne fuoge. — Über die Freigebigkeit als königliche Tugend s. Bezzenb. zu Frid. 87, 18.

526. milte. Opp. gîtekeit, arc, bœse. Von der milte handelt Thomasin im 10. Buch des wälschen Gastes. v. 13573 milte heist diu selbe tugent und ist ein gezierde der jugent unde ist des alters krône. si macht die andern tugende schöne unde licht: daz ist wâr, si ist der tugende spirgel gar. 13694 si ist der tugende vrouwe (vgl. Reinmar 162, 25 si fehent daz Stæte sî ein tugent, der andern frouwe). 13938.

526a. Wipo: Melius est mendicare quam aliis nihil dare. Frid. 87, 1 swer rehte milte wil begân, der muoz gebrest durch milte hân. Walther 104, 85 der grôze wille der dâ ist, wie mac der wesen ver-

endel? Frid. 93, 18 *ére kan nieman geenden, gæb er mit lûsent henden.*
86, 10 *ich weiz wol daz ein milter man genuoc ze gebene nie gewan.*
s. zu Walther 25, 26.

527. Matth. 5, 7 *Beati misericordes quoniam ipsi misericordiam consequentur.* Frid. 89, 16. 17. Bezz. Anm. Frid. 87, 14.

528. Prov. 16, 15 *In hilaritate vultus regis vita, et clementia eius quasi imber serotinus;* cf. 19, 12.

529. Salomo und Morolf (v. d. Hagen S. VIII); *qui parce seminat, parce et metet.* (2 Corinth. 9, 6) W. Gast 14385. 14659. Prov. 11, 24 *alii dividunt propria et ditiores fiunt.*

530. Herger vergleicht ihn mit einem fruchttragenden Baum MF. 29, 18. Markgraf Heinrich der Erlauchte von Meißen hatte für ein Turnier bei Nordhausen einen Baum mit goldnen und silbernen Blättern errichten laßen. Wer die Lanze seines Gegners breche, erhalte ein silbernes, wer ihn aus dem Sattel hebe, ein goldnes Blatt. Vgl. Parz. 53, 18 *doch kunde Gahmuretes hant mercken solher gâbe solt, als ob die boume truegen golt.*

531. W. Gast 10031 *diu milte gêt die mittern strâze, si behaltet unde gît nâch mâze.* Cato dist. 2, 17 *Utere quaesitis modice, cum sumptus habundat: labitur exiguo, quod partum est tempore longo.*

532. Frid. 114, 7 *swer kan behalten unde geben ze rehte, der sol iemer leben.* W. Gast 14244 durch lügenhaftes Lob bringt man die Herren in die *goukelheit, daz si entwurken sterben noch leben, weder behalten noch geben.* Discipl. cler. 22, 5 *qui dat quibus dandum est, et retinet quibus retinendum est; hic largus est.* Vgl. auch Frid. 114, 9—14. 19—22. Bezz. Anm. Wernher von Elmendorf v. 356 *Din guot gib niht ze ruome, noch ze vil wider dinem richtuome.* Fridano 77, 24 *swer nieman getar verzihen, der muoz geben unde lîhen.* 195, 6. W. Gast 10027 *niemen arc wesen sol; man sol sich doch behüeten wol daz man niht verwerf sîn guot.* 14161 *ein ieglich man sehen sol wâ ûm gâbe sî gestâtet wol . . swer bescheidenliche geben wil, gebe niht ze lützel noch ze vil . . der gît nâch rehte aller zît, der nâch sîner habe gît. swelich man mêr geben wil, der muoz zunrehte nemen vil; er muoz swern unde liegen unde rouben unde triegen.* Parz. 171, 7—12.

533. Nr. 509. Frid. 80, 18 *sô der tiuvel niht erwenden kan guotiu werc an guotem man, sô kêrt er manigen list darzuo und râtet daz ers sô vil tuo, daz ers niht müge verenden, sus kan er tören schenden.* Bezz. Anm. Frid. 169, 6 *man muos umb êre liegen und sol niht friunt betriegen.* Bezz. Anm. Frid. 111, 14. 86, 10—19. 93, 16 f. 91, 6. Erec 2261 f.

534. Wernher von Elmendorf v. 846: *es sint aller schanden meiste, das man vil gelobe und lützel leiste und diu liute mit schœner*

rede leite. Frid. 86, 18 *diu milte niht ze lobe stât, der git des er niht enhât.* Benz. Anm. Frid. 111, 18. Discipl. cler. 6, 12 *verecundia cave negandi ne inferas tibi necessitatem mentiendi.* W. Gast 2082 *jâ möhtestu wol schamen dich, geheistu, hâstus danne niht, swenne dir ez geben geschiht.* 2121 *der herr sol lazzen sin wort, wan liegen ist der helle port.* Pamphilus (Ovidii erot. et am. op. Franckfurt 1610) S. 95 *Est scelus immensum si dives fallit egenum.*

535. Disc. cleric. p. 44 (VI, 12).

536. D. h. die Tugend ist nicht eine einzelne That, sondern Gewinnung. Vgl. Wälsche Gast 13955. Nr. 491.

537. Frid. 80, 22 *ern wart nie rehte milte, den milts beville.* vgl. 114, 13 ff. W. Gast 13699 *swer sich durch ruom twingt ze tugent, si wert selten vür die jugent.* Discipl. cler. 8, 4 *sic contigit ut qui unum ultro dare noluit quinque invitus dedit.* P. Syrus: *Bis gratum est, quod dato opus est, ultro si offeras.* Vgl. Wernher von Elmendorf 333—345. Frid. 87, 13 *diu milte ist von tugende niht, diu durh fremden rât geschiht.* 111, 26 *diu gâbe in hôhem werde lît, die man ungebeten gît.* W. Gast 13960 *git man von milten muote gar, die gâbe vür die wârheit bezeichent milte und crümkeit, git man aver anders iht, die gâbe sint wârin zeichen niht der milte.* Erec 9907 *wan si vil gerne dne bete vil tugentliche tete.* Iwein 367. 2633.

539. Frid. 86, 16 *diu milte niht von hersen gât, swer nâch gâbe riuwe hât.* W. Gast 2087. Discipl. cleric. 6,12 *si dicere metuas unde poeniteas, melius est non quam sic.* Boch zu Erec 2734.

540. W. Gast 14259 *swer nâch rehte geben wil, der sol sich rümen niht ze vil.* 14267 *swelh man schiere geben wil, der git mit kleinen dingen vil, wan er in der scham erlât und der vorhte die man bitende hât.* 14407 f. Parz. 339, 30 *er enpfienge dn aller slahte bete.* Wernher von Elmend. 349 *manegem ist lieber, é er ze lange beite, das man ime ze hant versage, dan er ein liele hoffenunge trage.* *swer dan git in rihte, der zwîfaldiget sîne gifte.* Frid. 112, 1 *diu gâbe ist zweier gâbe wert, der schiere git é man ir gert.* Benz. Anm. 112, 3 *swer dicke sprichet beite, ich wæn er abe leite.* Salm. Mor. v. d. H. p. VIII *ne dicas amico tuo: vade cras dabo tibi, cum statim possis sibi dare* (= Prov. 3, 28).

541. Über *hûstêre* hat Haupt in der ZfdA. 6, 390 eingehend gehandelt. *hûstêre* nahm geradezu die Bedeutung 'dauernde Ehre' an, und so wurde ihr *gastêre* als vergängliche Ehre gegenübergestellt. MSH. 3, 438ª (12): *was solte ein viertegelich glans, er enwære al durch die wochen ganz? swer gerne werder vrouwen hulde erwerben wil mit der gastêre, das ist niht rehter minne lêre; übergulde verkoufet dicke unlach vur golt: das ist untriuwen schulde.* — Nr. 490.

542. Erec 1385 *Imâin, den froiden nie verdrôs.* Reinmar 168, 1

sit aller vröuden hêrre Liutpolt in der erde lit (als Haupttugend des Fürsten in der Totenklage gerühmt); vgl. der vröuden hêrre Parz. 471, 8. Fridanc 77, 18 diu wazzer niergen diezent, wan dâ si êre fliezent: swelh hêrre liute ungerne siht, dâ ist ouch iren schallen niht; vgl. 135, 6—9. Iwein 2850 daz hûs muoz kosten harte vil: swer êre ze rehte haben wil. — Nachbarn und Fremde sollen den Mann loben. Parz. 12, 29. Der König Melianz mahnt den Erzieher seines Sohnes (Parz. 345, 8): bit in daz er die geste und die heinlîchen habe wert: swenne ez der kumberhafte gert, dem bite in teilen sîne habe. — Nr. 559 f.

543. Vgl. Erec 2987 in schalt diu werlt gar: sîn hof wart aller vröuden bar unde stuont nâch schanden: in dorfte diz vremden landen durch fröude niemen suochen.

544. Reinmar 171, 10 in ist liep daz man si stæteclîchen bite und tuot in doch sô wol daz si versagent. Fridanc 100, 20—25 diu wîp man iemer biten sol, ouch stât in verzîhen wol. verzîhen ist der wîbe site, doch ist in liep, daz man si bite. Bezzenb. Anm. Parz. 405, 22 swâ der meide sûhte rîch sus der wol geburne gast. sûezer rede in niht gebrast bêdenthalp mit triuwen. sie kunden wol geniuwen, er sîne bete, si ir versagen. Auf diese Weise machte die gute alte Zeit den Hof. 2 Düchl. 736—752 dafs die Frauen den Männern ihre Liebe antragen, ziemt sich nicht: und sol mir immer dâ vone geschehen deheiner slahte guot, daz einiu mînen willen tuot, des muoz ich si vil küme erbiten: wan daz ist nâch den alten siten, daz ich vil küme erdienen muoz dar umbe suochet man ir faot .. sô muoz si sollen sîten der bete widerstrîten. Gregor 707 swie vaste ez si wider den site, daz dehein wîp mannes bite etc. Erec 5888. Iwein 2328. 8810. Wolframs Humor schilt das als zimperlich, Parz 201, 21 daz si [diu wîp] durch arbeitlîchen muot ir zuht zuz parrierent und sich dergegen zierent! vor gesten sint se an kiuschen siten: ir hersen wille hât vereniten swaz mac an den gebærden sîn. ir friunt si heimlîchen pîn fuegent mit ir zarte.

545. Hartman 218, 27 sieht das als selbstverständlich an: ir minnesinger, ir ringet umbe liep daz immer niht enwil. Darum ist auch die Hute ganz unnötz; Veldeke 61, 34—65, 35. — Reinmar 179, 9—20.

546. Veldeke 57, 7 sô vil hete ich niht getân, daz ein wênic' über stirdten durch mich ze unrehte wolte stân (auf diesen Punkt ist das ganze folgende Frauenlied gerichtet). 65, 2 ich hân al dâ minne begunnen, dâ mîne minne schînen mîn, danne der mâne schîne bî der sunnen. Morungen 122, 20 got lâze si mir vil lange gesunt, die ich an wîplîcher tât noch ie vant. 133, 5 sîet mit tugenden und mit werdekeit sô behuot vor aller slahte unfrôwelîcher tât. Hartman 208, 35 ich weiz wol daz diu frouwe mîn niuwan nâch êren lebt,

Reinmar 169, 7 *doch swer ich des, sist an der stat, dâs iiwer wîbes tugenden noch nie fuos getrat.* 153, 31 *ich weste wol daz nie man noch liep von ir geschah.* 157, 36 *noch bitte ich si daz si mir liebes ende gebe. waz hilfet daz? ich weiz wol daz sies niht entuot.* 197, 36. — Nr. 98.

547. Meinloh 15, 5 *ich rede ez umbe daz niht, daz mirs diu Sælde habe gegeben deich ie mit ir gerædete ode nâhe bî si gelegen, wan daz min ougen sâhen die rehten wârheit.* 13, 20 '*nû wizzen al geliche, daz ich ein friundinne bin, âne nâhe bî gelegen. daz hân ich weizgot niht getân*'. Morungen 128, 28 *swer mich rüemens zîhen wil, der sündet sich. ich hân sorgen vil gepflegen unde frouwen selten bî gelegen; owê wan daz ich si gerne sach und in ie daz beste sprach, mir enwart ir nie niht mê.* Parz. 406, 2 '*ich erbiute iu durch mins bruoder bete, daz ez Ampflîse Gamurete minem æheim nie baz erbôt; âne bî ligen*'. Titurel 147, 2 *diu Ilinôte dem Britûn ir herze, gedanc und lîp gap se âmien, gar swaz si hete, wan bî ligende minne.*
— Reinmar 186, 32 '*guotes mannes rede habe ich vil vernomen, der werke bin ich vrî, sô mich iemer got behüete*'. Veldeke 67, 17 '*durch sînen willen, ob er wil, tuon ich ein und anders niht; desselben mag in dunken vil, das nieman in sô gerne siht*'. Reinmar 195, 25 *si endâhte an mich ze keiner stunt, wan als ein wîp gedenket, an der triuwe und êre lît.* Morungen 123, 88 *mir wart niht wan ein schouwen von ir und der gruoz, den si teilen muos al der werlde sunder danc.* Reinmar 187, 25 '*sin spæhiu rede is sol lützel wider mich verváhen. ich muoz hœren, waz er saget. wê waz schât daz ieman, sît er niht erwerben kan weder mich noch anders niemen*'. — Reinmar 189, 31 *sît daz mich einiu mit gedanken frôit an manegen stunden.* 179, 24 *trôst noch vreude ich nie von ir gewan, wan sô vil daz mir der muot dâ hôhe stât.* MF. 6, 22 *dâ mohi anders niht geschehen, wan daz si minneclîche sprach '* vriunt, dû wis vil hôch gemuot*'. — Reinmar 158, 14 *was sprichet der von freuden, der dekeine hât? wil ich liegen, sost mir wunders vil geschehen.* 189, 5 *spræche ich daz mir wol gelungen wære, sô verlüre ich beide sprechen unde singen.* 160, 16 *ich rüeme âne nôt mich der wîbe mêre danne ich solde . . sole mir wol erboten sîn . . swaz des wâr ist, daz muoz noch geschehen.* 153, 21 *got gebe daz ich erkenne noch in welhem lebenne er* (der glücklich Liebende) *si.* 197, 23 *mich wundert sêre wie dem si der vrouwen dienet und daz endet an der zît;* vgl. 155, 23. 179, 12.

548. Ruggo 101, 7 *mir ist noch lieber, daz si müeze leben nâch êren, als ich ir des gan, dan min diu werlt wær sunder strîten.* Gutenburg 72, 23 *lâ mich ir iemer einer sîn, der dîner êren hüete, als ich ie tete.* Wolfram läfst im Parz. 614, 27 Gâwân zur Herzogin von Lôgroys sagen: *ob ir in mînen tumben rât durch sviht niht versmâhen lât, ich riet iu wiplich êre, und werdekeite lêre: nun ist hie*

nieman denne wir: frouwe, tuot genâde an mir (Wolframscher Humor). Reinmar überlegt, was er wünschen soll, dafs ihre höhe werdekeit geringer sei, oder dafs sie ihm und allen Männern ungewährt lasse 105, 27 f. Johansdorf 86, 27 versichert lieber auf der Kreusfahrt umzukommen, als die Geliebte nicht in Ehren wieder zu finden. Im Parzival 130, 18 sagt Jeschute zu Orilus: lœge ich von andern handen tôt, daz iu niht prîs geneicte, swie schiere ich denne veicte, daz wære mir ein süeziu zît, sît iuwer hazzen an mir lît.

548a. Meinloh 11, 5 das ich dich nu gesehen hân das enwirret dir niet. Fenis 85, 81 waz wirre das si mich verneme, daz ir niwer missezæme. Hartman 215, 18 das schât ir niht und ist mir iemer guot. Albr. von Johansdorf 93, 32 ' iuwer süezen dørne wolten krenken minen stæten lîp '.

549. Dietmar 35, 32—36, 4. Johansdorf 93, 12. Hartman 215, 2. Kaiserchr. 372, 8.

550. Vgl. Kürenberc 8, 21 und Nr. 232. Erec 1697 nâ fuorte si diu künegin gegen der menigin. der wunsch was an ir garwe. als der rôsen varwe under liljen wîze güsse, unde das sesamme flüsse, und das der munt begarwe wære von rôsen varwe, dem gelîche sach ir lip . . schœne tet ir ungemach etc. 1488. Iwein 6299.

551. Hartman 205, 15 nit sinne machent sældehaftem man und unrin stæte sælde nie gewan. W. Gast 857 schœne, vriunt, geburt, richtuom, minne sint umberihtet âne sinne. sin und bescheidenheit nehmen bei ihm dieselbe Stellung ein wie die stæte; z. B. 10078. 10122.

552. Morungen 145, 25 hôhet wip von tugenden und von sinne vgl. l'ensenhamens e la valors bei Arnaut de Maroill. Michel, S. 82. 41. Reinmar 181, 8 sinne und êre. Hartman 213, 23 schœner sin. Reinmar 153, 24 sinnic. Morungen 122, 25. Reinmar 153, 3 wîse. — fruot Veldeke 60, 25. Morungen 142, 23. W. Gast 869 wip schœne ân sin und ân lêre, diu hât ir lip mit kleiner êre. diu schœne vil lihte den êren scheit, wirt si niht mit dem sinne bekeit.

553. Vgl. Arnaut de Maroill (Michel S. 108): 'Ihr seid so vortrefflich, dafs ihr wohl erkennet, dafs derjenige besser liebt, welcher schüchtern bittet, als der es auf dreiste Weise thut'. vgl. Morungen 132, 11. Walther 61, 20.

554. Frid. 136, 12 f. ein man sol mit den liuten wesen, mit wolchen nieman kan genesen. Reinmar 160, 10 es wirt ein man, der sinne hât vil lihte sælic unde wert, der mit den liuten umbe gât der herze niht wan êren gert.

555. Morungen 146, 23 dîne redegesellen, die sint swie wir wollen, guoter worte und guoter site, dâ bist dû getiuret mite.

556. Gutenburg 78, 30 wrâ man werte einen falschhaften man, den wolten gerne alliu wîp vermîden: sô möhte man in an ir êre gestân. W. Gast 1007 f. Dietmar von Eist 33, 31 ' Man sol die bi-

derben unde frumen sollen ellen haben liep'. Entsprechend verlangt die Frau: *'gerne sol ein ritter ziehen sich ze guoten wiben, dâst mîn rât. bœsiu wîp, diu sol man fliehen: er ist tump, swer sich an sî verlât'.* Morungen 142, 26. s. Nr. 22. 24.

557. Rom. 12, 15 *gaudete cum gaudentibus, flete cum flentibus.* Fridanc 117, 20 *man sol bî fröuden wesen frô, bî trûren trûren, kumt es sô.* Bezzenb. Anm. zu dieser Stelle und zu 108, 27. — Rietenburg 19, 7 *sît sich verwandelt hât diu zît, des vil manic herze ist vrô, sô wurde erværet mir der lîp, tæte ich selbe niht alsô.* Morungen 133, 27 *sorge ist unwert, dâ die liute sint frô.* Michel S. 182. Burdach 112.

558. P. Syrus: *Placere multis opus est difficillimum.* Frid. 133, 5 *swer den liuten allen welle wol gevallen, armen unde richen muoz er sich gelîchen, den übeln und den guoten* etc. Bezzenb. Anm. vgl. MF. 192, 18.

559. Das Lob mit *sühten gemeit* spendet auch Morungen 122, 2 seiner Dame. Michel S. 37. Haupt zu Neidhart 17, 2. Schon im Alex. 5127 *under in ne was nehein, si ne phlége schôner hûbischeit. si wâren mit sühten wol gemeit unde lacheten unde wôren frô unde sungen alsô daz ê noch sint nehein man sô süze stimme ne vernam.* Meinloh 15, 12 *in rehter mâze gemeit.* Bei Veldeke 57, 14 rühmt sich die Frau ihrer unverwüstlichen Heiterkeit. Rugge 107, 17 *'soll ich an vröuden nû verzagen, daz wær ein sin der nieman wol gezæme'.* Die Frau heisst *hôhgemuot.* Reinmar 165, 5; sie lebt mit *sühten wünneclîche schöne* 154, 18. *mit froiden* 178, 8. Johansdorf 97, 11 *rist wol gemuot und ist vil wol geborn.* Eingehender spricht über den Anstand der Damen Thomasin im W. Gast 199 f.

560. Ecclc. 30, 22 *tristitiam non des animae tuae et non affligas temet ipsum in consilio tuo. iucunditas cordis haec est vita hominis et thesaurus sine defectione sanctitatis . . . tristitiam longe repelle a te. Multos enim occidit tristitia et non est utilitas in illa.* Eccl. 3, 12. 6, 1 f. 8, 15. 9, 7. Arnaut de Meroill XV, 1: *sos joy non es valors.* Peire Rogier. Michel S. 85. 184. Erec 5065 *swer se have wesen sol dem sinel vröude wol und das er im sin reht tuo.*

561. Bei Dietmar 32, 22 läfst die Frau dem Ritter sagen: *das er sich wol behüete und bite in schöne wesen gemeit, und lâzen allez ungemüete.* Veld. 61, 9 kehrt sich nicht an den Neid und will immer froh sein; vgl. 60, 2. Rugge 105, 24 *man sol ein herze erkennen hie das sallen ellen hôhe stât. rehte vroide lobt ich ie* etc. [die beiden folgenden Strophen gehören dazu]. Sehr oft bei Reinmar. Die Frau erkundigt sich: *'ist es wâr und lebt er schöne als si sagent und ich dich here jehen'? frouwe ich sach in, er ist frô, sîn herze stât, ob irs gebietet, hô* 177, 14. *'vert er wol und ist er frô, ich lebe immer deste baz'* 178, 3. Vgl. 161, 29. 190, 32. Er ruft zur Freude auf

183, 8 und sieht der Freude nach 184, 38. 182, 34, oder gedenkt mit Sehnsucht der Zeit der Freude 182, 4. 185, 24. 184, 31. Er mischt ein Mittel gegen Traurigkeit (185, 13), und rühmt, sehr charakteristisch, in der Totenklage auf Herzog Leopold diesem als *aller vroiden herre, den ich nie lac getrûren sach. er hât diu werlt an ime verlorn, daz ir an manne nie sô jæmerlîcher schade geschach* 168, 1. (Nr. 542). — Heiterkeit, Tugend und Ehre fallen in eins: Veld. 60, 17 *er ist edel unde fruot, swer mit êren kan gemêren sîne blîtschaft, daz ist guot.* 68, 10 werden *blîtschaft* und *dorpeit* entgegen gesetzt. Dietmar 39, 11 braucht *fruot* im Sinne von frob, Rugge 102, 17 *unfruot* = traurig; (Wackernagel, Kl. Schr. 2, 341 A.). In einem Liede, dessen Verfasser unbekannt ist, heifst es MF. 4, 13: *die guoten, die dâ hôhe sint gemuot.* — Nr. 268.

562. Fridanc 82, 16 *daz herze weinet manege stunt, sô doch lachen muoz der munt.* Bezzenb. Anm. Hartman, Iwein 4418 nennt das *hintervöude* und *trügevröide*. Meinloh 12, 27 *ich lebe stolzlîche in der werlte ist nieman baz; ich trûre mit gedanken.* Vgl. Folquet de Marseilla, Michel S. 98: 'während ihr die Augen lachen sehet, weint mein Herz' Berngcr von Horheim 115, 14 will schwören dafs niemand gröfseren Kummer hat: *daz verswige ich als ich wole kan und klage ez den gedanken mîn.* Bligger 118, 10 *ich getar niht vor den liuten gebâren als ez mir stât.* Sehr häufig hebt Reinmar den Widerspruch hervor. 170, 22 *nun wæn ieman grazzer ungelücke hât und man mich doch sô frô darunder siht.* 192, 1 *mînem leide ist dicke sô, dazz nieman wol volenden kan und gestân doch hôher vrô dann in der werlte ein ander man.* 185, 27 *sold ob ich mit sorgen iemer leben swenn ander liute wæren frô? guoten trôst wil ich mir selbe geben und mîn gemûete tragen hô, als von rehte ein sælic man.* 164, 34 *nu muoz ich froide narren mich, durch daz ich bî der werlte sî.* Vgl. ferner 164, 8. 191, 31. 153, 5. 176, 1. 189, 19—80. Michel S. 151. 1 Büchl. 335 f. Erec 8251. Er geizt nach dem Lobe, *daz niht mannes kan ein leit sô schône tragen* 163, 2. Raimon de Toloza, Michel S. 188: 'Grofse Ehre wird, glaube ich, dem zu Teil, welcher in Ruhe sein Leid zu ertragen weifs oder in schöner Weise das zu verbergen versteht, so manches Mal, was ihm im Herzen nicht gefällt' (s. Nr. 268). Selbst unter dem Zeichen des Kreuzes wendet sein Sinn sich der wcltlichen Lust zu 181, 19—182, 9. — Vgl. Nr. 8 (*tougenminne*).

563. Heinrich von Veldeke 60, 31 bezeichnet die Gegner der Minne geradezu als die *vröudelôsen*; vgl. Walther 48, 12. Heinrich von Rugge 108, 22—109, 8 führt aus, dafs Geis und Abneigung gegen edeln Minnedienst die Freudlosigkeit verschulden. — Nr. 74.

564. Eccles. 11, 9 *lætare ergo iuvenis in adolescentia tua et in bono sit cor tuum in diebus iuventutis tuae* (ironisch). Frid. 51, 25 *diu jugent ie nâch froiden strebt.* 52, 8 *singen springen sol diu ju-*

genl. Anm. zu Walther 42, 84. Die verheirateten Männer ziehen sich zurück Veldeke 65, 12. Iwein 2812 *er giht er süle dem hûse leben.*

565. Ulrich von Lichtenstein 656, 4 *mich nimt wunder daz die jungen und die rîchen trûrent bî ir sît.*

566. Klaglieder über den Zustand der Gesellschaft bei Heinr. v. Rugge 108, 22 und individueller bei Heinr. v. Veld. 60, 31. Öfter bei Reinmar, 191, 84. 193, 22. 202, 25. 198, 28. 155, 27. 172, 23.

567. Heinrich von Rugge 109, 5 nimmt sich der Frauen an: *wan ist ir einiu niht rehte gemuot, dâ bî vinde ich schiere drî oder viere die sollen siten sint hôfsch unde guot.* Ebenso Ulrich von Singenberg HMS. 1, 290ᵇ, und Ulrich von Lichtenstein im Frauenbuch. Vgl. Walther 90, 81. Nr. 676 f.

568. Reinmar 203, 4.

569. Veld. 61, 22 *swer die nu siht und jenes dô sach, owê was der nû klagen mac.* Reinmar 198, 28 *Wol im der nu vert verdarp! der hât hiure leit verklaget. der ie gerne umb êre warp und daran ist unversaget, deme tuot vil maneges wê, des sich jener getrœstet . . der dir ist verdorben ê.* Im 2. Büchl. 201 f. wird der Gedanke ausgeführt, dafs der Thor keine Sehnsucht kennt. Raimon de Tolosa: 'Wer nicht durch eigne Erfahrung den Besitz eines grofsen Glückes kennen gelernt hat, kann leichter Schmerz ertragen; denn mancher ist schön und gut, dem doch das Leid um so schmerzlicher ist, wenn er sich des Glückes erinnert'. Michel S. 184 vergleicht dazu: Dante, Inf. C. 5, 121: *Nessun maggior dolore che ricordarsi del tempo felice nella miseria.* Goethe in dem Gedicht 'An den Mond': *Ich besafs es doch einmal was so köstlich ist; das man, ach, zu seiner Qual nimmer es vergifst!* — S. 180. Nr. 82.

570. Reinmar 172, 23 *als ich mich versinnen kan. sô stuont mie diu werlt sô trûric mê.* Nr. 566.

571. Warnung 1755 f. (ZfdA. 1, 486 f.). Stricker, kl. Gedichte (Hahn) XII.

572. Gregor 1071 f. — Nr. 508.

573. Fenis 81, 24 *si enkan mir doch das niemer geleiden, ich endiene ir gerne und durch si guoten wîben.* Adelnburc 148, 13 *ich wil iemer durch iuch êren elliu wîp.* Reinmar 163, 29. 169, 50. Alex. 2760 *daz ich dînem wîbe habe getân ze güte, dâ gendê si mîner müter, wand ih durch ir liebe allen wîben gerne diene.* Ercc 957 *êre an mir elliu wîp.* Uhland 5, 165. Michel S. 115. Burdach S. 149: 'Diss elliu wîp êren war geradezu ein Stichwort der höfischen Kreise'.

574. Hausen 47, 1 *sô frisch nie man deich ir iht sprœche wane guot, noch min munt von frouwen niemer tuot.* Morungen 131, 17 'owê was wizents einem man, der nie frouwen leit noch arc gesprach und in aller êren gan'. 128, 32. Berneger von Horheim 115, 22 *mîn herze deist in bî gewesen und das mîn munt in iemer sprichet guot.*

Rugge 104, 18 swā ich si [eine tugendhafte Frau] weis, dar spriche ich guot. 110, 1 und lobe doch, wan ich nu sol, swā guotiu wīp bescheidenlīche tuont. 108, 86—109, 6 tadelt er die, welche den Frauen ihr „Recht" entziehen d. h. ihnen nicht dienen wollen, wan ist ir einiu niht rehte gemuot, dā bī vinde ich schiere wol drī oder viere die sallen sitten sint hōfsch vnde guot. Reinmar 171, 15 swer ir hulde welle hān, der wese in bī und spreche in wol. 188, 27 Wir suln alle frouwen ēren umbe ir güete und iemer sprechen wol unde ir frōide gerne mēren: nieman ērte si se rehte ie vol. 168, 27 in wart nie man sō rehte unmære, der ir lop gerner hōrte. Hartman 206, 19 swes vroide an guoten wīben stāt, der sol in sprechen wol und wesen undertān. 214, 1. Iwein 1887. Uhland 5, 172 f. Hartman bezeichnet schon im Erec 1894 das Lob der Frauen als ein beliebtes Thema: ouch hāt sich sō manec munt an wībes lobe geflizzen, das ich niht mōhte wizzen welhen lop ich ir vunde, er'n sī vor dirre stunde bas gesprochen wīben. Vgl. Nr. 269. 271.

575. Alex. 6066 du ne salt den frouwen neheine wīs drouwen noh slān noh schelden. Heinrich von Melk, Er. 841 von den frouwen suln wir niht übel sagen. Frid. 108, 25 swer wīben sprichet valschiu wort, der hāt frōuden niht bekort. 106, 2. Veldeke 61, 25 die man ensint nu niwwet fruot, wan si die vrouwen schelden ... swer das schilt, der missetuot, dā er sich bī generen muot. vgl. im lateinischen Salomon und Morolf (p. X v. d. Hagen): De muliere nascitur omnis homo et qui ergo dehonestat muliebrem sexum est nimium vituperandus; im deutschen Gedicht v. 1188 ff. Dietz, Leben und Werke S. 50. — Erec 5770 dā von müeze er unsælic sīn, swer den wīben leide tuot, wand es'n ist manlich noch guot. — Maīfre Ermengau tadelt die maldizen (Schmäher) in seinem Breviari d'amor. Michel S. 66. — Lehfeld 2, 399. — Nr. 76.

576. Reinmar 202, 8 erklärt die Frauen für gut, fügt aber hinzu: ich hære sagen, das si niht alle haben einen muot. Salomon und Morolf, Spruchgedicht v. 163 (v. d. Hagen S. 50) Der man mag an sinnen rasen, wer gude wībe glichet bosen. Frid. 108, 2 Drīst wār, diu wīp sint ungelīch: manic wīp ist tren rich, ir tugende man wol scheiden mac.. sol der lop geliche sīn, das ist dne den willen mīn. (vgl. 101, 15. 90, 1). — vgl. Parz. 114, 5. 116, 14. 253, 18. 387, 6. Morungen 142, 26—32. B. de Ventadorn schilt die alle, Michel S. 47 f. vgl. Nr. 567.

577. Frid. 102, 26 der man ein laster eine treit, das ist der manne sælekeit: und wirt ein wīp se schalle, sō schiltet man si alle. W. Gast 1685 man geloubet saller sit von den wīben harte wil das man seit; wan diu eine tuot das wirret dan gemeine. Frid. 109, 7 das swachiu wīp hānt wībes namen, des müezen sich diu guoten schamen.

578. Mor. 124, 18 maht du trasten mich durch wībes güete

u. a. *(guot* und *güete* oft in allgemeiner Bedeutung, ohne die Einschränkung auf freundliches Entgegenkommen). — *senfte unde lôs* Mor. 122, 26. *diu guote vil sanfte gemuote* 141, 24. provenz. *franqu'e douma, dous'e bona*. Michel, Heinrich von Morungen S. 40. Im W. Gast 978 wird die Demut vor allen den Frauen empfohlen: *ein riter und ein vrouwe sol diemüete sin; doch stêt diemüete den vrouwen bas, wan ir güete sol sîn geziert mit der tugent beidiu an alter und an jugent*. Der Minnedienst liefs diese natürliche Forderung nicht aufkommen. Nr. 550.

579. Reinmar 159, 38 *ob ir redendem munde*. Nr. 138.

580. Reinmar 151, 13 *nie genam ich vrouwen war, ich wære in holt, die mir ze mâse wæren*. s. ob. Nr. 864. 509.

581. Dietmar von Eist 33, 83 *swer sich gerüemet al ze vil, der enkan der besten mâze niht*. Hausen 55, 2 führt unter andern Tugenden an: '*und ouch sîn rüeser munt des ruomes nie gepflac dâ von betrüebet iender wurde ein sælic wip*'. Rugge 104, 24 *der bœsen hulde nieman hât wan der sich gerne rüemen wil. nwes muot ze valschen dingen stât, den kranenl si und loben in vil.* Reinmar 168, 23 *mich hæhet daz mich lange hæhen sol, das ich nie wip mit rede verlôs* etc. — Nr. 8. 60. — W. Gast 225 f. *ruom ist diu meiste schalkeit; spot von ruom nimmer gescheit. der ruomær ist aller schame vri, die lüge sint im nâhen bi.* Mit besonderer Beziehung auf die Minne: 257 f. Eigenlob verpönt Iwein 1040. 2496.

582. Das Thema behandelt schon Heinrich von Veldeke; die Dame beschwert sich, dafs er zu lose Minne begehrt habe: *wie mohte ich dat für guot entstân, dat hê mi dorpelîche bâte dat hê mi muoste al unbevân* 57, 30. Auch Reinmars Dame hat dem Begehrlichen seinen Gesang verboten, und trägt Bedenken das Verbot zurückzunehmen 177, 27. 167, 8. — Nr. 82. 546 f.

583. Eth. Nic. II, 2; vgl. auch die alten Sprüche μέτρον ἄριστον und μηδὲν ἄγαν. Wipo 60: *Proverbium ne quid nimis laudatur imprimis*.

584. Germ. 9, 97 f.

585. Frid. 114, 5 *ez enwirt ouch niemer guot, swaz man dne mâze tuot.* Bezzenb. Anm. Frid. 61, 19. Rinkenberg MSH. 1, 339 b. Winsboke 31, 5 *merke das diu mâse git vil êren unde werdekeit.* Gregor 1869 *ritterschaft das ist ein leben. der in die mâse kan geben, sone mac nieman bas genesen.* — Die Mafse widersteht der Hoffahrt s. Nr. 499, sie regelt des Aufwand, s. Nr. 531, sie bändigt den tierischen Trieb, s. S. 180 f., sie berührt sich mit der Selbstbeherrschung, s. Nr. 494.

586. Mhd. Wb. 2, 1, 200.

587. Gregor 1075 *sine vröude und sîn klagen kunde er ze rehter mâze tragen.*

588. Reinmar 203, 81 (vgl. 175, 26): *mich enhazzet nieman, ob ich bin gemeit, weiz got, wol es ieman, deist unsælekeit, wand ich schaden niht enkan.* W. Gast 659 *zwelh kint schimpht, der schimphe also daz man dervon nien werde unvrô* etc.

589. W. Gast 296 f. *schallen und geuden sint mir swære: man seit den phlegen tavernære; jâ phlegents leider ouch diu kint, die in guoten hoven sint* etc.

590. Bei Dietmar 32, 22 läßt die Frau den scheidenden Geliebten auffordern, daß er sich wol behüete, und bite in schöne wesen gemeit und lâzen alles ungemüete. Parz. 93, 3 *ob ir manheit kunnet tragen sô sult ir leit ze mâzen klagen*. 334, 28. 469, 3 *diu sol in rehten mâzen klagen und klagen lâzen*. Morungen 131, 5 'dú er mich trûren lâzen bat und hiez mich in fröiden sîn'. Albrecht von Johansdorf 87, 21 *nû mîn herzevrouwe, nu entrûre niht sêre: daz wil ich iemer criwe liebe hân.* Kaiserchr. 89, 12 *frouwe nu neclage dû niht sêre; alles weinen ist verboten von dem almehtigen gote.* Schönbach, Marionklagen S. 41 *frouwenzucht solt du pflegen und in mäfsiglicher klag leben.* Kindheit Jesu, Hahn S. 86, 21 f. Ecclio. 38, 17 f. — Reinmar rühmt sich nicht selten, dafs er sein Leid so mafsvoll trage: *mit bescheidenlicher klage und gar ân arge site* 162, 38. *den einen und deheinen mê wil ich ein meister sîn, die wîle ich lebe, daz lop wil ich daz mir bestê und mir die kunst diu werlt gemeine gebe, daz niht mannes kan sîn leit sô schône tragen* 163, 5 (vgl. Pons de Capdoill, Michel S. 94). *in disen bœsen ungetriuwen tagen ist mîn gemach niht guot gewesen; wan daz ich leit mit zühten kan getragen, ichn kunde niemer sîn genesen* 164, 60. Gutenburg 78, 24 begründet darauf seinen Anspruch auf Lohn: *und daz ich iemer mê mîn nôt und disen pîn, den ich nû lange dol, mit zühten schône trage;* vgl. 70, 22. Fenis 84, 32 *deme der wol bitten kan, daz er mit zühten mac vertragen sîn leit und nâch genâden klagen: der wirt vil lihte ein sælic man.* Vgl. Burdach S. 26. — Nr. 239.

591. Schultz, Höfisches Leben 1, 155.

592. Das hebt Meinloh an seiner Dame hervor: *ichn sach nie wîp mit mînen ougen nie baz gebâren ein wîp* 12, 33. *ichn sach nie eine frouwen, diu ir lîp schôner künde hân* 15, 13. Reinmar 170, 10 *ein vrouwe, diu sich schône kunde tragen.* 167, 3 *ich wil ir güete und ir gebærde minnen.* Morungen 122, 2 *schœne gebærde.* 128, 26 *guot gelæze.* Michel S. 37. W. Gast 200 f. 405 f. 1 Büchl. 629 f. *sînen lîp habe er schône nâch der minne lêre.*

593. Vgl. die Schilderung Hartmans im Iwein v. 2818 von dem „verlegenen" Ritter: *er geloubet sich der beider vrowden unde cleider die nâch riterlîchen riten sint gestalt ode gesniten: er treit den lîp swâre; mit strûbendem hâre, barschenkel unde barvuoz* v. 2193.

594. Fridanc 90, 22 *man sol hân mit den besten phliht, die*

bœsen hœren und volgen niht. 118, 9 nieman frumer mische sich ze bœsem liuten, das rât ich. Bezzenb. Anm.

595. W. Gast 613 ein iegltich edel kint mac sich selben meistern alle tac. sehende, hœrende, ob er wil, und gedenkent lernt man vil. er sol ouch haben den muot, merke waz der beste tuot, wan die vrumen liute sint und suln sîn spiegel dem kint. das kint an im ersehen sol waz sîd übel ode wol. Frid. 84, 16ᵃ.

596. Frid. 58, 16 tren besewe das ist scham. Bezzenb. Anm.

597. Prov. 13, 24. Eccl. 30, 1. Kaiserchr. 43, 21 nú vernemet é mîn lêre: swer dem besem entlîbet, den sun hazzet unde nîdet. ruht und vorhte ist guot. Scholze, Dibl. Sprichw. S. 52. 120. Bezzenb. zu Fridanc 59, 16.

598. Scherer D. St. 1, 67.

599. *pacificus* als Attribut des deutschen Königs, Waitz VG. 6, 114. *rector et defensor*, *voget und rihtære* ebd. S. 154. 410 f. Gregor 2065 *er was guot rihtære, von sîner milte mœre.*

600. Winkelmann 2, 136 Anm. 2. 1, 471 Anm. 3.

601. Winkelmann 2, 166 Anm. 1. — Man erinnert sich der hohen Befriedigung, mit welcher der Dichter der Kaiserchronik (Diemer 484, 1) den Frieden zu Kaiser Ludwigs Zeiten schildert:

mit rûte alsô wislichen
rihte der chunic dô das riche.
er gebôt einen gotes fride.
nâch dem wedehroube erteilte man die wîde,
nâch dem morde das rat,
hei welh fride dô wart!
dem roubære den galgen,
dem diebe an diu ougen,
dem fridebræchel an die hant,
den hals umbe den brant.

Vgl. 184, 25 f. Andererseits wird oft genug Milde und Freundlichkeit vom König verlangt. S. über das Königsideal Waitz VG. 6, 373 f. 167 f. Gregor 3627.

602. Frid. 87, 18 *erge hât dicke erworben, das künege sint verdorben.* Kaiserchr. 898, 1 f.

603. Frid. 159, 25 *wirt des kaisers kraft rehte erkant, die müezen fürhten alliu lant.* Waitz VG. 6, 118 f.

604. Über die Herkunft dieses Pentameters gab mir H. Usener folgende Notiz: 'Das Epigramm

Nocte pluit tota: redeunt spectacula mane,
divisum imperium cum Jove Caesar habet

ist mit der ganzen Geschichte des Bathyllus, der sich dasselbe anmaßte, und Virgilius Rache durch das *Sic vos non vobis* in dem Anhang zu Donats vita Virgilii überliefert (Reifferscheid, Suetoni rell.

p. 66 f. Anm.), aufserdem aber auch in bilichen Sammlungen lateinischer poemalia enthalten, wie im cod. Voss., daher schon in den Sammlungen von Pithoeus, Scaliger und in Burmanns Anth. lat. 2, 68 (t. I p. 224). Im Voss. soll ein Autor nicht genannt werden (nach Dom. Vergil); auch Valerianus bei Cassiod. Seu. de orthogr. c. 3 p. 2288, der den Pentameter anführt, sagt nur: '*ut est illud: divisum — habes*' [habes gebe ich nach einer alten von mir verglichenen Berner hs.]'.

Die Anwendung, welche Walther von dem Citat macht, gestattet vielleicht einen Blick in die Unterhaltungen und Erwägungen, die damals in Ottos nächster Umgebung gepflogen worden. Kurz zuvor nämlich, im Herbst 1211 hatte Gervasius von Tilbury dem Kaiser seine Otia imperialia gewidmet, ein Unterhaltungsbuch, das dem Kaiser in den Tagen der Bedrängnis Trost gewähren, zugleich aber ihn auf seine Pflichten gegen die Kirche hinweisen sollte. Gervasius nimmt öfters die Gelegenheit wahr, das Verhältnis von Papst- und Kaisertum zu erörtern (Winkelmann 1, 289 f.), und in der einleitenden Betrachtung hat auch jener Pentameter seine Stelle gefunden. *Duo sunt, Imperator Auguste, quibus hic mundus regitur, sacerdotium et regnum. Sacerdos orat, rex imperat. Sacerdos peccata et debita dimittit, Rex errata punit. Sacerdos animas ligat et solvit, Rex corpora cruciat et occidit. Uterque divinae legis executor suum iustitiae debitum cuique tribuit, malos coercendo et bonos remunerando. Quippe divisum imperium cum Jove Caesar habens terrena moderatur et lutea figmenta indicat, haec probans, ista conterens.* Es ist merkwürdig, dafs Gervasius den Vers anführt, ohne dagegen zu polemisieren, denn seinen Anschauungen entsprach er nicht. Bedachtsamer verfährt der Verf. der Cnut. Regis gesta II, 19: *pacem et unanimitatem omnibus suis indixit, ut de eo illud Maronicum dici posset, nisi extra catholicam fidem fuisset: Nocte pluit tota* etc. Übrigens läfst sich auch hier ein biblisches Wort (Psalm 114, 16) zur Seite stellen: *caelum caeli Domino, terram autem dedit filiis hominum*, Worte die nach dem Bericht des Caesarius von Heisterbach der Landgraf Ludwig der Eiserne wie ein Sprichwort im Munde führte, um damit seine Bedrückungen der Kirche zu rechtfertigen. Knochenhauer S. 177 f.

605. Nach Daniel 4, 22; vgl. Waitz VG. 6, 119 f.

606. Auch die Contin. Admunt. 568 nennt Speer, Kreuz und Krone als die wertvollsten Insignien: *Philippus crucem coronam et lanceam ceteraque insignia imperialia capellae, quae regalia dicuntur, vivente adhuc imperatore de Apulia adduxerat.* Gewöhnlich werden Krone und Scepter genannt. Waitz, VG. 6, 227. Die Lanze, die mit Nägeln aus dem Kreuz Christi versehen war und die sich schon im Besitz Constantins befunden haben sollte, erhielt Heinrich I. von

König Rudolf von Burgund. Waitz, a. O. 233. Menge, Kaisertum und Kaiser bei den MS. 26. [Über die Lanze des hl. Moriz und über die des Longinus, die mit der Reichslanze verwechselt wurden s. Waitz 235. Menge 26 f. Anm.]. Das hl. Kreuz war nach der Tradition von Helena, der Mutter Constantins, aufgefunden, und wurde mit der Lanze dem künftigen Kaiser bei der Krönung in Rom vorangetragen. Waitz 6, 286. — Über die Krone, die mit Constantin nichts zu schaffen hat, s. Waitz 6, 227 f. Walther nahm an, dafs die Abzeichen der Kaiserwürde von Constantin dem Papste übergeben, und von diesem dem deutschen Könige verliehen seien.

607. Waitz VG. 6, 405 f.

608. Über den Weisen s. Bartsch, Herz. Ernst XCII. CLX f. Über den Wert der Insignien Waitz VG. 6, 183. Über die Heiligkeit der Krone, ders. S. 228 f.

609. Über die Gründe für und wider diese Auffassung s. Waitz VG. 6, 400 f.

610. Döllinger, Papstfabeln (München 1863) S. 61 f. 80.

611. Sermo de s. Sylvestro; Opera, Venetiis 1578, I, 97.

612. Mit dieser Unterscheidung tritt Walther den Behauptungen des Gervasius gegenüber, der in der Vorrede (p. 882) über Constantin schreibt: *licet vicario Christi Petro in tempore eiusque successoribus ius Regis in Occidente conditrisset, diademate Caesaris celerisque insignibus Sylvestro collatis ad gloriam: non tamen imperii nomen aut imperium ipsum transire voluit Imperator in Sylvestrum: quod sibi et successoribus suis conservavit intactum sola sede mutata non dignitate.* Das ius Regis lehnt Walther ab, und damit auch die Ansicht des Gervasius (II, 19): *nec cedit imperium, cui Teutonia, sed cui cedendum decrevit papa*; er tritt für das Wahlrecht der Fürsten ein. Anfangs scheint der Dichter den Auseinandersetzungen der gelehrten Juristen weniger frei gegenüber gestanden zu haben; denn in dem Tone, mit welchem er Otto bewillkommte, weist er den Kaiser, grade wie Gervasius II, 16 und sehr zur Unzeit, auf kriegerische Unternehmungen gegen den Orient. Dieser Vorschlag des Gervasius war in seiner Anschauung vom Imperium begründet. Im Occident war die höchste Gewalt dem Papste zu teil geworden; dagegen im Orient hatte sich das alte Imperium vererbt, dort sollte Otto sich die höchste und unabhängige Würde erstreiten. Otto selbst hat sich schwerlich einen Augenblick durch diese phantastischen Tüfteleien blenden lassen, und so gab sie auch der Dichter auf. Er vertrat nun die Ansicht, welche Freunde des Kaisertums längst gehabt hatten. Otto von Freising (chronic. IV, 3) erzählt, wie man auf die Übertragung der Insignien die päpstliche Königsgewalt gegründet habe. *Verum imperii fautores*, führt er fort, *Constantinum non regnum Romanis pontificibus hoc modo tradidisse sed ipsum tam-*

quam summi dei sacerdotes ob domini reverentiam in patres assumpsisse ab eisque se et successores suos benedicendos et patrocinio orationum fulciendos contendunt. — Walther hat diesen energischen Spruch vermutlich gesungen, sehr bald nachdem die Wahl Friedrichs, die am 5. Dec. 1212 in Frankfurt vollzogen wurde, an Ottos Hofe bekannt geworden war. Auch Otto befand sich um diese Zeit am Rhein, das Weihnachtsfest feierte er in Bonn. Lachmann und Simrock wollten den Spruch in das Jahr 1198 setzen, und so neuerdings Nagele Germ. 24, 157. 166; aber auf die Doppelwahl des Jahres 1198 passen die Ausdrücke nicht, welche Walther v. 21 f. braucht; s. Abels Erörterungen in der ZfdA. 9, 144 und Paul, PBb. 8, 167 f.

613. Vgl. Nr. 265. — Waitz VG. 6, 73 führt unter andern Stellen an: Paul Beror. c. 97. S. 682 *Nonne quilibet miles domino suo fidelitatis iuramento subicitur eo pacto ut et ille non deneget quod dominus militi debet. Si ergo dominus militi debitum reddere contemnit, numquid non libere miles eum pro domino deinceps recusat habere? Liberrime, inquam. Nec quilibet huiusmodi militem infidelitatis vel periurii merito accusabit, cum totum adimpleverit quod promisit et domino suo, inquam, tamdiu militando, quamdiu ille freit sibi quod dominus militi debeat.*

613a. Heinr. v. Melk, Er. 283 *sued er sich des nutzes nicht versicht, deheiner dem andern vergibt deheiner chunneschefte.*

614. Das Wort *friunt* hat an diesen Stellen nicht die Bedeutung des nhd. Freund; es geht nicht nur auf die vertraute Verbindung Gleichgestellter, sondern es bezeichnet, entsprechend dem lateinischen *familiaris*, den, der sich freiwillig einem Höheren zugesellt und von diesem in seine *familia*, sein Gesinde, aufgenommen ist. Walther behandelt in diesen Sprüchen seine persönlichen Angelegenheiten; es sind Mahn- und Schelllieder.

614a. Frid. 114, 9 *swer schône in siner mâze kan geleben, derst ein wîse man.* Bozenb. Anm. (die folgenden Verse zeigen, dafs der Dichter, ebenso wie Walther, allzu glänzendes Auftreten im Auge hat). Winsboke 41, 1 *Sun, ich hân lange her vernomen, swer über sich mit hôchvart wil, das im sin leben mac dar zuo komen das sich veroellet gar sin spil.* MSH. 3, 468ʳ. — Nr. 493.

615. Frid. 78, 9 *der fürsten ebenhêre stavt noch des riches êre* vgl. 76, 5. W. Gast 10995 f.

616. Vgl. das Gedicht vom Recht (hrsg. von Karajan, 1846). Frid. 106, 21 *swer sîne rehte unreht tuot, dâ wirt das ende selten guot.* Die Wendung kehrt auch sonst fast wörtlich wieder; s. Bozenb. Anm., wo jedoch Walther 88, 39 mit Unrecht verglichen wird. Vgl. auch Frid. 8, 1 *got hât allen dingen gegeben die mâze, wie si sulen leben.* W. Gast 2611 f. 2687. 8097 f. Anm. zu Walther 80, 20.

617. Vgl. die Klagen, welche über Heinrich IV. laut werden (Waitz, VG. 6, 292. 309. 321): Ann. Altah. 1072 S. 823 *potentes quoque rex ceperat contemnere, inferiores vero diuitiis et facultatibus extollere, et eorum consilio quae agenda erant amministrabat, optimatum vero raro quemquam secretis suis admittebat.* Lambert 1079. S. 195 *haec enim illi gens erat acceptissima et eorum plerosque obscuris et pene nullis maioribus ortos amplissimis honoribus extulerat et primos in palatio fecerat, et ad eorum nutum cuncta regni negocia disponebantur.* Kaiserchr. 466, 16 *dô hiez man ze einer kemenâten die alter wîsesten gân; dô muosen dâ vor bestân die swache gebornen.* Frid. 77, 8 *swer die werden nider drucket und die swachen für zucket, von swelhem hêrren daz geschiht, dern gert keiner êren niht.* Vgl. auch Eilhart 8168. Hartman, Gregor 1106 f.

618. Deut. 1, 17 *nulla erit distantia personarum, ita parvum audietis ut magnum nec accipietis cuiusquam personam*. Prov. 24, 28 *cognoscere personam in iudicio non est bonum*. Bezzenb. zu Frid. 77, 8. Diesen doktrinären Standpunkt vertritt der W. Gast 13034 f. vgl. Kaiserchr. 465, 25.

619. Frid. 74, 5 *der keiser sterben muoz als ich, dem mac ich wol genôzen mich.* Bezzenb. Anm. Eccl. 10, 12 *sie et rex hodie est, et cras morietur.* W. Gast 12041 f. H. von Melk, Er. 559 f.

620. Bezzenb. zu Frid. 135, 10 f. 621. s. Nr. 451.

622. Erec 6694 *owê dirre geschiht! suln wir nû ze fuoze gân? daz haben wir selten mê getân. Iwein 1766 vâer ich verstolne ze vüezen von hinnen, dez müese ich wol gewinnen laster unde unêre.* Vgl. Morolf 113, 2. Ecke 34, 5.

623. Wido I, 3. S. 156 über Heinrichs IV. Regierung (Waitz VG. 292 Anm. 2): *nobilium et maiorum contra regiam consuetudinem familiares horrebat; relictis senibus grauibusque personis, leuibus delectabatur et pueris tam senum quam annis.* Thomasin im W. Gast 13059 vertritt auch in diesem Punkte die modernen Anschauungen: *der arme gæb dicke guoten rât, swenn in der rîche nien enhât . . . ein alt man, der sin haben sol, der ist an sinne dicke ein kint; sô wizzet, der jungen sint sumelîche harte wîs.*

624. Vgl. z. B. Winkelmann 2, 329. 365 f. 381 (aber auch 1, 336. 2, 397). "Deutsche Treue", sagt derselbe 2, 381, "weilte fast allein noch in städtischen Mauern"; mir scheint diese Auszeichnung unbegründet.

625. In dem lateinischen Osterspiel vom Antichrist, einer Bearbeitung der Pilatuslegende und namentlich im Grafen Rudolf; Scherer QF. 12, 107. 123. 136; vgl. auch die bescheidene Andeutung im Moriz von Craon v. 256 f.

626. Wie in der Kaiserchronik die Ritter sich von schönen Frauen unterhalten, so schildert Heinrich von Melk im Prst. Leb.

99—107, wie zwei Pfaffen sich besprachen, auf welchem Polster dem
Hechor zusprechen und darnach von Liebe reden; der Dichter vergleicht sie mit harfenden Eseln; ihr Grundsatz sei *mit wol getânen
wîben sol nieman spiln wan pfaffen*. vgl. auch v. 528 f. Durch
Liebesgeschichten, die sie den Frauen und Mädchen zusendeten,
fingen sie Herz und Sinn (eb. 670 und Anm.). Vgl. die Tegernseer
Liebesbriefe im MF. S. 221 f. H. v. Melk, Prl. 669 (Heinzel, Einl.
S. 20). Scherer D. St. 2, 6. Henrici S. 67. 24. — Die Kleriker im
Bewußtsein ihrer feineren Bildung und gefälligeren Unterhaltung
sahen mit Stolz auf die plumperen Laien herab (Carm. Bur. 124, 4.
101, 5), und öfter als einmal wurde in der Litteratur die Frage erörtert, ob die Liebe eines Ritters oder eines Pfaffen mehr Wonne
gewähre: Carm. Bur. S. 155. ZfdA. 7, 160 f. 21, 65. Heinzelin von
Konstanz.

627. 1 Timoth. 5, 17 *qui bene praesunt presbyteri, duplici honore digni habeantur, maxime qui laborant in verbo et doctrina*. H.
v. Melk, Prstl. 528 *wir wellen die leien gerne lêren, das nicht sô gunt
ist ze êren sô der brister, ob er recht lebt unt den namen mit werch
rechte phlegt: wir harren den wîssagen lêren, er sî ein engel unsers
hêrren*. Frid. 15, 23 *wir suln die pfaffen êren, si kunnens beste lêren*.
Winsb. 6, 1 *Sun, geistlich leben in êren habe: das wirt dir guot und
ist ein êre*. König Tirol HMS. 1, 5ᵇ Str. 11. 12.

628. Winsbeke 7, 1 *sun, es was ie der leien site, das si den
pfaffen truogen has: dâ rindent si sich sêre mite*. Eine hübsche Erörterung über das Verhältnis bietet der W. Gast 12711 f. *zwischen
pfaffen und leien ist nît und ouch zorn aller zrist, ir ieglîcher wenet
daz, daz dem andern si baz, der pfaffe siht, das der ritter hât ein
schœne wîp .. sô phlit der phaffen senfte leben den ritern ouch nit
geben etc.* 11091 warnt Thomasin insbesondere den Papst zu schelten:
*got hât uns einen meister geben der rihten solde unser leben: den
schelte wir aller sît niwan durch haz ode dur nît. das ist der bôheit,
daz geloubet, nâch got der kristenheit houbet etc.* (es ist die Einleitung zu der Stelle, wo Thomasin Walthers Sprüche tadelt).

629. Heinr. von Melk, Er. 225 *swaz wir die wandelbære
sehen bigân, den verwæne wir uns ûf die andern alle*. Frid. 16, 8
*pfaffen name ist êren rîch, doch muoz ir lop sîn ungelîch: tuot einer
übel der ander wol, ir lop man iesâ scheiden sol. si suln einander
bî gestân ze rehte, das ist wol getân*.

629ᵃ. s. die litterarischen Nachweise Heinzels, in der Einleitung zu Heinrich von Melk S. 46 f.

630. Frid. 148, 4 *alles schatzes flüzze gânt ze Rôme, daz si dâ
bestânt, und doch niemer wirdet vol; das ist ein unsælic hol*. Bezzenb.
Anm. 152, 16 *Das netze kam ze Rôme wie, dâ mite sant Peter vische
vie; das netze ist nû verændôt. romesch netze odhet silber, golt,*

bürge und lant; das was sant Pêter unbekant. H. v. Melk, Er. 398
—402. Heinzel Anm.
631. Frid. 153, 9 der rœwench hof engert niht mê. wan das
diu werlt mit werren stê, ern ruochet, wer die schâf beschirt, das chi
im diu wolle wirt. Bezzenb. Anm.
632. Frid. 16, 6 gotes lîcham, bihte unde touf. die sint erloubet
âne kouf. Dazu vergleicht Bezzenb.: Heinrich von Melk, Er. 74
bihte unt birilde, misse unt salmen das bringent si allenthalben ze et-
lîchem chouſe. es si der chrisem oder diu toufe od ander swas si
sulen begân, das lânt si niemen vergeben stân, wan als diu miete erwerben mac. Carm. Bur. LXXI, 8 veneunt altaria, venit eucharistia
cum sit nugatoria gratia venalis. Gegen den Ablaſs eifert auch
Fridank 151, 7—14. 149, 27—150, 13. 150, 20 f. Heinrich von Melk,
Er. 110 f. Prl. 679 f. 712. Heinzel zu Er. 74. 86. 118. Über den
Schatz guter Werke, der andern frommt: Frid. 23, 19—24, 3.
633. Act. apost. 8, 20. Carm. Bur. LXXII. LXXXIII. Heinrich von Melk, Er. 60—70.
634. Vgl. Joh. 10, 12. Frid. 137, 11 Bezzenb. Anm. 152, 22.
153, 9.
635. W. Gast 8678 der pfaffe wil des riters swert nuo haben
ze sinem sinne, das er si sterker an gewinne. sin sin der genuogt im
niht dâ mit er abe dem liuten bricht: er wil darnuo haben gewalt.
das er alsô mit manievalt kerge und sterk kom hin zem guot, vulgende
sinem girsschen muot. Von groſsem Interesse sind dann die folgenden Verse, welche zeigen, wie wenig und warum die Gelehrten Ausbreitung der Bildung nicht wünschten: der leie dunkt sich ouch niht
wert, ern habe zuo sinem swert diu buoch, wan der schrift sin wil er
ouch haben an gewin. er heiſet im schrîben karte wol das wuocher
das man im geben sol.
636. Matth. 23, 8 über die Pharisäer: omnia ergo quaecunque
dixerint vobis servate et facite: secundum opera vero eorum nolite
facere: dicunt enim et non faciunt. Schulze, bibl. Sprichw. S. 156.
Winsbeke 6, 9 enwache wie die pfaffen leben: sint guot ir wort ir
werc ze krump. sô volge dû ir worten nâch, ir werken niht, od dû
bist tump. Wackernagel zu Simrock 2, 145. Peire Cardinal (Dietz,
Leben 459): 'Die von der Geistlichkeit fodern Gehorsam; sie wollen
den Glauben, doch dürfen die Werke nicht dabei sein; man sieht
sie nicht leicht sündigen, auſser bei Nacht und Tag. Sie begen
keine Bosheit, begehen keine Simonie, sie sind milde Geber und
gerechte Sammler'. Frid. 69, 21 die uns guot bilde solten geben,
die velschent gnuoge ir selber leben; 71, 9 genuoge guote lêre gebent,
die selbe unnützeliche lebent. 152, 6 die heiligen sol man suochen dâ
[in Rom], guot bilde suochet anderswâ. 69, 25 swâ leben ist wandelbære, des lêre ist lihte unmære. 82, 8 winiu wort und lumbiu werc,

diu habent die von Goucheubere. Winsbekin 10, 1. 9, 1. Bezzenb. zu
Frid. 62, 8. 70, 2. H. v. Melk. Prstl. 563 f. Vom Recht 12, 25 f.
687. Frid. 168, 19 *liegen triegen rûement sich, sî erkenne der
bâbest das dann ich.* 152, 4 *Rûme ist ein geleite aller trügenheite.*
638. Heinrich von Melk Er. 158—180. Prstl. 53 f. 253 f. 650 f.
639. Heinrich von Melk, Er. 256 *und ein blinder dem andern
gît geleite, dâ vallent sî bêde in die grnobe. diu grnob ist diu helle.
swer nû die blinden wizzen welle, das sint die bœsen lêrære die die
verworhten herzære mit in leitent in den êwigen val.* PrL 12 *die uns
dâ lêrent, die sint blint: ir ougen, diu sint âne licht* etc. 127—135.
Heinzel zu Er. 36. PrL 554. 558. W. Gast 8432 *die uns solden
tragen das licht vor, die gênt gerne bî der vinster. diu sæwe hant ist
worden winster. diu lember sint ze wolven worden. unser deheiner behalt sînn orden: der phaffe bewîst niht als er sol, der leie volget niht
se wol. einr ist unwîse, der ander tôr: einr vellet hindn, der ander
vor. niemen ir deheinen hebet, ein ieglicher ze valle strebet. Die phaffen
flent hin zer helle, die leien die sint also snelle* etc. 8601 f.

IV.

1. Der St. Gallische Mönch Tutilo, der selbst ein guter Sänger
war und in der Instrumentalmusik seine Genossen übertraf, durfte
mit Erlaubnis des Abtes auch Edelknaben unterweisen. MG. S. II, 94.

2. Burdach S. 179; vgl. AfdA. 7, 268 f. — Über Spielleute
als Lehrer der Ritter s. Scherer, DSt. I, 12 [294]. QF. 12, 24.
Lichtenstein, Eilhart CLXII.

3. Einige Gedichte Walthers zeigen Beziehung zu Liedern
der Carmina Burana: 39, 1 zu CB. Nr. 96; 51, 13 zu CB. Nr. 114.
131; 89, 11 zu CB. 125ᵃ. Ob die lateinischen Gedichte für Walther
Muster gewesen sind, oder umgekehrt, darüber gehen die Ansichten
aus einander. Martin (ZfdA. 20, 46 f.) suchte die Priorität der
Carm. Bur. zu erweisen, Burdach S. 166 glaubt ihn widerlegt zu
haben. Ich bin der Ansicht, dafs für 39, 1 das lateinische Lied
das Original ist, wahrscheinlich auch für 51, 13, nicht aber für
39, 11. Die Sache ist jedenfalls nicht so sicher, um die Frage nach
Walthers Bildung entscheiden zu können. — Vgl. auch III Nr. 365,
und die Anm. zu Walther 115, 30.

4. Es verdient hervorgehoben zu werden, dafs Menzel, so verstiegen seine Anschauung von Walthers Leben im ganzen ist, in
diesem Punkte den rechten Sinn bewahrte. S. 86: 'Aus einzelnen
Äufserungen in Walthers Minneliedern bestimmte historische und
chronologische Bezüge herausklügeln zu wollen, scheint mir nicht
ratsam. Ist es an sich unmöglich, bei Walthers Minnedichtungen
zu entscheiden, ob und in wie weit sie bestimmten persönlichen
Herzenserlebnissen oder freier Phantasie und genialer Fiction er-

wachsen sind, so scheinen die Versuche Woiskes, W ackernagels und
Riegers, die Minnelieder unseres Dichters in eine chronologische
Ordnung zu bringen und biographische Folgerungen aus ihnen zu
ziehen, zum mindesten bedenklich'; vgl. auch S. 231 f.

5. Das Lied C 77—81 = Lchm. 94, 11 rechnen wir nicht zu
diesem Cyklus, weil es einen ganz andern Charakter zeigt. Bemerkenswert aber ist, dafs es, wenn es überhaupt in diesen Cyklus
eingereiht werden sollte, für die überlieferte Stelle am besten pafst.
Im zweiten Liede naht der Sommer, im vierten geht er zu Ende;
dazwischen steht die Erzählung von dem sommerlichen Spaziergang
und dem seligen Traum unter der schattigen Linde. Es ist möglich, dafs Walther später das humoristische Lied für diese Stelle
dichtete, um dem alten gar zu unwitzigen Vortrag einigen Reiz zu
verleihen. — Aber wie verhält es sich mit dem Liede 90, 15 ? Wir
haben diesen Klagegesang, der in der Hs. unserm Vortrage unmittelbar vorhergeht, nicht zu demselben gezogen. Die glückliche
muntere Wendung in der ersten Strophe: *wær ez niht unhövescheit,
sô wolte ich schrîen: 'sî gelücke, sî'*, und die kühne Kritik der Gesellschaft weckten Zweifel. Aber andererseits kann man die zerfliefsende Gedankenentwickelung in der dritten und vierten Strophe,
die unbeholfene Wiederholung der Wörtchen *dô* 90, 33 f. und *sô*
91, 2, sowie die Behandlung des Auftaktes als Spuren der unentwickelten Kunst ansehen. Und da der Inhalt des Liedes sich zur
Einleitung eines Vortrages wohl eignet, scheint es geraten, ihm die
Stellung zu lassen, die es in der Überlieferung einnimmt.

6. ZfdA. 15, 279 f.

7. Von diesen Liedern setzt Burdach 95, 17. 96, 29 in die
Zeit, da Walther noch völlig abhängig ist von Reimar. 92, 9. 93, 20.
99, 6 setzt er in die Zeit des Übergangs. 91, 17 hält er mit andern
für unecht.

8. *frôwe* 91, 19. *frôide* 91, 21. 23. 31. 87. 92, 2. 12. *frôuwet*
92, 13 *gefrôuwet* 92, 38. *frôide* 37. 88. 93, 1. *gefrôuwen* 93, 22. *frôiden* 93, 25. 27. 95, 23. 25. *frô* 95, 27. *frôide* 96, 12. 15, 18. 97, 12.
15. *frôit* 97, 29. *frôide* 97, 30. 30. 3P. 96. 1. 3. 4. *frô* 0. *frôiden*
0. 15. 99, 8. 18. 14. *frô* 100, 4. — *sælic man* 92, 6. 93, 15. *sælde*
93, 16. *sælic man* 95, 28. *sælde* 95, 29. *sælic man, sælic wîp* 95, 38.
sælic 96, 6. 4. *sælic wîp* 96, 7. 24. *sælic frouwe* 97, 9. *s. wîp* 97, 21.
sælde 97, 29. *s. wîp* 98, 21. *s. man* 99, 34. *s. wîp* 100, 10. *sælic*
100, 18. H. von Morungen wiederholt so in seinem ersten Liede
wünne. Die Troubadours mit ihrem wiederholten *joys* gaben das
Muster. s. Michel S. 77. 9. 92.

9. Vgl. auch Walther 97, 32 *du solt mich des geniezen lân.*
Erec 5413 *ir sult mich des geniezen lân*; derselbe Vers 4133. *ouch
sult ir mich geniezen lân* 4552. *des sollu mich geniezen lân* 5616.

10. Burdach S. 142 will diese beiden Strophen in viel spätere Zeit setzen als die beiden vorhergehenden; aber die Körner zeigen, daſs sie zusammengehören.

11. a. Burdach S. 71.

12. Kaiserchr. D. 60, 10 *got hete wol zuo ime getân.* Erec 8520 *got hât wol ze mir getân.* Parz. 783, 10 *sô hât got wol zuo mir getân.* Wigalois 210, 27 *got hât wol zuo uns getân.* Hansen 51, 16 *sô hât got wol ze mir getân.*

13. Burdach hat auf S. 101 f. die Lieder Walthers nach Gedanken und Form genau mit Reinmar verglichen. Wir verweisen darauf.

14. Denselben Gegensatz gegen die Minnepoesie gewisser Leute kehrt Walther auch 48, 1—11 hervor; er will vor allem den Gesang als gesellige Unterhaltung zur Anerkennung bringen.

15. Auf dieser Voraussetzung beruhen Burdachs Untersuchungen; S. 6.

16. Den Angriff Walthers in dem Tone 71, 19 erwidert Reinmar in dem Liede 170, 36. Walther hatte die letzte Strophe seines Tones mit den Worten geschlossen:

swaz ich darumbe swære trage,
da enspriche ich nimer übel zuo,
wan sô vil daz ichs klage.

Er will sein Leid geduldig auf sich nehmen; aber er will es wenigstens klagen dürfen. Für Reinmar war selbst das schon zu viel:

ich solte in klagen die meisten nôt,
niuwan daz ich von irben übel niht reden kan;

er rottet für sich den Anspruch der höfischere Mann zu sein, schon die Klage ist ein Unrecht gegen die Dame.

In demselben Liede wendet er sich gegen eine andere Äuſserung Walthers. (Lehfeld, PBb. 2, 381 A. Burdach S. 151.) Dieser hatte 54, 4 die Besorgnis ausgesprochen: *owê waz lob ich tumber man? mach ich mir si ze hêr, vil lîhte wirt mîns mundes lop mîns herzen sêr.* Der artige Reinmar erklärt 171, 8:

bezzer ist ein herzesêr
dann ich von wîben misserede.
ich tuon sîn niht: si sint von allem rehte hêr.

Daſs Reinmar dieses Lied Walthers ergriff, war wieder durch Walther provoziert. In der Strophe 111, 22 hatte er über den geraubten Kuſs gewitzelt, von dem Reinmar 159, 37 gesungen hatte; in dem Liede 63, 35 hatte er dann zeigen wollen, wie man *mit fuoge* um Damengunst werbe, indem er das von den Troubadours entlehnte Thema, nicht eben glücklich, modifizierte, und an die Stelle des geraubten Kusses den entliehenen setzte. Reinmar seinerseits fand nun in den angeführten Worten 54, 4 f. eine neue Unfuogo Walthers. Auch wegen der ersten Strophe des Tones 159, 1 hatte Walther Reinmar angegriffen (111, 23), und das ungemessene Lob, mit dem dieser seine Dame über alle andern erhoben hatte, zurückgewiesen. Reinmar verteidigt sich vielleicht 197, 8 (E. Schmidt S. 72. Lehfeld PBb. 2, 361 A. Burdach S. 150):

Was unmâze ist daz, ob ich des hân gesworn
daz sî mir lieber sî dan elliu wîp.

In einer andern Strophe desselben Tones, die die Herausgeber des MF. in die Anmerkung gesetzt haben, geht er dann wieder von der Vertuidigung zum Angriff über. Walther hatte nämlich geklagt, daß die Dame seine Rede nicht erhöre: *diu lât mich aller rede beginnen, ich kan ab endes niht gewinnen* (121, 2), entsprechend sagt Reinmar (S. 310, 4) *sî swîget alles und lât reden mich.* Aber während Walther dann die Hoffnung äußert: *nû müeze mir geschehen als ich geloube an ir* (11, 28), wünscht Reinmar, um die Ehre der Dame besorgt (310, 6): *nû müeze mir geschehen als ich ir gunne und* *mîn geloube sî.*

Auch Walthers Klage über verlorene Mühe und Zeit (53, 1 f.) wollte Reinmar (158, 35) vielleicht übertrumpfen, wofür dann Walther sich rächt, indem er eine überzarte Wendung, die Reinmar in demselben Liede braucht, in einem derben Liede humoristisch ververwertet (s. oben S. 279).

17. vgl. Paul 8, 178.

18. Ich erwähne hier nur die Rede Reinmars, auf die sich Walther 62, 34 bezieht. Burdach S. 209 sucht nachzuweisen, daß die Strophe Reinmars 165, 28, deren Anfang Walther citiert, als selbständiges Lied aufzufassen sei; auch 165, 37 sei eine einen augenblicklichen Einfall wiedergebende Gelegenheitsstrophe. Das ist keineswegs so. Die beiden in ADC neben einander überlieferten Töne 165, 10 und 166, 16 bilden zusammen ein Ganzes; diesen ganzen Vortrag, nicht die einzelne Strophe 165, 28 bezeichnet Walther als *rede*. Die Einleitung bilden Str. 165, 10. 19. 166, 7 (daß diese letztere auf 165, 27 folgen muß, hat Burdach erkannt): Der Sänger geht von seinem Verhältnis zum Publikum aus. Niemand möge ihn nach Neuigkeiten fragen; er sei nicht froh. Die Freunde verdrieße seine Klage, er leide Schaden und Spott, und könne nicht froh werden, wenn ihm nicht Liebe gewährt werde. Die Hochgemuten behaupteten, er liebe nicht so heftig, wie er sich stelle. Dieser Zweifel gereiche ihnen selbst zur Unehre. Er liebe die Frau wie sein eigen Leben; was solle er nun anfangen, da sie ihm keine Gnade erweise. Wer Zweifel hege an seiner Aufrichtigkeit, der möge seinem Gesang hübsch zuhören

unde merke wa ich ie spreche ein wort,
ezn lige ê i's gespræche herzen bî. —

Nun beginnt der eigentliche Vortrag 165, 23, dessen Anfang Walther citiert: *Sô wol dir wîp, wie reine ein nam!* Ein Preislied auf die Frauen im allgemeinen. Der Schluſs der Strophe spricht schon die Bitte um Liebe aus. 2 Str. (165, 37) Reflexion: Soll er wünschen, daſs sie ihre weibliche Ehre mindere, oder daſs sie sie behaupte und ihm Liebe versage; beides thut ihm weh:

ine wirde ir lasters niemer vrô:
vergêt si mich, das klage ich iemer mê.

Daran knüpft der neue Ton 166, 16: *Der lange süeze kumber mîn an mîner herzelieben vrouwen derst erniuwet.* Er wundert sich über sich selbst, daſs er ohne Lohn so treu ausharrt. 2 Str. (166, 25) Aufruf an die Freunde. Keiner hilft ihm; er muſs wohl der Überzeugung Raum geben, daſs er hoffnungslos liebt. 3 Str. (166, 34) Gegensatz. Und doch kann er es nicht glauben; er will immer auf ihre Gnade hoffen, und wenn andere sich des Liebesgenusses freuen, so will er ihre Güte und Schönheit minnen. 4. Str. (165, 4) Wünschen und Wähnen. Da sie ihn nicht lieb hat, so soll sie doch einmal so thun als ob sie ihn liebte

und lege mich ir nâhe bî
und bieter eine wîle mir als ez von herzen sî:
gevalle ez danne uns bêiden, sô si staete;
verliese ab ich ir hulde dâ,
sô si verborn als obe sirs nie getaete.

Mit diesem witzigen Einfall, der das in der ersten Strophe (165, 17) bezeichnete Ziel in seiner Weise erfüllt, schlieſst der eigentliche Vortrag. Der Dichter wendet sich jetzt wieder an das Publikum (167, 22). Nun, sagt er, haben ja wohl alle eingesehen, wie sehr ich mich nach ihr sehne, und doch lassen sie mich ratlos (Versteckter Appell an die Mitte?); aber ich wil weiter nicht klagen, nur daſs es den Treulosen immer besser gegangen ist als mir. Letzte Strophe (167, 13), Beispiel für das Benehmen der Ungezogenen; sie fragen spöttisch nach dem Alter der Frau; der Sänger begründet darauf die Schluſsbitte um Huld. — Das ist der Vortrag, den Walther unter Reinmars Gedichten am höchsten schätzte; die Frische und Munterkeit desselben entsprach seiner eignen Neigung am besten.

19. Die Hss. verbinden sämtlich den zweiten und vierten Ton, zum Teil verwirren sie sogar die Strophen. Den Anlaſs gab jedenfalls die Ähnlichkeit der Strophenform; der Ton 46, 32 unterscheidet sich nur in der achten Zeile und nur um eine Hebung von 45, 37. Die Verbindung von 43, 9 und 46, 32 ist ziemlich sicher. Das Stichwort für das Lied 46, 32 ist schon 43, 18 und 44, 7 gegeben, und v. 47, 14 gewinnt an Bedeutung, wenn ein Dialog vorherging.

20. Über den Zusammenhang s. die Ausgabe.

20a. Vgl. Paul 8, 174.
21. Über Morungens Einfluſs auf Walther handelt Werner in AfdA. 7, 135 f. — An Wolframs Art erinnert in dem Liede 69, 1 die Wortbildung und -verbindung: *ich ermlôser ougendne.* — Vgl. ferner 69, 22 *kan min frouwe süeze siuren* mit Parz. 647, 15 *diu kan wol süeze siuren.* 531, 26 *ougen süeze und sûr dem herzen bî.* 514, 19 *wan diu ist bî der süeze al sûr.* Aber das 10. Buch des Parzival, dem diese Stellen angehören, ist jedenfalls jünger als Walthers Gedicht; denn schon als Wolfram das sechste Buch dichtete, kannte er Walthers Lied 40, 19. Es handelt sich hier um die Stelle im Parz. 204. 21. Parzival ist durch den Anblick von drei Blutstropfen im Schnee in tiefe Gedanken an seine Condwiramurs versunken; *wand in brâhte ein wîp darsuo, daz minne witze von im spielt.* Artus Ritter kommen, um mit ihm zu tjostieren. Zuerst Keie; durch einen Schlag sucht er ihn aus seinen Träumen zu wecken und fügt spöttische Worte hinzu: daſs Tier das Säcke zur Mühle trage, würde durch solche Schläge aus seiner Stumpfheit ermuntert. Darauf fährt der Dichter fort:

frou Minne, hie seht ir zuo:
ich wæn manz iu ze laster tuo:
wan ein gebûr spræche sân,
mîne hêrrn sî dir getân.
25 *er klagt ouch, möhter sprechen.*
frou Minne, lât sich rechen
den werden Wâleise:
wan lieze in iwer vreise
unt iwer strenge unsüezer last,
30 *ich wæn sich werte dirre gast.*

Bartsch erklärt '23. *wan* nur. — *gebûr* stm., Bauer: nur jemand, der keine feinere Bildung besitzt, und die Dinge eben nur ganz äuſserlich erfaſst. — 24. *mîne hêrrn,* d. h. Parzival, der *des mæres hêrre* ist (VII, 7): meinem Helden'. Haupt (ZfdA. 15, 203 urteilt, die Stelle sei merkwürdig miſsverstanden: 'Wolfram sagt: Frau Minne, ich meine, euch geschieht es zum Schimpf, daſs Parzival geschlagen wird. Denn ein Bauer ohne feineren Sinn würde alsbald behaupten, meinem Herren dem Parzival und nicht euch sei das zugefügt'. Haupt faſst *wan* anders als Bartsch auf, stimmt aber darin mit ihm überein, daſs er in *gebûr* den Gegensatz zur feinen Bildung betont, und *mînem hêrrn* auf Parzival bezieht. Ich halte diese Auslegungen nicht für befriedigend. Der Dichter beschäftigt sich vielmehr mit derselben Situation wie Walther 40, 19 f. Dieser erscheint vor dem Herrscherstuhl der Frau Minne, als ihr untergebener Dienstmann; klagt über die Unbilden der Geliebten, und schlieſst mit der Forderung: *frouwe Minne, das si iu getân,* d. h.

sehet das als euch zugefügt an; ihr seit der Herr, ich bin der Knecht;
ihr müfst mich daher rechtlich vertreten, und den Schaden rächen.
vgl. Graf Kirchberg MSH. 1, 26ᵇ (VI, 3) *wil mich ein selp beweingen
mit unminne, Minne, sich, das ist fûr wâr din widerteil*. So sind
auch Wolframs Verse zu verstehen. 'Minne, pafs auf; ich meine,
was dem Parzival zugefügt ist, sei für euch eine Schande; denn er
ist euer willenloser Untertan; der hörige Bauer würde gleich sagen:
das komme über meinen Herren (d. h. den Herren des Bauern, der
ihn zu vertreten hat). Ja, führt der Dichter fort, so würde Parzival auch klagen, könnte er nur sprechen'. — Die Stollen Walthers
und Wolframs sind so ähnlich, dafs man Zusammenhang annehmen
mufs (in demselben Buch citiert Wolfram auch Walthers verlorenes
Lied '*Guoten tac, bœs und guot*'), und zwar mufs Walthers Lied
das ältere sein. Denn da Wolfram sagt: *wan ein gebûr sprœche
sdn mîme hêrren sî dis geschên*, so würde Walther schwerlich diese
Situation auf sich selbst übertragen haben, wohl aber entspricht es
Wolframs Art, dafs er die Anspielung auf Walther mit einem neckischen Zusatz verband.

22. Burdach S. 160.
23. Vgl. Über dieses Lied Burdach S. 148 f.
24. Vgl. Burdach S. 152.
25. Wir kommen damit zu der Ansicht Menzels (S. 86) zurück.
26. Vgl. Eilhart 8110.
27. Die reichhaltigste Quelle für die Sprüche dieses Tones
sind die Hss. C und D, und zwar gehen, wie die folgende Übersicht
schliefsen läfst, beide auf dieselbe Vorlage zurück.

		C 294		20, 16	D 245	C
		295		22, 18	246	299
23, 11	D 239	301		33	247	300
26	240	302		24, 16	248	304
24, 3	241	303		33	249	305
21, 10	242	296		20, 21	250	
25	243	297				
22, 3	244	298				

Die mittlern sechs Strophen sind in beiden Hss. in derselben Ordnung
überliefert, ebenso die drei ersten und die drei letzten, mit Ausnahme von Str. C 294. 295 = D 245. 250, die der Sammler aus
einer andern Quelle aufgenommen und nachher nicht wiederholt hat.
Die Ordnung in D ergiebt sich in den einzelnen Abteilungen als
die ursprüngliche, C dagegen hat das Echte bewahrt, insofern es die
erste Gruppe in D auf die sechs mittleren Strophen folgen läfst. Diese
Reihenfolge ergiebt sich aus dem Inhalt der Sprüche als die vom
Dichter beabsichtigte; denn obwohl im allgemeinen jeder Spruch
ein kleines Ganze für sich bildet, so waren sie doch auf zusammen-

hängenden Vortrag berechnet. Str. 21, 10 beginnt mit einem Wehruf über die Welt: die Ehre ist von ihr gewichen, niemand sorgt mehr für Freude, statt der Freigebigen lobt man die Geizigen. *triuwe unde wârheit sint vil gar bescholten, das ist ouch aller êren slac.* Die allgemeine Verderbnis mahnt den Sänger an den jüngsten Tag, die Zeit der Erfüllung scheint gekommen. In der zweiten Strophe 21, 25 schildert er ihn in der herkömmlichen Weise: Zeichen am Himmel, Untreue allenthalben, zwischen Vater und Sohn, unter Brüdern und bei Geistlichen. Die dritte Strophe (22, 8) führt die Klagen ins Einzelne: Es fehlt die Nächstenliebe, und doch sind alle Menschen wesentlich gleich. Die beiden letzten Verse hängen mit dem Vorhergehenden nur lose zusammen; sie führen zu der in D folgenden Str. 20, 16 hinüber; das Wort *wunder* in der letzten Zeile des Spruches 22, 9 wird hier in der ersten wieder aufgenommen. Gott hat dem einen Gut gegeben, dem andern Sinn. Wer nur nach Gut strebt, dem möge weder hier noch dort etwas anderes zu Teil werden; auf Gottes Huld und Ehre hat er keinen Anspruch. — 22, 18 Wer Hauptsünde und Schande auf sich lädt, um Gut zu erwerben, ist nicht weise; vielmehr soll man ihn für einen Thoren ansehen und nicht weniger den, der ihn lobt (vgl. 21, 20). — Hierauf die Ermahnung der Jugend zum rechten Gebrauch des Gutes: 22, 33. — Dieser an die Jugend gerichtete Spruch führt zu der in C folgenden Gruppe 23, 11—24, 17. Der Sänger verzweifelt, wenn Nebukadnezars Traum, dafs es immer böser werde auf Erden, in Erfüllung gehen sollte: *die nû ze vollen bœse* (d. h. karg) *sint, gewinnent die noch bœser kint, jâ hêrre got, wem sol ich diu gelîchen;* er wünscht, dafs sie ohne Erben dahin fahren. — Die schlechte Erziehung ist an der Schlechtigkeit der jungen Welt schuld; die Väter haben nicht Salomons weise Lehre beachtet. — Im Saal der Ehre ist es leer: *der jungen ritter zuht ist smal, sô pflegent die knehte gar unhövescher dinge. si schallent unde schrîtent reine frouwen. wê ir hiuten und ir hâren, die niht kunnen frô gebâren sunder wîbe herzeleit! dâ mac man sünde bî der schande schouwen, die maneger ûf sich selben leit.* Mit dieser Klage, in der sich der Minnesänger offenbar über die Geringschätzung seiner Kunst beschwert, schliefst er. — Es ist klar, dafs die neun Strophen zusammenhängen und ein Scheltlied bilden, das Walther jedenfalls aus einem besonderen Anlafs gedichtet hat. Wenn nun in unsern Hss. ein Ausfahrtsegen folgt (24, 18) und eine Strophe, in der der Sänger dem freudlosen Wiener Hofe Valet sagt, so hat man allen Grund anzunehmen, dafs der Abschied von Wien den Anlafs gab. Die beiden Sprüche sollten vorangehen; das *owê,* mit dem 25, 10 schliefst, nimmt 21, 10 wieder auf. Die Sammler haben die Sprüche allgemeinen Inhalts an die Spitze gestellt, und haben dem Liede gegen Wien noch einen Bittspruch an Leopold angehängt, der ursprünglich mit unserem Vortrage nichts zu thun hatte.

Für die Datierung bietet allein Str. 21, 25 einen Anhalt. Aus den Worten *diu sunne hât er schîn verkêret* hat Abel in der ZfdA. 9, 141 f. zu erweisen gesucht, dafs dieser Spruch im Jahre 1207 gedichtet sei. Dagegen hatten wir geltend gemacht (ZfdA. 13, 257), dafs für diese Zeit die allgemeinen Klagen und namentlich der Schlufs: *gewalt gêt ûf, reht vor gerihte swindet, wol ûf! hie ist ze vil gelegen* nicht passen. Sie weisen in den Anfang des Bürgerkrieges, nicht in die Zeit, wo derselbe so gut wie beendet war. Setzt man aber den Spruch in diese Zeit, so wird man doch v. 81 irgendwie erklären müssen. Wackernell S. 70 und Nagele Germ. 24, 165 behaupten, auch im Jahre 1198 werde viel von solchen himmlischen Zeichen berichtet; aber ich vermisse eine Quellenangabe, und habe nichts derart gefunden. Eine ziemlich zuverlässige Datierung ist durch Zarncke gewonnen (PBb. 7, 597 f.). Indem derselbe von der richtigen Voraussetzung ausgeht, 'dafs die Worte *diu sunne hât ir schîn verkêret* sich auf etwas wirklich Vorgekommenes, und zwar auf eine Sonnenfinsternis beziehen müssen', kommt er zu dem Resultat, dafs nur die Sonnenfinsternis vom 27. Nov. 1201 gemeint sein könne. 'Die Verfinsterung betrug in Süddeutschland gegen 9 Zoll (den Durchmesser der Sonne zu 12 Zoll gerechnet), also nahezu ³/₄ des Sonnendurchmessers, und die gröfste Verfinsterung fiel grade zur Mittagszeit'. Die politische Lage Deutschlands, die der Spruch voraussetzt, pafst durchaus zu dieser Zeit; es waren wenige Monate nach der Bamberger Versammlung verstrichen, deren Stimmung Walther in dem Spruche 9, 16 Ausdruck gegeben hatte. — Die Beziehungen Walthers zu Leopold gestalten sich demnach so: 1198 hat er den Fürsten durch 8, 28 beleidigt. 1200 kommt er flehend (20, 31) und erhält eine milde Gabe (25, 26). Im Herbst 1201 bittet er vergeblich um Aufnahme bei Hofe (84, 1); darauf sang er das Scheltlied. Erst im Jahre 1212, so viel wir wissen, stellt er sich dem Herzog von neuem vor. Die älteren verschiedenen Ansichten verzeichnet Menzel S. 137 f. 145; vgl. auch Winkelmann 1, 472.

28. W. Grimm, Freidank¹ S. CXVIII. Scherer, DSt. 1, 69 [351]

29. Vgl AfdA. 7, 600. Über die Konkurrenz von Spielleuten und Sängern s. Burdach S. 152; vgl. auch noch Konr. von Würzb. MSH. 2, 354 (22).

www.ingramcontent.com/pod-product-compliance
Lightning Source LLC
Chambersburg PA
CBHW051239300426
44114CD00011D/813